China

Richtig Reisen

Oliver Fülling

DUMONT RICHTIG REISEN

Inhalt

Unvergängliche Kultur – das Reich der Mitte

Landeskunde im Schnelldurchgang	10
China – ein Reich zwischen Harmonie und Gegensatz	12
Natur und Landschaft Chinas	14
Das geographische Bild	14
Thema Die Lehre von Wind und Wasser: Fengshui	15
Flora und Fauna	17
Das Klima eines Kontinents	19
China, Chinesen und die Umwelt	20
Streifzug durch die Geschichte	22
Die Stunde der Legalisten	22
Ein Reich zeigt Muskeln	23
Thema Magische Zahlen	24
Religion, Macht und Geld	25
Thema Buddhismus und Daoismus	27
Eine ›konfuzianische‹ Dynastie	31
Das Gesetz der Steppe	33
Mandarine und Eunuchen	34
Ein Riese erwacht...	35
...und beginnt zu taumeln	37
Thema Aufstand der Millionen – die Taiping Rebellion	38
Im Eilschritt in die Zukunft	39
Daten zur Geschichte	42
China und seine Menschen	45
Vertragspartner Gott – die Volksreligion	45
Thema Trigramme, Leibniz und der Computer	46
Sprachen und Sprachverwirrung	48
Chinas Weg zu Coca Cola & Co	50

Thema Mikrokosmos der Gesellschaft –
         die Danwei   51

        Die Völker Chinas   56

Kultur und Traditionen   58

        Feste   58

Thema Quelle des Lebens –
         der Mondkalender   61

        Die ›Geschmäcker‹ Chinas   62
        Kunsthandwerk   66
        Musik   67

Tip Falsett-Gesang beim Prinzen Gong   68

        Kalligraphie, Literatur und Malerei   69

Reisen in China

›Zentrum der Welt‹ – Beijing

Geschichte der Stadt Beijing   78

Der Platz des Himmlischen Friedens   80

Thema Der Aufstand der ›Boxer‹   84

Kaiserpalast und alte Kaiserstadt   86

**Von Buddha zu Konfuzius –
Lama- und Konfuziustempel**   94

Himmelstempel und der Süden der Stadt   97

Tempel und Residenzen im Westen   100

Der Nordwesten und der Sommerpalast   104

Ming-Gräber und Große Mauer   108

Tip ›Einsame Schönheiten‹ – Große Mauer
       und Kaisergräber einmal anders   109

Thema Steinfiguren als Seelenwächter   110

Die Sehenswürdigkeiten der Westberge   114

Ausflüge in den Südwesten   118

Die Route der Steppenkrieger – Von Datong nach Xi'an

Im Herzen der Toba-Kultur – Datong   124

Mythischer Berg und Hängendes Kloster –
der Heng Shan   129

Der Berg des Manjushri – Wutai Shan   130

Kontrollstation im gelben Löß – Taiyuan   133

Roter Stern über China – Yan'an   136

Thema   Ursprung im Gelben Löß   137

Der Urahn der Han –
das Grab des Gelben Kaisers   139

Dongbei – Die Wiege der Mandschunation

Jenseits der Großen Mauer – Chengde   144

Der Sommerpalast von Jehol   144
Die Acht Äußeren Tempel   147

Shenyang – Geburtsstätte der Qing-Dynastie   150

Thema   Manzhouguo –
ein Reich von Japans Gnaden   152

Im Herzen der Mandschurei   156

Kaiserschicksal und proletarischer
Glanz – Fushun   156
Wiege der Qing-Dynastie –
Hetu Ala und Yongling   157
Kiefern, Tiger und Vulkane – Changbai Shan   157

Hauptstadt der Marionetten – Changchun   159

Stadt des Eises – Harbin   160

Tip   Im Rausch der Lichter –
die schönsten Laternenfeste   162

Die ›Badewanne‹ des Nordens –
Shanhaiguan und Beidaihe   164

Handelsmetropole am Golf von Bohai – Tianjin   166

Wüsten, Berge und Oasen –
Die Seidenstraße

Geschichte der Seidenstraße   172

Xi'an – das Tor zum Westen   174

Thema   Bücher für die Ewigkeit –
Steinschildkröten mit Stelen   180

Ausflüge in die Umgebung   183

Durch das Lößhochland zum Hexi-Korridor   191

Tianshui   191
Stadt der Melonen und Früchte – Lanzhou   193
Nahtstelle der Religionen –
Kloster Labrang   194
Durch den ›wilden Norden‹ Tibets –
Xining und Qinghai   195

Entlang der Nordroute nach Kashgar   197

Am Ende der Großen Mauer – Jiayu Guan   197
Buddaglanz in Sand und Stein – Dunhuang   197
Hitze, Wüste und Rosinen – Turfan   200
Oase zwischen Macht und Religion – Kuqa   203

Tip   Die buddhistischen Grotten von Kizil   204

Im Fernen Westen – Kashgar   205

Tip   Brodelnder Orient –
der Sonntagsmarkt von Kashgar   207

Kultur am Gelben Fluß

Im Banne des Buddhismus – Luoyang   210

Die Longmen-Grotten   212

Thema   Der Gelbe Fluß   217

Die Heimat des Konfuzius – Qufu   219

Tai Shan – Berg der Himmelssöhne   223

Musterländle in Fernost – Qingdao   225

Tip   Wohnen wie ein Gouverneur   229

Die Route der Gärten – Chinas Osten

Kaiserstadt Nanjing   233

   Ausflug zum Zijin Shan   239

   Thema   China und das Christentum   241

Stadt von Salz und Kunst – Yangzhou   242

Zentrum der Gartenkultur – Suzhou   248

   Tip   Mondscheinromantik im
Wangshi Yuan   256

›Paris des Ostens‹ – Shanghai   257

**Im Himmel das Paradies –
auf Erden Hangzhou**   265

Von Flüssen und Bergen – Die Naturwunder Südchinas

Duftender Hafen – Hongkong   271

   Tip   Das Herz berühren – Dim Sum   277

Stadt der Ziegen – Kanton (Guangzhou)   280

   Thema   Der Vater der Republik –
Dr. Sun Yat-sen   288

Stadt der Duftblüten – Guilin   290

Karstkegel und Landleben – Yangshuo   292

Durch das Land der Yao, Miao und Dong   294

Durch Guizhou nach Chongqing   296

Die neue Megalopolis – Chongqing   298

Eine Kreuzfahrt auf dem Yangzi   300

   Thema   Projekt des Größenwahn –
der Drei-Schluchten-Damm   305

   Tip   Paradies im Herzen Chinas –
der Wulingyuan-Nationalpark   306

Wuhan   308

Der Berg des Kshitigarbha – Jiuhua Shan   309

**Landschaft der ›Unsterblichen‹ –
das Gelbe Gebirge**   311

Yunnan – Ewiges Eis und schwüle Tropen

Stadt des ewigen Frühlings – Kunming   316

Land der Dai – Xishuangbanna   321

Tip   Das Wasserfest der Dai   322

Königsstadt am Grünen Berg – Dali   326

Am Fuß des Jadedrachen – Lijiang   329

Tip   Wo Frauen herrschen – der Lugu-See   332

Sichuan – Natur und Kultur im Vierstromland

›Vollkommene Metropole‹ – Chengdu   337

Der Berg der Vier Schönheiten – Emei Shan   343

Neun Tibetische Dörfer – Jiuzhaigou   346

Hailuogou   351

Tibet – Reisen auf dem Dach der Welt

Geschichte Tibets   354

›Stadt der Götter‹ – Lhasa   360

Die Wiege Tibets – Tsethang (Zedang) und das Yarlung-Tal   370

Über Land nach Kathmandu   373

Gyantse (Gyangze)   374
Der Sitz des Panchen Lama – Shigatse (Xigaze)   377

Thema   Ein Panchen Lama – zwei Reinkarnationen   378

Von Shigatse nach Sakya   380
Von Shekar (Xegar) zum Qomolangma   381
Zhangmu   381

Verzeichnis der Karten und Pläne

Vegetationszonen	17
Klimazonen	19
Beijing/Platz des Himmlischen Friedens	81
Beijing/Kaiserpalast und Kaiserstadt	87
Beijing/Lamatempel	95
Beijing/Himmelstempel und der Süden der Stadt	97
Beijing/Tempel und Residenzen im Westen	101
Beijing/Sommerpalast	104
Ming-Gräber	108
Route der Steppenkrieger	125
Datong	126
Heng Shan	129
Wutai Shan	131
Taiyuan	134
Yan'an	136
Grab des Gelben Kaisers	139
Dongbei	143
Chengde	145
Shenyang, Kaiserpalast	151
Qian Shan	155
Fushun	156
Changchun	159
Harbin	161
Shanhaiguan und Beidaihe	164
Tianjin	167
Xi'an	175
Umgebung von Xi'an	183
Seidenstraße	191
Kulturzentren am Gelben Fluß	211
Qingdao	225
Route der Gärten	232
Nanjing	234
Yangzhou	244
Suzhou	250
Shanghai	258
Südchina und Yangzi	270
Hongkong	272
Kanton (Guangzhou)	282
Yangzi-Kreuzfahrt	300
Yunnan	315
Sichuan	336
Lhasa	360
Ausflüge von Lhasa und auf's Dach der Welt	366

Serviceteil

Inhalt	385
Adressen und Tips von Ort zu Ort	386
Reiseinformationen von A bis Z	417
Glossar	427
Kleiner Sprachführer	432
Literaturauswahl	436
Abbildungs- und Zitatnachweis	438
Register	439

Unvergäng-
liche Kultur –
das Reich
der Mitte

Landeskunde im Schnelldurchgang

Fläche: 9,6 Mio. km^2
Einwohner: 1,211 Milliarden
Hauptstadt: Beijing
Verwaltungseinteilung: 22 Provinzen, 5 autonome Regionen, 4 regierungsunmittelbare Städte, Sonderverwaltungszone Hongkong
Amtssprache: Putonghua (Umgangssprache), der Dialekt Beijings ohne seine dialektischen Eigenheiten, ist offizielle Amtssprache. In den autonomen Regionen und Distrikten kommt noch die jeweilige Sprache der dort lebenden Hauptminderheit als Amtssprache hinzu.
Währung: Renminbi (RMB, Volkswährung), 1 Yuan = 10 Jiao, 1 Jiao = 10 Fen
Zeit: MEZ/Winter + 7 Std., MEZ/Sommer + 6 Std.

Geographie: Das Staatsgebiet erstreckt sich über rund 4200 km von 18° bis 54° nördlicher Breite und über rund 4500 km von 71° bis 135° östlicher Länge. Ein Großteil der Landesfläche wird durch Gebirge (43%) und Hochebenen (26%) geprägt. Tiefebenen und Becken machen 31% der Landesfläche aus. China hat 18000 km Küste, allerdings nur wenige Strände. Die längsten Flüsse sind der Chang Jiang (Yangzi) mit einer Länge von 6300 km und der Huang He (Gelber Fluß) mit 5464 km Länge.

Geschichte: China besitzt mit rund 3000 Jahren die am längsten bestehende Hochkultur der Erde. Geprägt wurde die Geschichte durch eine starke Bürokratisierung der Verwaltung, durch den alles durchdringenden Konfuzianismus und durch ein starkes dynastisches Element. Im Mittelpunkt des innenpolitischen Alltags standen die Bemühungen der Kaiser, das Riesenreich zusammenzuhalten oder in Zeiten der Spaltung wiederzuvereinen. In der Landesverwaltung herrschte dadurch in vielen Perioden eine starke Zentralisierung vor. Außenpolitisch stand die Auseinandersetzung mit den nomadisierenden nördlichen Steppenvölkern im Vordergrund. Die chinesische Kultur strahlte in alle Himmelsrichtungen aus und war Vorbild für einen großen Teil der Menschheit. Im ersten Viertel des 20. Jahrhunderts ging das Kaiserhaus unter, seit 1949 ist China eine Volksrepublik unter Führung der KPCh.

Staat und Politik: China wird heute von einer kleinen Machtelite der Kommunistischen Partei Chinas (KPCh) beherrscht. Staatsoberhaupt seit 1993 und Parteichef seit 1989 ist Jiang Zemin, während Li Peng seit 1988 das Amt des Premierministers innehatte, das er 1998 gemäß Verfassung an Zhu Rongji abgetreten hat. Politische Grundsatz- und Personalentscheidungen werden vom Politbüro des Zentralkomitees (24 Mitglieder) und seinem Ständigen Ausschuß (7 Mitglieder) getroffen. Vorbereitet und nach ihrer Absegnung ausgeführt werden die Entscheidungen vom ZK-Sekretariat (7 Mitglieder), das dem Ständigen Ausschuß untersteht und eine umfangreiche Parteibürokratie leitet. Eigentlicher Entscheidungsträger ist ein hauptsächlich aus Veteranen bestehender sogenannter informeller nationaler Führungszirkel aus 26–30 Mitgliedern, der im Hintergrund die Fäden zieht. In Krisenzeiten kann es zu sogenannten erweiterten Sitzungen des Politbüros kommen, in denen nur wenige, den

Führungspersönlichkeiten genehme Personen sitzen und wie 1989 über die Regierung hinweg Entscheidungen treffen. Die Regierung setzt die von der Parteispitze getroffene Politik um.

Wirtschaft: Offiziell herrscht in China zur Zeit die ›Anfangsphase des Sozialismus‹, die durch die ›Vier Modernisierungen‹ zum ›Sozialismus chinesischer Prägung‹ führen soll. Die ›Vier Modernisierungen‹ umfassen die Bereiche Industrie, Landwirtschaft, Wissenschaft und Technik und stehen für einen an Wachstumskriterien und materiellen Anreizen orientierten Kurs.

Bevölkerung und Sprache: China ist ein Vielvölkerstaat mit 56 anerkannten ethnischen Gruppen, von denen die Han-Chinesen 92 % der Bevölkerung ausmachen. Als Volksgruppen unterscheiden sich die Minderheiten nicht nur von den Han, sondern auch untereinander, und zwar sowohl durch die Umweltbedingungen, unter denen sie leben, als auch durch Wirtschaftsform, Sprache, Schrift, Sitten und Gebräuche und auch die Religion. Neben den anerkannten Minderheiten kämpfen noch 25 weitere Volksgruppen um staatliche Anerkennung, erfüllen aber die Voraussetzung des Nationalitätenbegriffs nicht oder noch nicht.

Religionen: Offiziell sind die Chinesen Atheisten, aber seit einigen Jahren ist die Religionsausübung, z. T. unter Einschränkungen, wieder erlaubt. Vorherrschend sind Buddhismus, Lamaismus, Islam und die Volksreligion, eine Mischung aus buddhistischen, daoistischen und regional vorherrschenden Glaubensvorstellungen.

Reisezeit: Beste Reisezeit für die meisten Regionen Chinas sind die Monate April bis Anfang Juni und September bis etwa Mitte November. Im Winter wird es außer im äußersten Süden und auf Hainan überall sehr kalt und in den Sommermonaten überwiegend schwülheiß.

Flora und Fauna: China verfügt mittlerweile über mehr als 400 Naturreservate, Nationalparks und Landschaftsschutzgebiete, in denen so seltene Tiere wie Pandas, sibirische Tiger oder Yangzi-Alligatoren vorkommen. Größtes Problem ist die Abholzung, da China allgemein sehr waldarm ist. Große Aufforstungsprogramme, Baumpflanztage und die ›Große Grüne Mauer‹, ein nach seiner Fertigstellung 7000 km langer Baumgürtel, der sich von Nordwest- bis nach Nordostchina erstrecken wird, sind Maßnahmen, die Abhilfe schaffen sollen.

Staatswappen: Das Tor des Himmlischen Friedens, das von fünf Sternen überstrahlt wird. Unter dem Tor befindet sich ein Zahnrad (Arbeiter), von dem aus sich Weizenähren (Bauern) um Tor (nationaler Geist) und Sterne (KPCh und vier Klassen des chinesischen Volkes) legen.

Staatsflagge: Auf rotem Untergrund, Symbol der Revolution, gruppieren sich in der oberen linken Ecke vier Sterne – Arbeiter, Bauern, städtisches Kleinbürgertum und nationale Bourgeoisie – um einen großen Stern – die KPCh. Sie symbolisieren die Einheit des chinesischen Volkes unter der Führung der Kommunistischen Partei Chinas.

China – ein Reich zwischen Harmonie und Gegensatz

»Früher oder später, davon bin ich überzeugt, wird sich ganz China, gleich dem Vogel Phönix, aus seinem großen Tief erheben. Diese Millionen von friedlichen, fleißigen Menschen können weder erstickt und noch ganz unterdrückt werden, noch kann diese große Nation ausgetilgt werden. Früher oder später muß sich dieses Volk wieder finden und gemeinsam mit dem Westen das Schicksal der Welt bestimmen.«

Boxeraufstand, russisch-japanischer Krieg, Sturz des Kaisertums, der Ausverkauf Chinas an die westlichen Mächte und Japan und der Sturz in das Chaos mit der darauf folgenden Agonie der Republik, das waren Ereignisse, die der Botaniker Ernest Henry Wilson in den elf Jahren seiner Reisen durch China miterlebt hatte. Dennoch fand er in seinem Werk ›Als Naturforscher in Westchina‹, das 1913 veröffentlicht wurde, diese positive Sicht über Chinas Zukunft.

Dabei sollte sich der Zerfall des Landes zunächst noch beschleunigen: Teilung des Landes in einzelne Territorien, die von Warlords beherrscht wurden, Besetzung Chinas durch Japan, Bürgerkrieg und erneute Einigung des Landes unter kommunistischer Herrschaft mit ihren verheerenden Massenkampagnen wie Bodenreform, Großer Sprung und Kulturrevolution, die Millionen von Menschen Existenz und Leben kosteten.

Das Ergebnis war Isolation und selbstgewählte Verarmung, die China vom Fortschritt endgültig auszuschließen schien. Doch mit dem Machtantritt

Deng Xiaopings 1978 begann ein neues Experiment, die Verwirklichung eines schon 200 Jahre währenden Traums, China wieder groß und mächtig zu machen. Zwei Jahrzehnte später, an der Schwelle zum neuen Jahrtausend, ist China der Realisierung dieses Traums so nah wie seit der Gründung der Qing-Dynastie nicht mehr.

Landschaft am Huang Shan

Das Reich der Mitte ist eines jener Länder mit der merkwürdigen Eigenschaft, wie seine Sagenfiguren und mythischen Herrscher alt geboren zu sein und sich gerade dadurch auf geheimnisvolle Weise immer wieder zu verjüngen. Oft schlafend, mal wankend, aber niemals sterbend hat sich das Reich der Mitte eine nunmehr fast 3000 Jahre währende Hochkultur erhalten. Zeit genug, eine Kultur voller Widersprüche und Faszination zu entwickeln: auf der einen Seite die sich ununterbrochen modernisierende Fassade aus immer höher in den Himmel wachsenden, gläsernen Wolkenkratzern, luxuriösen Konsumtempeln, die jeden Wunsch befriedigen, und der ganz ›normale‹ Fluß des Alltags, andererseits die Zeugnisse einer alten Kultur, die sich in großartigen Tempeln, Palästen, Gärten und Mauern manifestiert. Doch dahinter wird man stets auch auf die Schattenseiten des neuen China treffen: Wachsende und mittlerweile allgegenwärtige Armut, die im scharfen Kontrast zu einem offen gezeigten Prunk steht, ein Rechtssystem, das zur Abschreckung noch immer auf eiligst

anberaumte Massenhinrichtungen zurückgreift und vor allem in entlegeneren Landesteilen zu polizeilicher oder militärischer Willkür führt, mit der man auch als Tourist konfrontiert wird, ein politisches System, das auf der Suche nach Richtung Amok zu laufen droht, falls die Entwicklung, wie 1987 in Tibet oder 1989 beim Tian'anmen-Massaker, nicht mehr in seinem Sinne steuerbar zu sein scheint, und das Kritiker, die sich über das Maß einer tolerierten Kritik hinauswagen, noch immer einsperrt. Auf der anderen Seite genießen die Chinesen so viele Freiheiten wie noch nie zuvor in ihrer langen Geschichte. Politische Äußerungen, die noch vor wenigen Jahren hohe Gefängnisstrafen nach sich gezogen hätten, sind heute Alltag, Auslandsreisen werden für viele Chinesen zur Normalität. Das Land erfährt einen Strukturwandel, dessen Tempo selbst viele Chinesen überfordert, und was heute noch Gültigkeit hat, kann morgen schon überholt sein. Aus diesem Grund sind Chinareisen auch selten einfach und fordern eine ständige geistige Reflexion und Neubewertung des eigenen Chinabilds, denn über kaum ein Land wird so widersprüchlich berichtet, herrschen so gegensätzliche Meinungen wie über das Reich der Mitte. Wer jedoch diese Auseinandersetzung nicht scheut, bereit ist, China zu respektieren, auch wenn es oftmals schwer fällt, der wird einen unvergleichlichen Aufenthalt erleben.

Natur und Landschaft Chinas

Das geographische Bild

Schaut man sich eine Reliefkarte Chinas an, ist der erste Eindruck: ein derart strukturiertes Land, dessen geographische Ausdehnung immerhin kontinentale Dimensionen aufweist, kann entweder keinen einheitlichen Staat bilden oder es müssen Anziehungskräfte wirken, die das Land über 2000 Jahre hinweg vor dem endgültigen Auseinanderbrechen bewahrt haben.

Die Landmasse Chinas wird von hohen, unzugänglichen und zerklüfteten Gebirgszügen beherrscht, die nur selten weiten Hochplateaus, Becken oder Tiefebenen Platz machen. Für die zentrale Provinz Anhui hat der Volksmund das geflügelte Wort »Sechs Berge, ein Wasser, drei Felder« geschaffen, eine Charakterisierung, die auch auf viele andere Provinzen des Landes zutreffen könnte, nur daß man die Anzahl der Berge zum Teil noch erhöhen müßte. In seiner langen Geschichte isolierten die Berge China nach außen hin von seinen Nachbarn und schützten das Reich – von zwei Ausnahmen abgesehen – als Gesamtheit vor der Unterjochung durch allzu eroberungswütige Nachbarn, aber die Berge begünstigten immer wieder auch den Zerfall des Reiches und die Trennung in Regionen, die übersichtlicher und einfacher zu regieren waren.

Angefangen bei den höchsten Gipfeln der Welt, wie dem Qomolangma (Mt. Everest) im Himalaya an der Grenze zu Nepal und dem Qogir (K2) im Karakorum an der Grenze zu Pakistan, schiebt sich die chinesische Bergwelt – immer wieder unterbrochen von den Hochebenen Tibets, Qinghais, Shaanxis oder Guizhous – in majestätischen Treppenstufen zur Küste hinunter. Nur vereinzelt be-

Die Lehre von Wind und Wasser – Fengshui

Aberglauben nennt es die kommunistische Regierung, Quacksalberei der westlich denkende Analytiker. Doch für einen Chinesen gibt es kaum etwas Wichtigeres als Fengshui (=Geomantik), die Wissenschaft von Wind und Wasser, jene Kunst, mit deren Hilfe die Chinesen die Welt zu ordnen, die Ordnung im Kosmos zu verwirklichen suchen. Hilfsmittel der Geomantik sind die acht Trigramme, die Yin-Yang-Symbolik, die Fünf-Elemente-Lehre und andere Bestandteile, die zusammengenommen eine alles umfassende Wissenschaft und alleingültige Regel darstellen. Ein Verstoß gegen diese übergeordneten Regeln muß Unheil und Unordnung nach sich ziehen, und deshalb ist die Beachtung des Fengshui so wichtig.

Harmonie und Konfliktvermeidung mit dem Makrokosmos sind das Ziel des Fengshui, das die Übereinstimmung mit den Gesetzen, den numerischen Proportionen und dem Atem der Natur *(qi)* herzustellen sucht. Ordnung, Ganzheit und Wirkkraft beherrschen das chinesische Denken. Jede Gegebenheit stellt in sich ein Ganzes dar. Alles im Kosmos ist wie der Kosmos. In diesem System gibt es keine Zufälle. Glück und Unglück sind oft vorprogrammiert, wenn bestimmte Fengshui-Regeln verletzt werden. Logischerweise nimmt der Mensch in diesem System keine besondere Stellung ein. Einziger Vorteil oder auch Nachteil der Menschen ist es, in diesem System für die Erhaltung der sozialen Ordnung verantwortlich zu sein, die wiederum die Grundlage und das Vorbild der kosmischen Ordnung ist. Wird die soziale Ordnung nicht aufrechterhalten, gibt es Krieg und Katastrophen; wird gegen die Ordnung der Natur verstoßen, gibt es Unheil.

Das chinesische Denken wird von Entsprechungen beherrscht. Können die unsichtbaren Meridiane des Körpers durch Akupunktur beeinflußt werden, so gilt das selbstverständlich auch für die Landschaft, wo Pagoden die Funktion der Akupunkturnadeln übernehmen und die Meridiane der Natur, die sogenannten Drachenadern (Berge), beeinflussen. Mit anderen Worten, wo die Natur nicht selber zur Harmonie der Mitte gelangt, muß beispielsweise durch den Bau einer Pagode die Natur natürlicher gemacht werden.

Nicht zufällig ist das Fengshui gerade für die Architektur besonders wichtig geworden. Fügt sich ein Gebäude nicht harmonisch in die Natur, also die kosmischen Gegebenheiten ein, droht Unheil. Wehe der Bank, die die geomantischen Bedingungen nicht einhält. Die Pleite ist vorbestimmt. Die Bank of China in Hongkong ist solch ein geomantischer Sündenfall, und endlos sind die Spekulationen über ihr weiteres Schicksal. Auch Privathäuser müssen Fengshui beachten, sonst kommen Krankheit und Not ins Haus. Alles, was die natürliche Ordnung stört, hat entsprechende Folgen.

Weizentransport am Jadedrachen-Schneegebirge

haupten sich, umgeben von hohen, schwer passierbaren Gebirgen, fruchtbare Beckenlandschaften wie das Rote Becken der Provinz Sichuan.

Schon jene zwei Drittel des Landes, die durch Gebirge geprägt sind, lassen kaum landwirtschaftliche Nutzung zu, doch leider sieht es auch in den ebeneren Landesteilen nicht überall besser aus. Der Nordwesten Chinas ist ein Konglomerat verschiedener lebensfeindlicher Wüsten, das nur vereinzelt von fruchtbaren Oasenregionen unterbrochen wird, und mit der Taklamakan befindet sich darunter die zweitgrößte Sandwüste der Welt. Ein Blick in die Reiskammer Chinas, den Osten, zeigt, daß auch hier das Bild nur oberflächlich besehen vorteilhaft aussieht. Die großen fruchtbaren Tiefebenen sind zwar durch die Anschwemmungen der großen Flüsse entstanden, beispielsweise das Sungari- und Liao-Becken der Mandschurei, das untere Yangzi-Becken oder die Tiefebene von Kanton, aber die

Flüsse sind gleichzeitig auch ihr Fluch. So bietet die Nordchinesische Ebene, die mit einer Fläche von 320 000 km^2 eine der größten Ebenen der Welt bildet, beste Anbauvoraussetzungen, doch macht ihr hier der Gelbe Fluß oft einen Strich durch die Rechnung. 26 mal – zuletzt 1947 – verlagerte er im Lauf der Geschichte sein Flußbett.

Unter den Auswirkungen der geographischen und klimatischen Gegebenheiten leidet die Landwirtschaft naturgemäß am stärksten: Hochwasser und Dürren gehen unter anderem auf die Unregelmäßigkeiten des Monsuns zurück. Problematisch ist, daß die Landwirtschaft in jeder Beziehung die Ernährerin des chinesischen Volkes ist, 70 % aller Arbeitsplätze liefert, durch die Landwirtschaftssteuer erheblich zum Staatshaushalt beiträgt und Hauptabnehmer der Industrieproduktion ist. Aber sie muß mit 7 % des weltweiten Ackerlands, bei abnehmender Tendenz, 25 % der Weltbevölkerung ernähren.

Die längsten Flüsse und damit auch die wichtigsten Lebensadern sind der Chang Jiang (6300 km) und der 5464 km lange Huang He (Gelber Fluß) daneben sind auch noch der die Grenze zu Rußland markierende Heilong Jiang (Amur, 3240 km, davon 2820 km auf chinesischem Territorium), der Zhu Jiang (Perlfluß, 2197 km) im Süden Chinas und der zwischen Chang Jiang und Huang He verlaufende Huai He (1050 km) bedeutende Wasserläufe. Wichtigster von Menschenhand geschaffener Wasserweg ist der Kaiserkanal, der mit einer stattlichen Länge von 1747 km aufwarten kann und die wichtigen Industrie- und Wirtschaftszentren von Zhejiang bis Beijing verbindet.

Flora und Fauna

So sehr sich die Bevölkerung – der unzugänglichen Berge wegen – vor allem im flacheren Osten und in den zentralen Beckenlandschaften auf engem Raum konzentriert, so sehr profitiert die Natur in anderen Landesteilen davon. Die erhabene Gebirgswelt des Changbai Shan, das atemberaubende Panorama des Wuyi Shan in der Provinz Fujian, die dichten tropischen Regenwaldgebiete Xishuangbannas in Yunnan, die mystische Welt des Huang Shan oder die elegische Bergwelt des Fanjing Shan in der Provinz Guizhou sind nur einige der grandiosen, facettenreichen, oft bizar-

Die Vegetationszonen Chinas

Wüste
Steppen
Nadelwald
Mischwald
Laubmischwald
Immergrüner Laubwald
Regenwald
Alpine Vegetation

KASACHSTAN

MONGOLEI

Ürümqi

Harbin

Shenyang

Hohhot

NORD-KOREA

Beijing

Yinchuan

SÜDKOREA

Xining

Lanzhou

Huang He

Xi'an

Nanjing

Shanghai

Lhasa

Chengdu

NEPAL

Chang Jiang

Yangzi Jiang

BHUTAN

Changsha

Nanchang

INDIEN

Guiyang

Fuzhou

BANGLA-DESH

Kunming

TAIWAN

MYANMAR (BIRMA)

VIETNAM

Hongkong

LAOS

Hainan

N

ren Naturlandschaften Chinas, in deren Tiefe sich eine reichhaltige Tier- und Pflanzenwelt entwickeln und erhalten konnte. China weist die reichste Flora aller gemäßigten Zonen der Welt auf. Schon fast vergessen ist bei uns, daß zahlreiche aus unserem Speiseplan nicht mehr wegzudenkende Früchte wie Zitronen, Orangen, Pampelmusen, Aprikosen, Pfirsiche und Kiwis, bei denen man eher ans Mittelmeer oder Neuseeland denkt, ihren Ursprung in China haben. Gleiches gilt für Gartenpflanzen wie Flieder, Forsythien, Pfingstrosen, Primeln oder Rosen, die in kaum einem Garten mehr fehlen und ihre Heimat ebenfalls im Reich der Mitte haben.

Der Reichtum der chinesischen Flora setzt sich in der Vielfalt der Bäume fort. In keinem anderen Teil der Nordhemisphäre wachsen so viele Baumarten wie in China: über 2800, unter ihnen der berühmte Ginkgo (ein lebendes Fossil, hatten die Ginkgoarten doch ihre ›Blütezeit‹, als noch Dinosaurier die Erde bewohnten) aber auch so herrlich anzuschauende oder seltene Spezies wie Cathay-Silberfichte, Chinesische Douglasfichte, Redwood und Goldlärche. Ein Drittel der auf der Welt vorkommenden Pinienarten wachsen auf chinesischem Territorium und rund 53% der endemischen Familien. Zu ihnen gehören unter anderem der seltene

Lotosblüte

Tulpenbaum und der Taubenbaum. Bereichert wird die Flora weiterhin durch über 4000 Heil- und Zierpflanzen, von denen 500 in die traditionelle chinesische Medizin Eingang gefunden haben. 350 Spezies der Pflanzen enthalten spezielle Geruchsstoffe, von denen über 100 für die Parfümherstellung geeignet sind, und unzählige weitere werden als Industrie- oder anderweitige Nutzpflanzen kultiviert.

Nicht minder reichhaltig präsentiert sich die chinesische Tierwelt. Unter den Tieren befinden sich so seltene Arten wie sibirischer und südchinesischer Tiger, Panda, Goldaffe, Schwarznacken-Kranich, Silberfasan und Yangzi-Alligator. In den Urwäldern Xishuangbannas, ganz im Süden der Provinz Yunnan, trifft man noch auf den Indischen Elefanten; folgt man den aufsteigenden Bergen nach Tibet, stößt man auf die scheuen großen und kleinen Indischen Zibetkatzen, die Kleinen Pandas, auf Python-Schlangen und weiter in den Tiefen Tibets auf Schneeleoparden oder die furchtsamen Kiangs. In Nordwestchina tummeln sich vor allem Huftiere wie Halbesel, Saigaantilopen, Kropfgazellen, wilde Kamele, Tiger und natürlich das Yak. In den Monsunregenwäldern Zentralchinas leben zahlreiche Affenarten, unter ihnen der weißköpfige Langur oder Blattaffe, eine der seltensten Affenarten der Erde.

Nur selten allerdings wird man als normaler Tourist auf diese mannigfaltige Fauna stoßen. Die Naturreservate sind in aller Regel für den Laien nicht zugänglich, und wenn, wird man nur in besonders ausgewiesene Gebiete gelassen, wo die Tierwelt teilweise nur in extra dafür vorgesehenen Zoos oder Zuchtanstalten zu sehen ist. Der Tierwelt wird das guttun, wird sie ohnehin schon von einer rasant wachsenden Bevölke-

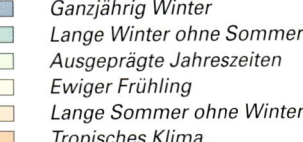

rung bedroht, die ihr unbarmherzig und sukzessiv den Lebensraum nimmt.

Das Klima eines Kontinents

60 Längengrade von Ost nach West und 50 Breitengrade von Nord nach Süd, der höchste Punkt bei 8848 m auf dem Gipfel des Qomolangma (Mt. Everest), der tiefste bei 154 m u. M. beim Aydingkol-See in Turfan, scheinen die Wettervorhersage für jeden Meteorologen vor unüberwindbare Hürden zu stellen. Dennoch ist die Aufgabe leichter, als sie zunächst erscheint.

Für den größten Teil Chinas, etwa 47 %, ist das Monsun-Klima charakteristisch, während fast der gesamte Nordwesten, der etwa 30 % der Landesfläche ausmacht, eine aride, aus Wüsten und meist kargen, felsigen Bergen bestehende Zone ist. Dennoch kann es auch hier vor allem in den Bergen zu sint-

Die Klimazonen Chinas

■ *Ganzjährig Winter*
■ *Lange Winter ohne Sommer*
□ *Ausgeprägte Jahreszeiten*
□ *Ewiger Frühling*
□ *Lange Sommer ohne Winter*
■ *Tropisches Klima*

flutartigen Regenfällen kommen, die binnen Stunden die Straßen und Oasen unter Wasser setzen, bevor die Wassermassen genauso schnell wieder verschwinden, wie sie gekommen sind. Der Monsunregen treibt sowohl vom Pazifik als auch vom Indischen Ozean heran, und zusammen mit der extrem heißen Luft des Hinterlands entlädt er sich nicht selten in tage-, ja häufig wochenlangem Dauerregen, so daß es regelmäßig, vor allem im Süden des Landes, zu großen Überschwemmungskatastrophen kommt.

Die südwestlichen Provinzen Yunnan und Sichuan und die südwestlichen Regionen bis etwa zum 110. Längengrad bekommen den im Mai beginnenden Monsun vom Indischen Ozean. Er endet abrupt im Oktober, so daß hier eine klare Grenze zwischen feuchter und trockener Jahreszeit gezogen werden kann. Mitte Juli erreicht der Monsun langsam die nördlichen Gebiete und überschreitet das Einzugsgebiet des Huai-Flusses. Vor allem der Süden Chinas mit der Provinz Guangdong und die Küstengebiete bis hinauf zu den Landstrichen gegenüber von Taiwan sind Taifun-Gebiete, so daß die Ernten hier nicht nur von Wassermassen, sondern auch von extrem starken Winden bedroht sind.

In weiten Teilen Chinas werden starke Temperaturschwankungen gemessen. Bilden der Osten und Westen im Frühjahr und Sommer eine klare Grenze zwischen Monsun- und Nichtmonsun-Region, so bestehen die größten Unterschiede im Winter zwischen dem Norden und dem Süden, wobei der eisige Winter Nordchinas das Klima bis weit in den Süden beeinflußt. Dreht im Winter der Wind und bläst aus dem kalten Nordwesten, kommt es überall zu starken Temperaturstürzen, die von Temperaturen um 5–10°C selbst südlich des Yangzi binnen einer Stunde auf –0°C fallen können. Bevorzugt sind nur die Provinzen Hainan, Guangdong, Guangxi und Yunnan, wo das Thermometer nie unter 10°C fällt. Im gesamten Norden verzeichnet man dagegen klirrende Kälte, und die Temperatur sinkt auch schon mal auf –30°C. Weniger kraß sind die Unterschiede im Sommer. Dann wird es, abgesehen von einigen Höhenlagen, überall heiß und meist auch schwül. In Wüstengebieten wie der Oase Turfan können Tagestemperaturen von über 40°C gemessen werden. Landesweit werden Durchschnittstemperaturen bis zu 28°C erreicht, und nur Harbin und der hohe Nordosten müssen sich mit 20°C zufriedengeben.

China, Chinesen und die Umwelt

»Wenn die beiden Prinzipien Yin und Yang sich vermischen – normalerweise lösen sie sich ab – dann halten sich auch Sommerhitze noch der Große Regen nicht an die Gesetze der Natur.« (Du Fu, um 750)

Die Chinesen haben den Menschen niemals außerhalb des gesellschaftlichen Zusammenhangs betrachtet, und genausowenig zogen die alten Chinesen eine Trennlinie zwischen Natur und Gesellschaft. So zentral war diese Ganzheit zwischen der Natur und den Menschen, daß politisches Fehlverhalten im konfuzianischen Selbstverständnis ganz automatisch zu Disharmonie führte, die sich wiederum in Naturkatastrophen zeigte. In keinem anderen Land der Welt wurde von der Literaten- und damit der Herrscherklasse verlangt, daß sie die Natur in einer Weise zu erfassen habe, daß der Künstler beispielsweise »den Bambus von innen heraus male« oder »malend selber zum Bambus werde«. Seinen Ausdruck hat sich diese Form der Naturverbundenheit aber nicht nur in einer zarten Poesie, sondern auch in den unnachahmlichen chinesischen Gärten geschaffen, die ein Spiegelbild der von den konfuzianischen Gelehrten für ideal gehaltenen Natur darstellen.

Doch der überschäumende Naturgenuß, die tiefe, daoistisch inspirierte Naturverbundenheit, sie scheinen im modernen China zur leeren Hülse geworden zu sein. Diese Zeiten der Harmonie sind vorbei. Flächendeckend verteilte Industrieschlote vor allem im Osten des Landes blasen aberwitzige Mengen Dreck in die Luft. Flüsse verkommen zu Industriekloaken, deren Farbe mit der des Rohöls konkurriert. Die Natur wird gerodet, bebaut, genutzt auf jedem Millimeter ihrer Krume. Angesichts der bereits bestehenden Müllberge, die im Rahmen des Großreinemachens einiger Städte auch nur weiter aufs Land wandern, steht der Umweltschutz vor der unlösbaren Aufgabe, den Augias-Stall auszumisten.

Doch allzusehr ist man in den Regierungsetagen bereit, auf den Schutz der Umwelt erst einmal zugunsten der Modernisierung Chinas zu verzichten nach der Formel: erst die Modernisierung, dann das Geldverdienen, und dann der Schutz des Lebensraums. Doch die alarmierende Zunahme ökologischer Schäden ließ sich schließlich nicht mehr ignorieren, so daß 1993 zumindest die schlimmsten Umweltsünden ›offiziell‹ zur Kenntnis genommen wurden, nicht ohne daß man gleichzeitig den Industrieländern vorwarf, Chinas Entwicklung bremsen zu wollen. Nicht mehr wegzudiskutieren war die durch Kohleverbrennung und Industrie-Emissionen hervorgerufene Luftverschmutzung, die sich regelmäßig in schweren Smogglocken auch über das Regierungsviertel Zhongnanhai legt. Tröpfelnde Wasserhähne vor allem in den Sommermonaten signalisierten der Bevölkerung Nord- und Nordwestchinas schon seit längerer Zeit die dramatische Abnahme der Grundwasservorräte, die zahlreiche Städte einschließlich der Hauptstadt Beijing zwingt, die Wasserversorgung zeitweise zu rationieren. Verläßt man die Städte mit dem Bus, muß man lange auf freie Sicht warten. Doch hinter dem sichtbaren Aufschwung lauert ein drittes gravierendes Problem. Wuchernde Vorstädte, riesige, neu ausgewiesene Industrieflächen, neue aus dem Boden gestampfte Städte, gigantische Straßenbau-, Staudamm- und andere Infrastrukturprojekte bringen die Landwirtschaft um ihre ohnehin schon raren Ackerflächen und stellen damit langfristig die Nahrungsmittelversorgung in Frage. Nicht zu übersehen ist auch Chinas Waldarmut, die durch rasche Abholzung der noch vorhandenen Wälder dazu führen kann, daß China in absehbarer Zeit über keine forstwirtschaftlich nutzbaren Wälder mehr verfügen wird.

Doch China boomt und muß dies für seine politische und soziale Stabilität noch langfristig tun. Die Bevölkerung wächst trotz rigider Ein-Kind-Politik, und damit einhergehend wächst der Bedarf an Bauland, Nahrungsmitteln, Energie und Rohstoffen weiterhin in besorgniserregendem Maße. Das Pulverfaß schwelt, aber wenigstens wurden Um-

Industriegebiet Jingdezhen

weltkonferenzen seit der internationalen Konferenz in Rio de Janeiro 1992 nicht mehr ignoriert. Mit der sogenannten Agenda 21 wurde sogar eine umweltpolitische Entwicklungsstrategie für das 21. Jahrhundert formuliert. Hauptziel ist die Verbindung von Wirtschaftswachstum mit dem Umweltschutz.

Auf nationaler und regionaler Ebene wird gleichzeitig an einer Verschärfung der Umweltschutzbestimmungen und deren Durchsetzung gearbeitet. Gerade die Städte mit den größten Umweltsünden haben, schon um zu überleben, eine Vorreiterrolle mit oft strikten Kontrollen übernommen. Hohe Strafen, Zwangsschließungen von Fabriken, die die Umweltauflagen nicht einhalten, verbesserte Stadtplanungen gehören zu den Maßnahmen, die zwar noch den berüchtigten Tropfen auf dem heißen Stein, aber zumindest einen Anfang bilden.

Streifzug durch die Geschichte

Die Stunde der Legalisten

Die Frühlings- und Herbstperiode (722 bis 481 v. Chr.) war vorüber, die Streitenden Reiche (481–221 v. Chr.) zerfleischten sich untereinander, während große Philosophen wie Konfuzius, Laozi, Menzius, Modi, Zhuangzi und Xunzi sich den Kopf darüber zerbrachen, was die Fürsten falsch machten und wie die verlorene Harmonie wiederhergestellt werden könne. Doch so sehr sie dafür in eine für golden gehaltene Vergangenheit griffen, für die gegenwärtigen Probleme der Fürsten schienen die Rezepte offenbar nicht geeignet, fanden sie bei den Herrschenden doch kaum Gehör.

In dieser Zeit der Unordnung machte sich der Philosoph Shang Yang (gest. 338 v. Chr.) auf den Weg, um an einem Fürstenhof zu Geld und Ruhm zu kommen. Dieser »gefährlich-kluge« Mann, den man, so sein Erzieher, entweder hinrichten oder als Minister einstellen sollte, traf im Königreich Qin auf das offene Ohr des dortigen Königs Xiaogong, den er davon überzeugen konnte, daß nur die Überwindung der überkommenen Gesellschaftsordnung sein Reich mächtig machen könne. Das Mittel zur Überwindung war das bis in die letzte Konsequenz angewandte und über eine Militärdiktatur aufrechterhaltene Gesetz. Shang Yang begann unverzüglich das Staatswesen zu reformieren und zu militarisieren. Nahezu sämtliche Vergehen wurden mit dem Tode bestraft und nur danach differenziert, wie weit die, ebenfalls neu eingeführte, Sippenhaftung ausgedehnt wurde. Nach dem Tod Xiaogongs sank der Stern Shang Yangs, und er endete auf dem Richtplatz – geviertteilt als Opfer seines eigenen Systems.

247 v. Chr. kam Fürst Zheng von Qin (259–210 v. Chr.) an die Macht. Genial und von seiner Einzigartigkeit überzeugt, zutiefst abergläubisch und sein Leben lang auf der verzweifelten Suche nach der Unsterblichkeitspille, führte er zehn Jahre lang einen bislang beispiellosen Feldzug, in dessen Verlauf ein Fürstentum nach dem anderen annektierte und zu einem Großreich zusammenschweißte. Um dem gänzlich neuen Zeitalter und seinem ›Ewigkeitscharakter‹ auch äußerlich Ausdruck zu geben, verlieh sich Zheng den Titel *Shi Huangdi* (Erster erhabener Göttlicher).

Die Terrakotta-Armee von Qin Shi Huangdi (259–210 v. Chr.) in Xi'an

Sein Kanzler und mächtiger Schatten Li Si, ein geistiger Nachfolger Shang Yangs, machte sich sofort daran, das Großreich Qin zu organisieren, wobei es kaum eine Einrichtung gab, die nicht von Grund auf erneuert wurde. Das Verwaltungssystem Qins wurde auf die eroberten Länder ausgedehnt, die nun in Präfekturen gegliedert wurden, die Währung, die Schrift, der Achsstand der Wagen, Maße und Gewichte usw. wurden vereinheitlicht, ein ausgedehntes Straßen- und Bewässerungsnetz angelegt und eine Große Mauer aus den Schutzmauern der ehemaligen Feudalstaaten errichtet, die bereits die gewaltige Länge von fast 5000 km hatte. Um abschließend noch alle alten Traditionen auszumerzen, ordnete Li Si 213 v. Chr. die erste große Bücherverbrennung in der Geschichte des Landes an, wobei er sicherheitshalber noch Hunderte von konfuzianischen Gelehrten hinrichten ließ. Qin Shi Huangdi starb 210 v. Chr.

trotz seines verzweifelten Bemühens, die Unsterblichkeitspille doch noch zu finden. Sein Kanzler Li Si, der wichtigste Architekt des neuen Reiches, aber endete 208 v. Chr. als ›Hochverräter‹ unter dem Henkersschwert.

Ein Reich zeigt Muskeln

Das drangsalierende System der Dynastie Qin endete 206 v. Chr. auf einem Scherbenhaufen. Die fast schon ›orwellschen‹ Dimensionen eines durch und durch legalistisch organisierten Staats, der jeden überwacht und unterdrückt hatte, waren gescheitert, und die Konfuzianer sahen sich in einem Aufschrei der Genugtuung endgültig in ihrer Auffassung bestätigt, daß man das Ideal des Staats im Alten suchen müsse und nicht im Neuen. Dem Fortschritt haftete von nun an stets der Geruch des unmensch-

Magische Zahlen

Ähnlich der Schrift diente in der philosophischen Spekulation die Zahl als ein Emblem, das man zu vielerlei Dingen in Beziehung setzen kann, vor allem ist sie wandlungsfähig und somit auf ganz verschiedenen Ebenen wirksam. Entscheidend ist die deskriptive Kraft der Zahl, nicht die Vorstellung von Quantität. Die alten Chinesen kannten eine Zehner- und Zwölferreihe, aber selbst die Dezimalreihe diente nicht allein dem profanen Zählen und Numerieren, sondern ihr eigentlicher Zweck war es, die konkreten Bedingungen einer Ordnung darzustellen, und zwar gerade nicht im Sinne unserer Ordnungszahlen. Am plastischsten läßt sich das an der Zahl **5** darstellen, die nicht umsonst zur beliebtesten Zahl Chinas und ganz Asiens avancierte. Die **5** war die Mitte der ersten neun Zahlen und galt so als Symbol des Mittelpunkts. Hat man nun der **5** den Mittelpunkt zugeordnet, löst sich die lineare Anordnung der anderen Zahlzeichen auf, sie verteilen sich gleichsam im Raum und nehmen ihrerseits räumliche Werte an. Nun charakterisiert jede Zahl nicht nur ihren Ort, sie stellt darüber hinaus den ihr zugeordneten Abschnitt im Verhältnis zu einem um einen Mittelpunkt angelegten Ganzen dar. Auf diese Weise ergibt sich der zahlenmäßige Ausdruck der Weltordnung. Ein Ergebnis dieser Anschauung ist das Brunnenfeldsystem, das nach dem chinesischen Schriftzeichen für Brunnen *(Jing)* gestaltet ist und ein magisches Quadrat darstellt.

Im Lauf philosophischer Durchdringung entwickelte sich eine überaus komplizierte Zusammenhangsmagie, die durch die Zahl ausgedrückt und verbildlicht wurde und schließlich die gesamte Kultur durchdrang. Sichtbarer Ausdruck dieser Zusammenhangsmagie war der Städtebau. Der kosmische Plan bestimmte die Standorte der Bauwerke. Der Palast beziehungsweise das Amtsgebäude standen also stets im Zentrum, das kaiserliche Ahnenmausoleum im Osten und der Schutzaltar im Westen. Doch auch die Architektur selber wurde von der Zahl durchdrungen. Ein meisterhaftes Beispiel ist der Himmelsaltar in Beijing, dessen gesamter Aufbau durch die magische und heiligste Zahl **9** bestimmt wird. Stets spiegelte das Irdische die kosmische Anordnung wider, sei es in den fünf Himmelsrichtungen (einschließlich der Mitte), fünf Elementen, fünf Planeten, fünf Geschmäckern und so weiter. Die magische Wirkung dauert bis heute fort, sei es in den ›Fünf Prinzipien friedlicher Koexistenz‹ bis hin zur Zigarettenmarke ›555‹, die auch die nicht minder wichtige **3** (3 x 5) einschließt und eine der erfolgreichsten Marken in Asien ist.

Zahlenmagie beherrscht den Festtagsreigen, und es ist kein Zufall, daß die alten Feste am 1. 1., 2. 2., 3. 3. etc. stattfinden. Fast so beliebt wie die **5** ist die Glückszahl **8** (3 + 5); ein Schelm, wer da denkt, daß Aberglaube im Spiel war, als die Shanghaier Börse am 8. 8. 1988 aus der Taufe gehoben wurde.

lichen Legalismus an. Damit einher aber ging eine geistige Haltung, die den Konfuzianismus in seiner weiteren Entwicklung schließlich fortschrittsfeindlich werden ließ.

Das Programm der die Qin-Dynastie ablösenden Han war einfach: Abschaffung dessen, was die Qin-Dynastie so verhaßt gemacht hatte, in erster Linie des drakonischen Strafrechts. Der Rest allerdings blieb, nur daß die Regierenden geschickter vorgingen und so ihre Dynastie und den jungen Zentralstaat festigen konnten. Das Reich der Mitte wurde zu einer Macht.

141 v. Chr. bestieg mit Liu Che (Wudi, reg. 141–87 v. Chr.) ein Mann den Thron, der von seiner Größe und Genialität derart überzeugt war, daß niemand Geringeres als der mythische Gelbe Kaiser sein Vorbild sein konnte. Im Bewußtsein der militärischen und wirtschaftlichen Macht seines Reiches beendete Wudi die Beschwichtigungspolitik seiner Vorgänger gegenüber den China bedrohenden Steppen- und Randvölkern, die sich durch permanente Über- und Einfälle ins Reich der Mitte ein Stück vom Reichtum des Landes erobern wollten. Diplomatische Gesandtschaften wurden in alle Himmelsrichtungen ausgesandt. Ihr Auftrag lautete, Allianzen zu schmieden und Zwietracht unter den Barbarenvölkern zu säen, ganz in der Tradition, »einen Barbaren durch einen anderen zu bekämpfen«. Damit einher ging eine militärische Expansion, die die Armeen Wudis im Westen bis weit nach Zentralasien, im Süden bis ins heutige Vietnam und im Norden bis nach Korea führte.

Unter seiner Regierung hatte sich das monarchische Prinzip endgültig durchgesetzt, die Verwaltungsstruktur des Reiches war derart organisiert, daß sich noch Jahrhunderte nach Zusammenbruch der Han-Dynastie die Regierungsformen daran orientierten. Legislative und exekutive Gewalt lagen beim Kaiser, und Wudi hatte es durch geschicktes Vorgehen geschafft, weltliche und geistliche Macht in der Person des Himmelssohns zu vereinen. Mit der Gründung einer nationalen Beamtenakademie schließlich war der institutionelle Rahmen geschaffen worden, von dem aus sich der Konfuzianismus sukzessiv als Staatsdoktrin etablieren konnte.

Religion, Macht und Geld

China war nach Jahrhunderten der Spaltung im Jahr 589 durch die kurzlebige Sui-Dynastie (581–618) endgültig wieder geeint worden, als mit Li Shimin zum nunmehr dritten Mal ein überragender Kaiser den Thron bestieg. 618 hatte er seinen Vater, General Li Yuan, dazu gedrängt, seine Soldaten gen Chang'an zu lenken, um den Sui-Kaiser zu stürzen und eine neue Dynastie zu gründen – die der Tang. 626 stieß er seinen Vater vom Thron und gab sich nun als Kaiser Taizong (reg. 626–649) nicht mehr nur mit der Einigung des chinesischen Reichs zufrieden. Er trat in die politischen Fußstapfen Wudis und reagierte auf die stetigen Einfälle der Nomaden mit dem zweiten gewaltigen Expansionsfeldzug in der Geschichte des Landes. 648 waren die Feldzüge abgeschlossen und eine Landmasse erobert, die von Korea bis Persien und vom Ili-Tal bis nach Vietnam reichte.

Die ungeheure Ausdehnung des Reichs und damit einhergehend die Öffnung der Handelsstraßen ermöglichten einen unglaublichen Rückstrom kultureller Einflüsse nach China. Unter ihnen sollte schon bald der Buddhismus eine

Keramikfigur eines Wächters, Plastik der Tang-Zeit (618–906)

überragende Position einnehmen. Waren schon unter der Nördlichen Wei-Dynastie die Künste und der Buddhismus gefördert worden, so erlebten sie nun eine wahre Blüte. Nicht zuletzt dank des genialen buddhistischen Mönchs Xuanzang (602–664) und weiterer Pilger wie Yijing (635–713) konnte der Buddhismus schließlich sogar zum beherrschenden Element der Tang-Zeit (618–907) werden.

Unter Li Longji, der als Kaiser Xuanzong zwischen 712 und 756 regierte, sollte die Tang-Dynastie ihr Goldenes Zeitalter erleben. Klassische Dichtkunst und buddhistische Studien erreichten eine bislang nicht gekannte Blüte. Das China der Tang-Zeit war ›multikulturell‹, am Kaiserhof spielte man Polo und war arabischer Kultur zugetan, die Hauptstadt Chang'an wurde von Türken, Uiguren, Tibetern, Koreanern, Kaschmiris, Persern und vielen anderen Nationalitä-

ten bevölkert. Religionen wie der Manichäismus, Nestorianismus, Zoroastrismus und der Islam fanden ihren Weg ins Reich der Mitte, während die Kultur Chinas in alle Himmelsrichtungen ausstrahlte und die umliegenden Länder stark beeinflußte. Doch in dieser Blüte lag bereits der Keim des Untergangs. Das Riesenreich konnte nur mit Hilfe eines gewaltigen Militärapparats zusammengehalten werden, dessen Befehlshaber immer mächtiger und unabhängiger wurden. Die buddhistischen Klöster besaßen einen schier unglaublichen Reichtum an Grundbesitz, Arbeitskräften, Geld und Metallen, brauchten aber keine Steuern zu zahlen, und das in einer Zeit, in der dem Staat wegen einer nicht mehr zeitgemäßen Steuerpolitik zunehmend das Geld ausging.

Seine große Liebe zur berühmten Konkubine Yang Guifei ließ Kaiser Xuanzong blind werden für das drohende Unheil. Als sie ihren Vetter Yang Guozhong in das Amt des Kanzlers hievte, löste der türkisch-sogdischstämmige General An Lushan, der sich um dieses Amt betrogen sah, eine verheerende Militärrebellion aus, in deren Verlauf Chinas Macht an den Rändern abbröckelte. Erst 763 konnte die Revolte niedergeschlagen und die Dynastie restauriert werden.

Mit der An-Lushan-Rebellion kündigte sich ein tiefgreifender gesellschaftlicher Wandel an, der sich zunächst in einer Reaktion des Sichabschließens äußerte. Es kam zu einer feindseligen Einstellung gegenüber fremden Kulturen, und man besann sich der Quellen der chinesischen Tradition. Der ›nationalistische‹ und fremdenfeindliche Charakter dieser Bewegung richtete sich 836 zunächst gegen die Ausländer selbst, indem es Chinesen verboten wurde, mit ihnen zu verkehren, zwischen 842 und

Buddhismus und Daoismus

Buddhismus

Der Buddhismus greift zurück auf in Indien schon vor seiner Zeit bestehende Lehren oder zumindest Elemente von Lehren, insbesondere auf Aspekte des hinduistischen Weltbilds. Als Begründer des Buddhismus gilt Siddharta Gautama, um das Jahr 563 v. Chr. im Norden Indiens als Sohn des Fürstenhauses der Sakya geboren. Daher auch der Name, unter dem der historische Buddha kanonisiert wurde: Shakyamuni, Weiser aus dem Hause Sakya/Shakya.

Wohlbehütet und in relativem Wohlstand aufgewachsen, löste die Begegnung mit Alter, Krankheit, Tod und mönchischem Leben in ihm den Wunsch aus, den Weg zur Erlösung vom Leiden zu finden. Nachdem Siddharta Gautama zunächst – erfolglos – versucht hatte, auf dem Weg der Hauslosigkeit und Askese, der zur damaligen Zeit von vielen religiösen Lehrern und Adepten als der allein zur Erlösung führende betrachtet wurde, eben jene zu erlangen, lockerte Gautama die Askese, praktizierte indes weiterhin und konsequent die Meditation. Im Alter von 35 Jahren erlangte er unter einem Pappelfeigenbaum (bodhi-Baum = Baum der Erleuchtung) im Lumbini-Hain die Erleuchtung, wurde zum Buddha. In den folgenden 45 Jahren seines Lebens zog er von nun an umher und predigte seine Erkenntnis, setzte das Rad der Lehre *(dharmachakra)* in Gang. Im Zentrum seines Erkenntnis-

und Erlösungswegs stehen die ›Vier Edlen Wahrheiten‹: die Erkenntnis um die Wahrheit vom Leiden, von der Entstehung des Leidens, von der Aufhebung des Leidens und vom Achtteiligen Pfad, der zur Überwindung des Leidens führt. Alles Dasein ist leidhaft, es sind Unwissenheit und Begierden, die die Lebewesen dem Leben verhaftet sein lassen, die den Menschen unweigerlich immer wieder in den Kreislauf der Wiedergeburten ziehen. (Die Vorstellung von der Wiedergeburt, übrigens nicht im Sinne einer Seelenwanderung, sondern in Form eines Lebensimpulses, der aus den guten und den schlechten Taten *(karma)* im Lauf eines Lebens entsteht, findet sich bereits im Hinduismus.) Um diesen ›Teufelskreis‹ der Existenzen *(samsara)* zu überwinden, hilft nur die Erkenntnis, daß die Leidensaufhebung allein im Erlöschen der Gier (nach Glück, Leben, Freude …) zu erlangen ist. Der Achtteilige Pfad der Leidensaufhebung nun ist es, der dem Adepten den Weg ins *Nirvana*, jenen nicht beschreibbaren Zustand jenseits von Sein und Nichtsein, ermöglicht.

Buddha Shakyamuni lehrte einen Weg zur Selbsterlösung, der, so er konsequent durchgeführt wird, eigentlich nur für einen Mönch lebbar ist. Dies ist nicht vielen Menschen möglich, und so begann sich die Lehre schon kurz nach Siddhartas Eingang ins *Nirvana* allmählich zu wandeln. Um die Jahrtausendwende trat dann mit dem Großen Fahrzeug, dem *Mahayana*, eine buddhistische Richtung in Erscheinung, die eine

Erlösungsmöglichkeit nicht mehr nur aus der Kraft des einzelnen selbst heraus, sondern auch von außen, letztlich sogar ohne die Notwendigkeit eines tieferen Verständnisses des Buddhismus, postulierte. Im Gegensatz zur, von Anhängern der neuen Schule verächtlich *Hinayana* (Kleines Fahrzeug) genannten, alten Lehre betrachtet das *Mahayana* das Leiden nur als Schein, sieht ein Absolutes. Das Wesen aller Daseinsformen ist im Kern mit diesem Absoluten identisch, und Buddha ist nichts anderes als eine Projektion dieses Absoluten. Damit änderte sich auch das Ziel der Gläubigen: Nicht das Erreichen des *Nirvana* steht im Vordergrund, sondern die Verwirklichung der Natur der Wirklichkeit, des Absoluten, die Erkenntnis, daß *Samsara* und *Nirvana* nicht zwei grundsätzlich verschiedene Dinge sind, sondern eins, da auch die Natur eine Einheit bildet, die nur der menschliche Geist in Subjekt und Objekt gespalten sieht. Die Menschen als Teil des Absoluten sind daher wesenhaft schon erlöst und müssen ›es‹ nur mehr realisieren, erkennen, um erlöst zu werden. Im Mahayana-Buddhismus ist nicht mehr der *Arhat*, der Adept, der mühsam Erleuchtung erlangt hat, das Ideal, sondern der *Bodhisattva*, das ›Erleuchtungswesen‹, ein Wesen, das selbst Erleuchtung erlangt hat, jedoch aus Mit-Leiden mit den anderen Wesen auf den Eingang ins *Nirvana* verzichtet, um den anderen ebenfalls zur Erleuchtung zu verhelfen. Damit einher ging die Möglichkeit der Übertragung von karmischen Verdiensten, die für die Verbreitung des Buddhismus im vom Ahnenkult geprägten China wichtig werden sollte. In China übersetzte man die Lehre zunächst mit dem recht einfachen Vokabular der traditionellen chinesischen Philosophie, was Verzerrungen der Inhalte zur Folge hatte. Erst ab dem 4. Jahrhundert begannen einige chinesische Mönche zu realisieren, daß der Buddhismus nicht einfach eine barbarische Variante des Daoismus war, und bemühten sich nun um Originalwerke aus Indien, die neu übersetzt und mit eigenen Begriffen versehen wurden. Der chinesische Buddhismus erlangte damit eine Eigenständigkeit, die ihn im weiteren Verlauf seiner Entwicklung zum mächtigsten Konkurrenten des Daoismus machte.

Daoismus

»Dreißig Speichen treffen sich in der Nabe./Da, wo sie nicht sind, ist der Nutzen der Nabe./Knete Ton und bilde daraus Gefäße./Da, wo er nicht ist, liegt der Gefäße Gebrauch./Brich in

die Wände Fenster und Tür dem Hause./Durch das Nichts darin wird es ein brauchbares Haus./Also: Daß etwas da ist, bedeutet Gewinn./Aber das Nichts darin macht ihn nutzbar.« (Laozi, Der Nutzen des Nichts)

Dao (Weg), *De* (Tugend, Kraft), *Yin* und *Yang*, Fünf Elemente (oder Wandlungsphasen), *Jing* (Essenz), *Qi* (Lebenskraft), *Shen* (spirituelle Energie) und so weiter, all das sind auch bei uns wohlbekannte Begriffe, die sich dennoch immer wieder dem Zugriff unseres Verständnisses entziehen, einmal weil sie aus einer mehrere Tausend Jahre alten Lebens- und Alltagserfahrung erwachsen sind, zum anderen, weil die Chinesen sie nie wirklich eindeutig definiert haben. Wo abendländischer Verstand nach Gesetzmäßigkeiten, Kräften oder Substanzen sucht, reicht dem chinesischen das substanz-

lose Nichts, das, obwohl nicht vorhanden, dennoch machtvoll wirksam ist.

›Wirksamkeit‹ ist vielleicht der zentrale Begriff, der das chinesische Denken beherrscht, und *Yin* und *Yang* das Begriffspaar, das diese Einstellung am eindrucksvollsten repräsentiert. Es gibt kaum Begriffe, über die mehr spekuliert wurde, die häufiger fehlgedeutet wurden als diese beiden bipolaren Kräfte, die sich Chinesen weder als Prinzipien noch als Substanzen vorstellen. *Yin* (das Weibliche, Dunkle, Passive usw.) und *Yang* (das Männliche, Helle, Starke usw.) sind keine absoluten Gegensätze in der Art von Sein und Nichtsein, Gut und Böse, vielmehr werden sie als ein relativer Gegensatz eher rhythmischer Art wahrgenommen. Der Grundsatz der Ablösung ist vorherrschend, ein Turnus, wie er zwischen zwei rivalisierenden und doch zusammengehörenden Gruppen besteht, die wechselweise in den Vordergrund treten.

Der Regulator des Wechsels von *Yin* und *Yang* ist das *Dao*. Es ist kein Urprinzip, sondern ein überragend wirksames Ordnungsprinzip, das den Rhythmus der Dinge reguliert, es ist kein höheres Wesen, das Dinge erschafft, sondern es bewirkt, daß sie so werden, wie sie sind. Prinzipiell steckt hinter dem *Dao* eine an sich unbestimmte Wirkkraft, die jedoch die Grundlage jeder Wirksamkeit darstellt. Das *Dao* drückt die alles umfassende Ordnung aus, die sich in der Gesamtheit aller Gegebenheiten bekundet. Die sich in Einzelheiten manifestierende Wirkkraft wird *De* genannt. An diesen Begriff ist der Gedanke einzelner Errungenschaften geknüpft. Meist werden beide Begriffe als *Daode* zusammen verwendet.

Buddha-Skulptur aus den Wolkengrat-Grotten bei Datong

Der Herrschaft des *Yin* und *Yang* unterworfen sind die fünf Wandlungsphasen oder die Lehre der Fünf Elemente, der die Erkenntnis zugrundeliegt, daß die Naturabläufe einem subtilen Gleichgewichtssystem zwischen verschiedenen Prozessen unterliegen, die je nach Situation unterstützen, hemmen oder blockieren. Der Mensch selbst ist über die Fünf Eingeweide in das System der Wandlungsphasen eingebunden, für die chinesischen Philosophen einer der Beweise, daß der Mensch nach dem Vorbild des Kosmos gestaltet ist.

Die Lebenswelt der Menschen ist in diesem System nichts anderes als ein konkreter Ausdruck dieses Ordnungsprinzips. Ihr soziales Leben ist ein Abbild der im Kosmos waltenden Ordnung, die ja sowohl im Mikro- als auch im Makrokosmos jeweils vollständig enthalten ist. Basierend auf diesen Vorstellungen entwickelten Daoisten und Konfuzianer allerdings höchst unterschiedliche Ansätze, wie diese Ordnung aufrechtzuerhalten sei. Versuchten die Konfuzianer über hierarchiegerechte Verhaltensweisen und Rituale, die Harmonie zu erhalten und die Ordnung des Kosmos nicht zu stören, akzeptierten die Daoisten den rhythmischen Wandel und mit ihm das immer wieder über die Gesellschaft hereinbrechende Chaos als den unabänderlichen Lauf der Dinge. Ihr Konzept, das in erster Linie im Laozi zugeschriebenen Daode Jing zum Ausdruck kommt, hieß ›Nicht Handeln‹ *(Wu Wei)*, was im Kern bedeutet, daß man nicht gegen den Lauf der Dinge handeln soll. Der Gedanke des rhythmischen Wandels äußerte sich bei den Daoisten unter anderem auch darin, daß sie der Meinung waren, daß das Mandat des Himmels periodisch von einer Herrscherfamilie auf eine andere übergehen müßte, wobei sich der Wechsel in der Natur durch Katastrophen ankündigte. Sie akzeptierten, daß einer Zeit der Ordnung zwangsläufig eine Zeit der Unordnung folgen mußte.

Aus dieser Einstellung heraus konnte sich schon früh ein messianisch orientierter Daoismus entwickeln. Seine Vertreter erstellten Berechnungen, wann mit Katastrophen und Machtwechseln zu rechnen war, und bereiteten sich in bis heute unausrottbaren Geheimgesellschaften darauf vor, um den Wechsel etwa über gesteuerte Volksaufstände herbeizuführen und damit den Lauf der Welt zu erhalten. Für die Daoisten war dies pures *Wu Wei*, Nicht-Handeln, ein Handeln mit und nicht gegen den Lauf Welt, so wie sie es den Konfuzianern vorwarfen, die mit ihren Ritualen zur Erhaltung der Harmonie den natürlichen Lauf ›störten‹.

Doch der Daoismus war nicht nur politisch orientiert, er bot auch den meisten Volksschichten in der einen oder anderen Form Unterschlupf. Der eher geistig orientierte, gebildete Bürger hing dem philosophischen Daoismus an und versuchte sein Leben dem harmonischen Ablauf der Universums anzugleichen. Der institutionalisierte Daoismus mit seinen zahllosen Sekten, den Eremiten und Quacksalbern, setzte sich das Ziel, zur Quelle des Seins, zum Dao zurückzukehren, worunter er nichts anderes als die Erlangung der Unsterblichkeit verstand. Seine Vertreter entwickelten eine komplexe Alchimie, die zur Grundlage der chinesischen Medizin wurde, um Unsterblichkeitselixiere zu entwickeln. Zu guter Letzt gab es noch den Volksdaoismus, der zusammen mit Konfuzianismus und Buddhismus in der Volksreligion verschmolz und deren Anhänger bei Tausenden von Göttern, bei Magie und Zauberei Zuflucht suchten.

845 schließlich auch gegen die ausländischen Religionen und vor allem den Buddhismus. Ihm wurde vorgeworfen, für den moralischen und wirtschaftlichen Verfall diverser Dynastien verantwortlich gewesen zu sein. In der Folge wurden 260 000 Nonnen und Mönche säkularisiert und damit zu Steuerzahlern, weitere 150 000 Abhängige der Klöster als Steuerzahler registriert, 4600 größere Klöster und 40 000 kleinere Kultstätten zerstört oder zweckentfremdet. Andere Religionen wie der Nestorianismus oder Manichäismus wurden ganz verboten. Der Buddhismus konnte dadurch zwar nicht ausgelöscht werden, er blieb fest in der Bevölkerung verwurzelt, aber die religiöse Aufbruchstimmung des 6. und 7. Jahrhunderts war vorbei. Der Buddhismus war mit dem Verfall der Tang-Dynastie und dem damit einhergehenden Verlust der Kontrolle über die westlichen Gebiete von seinen Wurzeln abgeschnitten worden und erfuhr keine wesentliche Weiterentwicklung mehr. Auch die vom Buddhismus so stark beeinflußte Kunst schien ihre Inspiration verloren zu haben. Die Tang-Dynastie brach 885 zusammen und wurde 907 schließlich auch nominell beendet.

Konfuzius

Eine ›konfuzianische‹ Dynastie

Die mächtigen Militärkommissare waren es, die der ruhmreichen Tang-Dynastie den Dolchstoß gaben und das Land erneut entzweirissen. Während sich im Norden des Landes die Fünf Dynastien (907–960) abwechselten, brach der Süden in die Zehn Königreiche (901 bis 979) auseinander. Das Militär war es wiederum, das China ein weiteres Mal einte. 959 starb der Kaiser der Späteren Zhou-Dynastie (951–960), und General Zhao Kuangyin (927–976) wurde von seinen Unterführern zum Kaiser ausgerufen. Er gab seiner Dynastie den Namen *Song* und setzte die unter seinem Vorgänger begonnene Wiedervereinigung des Landes fort.

Ein dichtes Netz von Informations-, Kontroll- und Kommandostellen wurde über das Land gelegt und festigte die Macht der Zentralregierung über das gesamte chinesische Territorium. Gegenüber seinen Nachbarn suchte China eine Koexistenzpolitik. Im Nordosten herrschte das Volk der Kitan mit der Liao-Dynastie (937–1125); die Transkription von Kitan ins Persische lautete *Khitai*, was wiederum in Europa zu *Cathay*, der damaligen Bezeichnung für China, wurde. Im Nordwesten gründeten die Tanguten das Reich der Xi Xia (1032–1227). Damit gab es zwei sehr starke Nachbarn, denen das Reich der Mitte wenig entgegenzusetzen hatte. So war das China der Song gewissermaßen mit sich selbst beschäftigt. Das Zeitalter der chinesischen ›Renaissance‹ hatte begonnen.

Nach dem gescheiterten Experiment mit dem ›kosmopolitischen‹ Buddhismus besann man sich wieder auf seine ureigensten Traditionen – auf den Konfuzianismus, und große Denker wie Ou Yangxiu beschworen das Ideal des Altertums, als Staat und Gesellschaft, Regierung und Erziehung noch eins waren. Die unbekümmerte Übernahme fremder Kultureinflüsse wurde als Gefahr für den Bestand der Nation angesehen. Die konfuzianischen Denker standen angesichts großer gesellschaftlicher Veränderungen vor der herausfordernden Aufgabe, neue Normen für das soziale Leben der Gemeinschaft zu erarbeiten. Unter dem zunehmenden Druck sozialer Differenzierung und technologischer Entwicklung mußte sich der Konfuzianismus nun auch naturwissenschaftlichen Problemen öffnen. Angesichts einer allgemeinen Abkehr vom Pluralismus postulierte er nun die grundlegende Identität der natürlichen und der menschlichen Ordnung, der Ethik und des Kosmischen. Erfüllt war die Philosophie von der Suche nach einer umfassenden Erklärung des Universums mittels eines einheitlichen geistigen Konzepts, das alle nur vorstellbaren Seinsschichten durchdringen müßte. Damit verbunden war natürlich das Postulat, daß nicht mehrere Weltanschauungen nebeneinander bestehen könnten.

Der berühmte, zu seiner Zeit heftig umstrittene Philosoph Zhu Xi (1130 bis 1200) faßte all die Gedanken des wohl am stärksten konfuzianisch geprägten Zeitalters Chinas in einer großen Synthese zusammen. Bekannt wurde seine Schule (Schule der menschlichen Natur und der universellen Ordnung) unter dem Begriff Neokonfuzianismus. So kühn die Gedanken Zhu Xis zu seiner Zeit auch waren, so sehr hatten sie den Konfuzianismus in seiner weiteren Entwicklung schließlich seiner inneren Dialektik beraubt. Als einziger in der Mitte liegender Pfad der Wahrheit führte das konfuzianische Denken in eine erschreckende Eindimensionalität. In den folgenden Jahrhunderten erstarrte der Konfuzianismus in einer Orthodoxie, die erst im 20. Jahrhundert gelöst werden konnte. Seit 1067 wurden nun auch die Beamtenexamina konsequent durchgeführt, mittels derer man einen großen Teil der Verwaltungselite des Landes rekrutierte. Die Grundlagen des Mandarin-Staats, der das China der folgenden Jahrhunderte prägte, waren damit voll ausgebildet.

Mißtrauisch und ablehnend, wie der Konfuzianismus gegenüber allem Kriegerischen stets gewesen war, wurde das Militär, das die Dynastie geschaffen hatte, systematisch entmachtet. War der Beruf des Kriegers zur Tang-Zeit noch hoch geachtet, hatte er nun sein Ansehen bei den Gebildeten vollends eingebüßt. Sozialprestige erlangte man nun an durch Bildung. Die Intellektuellen distanzierten sich von jeder Art kämpferischer Spiele, die noch in der Tang-Zeit, wie das Polo-Spiel, so beliebt waren. So tief reichte die Verachtung der Literaten vor körperlichen Anstrengungen und Aktivitäten, daß sie sich bis in die heutige Zeit erhalten hat. Zum erstenmal in der Geschichte stiegen nun die Literaten-Beamten zu den höchsten und entscheidendsten Posten auf, während vorher eher das aristokratisch-militärische Element überwogen hatte.

Das Gesetz der Steppe

Da hatte es nun Zhu Xi geschafft, die widerstrebenden Weltanschauungen Buddhismus, Daoismus und Konfuzianismus auf den konfuzianischen Nenner zu bringen, ja er hatte es im konfuzianischen Sinne geschafft, die Welt zumindest theoretisch in ›Ordnung‹ zu bringen, als der Mongolen-Khan Kublai (1215–94) das von Dschinghis Khan 1210 begonnene Werk der Eroberung Chinas vollendete, die sich im übrigen als weit schwieriger erwies als die Eroberung der restlichen Welt. Zum erstenmal in der Geschichte des Landes (1279) wurde das gesamte Reich der Mitte damit von einer fremden Macht beherrscht. Eine Katastrophe ohnegleichen, die auf allen Ebenen Konsequenzen zeigte. Schon 1271 hatte Kublai Khan seiner Dynastie den Namen Yuan (Uranfang) gegeben, womit er erstmals nicht einen Sippen- oder Staatsnamen wählte. Die Folgen für das Volk waren gravierend. China wurde von den Mongolen als Quelle unerschöpflichen Reichtums angesehen, und die Chinesen wurden als Sklaven betrachtet, die ihnen diesen Reichtum liefern mußten. Die Regierung und Verwaltung lag vorwiegend in Händen von Nicht-Chinesen, hauptsächlich Mongolen. Das Finanzwesen wurde fast komplett von Ausländern kontrolliert, oft Persern, Türken und Syrern, die mit ihren Wucherpraktiken auch die schlimmsten in vormongolischen Zeiten herrschenden Mißstände übertrafen.

Kublai Khan verlegte seine Winterresidenz nach Beijing, das nun *Dadu* hieß, unter seinem türkischen Namen *Khanbalik* (Herrscher-Stadt) allerdings bekannter wurde. Seine Sommerhauptstadt blieb weiterhin Shangdu (Obere Hauptstadt) in der Gegend von Dolonnor in der Inneren Mongolei. Ähnlich wie schon in der Tang-Zeit wurde das

Dschinghis-Khan-Mausoleum von Dongsheng in der Inneren Mongolei

China der Mongolen multikulturell. Der Handel wurde von den fremden Herrschern gefördert, und über die Handelsstraßen zogen riesige Karawanen von Ost nach West und umgekehrt. Dennoch hatten die meisten der Ausländer für die chinesische Kultur wenig Interesse. Für die gebildete chinesische Elite, die, von der Verwaltung des Landes ausgeschlossen, gewissermaßen arbeitslos war, stellte die Zeit der Besetzung eher eine Pause, einen vorübergehenden Betriebsunfall dar, der sich nicht sinnvoll in das konfuzianische Geschichtsverständnis einordnen ließ. Daran konnten auch die 1313 für orthodox erklärte Lehre Zhu Xis und die im Anschluß daran wieder eingeführten Beamtenexamina nichts ändern. In der konfuzianischen Tradition war es schlichtweg nicht vorgesehen, daß der ›Auftrag des Himmels‹ auch an einen Barbaren gehen konnte. Die in der Song-Dynastie einsetzende Selbstgenügsamkeit, das Sichverschließen der chinesischen Kultur vor ausländischen Anregungen fand so auch im multikulturellen China der Yuan-Zeit seine Fortsetzung, und der Haß auf die Mongolen und fremden Sachwalter förderte diesen Prozeß wohl zusätzlich.

1368 gelang es Zhu Yuanzhang, dem Sohn eines armen Bauern, endlich die Mongolen aus China zu vertreiben, große Teile Chinas unter seine Herrschaft zu bringen und unter dem Namen *Ming* dieses unselige Kapitel zu beschließen.

Mandarine und Eunuchen

Wie verlogen kann doch eine Ideologie sein. Gerade noch hat sie alles Fremde verteufelt, und nun hatte sie nichts Eiligeres zu tun, als die Brutalisierung der Politik durch die Steppenvölker in ihr eigenes Machtsystem zu übernehmen. Aber zumindest hatte dieses System Tradition, hatte der Konfuzianismus doch schon nach dem Untergang der legalistischen Qin-Dynastie keine Schwierigkeiten gehabt, zentrale legalistische Elemente in seine Theorie und Praxis zu übernehmen. Zhu Yuanzhang errichtete ein absolutistisches Regime, und so wurden als erstes die wichtigen Klassiker, allen voran Menzius, von den Stellen gereinigt, in denen von den Rechten des Volkes die Rede war oder womöglich die Legitimation des Herrschers auf den Willen des Volkes zurückging.

Die Reichsverwaltung wurde nach dem Vorbild der Song-Dynastie reorganisiert, wobei die Stellung des Kaisers allerdings noch absoluter war. Als Mann des Volkes hegte der neue Kaiser ein tiefes Mißtrauen gegen die Literaten-Beamten. Die Beamtenexamina dienten nun vorrangig dazu, gehorsame Staatsdiener heranzuziehen. Seinen zahlreichen Säuberungen fielen unzählige Familien zum Opfer.

Als Zhu Yuanzhang 1398 starb, hinterließ er einen institutionell gefestigten Staat. Das Land hatte seine Macht und Würde nach innen und außen wiederhergestellt, und in einer gewaltigen Kraftanstrengung konnte das verwüstete China wirtschaftlich wieder auf die Beine gestellt werden.

Das unter Zhu Yuanzhang gesäte allgemeine Mißtrauen wurde der ideale Nährboden für das Wirken der Eunuchen, die sich schlau und aalglatt in allen Ebenen der Verwaltung einnisteten und sich schließlich auch der Geheimpolizei bemächtigten, die sie zu einer allgegenwärtigen Spitzelorganisation ausbauten. Der erste dieser mächtigsten Eunuchen war Wang Zhen, der bis zu seinem Tode 1449 die Politik kontrollierte. Er sollte ein gutes Jahrhundert später einen ›würdigen‹ Nachfolger in dem gefürchteten, diktatorischen Obereunuchen Wei Zhongxian (1568–1627) finden. Ihm gelang es alsbald die Geheimpolizei und den gesamten Verwaltungsapparat zu kontrollieren. Besonders profitierte er von der Uneinigkeit in der Literaten-Beamtenschaft selbst. Hier bekämpften sich verschiedene Schulrichtungen gegenseitig, statt sich vereint gegen die Eunuchen zu wenden. Ein Beamter war es schließlich auch, der eine Liste von 700 Namen der Mitglieder der ehrwürdigen Donglin-Akademie, die unter dem Wanli-Kaiser der Ming (1573–1619) einigen Einfluß auf die Politik ausüben konnte, veröffentlichte, nachdem sie sich angeblich einer Verschwörung schuldig gemacht hatten. Viele Mitglieder, hohe und mittlere Beamte, wurden daraufhin eingekerkert und ermordet. Erst beim Machtantritt des letzten Ming-Kaisers (1628) konnte Wei Zhongxian ermordet werden. Der Zustand des Reichs, der sich nach außen in der Person dieses skrupellosen Obereunuchen spiegelte, war allerdings schon zu desolat, um das Ruder noch herumreißen zu können. Der letzte Kaiser war nur noch Sachwalter des Untergangs der letzten chinesischen Dynastie, den er zumindest formal damit besiegelte, daß er sich am 25. April 1644 an einem Akazienbaum nördlich seines Palasts aufhing.

Ein Riese erwacht …

Wieder einmal blieb der Konfuzianismus die Antwort auf die Ereignisse schuldig. Die herrschende Philosophie Wang Yangmings (1472–1528), die den Neokonfuzianismus Zhu Xis noch um chan-buddhistische Elemente angereichert hatte, erschien angesichts der Hilflosigkeit gegenüber den Ereignissen als zu losgelöst von den konkreten Problemen. Das absolutistische System wurde nun generell in Frage gestellt, doch es war zu spät, denn erneut brach die Katastrophe einer Fremdherrschaft über China herein, in deren Verlauf der orthodoxen Ideologie endgültig die Antworten auf eine sich modernisierende Welt ausgingen.

Diesmal führte der Übergang zu einer Fremddynastie nicht mehr zu diesem geistigen, lähmenden Rückzug wie noch unter den Mongolen. Während sich hinter den Mauern der Verbotenen Stadt Eunuchen und Literaten zerfleischten, hatte weit oben im Nordosten der Dschurdschen-Führer Nurhaci (1559 bis 1626) die tungusischen Völker geeint und sich zum Khan der Dynastie Hou Jin (Spätere Jin) gemacht. Sein Nachfolger Abahai (reg. 1629–43) führte das Werk seines Vaters fort, wobei seine Kriegszüge eine Dynamik entfalteten, die schließlich auch vor der Großen Mauer nicht haltmachten. 1635 gab er seiner Nation den Namen Mandschu (Manzhou) und 1636 seiner Dynastie den Namen Da Qing (Große Reinheit, Große Klare), ein Name, der bereits den neokonfuzianischen Geist voller puritanischer Strenge und erstarrter Leblosigkeit widerspiegelte, den die Mandschuren über China legen sollten. 1644 zogen die Mandschus in Beijing ein, wo Fulin unter der Regierungsdevise Shunzhi (reg. 1643–61) die Nachfolge Abahais antrat.

Die größte Bedrohung für die junge Dynastie ging von den Dsungaren aus, die sich anschickten, ein nomadisches Großreich in Zentralasien zu gründen. Anfang des 18. Jahrhunderts beherrschten diese kriegerischen Steppennoma-

Der Yongzheng-Kaiser beim Pflügen, Malerei auf Seide, Yongzheng-Ära der Qing-Zeit (1723–35)

den ein Gebiet, das Tibet, West-Xinjiang, das Ili-Tal, Süd-Sibirien und Teile der Mongolei umfaßte. China reagierte auf diese massive Bedrohung wie üblich mit militärischer Gewalt. Unter drei mächtigen und fähigen Kaisern, die unter den Regierungsdevisen Kangxi, Yongzheng und Qianlong in die Annalen eingingen, begann eine Periode der Expansion, die China Ende des 18. Jahrhunderts zum größten und reichsten Land der Erde machen sollte. In blutigen Vernichtungsfeldzügen gegen die Dsungaren wurden 1751 Tibet und in der Folge bis 1759 das gesamte weitere Herrschaftsgebiet der Dsungaren in das chinesische Reich eingegliedert. Die Oberschicht der Dsungaren wurde niedergemetzelt und ihr Name ausgelöscht. Das eroberte Gebiet wurde einem Militärkommando unterstellt und in ›Neue Territorien‹ (Xinjiang) umbenannt, aber erst 1884 in den Rang einer Provinz erhoben. Der Qianlong-Kaiser (Hongli) herrschte damit über ein

Land, das größer war als je zuvor in der chinesischen Geschichte.

Die relative Stabilität des Reichs gründete nicht nur im allgemeinen Wohlstand, sondern auch in der unerbittlichen Verfolgung aller Regimegegner. Die neokonfuzianische Orthodoxie wurde in allen Gesellschaftsschichten verbreitet und das Ziel, eine sittliche Ordnung zu verwirklichen, unbeirrt verfolgt. Das Prinzip der Autorität und die Tugend des Gehorsams wurden zur absoluten Unterwerfung instrumentalisiert. Die Beamtenprüfungen erstarrten zu banalen und sterilen Stilübungen, in denen jeder kleinste Ansatz eigenen Denkens abgeschafft war. Dazu kam eine strenge Zensur. In der Qianlong-Ära begann die berüchtigte ›Literarische Inquisition‹ (1774–89). Sie begann mit einem der bemerkenswertesten Aufträge in der Literaturgeschichte. Hongli, ein Mäzen des ungefährlichen Mittelmaßes, gab eine totale Bestandsaufnahme des bis dahin bekannten Schrifttums in Auftrag, eine gewaltige bibliographische Aktion, die nicht ohne Hintergedanken war. Sie führte dazu, daß über 2000 Bücher vernichtet wurden. Deren Verfasser, ihre Nachkommen, Familien, Verwandte und Freunde erwarteten Enthauptungen, Zwangsarbeit oder Verbannung.

... und beginnt zu taumeln

Wachsende Armut aufgrund einer unglaublichen, von der Politik kaum wahrgenommenen, demographischen Entwicklung von 60 Mio. Menschen (1644) auf 360 Mio. Menschen (1812), Korruption, eine tyrannische Gesetzgebung, der Druck der chinesischen Kolonisten auf die eroberten Gebiete und die damit einhergehende Benachteiligung der dort siedelnden Völker, leere Staatskassen, wirtschaftliche Rezession und ein seit den 20er Jahren des 19. Jahrhunderts vor allem wegen des Opiumhandels dramatisch steigendes Handelsbilanzdefizit führten seit Anfang des 19. Jahrhunderts zu einem Vielfrontenkrieg, der sich in gewaltigen Aufständen und grausamen Gegenreaktionen entlud.

1840 zeigten mit England erstmals auch die imperialistischen Mächte Muskeln, als sie mit dem ersten Opiumkrieg (1840–42) die Legalisierung des Opiumhandels erzwangen, vier Städte dem Außenhandel freigegeben und das felsige Eiland Hongkong an England abgetreten werden mußten. Angesichts der inneren Bedrohungen schien dieses Problem erst einmal glimpflich und ohne größeren Verlust gelöst. Die wahre Bedeutung des ersten Opiumkriegs sollte sich denn auch erst viel später zeigen.

Doch die Brüchigkeit des Imperiums war nicht mehr zu übersehen. Ein cha-

rismatischer Führer wie Zhu Yuanzhang oder Liu Bang – Gründer der Han-Dynastie – hätte gereicht, um das Mandat des Himmels zu ändern. Mit Hong Xiuquan (1813–64) fand sich schließlich ein Besessener, der das Land mit der Taiping-Rebellion an den Rand des Abgrunds führte. 1853 brach im Norden der gewaltige Nian-Aufstand aus, fast zeitgleich rebellierten in Guizhou die Miao, in Yunnan, Gansu, Shanxi und Xinjiang die Hui. Als 1878 endlich der letzte dieser großen Aufstände niedergeschlagen werden konnte, waren weite Teile des Landes verwüstet, während die Zahl der Toten auf 20–30 Mio. geschätzt wurde, soviel wie nie zuvor in der Geschichte chinesischer Erhebungen.

Zu den Problemen im Inneren gesellten sich nun im wachsenden Maße die Demütigungen von außen. Niederlagen im zweiten Opiumkrieg (1858–60), im

Cixi, Kaiserinwitwe (1835–1908), Gemälde von Hubert Vos

Aufstand der Millionen – die Taiping-Rebellion

Geschichte

38

Die Taiping-Rebellion war, bei einer Dauer von 15 Jahren und mindestens 20 Mio. Toten, eine der größten Erhebungen in der Geschichte. In einer Situation der Unzufriedenheit über das soziale Elend breiter Bevölkerungsschichten, über die Unfähigkeit der Regierung auf äußere Bedrohungen wie den Opiumkrieg angemessen zu reagieren und innere Zustände zu ändern, blühten unzählige Geheimgesellschaften auf, deren Traditionen bis in die Song-Zeit (960–1279) zurückreichten und in denen sich alle geistigen Strömungen, die nicht mit der orthodoxen konfuzianischen Lehrmeinung übereinstimmten, sammelten.

In Hong Xiuquan (1813–64) fand sich, nachdem er 1837 ein zweites Mal durch die kaiserlichen Beamtenprüfungen gefallen war, einen Nervenzusammenbruch erlitten hatte und von der Vision, der Messias zu sein, heimgesucht wurde, ein charismatischer Führer. Er baute die protestantisch geprägte ›Gesellschaft der Gottesverehrer‹ auf, die regen Zulauf auch von anderen Geheimgesellschaften erhielt und schon bald 30 000 Mitglieder zählte. Ihr Kern war der unerschütterliche Glaube an die Möglichkeit eines Gottesreichs auf Erden: Privatbesitz wurde abgeschafft, es gab gemeinsame Kassen und Getreidespeicher, wobei je 25 Familien eine Einheit bilden sollten; Land wurde nur zur Nutzung und Bearbeitung aufgeteilt, nicht als Besitz; die Emanzipation der

Frau wurde festgeschrieben; es gab freie Gattenwahl; Besitz von Opium und Tabak, Glücksspiel, Prostitution, Fußeinbinden, Ehebruch sowie eine Verletzung der zehn Gebote wurden streng bestraft. Ganz oben auf der Liste der Ziele stand natürlich der Sturz der Mandschu-Dynastie.

1850 brach der Aufstand in der Provinz Guangxi aus. Schon 1851 wurde ein eigener Staat, das ›Himmlische Reich des allgemeinen Friedens‹ (Taiping Tianguo) gegründet. Nanjing wurde erobert und zur Hauptstadt des neuen Reichs gekürt. Damit beherrschten die Taiping den größten Teil Süd- und Südostchinas. Hong Xiuquan wurde zum ›Himmlischen König‹ ernannt und erhielt fünf weitere Könige an die Seite – für jede Himmelsrichtung einen –, unter denen vor allem der geniale Stratege und Organisator Yong Xiuqing (um 1817–56) herausragte.

Doch so unfähig die Mandschus waren, der Rebellion Herr zu werden, so unfähig waren die Taiping, ihr Land zu organisieren. Nach der Eroberung Nanjings begannen die Führer der Rebellion, sich durch Intrigen gegenseitig auszuschalten. Schließlich gelang es einer aus der chinesischen Oberschicht rekrutierten und von Zeng Guofan organisierten Armee, die Rebellion blutig niederzuschlagen und Nanjing 1864 zurückzuerobern. Damit wurde die Rebellion beendet, zurück blieb ein weithin verwüstetes Land.

Krieg gegen Frankreich (1884–85), im chinesisch-japanischen Krieg und das Boxerprotokoll (1900) waren nur einige der Ereignisse, die das China der Jahrhundertwende bedrohten. Doch je mehr das Reich bröckelte, desto stärker wurden die Traditionalisten, die sich – fern aller Realitäten – bemühten, auch noch den letzten Keim des Fortschritts zu verhindern. Sichtbarstes Zeichen dieser Rückwendung war das Scheitern der *Hundert-Tage-Reform* 1898. Auch sie konnte von der erzreaktionären Fraktion der sogenannten Eisenhüte am Kaiserhof gestoppt und unterdrückt werden. Sechs der maßgeblichen Reformer wurden enthauptet und das Kapitel Veränderungen erst einmal zu den Akten gelegt.

Die Revolution vom 10.10.1911 war ein Betriebsunfall, eine selbstgebastelte Bombe ging zu früh hoch, und die Offiziere, die sich zur Verschwörung zusammengetan hatten, griffen zur Vorwärtsverteidigung, indem sie Wuchang eroberten. Im Lauf dieser Ereignisse stürzte schließlich das Kaisertum. Nun war zwar der Kaiser abgesetzt, aber geändert hatte sich nichts. Sun Yat-sen (Sun Zhongshan), der berühmte Vater der Nation wurde kurzfristig provisorischer Präsident der neuen Republik, aber wenig später von Yuan Shikai verdrängt, der 1915 versuchte, das Kaiserreich zu restaurieren und sich zum Kaiser zu krönen. Sein Tod 1916 vereitelte dieses Ansinnen, und China zerfiel in zahllose Einzelregionen, die von sogenannten Warlords beherrscht wurden. 1919 erfuhr China in den Versailler Verträgen eine weitere Demütigung, als die ehemaligen deutschen Konzessionsgebiete an Japan abgetreten wurden. Es kam zur *Vierten-Mai-Bewegung*, in deren Verlauf der Konfuzianismus als herrschende Ideologie erstmals in seiner Gesamtheit in Frage gestellt und

schließlich als Herrschaftsideologie abgelöst wurde.

1926 begann Chiang Kai-shek (Jiang Jieshi) seinen Nordfeldzug, in dessen Verlauf er die Gebiete der Warlords zurückerobern konnte. Gleichzeitig begann er seine Feldzüge gegen die kommunistischen Stützpunkte in der Provinz Jiangxi, die zum *Langen Marsch* der Kommunisten 1934/35 führten. Zum Bürgerkrieg gesellte sich 1937–45 noch der Widerstandskrieg gegen Japan, das sich immer dreister des chinesischen Territoriums bemächtigte. Nach der Kapitulation Japans 1945 brach der Bürgerkrieg wieder in vollem Maße aus und fand erst mit der Flucht Chiangs und seiner Guomindang-Truppen (GMD) nach Taiwan 1949 sein Ende. Erneut hatten Millionen Menschen auf den Schlachtfeldern ihr Leben lassen müssen.

Mit der Ausrufung der Volksrepublik China am 1.10.1949 konnte China erstmals wieder die 150 Jahre der Agonie abschütteln und darangehen, ein neues Selbstbewußtsein und ein neues und vielleicht besseres Land aufzubauen.

Im Eilschritt in die Zukunft

Der Konfuzianismus als Instrument der Herrschaftslegitimation hatte ausgedient, zertrümmert auf den Schlachtfeldern des ausgehenden 19. Jahrhunderts, ›reformiert‹ von Denkern, die im Konfuzianismus einen Wirklichkeitssinn auszumachen glaubten, der jedoch letztlich eine Flucht aus der Wirklichkeit war.

Was nun kam, war das genaue Gegenteil: Flucht in die sozialistische Zukunft, und zwar im Galopp. Für bestimmte historische Entwicklungen, die der Marxismus eigentlich voraussetzte, hatte Mao weder die Zeit und schon gar nicht die

Mao-Zedong-Mausoleum in Beijing

Geduld. Hatte er schließlich nicht auch gegen jede Theorie erkannt, daß in China nicht das Proletariat, sondern die Bauern die Träger der Revolution sein würden? Doch Mao Zedong war auf den Schlachtfeldern groß geworden und hatte zeit seines Lebens gekämpft, und so sollte auch der Aufbau des neuen China über den Kampf erfolgen.

Die Kommunisten standen vor einem gewaltigen Berg von Schwierigkeiten, den es zu überwinden galt; um so erstaunlicher waren auch die anfänglichen Erfolge. Der Riese China schien zur Ruhe zu kommen, und die meisten Menschen faßten Vertrauen in die neue Regierung, die ihnen die Guomindang-Propaganda in so schwarzen Farben geschildert hatte. Doch nach dem ersten beruhigten Aufatmen der Bevölkerung besann sich die kommunistische Führung wieder ihrer Ziele. In sechs großen Kampagnen zwischen 1949 und 1952 versetzte man der alten Gesellschaft den Todesstoß: die Bodenreform, die Ehereform, die Kampagne zum Widerstand gegen Amerika und zur Hilfe für Korea, die Kampagne gegen die Konterrevolu-

tionäre, die ›Drei- und Fünf-Anti-Kampagnen‹ und 1951 die Gedankenreform-Kampagne. Faktisch waren mit diesen Kampagnen sämtliche Gesellschaftsschichten erfaßt, und China wurde zu einem gigantischen Umerziehungslager. Auch marschierte die Volksbefreiungsarmee (VBA) noch in Tibet ein, das es gewagt hatte, sich in den Wirren von 1911, wie die Äußere Mongolei, für unabhängig zu erklären. Doch während China die Unabhängigkeit der Mongolei, wenn auch zähneknirschend, akzeptieren mußte, erschien Tibet zu unbedeutend, als daß es ernsthafte internationale Proteste gegen diese neuerliche Besetzung gegeben hätte.

Was das kommunistische China in seinen Anfangsjahren brauchte, war Geld und Unterstützung von außen. Als nunmehr kommunistisch regiertes Land lag es auf der Hand, sich an den sozialistischen Großen Bruder, die Sowjetunion anzulehnen. Doch diese hatte sich für die Kommunisten vor 1949 kaum interessiert. Ziel der UdSSR war es vielmehr, über die Guomindang ein Proletariat und einen kapitalistischen Staat aufzubauen, in dem dann die Revolution durchgeführt werden konnte. Mangels dieser Voraussetzungen mußte der chinesische Kommunismus etwas frisiert werden, um der stalinistischen Ideologie gerecht zu werden. Verlierer bei diesem Konzept waren mal wieder die Bauern, denen man nun ganz im leninistischen und stalinistischen Sinne nicht mehr recht traute. Die Landwirtschaft wurde zur Melkkuh der Schwerindustrie degradiert, und die Bauern mußten die Folgen dieser Fehlentwicklungen ausbaden.

Mao Zedong aber war der russische Weg nicht geheuer und vor allem viel zu gemächlich mit seinen Fünf- und Zehnjahresplänen. Das hatte nichts mehr mit Kampf zu tun, hier war Technokratie und Bürokratie gefragt, und er fühlte sich nach und nach ins Abseits gedrängt. Er wollte die Entwicklung des Sozialismus in seinem Tempo verwirklichen, und das hieß in stürmischen Schritten, ja in gewaltigen, von den Volksmassen getragenen Entwicklungssprüngen. Nach außen hin kam es im Verlauf dieses Richtungsstreits, der sich zwischen der ›linken‹ Fraktion um Mao Zedong und der ›rechten‹, pragmatischeren Fraktion um Liu Shaoqi abspielte, zu schwerwiegenden Ereignissen, bei denen man sich einer wehrlosen Bevölkerung als Waffe bediente. Mao begann mit der *Hundert-Blumen-Kampagne*. Gleichzeitig begann mit der *Ausrichtungskampagne* eine Säuberung der Partei. Der Sturm der Kritik, der losbrach, richtete sich wider aller Erwartung Maos gegen seine Politik und mußte durch die *Rechtsabweichler-Kampagne* gestoppt werden, in deren Verlauf Hunderttausende von Intellektuellen eingekerkert, aufs Land verschickt und gedemütigt wurden. Maos Haß auf die Intellektuellen sollte diese bis zu seinem Tod 1976 verfolgen. Doch bis dahin rollte noch der *Große*

Sprung nach vorn über das Land, der eine gewaltige Hungersnot auslöste und Mao vorübergehend von der Macht ausschloß, die er sich im Lauf der verheerenden *Kulturrevolution* zurückholte, als Millionen von ihm entfesselter Jugendlicher in der Absicht, alles Alte auszumerzen, das Land vorübergehend an den Rand eines Bürgerkriegs brachten. In dieser chaotischen Zeit beglich Mao viele Rechnungen und ließ all jene Kampfgenossen von einst vernichten, von denen er sich verraten glaubte. Bis zum Tod Mao Zedongs legte sich eine Art Agonie übers Land, das in den letzten Jahren von der sogenannten Viererbande beherrscht wurde, die ihre Legitimation einzig über Maos Frau Jiang Qing und ihren Zugang zu ihm bezog. Im Oktober 1976 konnte die Viererbande verhaftet werden. Sie gab von nun an den idealen Sündenbock für alle Missetaten der Vergangenheit ab. Die Person Maos blieb auch unter dessen Nachfolger Deng Xiaoping sakrosankt. Dieser verordnete dem Land nun eine wirtschaftliche Radikalkur, ohne demokratische Elemente in die Politik zu integrieren. Der Ruf nach Demokratisierung artikulierte sich 1989 in landesweiten Demonstrationen, die unter anderem in Beijing am 4. Juni auf dem Tian'anmen-Platz in einem Massaker an Tausenden friedlichen Demonstranten blutig beendet wurden. Nach kurzer Pause hat das China der 90er Jahre sein Tempo wieder in beängstigendem Maße aufgenommen – hin zu einer ungewissen Zukunft. Wie lange wirtschaftliche Öffnung ohne politische Liberalisierung funktionieren wird, bleibt fraglich. Unbestreitbar ist sicherlich, daß die Karten der Regierung nicht die schlechtesten sind, solange die westlichen Staaten ein größeres Interesse am wirtschaftlichen Profit als an Menschenrechten hegen.

Daten zur Geschichte

Die kulturgründenden, mythologischen Herrscher

Pan Gu: *Der Erschaffer der Welt*

Die Drei Erhabenen
Um 2852–2738 v. Chr. Fuxi: Erster mythischer Kaiser. Seine Schwester und Ehefrau Nüwa erschuf die Menschen
Shennong: Erfinder des Ackerbaus und der Märkte
2674–2575 v. Chr. Huangdi (Gelber Kaiser): Urvater der chinesischen Zivilisation, je nach Überlieferung ist er der Nachfolger Pan Gus

Die Fünf Urkaiser
2574–2491 v. Chr. Shaohao: Erfinder von Pfeil und Bogen
2490–2413 v. Chr. Zhuanxu: Er trennte Himmel und Erde sowie Menschen und Götter voneinander
2412–2343 v. Chr. Ku
2342–2234 v. Chr. Yao: Musterbeispiel des weisen Herrschers, der Kraft seiner Tugend regierte
2233–2184 v. Chr. Shun: Von Yao als Nachfolger eingesetzt, gilt mit ihm zusammen den Konfuzianern als Idealherrscher

Halblegendäre Epoche

Um 2205–1766 v. Chr. *Xia-Dynastie:* Ihr Begründer ist der legendäre Große Yu. Beginn des dynastischen Elements in der chinesischen Geschichte

Geschichtliche Epoche

5.–2. Jtsd. v. Chr. *Yangshao-Kultur* in Henan, Shanxi, Shaanxi, Gansu; Dörfer, Jäger, Viehzucht, Bauern, Handwerk, Buntkeramik
4.–2. Jtsd. v. Chr. *Longshan-Kultur* in Henan, Shandong, Jiangsu, Anhui; Ackerbau, Viehzucht, schwarze Keramik
Ab etwa 5. Jtsd. v. Chr. *Hemudu-Kultur* im unteren Yangzi-Tal
Ab 2. Jtsd. v. Chr. *Erlitou-Kultur;* frühe Bronzezeit
2205–1766 v. Chr. Beginn der *Xia-Dynastie*
Um 1766–1122 v. Chr. *Shang (Yin):* Bronzezeit; frühe Hochkultur, Schrift, Streitwagen, umwallte Städte. Hauptstadt war Yin in der Nähe des heutigen Anyang

Um 1122–221 v. Chr. *Zhou*
1122–771 v.Chr. *Westliche Zhou*
770–221 v.Chr. *Östliche Zhou*
256 v. Chr. de facto Ende der Zhou-Dynastie

722–481 v. Chr. *Frühlings- und Herbstperiode (Chunqiu):* Laozi (um 600 v. Chr.) und Konfuzius (551–479 v. Chr.)
481–221 v. Chr. *Streitende Reiche (Zhanguo Shidai):* Blüte des Feudalismus und der Philosophenschulen
221–206 v. Chr. *Qin:* Fürst Zheng von Qin eint das chinesische Reich und ernennt sich zu dessen erstem Kaiser (Qin Shi Huangdi)

206 v.Chr.–220 n. Chr. *Han*
206 v. Chr.–8 n. Chr. *Westliche Han:* China wird erstmals ein Großreich; Aufblühen der konfuzianischen Schule
9–23 Interregnum des Wang Meng, er bildet die kurzlebige Dynastie *Xin*
25–220 *Östliche Han:* Vordringen des Buddhismus

220–280	*Drei Reiche*
220–265	*Wei* im Norden
221–261	*Shu* im Süden
222–280	*Wu* im Südosten

| 265–420 | *Jin* |

265–316 *Westliche Jin:* Für kurze Zeit gelingt die zweite Einigung des Reiches nach der Qin–Dynastie
317–420 *Östliche Jin:* Die Xiongnu erobern Chang'an und Luoyang; in Südchina etabliert sich die Östliche Jin-Dynastie

304–439 *Sechzehn Reiche:* In Nordchina wechseln sich in rascher Folge Staaten der Xiongnu, Tibeter, Tungusen u. a. ab

386–589 *Nord- und Süddynastien*
Den Toba gelingt es mit der Dynastie Wei ab 386, einen stabilen Staat zu gründen und ab 439 den Norden zu beherrschen

Norddynastien
386–534 *Nördliche Wei:* Aufblühen des Buddhismus als Staatsreligion. Ebenfalls Aufblühen des Daoismus
534–550 *Östliche Wei*
535–557 *Westliche Wei*
550–577 *Nördliche Qi*
557–581 *Nördliche Zhou*

Süddynastien
420–479 *Song:* Diese Dynastie löst die Östliche Jin ab
479–502 *Qi*
502–557 *Liang*
557–589 *Chen*

581–618 *Sui:* 589 gelingt mit der Sui-Dynastie die dritte Reichseinigung, es

Die Große Mauer bei Mutianyu

werden institutionelle Reformen, wie staatliche Beamtenprüfungen, durchgeführt

618–907 *Tang:* Blütezeit der Kunst, Dichtung, Kalligraphie und Malerei. China wird erneut ein Großreich

690–705 *Zhou:* Nach dem Tod des Tang-Kaisers Gao Zong gründet seine Witwe, die Kaiserin Wu, die einzige Frauendynastie in der chinesischen Geschichte; erst nach ihrem Tod wird die Tang-Dynastie restauriert

907–960 *Fünf Dynastien*
Sie wechseln sich im Norden ab; das Reich wird zum dritten Mal geteilt

907–923 *Spätere Liang*
923–937 *Spätere Tang*
937–946 *Spätere Jin*
947–950 *Spätere Han*
951–960 *Spätere Zhou*

901–979 *Zehn Königreiche:* Während sich im Norden die Fünf Dynastien ablösen, erlangen einzelne Königreiche im Süden ihre Eigenständigkeit

960–1279 *Song*
979 gelingt unter der Song-Dynastie die vierte Reichseinigung
960–1127 *Nördliche Song*
1127–1279 *Südliche Song:* Die Dschurdschen erobern die Hauptstadt Kaifeng, und der Kaiserhof flieht nach Hangzhou

937–1125 *Liao:* Fremddynastie der Kitan im Nordosten
1032–1227 *Westliche Xia (Xi Xia):* Tangutische Herrschaft im Nordwesten
1115–1234 *Jin:* Der Dschurdschenfürst Aguda proklamiert sich zum Kaiser und unterwirft 1127 endgültig das Reich der

Liao und Teile Zentralchinas; die Song verlieren ihre Hauptstadt Kaifeng

1206–1227 Dschinghis Khan gründet das Imperium der Mongolen
1271 erobert der Mongolenkaiser Kublai Khan schließlich das Reich der Südlichen Song und begründet die Yuan-Dynastie
1271–1368 *Yuan*

1368–1644 *Ming:* Zhu Yuanzhang (1328–1398) gründet die letzte nationale Dynastie
1644–1911 *Qing:* Erneute Fremddynastie unter den Mandschuren
1912–1949 *Republik:* Nach seiner Niederlage im Bürgerkrieg gegen die Kommunisten flieht Chiang Kai-shek nach Taiwan, wo die Republik China bis heute fortbesteht
1. 10. 1949 Gründung der Volksrepublik China

*Glückwunschsprüche
im Qiyuan-Tempel von Jiuhuashan*

China und seine Menschen

Vertragspartner Gott – Die Volksreligion

Der französische Sinologe Marcel Granet faßte den Geist der chinesischen Kultur in der gewagt-prägnanten Formel »Weder Gott noch Gesetz« zusammen, eine Aussage, mit der er auf den Nenner brachte, wie sich die Chinesen selbst im kosmischen Gesamtzusammenhang sehen. Am sinnfälligsten wird die chinesische Geisteshaltung vielleicht in ihrem Verhältnis zur Religion, die sich ebensowenig wie die Rechtspflege zu einer differenzierten Form des Gesellschaftslebens entwickelt hat. Damit kein Mißverständnis aufkommt: die Wahrnehmung des Heiligen spielt im Alltag der Chinesen eine sehr große Rolle, die Vorstel-

lung eines transzendenten Gottes dagegen überhaupt nicht. Den Chinesen kam es schlichtweg nicht in den Sinn, oberhalb der gewöhnlichen Gegebenheiten eine Welt rein geistiger Wesenheit anzuordnen. Die Natur bildet in ihrer Weltsicht ein einziges Reich. Der Mensch hat im Kosmos nur insofern eine hervorgehobene Stellung, als er bei der Erhaltung der sozialen Ordnung, die wiederum Grundlage und Vorbild der kosmischen Ordnung ist, mitwirken darf. Gottheiten haben darin ihren genau definierten Platz, verfügen aber in der Regel nur über eine begrenzte Anhängerschaft und sind oft sogar nur von vorübergehender Bedeutung. Sie sind, modern ausgedrückt, ›Vertragspartner‹. Hat eine Gottheit ihre Pflicht erfüllt, dann braucht man sie erst mal nicht mehr, war sie gar unfähig, die an sie gestellten (An-)Forderungen zu erfüllen, wird sie abgesetzt und ausgetauscht. Nicht Sinnsuche prägt das Verhältnis zur Religion, sondern die Forderung konkreter Gegenleistungen für dargebrachte Opfer.

Damit ist ein Schicksal vorgezeichnet, das die meisten Religionen in China getroffen und verändert hat. Ließen sie sich wie das Christentum oder der Islam nicht ändern, weil in diesen Religionen ein Papst oder organisierter Klerus über die Reinheit der Religion wachten, war sie in der Han-chinesischen Bevölkerung zum Scheitern verurteilt. Gefördert durch diese pragmatische Sicht entstand eine Volksreligion, die nicht nur die auftretenden religiösen Strömungen, allen voran Daoismus und Buddhismus oder auch lokale schamanistische Elemente, aufsog, sondern sie darüber hinaus auch ihrer Theorien und

Trigramme, Leibniz und der Computer

Dem ersten mythischen Urkaiser Fuxi wird die Entdeckung der acht Trigramme auf einem Schildkrötenpanzer zugeschrieben, eine scheinbar triviale Entdeckung von unterbrochenen und durchgezogenen Linien. Schon bei der Betrachtung des Schildkrötenpanzers mußte jedem arithmetisch versierten Orakelpriester klar werden, welch hochbrisante Entdeckung Fuxi da gemacht hatte. Das Schildkrötengehäuse galt als direkte Entsprechung des Makrokosmos, wobei die Unterseite die quadratische Erde und der Panzer den runden Himmel darstellt, der von den vier Beinen getragen wird. Die acht Trigramme waren kreisförmig um einen Mittelpunkt angeordnet und stellten die acht Bausteine des Universums dar: Himmel, See, Feuer, Donner, Wind, Wasser, Berg und Erde. Jeder dieser Bausteine repräsentiert auch eine besondere Energieform. So besteht das Trigramm des Himmels aus drei übereinanderstehenden durchgezogenen Yang-Linien und ist ein Emblem für die energetischen Eigenschaften und die schöpferische Kraft der Natur, während das Trigramm der Erde aus drei gebrochenen Yin-Linien besteht und ein Emblem für höchste Empfangsbereitschaft und Nährkraft der Erdenergie darstellt. Doch offensichtlich war der Schlüssel zum Verständnis der in den Trigrammen dargestellten Ordnung des Kosmos nicht mitgeliefert worden, so daß es zwischenzeitlich zu Chaos auf der Erde kam. Erst der Große Yu, der Begründer der Xia-Dynastie, fand ihn,

nachdem er die Fluten gebändigt hatte im ›Großen Plan‹ (›Hongfan‹, die älteste bekannte philosophische Abhandlung Chinas), der die Geheimnisse der Fünf Wandlungsphasen und die acht Regelungen enthält sowie in neun Punkten deren Anwendungen beschribt. Yu hatte damit ein aus Zahlen gestaltetes Abbild der Welt und damit die Macht über sie in die Hand bekommen. Setzte man die Angaben des ›Großen Plans‹ nun zu den acht Trigrammen in Beziehung, ergab sich das, selbst schon die kosmische Anordnung darstellende, magische Quadrat. Fünf-Elementen-Lehre, Yin-Yang, Acht Trigramme (sowie 64 Hexagramme) und das ›Yi Jing‹ bildeten so die Bausteine zum Verständnis der Welt. Das gesamte Alltagsleben wurde diesem Beziehungssystem unterworfen, und es sollte schließlich bis weit über die chinesischen Grenzen wirken. Pater Joachim Bouvet brachte die 64 Hexagramme aus China mit und zeigte ihre Sequenz dem Chinaliebhaber Gottfried Wilhelm Leibniz. Dieser versuchte nun seinerseits das Zahlengeheimnis zu ergründen und stellte zu seinem Erstaunen fest, daß, ordnete man den durchgezogenen Linien eine 0 und den unterbrochenen Linien eine 1 zu, das erste Hexagramm 000000, das zweite 000001, das dritte 000010, vierte 000011 und so weiter ergab. Das aber war nichts anderes als ein binärer Code für die Zahlen von 0 bis 63. Damit betrat Leibniz ein mathematisches Gebiet, das in unserer Zeit die Grundlage aller Computersprachen ist.

Riten entkleidete. Natürlich gab es zahlreiche regionale Unterschiede und Vorlieben, die je nach Gewichtung entweder zu einem Volksbuddhismus oder zum Volksdaoismus führten. Was übrig blieb, waren zwar Buddhas, Bodhisattvas, himmlische Ehrwürdige, Unsterbliche, Könige, Kaiser und Götter, aber sie waren nun einer Natur und wurden nur noch dahingehend unterschieden, wieviel Machtfülle sie im einzelnen besaßen. Bestimmend für ihre Wichtigkeit wurde ausschließlich das Maß ihrer übernatürlichen Fähigkeiten, das im Begriff *Lingyan* (Wunder bewirken, in Erfüllung gehen) seinen Niederschlag gefunden hat. Man glaubt nicht, daß die Gottheiten etwas dem Menschen völlig Fremdes sind und eine ganz andere Wesenheit besitzen oder daß sie gar in irgendeiner Weise transzendent sind. So wenig, wie dem Menschen in der kosmischen Ordnung ein besonderer Bereich zukommt, so wenig sind die Götter der gegenseitigen Abhängigkeiten und Zusammenhänge dieser Ordnung enthoben. Entsprechend konnten Götter von Kaisern ernannt, befördert oder degradiert werden, sie konnten sogar sterben. Vorzugsweise verdiente Generäle, Minister oder auch Philosophen kamen in den Genuß, in göttlichen Rang erhoben zu werden, mußten ihre ›Wirksamkeit‹ aber unter Beweis stellen.

Selbst dem berühmten Jesuitenpater Matteo Ricci sowie den beiden ›Erz-Atheisten‹ Konfuzius (1906 per Dekret) und Mao Zedong, der im daoistischen Paradies der Unsterblichen, mit einer brennenden Zigarette in der Hand dargestellt, seit ca. 1976 so manchen Hausaltar schmückt, blieb die Gottwerdung nicht erspart. Dem Kreislauf von Werden und Vergehen sind nur die höchsten Götter wie himmlische Ehrwürdige oder Buddhas enthoben, weil sie vom Un-

sterblichkeitselixier der Königinmutter des Westens *(Xiwang Mu)* trinken durften. Ein Bodhisattva, und jeder andere Gott oder Mensch entsprechend auch, kann im Rahmen der Volksreligion dem Kreislauf der Wiedergeburten also nur dann entrinnen, wenn er dieses Elixier erhält oder einen Pfirsich der Unsterblichkeit essen darf. Chinesische Tempel stiften daher bei ausländischen Besuchern oft viel Verwirrung, vor allem wenn diese sich mit den theoretischen Hintergründen von Buddhismus und Daoismus vertraut gemacht haben. Die vorgefundenen Realitäten scheinen in China so gar nicht in den Rahmen dieser Theorien zu passen. In China hat nie eine oberste Instanz über die Reinheit der Lehren gewacht, Religion besaß auch keinen exklusiven Charakter, so daß in ein und demselben Tempel durchaus chinesischer Buddhismus und Volksbuddhismus in ihrer ganzen Variationsbreite Platz haben. Nicht zuletzt waren und sind auch alle Tempel auf die Einnahmen der Tempelbesucher, die sich nicht durch die Zugehörigkeit zu einer bestimmtem Konfession definieren, angewiesen. Im Alltag wird man stets die Hilfe buddhistischer oder daoistischer Heiliger in Anspruch nehmen. Aus diesem Grunde reagieren viele Chinesen belustigt, wenn man sie fragt, ob sie Buddhisten oder Daoisten sind, und meist werden sie sich im Brustton der Überzeugung als Atheisten bezeichnen.

Sprachen und Sprachverwirrung

Die einen meinen, einen Singsang zu hören, gleich einer gesprochenen Melodie, die anderen empfinden diese als unangenehmes Stakkato, und wieder andere verspüren eine gewisse Vulgarität, der Charakter der chinesischen Sprache erscheint dem nicht chinesischen Ohr mithin höchst uneinheitlich. Es gehört zu jenen sich hartnäckig haltenden Mythen, daß das Chinesische eine einzige Sprache sei, die allenfalls Dialektunterschiede kenne. Aber ebenso wenig wie es das Volk der Han als einheitliche Ethnie gibt, existiert ein einheitliches Chinesisch.

Allgemein werden sieben Dialekte unterschieden: nordchinesische Dialekte mit vier Untergruppen; vier Gruppen von Wu-Dialekten, die z. B. in Shanghai oder Süd-Anhui gesprochen werden; die Dialekte Guangdongs, die fünf Untergruppen kennen; die Dialekte von Hunan und Jiangxi; Hakka-Dialekte; die Dialekte von Süd-Fujian und die von Nord-Fujian. Man sollte allerdings bei der Benutzung des Begriffs Dialekt beachten, daß die mündliche Kommunikation zwischen einem Nordchinesen und etwa einem Bewohner Guangxis, der einen Hakka-Dialekt spricht, ebensowenig möglich ist wie zwischen einem Deutschen und einem Chinesen. Schaut man sich die Entwicklung des Han-Volkes an, ist das auch keine Überraschung, haben doch türkische, mongolische, tungusische, koreanische, tibeto-birmanische und vielerlei weitere Einflüsse an der Entstehung und Formung der chinesischen Dialekte mitgewirkt.

Für die Verwaltung des Landes waren die Probleme der gesprochenen Sprache nur von untergeordneter Bedeutung. Hier war das *Wenyan*, das klassische Schriftchinesisch, das sich inhaltlich nur den konfuzianisch gebildeten Mandarinen und Literaten erschloß, zentrales Kommunikations-, Verwaltungs- und damit Herrschaftsmittel.

Gut 2000 Jahre lang konnte sich dieses reine Schriftchinesisch behaupten, bevor es von der über das ganze Reich hinwegrollenden Woge der *Vierten-Mai-Bewegung* 1919 aus den Amts- und Studierstuben gespült wurde. Dieses von den Kommunisten als Chinas eigentliche Revolution angesehene Ereignis machte allerdings die Einführung einer einheitlichen Standardsprache notwendig, und die Wahl fiel nicht ganz zufällig auf den Beijinger Dialekt, denn dieser hatte sich als Verwaltungssprache bei den Beamten der Hauptstadt mehr oder weniger schon durchgesetzt. Als Ideal galt nun der Beijinger Dialekt ohne die typischen Eigenheiten der Mundart, z. B. ein stark gerolltes ›R‹, das an fast jedes Wort angehängt wird. Das Produkt wurde gewichtig *Guoyu* (Staatssprache) genannt und sollte offiziell verbreitet werden. Diejenigen, die im ungleichen Rennen um die Staatssprache nicht mithalten konnten, sahen allerdings überhaupt nicht ein, weshalb sie sich der Mühe unterziehen sollten, diese zu erlernen, eine Haltung, die durch die einzigartige Form der chinesischen Schrift begünstigt wird, da sie vor Sprachgrenzen nicht Halt zu machen braucht. Komponiert aus Phono-, Pikto- und vor allem Ideogrammen stellt sie eine dekorative Schrift dar, die, einmal geschaffen, Veränderungen der Sprachgewohnheiten gegenüber immun bleibt. Die Schriftreform des ersten Kaisers von China sollte sich posthum als das vielleicht wirksamste Instrument der politischen Einigung erweisen, da sie der gesamten chinesischen Welt und zu Zeiten des Kaiserreichs z. B. auch Japan, Korea und Vietnam zugänglich war.

1949 mußte für das entstehende neue China auch eine Schriftreform geschaffen werden, die in die heftig umstrittene Vereinfachung, d. h. Reduzierung der Strichzahl pro Zeichen, mündete, um die Schrift einer breiteren Masse zugänglich zu machen. In neuerer Zeit ist allerdings zu beobachten, daß sich wieder vermehrt die – in Taiwan auch heute noch gebräuchlichen – Langzeichen einschleichen, eine Tendenz, die fast schon kariert, was mit dem parallel zur Schriftreform eingeführten phonetischen Umschriftsystem *Pinyin* ins Auge gefaßt worden war: die Abschaffung der Schriftzeichen zugunsten des auf den lateinischen Buchstaben beruhenden Pinyin-Systems. 1986 wurde nun ›endgültig‹ beschlossen, das *Pinyin* nur als phonetische Aussprachehilfe zu verwenden. Zu groß schien die Gefahr, die Einheit des Landes aufs Spiel zu setzen. Noch sind längst nicht alle Chinesen des Hochchinesischen mächtig, können sich aber problemlos untereinander über die Schriftzeichen – die zwar unterschiedlich ausgesprochen werden können, ihre inhaltliche Bedeutung aber nicht verändern – verständigen. Ein aus lateinischen Buchstaben bestehendes Schriftsystem hätte dagegen zur Folge, daß beispielsweise ein geschriebenes Wort aus dem Kantonesischen für einen Chinesen aus Nordchina nicht mehr zu verstehen wäre und umgekehrt, da sich der Unterschied der Sprachen dann auch in der Schriftsprache manifestieren würde.

Offizielle Hochsprache ist seit 1956 die *Putonghua* (einheitlich gesprochenes Idiom), die vermittels des Pinyin-Systems nun zu einer gleichen Aussprache des Hochchinesischen im ganzen Land führen soll. Die *Putonghua* war nichts anderes als das bereits unter den Republikanern eingeführte *Guoyu* in neuem Gewand. Beharrlich wird es seither über die Medien, Schulen usw. verbreitet, mit wachsendem Mißerfolg offenbar, denn es gehört mit zu den Eigenarten der neuen dynamischen wirtschaftlichen

Öffnung, daß die bei weitem wichtigsten Investoren, die Chinesen aus Übersee, Hongkong, Taiwan usw., sich mit ihren jeweiligen Landsleuten natürlich lieber in der eigenen Sprache unterhalten als in einem als Kadersprache empfundenen ›Dialekt‹.

Chinas Weg zu Coca Cola & Co.

›Östliches als Substanz – Westliches zum Gebrauch‹

Der Konfuzianismus ist tot – es lebe der Konfuzianismus! Was in China ganz sicher nicht lebt, ist der Kommunismus, und deshalb bezeichnet die politische Führung den jetzigen Zustand auch bescheiden als ›Anfangsphase des Sozialismus‹, die noch mindestens 100 Jahre, auf alle Fälle aber bis weit ins 21. Jahrhundert währen wird. Was aber, wenn schon nicht mehr der Kommunismus, prägt dann den chinesischen Alltag? Faktisch wird er bereits jetzt vom Konfuzianismus des ›kleinen Mannes‹ beherrscht, wobei vor allem drei zentrale Wertvorstellungen eine übergeordnete Rolle spielen: die *Guanxi* (persönliche Beziehungen), das *Gesicht* und die *Harmonie*.

Um den chinesischen Alltag und damit auch die Politik nur annähernd zu verstehen, muß man sich mit diesen Grundwerten sowie nicht zuletzt mit der Stellung des Individuums in der Gesellschaft auseinandersetzen.

Da ermahnen Europäer wie Amerikaner wiederholt die Chinesen zur Anerkennung von Menschenrechten, Demokratie und Freiheit und wundern sich, daß sie nicht nur die politische Führung verärgern, sondern auch die Bevölke-

rung, deren Los sie doch verbessern wollen. Der Verdacht drängt sich auf, daß hier unterschiedliche Denkweisen und Grunderfahrungen aufeinanderprallen. Es war und ist ein integraler Bestandteil chinesischer Politik, der Bevölkerung sowie seinen Nachbarn eigene Vorstellungen einzuhämmern, sie gewissermaßen pädagogisch auf ihre Linie zu bringen, wobei auch Kriegen eine erzieherische Funktion zukommt, und nun versucht der Westen China zu ›erziehen‹. Das Ergebnis einer 2000 Jahre währenden Erziehung reicht in die tiefsten Bewußtseinsschichten und prägt natürlich das gesamte chinesische Denken. Negativ ausgedrückt wurde auf dem Altar konfuzianischer Tugenderziehung das Individuum geopfert. Die Interessen oder Rechte des einzelnen wurden geradezu als etwas Schmutziges angesehen, und der Verzicht auf individuelle Interessen galt als tugendhaft. Die Menschen sollten lediglich Pflichten erfüllen, Rechte waren ohne Belang. Nachdem der Konfuzianismus lange genug Zeit hatte, in dieser Richtung auf die Chinesen einzuwirken, nahm er der Nation jede Möglichkeit, ein Bewußtsein für die Wahrnehmung berechtigter Individualinteressen und für den Schutz der Rechte des einzelnen zu entwickeln. Spontaneität und Querdenken haben in diesem Bezugsrahmen keinen Platz, noch weniger natürlich offenes Dissidententum, und die KPCh ist munter in die ach so gut passenden Schuhe des Konfuzianisamus geschlüpft. In einer Umgebung, die den Individualismus als Hauptstörfaktor ansieht, plagt die Gesellschaft und die Führung daher auch kein Schuldbewußtsein, wenn sie in unserem westlichen Sinne gegen Menschenrechte verstoßen. Wer politische Opposition üben will, der muß dies von innen tun, durch Teilnahme am inner-

Mikrokosmos der Gesellschaft – die Danwei

Die Schnittstelle für die Umsetzung der Politik ist die Einheit (Danwei). Sie ist die unterste Kontrollebene des Parteiapparats der KPCh, in der alle Bürger und Bürgerinnen in irgendeiner Form integriert und für die Politik erreichbar sind. Bei den Danweis handelt es sich um Fabriken, Universitäten, Schulen, Nachbarschaften und vor allem um Dorfgemeinschaften. Ein Chinese ist in erster Linie Mitglied einer Danwei und erst dann ein Individuum. Er ist aber eben auch in erster Linie Danwei-Mitglied, dann Shanghaier oder Beijinger und, wenn überhaupt,

erst dann ein Staatsbürger. Chinesen empfinden den Staat seit alters eher als ein Werkzeug bestimmter Machtgruppen, nicht aber als Gemeinwesen. Umgekehrt fühlt sich dadurch auch niemand über die Mauer seiner Danwei hinaus für irgend etwas verantwortlich. Das gilt nicht nur für gegenseitige Hilfe, außerhalb der eigenen Danwei herrscht quasi ethisches Niemandsland, sondern auch für den Umgang miteinander. Eine Zug- oder Busfahrt in China verdeutlicht sehr schnell, was damit gemeint ist. Rücksicht beim Einsteigen wird nicht genommen, und die

Schwächsten haben keine Chance auf Sitzplätze. Staatsbürgerpflicht ist im großen und ganzen ein Fremdwort. Veränderungen können aus diesem Grunde auch fast nur über die Einbindung der Danweis in die Politik erreicht werden, denn nur diese verfügen über den Einfluß, diese durchzusetzen.

In der Zeit zwischen 1958 und 1978 waren die Danweis für fast jeden Aspekt des täglichen Lebens zuständig: für Altersversorgung, Krankenversicherung, Wohnungsvergabe, als Heiratsvermittlung, für Erziehung, für die Erlaubnis, Kinder zu bekommen, auch dafür, Druck auf schwangere Frauen zur Abtreibung auszuüben, wenn sie ein zweites Kind bekommen (bis zum 7. Monat), aber auch für die Besorgung von Theater- und Kinokarten. Damit wurde die Bevölkerung zwar sehr wirkungsvoll betreut, aber auch sehr effektiv bis in den privaten Bereich hinein von der Partei kontrolliert.

Seit den 80er Jahren hat sich diese nahtlose Kontrolle langsam gelockert. Vor allem in den Großstädten reicht der Arm der Partei nicht mehr bis in alle Einzelheiten des Privatlebens.

Ihre wichtige sozialpolitische Funktion haben die Danweis behalten. Zusammen mit der Familie als kleinster Einheit müssen sie die Hauptunterhaltspflichten, etwa Altersversorgung und Krankenversicherung für Beschäftigte

in Produktionsbetrieben, tragen. Ordnungs-, Leistungs- und Betreuungsaufgaben, die bei uns durch speziell dafür vorgesehene Organe wahrgenommen werden, wie dem öffentlichen Dienst (Daseinsvorsorge), werden tendenziell auf die Danweis übertragen, die damit quasi Ministaaten bilden. Schon im alten China bildeten Clans solche Ministaaten, aus denen sich auch der chinesische Begriff für Staat ›Guojia‹ (Staatsfamilie) ableitet.

Danweis sind übrigens keine kommunistische Erfindung. Man findet sie in allen Chinatowns der Welt, wo sich die chinesischen Gemeinden fast immer selbst organisieren und den Behörden nur selten Verwaltungssorgen bereiten. Dergestalt ist die Danwei eine moderne Form der alten Dorfstruktur, die ihre eigenen Schutzgötter, Ahnenhallen, ein eigenes Dorfrecht und vieles mehr hatte. Der lange Arm des Kaisers endete an der Dorfeinfahrt, dahinter regelten ein oder mehrere Clans das dörfliche Leben. Da die meisten Menschen auf dem Land lebten, wurden die Familie und der Clan zum Kern der chinesischen Gesellschaft. Mit den Danweis hat sich dieses System bis heute erhalten, und so identifiziert sich ein Chinese im Zweifelsfall eher mit der Danwei denn mit dem Staat, der als etwas Abstraktes, der chinesischen Denkweise eher Fremdes erscheint.

elitären Tauziehen, niemals aber von außen her, schon deshalb, weil sonst die ritualisierte Einheit zwischen Führung und Volk verlorengeht.

Der real in der Bevölkerung gelebte Konfuzianismus oder Metakonfuzianismus, wie er in seiner modernen, vom Staub des Kaiser- und Beamtentums entkleideten und vor allem in Taiwan und Japan fortlebenden Tradition manchmal genannt wird, erfaßt im Alltag die Mehrheit der Bevölkerung, die zwar im einzelnen nicht hinter der KPCh und der Regierung stehen mag. Das faktisch bestehende autoritäre System wird aber nicht grundsätzlich in Frage gestellt.

Im positiven Sinn war der Konfuzianismus eine Antwort auf 500 Jahre Krieg und wurde deshalb zu einer Ordnungslehre, der es darum ging, das Verhältnis zwischen den Menschen ein für allemal zu stabilisieren. Dazu wurde das ›Ich‹ quasi ausgeschaltet und an seine Stelle eine interpersonelle, stark hierarchische Ordnung gesetzt. Mit der Konsolidierung des Konfuzianismus wurde die Vorstellung vom gesellschaftlichen Chaos jedem Chinesen zutiefst zuwider, und die Ordnung der Welt kann nur dann aufrechterhalten werden, wenn jeder den ihm zukommenden gesellschaftlichen Platz einnimmt. Ordnung in China ist also nicht die Konsequenz von Gesetzen – aus diesem Grunde war die Gesetzgebung in China bis vor kurzem sehr wenig entwickelt – sondern von hierarchiegerechten Verhaltensweisen. Ziel jeden Verhaltens ist die Herstellung von Harmonie. Nicht eine Streitkultur wie im Westen herrscht vor, sondern Harmonie, notfalls mit Gewalt, so paradox das oberflächlich betrachtet klingen mag. In China werden Rechtsfälle daher auch selten vor Gericht ausgetragen, sondern man versucht sich über Ver-

mittler zu einigen und die Harmonie wieder herzustellen. Konflikte werden in der Regel durch geduldiges Aussitzen oder durch einheitlichen Druck der Gruppe auf den einzelnen oder einer mächtigeren auf die weniger mächtige Gruppe ausgetragen.

In diesem Zusammenhang spielt das *Gesicht* eine zentrale Rolle. *Gesicht* ist der vielleicht wichtigste soziale Faktor im chinesischen Gesellschaftsleben. Ein jeder hat ein gesellschaftliches Profil, und da das *Ich* nur wenig zählt, bedeutet das *Gesicht* um so mehr. Ständig und überall will es bestätigt werden. Permanent gibt man anderen durch Lob *Gesicht*, bestätigt den einzelnen in seiner Rolle, will niemanden sein *Gesicht* verlieren lassen und versucht, sein eigenes *Gesicht* zu wahren, indem man nicht aus seiner einmal sozial definierten Rolle fällt.

Da die konfuzianische Gesellschaft nicht auf das Individuum, sondern auf das Verhältnis zwischen den Individuen abgestellt ist, kann sie nur dann harmonisch sein, wenn die Beziehungs- und vor allem die Hierarchiestrukturen geordnet sind, das heißt in ein Beziehungsnetz eingebunden sind, das weder zu locker noch zu straff sein darf. In solch einem Umfeld entwickelten sich die persönlichen Beziehungen zu einem zentralen Bestandteil des Alltagslebens. Loyalitäten und Rangfolgen bestimmen das politische, wirtschaftliche und private Leben. Ein einmal geknüpftes oder hergestelltes Loyalitätsverhältnis gibt man nicht ohne Not auf, eine einmal geknüpfte Beziehung wird wie ein kostbares Pflänzchen gepflegt, und gerade in der Politik gilt: je mehr loyale Untergebene oder Mitstreiter man um sich scharen kann, desto fester und sicherer ist die Machtbasis. Wichtigste Beispiele aus der jüngeren Geschichte sind die Le-

benswege Chiang Kai-sheks, Mao Zedongs und Deng Xiaopings.

Für die den westlichen Zivilisationen
unabdingbaren Prinzipien wie Menschenrechte, Freiheit und Demokratie
sieht es in diesem gesellschaftlichen Bezugsrahmen düster aus. Je mehr China
zu Normalität, das heißt auch zu seinen
Traditionen zurückkehrt, desto mehr
rücken diese westlichen Werte zugunsten der Gesamtheit in den Hintergrund.
Wie die Beispiele Taiwan, Japan oder
Korea aber zeigen, liegt in dieser Entwicklung auch eine Hoffnung, denn der
Konfuzianismus des 21. Jahrhunderts
ist anders als in früheren Epochen wandlungsfähig und keine starre Ideologie
mehr. Er bietet durchaus Ansätze, die
eines Tages zu einer Synthese aus den
verschiedenen Werten führen könnten.

**Lieber reich als gleich –
die neuen Gegensätze**

Einige Chinesen haben ihn verwirklicht,
Deng Xiaopings Grundsatz: »Die einen
werden schneller reich, die anderen später.« Doch Geld allein ist nicht alles, und
selbst unter den Reichen gibt es für alle
Chinesen sichtbare Hierarchien. Beispiel
Shanghai: Zum Kaufpreis eines VW
Santana von rund 17 000 US-$ kommt
noch einmal die Summe von gut 12 000
US-$ für das Nummernschild. Aus die-
sem Grunde haben die wenigsten Pri-
vatpersonen ein Fahrzeug, sondern mel-
den es über die Firma an, was mit einem
A auf dem Nummernschild vermerkt
wird. Das spart nicht nur Steuern, sondern auch die extrem teure Anmeldung.
So läßt sich nach außen allerdings nicht
erkennen, ob das Fahrzeug nun dem In-
sassen gehört oder nicht. Wer ein Fahrzeug privat ersteht und anmeldet, be-
kommt ein ›Z‹ verpaßt und wird die Be-

wunderung und den Neid aller Nachbarn
und Autofahrer erregen. Am mächtigsten, zumindest im Straßenverkehr, ist
man allerdings mit einem ›O‹ auf dem
Schild. Dies steht nur der Polizei zu –
oder denjenigen mit besonders guten
Beziehungen zu ihr – und berechtigt zu
jeglicher Verkehrsübertretung. Wer ein
solches Nummernschild, womöglich
noch mit der unglaubliche 100 000 DM
kostenden Nummernkombination 8888
(Gründungsdatum der Shanghaier Börse), und einen dazugehörigen Mercedes
der S-Klasse sein eigen nennt, der ist
nicht nur reich, sondern auch mächtig.

Damit stößt man auch schon auf eines
der wohl größten innenpolitischen Probleme: die ausufernde Korruption. Die
Symbole der Macht sind allesamt käuf-
lich, auch wenn sie es eigentlich nicht
sein dürften. Alarmiert hat die selber korrupte Staats- und Parteiführung feststellen müssen, daß die Korruption und Il-
loyalität der Parteimitglieder auch auf
der untersten Ebene dramatisch angewachsen ist. Die Erosion der Parteimacht
ist gerade auf dem Land – oft im Verbund
mit Geheimgesellschaften – so weit fort-
geschritten, daß die Partei mancherorts
gar nicht mehr existiert oder wahrgenommen wird. Spektakuläre Hinrichtun-
gen korrupter Kader konnten der Macht
des Geldes bisher noch keinen Riegel
vorschieben und werden es wohl auch in
Zukunft nicht tun. Werden die einen
durch Korruption reich, andere Teile der
städtischen Bevölkerung zu Gewinnern
der Reformen, so wird die Unzufriedenheit jener genährt, die keine Möglichkeit
haben, an dem neuen Wohlstand zu partizipieren, sei es, daß sie in unterentwickelten Regionen leben oder zu den
Verlierern der städtischen Entwicklung
gehören. Als die Reformer um Deng
Xiaoping 1978 den Vorsatz faßten, nicht
mehr an einem ›Sozialismus der Armut‹

festzuhalten, schwenkten sie zwar auf einen Kurs zurück, der schon immer zum Wesen Chinas gehört hatte und ›Wohlhabenheit und Stärke‹ des Reichs der Mitte verhieß, das Hauptproblem aber war nun, daß es vielleicht keinen ›Sozialismus der Armut‹ im übergeordneten Sinne mehr gab, dafür einen neuen Gegensatz zwischen Arm und Reich.

Die schulische Erziehung soll ebenfalls dazu beitragen, China stark und reich zu machen, was dazu geführt hat, daß nur der Gebildete wohlhabend wird und mangels qualifizierter Schulen die prestigeträchtigen, teuren Privatschulen zu Garanten zumindest des persönlichen Reichtums werden. Chancenungleichheit ist das Wesen des derzeitigen Bildungssystems, das diejenigen bevorzugt, die ohnehin durch Familie, Wohnort etc. privilegiert sind. Egalitarismus konnte nur durch Terror und Gewalt aufrechterhalten werden. Kaum wurden die Zügel ein wenig lockerer gelassen, wurden die Unterschiede wieder betont.

1993 kam es infolge der wachsenden Unzufriedenheit in über 200 Orten zu Protesten und Ausschreitungen, die sämtlich von der Polizei unterdrückt wurden. Zuletzt kam es Ende 1996 in den Provinzen Jiangxi und Hunan zu schweren Ausschreitungen Zehntausender Bauern gegen ihre Lokalregierungen, die, anstatt die Steuern zu senken, wie von den Provinzregierungen angeordnet, diese nochmals erhöht hatten. Dabei sind die Bauern nicht nur von zentraler Bedeutung für die Ernährung Chinas, sie sind Träger einer uralten Kultur und damit durch den tief in ihnen verwurzelten Konfuzianismus Garanten der innenpolitischen Stabilität. Sie bilden gleichzeitig auch das größte Unruhepotential, und die Regierung in Beijing wird, will sie weiter an der Macht bleiben, alles tun müssen, damit die

Bauern nicht weiter zu den Verlierern der Reformen gehören.

Soll der Gegensatz zwischen Arm und Reich auf einem erträglichen Niveau gehalten werden, ist Chinas Wirtschaft zum Erfolg verdammt. Anders als in der ehemaligen UdSSR ist Chinas Systemtransformation seit 1978 wesentlich erfolgreicher verlaufen, und die Ausgangsbedingungen für das 21. Jahrhundert sind relativ günstig. Um stabile Verhältnisse zu gewährleisten, Arbeitsplätze zu erhalten und das ländliche Unruhepotential unter Kontrolle zu halten, muß China unter Idealbedingungen eine Wachstumsrate von 7 % jährlich aufweisen. Um gar an die Wirtschaftskraft der USA heranzukommen, müßte Chinas Wirtschaft durchschnittlich um 8–9 % jährlich wachsen, die gleichen Steigerungsraten müßten im Exportsektor erzielt werden, und der Zufluß an Auslandskapital müßte ebenfalls gleichbleibend hoch sein. Eine schwere Aufgabe für das bevölkerungsreichste Land der Erde.

Die Völker Chinas

Am Anfang stand das Ideal: Eine Völker-
gemeinschaft, in der alle Nationalitäten
gleichberechtigt, solidarisch und freund-
schaftlich miteinander leben und arbeiten, so stellte sich Mao die von ihm am
1. 10. 1949 ausgerufene Volksrepublik
China vor. In der Euphorie des Auf-
bruchs wurde den Minderheiten in der
Verfassung von 1954 das Recht auf eigene Sprache, Schrift, Sitten und Gebräuche eingeräumt. Dort, wo eine
Volksgruppe die Mehrheit bildete, durfte
sie auf Wunsch regionale Autonomie
ausüben und gegenüber Chinesen nicht
benachteiligt werden. Nur das Recht auf
einen Austritt aus dem Reich der Mitte
stand ihnen nicht zu. Das Reich der Mitte
verlassen? Undenkbar in einem Land,
das seit Konfuzius' Zeiten mit der Vorstellung lebt, seine Kultur sei nicht nur
einzigartig, sondern auch allen anderen

überlegen. Die Sinisierung und Assimi-
lierung anderer Völker wurde ange-
strebt, der umgekehrte Weg war jedoch
ausgeschlossen. Der Verfassungstext
wurde schon bald Makulatur, denn
schon Ende der 50er Jahre wurden die
Minderheiten kurzerhand zu Chinesen
erklärt, die von nun alle Nachteile und
Repressalien, denen ihre ›Landsleute‹
unterworfen waren, zu erdulden hatten.
Erst mit der Verfassung von 1982 erhielten die Minderheiten zumindest auf
dem Papier ihre Rechte wieder zurück.

Liest man die offiziellen Verlautbarun-
gen, geht es den Minderheiten gut. Die
Chinesen bringen ihnen Kultur bei, ver-
sorgen und verpflegen sie, verbessern
die Infrastruktur in entlegenen Gebieten,
bauen Schulen, richten Sanitärstationen
ein oder verlegen Stromkabel auch in
den letzten Winkel des Landes. Nur gefragt werden die Minderheiten nicht, ob
sie diese Fürsorge ohne jegliches Mit-
spracherecht überhaupt wollen. Die Sitten und Gebräuche der Minderheiten
werden seit 1982, nach vorübergehender Gleichschaltung in der Kulturrevolution, offiziell wieder geduldet, aber lieber wäre es der Regierung schon, wenn
diese sich auf folkloristische Auftritte
beschränken würden, und am besten
nur dort, wo Touristen hinkommen,
denn dann kann man auch noch Eintritt
dafür nehmen.

Etwa 96 Mio. Menschen, das sind rund 8 % der Gesamtbevölkerung, gehören zu den 55 Völkern, deren Minderheitenstatus offiziell anerkannt wurde. Weitere 25 Volksgruppen mit etwa 1 Mio. Angehörigen haben eine Anerkennung beantragt, erfüllen jedoch die Voraussetzungen des Nationalitätenbegriffs nicht oder noch nicht. Um den Status zu erlangen, müssen bestimmte Voraussetzungen erfüllt werden wie eigene Sprache und Schrift, charakteristische Wirtschaftsformen, wie Nomadentum mit Viehherden, Seßhaftigkeit mit Ackerbau und Jagd, Sitten und Gebräuche sowie Religionszugehörigkeit. So definieren sich beispielsweise die Hui ausschließlich über ihre Zugehörigkeit zum Islam, während sie ansonsten eher als Han-Chinesen zu gelten haben. Glaubt man der gängigen Propaganda, besiedeln die Minderheiten mehr als die Hälfte des Landes, und zwar vorzugsweise die wirtschaftlich und strategisch wichtigen Grenzgebiete. Verschwiegen wird dabei allerdings, daß in diesen Gebieten in der Regel nicht nur sehr viel mehr oder genauso viele Han-Chinesen siedeln, die diese Gebiete kolonisieren und die dortigen Kulturen zu assimilieren versuchen, sondern auch, daß die Minderheiten am Reichtum ihrer Lebensräume kaum partizipieren. Hauptproblem für die meisten Minderheiten ist die bereits beschrie-

bene chinesische Tendenz, andere Kulturen zu sinisieren, gegen die sich vor allem Tibeter und die nordwestchinesischen islamischen Völker wie Uiguren wehren, die ja ihrerseits ebenfalls Hochkulturen hervorgebracht haben und über ein entsprechendes Selbstbewußtsein verfügen, das Recht auf Selbstbestimmung ihres eigenen Fortschritts einzufordern. Eines der aktuellen Beispiele ist der geplante Bau der Eisenbahn nach Kashgar, der von den dort lebenden Uiguren abgelehnt wird, da diese den endgültigen Ausverkauf ihrer Kultur, aber auch der Wirtschaftskraft an die Chinesen befürchten.

Die chinesische Politik hat kein leichtes Spiel. Zum einen gehören die meisten Minderheitengebiete zu den unterentwickelten und benachteiligten Regionen, was die Unzufriedenheit nährt, zum anderen wird ihr der gebrachte Fortschritt nicht gedankt, weil er von einem chinesischen ›Oben‹ verordnet wird und dasselbe ›Oben‹ auch wieder als Feind der jeweiligen Nationalität oder Kultur auftritt; zum dritten muß sich China vor dem aufflammenden Nationalismus einiger Völker hüten, der die herrschende Macht zum alleinigen Sündenbock für alle Negativentwicklungen abstempelt. Unterdrückung und Ungerechtigkeiten gibt es aber auch zwischen den Nationalitäten. So sehen die Kirgisen, Tadschiken und Mongolen die Uiguren als zweite Kolonialmacht an, woraus sich weitere Konflikte entwickeln.

Die latenten oder offenen Konflikte wird China über kurz oder lang nur über erweiterte Mitsprache- und Autonomierechte unter Kontrolle halten können, um das in aller Regel ja durchaus friedliche Miteinander zu stabilisieren.

KULTUR UND TRADITIONEN

Feste

Chun Jie (Frühlingsfest) – allein schon die Erwähnung dieses Namens läßt die Augen aller großen und kleinen Chinesen vor Freude glänzen, einer Vorfreude vergleichbar unserer eigenen kindlich-romantischen Erwartung der Weihnachtszeit, die angefüllt ist mit der Vorstellung von Gemütlichkeit im Kreise der Familie und spezifischen Gerüchen, aber auch einer Geschäftigkeit aus Plätzchenbacken, Geschenke verpacken und Festtagsvorbereitungen.

Das chinesische Neujahrs- bzw. Frühlingsfest läutete einen Reigen unzähliger chinesischer Feste ein, die ein wenig Farbe in den arbeitsreichen bäuerlichen Alltag brachten. Während der Kulturrevolution als Aberglaube und ›feudalistisches Erbe‹ unterdrückt und verboten, konnten sich viele der traditionellen Feste ihren angestammten Platz im Festkalender zurückerobern, und fünf von ihnen, so das Neujahrs- bzw. Frühlingsfest, das Laternenfest, das Fest der lichten Klarheit *(Qingming Jie)*, das Drachenboot- und das Mittherbstfest, konnten ihre landesweite Bedeutung bis heute erhalten. Hinzugekommen sind im modernen China auch einige säkulare Feiertage wie der 1. Januar, der Tag der Arbeit am 1. Mai und der Nationalfeiertag am 1. Oktober, der an die Gründung der VR China erinnert. Frauentag, Jugendtag, Kindertag, Tag der Gründung der KPCh und Tag der Gründung der Volksbefreiungsarmee sind weitere festlich begangene Tage, die den Betroffenen einen freien Tag bescheren.

Doch auch sonst weiß man in China zu feiern, und so gibt es zahllose weitere, meist nur regional bedeutende Feste, die sich ebenfalls am Mondkalender orientieren. Ihr Ursprung ist manchmal an ein historisches Ereignis oder eine historische Persönlichkeit gekoppelt, einige dieser Feste führen ihren Ursprung auf eine Legende oder einen Mythos zurück, andere wurzeln in der Ahnen- oder Götterverehrung, und nicht zuletzt gibt es jene Feste, die das alte Jahr verabschieden und das neue begrüßen.

Nicht zu vergessen sind natürlich die vielen verschiedenen Feste der ethnischen Minderheiten, die den Festreigen des Landes in einem Maße bereichern, wie man es wohl kaum sonst auf der Welt findet. Einige der berühmteren dieser Feste sind das Wasserfest der Dai, das Feuerwerkskörper-Fest der Dong, das Naadam-Fest der Mongolen, das tibetische Neujahrsfest, das Fest des Fastenbrechens zum Ende des Ramadan, das von der islamischen Bevölkerung Chinas gefeiert wird, und das Fackelfest der Yi-Nationalität.

Das Frühlingsfest

Um das Neujahr des 1912 eingeführten Gregorianischen Kalenders vom Neujahr des alten bäuerlichen Mondkalenders zu unterscheiden, setzte sich nach und nach der Begriff Frühlingsfest durch, weil es stets in den Zeitraum um die erste Solarperiode *Lichun* (Frühlingsanfang) fällt. Für die Bauern war diese Periode stets eine Zeit der Entspannung. Die Herbsternte war eingebracht, die Wintervorräte angelegt, und bis zum Beginn des neuen Erntezyklus herrschte Zeit und Muße zum Feiern.

Schon im Vorfeld knistert die freudige Erwartung. An den Eingangstüren der gründlich geputzten Häuser – schließlich ist Neujahr auch ein Fest der (Be-)Reinigung, bei dem man das alte Jahr abschließt und geordnet hinter sich läßt – werden neue Bilder der beiden Türgötter angebracht, die das Haus vor bösen Einflüssen schützen sollen. Überall werden Neujahrsbilder aufgehängt, deren farbenprächtige, heitere Inhalte voller Symbolik auf erhofften Reichtum und ein glückliches neues Jahr sind. Am charakteristischsten aber sind wohl die Neujahrsspruchbänder, die in der Regel paarweise links und rechts der Eingangstüren angebracht werden und mit Wünschen für Glück, Reichtum, Freude und langes Leben beschriftet sind. Meist handelt es sich um rote Papierstreifen – Rot ist die Farbe des Sommers, der Freude, der Feste und der Abwehr des Bösen.

Chinesisches Neujahr ist traditionell auch ein Fest der Familienerneuerung

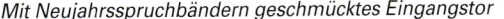

Mit Neujahrsspruchbändern geschmücktes Eingangstor

Umzug zum Frühlingsfest in der Inneren Mongolei

bzw. -einigung, und ungezählt sind die Seufzer all jener, die es fern der Heimat und ihrer Familie verbringen müssen, hektisch und ungeduldig jene, die im Verkehr steckengeblieben sind. Zuhause erwartet sie der vielleicht wichtigste Teil des Festes, das ›Sylvester‹-Essen, bei dem die Familie möglichst komplett erscheinen soll. Je nach Region fällt das Essen natürlich unterschiedlich aus. In Nordchina ist ein Sylvesterabend ohne *Jiaozi*, gefüllte halbmondförmige Nudelteigtaschen, undenkbar. Werden sie wie ein *Yuanbao*, jene schuhförmigen Geld- oder Silberbarren, die im alten China als Zahlungsmittel dienten, geformt, so symbolisieren sie die Hoffnung auf kommenden Reichtum, gefüllt mit Zucker verheißen sie ein süßes Leben im neuen Jahr. Manchmal wird die Köchin auch ein Geldstück in einem Jiaozi verstecken, und der glückliche Finder wird im neuen Jahr genügend Geld haben.

Andere Füllungen bestehen aus Erdnüssen für ein langes Leben, während einer kinderlosen Schwiegertochter vielleicht ein *Jiaozi* mit Dattel- und Kastanienfüllung untergeschoben wird, ein Hinweis, daß sicher bald ein Junge geboren wird.

Anders das Festessen in Südchina. Es wird Ente, Fisch und Reis geben, wobei der Reis schon mehrere Tage vorher gewaschen wurde, ein Ritual, das die Hoffnung ausdrückt, jedes Jahr genügend Getreide zum Lagern zu erübrigen. Ist im Norden das Fest ohne die *Jiaozi* nicht zu denken, so im Süden nur mit dem *Niangao*, dem Neujahrskuchen. Er wird aus Klebereis hergestellt, und je klebriger dieser Kuchen ist, desto besser, denn ›klebrig‹ und ›Jahr‹ werden beide *nian* ausgesprochen, und so verheißen die klebrigen Neujahrskuchen ein glückliches neues Jahr.

Nach dem üppigen Essen folgt das gesprächige Beisammensein. Das gan-

Quelle des Lebens – der Mondkalender

Der mythische Urkaiser Yao gilt als Gebieter und Meister des Kalenders; zusammen mit dem Sonnengott Xihe, der sich unter dem rationalen Weltbild der Konfuzianer in die beiden Astronomiebeamten Xi und He verwandelte, richtete er die Zeitrechnung ein und berechnete die Bewegungen von Sonne und Mond. Der Kalender regelte das Zusammenwirken zwischen Mensch und Natur, den fruchtbaren Einklang zwischen Jahreszeit und menschlicher Arbeit und wurde nach der ersten Dynastie, die den Urkaisern folgte, Xia-Kalender genannt.

Qin Shi Huangdi, Reichseiniger und erster Kaiser von China, vereinheitlichte die kursierenden Kalenderformen und unterwarf damit alle seine Untertanen den gleichen, auf dem Einzugsgebiet des Gelben Flusses beruhenden Lebens- und Arbeitszyklen. Nicht minder größenwahnsinnig als Qin Shi Huangdi paßte Kaiser Wu den Kalender an die herrschende Han-Dynastie an. War es das Ziel kaiserlicher Verordnungen, die Arbeit der Menschen mit den Ereignissen der Natur, die vom Himmel gelenkt werden, in Einklang zu bringen, so war es für Kaiser Wu nur folgerichtig, daß er als Sohn des Himmels nicht nur Herr des Kalenders, sondern in dieser Eigenschaft auch Lebensspender für das gesamte chinesische Territorium war. Seine Kalenderreform galt im großen und ganzen bis 1912.

Beim chinesischen Kalender wird das Jahr folgendermaßen bestimmt: die kürzeren Monate haben 29 Tage und die längeren 30 Tage. Da die Zeitspanne von Neumond zu Neumond 29,53 Tage beträgt, wird alle zwei bis drei Jahre ein Schaltmonat eingefügt. In 19 Jahren muß siebenmal ein Schaltmonat eingefügt werden, so daß es sieben Jahre mit 13 Monaten und 12 Jahre mit 12 Monaten gibt. Am Ende des 19-Jahre-Zyklus wird das Jahr dem Sonnenkalender angepaßt.

Abweichend von Mondkalendern anderer Kulturen wird das chinesische Mondjahr in 24 Abschnitte untergliedert, und zwar in 12 Solarperioden und 12 mittlere Solarperioden, die alle 15 Tage über das Jahr auftreten. Jede Jahreszeit ist in drei Solarperioden und drei mittlere Solarperioden gegliedert. Alle 24 Perioden haben einen Namen. So heißt die erste Solarperiode Lichun (Frühlingsanfang). Entstanden ist diese Untergliederung nach den 360 Graden des Tierkreises. Sie entsprechen den Tagen, an denen die Sonne den ersten und fünfzehnten Grad eines Tierkreiszeichens erreicht. Da Solarperiode und mittlere Solarperiode zusammen länger als die Umlaufzeit des Mondes sind, konnte ein Mondmonat ab und zu nur eine Untergliederung enthalten. Dieser Monat wurde im Zuge der Reform durch Kaiser Wu zum Schaltmonat bestimmt. Im Zug der Reform wurde auch geregelt, daß das Neujahr am ersten Tag des ersten Monats während des Stands der Sonne im elften Sternbild (Wassermann – in China Hund) beginnt.

ze Haus ist hell erleuchtet, in der Hoffnung, daß alles, was der Familie Unglück bringen könnte, aus den Ritzen und Ecken oder sonstigen Verstecken durch das helle Licht vertrieben wird. Punkt 12 Uhr Mitternacht beginnt die Knallerei mit Feuerwerkskörpern, die die noch vorhandenen Dämonen erschrecken und verscheuchen soll. In vielen Dörfern werden Scheiterhaufen angezündet, die das *nian,* das alte Jahr, verjagen. Man wünscht sich untereinander *gongxi facai,* Glückwünsche und Reichtum, ein Brauch, den vor allem die Kinder den Älteren gegenüber gern pflegen, bekommen sie doch von ihnen einen roten Umschlag mit dem beliebten *ya sui qian,* dem Geld, das man für das Jahr aufhebt, ein willkommenes Extrataschengeld. Nun beginnt der vielleicht anstrengendste Teil, das Wachbleiben, sei es beim Kartenspiel, vorm Fernseher oder beim Gespräch, verheißt doch nach altem Glauben eine

durchwachte Neujahrsnacht ein langes Leben.

Die beiden folgenden Tage, die ebenfalls Feiertage sind, werden für Verwandtenbesuche genutzt. Insgesamt dauert das Frühlingsfest bis zum 15. Tag des ersten Monats, eine Zeit, die angefüllt ist mit vielen Aktivitäten wie Tempelmärkten, Löwentänzen in den Straßen, Gong- und Trommelwettbewerben. Der Abschluß der Neujahrsfestzeit ist das Laternenfest am 15. Tag des 1. Monats nach dem Mondkalender.

Die ›Geschmäcker‹ Chinas

An Selbstbewußtsein mangelt es den Chinesen hinsichtlich ihrer Kochkunst wahrlich nicht, die als ein Hauptausdruck chinesischer Lebenskunst nicht selten zu einer ästhetischen Selbstinszenierung gerät. Man koche einfach Hai-

Garküche in Beijing

fischflossen, Haifischmaul, Seegurken, Abalonen, Fischmägen, Tintenfisch, Rindersehnen, Hühner-, Enten-, Schweine- und Muschelfleisch sowie alles, was der Markt noch hergibt, vor und gebe es anschließend zusammen mit Gewürzen und Brühe in einen Tontopf, der mit einem Lotosblatt abgedeckt und mit einem Deckel verschlossen wird. Kurz vor Ende der Garzeit wird ein Viertelliter Likör über das durchlöcherte Lotosblatt hinzugegossen und alles noch mal aufgekocht. So zart und aromatisch duftet dieses Gericht, daß selbst Buddha und seine Anhänger über die Mauern ihrer Tempel springen, um von diesem leckeren Mahl zu kosten. *Fotiaoqiang,* ›Buddha springt über die Mauer‹, heißt dieses Gericht aus der Provinz Fujian bezeichnenderweise, und ein Buch würde nicht ausreichen, Geschichten, Hintergründe und Rezepte all jener chinesischen Gerichte zu erfassen, die tagtäglich die Herzen von über einer Milliarde ›Gourmets‹ höher schlagen lassen.

Vier große Kochschulen werden unterschieden, manchmal fünf oder acht, selbst wenn diese grobe und oberflächliche Einteilung kaum oder nur unvollständig die zahllosen regionalen chinesischen Küchen und die oftmals exquisiten Küchen der Minderheiten erfaßt.

Exotisch und vielseitig – Guangdong-Küche

Der Ruf der chinesischen Küche, exotisch und skurril zu sein, die Angst vieler Chinareisender vor ihrem ersten original chinesischen Essen – die heimliche Sorge, sich vor seinen Gastgebern nicht zu sehr zu ekeln –, hier liegt sie begründet. Die Guangdong-Küche, die die Küchen Kantons (Guangzhous), Chaozhous, Dongjiangs und Hainans mit

Gemüse- und Gewürzstand in Xi'an

einschließt, ist gleichzeitig eine der berühmtesten und auch in Deutschland beliebtesten, aber auch exotischsten Küchen des Landes. In ihr kommt vermutlich so ziemlich jedes in Südchina vorkommende Lebewesen in irgendeiner Weise zubereitet auf den Tisch. Doch keine Sorge, die Chance, rohes Affenhirn, Frikassee mit Katze und drei Arten von Schlangen *(Sanshe Longhuhui)* oder gegrillten Hund auf den Teller zu bekommen, ist gering. Solcherlei Spezialitäten sind auch in Südchina seltene und auch sehr teure Raritäten.

Frisch, zart und knusprig sind die vielleicht wichtigsten Charakteristika der Zubereitung. Nichts wird zerkocht, alles nur kurz erhitzt, um Aroma und Geschmack zu erhalten. Im Sommer und Herbst bevorzugen die Guangdonger leichte Gerichte, während im Winter und Frühjahr Speisen mit intensivem Geschmack beliebt sind. Spezielle Zutaten dieser Küche sind Austernsoße, fermentierte schwarze Bohnen, Fischsoße, Perlen-Öl, Gemüse- und süßsaure Soßen. Neben bekannten Gerichten wie Huhn auf Foshaner Art *(Foshan Zhuhouji)*, gebratenes Garnelenfleisch *(Youpao Xianxiaren)* oder Champignons in Austernsoße *(Haoyou Xianggu)* ist vor allem der Guangdonger Frühstückstee beliebt, bei dem unzählige Sorten *Dim Sum* kredenzt werden, kleine Snacks, die von Kellnern auf Wagen durch den Speisesaal geschoben werden und die man sich nach Lust und Laune zusammenstellt (s. S. 277). Außer recht lauter Unterhaltung gehört heutzutage Karaoke zu diesen ›Frühstücksgelagen‹ dazu. Ein lärmintensives, aber schönes Erlebnis, das den ganzen Vormittag dauern kann.

Scharf und würzig – Sichuan-Küche

»Hundert Speisen schmecken hundertmal anders«, sagt ein Sprichwort aus Sichuan, und während der Mund dank des reichlich verwendeten Chilis noch wie Feuer brennt, der Schweiß auf der Stirn perlt und man durch die tränenden Augen nach etwas Trinkbarem sucht – besser wäre indes, schnell einen Happen Reis zu essen –, wird der chinesische Gastgeber einen Hefeschnaps namens *Jiannanchunjiu* zum ›Abkühlen‹ kredenzen und damit erst recht die Hölle im Rachen schaffen. Aber der Gaumen gewöhnt sich erstaunlich schnell an die Schärfe der Sichuan-Küche, die sich nur einen kurzen Moment entfaltet und dann genügend Raum für das eigentliche Geschmackserlebnis aus süßscharfen, aromatisch-scharfen, bitter-scharfen, pikant-scharfen und sauer-scharfen Aromen läßt. Die Sichuan-Küche liebt die starke, ja extreme Würze und die großzügige Beigabe von Schnittlauch, Frühlingszwiebeln und vor allem Knoblauch, ein Usus, den die Sichuaner auf das Wetter zurückführen. Im schwülheißen Sommer bringen die mit Chili oder Pfeffer gewürzten Speisen die Menschen zum Schwitzen und somit zur inneren Abkühlung, wogegen im Winter genau der gegenteilige Effekt erreicht wird.

Zu den bekannten Gerichten der Sichuan-Küche, deren Einfluß bis in die Nachbarprovinzen Hunan, Guizhou, Yunnan reicht und noch auf die chinesische Küche in Tibet ausstrahlt, gehören so delikate Speisen wie süßscharfes Schweinefleisch in Streifen *(Yuxiang Rousi)*, gebratene Stücke vom Huhn mit bitter-scharfem Geschmack *(Guaiwei Jikuai)*, ›Schweinefleisch, das in den Topf zurückkehrt‹ *(Huiguo Rou)*, in Tee und Kampfer geräucherte Ente *(Zhangcha Kaoya)* und, nicht zu vergessen, das vielleicht bekannteste Gericht *Mapo Doufu*, in reichlich Chiliöl gebratene Doufu-Würfel, die mit Hackfleisch, schwarzen fermentierten« Bohnen und geriebenen roten Pfefferkörnern *(Capsicum)* serviert werden.

Frisch und zart – Shandong-Küche

Wie um zu beweisen, daß sie die Königin bei der Zubereitung frischer Meeresprodukte ist, schiebt sich die Provinz Shandong weit ins Gelbe Meer, zerklüftet von großen Buchten, damit nur ja kein Fisch dem Appetit seiner Bewohner entkommt. In Perfektion der vier Grundregeln chinesischer Kochkunst – Farbe, Aroma, Geschmack und Aussehen als Elemente eines jeden Gerichts – konkurriert nur noch Guangdong mit der Shandong-Küche. Die Farben eines Gerichts sollen gefällig sein und zeigen, daß die Zutaten frisch und zart sind, das Aroma soll den Appetit wecken, der Geschmack

Enten in der Altstadt von Shanghai

verlockend sein und die Präsentation das Auge erfreuen. Doch nicht nur die Gerichte aus Meeresfrüchten, sondern auch Speisen wie Huhn auf Dezhouer Art *(Dezhou Paji)* oder Fleischsuppe mit Walnüssen *(Naitang Hetaorou)* erfüllen die an sie gestellten Erwartungen.

Wohl weil sie einst in der Shandong-Küche wurzelte, wird auch die Pekinger Küche und mit ihr die muslimisch-mongolisch beeinflußte Küche der Inneren Mongolei zur Shandong-Küche gerechnet. Peking-Ente und vor allem der im Winter beliebte mongolische Feuertopf, bei dem hauchfein geschnittenes Lammfleisch in einen Sud getunkt wird, gehören sicherlich zu den Berühmtheiten dieser Kochtradition.

Leicht und süß – Huaiyang-Küche

Der Huai-Fluß und Yangzhou sind die Namensgeber für die vierte große Koch-schule Chinas, deren Zentrum die Provinz Jiangsu, das ›Land von Fisch und Reis‹, ist. Hier kann man auf engstem Raum durch die verschiedensten regionalen Küchen reisen, wie die von Yangzhou, Zhenjiang, Huai'an. Frischer, leichter Geschmack, prachtvolle Farben und Formen stehen im Vordergrund. Weit über die Grenzen hinaus berühmt sind die Süßwasserkrabben aus Shanghai, die es zwischen Oktober und Dezember gibt. So stolz die Shanghaier auf ihre Küche auch sind, bei Ausländern scheint es die unbeliebteste Richtung zu sein. »Die Shanghaier haben eine süße Zunge«, heißt ein geflügeltes Wort in China, aber dem westlichen Gaumen scheint die exzessive Verwendung von Öl, Sojasoße und Zucker nicht so sehr zuzusagen.

Neben den beliebten Fischgerichten zählen Speisen wie Bettlerhuhn *(Jiaohuazi Ji)*, Hühnerfleisch in Scheiben mit Eiweiß *(Furong Jipian)*, würzig gekochte

Ente *(Yanshuiya)* und gedünstete Klöße aus Krabbenmehl mit Schweinehackfleisch in einer Tonkasserolle *(Qingdun Xiafen Shizitou)* zu den Spezialitäten.

Kunsthandwerk

Wie immer, wenn es um das kulturelle Erbe geht, wird in China die 5000jährige Geschichte seiner Zivilisation beschworen. Genügend Zeit also, sich in allen nur erdenklichen kunsthandwerklichen Formen zu erproben. So wie die chinesische Küche oder die chinesische Akrobatik vor keinem noch so gewagten Experiment zurückschreckt, reicht das Spektrum chinesischen Kunsthandwerks von schlichter, einfacher Eleganz zu den exquisitesten Proben handwerklicher Fertigkeit, die vor keiner noch so großen Schwierigkeit ausweicht. Die Palette der Produkte ist endlos: Jade-,

Kamel, Keramik der Tang-Dynastie

Lack-, Elfenbein-, Kristall- und Steinschnitzereien, Cloisonné, Porzellan und Tonware, Seidenstickerei und -druck, Papierdrachen, Laternen, innen bemalte Fläschchen, Lackarbeiten…, die Liste ließe sich beliebig fortsetzen, denn die Chinesen waren Meister in der Erfindung immer neuer kunsthandwerklicher Techniken. Als besonders virtuos gelten allerdings die Schnitzerei, die Porzellananfertigung Jingdezhens und die Xiang-Stickerei der Provinz Hunan.

Im fernen Westen war vor allem das feine chinesische Porzellan beliebt, und seit der zweiten Hälfte des 16. Jahrhunderts setzte an Europas Königs- und Fürstenhöfen eine wahre Sammelleidenschaft ein, die in so erlesenen Sammlungen wie der Ludwigs XIV. und Augusts des Starken ihren Höhepunkt fand. Dem Ehrgeiz des letzteren war es zu verdanken, daß 1709 das Geheimnis der in China seit 700 Jahren bekannten Porzellanherstellung gelüftet werden konnte.

Die Anfänge der Keramikherstellung liegen im Neolithikum, das in China den Zeitraum zwischen 6000 und 2000 v. Chr. umfaßt. Als man im 16. Jahrhundert v. Chr. hohe Temperaturen als Voraussetzung für die Glasur entdeckte, war das Protoseladon erfunden. In der Tang-Zeit war die Seladonherstellung bereits so verfeinert, daß man es vom echten Porzellan kaum mehr unterscheiden konnte, allein es war noch nicht durchscheinend genug. Den Gipfel an technischer Perfektion und künstlerischer Schönheit erreichten die Seladone in der Song-Zeit, als man sie vor allem wegen ihrer Ähnlichkeit mit Jade schätzte.

Doch es gab auch schon erste Brennöfen, in denen nunmehr echtes Porzellan gebrannt wurde, das, ebenfalls bei sehr hohen Temperaturen gebrannt, größere Dichte und Härte als Keramikware besitzt – es ist härter als Stahl – und so dünn hergestellt werden kann, daß der strahlend weiße Scherben und auch die Glasur lichtdurchlässig sind. Einer dieser Brennöfen stand in der Stadt Jingdezhen, wo die sogenannte Qingbai- oder Yingqing-Ware hergestellt wurde, benannt nach ihrer leicht bläulich oder grünlich schimmernden Glasur, unter der ein kleinteiliger Liniendekor lag, der florale Motive oder Kammuster bildete. Das bei uns so beliebte blau-weiße Porzellan, dessen Herstellungszentrum ebenfalls Jingdezhen war, erfuhr in der Zeit der Mongolenherrschaft eine ungeahnte Blüte, wohl weil die Mongolenkaiser der Yuan-Dynastie weniger Wert auf eine vollendete Form und eine qualitätvolle Glasur legten als auf lebhafte, gegenständliche Darstellungen. Diese Form des Porzellans wurde auch der beliebteste Exportartikel und galt als Inbegriff chinesischen Porzellans. Seine ästhetische Vollendung erfuhr das *Blau-Weiß-Porzellan* in der Qing-Zeit unter dem Kangxi-Kaiser (1662–1722). Zentren der Herstellung waren und sind unter anderem Jingdezhen, die Region um Hangzhou, aber auch Dezhou in der Provinz Fujian, Heimat des berühmten *Blanc de Chine*.

Musik

Musik diente im alten China ganz im konfuzianischen Sinn der Harmonisierung der Gesellschaft. Dank der das gesamte Gesellschaftsleben durchdringenden Zusammenhangsmagie konnte die ebenfalls alle Bereiche des Lebens beherrschende Zahl Fünf und mit ihr die Pentatonik zum Maßstab der Musik werden. Aus diesem Grund wird chinesische Musik vom westlich geschulten Ohr günstigstenfalls als ›gewöhnungsbedürftig‹, meist als ›ohrenzerreißend‹ oder gar als spannungslos empfunden. Zu ihrem Ausdruck stand ein breit gefächertes Repertoire von über 300 Musikinstrumenten zur Verfügung, die sich in Streich-, Zupf-, Schlag- und Blasinstrumente unterscheiden lassen. Chinesische Musik unterlag natürlich keiner nach innen gekehrten, abgeschotteten Entwicklung und wurde vielfach von außen, ganz besonders etwa durch die berühmte *Qiuci-Musik* aus dem Raum des heutigen Kuqa an der Seidenstraße befruchtet, so daß die Strenge des Stils nicht immer durchgehalten wurde und auch für unsere Ohren durchaus schöne Stücke entstanden.

Im heutigen China findet man traditionelle Musikformen hauptsächlich noch auf dem Land, vereinzelt aber auch in den Städten. Dort tummeln sich die Interpreten vor belebten Tempeln, auf Märkten oder in Einkaufsstraßen, wo sie meist das *Quyi*, eine Gesangskunst, die sich, oft begleitet von einer zweiseitigen Fidel *(Jinghu)* oder einer chinesischen Klarinette *(Suona)*, der Sprache und des Gesangs bedient, um Geschichten zu erzählen. So groß wie das Land, so vielfältig sind natürlich auch die *Quyi-Stile*, die jedoch überwiegend im Monolog oder Dialog vorgetragen werden.

Für junge Leute hauptsächlich in den Städten sind Rock- und Popmusik beliebte Westimporte, wobei chinesische Gruppen einen gewaltigen Popularitätssprung gemacht haben und den amerikanischen oder europäischen Gruppen bei weitem vorgezogen werden. Der Grund liegt hauptsächlich darin, daß chinesische Gruppen – auch die aus Hongkong und Taiwan – sehr viel stärker die eingängigen und gefühlvollen Elemente der Popmusik betonen und damit einen Boom unterstützen, der sich in Tausen-

Falsett-Gesang beim Prinzen Gong

Kultur

68

Die Stimme der schönen Akteurin steigert sich zu ungeahnter Höhe, um sich plötzlich in einer Arie zu entladen, die in höchstem Falsett eine Tonakrobatik vollbringt, die einen unwillkürlich aufs Weinglas schauen läßt, sich fragend, ob es der Kraft dieser hohen Töne gewachsen sei. Dann folgt unter ohrenbetäubendem Getöse von Trommeln, Zimbeln und Flöten die furiose Einlage eines akrobatischen Schlachtgetümmels, Schwerter blitzen, Fasanenfedern peitschen durch die Luft, und die Kämpfer wirbeln saltoschlagend über die Bühne. Auf dem Höhepunkt bricht die Musik ab, die Akteure verharren bewegungslos, Zeit für den Applaus.

Für die einen eine Qual, für die anderen ein Genuß, ist die Pekingoper die vielleicht ›chinesischste‹ aller Musikgattungen. Um so glücklicher war die Ent-

scheidung, die alte, prunkvoll gestaltete und renovierte Privatoper in der 60 000 m² großen Residenz des Prinzen Gong, der in der zweiten Hälfte des 19. Jahrhunderts einer der wichtigsten und mächtigsten politischen Akteure am Kaiserhof war, wieder ihrer ursprünglichen Funktion zuzuführen. Durften zu kaiserlichen Zeiten nur ausgewählte Gäste des Prinzen den oft Stunden währenden Opernereignissen lauschen, so finden seit Beendigung der Renovierungsarbeiten 1997 allabendlich Peking- oder Kunqu-Opern statt. Sie sind für Touristen aufgearbeitet und auf eine Stunde verkürzt worden, wobei alle wichtigen Elemente der Oper vorgestellt werden. Der Schwerpunkt liegt meist auf den akrobatischen Einlagen, die für einen furiosen Abschluß dieses außergewöhnlichen Abends sorgen.

den von Lokalen überall im Land artikuliert: Karaoke. Kaum ein Anlaß, bei dem man nicht auch Karaoke singt und seinen Gefühlen Ausdruck gibt. Karaoke-Darsteller in den dazugehörigen Videos gehören ebenso zu den Berühmtheiten wie die Sänger selbst.

Klassische europäische Musik und Opern finden ebenfalls ein breites Publikum. Zahlreiche hochklassige chinesische Musiker und Sänger bereichern heute die Ensembles in aller Welt. Nachdem allerdings den meisten Orchestern des Landes der Geldhahn zugedreht wurde, ist fraglich, ob das bislang hohe Niveau auf Dauer gehalten werden kann.

Kalligraphie, Dichtung und Malerei

Das 4. und 5. Jahrhundert war eine chaotische Zeit. Das Kaiserreich der Jin-Dynastie war nach kurzem Intermezzo zusammengebrochen, und Nordchina wurde zum Spielball nomadischer Invasoren, verwegener Horden, die unter kühnen, unerschrockenen Führern in schneller Folge kurzlebige Staaten gründeten. Am erfolgreichsten waren im Norden die Toba mit ihrer Dynastie Wei (386–534). Etwas friedlicher ging es um diese Zeit im Süden zu, der zwar auch von kurzlebigen Dynastien beherrscht wurde, aber wenigstens von den ständigen Einfällen ›wilder Barbarenstämme‹ verschont blieb. Mag die Zeit zwischen dem 3. und dem 6. Jahrhundert politisch von Auflösung geprägt gewesen sein, intellektuell und künstlerisch war sie eine Epoche geistiger Unabhängigkeit und Freiheit. Abscheu vor Konventionen, ja die Leidenschaft des L'art pour l'art sind die vielleicht bestechendsten Merkmale dieser Zeit, in der sich die aristokratische Intelligenz in schöngeistigen Dingen erging und es Mode wurde, sich dem Buddhismus oder Daoismus zuzuwenden. Buddhismus und Daoismus waren es auch, die die chinesische Kunst immer wieder zu Höchstleistungen und raffiniertesten Ideen führten. Hier wurde der Keim gelegt für eine Entwicklung, die in der überbordenden künstlerischen Blüte der Tang-Zeit ihren großartigen Höhepunkt finden sollte.

Kalligraphie

Wang Xizhi (um 307–365) gehörte zu jenen freigeistigen Kreisen, und mit seinem Namen ist die Entwicklung der Kalligraphie als Kunststil eng verbunden. Um einen flüssigeren Schreibstil zu realisieren, hatte er die Kursivschrift entwickelt, und seine kalligraphischen Schöpfungen gelten bis heute als unerreicht. Lange bevor die Malerei ihr nachfolgen konnte, wurde die Kalligraphie in die hohe Schule der freien Künste (wie auch Poesie, Musik, Bogenschießen) aufgenommen. Dies waren Künste, die nicht dem Broterwerb dienten und die nicht an Aufträge gebunden waren wie das Kunsthandwerk, das zudem ›nur‹ erlernbare Fähigkeiten voraussetzte. Kaiser, Minister, Generäle, hohe Beamte zählten zu den großen Meistern der Kalligraphie. Zu höchster Vollendung brachten es u. a. Yan Zhengqin (709 bis 785), der Mönch Huaisu (um 725), Su Shi (1036–1101), Mi Fu (1051–1107), Zhao Mengfu (1257–1302), Wen Zhengming (1470–1559), Dong Qichang (1555 bis 1636) und Zhang Zhao (1691–1745). So wichtig war die Kunst des Schreibens, daß bis heute jeder, der im literarischen oder politischen Bereich ernstge-

Karawane auf der Seidenstraße, Tuschzeichnung aus der Tang-Zeit

nommen werden will, den perfekten Pinselstrich beherrschen muß. So stellte nicht zuletzt Mao Zedong seinen Führungsanspruch souverän mit seiner schwungvollen Kalligraphie unter Beweis. Eine Kostprobe seiner kalligraphischen Fähigkeit findet sich im Namenszug der Volkszeitung *(Renmin Ribao)*, der bis heute in einer Kalligraphie Maos wiedergegeben wird.

Literatur

Die Literatur war anfänglich ganz von der kraftvollen, lebendigen Einfachheit ihrer Prosagedichte geprägt, die ihre Wurzeln in der Han-Zeit hatte. Ihre Urheber waren militärisch und politisch engagierte Männer wie Cao Cao (155 bis 220), der durch sein Engagement für das Nordreich Wei den Untergang des Han-Reichs förderte. Mit Tao Qian alias Tao

Yuanming (365–427) betritt dagegen erstmals ein Dichter die literarische Bühne, der politisch nicht engagiert war. Zwar schlug auch er zunächst eine Amtslaufbahn ein, stellte aber sehr schnell fest, daß ein Beamtendasein nichts für ihn war. Ganz im Geiste seiner Zeit verkörpert er die weltflüchtige, den privaten Freuden und Leiden zugekehrte Richtung der chinesischen Lyrik, die ihn zum Ahnherren der bukolischen chinesischen Dichtung werden ließ. Ähnlich der Kalligraphie wurde auch die Lyrik zum unverzichtbaren Bestandteil für den (aristokratischen) Alltag und die Politik. Lyrik und Kalligraphie bildeten eine Symbiose, bedarf die Lyrik doch der Kalligraphie zur Visualisierung und war die Kalligraphie nicht selten Ausdruck lyrischer Gefühle. Unvergessen unter den großen Autoren sind diejenigen, mit deren Namen sich auch die Entwicklung neuer Stile verbindet. Li Bai alias Li Taibo (701–762) war einer jener Nonkonformisten, die wie Tao Qian völlig ungeeignet für eine Beamtenlaufbahn waren, die sich als Bohemiens durchs Leben schlugen und dem Trunk ergeben waren. Seine Gedichte aber sind von großartiger Bildhaftigkeit und Tiefe. Nicht weniger berühmt ist sein Zeitgenosse Du Fu (712–770), ein sozial engagierter Dichter, in dessen Lyrik der Schmerz und das Mitleid zum Ausdruck kommen, das durch die große Katastrophe der *An-Lushan-Rebellion* von 755 ausgelöst worden war.

Die Song-Zeit wurde geprägt von dem neu aufgekommenen, gesungenen Gedicht, dessen unbestrittener Meister das Universalgenie Su Shi alias Su Dongpo (1036–1101) wurde, der gleichzeitig ein bedeutender Essayist, Maler und Kalligraph war. Während sich die Zeit der Mongolenherrschaft durch Arien und Opern auszeichnete, kam in der darauffolgenden Ming- und Qing-Zeit eine andere Literaturgattung zu Ehren: die Romanliteratur, die ihren ersten Auftritt ebenfalls in der Wei-Zeit hatte und in der Song-Zeit einen größeren Entwicklungsschub erfuhr. Große Werke der Gattung *Xiaoshuo*, was ursprünglich soviel wie ›bedeutungsloses Geschwätz‹ hieß, waren ›Die Geschichte von den Drei Reichen‹ (14. Jh.), ›Pflaumenblüten in goldener Vase‹ (Jinpingmei, 17. Jh.), der phantastische Roman ›Die Reise in den Westen‹ (16. Jh.) und – unvergessen – ›Der Traum der roten Kammer‹ (18. Jh.). Doch es gab auch berühmte Literaten, die ganz aus dem Rahmen fielen, wie der exzentrische Li Zhi (1527–1602), der seine und spätere Zeiten mit Skandalwerken schockte, indem er den herrschenden Konfuzianismus der Heuchelei beschuldigte und dafür viele hundert Jahre später von den Kommunisten rehabilitiert wurde.

Auch die Zeit des Übergangs vom Kaiserreich zur Republik wurde von Literaten eingeleitet, unter denen vor allem Hu Shi, Lu Xun und Guo Moruo zu nennen sind, aber auch Ba Jin, Mao Dun, Lao She und viele andere.

Die ambivalente Situation der Literaten sollte sich auch im kommunistischen China nicht ändern. Man erwartete von den Schriftstellern, daß sie die herrschende Ideologie bejahten, was selbst parteikonformen Dichtern schwer fiel, denn die Parteilinie änderte sich teilweise so schnell, daß ein heute geschriebenes Werk morgen schon ›revisionistisch‹, ›ultralinks‹ oder ›ultrarechts‹ sein konnte und den Autor schlimmstenfalls ins Gefängnis brachte. Erst mit der Verhaftung der *Viererbande* 1976 kam wieder Farbe in die trostlos und grau gewordene Welt der Phantasie. Die Zeit der ›Narbenliteratur‹ begann, und der Büchermarkt wurde von Enthüllungsromanen, die die Zeit der Kulturrevolution anprangerten, von Autobiographien, in denen sich Autoren für ihr Verhalten rechtfertigten, und von ergreifenden Romanen über Einzelschicksale überschwemmt. Andere Autoren versuchen in ihren Erzählungen die Entwicklungen in China zu begreifen und schufen als Stilmittel den für China neuen Inneren Monolog. Die bekanntesten Vertreter sind Zhang Jie mit ihrem eindrucksvollen Werk ›Schwere Flügel‹ und Wang Meng, der für seine Erzählungen ›Der Schmetterling‹ und ›Schweres Wiedersehen‹ ausgezeichnet wurde. Zu den bekannten zeitgenössischen Schriftstellern, deren Bücher auch ins Deutsche übersetzt wurden, gehören Deng Youmei mit seiner wunderbaren, preisgekrönten Erzählung ›Das Schnupftabakfläschchen‹, Feng Jicai, dessen Erzählung ›Der Wundersame Zopf‹ preisgekrönt und schließlich sogar verfilmt wurde, und Zhou Daxin, auf dessen Erzählung ›Die Sesamölmühle‹ der Film ›Eine Frau mit duftender Seele‹ beruht, der 1993 auf den Berliner Filmfestspielen den Goldenen Bären gewann.

Malerei

Kalligraphie, Dichtung und Malerei bilden für das chinesische Kunstempfinden eine untrennbare Einheit. Malen heißt Bilder schreiben, Schreiben heißt Bilder malen, und so ist es vielleicht kein Zufall, daß das Streben nach ästhetischem Genuß um seiner selbst willen in der Wei-Zeit auch die Malerei beeinflußte, die nun nicht mehr die Domäne von Handwerkern wie noch zur Han-Zeit war, sondern in gebildeten Kreisen ausgeübt wurde. Gu Kaizhi (345–411), ein genialer Künstler voller Schlagfertigkeit und Witz, war vielleicht der erste derjenigen Maler, deren Ruf bis in die Moderne erhalten geblieben ist. Nicht lange nach ihm wirkte Xie He (479–502), der die »Sechs technischen Aspekte der Malerei« definierte, die im großen und ganzen über die nun folgenden Jahrhunderte gültig blieben.

Doch noch eine Entwicklung fällt in die Zeit der Wirren, und zwar die der Landschaftsmalerei, in der vor allem der Daoismus seinen sinnfälligen Ausdruck fand. Anfangs noch Hintergrundmalerei, begann sie spätestens im 10. Jahrhundert die Figuren- und Erzählmalerei von ihrem ersten Platz zu verdrängen. Im Mittelpunkt steht die Versenkung in die Natur. Berühmte Vertreter sind die Maler Fan Kuan (nachweisbar seit etwa 960), Guo Xi (um 1020–nach 1087) und Mi Fu (1051–1107). Das Goldene Zeitalter der Malerei während der Regierungszeit Kaiser Huizongs, selbst ein großer Kalligraph und Maler, wurde durch die Gattung der Blumen- und Vogelbilder bereichert. Neue Impulse erfuhr die Malerei in der Yuan-Zeit etwa durch Huang Gongwang (1269–1354), dessen Rollbilder eine perfekte Synthese von Dichtung, Kalligraphie und Malerei zeigen. Befruchtet wurde die Malerei nicht zuletzt vom Chan-Buddhismus; berühmtester Vertreter war im 13. Jahrhundert der Abt Muqi. In der Ming-Zeit setzte Wen Zhengming (1470–1559) die Tradition der Literatenmaler fort. Seine Familie brachte schließlich über 20 berühmte Maler und Kalligraphen hervor und wurde die bedeutendste Künstlerfamilie des Landes. Im 17. und 18. Jahrhundert entstanden sehr individualistische Strömungen in der Malerei. Zhu Da alias Bada Shanren (1626–1705), der als Abkömmling des ersten Ming-Kaisers durch den Dynastiewechsel vom Tode bedroht war und sich deshalb als Mönch in einem Kloster versteckte, entwickelte eine andeutungsreiche Pinselsprache mit schnell hingewischten Linien und rasch gesetzten Tupfen, die seinen Darstellungen etwas Schwankendes gaben und deren formale Tendenzen bis ins 20. Jahrhundert wirkten. Hier waren es schließlich Künstler wie Qi Baishi (1863–1957) und Pu Xinyu (1896–1963), die die chinesische Tradition fortführten, während andere Künstler wie Zhang Daqian (1899–1983), Fu Baoshi (1904–65) oder Xu Beihong (1895–1953) sich auch in der Synthese westlicher und chinesischer Kunst versuchten.

Mit der Machtergreifung der Kommunisten hatte sich auch die Malerei den neuen Anforderungen anzupassen. Sie mußte von nun an auf Riesenleinwänden die Revolution glorifizieren, strahlende und stählerne Arbeiter und Arbeiterinnen beim Aufbau des Sozialismus zeigen und schließlich auf dem Gipfel seiner Macht dem Personenkult um

Wang Yuanqi,
Landschaft
am Fluß, 1706

Mao huldigen. Erst Ende der 70er Jahre erhielt die Malerei größere Freiheiten. In der Aufbruchstimmung versuchten sich die chinesischen Künstler in klassisch-traditionellen sowie zeitgenössisch-innovativen Kunststilen. Vor allem die Avantgarde hat heute internationalen Anschluß gefunden. Fußend auf traditioneller Ästhethik, aber orientiert an westlichen Kunstentwicklungen entstehen reizvolle Interpretationen des chinesischen Alltags. Eine der einflußreichsten Stile ist zur Zeit ein Neorealismus, der seine Inspiration aus den politischen Propagandaarbeiten der 60er und 70er Jahre schöpft, leicht zugänglich ist und für viele Künstler ein ideales Ausdrucksmittel darstellt, ihre Gefühle gegenüber einer sich unaufhaltsam wandelnden Gesellschaft darzustellen. Zentrum der Kunstszene ist zur Zeit zweifellos Beijing, wo die Kunstschaffenden in mehr als 40 Galerien und zahlreichen Künstler-Cafés ihre Werke ausstellen können.

Fischer auf dem Li Jiang (Li-Fluß) ▷

Reisen in China

›Zentrum der Welt‹ – Beijing

Geschichte der Stadt Beijing

■ (S. 386 ff.) Am Anfang war hier Wasser oder, genauer gesagt, eine Meeresbucht, die im Westen vom bereits existierenden Taihang-Gebirge und im Norden vom Yan-Gebirge begrenzt wurde. Geologische Entwicklung kümmert sich nicht um Meeresbucht-Romantik, und so spülten im Lauf der Jahrtausende große Erdmassen, durch Schnee und Regen in Bewegung gesetzt, ins Meer und schufen die ›Kleine Beijing-Ebene‹, ein immer noch geographisch bevorzugtes Gebiet, hielten doch die beiden Gebirgszüge allzu kalte Luft aus dem Norden ab und schützten die Ebene vor der Feuchtigkeit, die von der nun 140 km entfernten Bohai-Bucht hereinströmte. Dank dieser günstigen Voraussetzungen wurde die Region überaus fruchtbar und zog schon früh die ersten Menschen an.

Die geschichtliche Epoche der Stadt beginnt um 1180 v. Chr., als etwa auf der Höhe des heutigen Guang'anmen eine erste Siedlung namens Ji entstand. Dieses Ji entwickelte sich zur Hauptstadt eines Staates Yan und erhielt den Namen Yanjing (Hauptstadt von Yan). Wer das bekannte Beijinger Yanjing-Bier trinkt, wird an diesen alten Namen erinnert. Youzhou war der dritte Name der Stadt, und die Kitan, die den Norden Chinas eroberten, machten Youzhou unter der Bezeichnung Nanjing (Südliche Hauptstadt) zur zweiten Hauptstadt ihres Liao-Reiches (937–1125). Unter den Kitan wurde die Stadt bereits zu beachtlicher Größe ausgebaut. Eine 20 km lange und 10 m hohe Stadtmauer schützte Nanjing, aber sie konnte nicht verhindern,

daß die Kitan im 12. Jahrhundert ihrerseits von den Dschurdschen, einem Volk aus dem Nordosten, vertrieben wurden.

Die Dschurdschen, Vorfahren der Mandschus, die 400 Jahre später dem Reich der Mitte die Qing-Dynastie aufzwingen sollten, gründeten das Jin-Reich (1115 – 1234) und machten Nanjing zu ihrer zweiten Hauptstadt Zhongdu (Mittlere Hauptstadt). Einer der wenigen Relikte dieser Zeit ist die Marco-Polo-Brücke, die ein wenig vom alten Glanz der Jin-Hauptstadt vermittelt. Wenig beeindruckt von der Pracht, fielen die Horden Dschinghis Khans 1215 über Zhongdu her und schleiften die Stadt. Wer dem Inferno lebend entkam, wurde versklavt, und erst Dschinghis Khans Enkel Kublai Khan (reg. 1260–94) hauchte der Gegend wieder Leben ein. Nordwestlich des alten Zhongdu ließ er seine neue, an Pracht bis dahin alles in den Schatten stellende Hauptstadt Dadu (Große Hauptstadt) errichten, von der aus das 1271 von ihm endgültig unterjochte chinesische Reich im Namen der Yuan-Dynastie regiert wurde. Die Stadt war perfekt geplant, nichts dem Zufall überlassen. Auch heute noch zeugen zahlreiche Reste von der alten Planung, so etwa die Straßen Xidan, Xisi, Dongdan, Dongsi, Dongzhimen und Xizhimen, die bereits zur Yuan-Zeit angelegt wurden. Unter dem Großkhan erlebte Dadu einen ungeheuren Aufschwung als Handels- und Kulturmetropole, was Besucher wie Marco Polo zu Berichten über die Großartigkeit der Stadt anregte.

1368 mit der Befreiung Dadus konnte das Reich der Mitte die Fremdherrschaft endlich abschütteln. Dadu wurde anläßlich dieses freudigen Ereignisses in Bei-

◁ *Die Dächer der Verbotenen Stadt*

ping (Nördlicher Friede) umgetauft und verlor seine Funktion als Hauptstadt Chinas vorübergehend an das am Yangzi gelegene Nanjing. Die rauhen Sitten im Norden waren von den Völkern der Steppe geprägt, die Befehlshaber der Stadt kriegerisch und leicht zu verärgern. 1401 machte sich der Fürst von Yan, ein Onkel des zweiten Kaisers, der das Heer der Region von Beiping befehligte, mit seinen Soldaten auf den Weg nach Nanjing, um einer bevorstehenden Einschränkung seiner Macht zuvorzukommen. Er stürzte den Kaiser und schwang sich unter dem Namen Zhu Di zum dritten Herrscher der Ming (reg. 1402–24) auf. 1421 befahl er die Verlegung der Hauptstadt an seine alte Wirkungsstätte und gab ihr den Namen Beijing (Nördliche Hauptstadt). Gewaltige Bauaktivitäten hielten Beijing in Atem, das nun vollkommen umgestaltet wurde.

Nur noch kurz sollte Beijing seine herausragende Rolle verlieren, und zwar im Verlauf des chinesischen Bürgerkriegs und in der Zeit des chinesisch-japanischen Kriegs, als die Guomindang Nanjing und, nach der Eroberung Ostchinas durch die Japaner, Chongqing zur Hauptstadt Restchinas machten. Beijing wurde aus diesem Anlaß erneut umgetauft, und zwar wieder in Beiping, wie es auch heute noch in Taiwan trotzig genannt wird.

Das moderne Beijing ist höchst anachronistisch. Zum einen das Zentrum kommunistischer Macht, die sich nirgendwo sonst unmittelbarer auswirken kann, ist Beijing zum anderen stets bestrebt, nach außen wie eine Art sozialistisches Paradies zu wirken. Unentwegt ist die Stadt bemüht, besser als die anderen chinesischen Städte zu sein, die besten Einkaufsmöglichkeiten, Transportmittel, Hotels, die großartigsten Tempel zu haben und das modernste

Erscheinungsbild abzugeben. Doch wohl nirgendwo sonst ist der Generationenkonflikt so kraß: hier die alten Kämpfer der Revolution, denen ihre letzten Ideale entschwinden, dort der Neureiche, der mit seinem Handy überall anzutreffen ist und mit Hektik, Geschäftigkeit und Lautstärke jedem demonstriert, daß er gerade viel Geld verdient. Beijing ist so etwas wie das Paradies für jeden Chinesen, etwas, das er zu erreichen trachtet, und deswegen muß die Stadtregierung auch Maßnahmen ergreifen, daß genau dies nicht passiert. Der Kampf gegen die Ausbreitung der Slums ist nahezu vergeblich. Alle Maßnahmen wie Zuzugsbeschränkungen und ähnliches haben sich bislang als wirkungslos erwiesen. 10 Mio. Menschen leben bereits in der Metropole, davon über 4 Mio. im eigentlichen Stadtgebiet, nicht eingerechnet die Zahl der Wanderarbeiter, die zu Hunderttausenden auf der Suche nach etwas Wohlstand in die Stadt strömen.

Beijing ist ohne Zweifel eine eigene Reise wert, aber wer vorhat, in zentralere Landesteile zu reisen, sollte China nicht an seiner Hauptstadt messen. Hier prallen zwei Welten aufeinander, die sich immer mehr voneinander entfremden.

Viele Tage kann man verbringen, will man auch nur die wichtigsten aller Sehenswürdigkeiten ansehen. Wer mehr von der Stadt erleben will, als es die perfekt organisierte Tourismusmaschinerie erlaubt, die das Gros der Reisenden in drei bis vier Tagen in atemberaubendem Tempo durch die Stadt jagt, sollte sich sein eigenes Besichtigungsprogramm zusammenstellen. Alle Sehenswürdigkeiten sind mit Taxis, Bussen oder der U-Bahn preiswert, einfach und problemlos zu erreichen, man sollte nur daran denken, sich alle Fahrziele vorher auf Chinesisch aufschreiben zu lassen.

Der Platz des Himmlischen Friedens

Da liegt der Tian'anmen-Platz dem Besucher zu Füßen (Tian'anmen Guangchang): 500 m breit und 880 m lang, die erst einmal abgewandert werden wollen. Doch was sind statistische Daten, die zwar den größten Platz der Welt definieren, aber klein werden angesichts der Geschichte, die auf ihm geschrieben wurde. Der Platz und mit ihm das namensgebende **Tor des Himmlischen Friedens** 1 (Tian'an Men) bilden das Herz der Stadt und sind steingewordenes Monument der modernen Geschichte Chinas. Hier beendete Puyis unrühmliche Abdankung am 25. Dezember 1911 das chinesische Kaisertum. Nur wenige Jahre später versammelten sich am 4. Mai 1919 über 3000 Studenten vor dem Tor und protestierten gegen die Versailler Verträge, in dem die ehemaligen deutschen Konzessionsgebiete an Japan abgetreten wurden. Diese *Vierte-Mai-Bewegung* führte unter anderem zur Gründung der KPCh, die den radikalisierten Jugendlichen eine neue geistige Heimat bot. Rund 30 Jahre später konnte Mao Zedong am 1. Oktober 1949 vom Tor das Ziel des langen Kampfes seiner Partei, die Gründung der Volksrepublik China, verkünden. 1966 inszenierte Mao mit Millionen fanatisierten Jugendlichen von hier die blutige Kulturrevolution. Desillusioniert von unzähligen Richtungswechseln, enttäuscht und orientierungslos versammelten sich Anfang April 1976 Millionen von Menschen auf dem Platz, um des beliebten, drei Monate vorher verstorbenen Zhou Enlai zu gedenken, doch Tausende wurden verhaftet und erschossen. Im April 1989 ver-

Vor dem Tor des Himmlischen Friedens

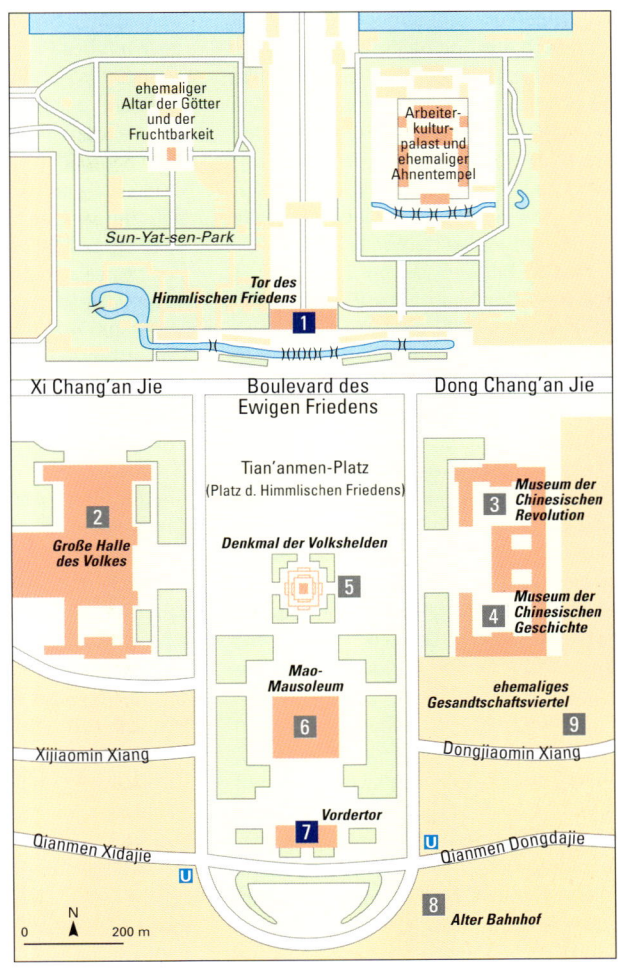

ehemaliger Altar der Götter und der Fruchtbarkeit

Arbeiter-kultur-palast und ehemaliger Ahnentempel

Sun-Yat-sen-Park

Tor des Himmlischen Friedens

1

Xi Chang'an Jie

Boulevard des Ewigen Friedens

Dong Chang'an Jie

Tian'anmen-Platz
(Platz d. Himmlischen Friedens)

3 *Museum der Chinesischen Revolution*

2

Große Halle des Volkes

Denkmal der Volkshelden

5

4 *Museum der Chinesischen Geschichte*

Mao-Mausoleum

6

ehemaliges Gesandtschaftsviertel **9**

Xijiaomin Xiang

Dongjiaomin Xiang

Vordertor

7

Qianmen Xidajie

Qianmen Dongdajie

U

U

N
0   200 m

8 *Alter Bahnhof*

Der Platz des Himmlischen Friedens

sammelten sich erneut Tausende von Menschen, diesmal aus Anlaß des Todes des beliebten, jedoch geschaßten, Hu Yaobang auf dem Tian'anmen-Platz und demonstrierten mit friedlichen und fröhlichen Happenings, daß der Wunsch nach Veränderungen nicht immer mit Gewalt und Aufständen erzwungen werden muß. Doch einer amoklaufenden Regierung erschien auch ein friedlicher Protest schon zuviel, und am 4. Juni

1989 erklärte sie den Demonstranten den Krieg, rückte mit Panzern und Gewehren gegen ihre Bürger vor und verkündete schließlich stolz den Sieg über die Konterrevolutionäre. Seit diesem Tag symbolisieren Tor und Platz auch international den Wunsch nach Menschenrechten, Demokratie und Freiheit.

Das mächtige Tor wurde 1417 errichtet und ›Tor zur Stütze des Himmels‹ *(Chengtian Men)* genannt. 1651 wurde es umgebaut und umbenannt. Selbst Mao war das Tor heilig genug, um es nicht zu zerstören, so neu sein China auch werden sollte. Im Gegenteil – noch heute ziert sein ewig frisches Portrait das rote Portal, links und rechts flankiert von den Zeilen »Lang lebe die Volksrepublik China« und »Lang lebe die große Einheit der Völker der Welt«.

Den zu Paradezwecken überbreit gestalteten **Boulevard des Ewigen Friedens** (Chang'an Jie) erreicht man durch weite Tunnel, die den reibungslosen Abzug des für Paraden herangekarrten Publikums ermöglichen. Hier herrscht Tag und Nacht das rege Leben einer Metropole mit flanierenden Touristen, fliegenden Händlern, lärmenden Schülern und Beijinger Bürgern, die unbeirrt von all dem Trubel ihre Drachen steigen lassen. Im Westen steht der Monumentalbau der nach nur zehn Monaten Bauzeit hochgezogenen **Großen Halle des Volkes** 2 (Renmin Dahuitang). Seine Frontseite ist 310 m lang, und die Haupthalle faßt 10 000 Menschen sowie einen kleinen Nebenraum, in dem sich Mao, wenn ihm die endlosen Lobreden auf sein Wirken langweilten, bis ins hohe Alter mit seinen sogenannten ›Tanzdamen‹ vergnügte. Weiterhin gibt es eine riesige Banketthalle, in der 5000 Gäste Platz finden, sowie 30 weitere verschieden große Säle, die nach den chinesischen Provinzen benannt und entsprechend ihrer kulturellen Eigenheiten gestaltet wurden.

Auf der Ostseite prunkt fast wie ein Spiegelbild das ebenso kolossale Gebäude, das die beiden **Museen der Chinesischen Geschichte** 4 **und der Chinesischen Revolution** 3 (Zhongguo Geming Lishi Bowuguan) beherbergt und 1961 erbaut wurde.

Der Mittelpunkt der chinesischen Welt wurde von den Kommunisten aus der Verbotenen Stadt ausgelagert und im Zentrum des Platzes in Form des mächtigen, 38 m hohen Obelisken zugänglich gemacht: das **Denkmal der Volkshelden** 5 (Renmin Yingxiong Jinianbei). Auf zehn Basreliefs, die den Sockel des Obelisken schmücken, werden jene Stationen der chinesischen Geschichte seit 1840 dargestellt, die mit dem Untergang des chinesischen Kaiserreichs durch die imperialistischen Demütigungen eingeleitet, zur Ausrufung der Volksrepublik China führten. Auf dem ersten Relief wird die Verbrennung des Opiums durch den kaiserlichen Kommissar Lin Zexu 1839 dargestellt. Dieser Vorgang löste den ersten Opiumkrieg 1840 aus und führte zur Abtretung Hongkongs an Großbritannien. Der gewaltige Taiping-Aufstand ist Thema des zweiten Reliefs, auf dem die Ausrufung des Himmlischen Staats des Ewigen Friedens (Taiping Tianguo) dargestellt wird. Weitere Meilensteine in der an Unruhen reichen Geschichte sind natürlich der Aufstand von Wuchang 1911 und die Vierte-Mai-Bewegung. Thema des fünften Reliefs ist die Bewegung des 30. Mai 1925, die zu einem der größten landesweiten Streiks und einem Boykott ausländischer Waren in der Geschichte der Republik führte. Weitere Schlüsselereignisse, die in der Gründung der Volksrepublik ihren Abschluß fanden, sind der Aufstand von Nanchang, der zwar fehlschlug, aber zur Gründung der Volksbefreiungsarmee durch die Überlebenden führte, der Partisanenkrieg gegen Japan zwischen 1937 und 1945 und die Überquerung des Yangzi 1949 durch die Kommunisten, die die Flucht Chiang Kai-sheks nach Taiwan auslöste. Da die ›Befreiung‹ nicht zuletzt das Werk der Armee war, sind die letzten beiden Reliefs martialische Darstellungen der Volksbefreiungsarmee.

Hinter dem Denkmal beginnen die langen Warteschlangen zum häßlichen Klotz des **Mao-Mausoleums** 6 (Mao Zhuxi Jiniantang, Abb. S. 40). Es paßt sich architektonisch den Monumentalbauten der Ost-West-Achse an, liegt aber genau auf der den alten Chinesen so heiligen Nord-Süd-Achse, womit Mao Zedongs Bestreben, den Aberglauben in China zu überwinden, ad absurdum geführt wurde. Etwas wächsern wirkt er, ist der flüchtige Eindruck, mehr Zeit hat man nicht, dann scheuchen einen die Ordner schon weiter, aber wenn man die bedrückend sterile Kälte des Gemäuers durch den Südausgang verläßt, hat einen ein wenig das alte Beijing wieder, wird man doch unvermittelt vom mächtigen **Vordertor** 7 (Qian Men) angezogen. Dieses Tor hieß ursprünglich ›Tor der Mittagssonne‹ (Zhengyang Men) und bildete einen der Hauptzugänge von der Tataren- zur Chinesenstadt.

Zu kaiserlichen Zeiten war Beijing streng gegliedert, und hohe Mauern trennten die einzelnen Stadtteile voneinander ab. Zentrum der Stadt und der Macht war die ›Verbotene Stadt‹, die man durch das Mittagstor (Wu Men) in Richtung Kaiserstadt verließ. Aus der Kaiserstadt führte das Tor des Himmlischen Friedens in die Innere Stadt, die man wiederum durch das Vordertor, das den Hauptzugang zur Äußeren Stadt bildete, verlassen konnte. Der deutsche Architekt Curt Rothkegel war bei der Gestaltung der sich noch heute so zeigenden Gesamtanlage des Tors beteiligt. Die kommunistische Führung ließ die alte Stadtmauer ganz abreißen, um entlang der alten Mauerführung die Trasse des zweiten Rings, heute eine ampellose, dennoch meist verstopfte, sechsspurige Schnellstraße zu bauen.

Am südöstlichen Ende des Platzes steht das schmucke Gebäude des alten, 1902 eingeweihten **Bahnhofs** 8 der nach Nordchina führenden Eisenbahn, das vermutlich nur deshalb noch steht, weil bisher kein Investor die hohen Kosten für den Standort aufbringen mochte. Am südwestlichen Ende des Platzes befand sich ab 1905 der Bahnhof der Beijing-Wuhan-Linie.

Einen Ausflug in die europäisch-ostasiatische Architekturgeschichte kann man ins nahegelegene **ehemalige Gesandtschaftsviertel** 9 machen, dessen Einrichtung England und Frankreich mit dem zweiten Opiumkrieg 1860 erzwungen hatten. Die Gebäude aus der damaligen Zeit sind teilweise noch erhalten und geben diesem Stadtteil sein unverwechselbares Gepräge aus europäischer Architektur der Jahrhundertwende und chinesischer Bauweise. Man erreicht das Viertel über die östlich vom Mao-Mausoleum wegführende Straße Dongjiaomin Xiang, die frühere ›Legation Street‹. An Gebäuden deutscher Architekten ist nur noch der alte Internationale Club in der ehemaligen ›Marco-Polo-Street‹ (heute Taiji Chang) des Architekten Curt Rothkegel übriggeblieben. Heute ist hier der Ständige Ausschuß des Städtischen Volkskongresses untergebracht. Viele Gebäude fallen allerdings nach und nach der unbarmherzigen Modernisierung Beijings zum Opfer.

Chinesische Touristen auf dem Tian'anmen-Platz

Der Aufstand der ›Boxer‹

Der ›Boxeraufstand‹, Gemälde von Carl Röchling (1855–1920)

»Nehmen Sie Ihre Missionare und Ihr Opium wieder mit, und alles wird wieder gut«, hatte der eigentliche Machthaber hinter den Kulissen der Verbotenen Stadt, Prinz Gong, noch 1870 zum britischen Gesandten gesagt. Es geschah natürlich nichts, und die Missionare scharten zu jener Zeit bereits ein Heer von 400 000 Konvertiten um sich. Sie drangen immer tiefer ins Landesinnere ein, wo sie das traditionelle Leben durcheinanderbrachten und neuartiges fremdes Denken einführten. Die Neubekehrten wurden von den Missionaren aus der Dorfgemeinschaft ausgegrenzt und unter den Schutz der Kirche gestellt, die wiederum unter kaiserlichem Schutz stand, wobei Franzosen und Engländer mit militärischem Druck nachgeholfen hat-

ten. Zugute kam das nicht zuletzt ganzen Verbrecherbanden, die im Schutz der Kirche eine rücksichtslose Vorzugsbehandlung genossen und ihre Opfer auch noch verhöhnen konnten. Den Missionaren war es egal, solange sie ihre ›Himmlischen Dividenden‹ erhöhen konnten. 1899 wurde den katholischen Bischöfen sogar der Rang von chinesischen Vizekönigen zugesprochen, ebenfalls nicht ohne Englands militärischer Gewaltandrohung. In chinesischen Augen ein unerhörtes Ereignis.

Besonders aggressiv gebärdete sich ein deutscher Priester namens Georg Stenz, der die Bauern derart gegen sich aufbrachte, daß ein Mordkommando ihn beseitigen sollte. Sie töteten durch Zufall zwei andere Missionare, die Stenz besucht hatten, und denen er sein Zimmer gegeben hatte. Dem deutschen Gesandten Baron von Heyking gelang es, daraus eine internationale Krise zu machen und mit militärischer Rückendeckung unter anderem die beiden Städte Qingdao und Jiaozhou als Konzessionsgebiete zu erhalten.

Schließlich begann auch die Industrialisierung Nordchinas die bäuerliche Erwerbswirtschaft zu bedrohen. Weiteres Elend brachten Naturkatastrophen mit verheerenden Hungersnöten, und so blieb es nicht aus, daß sich am Boden der Gesellschaft Haß gegen die sichtbaren Symbole fremden Reichtums, wie Eisenbahnen und Industriebetriebe, aufstaute, die noch dazu auf das Fengshui und noch viel schlimmer auch auf die Gräber der Ahnen keine Rücksicht nahmen. Seit 1896 waren im Nordwesten der Provinz Shandong die ersten ›Boxer‹ (auch ›Geisterboxer‹) aufgetaucht, Bauern, die sich wie durch Zauberei unverwundbar fühlten. Die Bewegung der ›Boxer‹ fand immer regeren Zulauf aus der verelendeten Bevölkerung, die fasziniert war von dem Gedanken, in kürzester Zeit deren Kampfsportarten erlernen zu können. Überall kam es nun zu Überfällen und Aufständen mit dem Ziel, alle Fremden zu vertreiben.

Der große Moment für die ›Boxer‹ kam, als die erzreaktionäre Hofclique der sogenannten Eisenhüte sich durch einen Staatsstreich 1898 die absolute Macht sicherte. Sie kamen auf die unsinnige Idee, den unkoordinierten Aufstand der ›Boxer‹ zu kontrollieren und für ihre Zwecke, die Vertreibung aller Ausländer aus China, zu gebrauchen, ohne daß man den Kaiserhof dafür verantwortlich machen könnte. Ein Plan, der gründlich scheitern sollte, da der Aufstand keine gelenkte Bewegung war und viele der ›Boxerbanden‹ einfach nur plündern und morden wollten.

Als Datum für die Vernichtung der ›fremden Teufel‹ war der Juli 1900 von Wahrsagern festgesetzt worden, aber schon im Mai begann der Aufstand in der Umgebung Beijings mit Zerstörung von christlichen Missionen, von Eisenbahnlinien und Telegraphenleitungen, mit Plünderung und Morden an chinesischen Christen. Am 11. Juni erreichten die Aufständischen Beijing. Christliche Kirchen und Häuser wurden niedergebrannt und zahllose chinesische Christen, andere Bürger und Mandarine ermordet. Die Ausländer in Beijing wurden allerdings nicht direkt angegriffen.

Am 19. Juni wurde der deutsche Gesandte Klemens von Ketteler in Beijing ermordet. Anlaß für die Attentäter waren seine menschenverachtenden Jagden auf ›Boxer‹ oder wen immer er dafür hielt und schließlich die Ermordung eines kleinen Jungen, den er gefangengenommen, verprügelt und in einem Wutanfall erschossen hatte. Ketelers Ermordung, deren Gründe der ausländischen Gemeinde durchaus bekannt waren, führten bei den Ausländern zur Panik und Flucht ins Gesandtschaftsviertel, wo man unter unsäglichen Bedingungen auf die angekündigten alliierten Truppen wartete, die am 14. August Beijing einnahmen, das anschließend drei Tage zur Plünderung freigegeben wurde. Der gesamte Kaiserhof war nach Xi'an geflohen und wies den ›Boxern‹ nun die Alleinschuld an den Ereignissen zu.

China mußte am 7. September 1901 das ›Boxerprotokoll‹ unterzeichnen, das hauptsächlich Strafbestimmungen enthielt. China wurde darin unter anderem zu einer ruinierenden Schadensersatzzahlung von 450 Mio. Silber Taels verpflichtet. Ein hoher Preis dafür, daß man einen spontanen Aufstand für eigene Pläne mißbrauchen wollte.

Kaiserpalast und alte Kaiserstadt

Nördlich des unendlichen Tian'anmen-Platzes schließt sich die vielleicht wichtigste, auf alle Fälle aber imposanteste Sehenswürdigkeit Chinas an: die **Verbotene Stadt 1**. Nur knapp entging sie 1900 der Zerstörungswut der rachsüchtigen Truppen der Alliierten, nachdem diese das angeblich von den Boxern so schändlich belagerte Gesandtschaftsviertel ›befreit‹ hatten. Seiner Plünderung entging der Kaiserpalast entgegen allen anderslautenden Beteuerungen in der internationalen Presse nicht – die Journalisten gehörten selbst zu den Plünderern –, und was sich den fremden Eindringlingen bot, war atemberaubend. Eine 500jährige Geschichte und der in ihr angehäufte Reichtum materialisierten sich hinter den bis dato unüberwindlichen Wällen des 720 000 m^2 großen Kaiserpalasts und überwältigten selbst die ignorantesten Plünderer.

Der Palast konnte 1420 nach 17jähriger Bauzeit bezogen werden und war bis 1911 Sitz der Ming- und Qing-Kaiser. Erst 1924 wurde der letzte Kaiser Pu Yi vom christlichen Warlord Feng Yuxiang aus der Stadt geworfen. Der Kaiserpalast war nicht nur Residenz und Regierungssitz, er war das irdische Spiegelbild der im Kosmos waltenden Ordnung. In seiner gesamten Architektur und Symbolik manifestierte sich nach außen hin sichtbar die zentrale Funktion des Kaisers. Als Sohn des Himmels (Tianzi) war dieser Mittler zwischen Himmel und Erde, dessen wichtigste Aufgabe es war, die kosmische Ordnung und ihre irdische Entsprechung durch eine korrekte Regierung und die Beachtung der Riten zu erhalten. Er war das Zentrum der Welt, Herrscher über das Tianxia (das, was unter dem Himmel ist) und degradierte damit alle, die nicht

Kaiserpalast und Kaiserstadt 1 Verbotene Stadt (Gugong) 2 Mittagstor (Wu Men) 3 Innerer Goldwasserfluß 4 Tor der Höchsten Harmonie (Taihe Men) 5 Halle der Höchsten Harmonie (Taihe Dian) 6 Halle der Vollkommenen Harmonie (Zhonghe Dian) 7 Halle zur Erhaltung der Harmonie (Baohe Dian) 8 Halle der Literarischen Blüte (Wenhua Dian) 9 Pavillon des Kulturellen Reichtums (Wenyuan Ge) 10 Halle der Militärischen Tapferkeit (Wuying Dian) 11 Tor der Himmlischen Reinheit (Qianqing Men) 12 Palast der Himmlischen Reinheit (Qianqing Dian) 13 Halle der Berührung von Himmel und Erde (Jiaotai Dian) 14 Palast der Irdischen Ruhe (Kunning Gong) 15 Sechs Östliche Paläste 16 Palast der Ruhe und Langlebigkeit (Ningshou Gong) 17 Sechs Westliche Paläste 18 Palast der Herzensbildung (Yangxin Dian) 19 Kaiserlicher Garten 20 Tor der Irdischen Ruhe (Kunning Men) 21 Tor der Göttlichen Stärke (Shenwu Men) 22 Kohlehügel (Jingshan Gongyuan) 23 Akazienbaum 24 Pavillon des Ewigen Frühlings (Wanchun Ting) 25 Trommelturm (Gu Lou, ca. 700 m) 26 Glockenturm (Zhong Lou, ca. 700 m) 27 Nord-See-Park (Beihai Gongyuan) 28 Runde Stadt (Tuan Cheng) 29 Insel der Erlesenen Jade (Qionghua Dao) 30 Tempel der Ewigen Ruhe (Yong'an Si) 31 Weiße Dagoba (Bai Ta) 32 Studio des Ruhigen Herzens (Jingxin Zhai) 33 Halle der Himmelskönige (Tianwang Dian) 34 Neun-Drachen-Wand (Jiulong Bi) 35 Eiserne Mauer (Tieying Bi) 36 Botanischer Garten (Zhiwu Yuan) 37 Fünf-Drachen-Pavillon (Wulong Ge) 38 Mittlerer See (Zhong Hai) 39 Südlicher See (Nan Hai) 40 Wangfujing 41 Beijing-Kaufhaus 42 McDonald's 43 Beijing Hotel (Beijing Fandian) 44 Dong'an Markt (Dong'an Shichang) zum Reich der Mitte gehörten, zu ›Barbaren‹.

Haupteingang zur Verbotenen Stadt, die wegen ihrer roten Palastmauern bald schon ›Purpurne Verbotene Stadt‹ hieß, ist das **Mittagstor** 2 (Wu Men). Ausländer müssen durch das rechte, früher hohen Beamten und Generälen vorbehaltene Tor gehen, wohl weniger

deshalb, weil man heute den ›barbarischen‹ Besuchern mehr Respekt entgegenbringt, sondern weil sie bis 1997 fast doppelt soviel Eintritt zahlen mußten. Dafür kann man sich in mehreren Sprachen Tonbandführungen ausleihen. Eigens im Palast aufgestellte Schilder weisen den Weg zu dieser Führung. Das mittlere Tor war ausschließlich dem Kai-

ser vorbehalten, die Eingänge links und rechts davon den kaiserlichen Prinzen.

Hat man den wegen seiner fünf Pavillons auch ›Fünf-Phönix-Tor‹ genannten Eingang passiert, begreift man das Staunen der alliierten Soldaten nach ihrem Eindringen. Wohl keiner kann sich der Faszination, die einen von nun an umfängt, entziehen. Normalerweise wird man beim ersten Besuch der Hauptachse von Süden nach Norden folgen, an der sich die wichtigsten Gebäude aufreihen. Weitere Hallen und Paläste gruppieren sich entlang zweit- und drittrangigen Nord-Süd-Achsen. Aufgeteilt ist die Anlage zusätzlich in einen Außenhof *(Waichao)*, wo kaiserliche Audienzen abgehalten wurden und die verschiedenen Zeremonien stattfanden, sowie die nördlich davon gelegenen Innengemächer *(Neiting)*, die Wohnbereiche der kaiserlichen Familie.

Der weite, sich vor dem Besucher öffnende Hof wird von dem sanften Bogen des **Inneren Goldwasserflusses** 3 in zwei Teile geteilt. Fünf elegante Brücken überspannen ihn – Symbole der Fünf Tugenden. Von nun an ist man umgeben von konfuzianischer und kosmischer Symbolik. So hat die gesamte Palastanlage 9999 Räume, eine Zahl, die die Ewigkeit symbolisiert, Yin- und Yang-Kräfte in ihrer reinsten Form. Allerdings wird bereits der Raum zwischen vier Säulen als eigenständiger Raum gezählt.

Zwei majestätische bronzene Löwen, Repräsentanten der kaiserlichen Macht, flankieren das den Norden des Platzes abschließende **Tor der Höchsten Harmonie** 4 (Taihe Men): Symbol des konfuzianischen Idealzustands der Gesellschaft und damit der kosmischen Ordnung. Der Ball des männlichen Löwen steht für die Einheit des Imperiums, das Kind des Weibchens für blühendes Gedeihen. Dahinter eröffnet sich dem Besucher der grandiose Blick auf das Herz

Tor der Höchsten Harmonie

des Palasts, einst Zentrum des Reichs der Mitte und Symbol für Himmel und Erde, das sich inmitten eines weitläufigen Hofs auf einer Terrasse erhebt. Die vordere der ›Drei Großen Hallen‹ ist die **Halle der Höchsten Harmonie** **5** (Taihe Dian), und wie der Name vermuten läßt, übte der Kaiser von hier seine Macht aus, so er welche hatte. Sie war Audienzhalle, Festort für die wichtigsten Feiertage und Zentrum der wichtigsten Zeremonien. Die mit Drachen verzierten Säulen um den Thron sind ebenfalls ausschließlich dem Kaiser vorbehaltene Symbole, stehen sie doch für den Kaiser selbst. Auf der Plattform vor der Thronhalle stehen je zwei Kraniche und Schildkröten aus Bronze, Symbole für Glück und Langlebigkeit. Sonnenuhr und Jialing-Hohlmaß rechts und links der Halle sind agrarische Symbole, die ausdrückten, daß der Kaiser auch Herr des Kalenders und damit des bäuerlichen Erntezyklus war. Die riesigen Bronzebehälter, von denen die Plünderer das Gold abgeschabt haben, waren stets mit Wasser gefüllt; sie dienten zum einen dem Feuerschutz und versinnbildlichten zum andern die Vollkommenheit und Integrität der Herrschaft des Kaisers. Die 18 Weihrauchbehälter standen für die damals bestehenden 18 Provinzen. Die Dachfirste werden von insgesamt neun Fabeltieren geschmückt, die von einem Gott, der auf einem Phönix reitet, angeführt werden und böse Geister und Unheil abwehren sollen. Die beiden mönströsen Dinge, welche die zentralen Dachfirste abschließen, sind sogenannte Chiwen. Sie stellen einen Sohn des Drachenkönigs dar: den Herrscher über die Gewässer. Daher glaubte man, daß er Feuer verhindern könne – eine Art mythischer Blitzableiter also, den man aus optischen Gründen gleich an beiden Enden der Dachfirste aufgestellt hat. Um

sicherzugehen, daß er auch bleibt, wo er hingehört, wurde er jeweils mit einem Schwert am Dachfirst ›fixiert‹.

Schaut man zurück zum Tor der Höchsten Harmonie, blickt man auf 30 000 m² Platzfläche. Der Platz faßte 20 000 Beamte und Würdenträger, die sich hier in einer monumentalen Farborgie zum Kotau vor dem Kaiser einfinden mußten. Ein Schauspiel, das beide Seiten zutiefst von ihrer weltgeschichtlich zentralen Rolle überzeugen mußte.

Hinter der Thronhalle liegt die **Halle der Vollkommenen bzw. Mittleren Harmonie** **6** (Zhonghe Dian). Hier fanden die Proben der organisatorisch höchst komplizierten Zeremonien statt, und einmal im Jahr prüfte der Kaiser symbolisch das Saatgetreide.

Abgeschlossen wird die Dreiheit von der **Halle zur Erhaltung der Harmonie** **7** (Baohe Dian). In ihr fanden die Bankette zum neuen Jahr statt, und in der Qing-Zeit wurden in ihr die kaiserlichen Palastexamen durchgeführt. Wer sie bestand, konnte in höchste Ämter aufsteigen und dem Kaiser bei der ›Erhaltung der Harmonie‹ behilflich sein.

Die Gebäude jenseits des Platzes symbolisieren die Gestirne und tragen so wohlklingende Namen wie **Halle der Literarischen Blüte** **8** (Wenhua Dian) oder **Pavillon des Kulturellen Reichtums** **9** (Wenyuan Ge) auf der Ostseite und auf der Westseite **Halle der Militärischen Tapferkeit** **10** (Wuying Dian).

Die den Platz seitlich begrenzenden Gebäude beherbergen einen Teil der Ausstellung des Palastmuseums und dienten früher Lager- und Verwaltungszwecken.

Hinter der Halle zur Erhaltung der Harmonie verläßt man den Bereich des Außenhofs. Durch das **Tor der Himmlischen Reinheit** **11** (Qianqing Men) gelangt man in die Inneren Gemächer. Der

Aufbau dieses Komplexes, zu dem nur die ranghöchsten Konkubinen und Eunuchen Zugang hatten, ist ein verkleinertes Abbild der Struktur des Außenhofs, und so ist es wohl kaum verwunderlich, daß viele der Kaiser angesichts der kalten, starren Formgebung im Verbund mit der trostlosen Umgebung lieber nach einer anderen Wohnstätte innerhalb des Palasts Ausschau hielten.

Das erste Gebäude auf der zentralen Achse ist der vom gleichnamigen Tor schon angekündigte **Palast der Himmlischen Reinheit** 12 (Qianqing Dian). In den Anfangsjahren noch kaiserliches Schlafgemach, wurde er nach und nach zum Arbeitszimmer, Bankettsaal und schließlich zum Empfangszimmer für ausländische Würdenträger – oft überhebliche Snobs, die sich der Ironie, in einem ehemaligen Schlafzimmer empfangen zu werden, gar nicht bewußt waren – degradiert. Dahinter folgt die kleinere, quadratische **Halle der Berührung von Himmel und Erde** 13 (Jiaotai Dian). Während der Ming-Zeit war sie Residenz der Kaiserinnen, später wurden in ihr die kaiserlichen Siegel aufbewahrt. Letztes Gebäude dieses Komplexes ist der Palast der **Irdischen Ruhe** 14 (Kunning Gong), ursprünglich das Schlafgemach der Kaiserin, später wurde er allerdings nur noch für die Hochzeitsnacht der Kaiser und für religiöse Zeremonien genutzt.

Die Kaiser und Kaiserinnen bevorzugten die Gebäude östlich und westlich der zentralen Hauptachse, in denen heute das Palastmuseum und Depots untergebracht sind. Rechter Hand reihten sich die **Sechs Östlichen Paläste** 15 auf, in denen früher die Kaiserinnen, Konkubinen und Hofdamen lebten. Weiter östlich stand die Oststadt, in deren **Palast der Ruhe und Langlebigkeit** 16 (Ningshou Gong) der Qianlong-Kaiser

seinen Ruhestand genoß. Sehenswert sind hier neben den Ausstellungen die Neun-Drachen-Wand sowie das Theater.

Das symmetrische Gegenstück im Westen sind die **Sechs Westlichen Paläste** 17, ebenfalls ein Wohnbereich für Konkubinen und Hofdamen. Der südlich vorgelagerte **Palast der Herzensbildung** 18 (Yangxin Dian) war dagegen bevorzugtes Domizil der Kaiser seit 1723.

Wieder zurück auf der Hauptachse, wird der Palast vom **Kaiserlichen Garten** 19 abgeschlossen, eine der wenigen Grünanlagen, die man durch das **Tor der Irdischen Ruhe** 20 (Kunning Men) betritt. Man verläßt die Verbotene Stadt schließlich durch das hinter dem Garten gelegene **Tor der Göttlichen Stärke** 21 (Shenwu Men).

Über einen stets dicht zugeparkten Vorplatz, umlagert von Souvenirverkäufern, muß man sich nun seinen Weg auf die andere Straßenseite bahnen. Er führt durch einen düsteren Straßentunnel und endet kurz vor dem Eingang zum **Kohlehügel** 22 (Jingshan Gongyuan). Dieser wurde während der Ming-Zeit aus dem Aushub für den Wallgraben aufgeschüttet und zu einem kaiserlichen Garten umgestaltet. Doch so prachtvoll die Ming-Dynastie sich hier entfaltete, so schmählich endete sie an diesem Ort, als sich der letze Ming-Kaiser, der unter der Devise Chenggong herrschte, am östlichen Fuß des Hügels an einem **Akazienbaum** 23 erhängte. Da im Park auch die Kohle für die Beheizung der Palasthallen und der Küche gelagert wurde, bekam der künstliche Berg den Spitznamen ›Kohlehügel‹. Gekrönt wird er von dem dreigeschossigen **Pavillon des Ewigen Frühlings** 24 (Wanchun Ting), von dem aus sich – liegt über der Stadt nicht gerade Smog oder eine Staubwolke – ein großartiger Blick über die Palastanlagen und die Wolken-

Auf dem Kohlehügel

kratzer-Skyline bietet, Ausdruck des neuen schnellen Reichtums der Stadt. Blickt man nach Norden, sieht man die beiden mächtigen Türme des **Trommelturms** 25 (Gu Lou) und des dahinter liegenden **Glockenturms** 26 (Zhong Lou). Dies waren die ›Uhren‹ der Stadt: Das Schlagen der Glocke kündigte den Einwohnern den Tag und damit die Öffnung der Stadttore an, während die Trommel das Schließen der Tore und den Beginn der nächtlichen Ausgangssperre in einigen Stadtteilen ankündigte.

Folgt man vom Haupteingang des Parks der Jingshan Qianjie nach Westen, gelangt man schon wenig später zur weitläufigen Anlage des **Nord-See-Parks** 27 (Beihai Gongyuan). Er war bereits während der Liao- und Jin-Dynastien ein Bestandteil der Gartenanlagen der kaiserlichen Sommerresidenzen. Nach der mongolischen Zerstörungsorgie gehörte der Palast der Großen Ruhe (Daning Gong) auf dem Gelände der

alten Gartenanlage zu den wenigen erhalten gebliebenen Gebäuden der Stadt, und so ließ sich Kublai Khan dort provisorisch nieder. Um diesen Palast herum ließ er seine neue Hauptstadt Dadu aufbauen. Auch die nachfolgenden Dynastien behielten den schönen Park als kaiserlichen Garten, der schließlich unter dem Qianlong-Kaiser im 18. Jahrhundert sein heutiges Aussehen erhielt.

Bevor man in den eigentlichen Beihai-Park geht, lohnt sich der kleine Umweg über die **Runde Stadt** 28 (Tuan Cheng). Ihren Namen verdankt dieses originelle, festungsähnliche Bauwerk seiner runden, 5 m hohen Mauer, die in der Ming-Zeit um das 4500 m² große Areal, das aus dem Aushub für den Beihai-See aufgeschüttet worden ist, herum gebaut wurde. Eigentlich müßte das Gebilde denn auch korrekter übersetzt Runde Mauer heißen. Hauptgebäude inmitten uralter Zypressen ist die **Halle der Erleuchtung** (Chengguang Dian), in der ein prächtiger, aus einem einzigen Block weißer Jade gefertigter 1,5 m hoher Buddha steht. Er stammt aus Birma (heute Myanmar) und wurde 1900 von Soldaten der alliierten Interventionstruppen beschädigt. Zentrum der Runden Stadt ist der eigens für ein 66 cm hohes Nephritgefäß 1749 erbaute **Pavillon des Jadegefäßes** (Yuweng Ting). Schon Kublai Khan ließ seinen Gästen aus diesem Gefäß den Wein nachschenken.

Von der Runden Stadt führt eine Treppe in den Beihai-Park hinein. Herzstück des kaiserlichen Gartens ist die gefällige Anlage des 1651 auf der künstlich aufgeschütteten **Insel der Erlesenen Jade** 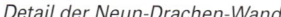 (Qionghua Dao) erbauten buddhistischen **Tempels der Ewigen Ruhe** (Yong'an Si). Aus dem gleichen Jahr stammt die den Park beherrschende, weithin sichtbare **Weiße Dagoba** (Bai Ta), die den sich den Hügel hinaufziehenden Tempelkomplex abschließt und anläßlich eines Besuchs des 5. Dalai Lama 1651 in der Hauptstadt gebaut wurde.

Zu den weiteren Sehenswürdigkeiten des Nord-See-Parks und des 390 000 m² großen **Sees der Westlichen Blume** (Xihua Tan), wie er anfänglich hieß, ist es ein weiter Weg. Fähren fahren vom Anleger hinter der Weißen Dagoba hinüber und ersparen Besuchern mit wenig Zeit den langen, aber schönen Spaziergang entlang dem Seeufer.

Die erste Gebäudegruppe, das **Studio des Ruhigen Herzens** 32 (Jingxin Zhai), am nördlichen Ufer ist gleichzeitig auch die am besten erhaltene Anlage des Parks. Vorbei an der **Halle der Himmelskönige** 33 (Tianwang Dian), die durch ein schönes, mit glasierten Ziegeln gedecktes Ehrentor betreten wird, kann man zur **Neun-Drachen-Wand** 34 (Jiulong Bi) spazieren. Sie entstand 1417 und wurde mit 427 siebenfarbigen Reliefs aus glasierten Ziegeln verkleidet. Sie stellen neun in Wolken und Wellen mit einem Ball spielende Drachen dar, Symbol der regenbringenden Wolken des Frühjahrs und einer neuen Frucht-

Detail der Neun-Drachen-Wand

barkeitsperiode nach dem Winter. Neben dieser gibt es noch eine weitere Neun-Drachen-Wand im Kaiserpalast und eine in Datong. Von der Mauer führt der Weg zur **Eisernen Mauer** 35 (Tieying Bi), eine 3,5 m lange und 2 m hohe Wand aus Vulkangestein. Ihre Reliefs mit seltsamen Fabeltieren stammen noch aus der Zeit der Mongolenherrschaft. Vorbei am **Botanischen Garten** 36 (Zhiwu Yuan) kann man zu den durch Brücken verbundenen **Fünf-Drachen-Pavillons** 37 (Wulong Ge) spazieren, sie dienten als Angelplatz der Kaiser. Letzte Sehenswürdigkeit des Parks ist der **Zehntausend-Buddha-Turm** westlich des Botanischen Gartens. Von hier führt der Weg nach Süden und über den Westausgang wieder aus dem Park hinaus.

Nur wenig kann man von der sich südlich anschließenden Anlage des **Mittleren** 38 und **Südlichen Sees** 39 (Zhongnan Hai) erhaschen. Auch dies ist ein Teil alter kaiserlicher Gärten, und selbst die kommunistische Führung der ersten Stunde konnte sich dem imperialen Glanz nicht völlig verschließen und richtete auf dem Areal ihre Residenzen ein. Schon nach dem Sturz des Kaiserreichs 1911 war Zhongnan Hai für die Öffentlichkeit geschlossen geblieben, da Yuan Shikai das Areal um den Südlichen See (Nan Hai) als Regierungssitz nutzte. Nach 1949 zogen die meisten Mitglieder der kommunistischen Führung nach Zhongnan Hai. Heute befindet sich auf dem schönen Areal der Sitz des Zentralkomitees der KPCh und das Amt des Staatsrats.

Zum Abschluß der Besichtigungen im Zentrum sollte man sich einen Bummel über die **Wangfujing** 40 gönnen. Nach den vielen Palästen und symbolträchtigen Sehenswürdigkeiten kann sich der Geist hier beim profanen Bummel entspannen. Die Wangfujing ist eine merkwürdige Straße. Stets im Schatten des gewaltigen Kaiserpalasts, konnte sie zwar berühmt werden, aber nie einen besonderen Charakter entwickeln. Ein Vorläufer bestand bereits in der Mongolenzeit, aber im Zuge der Umgestaltung Beijings zur Hauptstadt wurden hier 1417 zehn prächtige Residenzen für die wichtigsten Prinzen *(Wangfu)* errichtet. Zur besseren Wasserversorgung wurde etwas später in einer Gasse, heute die Straße gleich südlich des **Beijing-Kaufhauses** 41, ein Süßwasserbrunnen gebaut, ein geomantisch höchst umstrittenes Projekt, da einige Geomanten einen negativen Einfluß auf das Fengshui des Kaiserpalasts befürchteten. Der Brunnen durfte bleiben, da das Wasser anderer Brunnen meist sehr brackig war, und dank der Bedeutung dieser Entscheidung wurde dem Namen Wangfu nun das Wort Brunnen *(jing)* angehängt, so daß die Straße fortan Wangfujing hieß.

Die Prinzen gingen oder mußten gehen, und die Wangfujing wandelte sich zur berühmten Einkaufsmeile. Im kommunistischen China wurde sie allerdings auf dörfliches Niveau zurückgestutzt, ein Eingriff, von dem sich die Wangfujing bis heute nicht erholt hat. Der architektonisch mißratene Bau des **McDonald's** 42 auf der einen, der häßliche Anbau des ehrwürdigen **Beijing-Hotels** 43 auf der anderen Seite am Beginn der Straße sind Symbole für die alten und neuen Sünden. Mit Gewalt versucht man die Wangfujing zum Weltstadtboulevard zu machen, und wenn schon die überdimensionierten Klötze entlang dem Chang'an Boulevard gründlich mißlungen sind, hier ist protzige Architektur erst recht fehl am Platz. Der 1997 fertiggestellte Riesenkomplex des **Dong'an-Markts** 44 erschlägt schon jetzt alles, was in seinem Schatten im Entstehen begriffen ist.

Von Buddha zu Konfuzius –
Lama- und Konfuziustempel

Bescheidener in den Dimensionen und doch noch grandios geben sich die beiden Sehenswürdigkeiten dieses Spaziergangs, die bequem mit der U-Bahn über die Station Yonghegong erreichbar sind.

Der **Lamatempel** oder Palast der Harmonie und des Friedens (Yonghe Gong) ist der größte und prächtigste Tempel des tibetischen Buddhismus in der Stadt. Der Gesamtkomplex erstreckt sich über fünf Höfe auf einer Fläche von 66 400 m².

So schön konnte man als Sohn eines Kaisers wohnen, denn der Kangxi-Kaiser ließ die Gebäude 1694 für den Prinzen Yinzhen als Residenz herrichten. Yinzhen dankte es ihm nicht und hatte vermutlich die Hand beim Tod seines Vaters im Spiel, um 1723 selbst als Kaiser unter der Devise Yongzheng auf den Thron steigen zu können. Vielleicht zur Gewissensberuhigung, ob einer solch gravierenden Verletzung der Kindespietät, immerhin eine der Kardinaltugenden des Konfuzianismus, widmete er seinen alten Wohnsitz in einen Tempel des tibetischen Buddhismus um. Nach dem Tod des Yongzheng-Kaisers ließ der Qianlong-Kaiser den Tempel mit Dachziegeln in kaiserlichem Gelb decken, und in der Folge wurde der nun Yonghe Gong genannte Komplex zum Mittelpunkt des tibetischen Buddhismus in Beijing.

Zwei prächtige **Tore** (1, 2) schmücken den langgezogenen, von Souvenirbuden beherrschten Weg zum ersten Innenhof, der rechts und links vom **Trommel-** (3) und **Glockenturm** (4) sowie von zwei **Stelenpavillons** (5, 6) gesäumt

wird. Am Nordende wird er von der **Halle der Himmelskönige** (7, Tianwang Dian) abgeschlossen. Die vier grimmig dreinschauenden Könige wachen darüber, daß keine bösen Einflüsse oder Geister den Tempelfrieden behelligen. In der Mitte sitzt Maitreya, der Buddha der Zukunft, noch in Gestalt eines Bodhisattva. Hinter ihm, mit Blick auf den folgenden Hof, steht der ehemalige General und zum Bodhisattva aufgestiegene Weituo (Skanda), einst zuverlässiger Beschützer von Buddhas Grab und daher zum Schirmherrn des Buddhismus befördert. Dieser General ist jedoch nicht nur ein zuverlässiger Wächter, er signalisiert den vorbeiziehenden Pilgern auch, ob sie im Tempel Aufnahme finden können. Arme Tempel hatten oft nicht das Geld, Pilger zu bewirten, obwohl es eigentlich ihre Pflicht war. Um dem Dilemma zu entgehen, die Wanderer direkt abweisen zu müssen, wurde Weituo das Schwert waagerecht vor die Brust plaziert, ein Signal dafür, daß der Tempel nicht in der Lage war, Pilger aufzunehmen, während bei reichen Tempeln die Schwertspitze nach unten weist, Pilgern also Kost und Logis gewährt wurde.

Im Hof steht der mit einem zweistufigen Dach versehene viereckige **Kaiserpinsel-Pavillon** (8a, Yubi Ting), der einen vierkantigen Gedenkstein schützt. Fein gravierte Inschriften mongolischer, tibetischer, mandschurischer und chinesischer Sprache erläutern auf ihm Bedeutung, Herkunft und Entwicklung des Lamaismus. Kurz danach folgt der im 16. Jahrhundert aus Bronze gegossene **Weltenberg Sumeru** (8b), der sich aus einem Marmorbassin, Symbol für das Weltenmeer, erhebt. Der Gipfel des Bergs ist das Paradies. Die Seitenhallen dieses Hofs dienten dem Studium der buddhistischen Lehre. Die **Halle der Harmonie und des Friedens** (9, Yonghe Dian), ursprünglich die Empfangshalle des Prinzen Yinzhen, schließt diesen Hof eindrucksvoll ab. Umweht vom Qualm der Räucherstäbchen präsidieren in ihrem Zentrum die Statuen der ›Buddhas der drei Zeiten‹: in der Mitte steht Shakyamuni, der Buddha der Gegenwart, flankiert von Maitreya, dem Buddha der Zukunft, zu seiner Linken und Kashyapa, dem Buddha der Vergangenheit, zu seiner Rechten. Umringt werden sie von 18 grimmig dreinblickenden Luohan, Schülern des Buddha, die von diesem den Auftrag erhalten haben sollen, nicht ins Nirvana einzugehen, um so die Lehre weiter verbreiten und andere Wesen zur Erlösung führen zu können. Im Halbdunkel der nordöstlichen Ecke der Halle passiert man Buddha Kshitigarbha, den Erlöser von den Höllenqualen, und verläßt man die Halle durch den Nordausgang, blickt man noch auf Guanyin, die Göttin der Barmherzigkeit, die chinesische weibliche Form des Bodhisattva Avalokiteshvara.

Über einen weiteren Hof betritt man die **Halle des Ewigen Schutzes** (10, Yongyou Dian) mit den drei transzendenten, nur spirituell erfaßbaren Buddhas: Amithaba, Buddha von unermeßlicher Lebenszeit und unermeßlichem Glanz, im Zentrum, Simhanada, ›Buddha des Löwengebrülls‹, links und

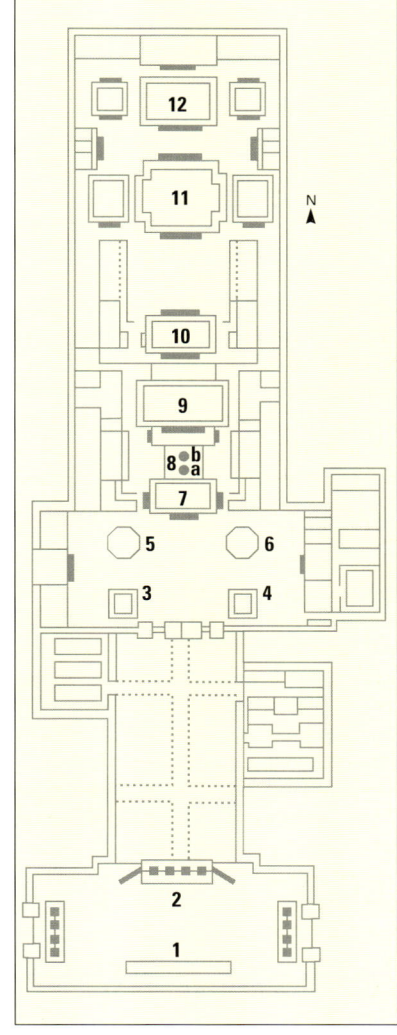

Lamatempel 1 Schmucktor (Da Men) 2 Schmucktor (Zhaotai Men) 3 Trommelturm (Gu Lou) 4 Glockenturm (Zhong Lou) 5 West-Stelenpavillon (Xibei Lou) 6 Ost-Stelenpavillon (Dongbei Lou) 7 Halle der Himmelskönige (Tianwang Dian) 8a Kaiserpinsel-Pavillon (Yubi Ting) 8b Marmorbassin (Weltenberg Sumeru) 9 Halle der Harmonie und des Friedens (Yonghe Dian) 10 Halle des Ewigen Schutzes (Yongyou Dian) 11 Halle des Buddhistischen Rades (Falun Dian) 12 Pavillon des Zehntausendfachen Glücks (Wanfu Ge)

rechts Bhaisajyaguru, Buddha der Medizin. Die beiden Hallen, die diesen Hof östlich und westlich abschließen, dienten dem Studium der Medizin beziehungsweise der Astronomie.

Gleich nördlich schließt sich die **Halle des Buddhistischen Rades** (11, Falun Dian) an. Ihre Decke ist im tibetischen Stil dekoriert, während im weitläufigen Innern Reihen von Gebetskissen das von der 5,5 m hohen Kupferstatue Tsongkhapas, des Begründers der Gelbmützen-Schule (Gelugpa, des tibetischen Buddhismus), beherrschte Zentrum umlaufen. Wie fünf Schatten stehen hinter Tsongkhapa fünf Gestalten, in die er sich der Überlieferung nach verwandeln kann. Einen künstlerischen Höhepunkt bildet der Berg der 500 Luohan, eine außerordentlich filigrane Schnitzarbeit aus Ebenholz, in die die Luohan aus Silber, Gold, Eisen, Bronze und Zinn eingearbeitet sind. Die Darstellungen sind teilweise abgedeckt, weil sie die hohen tantrischen Stufen verkörpern und nur entsprechend Initiierten gezeigt werden dürfen. Auf dem Thron zur Linken Tsongkhapas predigte der Dalai Lama und auf dem zur Rechten der Panchen Lama bei ihren Aufenthalten in der Hauptstadt.

Die fünfte und letzte Halle ist der **Pavillon des Zehntausendfachen Glücks** (12, Wanfu Ge), ein dreigliedriges Bauwerk mit kunstvoll dekorierten Überführungen. Hauptattraktion im Zentrum ist die gigantische Maitreya-Statue, die aus einem einzigen Sandelholz-Baumstamm von 8 m Umfang und 26 m Länge geschnitzt und 8 m tief in die Erde eingelassen wurde. Sie war das Geschenk des 7. Dalai Lama an den Qianlong-Kaiser, und es brauchte drei lange Jahre, den riesigen Stamm vom Westen Tibets nach Beijing zu transportieren.

Über die Seitentrakte kann man zum Eingang zurückgehen und steht nach Verlassen des Tempelkomplexes wieder auf der Yonghegong Dajie. Auf der anderen Straßenseite zweigt eine schmale, von einem prächtigen Schmucktor gezierte Straße nach Westen ab. Dies ist die alte Straße der Kaiserlichen Akademie (Guozi Jian), im Volksmund ›Straße des tugendhaft Werdens‹ (Chengxian Jie) genannt, da sich entlang seiner Nordfront sowohl die alte **Kaiserliche Akademie** als auch der Konfuzius-Tempel aufreihten. Schon wenige Meter hinter dem Schmucktor liegt rechter Hand der Eingang zum 1306 gegründeten **Konfuzius-Tempel** (Kong Miao). Die ganze Anlage strahlt eine eigentümliche, altehrwürdige Atmosphäre des Verfalls aus, bezieht aber gerade daraus ihren besonderen Reiz. ›Verstaubt‹, so stellt man sich die alten konfuzianischen Lehrer vor und kann die Examensqualen nachvollziehen, wenn man die Pavillons vor dem Haupttempel betrachtet, in denen auf 198 Tafeln die Namen und Geburtsorte von 51624 Kandidaten eingemeißelt sind, die die kaiserlichen Beamtenprüfungen bestanden haben und damit Zugang zu ehrwürdigen Posten hatten. Hinter den Pavillons ziert eine 500 Jahre alte Zypresse den Treppenaufgang zur prachtvollen Marmorterrasse, auf der die Haupthalle ruht. Der Baum erlangte Berühmtheit, da durch ihn der intrigante Premierminister Yan Song (reg. 1522–66) gestürzt wurde. Als er eines Tages unter der Zypresse durchging, wurde sein Hut von einem herunterhängenden Zweig vom Kopf gefegt. Am Hof deutete man das als schlechtes Omen, und Yan Song wurde kurz darauf entlassen. Seitdem heißt die Zypresse ›Der Baum, der das Böse vertreibt‹. Mittlerweile bietet der ausgediente Tempel dem Hauptstädtischen Museum Unterkunft, während die ehemalige Akademie die Hauptstädtische Bibliothek beherbergt. In einer schmalen Passage zwischen beiden Komplexen werden 400 Stelen ausgestellt, darunter 189 Stelen, auf denen in zwölfjähriger Arbeit Ende des 18. Jahrhunderts die 13 klassischen Schriften in 630 000 Schriftzeichen eingemeißelt wurden.

Himmelstempel und der Süden der Stadt

Die dritte große Anlage der Stadt neben dem Kaiser- und Sommerpalast ist der in einem riesigen 273 ha großen Parkkomplex gelegene **Himmelstempel**. Er bildete den südlichen Teil eines über die Stadt verteilten Ensembles aus vier großen Altären, die der Anbetung des Himmels, der Erde, des Mondes und der Sonne geweiht waren. 1406 wurde mit den Bauarbeiten am Himmelstempel begonnen, und ein erster Tempel wurde 1420 fertiggestellt.

Himmelstempel und der Süden der Stadt

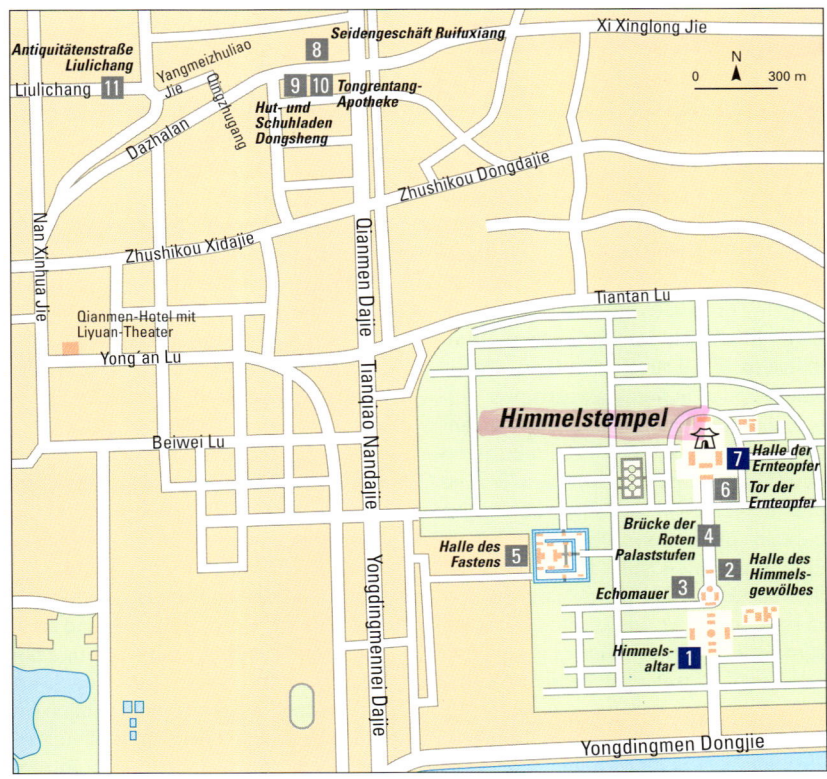

Himmelstempel, Halle der Ernteopfer

Der Südeingang, bei dem man die Besichtigung beginnen sollte, führt zunächst zu einer quadratischen, mit grünen Ziegeln gedeckten Umfassungsmauer, Symbol für die Erde, die man sich viereckig vorstellte. Sie umschließt den ›Himmel‹, eine runde, mit blauen Ziegeln gedeckte weitere Mauer, in deren Mitte sich der 1530 erbaute **Himmelsaltar** **1** (Tian Tan) erhebt. Derart eingebunden in den Makrokosmos, vereint dieses Rondell aus drei ansteigenden Terrassen nahezu alle bedeutsamen kosmischen und symbolischen Bezüge des alten China in seiner Architektur. Die unterste Terrasse symbolisiert dabei die Erde, die mittlere steht für die Welt der Sterblichen, während die oberste Terrasse ein Abbild des Himmels ist. Bestimmt wird die Architektur des Altars von der heiligsten aller Zahlen, der den kaiserlichen Gebäuden vorbehaltenen 9, ergänzt wird sie durch die ebenfalls wichtigen ungeraden Zahlen 3, 5 und 7.

So ist der Altar 5 m hoch, die oberste Terrasse hat einen Durchmesser von 30 m, die mittlere von 50 m und die unterste von 70 m. Die Zahl der Steinplatten, aus denen sich die Plattform, die Stufen und die Balustraden zusammensetzen, ist immer 9 oder eine durch 9 teilbare Zahl. Das Zentrum des Altars wird auf der obersten Terrasse von einer runden Steinplatte markiert, die von neun ringförmig angeordneten Steinplatten umgeben ist. Der zweite Ring besteht aus 18, der dritte aus 27, der unterste aus 243 Steinplatten. Insgesamt wurden so genau 3402 Platten verlegt. Die runde Steinplatte im Zentrum birgt eine akustische Besonderheit, in deren Genuß man allerdings nur kommt, wenn keine anderen Besucher anwesend sind. Steht man in der Mitte der Platte und flüstert, hört man seine Worte dennoch ziemlich laut, ein Effekt, der dadurch erreicht wird, daß die Schallwellen von der Marmorbalustrade ins Zentrum zurückgeworfen werden und so die Laute verstärken.

Man verläßt den Altarbereich nach Norden wieder durch die Himmel- und Erde symbolisierenden Mauern, um erneut auf die Symbolik des Himmels zu stoßen, die **Halle des Himmelsgewölbes** 2 (Huangqiong Yu), die ebenfalls 1530 fertiggestellt wurde. Eigentlich diente sie hauptsächlich als Aufbewahrungsstätte für die Gedenktäfelchen des Himmelsgottes, die man für die Gebete brauchte, während in den beiden Seitenflügeln die Opfergeräte lagerten. Die Gebäudeanordnung wird von der **Echomauer** 3 (Huiyin Bi) umspannt, deren Mauerwerk so glatt ist, daß Schallwellen an ihr entlanglaufen können. Vorausgesetzt man ist auch hier nahezu allein, kann ein geflüstertes Wort von einer gegenüber an der Mauer stehenden Person vernommen werden. Akustischer Höhepunkt sind allerdings die drei Echosteine vor der Halle des Himmelsgewölbes. Sie sind so angeordnet, daß ein Klatschen auf dem ersten Stein ein Echo, auf dem zweiten Stein zwei und auf dem dritten Stein drei Echos erzeugt.

Der südliche Teil der Anlage wird hinter der Halle des Himmelsgewölbes durch eine 360 m lange, 2,5 m hohe und 28 m breite Terrasse, die **Brücke der Roten Palaststufen** 4 (Danbi Qiao), mit der Halle des Ernteopfers im Nordteil verbunden. Früher führte die lange Prozession der Kaiser und ihres Hofstaats allerdings zunächst über den westlichen Eingang zur **Halle des Fastens** 5 (Zhai Gong), wo der Kaiser vor Beginn der Rituale drei Tage lang fasten mußte. Nach Norden hin schließt das **Tor der Ernteopfer** 6 (Qinian Men) die herrliche lange Terrasse ab. Dahinter steht majestätisch, voll vornehmer Schönheit die in einzigartiger architektonischer Harmonie ruhende **Halle der Ernteopfer** 7 (Qinian

Dian). Als Halle der Feierlichen Anbetung wurde sie 1420 fertiggestellt, mehrfach umbenannt und einmal, nachdem sie wegen eines Blitzschlags abgebrannt war, 1890 originalgetreu wiederaufgebaut. Das ganze 38 m hohe Bauwerk besteht ausschließlich aus Holz und hat einen Durchmesser von 30 m. Das Dach wird von insgesamt 28 riesigen Säulen und einer filigranen Konstruktion aus miteinander verbundenen Querbalken und Bohlen getragen. Im Zentrum stehen vier gewaltige, die vier Jahreszeiten repräsentierende Säulen, die mit goldenen Drachen verziert sind. Sie werden umringt von zwölf Säulen, die für die zwölf Monate stehen, während die zwölf Säulen der äußeren Säulengruppe die zwölf Abschnitte des Tages symbolisieren. Die 24 Säulen dieser beiden Gruppen stehen zusammen für die 24 Abschnitte des chinesischen Solarjahres. In der Hallenmitte vervollständigt ein Stück Marmor, auf dem die Natur einen Drachen, Emblem des Kaisers, und einen Phönix, Emblem der Kaiserin, abgebildet hat, die machtvolle Symbolik, die den Kaiser als Sohn des Himmels und diesen Tempel als sein Bindeglied zwischen Erde und Kosmos ansah.

Nun kann man die Besichtigung der Stadt etwas weiter nördlich in der geschäftigen, ewig von dichten Menschenmassen bevölkerten Qianmen Dajie wieder in Richtung Alltag lenken. Hin und her wird man geschoben und gedrückt, sollte dabei aber nicht den Abzweig nach Westen in die berühmte Einkaufsstraße **Dazhalan** (Große Sperre) verpassen. Sie wurde in kaiserlichen Zeiten an beiden Enden mit einem Gitter verschlossen, um die abendliche Ausgangssperre durchzusetzen – daher der Name. Auch wenn es schon in der Ming-Zeit ein Handelszentrum war, die Moderne drängt unbarmherzig vor, und es haben sich neben dem **Seidenwarengeschäft Ruifuxiang** 8 aus dem Jahr 1893, dem **Hut- und Schuhladen Dongsheng** 9 aus dem Jahr 1811 und der berühmten, seit 1669 bestehenden **Tongrentang-Apotheke** 10 kaum mehr traditionelle Geschäfte halten können.

Am Ende des Einkaufsbereichs folgt man der Dazhalan ein kleines Stück in Richtung Südwesten und biegt in den ersten Hutong, der folgt, den Qingzhugang, nach rechts ein. Am Ende dieses Hutong biegt man nach links ab und folgt der Gasse bis zu einer weiteren kleinen Kreuzung. Dort folgt man dem Schlenker nach rechts und läuft gleich wieder nach links, wo man auf das östliche Ende der berühmten **Antiquitätenstraße Liulichang** 11 trifft. Hier stand früher eine Fabrik für die glasierten gelben Ziegel der kaiserlichen Gebäude (Liulichang), die auch Pate für den Namen stand. Schon im 18. Jahrhundert war die Straße ein Buchhandelszentrum und eine Meile für den Kunsthandel. Heute ist sie im Stil der Qing-Zeit restauriert worden und immer noch Standort vieler Buch- und Kunstläden

Tempel und Residenzen im Westen

Der Westen und Nordwesten Beijings birgt in seinen weitverzweigten Hutongs zahlreiche herausragende Sehenswürdigkeiten, die hier in der Masse der Sehenswürdigkeiten Beijings leicht untergehen und von den Besucherströmen wenig beachtet werden.

So kann man den Bummel durch Kultur, Alltag und Religionen im daoistischen **Tempel der Weißen Wolke** 1 (Baiyun Guan) fortsetzen. Er ist der Sitz der Chinesischen Daoistischen Gesellschaft und eines Bildungsinstituts, das daoistische Mönche auf Universitätsniveau ausbildet. Einmal im Jahr findet in den Mauern der 10 000 m² großen Anlage zur Zeit des Frühlingsfests ein großer, bunter Tempelmarkt statt. Man betritt die langgestrecke Anlage durch ein aufwendig gestaltetes Schmucktor. Ihm folgt der eigentliche Torbau mit drei Durchgängen, die für die ›drei Welten‹ des Daoismus stehen: die Welt der Begierde, die Welt der Materie und die Welt des Geistes. Die architektonische Gestaltung folgt ganz dem Muster buddhistischer Tempel. So folgt dem Eingangstor die Halle des Seelenpalasts (Linggong Dian), in der vier Beamte des Himmlischen Zensorats, entsprechend den buddhistischen Himmelskönigen, darüber wachen, daß nichts Böses in den Tempel eindringt. Ihr folgt die Halle des Jadekaisers (Yuhuang Dian), die der höchsten Gottheit des Daoismus geweiht ist. Die Halle des Alten Gesetzes (Laolü Dian) diente den Mönchen als Vorlesungshalle. Vor ihrem Eingang steht ein kupferner Esel auf einem Podest. Ihm wird die Fähigkeit nachgesagt, daß er Krankheiten heilen könne, und so ist er stets von Besuchern umlagert, die ihm ihr Leiden erzählen oder die Stelle des eigenen Leidens an der entsprechenden Stelle beim Esel berühren, in der Hoffnung auf Genesung. Das nächste Gebäude auf der zentralen Nord-Süd-Achse ist die Ahnenhalle des Qiu (Qiuzu Dian). Der daoistische Priester Qiu Chuji war von Kublai Khan zum nationalen Lehrer ernannt worden und stieg damit faktisch zum Oberhaupt aller

Tempel und Residenzen im Westen

daoistischen Sekten auf. Fünftes Gebäude des Tempelkomplexes ist der zweigeschossige Pavillon der Drei Reinen (Sanqing Ge), ein ungewöhnlicher Bau, da im Obergeschoß die Drei Reinen, die höchste göttliche Trinität im Daoismus, und im Untergeschoß die ihnen nachgeordneten vier Himmelskaiser verehrt werden. Im sechsten Hof schließlich, gleich hinter dem Gebäude, steht der kleine überdachte Weihealtar,

auf dem jeweils im Frühjahr und Herbst die Mönche ordiniert werden.

Die nächste Sehenswürdigkeit erreicht man über die U-Bahnstation **Fuchengmen 2**. Nicht weit von hier führt von der großen Ringstraße Fuchengmen Beidajie abgehend die kleine Straße Gongmenkou Ertiao zum **Lu-Xun-Museum 3** (Lu Xun Bowuguan). Die ehemalige Residenz des wohl bedeutendsten chinesischen Dichters des 20. Jahrhunderts ist ein schönes Beispiel alter Beijinger Wohnkultur, die für ihre Wohnhöfe (Sihe Yuan) aus ebenerdigen Häusern, die sich um einen viereckigen Hof herum gruppieren, berühmt ist. Lu Xun (1881–1936) hatte das Anwesen 1923 gekauft, lebte aber nur zwei Jahre dort. Seine Witwe vermachte das Anwesen 1949 schließlich der neuen Volksregierung, die es 1956 anläßlich seines 20. Todestages als Museum der Öffentlichkeit zugänglich machte.

Östlich der Residenz erreicht man den schon von weitem sichtbaren **Tempel der Weißen Pagode** 4 (Baita Si), der über eine Nebenstraße der Fuchengmennei Dajie zugänglich ist. Der Ursprung dieser herrlichen Anlage, die ganz von ihrer mächtigen weißen Dagoba beherrscht wird, geht auf das Jahr 1096 zurück. Der Liao-Kaiser hatte zum Schutz seiner Hauptstadt fünf Pagoden in den fünf Himmelsrichtungen (einschließlich der Mitte) errichten lassen. Sie verfielen zwar schon bald, aber unter Kublai Khan wurde 1279 an der Stelle der alten westlichen Pagode durch den nepalesischen Architekten Arnico ein noch größerer und prächtigerer tibetischer Stupa errichtet. Er sollte den Westteil der Stadt schützen und wurde Teil des gleichzeitig erbauten Miaoying-Tempels (Miaoying Si), der zu einem der kaiserlichen Hoftempel avancierte. Eine Besonderheit sind die 108 Eisenlaternen auf dem Sockel der Pagode, die für die 108 Bände des Kanjur stehen. Sie bilden eine ideale optische Ergänzung zum weit ausladenden bronzenen Schirm auf der Spitze des Stupa, von dessen Enden 36 Glocken herabhängen.

Vom Tempel der Weißen Pagode führt die Fuchengmennei Dajie nach Osten zum **Tempel der Allgemeinen Nächstenliebe** 5 (Guangji Si), in dessen Hallen die Chinesische Buddhistische Gesellschaft und ein Forschungsinstitut für buddhistische Studien ihren Sitz haben. Als an dieser Stelle im 12. Jahrhundert der erste Tempel errichtet wurde, befand er sich noch weit außerhalb der Stadt, wurde bald wieder vergessen und verfiel. Erst mit dem Neuaufbau Beijings im 15. Jahrhundert erinnerte man sich wieder an die alte Anlage, die zwischen 1457 und 1464 in neuem Glanz wiederaufgebaut wurde. Entsprechend seiner Bedeutung sammelte der Tempel über die Jahrhunderte hinweg unzählige Schätze an, darunter Kalligraphien, Malereien, Bücher, Porzellan sowie Jadearbeiten. Am 8. Januar 1934 wurde fast alles vernichtet, als eine verheerende Feuersbrunst den Komplex in Schutt und Asche legte. Großzügige Spenden ermöglichten einen raschen Wiederaufbau, und der Tempel erhielt neben anderem eine neue Bibliothek, in der mehr als 100 000 Kopien seltener Schriften und 30 000 Steinabreibungen aus den Höhlen des südwestlich von Beijing gelegenen Yunju-Tempels aufbewahrt werden.

Kunsthistorisch nicht minder wertvoll sind die vergoldete, mingzeitliche Kupferstatue des Buddha Maitreya in der Halle der Himmelskönige und in der Haupthalle (Daxiong Baodian) die drei mehr als 500 Jahre alten Holzskulpturen der Buddhas Shakyamuni (Mitte), Maitreya (links) und Dipamkara (rechts) sowie 18 bronzene Luohan. Hinter den Buddha-Figuren sieht man ein mit Fingern gemaltes, 5 m hohes und 10 m breites Bild des qingzeitlichen Malers Fu Wen mit Darstellungen Buddhas bei der Auslegung seiner Lehre. Die nächste Halle (Yuantong Dian) birgt eine bronzene Guanyin-Skulptur aus dem 13. Jahrhundert sowie eine lackierte Tara-Statue aus der Ming-Zeit, die eine der Inkarnationen des Avalokiteshvara (Guanyin) darstellt. In dem sich anschließenden Sarira-Pavillon (Cangjing Ge) befinden sich an der östlichen Wand über 1000 Jahre alte Fragmente der Sutras des Goldenen Lichts, während die westliche Wand von einem 900 Jahre alten Rollbild des songzeitlichen Malers Ma Hezhi, das Manjushri bei einem Krankenbesuch zeigt, geziert wird.

Nach dem Verlassen des Tempels hält man sich nach links, wo die Fuchengmennei Dajie in die von Nord nach Süd verlaufende Xisi Dajie mündet. Diese geht nach Süden in das belebte Einkaufsviertel Xidan über. Nach Norden gelangt man zum **Xu-Beihong-Museum** **6** (Xu Beihong Jinianguan). Xu Beihong (1895–1953) gehörte zu den großen Malern in der ersten Hälfte des 20. Jahrhunderts und war der erste chinesische Künstler, der auch westliche Stilelemente in seinen Werken verarbeitete. Berühmt wurde er allerdings wegen seiner Pferdebilder, die mit einfachsten Pinselstrichen ein Feuerwerk an Dynamik und Vitalität ausstrahlen.

Unweit des Museums am Nordufer des Hou-Sees (Hou Hai) verbirgt sich die ehemalige **Song-Qingling-Residenz** **7** (Song Qingling Guju) hinter hohen, schützenden Mauern. Song Qingling war die Ehefrau Sun Yat-sens und Sproß einer der geheimnisumwittertsten Familien Chinas. Ihr Vater war einer der reichsten und einflußreichsten Männer des Landes, und so war es kaum ein Zufall, daß seine drei Töchter in die mächtigsten Kreise einheirateten. Qinglings Schwester Mailing heiratete Chiang Kaishek und Ailing den schwerreichen Finanzminister Chiangs, H. H. Kung. Nur Song Qingling blieb in der Volksrepublik China, wo sie zehn Jahre lang den Posten einer Justizministerin bekleidete und 1981 mit 91 Jahren starb. In der weitläufigen, erstaunlich schlichten Residenz sind eine Fotoausstellung über

ihr Leben sowie ihre ehemaligen Wohnräume zu besichtigen.

Auf dem Weg nach Süden passiert man zwei weitere Residenzen ehemaliger Berühmtheiten. Dort, wo sich Deshengmennei Dajie und Dingfu Jie kreuzen, liegt die alte **Residenz des Prinzen Gong** **8** (Gong Wangfu). Es handelt sich um eine höchst prinzliche Palastanlage, die in ihren Dimensionen ganz der Bedeutung ihres Besitzers entsprach. Prinz Gong, der jüngere Bruder des Xianfeng-Kaisers (reg. 1851–61), war in der zweiten Hälfte des 19. Jahrhunderts einer der eigentlichen Machthaber und spielte eine zentrale Rolle bei allen wichtigen politischen Ereignissen. Seit einiger Zeit wird in dem residenzeigenen Theater allabendlich Pekingoper aufgeführt.

Auf der anderen Seite der Kreuzung liegt die ehemalige **Residenz von Mei Lanfang** **9** (Mei Lanfang Guju), dem berühmtesten Sänger von Pekingopern, den das Land hervorgebracht hat. Mei Lanfang (1894–1961), Sproß einer bekannten Familie von Pekingopern-Darstellern, feierte mit 20 Jahren seine ersten Triumphe, die ihn über Rußland und Japan bis nach Amerika führen sollten. Bis heute sind seine Ausstrahlung und Stimme unerreicht geblieben.

Etwas weiter südlich liegt ganz in der Nähe des Beihai-Parks die **Guo-Moruo-Residenz** **10** (Guo Moruo Guju). Dieses weitläufige, herrlich ruhig gelegene Anwesen war ursprünglich ein Teil der Residenz des Prinzen Gong. Guo Moruo (1892–1978) wandte sich 1924 dem Marxismus zu und war als Linksintellektueller in den vierziger Jahren immer wieder den Repressalien der Nationalisten ausgesetzt, 1947 floh er nach Hongkong. Nach dem Sieg der Kommunisten kehrte er nach China zurück und schloß seiner schriftstellerischen Karriere eine ebenso beispielhafte Karriere als Politiker an.

Der Nordwesten und der Sommerpalast

Auf dem Weg zum Sommerpalast passiert man die **Beijing-Universität** (Beijing Daxue), die normalerweise nur kurz Beida genannt wird. Schon kurz nach ihrer Gründung war das traditionelle Staatsprüfungswesen abgeschafft worden, und so wurde die Beida gleichsam über Nacht zur Hauptbühne intellektueller Auseinandersetzung um die geistige Erneuerung des Reichs. Während der Vierten-Mai-Bewegung 1919 avancierte die Beida zum Sprachrohr der Nation, ja zum Gewissen Chinas und zum Pilgerort für alle erneuerungsbedachten Patrioten. 1966 nahm von hier die verheerende Kulturrevolution ihren Lauf, und zuletzt war sie 1989 maßgeblich an der Demokratiebewegung beteiligt.

Kurz hinter der Universität trifft man auf ein Zeugnis alliierter Zerstörung nach dem Boxeraufstand, die Ruinen des **Gartens der Vollkommenheit und des Lichts** (Yuanming Yuan oder Alter Sommerpalast). Schon 1860 war er von französischen und englischen Truppen erstmals verwüstet worden, um eine Erweiterung ihrer im ›Vertrag von Tianjin‹ festgeschriebenen Forderungen zu erreichen, was ihnen mit der ›Konvention von Peking‹ 1860 auch gelang. 1900 wurde dieser bis dato schönste Garten Chinas von den alliierten Truppen schließlich komplett geschleift, und so verschwand mit ihm ein unvergleichliches Beispiel historischer Gartenbaukunst. Mahnende Überreste blieben einzig die Ruinen des Europäischen Gebäudes.

Ihn löst heute der Garten der Harmonischen Einheit (Yihe Yuan), bekannter

unter der Bezeichnung **Sommerpalast**, als größter und besterhaltener Garten Chinas ab. Nicht weit vom alten Sommerpalast entfernt, wurde mit seinem Bau im Jahr 1153 während der Jin-Dynastie begonnen. Über die Zeit der Yuan-, der Ming- und der Qing-Dynastie hinweg wurden die Arbeiten fortgesetzt, bis sie schließlich 1764 ihren Abschluß fanden. Der Park war mittlerweile auf

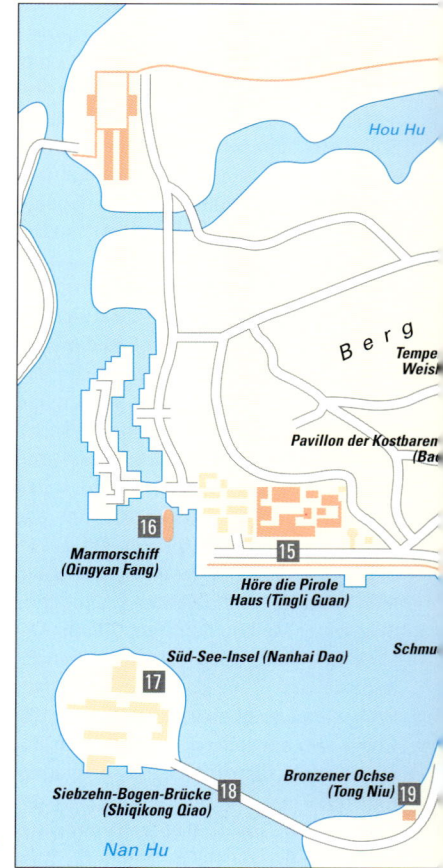

Der Sommerpalast

240 ha angewachsen und wurde nun vom Kaiserhof als Sommerresidenz genutzt. Um den Kaiserhof zu demütigen, wurde die Anlage 1860, zusammen mit den anderen 28 Parkanlagen in den Westbergen, von englischen und französischen Truppen zerstört. 28 Jahre später bedankte sich Prinz Xi Xuan für seine Ernennung zum Marinechef mit dem Wiederaufbau des Sommerpalasts, indem er Gelder umleitete, die eigentlich für den Wiederaufbau der kaiserlichen Flotte bestimmt waren. Während des Boxeraufstands wurde die Anlage

von den Interventionstruppen erneut zerstört und 1903 wiederaufgebaut.

Die vielen Hallen und Paläste beherbergen über 3000 Räume, die jeweils festgelegte Funktionen zu erfüllen hatten. Der Komplex am **Osttor** 1 (Dong Gongmen), über den man den Palast in der Regel betritt, diente als Regierungsviertel. Ab 1903 wurden hier auch ausländische Staatsgäste empfangen. Das Hauptgebäude ist die **Halle des Wohlwollens und der Langlebigkeit** 2 (Renshou Dian) mit dem Thron des Kaisers. Hinter dem Wandschirm mit dem

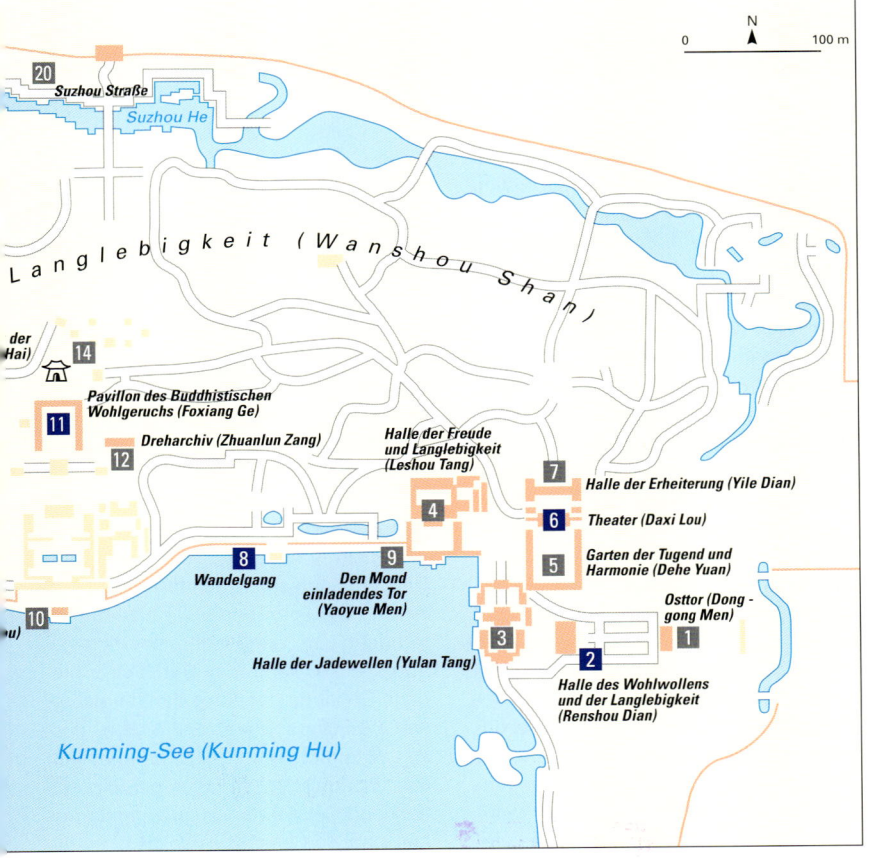

Das Marmorschiff

Schriftzeichen *Shou* für langes Leben lauschte die Kaiserinwitwe Cixi den Audienzen. Im Innenhof stehen bronzene Drachen und Phönixe als Seelenwächter. Hinter dem Hauptgebäude in Richtung See gelangt man zunächst zur **Halle der Jadewellen** 3 (Yulan Tang) mit den Privatgemächern des Guangxu-Kaisers und dann zur **Halle der Freude und Langlebigkeit** 4 (Leshou Tang) am Nordufer. Sie beherbergte Cixis Privaträume, die sie meist von Mai bis November bewohnte. Der westliche Raum diente als Schlafgemach, der östliche als Umkleidezimmer. Östlich der Wohnhallen liegt der **Garten der Tugend und Harmonie** 5 (Dehe Yuan) mit dem 21 m hohen Daxi Lou, der als **Theater** 6 diente. Die drei offenen, übereinander liegenden Bühnen sind mit Falltüren untereinander verbunden. Cixi konnte den Vorführungen von der gegenüberliegenden **Halle der Erheiterung** 7 (Yile Dian) aus zusehen, während die Würdenträ-

ger dem Schauspiel von den ›Rängen‹ beiwohnten. An die Privatgemächer schließt sich das sogenannte Vergnügungsviertel an, kein ›Disneyland‹, sondern Parks und Berge zum Lustwandeln. Verbunden werden die Bereiche dieses Viertels durch einen 728 m langen **Wandelgang** 8, den man durch das **Den Mond einladende Tor** 9 (Yaoyue Men) betritt. Sein Dach wird von 273 Säulenpaaren getragen und ist eine einzigartige Kombination aus überdachtem Gang und Kunstgalerie, die 8000 Bilder mit historischen und mythologischen Darstellungen sowie Landschaftsszenen zieren. Das Schmucktor 10 (Pailou) unterbricht den Gang auf halber Länge. Von hier aus kann man durch verschiedene Gebäude den **Berg der Langlebigkeit** (Wanshou Shan) erklimmen, dessen Vorgipfel vom 41 m hohen **Pavillon des Buddhistischen Wohlgeruchs** 11 (Foxiang Ge) gekrönt wird; von hier aus hat man den besten Ausblick über die gesamte Palastanlage. Östlich des Hauptkomplexes steht das **Dreh-Archiv** 12 der buddhistischen Sutras (Zhuanlun Zang) mit einer 10 m hohen Stele im Zentrum. Die Archive befinden sich in umliegenden kleinen achteckigen Pagoden, die auf drehbaren vertikalen Achsen gelagert sind. Westlich der großen Pagode steht der **Pavillon der Kostbaren Wolken** 13 (Baoyun Ge). Er steht auf einem Marmorsockel und sieht wie ein Holzbau aus. Tatsächlich ist er vollständig aus Bronze und wiegt 200 t.

Der eigentliche Gipfel des Wanshou Shan wird von einem Tempel mit dem schönen Namen **Meer der Weisheit** 14 (Zhihui Hai) gekrönt. Von hier blickt man auf die Ruinen der 1900 zerstörten und nicht wiederaufgebauten Gebäude hinab. Geht man nicht den Berg nach Norden hinunter, sondern nach Süden zurück zum See und von da nach Westen, kommt man zum **Höre die Pirole Haus** 15 (Tingli Guan), ein ehemaliges

Theater und heute ein Luxusrestaurant. Am Ende des Wandelgangs trifft man auf das **Marmorschiff** 16 (Qingyan Fang). Aus Marmor ist nur der einer Welle nachgebildete Sockel. 1750 erbaut, sollte es die Stabilität der Qing-Regierung symbolisieren. Außerdem diente es als Aussichtsplatz für den **Kunming-See**.

Fährt man mit dem Schiff zur **Süd-See-Insel** 17 (Nanhai Dao), kann man über die **Siebzehn-Bogen-Brücke** 18 (Shiqikong Qiao) mit ihren 500 verzierten Stützen der Balustrade wieder ans westliche Ufer wandern und dort einen **bronzenen Ochsen** 19 (Tong Niu, 1755) bewundern. Er sollte einst den Palast des Qianlong-Kaisers (1735–96) vor dem Wasserdämon schützen. Die restaurierte **Suzhou-Straße** 20 war unter dem Qianlong-Kaiser für dessen Mutter, die ihn nicht mehr auf seinen Reisen begleiten konnte, einer Straße des berühmten Suzhou nachgebaut worden.

Brücke im Sommerpalast

Ming-Gräber und Große Mauer

Auf dem Ausflug zu den Ming-Gräbern und zur Großen Mauer von Badaling, zumindest wenn man ihn im Rahmen einer gebuchten Tour unternimmt, erfährt man hautnah – im wörtlichen wie übertragenen Sinne –, was Tourismusindustrie in China heißt. Trotz der wachsenden Enttäuschung bei vielen Besuchern über die extreme Kommerzialisierung und die Touristenströme, die jeden Tag durch diese beiden bedeutenden Sehenswürdigkeiten geschleust wer-

den, sollen sie hier beschrieben werden, sind sie doch eindrucksvolle Monumente der chinesischen Geschichte.

Die meisten Ausflugsbusse fahren zuerst die Ming-Gräber 50 km nördlich von Beijing an, nicht ohne eine lange nutzlose Rast an einem gewaltigen ›Arts and Crafts Store‹ gemacht zu haben. 13 der insgesamt 16 Kaiser der Ming-Dynastie (1368–1644) liegen in dem geomantisch für ideal befundenen Areal an der Südflanke des **Bergs der Langlebigkeit des**

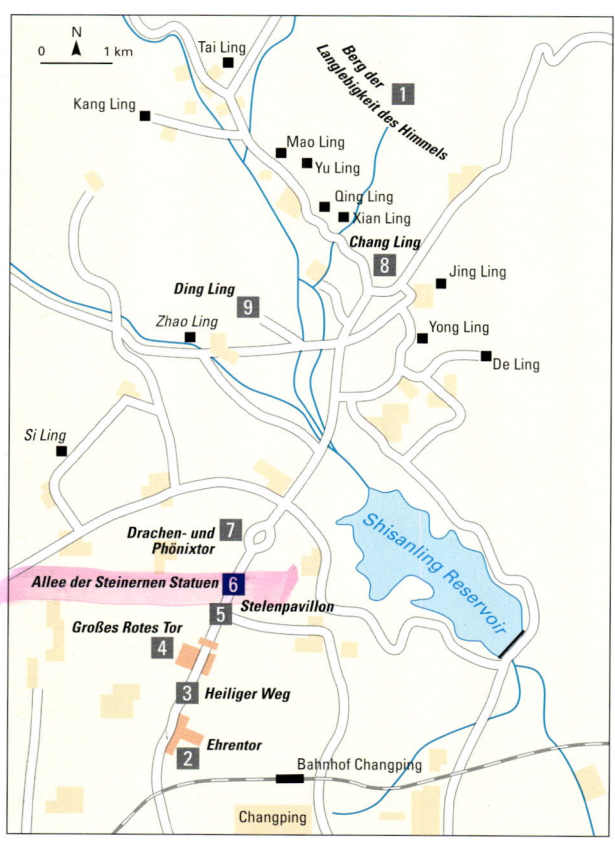

Ming-Gräber

›Einsame‹ Schönheiten – Große Mauer und Kaisergräber einmal anders

S ie wollen nicht an der Großen Mauer von Besuchermassen erdrückt werden, in der Gruft der Ming-Kaiser nach spärlich schwülem Sauerstoff ringen und den Tag hauptsächlich in Souvenirshops verbringen? Dann machen Sie sich allein auf den Weg, oder chartern Sie mit anderen ein Taxi, denn nur etwa 120 km von Peking entfernt schlängelt sich einer der großartigsten Mauerabschnitte des über 6000 km langen Bauwerks durch eine einsame, imposante Bergwelt. **Jinshanling** gehört zu den am eindrucksvollsten gelegenen Abschnitten überhaupt, und bei klarem Wetter kann man dem gewundenen Verlauf bis in weite Ferne folgen. Die Mauer von Jinshanling weist einige Besonderheiten auf, wie man sie sonst nicht findet. Sie wird in regelmäßigen Abständen von querstehenden, 2,5 m hohen Sperrwänden unterbrochen, so daß die Soldaten auch weiterkämpfen konnten, wenn die Mauer an einer Stelle bereits gestürmt worden war. Besonders zahlreich sind hier auch die Wachtürme, die an einigen Stellen alle 50 m aufeinander folgen. Zu erreichen ist Jinshanling über die gut ausgebaute Straße nach Chengde.

Etwa 120 km östlich der Ming-Gräber liegt in **Zunhua** die ungemein beeindruckende östliche Nekropole der Qing-Kaiser, die die größte, vollständigste und am besten angeordnete Gräberanlage der Qing-Dynastie darstellt. Ihre Gesamtanordnung besticht durch die Harmonie zwischen der natürlichen Schönheit der Berge und Flüsse sowie der künstlerischen Pracht der Bauwerke. Hier wurden der Shunzhi-, Kangxi-, Qianlong-, Xianfeng- und der Tongzhi-Kaiser sowie die Kaiserinwitwe Cixi in Grabanlagen bestattet, die der Pracht der Ming-Gräber in nichts nachstehen, diese sogar in vielem übertreffen.

Himmels **1** (Tianshou Shan) begraben: der Berg bildet eine natürliche Barriere gegen böse Geister aus dem Norden. Auch die Kaiserinnen und Nebenfrauen wurden hier bestattet. Die gesamte Anlage ist fast 40 km² groß und wurde 1407 im Rahmen einer großen Ortsbestimmungszeremonie ausgewählt. Restauriert wurden bislang das **Chang Ling 8** (Grab des Yongle-Kaisers, reg. 1402–24) und **Ding Ling 9** (Grab des Wanli-Kaisers, reg. 1573–1619). Kein bedeutendes Grab in China kommt ohne einen **Heiligen Weg 3** (Shen Dao) aus. Will man allerdings den 1540 angelegten Heiligen Weg der Ming-Gräber zu Fuß zurücklegen, braucht man Zeit, denn er ist über 7 km lang und so angelegt, daß er als Heiliger Weg für die gesamte Nekropole dient. Man beginnt die lange Wanderung am marmornen **Ehrentor 2** (Shi Paifang), einem 29 m breiten Ehrenmal,

Steinfiguren als Seelenwächter

Man findet sie in China überall vor Gräbern und in vollendeter Form vor den Ming-Gräbern in Beijing und den Tang-Gräbern in Xi'an: die mächtigen Steinfiguren, die die Wege zu den meisten bedeutenden Nekropolen säumen. Die Beamte und Soldaten darstellenden Steinskulpturen heißen strenggenommen ›Wengzhong‹ und gehen auf einen Riesen namens Ruan Wengzhong zurück, der zur Zeit der Qin-Dynastie gelebt haben soll. Er war ein besonders loyaler Soldat Qin Shi Huangdis und machte sich einen großen Namen im Kampf gegen die Hunnen. Nach seinem Tod ließ der Kaiser eine Bronzestatue von Ruan Wengzhong herstellen und vor seinem Palast aufstellen. Als es den Hunnen eines Tages gelang, bis zur Hauptstadt Xianyang vorzurücken, sollen sie geglaubt haben, daß Ruan Wengzhong immer noch lebe, und flohen Hals über Kopf. Schließlich wurden die erst bronzenen und später steinernen Wächterskulpturen allgemein unter dem Namen Wengzhong bekannt.

Tiergruppen vor den Gräbern kamen erst in der Han-Dynastie hinzu und gehen auf eine Skulpturengruppe vor dem Grab des Generals Huo Qubing zurück. In seinem kurzen Leben gelang ihm die Vertreibung der Hunnen aus dem Hexi-Korridor, womit er China den Weg in den Westen öffnete. Kaiser Wu ließ ihm in der Nähe seines eigenen Mausoleums bei Xi'an ein Grab errichten und davor Felsen in Form des Qilian-Gebirges, in dem Huo Qubing so erfolgreich gekämpft hatte, plazieren. Da viele der schroffen Gipfel dieses unwirtlichen Gebirges wilden Tieren ähneln, wurden zahlreiche dieser Felsen so bearbeitet,daß sie das Aussehen von Tieren erhielten. So entstand nicht nur das älteste Zeugnis chinesischer monumentaler Bildhauerkunst, sondern auch die erste Skulpturengruppe vor einem Grab. Zusammen mit den Wengzhong wurden sie in späteren Dynastien schließlich vor allen kaiserlichen Gräbern aufgestellt.

Jedes der Tiere hat dabei eine eigene Symbolik. Der Löwe, aufgrund seiner Kraft und Würde, steht für ehrfuchtsvollen Respekt. Kamel und Elefant waren zuverlässige Lasttiere in Wüsten- und Tropenregionen und symbolisieren die Weite des chinesischen Territoriums. Das *Xiezhi* ist ein mythisches Einhorn, dem nachgesagt wurde, daß es zwischen Gut und Böse unterscheiden und böse Menschen erkennen könne. Vor den Gräbern sollte es böse Einflüsse fernhalten. Das *Qilin* ist eines der vier göttlichen Tiere (zusammen mit Drache, Phönix, Schildkröte) und schuf durch seine Anwesenheit ein günstiges Ambiente für das Grab. Das kaiserliche Reitpferd durfte schließlich im Reigen der Tiere ebenfalls nicht fehlen.

das die Verdienste und Tugenden der Kaiser herausstellen soll. Nach 800 m gelangt man zum **Großen Roten Tor** 4 (Dahong Men), das manchmal auch als Großes Palasttor (Dagong Men) bezeichnet wird. Dieses bildete den eigentlichen Haupteingang zur Nekropole. Der mittlere Durchgang wurde ausschließlich für die kaiserlichen Bestattungszeremonien benutzt und geöffnet. 500 m weiter unterbricht der quadratische, von vier Marmorsäulen eingerahmte Bau des 1426 errichteten **Stelenpavillons** 5 (Bei Ting) den Weg. In ihm befindet sich eine große Stele, die die göttlichen Verdienste und die heilige Tugend des dritten Kaisers der Ming-Dynastie Zhu Di preisen. Auf Zhu Dis (Yongle) Initiative ging die Verlegung der Hauptstadt nach Beijing zurück, und so war er der erste hier bestattete Ming-Kaiser. Der Heilige Weg führt entsprechend direkt auf sein Grab zu. Nun beginnt der interessanteste Teil der langen Strecke, die **Allee der steinernen Statuen** 6 (Shixiang Shendao) mit zwölf Tier- und sechs Menschenpaaren, die unter anderem die Ehrengarde der Kaiser symbolisieren. Der eigentliche Heilige Weg endet am **Drachen- und Phönixtor** 7 (Longfeng Men), einem Symbol des Kaisers und der Kaiserin, die durch dieses Tor schließlich zu den ihnen zugedachten Grabstätten befördert wurden.

Da man im alten China glaubte, daß die Seele eines Verstorbenen beliebig im Diesseits wandeln und den Menschen Glück und Unglück bringen könne, mußten die Seelen der Ahnen nicht nur durch bestimmte Rituale, die über den Ahnenkult vorgegeben waren, zufriedengestellt werden, auch die irdischen ›Wohnstätten‹ mußten der Bedeutung der Verstorbenen im Jenseits Rechnung tragen. Entsprechend dem Rang eines Kaisers spiegelte sich in der Konstruktion des Mausoleums symbolisch der Aufbau des Kaiserpalasts, und jeder Kaiser ließ schon zu seinen Lebzeiten die oft jahrzehntelangen Bauarbeiten beginnen und inspizierte ihren Fortschritt regelmäßig. Der Grundriß eines Ming-Grabes besteht aus einem viereckigen vorderen Teil, der den Palast symbolisiert, und einem ovalen oder kreisförmigen hinteren Bereich, Symbol des kaiserlichen Hofs. Im vorderen Teil befand sich der Opferbezirk für die Gedenkfeiern und Opferzeremonien, entsprechend stehen hier die meisten Gebäude. Man betritt diesen Bezirk stets durch ein dreibogiges Eingangstor. Dahinter folgen ein oder zwei oft prächtige, aus Keramikziegeln gestaltete Öfen zum Verbrennen der Opfergaben. Das Hauptgebäude ist die Opferhalle, die manchmal von zwei Seitenhallen flankiert wird. Hinter der Haupthalle folgt ein Altar mit den steinernen Nachbildungen der ›fünf heiligen Gefäße‹ (zwei Vasen, zwei

Seelenwächter am Heiligen Weg

Leuchter, ein Räuchergefäß). Abgeschlossen wird dieser Bereich von dem Seelenturm, der einem Festungsturm ähnelt. Er birgt eine Stele, auf der der posthum verliehene Tempelname des Kaisers eingraviert ist. Dahinter schließt der eigentliche ovale oder runde Grabhügel den Grabaufbau ab. Dieser Hügel ist eine runde Festung, gebildet von der Schatzmauer (Bao Cheng), deren Innenraum mit Erde aufgeschüttet wurde, bis die Erde über die Zinnen herausragte und eine Kuppel, das sogenannte Schatzdach (Bao Ding), bildete. Wichtigster Teil aber war schließlich die unterirdische Palastanlage, die in ihrem Grundriß den Aufbau des Kaiserpalasts nachahmte, damit die Himmelssöhne nach ihrem Tod die ihnen gewohnten Lebensumstände wiederfanden.

Zhu Di (Yongle) war einer der bedeutendsten Kaiser der Ming-Dynastie und seine Regierungszeit eine der glanzvollsten der Dynastie. Entsprechend ist sein Grab, das **Chang Ling** 8, das imposanteste der Mausoleen. Es besteht aus drei hintereinander liegenden Höfen, die von der mächtigen Opferhalle, der Halle der Gnade (Lingen Dian), beherrscht werden. Ihr Dach wird von 32 gigantischen Sandelholzsäulen getragen, die eigens aus der Provinz Yunnan herbeigeschafft wurden. Die weiteren Säulen und Dachbalken der Halle sind aus Nanmu-Hartholz, einem Edelholz, gearbeitet.

Etwas mehr als 3 km weiter östlich befindet sich das Grab des 13. Ming-Kaisers Zhu Yijun (Wanli), **Ding Ling** 9. Mit einer Regierungszeit von 47 Jahren (1573–1619) war er der am längsten regierende Kaiser der Dynastie. Der oberirdische Teil ist ähnlich wie das Chang Ling angelegt, aber 1956 wurde dieses

Grab als erstes und einziges auch geöffnet. Die Archäologen fanden eine unterirdische Palastanlage aus drei hintereinander liegenden Hallen sowie zwei Seitenhallen vor, deren Aufbau ganz den drei zentralen Palasthallen mit den sie einrahmenden Seitenhallen des irdischen Kaiserpalasts entsprach. 27 m tief unter dem Schatzdach nimmt der unterirdische Palast eine Fläche von 1195 m^2 ein. Ein langer, breiter Tunnel, der dem langen Weg in die Verbotene Stadt entspricht, führt in das Grab. Vor der ersten Halle befindet sich eine quadratische

Die Große Mauer bei Badaling

Fläche, die den Platz vor den drei Palasthallen symbolisiert. Die mittlere Halle war die Thronhalle. In ihr stehen drei Marmorthrone, von denen der mittlere dem Kaiser zugedacht war. Die Opfergegenstände vor den Thronen sind gleichzeitig Symbol der vor dem Kaiser knienden Hofbeamten. Eigentliche Grabkammer aber ist die hintere Halle mit dem Sarg Zhu Yijuns und den zwei Särgen der Kaiserin und der ersten Nebenfrau. Sie waren umstellt von 26 Truhen, in denen die Grabbeigaben lagerten, die heute im Museum ausgestellt werden.

Westlich der gigantischen Nekropole mingzeitlicher Himmelssöhne liegt ein Teilstück des wohl imponierendsten Bauwerks in China, die **Große Mauer** (Wanli Chengcheng) bei **Badaling**. Schon früh spielten Mauern in China eine wichtige Rolle sowohl bei der Verteidigung von Städten als auch von ganzen Ländern. Sie gehörten neben Erdaltar und Ahnentempel zu den heiligsten Bauwerken, und konnte ein Angreifer seine Fahne auf der Mauer zu errichten, galt die Stadt oder im Extremfall das Land als gefallen. So baute der Staat

Chu um 656 v. Chr. einen Schutzwall, um sich der Angriffe Qis zu erwehren, und andere Staaten folgten dem Beispiel. Nach der Einigung des Reichs durch Qin Shi Huangdi (259–210 v.Chr.) konnte dieser bereits auf einen ganzen Mauergürtel der Staaten Yan, Zhao und Yin zurückgreifen. Er ließ die Mauern verbinden und schuf so ein gewaltiges 5000 km, langes Bauwerk, das in etwa vom heutigen Shenyang bis weit in die Provinz Gansu reicht. Während der nachfolgenden Han-Dynastie wurde die Mauer bis nach Dunhuang verlängert, um das Reich vor den permanenten Angriffen der Hunnen zu schützen. In dieser Zeit erreichte sie eine Gesamtlänge von 10 000 km. Mit dem Zusammenbruch des Hauses Han verlor dieses gewaltige Bauwerk seine Funktion, und die einzelnen daraufhin entstehenden Staaten bauten je nach Bedarf neue Mauern, die schließlich unter dem ersten Ming-Kaiser Zhu Yuanzhang (Hongwu, 1368 bis 1398) erneut zu einem einzigen Bauwerk verbunden wurden, um das wieder unter chinesischer Führung geeinte Reich vor den Angriffen der Mongolen zu schützen. Bis ins 16. Jahrhundert hinein zogen sich die Bauarbeiten hin. Wie schon zur Zeit Qin Shi Huangdis arbeite-

ten Hunderttausende Soldaten und Zwangsarbeiter an der Fertigstellung und schufen zwischen Shanhaiguan und Jiayuguan einen einzigartigen, mit Steinplatten und Ziegelsteinen ummantelten, 6350 km langen Verteidigungswall, der durch zahlreiche Festungen, Aussichts- und Wachtürme ergänzt wurde. An der Basis war die Mauer im Schnitt 7 m tief, an der Krone 6 m. Ihre Höhe betrug zwischen 7 und 9 m, erreichte teilweise sogar 16 m. Neun entlang der Mauer eingerichtete und direkt dem Kaiser unterstellte Militärkommandanturen hatten die Verteidigungsbereitschaft der Grenzregionen aufrechtzuerhalten. Sie nutzten die Mauer zur Kommunikation und zum (Truppen-) Transport. Die Nachrichtenübermittlung erfolgte durch ein ausgeklügeltes Signalsystem mittels Feuer, Rauch, Licht und Spiegeln. Mit dem Beginn der Qing-Dynastie verlor die Große Mauer ihre schützende Funktion, da sie nun mitten durch das riesige Reich verlief, und sie begann langsam zu verfallen. Erst Mitte des 20. Jahrhunderts besann man sich wieder dieses großartigen Erbes, und seitdem werden die interessantesten Mauerabschnitte nach und nach restauriert.

Die Sehenswürdigkeiten der Westberge

Rund 25 km westlich von Beijing stößt man auf die Westberge, an deren Hängen sich der weitläufige **Duftberg-Park** (Xiangshan Gongyuan) hinaufzieht. Die höchste Erhebung dieser Bergkette ist der Xiang Shan, der **Duftende Berg**, dessen Gipfel von zwei mächtigen Felsen gekrönt wird. Da diese chinesischen Weihrauchgefäßen ähneln, erhielt der

Berg auch den Namen Duftender Weihrauchgefäß Berg (Xianglu Shan).

Bereits im 10. Jahrhundert fanden die Kaiser der Jin-Dynastie Gefallen an der Region und erklärten sie zum kaiserlichen Jagdrevier. Um dem Kaiser und seinem Gefolge während der Jagden Unterkunft zu bieten, wurde der Xiangshan-Tempel errichtet, und so entstanden am Fuße und an den Hängen des Bergs nach und nach weitere Tempel, Hallen, Pavillons und Pagoden. Der Qianlong-Kaiser der Qing erkor die herrliche Parklandschaft schließlich zu einem seiner Sommerpaläste und gab ihm den passenden Namen **Garten der Wohltuenden Stille** (Jingyi Yuan). 1860 wurde der prachtvolle Park im Lauf des Opiumkriegs von französisch-englischen Truppen und 1900 während des Boxeraufstands von der alliierten Interventionsarmee verwüstet. 1949 diente das zerstörte Areal zunächst der kommunistischen Führung der ersten Stunde unter der Tarnbezeichnung Arbeiteruniversität als Hauptquartier. Nach ihrem Umzug ins Stadtzentrum begann man mit der Restaurierung vieler Gebäude, und der Park wurde zu einem Naherholungsgebiet ausgebaut.

Ein schmaler Pfad führt vom Nordeingang auf den Gipfel des Xiang Shan, und wer nicht so gut zu Fuß ist, kann von hier auch mit dem Sessellift hinauffahren. Auf dem Gipfel hat man bei klarer Sicht eine phantastische Aussicht bis auf die Hochhäuser Beijings und die Westberge. Man kann über einen weiteren Pfad vorbei an einigen Stelen, Höhlen und den Resten des alten Xiangshan-Tempels wieder hinunterwandern. Hinter den Ruinen hält man sich wieder nach Norden und gelangt zum tibetischen **Tempel der Einsicht** (Zhao Miao), der 1780 auf Anweisung des Qianlong-Kaisers erbaut worden war, um dem Panchen Lama bei seinen Besuchen in der Hauptstadt als Residenz zu dienen. Gleich daneben steht die siebenstöckige, achteckige **Liuli Ta**, eine Pagode, die ganz aus glasierten Ziegeln erbaut ist. An jeder einzelnen Dachtraufe hängt eine kupferne Glocke, und bei Wind breitet sich ihr Klang über den ganzen Park aus.

Vom Nordtor führt der Weg weiter zum angrenzenden **Tempel der Azurblauen Wolke** (Biyun Si), einer prachtvollen Anlage, die ihre besondere Atmosphäre aus dem einzigartigen, marmornen Vajra-Stupa bezieht. Während der Yuan-Dynastie hatte an dieser Stelle ein hoher Hofbeamter des Kaisers seine Residenz. 1366 wurde sie in ein Nonnenkloster umgewidmet und Klause der Azurblauen Wolke (Biyun An) genannt. 1516 ließ der mächtige Obereunuche Yu Jing den Tempel für sich ausbauen, um hier seine letzte Ruhestätte zu finden. In derselben Absicht ließ der skrupellose Obereunuch und eigentliche Machthaber Wei Zhongxian die Anlage 1623 noch einmal erweitern. Beide wurden jedoch ermordet, und damit war ihr Ansinnen, eine würdige Begräbnisstätte zu erhalten, vereitelt.

1748 ließ der Qianlong-Kaiser die Luohan-Halle (Luohan Tang) und gleich dahinter den Vajra-Stupa errichten. Die schmucke Luohan-Halle birgt 508 Skulpturen, die zu den exquisitesten Arbeiten der qingzeitlichen Kunst zählen. Sie wurden jeweils aus Lehm über einen Holzrahmen modelliert und an der Oberfläche vergoldet. 500 der verwegenen Gestalten sind Arhats (Luohan), Schüler Buddhas. Ihre verzerrten Mienen deuten die Anstrengungen an, die Erleuchtung zu erlangen. Eine Besonderheit verbirgt sich hinter dem Arhat mit der Nummer 444. Er soll den verkleideten Qianlong-Kaiser, der gern selbst Arhat sein wollte, darstellen. Sieben der Skulpturen stellen Schutzgottheiten dar, während eine weitere Figur auf einem der Dachbalken kauert. Sie stellt den Mönch Ji Gong dar, der der Überlieferug nach stets zu spät zu den Zeremonien kam und nur noch dort oben Platz fand.

Neben der Luohan-Halle liegt die **Sun-Yat-sen-Gedenkhalle** auf der Haupt-

*Tempel der Azur-
blauen Wolke,
Buddha-Skulptur*

achse des Tempelkomplexes. In ihr ist ein Stahlsarg mit einem gläsernen Dek-kel ausgestellt, ein Geschenk der Sow-jetunion, das nicht nur zu spät eintraf, sondern auch noch aus dem falschen Material war, da Särge nach chinesi-scher Tradition aus Holz sein müssen. Um Moskau nicht zu verärgern, ver-steckte man den Sarg anfangs, und erst nach dem offiziellen Begräbnis in Nanjing wurde er wieder ausgestellt.

Eine steile Treppe hinter der Halle führt zu einem einzigartigen, 34 m lan-gen und 10 m hohen Schmucktor aus Marmor, das von kunstvollen Reliefs ge-ziert wird. Gleich hinter dem Tor erhebt sich der majestätische Diamantthron-Stupa. Er wurde zwar nach dem Muster des Bodh-Gaya-Tempels in Indien ge-baut, ein Stupa, der zum Gedenken an die Buddhawerdung Shakyamunis er-richtet worden war, weist in seiner künst-lerischen Gestaltung aber genuin chine-sische und tibetische Elemente auf. Der Stupa ist 35 m hoch und vollständig aus Marmor gearbeitet. Sein Sockel besteht aus zwei Ebenen, von denen die obere reich mit Reliefs verziert ist, die Bud-dhas, Himmelskönige, Drachen, Löwen und Wolkenmuster darstellen. Im Zen-trum der Plattform, umgeben von vier kleineren Stupas, erhebt sich der Vajra-Stupa. Ihnen vorgelagert sind noch zwei weiße Dagobas im tibetischen Stil. Im Sockel des Vajra-Stupa wurde bis zu sei-ner offiziellen Beerdigung in Nanjing der Sarg von Sun Yat-sen aufgebahrt. Nach seiner Überführung wurden seine Klei-dung und sein Hut als Reliquien im Fun-dament eingemauert.

Nach einem kurzen Fußmarsch 2 km nach Osten erreicht man den **Tempel des Schlafenden Buddha** (Wofo Si). Die Gründung des Tempels geht auf das 7. Jahrhundert zurück, seine eigentliche Bedeutung und seinen Namen erlangte er aber erst, als 1321 eine bis dahin exi-stierende Sandelholz-Skulptur eines lie-genden Budhha durch eine 250 t schwe-re kupferne Plastik ersetzt wurde, die wiederum durch die heutige, 52 t schwe-re und etwa 5 m lange Plastik ausge-tauscht wurde, hinter der zwölf 1,2 m ho-he Tonfiguren stehen. Diese Szene stellt dar, wie der unter einem Sala-Baum lie-gende und ins Nirvana eingehende Buddha vor der Stadt Kushinara seinen zwölf anwesenden Schülern die letzten Anweisungen erteilt. Um die Szene noch echter zu gestalten, wurden auf dem Tempelgelände zahlreiche Sala-Bäume gepflanzt, wovon zwei noch heute vor der Halle des Schlafenden Buddha erhalten sind. Ein genauerer Blick lohnt auch in die Halle der Buddhas der Drei Zeiten. Sie enthält neben den drei Buddhas der Drei Zeiten noch 18 Luohan und zwischen ihnen eine Statue des Qianlong-Kaisers in einem blauen, von einem goldenen Drachen gezierten Gewand, der damit seine Ambition ausdrückte, selbst ein Luohan sein zu wollen.

Die Westberge ziehen sich bis in die südwestlichen Vororte Beijings hinunter, wo die drei Gipfel der Cuiwei-, Pingbo- und Lushi-Berge an den Ausläufern der Westberge einen Halbkreis bilden und so einen idealen Ort zum Bau von sakralen Anlagen ergaben. Ab dem 9. Jahrhundert entstanden hier nach und nach acht große Tempel und Klöster, die allgemein unter dem Namen **Acht Große Orte** (Badachu) bekannt sind.

Der 1504 gegründete **Tempel des Ewigen Friedens** (Chang'an Si) steht abseits des Rundwanderwegs und beginnt den Tempelreigen. Im Eingangsbereich der Haupthalle steht die Statue des Guan Yu, eines Generals aus dem 3. Jahrhundert, der wegen seiner Listigkeit Berühmtheit erlangte, in den folgenden Jahrhunderten als Held der Soldaten verehrt und unter dem Ming-Kaiser Shenzong zum Gott Guan Di ernannt wurde. Seitdem gilt er als Kriegsgott und als Gott der Gerechtigkeit, so daß Rechtsstreitfälle oft von den Parteien in seinem Tempel ausgehandelt wurden. Guan Di wird gern als Wächterfigur in anderen Tempeln eingesetzt.

Nächster Tempel auf dem Wanderweg nach Norden ist der 1071 gegründete **Tempel des Heiligen Lichts** (Lingguang Si). Er wurde 1900 von den Truppen der Alliierten stark zerstört, wobei sie auch die prachtvolle, zehngeschossige Liao-Pagode nicht verschonten. Doch was zunächst tragisch erschien,

erwies dann doch seine gute Seite, wurde doch bei den Aufräumungsarbeiten eine Lade mit einem Zahn gefunden, der mit einiger Sicherheit als einer der vier Zähne Buddhas identifiziert wurde, die nach seiner Einäscherung erhalten werden konnten. Nach Fertigstellung der neuen Buddhazahn-Pagode (Foya Ta) 1964 auf dem Areal des Lingquang Si fand er dort seinen Platz.

Nicht weit vom Lingguang Si passiert man das kleine **Kloster der Drei Berge** (Sanshan An) und kommt anschließend zum **Tempel des Großen Mitleids** (Dabei Si) aus dem Jahr 1550. Der Hof vor der Haupthalle ist dicht mit einer seltenen, immergrünen Bambusart bepflanzt. Im hinteren Hof wachsen zwei große Ginkgo-Bäume, die über 800 Jahre alt sein sollen und immer noch blühen.

Vom Dabei Si führt der Weg weiter zum **Konvent der Drachenquelle** (Longquan An), dessen zentrales Heiligtum die Drachenquelle (Long Quan) ist. Davor steht eine Halle, in der ein Bildnis des Drachenkönigs verehrt wird. Der Drachenkönig ist eine zentrale Gestalt in den Entstehungslegenden um die Stadt Beijing. Er und seine Drachen lebten in der Region von Beijing und versuchten immer wieder, durch Überflutungen die Gründung der Stadt zu verhindern. Erst der listige Nezha, eine mythische Gestalt mit acht Armen und übernatürlichen Kräften, konnte die Drachen vertreiben, indem er Beijing in Form seines eigenen Körpers anlegen ließ. Dies bescherte Beijing den Beinamen Achtarmige Nezha-Stadt.

Dort, wo ein weiterer Wanderweg den Aufstieg kreuzt, befindet sich mit dem tangzeitlichen **Tempel der Duftenden Welt** (Xiangjie Si) der bedeutendste Tempelkomplex von Badachu. Wer ihn besuchen will, muß zahllose Stufen erklimmen. Gleich im ersten Hof wächst eine haushohe Magnolie. Im 15. Jahrhundert wurde eine Prinzessin namens Cuiwei im Tempel begraben und der Berg nach ihr benannt. 1678 fanden Mönche bei Grabungsarbeiten eine hochinteressante Stele aus der Tang-Zeit, die ein aufwendig graviertes Bildnis des Bodhisattva Avalokiteshvara (mit Bart) ziert. Für China ist dieses Portrait höchst ungewöhnlich, da Avalokiteshvara fast immer als Göttin der Barmherzigkeit Guanyin dargestellt wurde.

Ein steiler Pfad führt nun zum Gipfel des Cuiwei-Bergs, der von der **Höhle der Wertvollen Perle** (Baozhu Dong) gekrönt wird. Man betritt die Anlage durch ein hölzernes Ehrentor und gelangt von dort zum Pavillon der Fernsicht.

Für den Besuch der letzten großen Sehenswürdigkeit muß man den ganzen Weg zurückgehen und erreicht kurz nach dem Abzweig zum Tempel des Ewigen Friedens einen weiteren nach Norden führenden Weg. Er endet beim **Tempel der Buddhaschaft** (Zhengguo Si), dessen Haupttheiligtum der Felsen des Geheimnisvollen Teufels (Mimo Yan) ist. In den Überhang dieses Felsens, der von weitem dem aufgerissenen Maul eines Löwen ähnelt, ist ein kleines Steinhaus hineingebaut, in dem der Mönch Lushi im 7. Jahrhundert als Einsiedler lebte. Eine Legende will wissen, daß er sogar zwei Drachen als Schüler akzeptierte und sie zu gläubigen Buddhisten bekehrte. Geläutert kamen sie der Bevölkerung schließlich bei einer verheerenden Dürre zu Hilfe und sorgten für Regen, bevor sie wieder auf Wanderschaft gingen.

Ausflüge in den Südwesten

»Zuerst gab es den Tanzhe Si, danach entstand Youzhou (historischer Name Beijings)« ist ein bekannter Ausspruch, der umreißt, wie alt diese idyllisch in die Berge des Bezirks Mentougou 45 km westlich von Beijing eingebettete Anlage des Tempels des Teichs und der Wilden Maulbeere ist.

Gegründet wurde der **Tanzhe Si** zur Zeit der Westlichen Jin (265–316). Die heutigen Gebäude stammen aus dem späten 17. Jahrhundert. Seinen Namen erhielt er wegen der Zhe-Bäume, wilder Maulbeerbäume, die der Seidenraupenzucht dienten, und des in den Bergen versteckten Drachenteichs (Long Tan).

Die Haupthalle des Komplexes (Daxiong Baodian) ist Buddha Shakyamuni und zweien seiner Schüler geweiht. Der Titel Daxiong bezeichnet einen mächtigen und furchtlosen Krieger und ist der Ehrentitel Shakyamunis. In der Halle sitzt Shakyamuni ganz in Gold und schwarze Gewänder gekleidet. Links vom Buddha steht Ananda, einer seiner zehn Schüler und zweiter Patriarch nach Buddhas Tod. Dank seines phänomenalen Gedächtnisses war er in der Lage, die buddhistischen Sutren niederzuschreiben. Rechts steht ein weiterer Schüler Buddhas, Mahakashyapa, der erste Patriarch nach Buddhas Tod, dem hohe Tugendhaftigkeit zugeschrieben wird.

Eine Treppe hinter der Haupthalle führt zu einem weitläufigen Hof, der ganz und gar von zwei mächtigen Ginkgo-Bäumen beherrscht wird. Der auf der rechten Hofseite stehende Kaiser-Baum genannte Ginkgo soll über 1000 Jahre alt sein.

Der Vairochana-Pavillon (Pilu Ge) schließt den Gebäudereigen auf der Hauptachse ab. Im unteren Stockwerk des zweigeschossigen Baus sitzen fünf Buddhas, die von links nach rechts fünf essentielle buddhistische Eigenschaften repräsentieren: die Weisheit; die Verpflichtung, den buddhistischen Erlösungsweg zu gehen; die dritte Statue stellt den transzendenten Buddha Vairochana dar, der als Urbuddha verehrt wird und für den Wesenskern der Buddhas steht; der vierte und fünfte Buddha stehen für das Erwachen aus der Unwissenheit um das Leiden und die zehn Tugenden, die die Ursache der All-Wissenheit eines Bodhisattvas sind.

Die westliche Achse besteht aus dem Weihealtar und der Avalokiteshvara-Halle an ihrem nördlichen Ende. Neben einer vergoldeten Plastik des Bodhisattva der Barmherzigkeit wird in der Halle ein Stein aufbewahrt, auf dem die Tochter Kublai Khans, Miao Yan, die als Novizin im Tempel lebte und hier auch zur Nonne geweiht wurde, während ihrer Gebete zu knien pflegte. Nicht weit von dieser Halle steht nach links versetzt die Halle des Drachenkönigs. Ihr Eingang wird von einem prächtigen, kunstvoll gearbeiteten steinernen Fisch geschmückt. Der Kupfergehalt des verwendeten Steins ist so hoch, daß beim Anschlagen klare hohe Töne entstehen. Dem Fisch wird die Fähigkeit nachgesagt, für Regen sorgen und Epidemien verhindern zu können.

Für ein Trinkspiel, bei dem man Weinbecher den verschlungenen Wasserlauf entlangtreiben ließ, wurde der Pavillon des Schwimmenden Bechers (Liubei Ting) gebaut. Kam ein Becher nicht ins Ziel, mußte der ›Besitzer‹ sein Glas leeren oder eine Geschichte erzählen. Hinter dem Pavillon führt ein Weg hinauf zur einsam gelegenen Drachenquelle,

ein schöner etwa halbstündiger Spaziergang in die Berge. Nach Verlassen der Tempelanlage passiert man vor dem Haupteingangstor zwei Pagodenwälder mit insgesamt 75 Pagoden, in denen seit der Jin-Dynastie hochrangige Mönche und die Äbte des Klosters bestattet wurden. Auch Miao Yan fand hier ihre letzte Ruhestätte.

Fährt man zurück in Richtung Beijing, gelangt man nach etwa 8 km zu einer unscheinbaren Straßenkreuzung, an der ein Weg zum **Tempel des Weihealtars** (Jietai Si) abzweigt. Die Lage dieses 622 gegründeten Tempels könnte aus einem geomantischen Lehrbuch stammen. Man hat von hier aus einen großartigen Blick auf Beijing, und der Kontrast zur Hektik der Stadttempel kann kaum eindrucksvoller empfunden werden. Wegen der landschaftlichen Gegebenheiten mußte die Hauptachse des Jietai Si allerdings von Ost nach West verlaufen, statt sich an der für idealer gehaltenen Nord-Süd-Ausrichtung anzulehnen.

Eine der Hauptattraktionen des Tempels sind seine alten, knorrigen Pinien, die in zahllosen phantasievollen, ja grotesken Formen die einzelnen Ebenen der Anlage zieren. Einige der schönsten Pinien findet man auf der Terrasse, die sich hinter der Haupthalle erhebt. Die ›Königin‹ der Pinien ist die rund 1000 Jahre alte ›Pinie des Ruhenden Drachen‹, deren knorriger, dicker Stamm waagerecht durch die Balustrade gewachsen ist und deren weitausholende Äste wie ein gewaltiger Schirm die darunterliegende Ebene beschatten. Gleich links von ihr steht die ›Sorgenlose Pinie‹ und noch ein wenig weiter nach links steht die ›Pinie, die sich bewegt‹. Sie besticht vor allem durch die seltsame Eigenart, zu zittern, wenn man an einem ihrer Äste zieht. Man sollte dann dem Korridor, der nach rechts führt, folgen und gelangt nach wenigen Metern zu zwei alten steinernen Pagoden aus der Liao- und Yuan-Dynastie. Die linke der beiden Pagoden birgt die sterblichen Überreste des Mönchs Fajun, auf dessen Initiative der Bau des Weihealtars zurückging. Die rechte Pagode erhält ihren Reiz durch eine ›Die Pagode Umarmende Pinie‹, die aus der darüberliegenden Ebene um sie herum wächst.

Man erreicht diese Terrasse über eine weitere Treppe und steht sogleich vor der riesigen ›Neun-Drachen-Pinie‹, deren Stamm mitten auf dem Korridor durch die Steinplatten bricht. Ihr Stamm fächert sich in neun in alle Richtungen wachsende Stämme auf, die an fliegende Drachen erinnern. Gegenüber der Pinie führt ein kleines Tor in einen großen Hof ganz im Nordosten des Tempels. Inmitten des Hofs, umgeben von Seitenhallen, erhebt sich auf einer Plattform, dem ›Platz zur Auswahl Buddhas‹ (Xuanfo Chang), eine Halle, in deren Innern der mit über 3 m Höhe größte Weihealtar *(Jietai)* Chinas steht. Er besteht aus drei Stufen, in die in regelmäßigen Abständen 100 Nischen eingelassen sind, in denen Schutzgottheiten stehen. Auf den zehn Adlerholz-Stühlen oben auf dem Altar saßen die Vorsitzenden und Zeugen der Ordination. Den Altar ließ der Mönch Fajun zwischen 1065 und 1074 errichten. Der heutige Altar stammt aus der Ming-Zeit und zog buddhistische Adepten aus ganz China an, die sich hier zu Mönchen weihen ließen.

Fährt man weiter Richtung Beijing, kommt man an dem 1640 erbauten Dörfchen **Wanping** vorbei, das noch von einer vollständig erhaltenen Stadtmauer umgeben ist. Auf ihr kann man einen Spaziergang um den gesamten Ort herum machen. Berühmter ist allerdings die vor Wanping gelegene Lugou Qiao,

die in Europa unter dem Namen **Marco-Polo-Brücke** bekannt wurde, da dieser sie bereits in seinem Reisebericht beschrieben hatte. In der chinesischen Geschichte des 20. Jahrhunderts spielte die Brücke eine düstere Rolle, inszenierten hier doch japanische Truppen während eines Manövers am 7. Juli 1937 den ›Zwischenfall an der Marco-Polo-Brücke‹, indem sie sich in ein Feuergefecht mit chinesischen Soldaten einließen. Dies war der eigentliche Beginn des chinesisch-japanischen Kriegs, in dessen Verlauf Japan weite Teile Chinas unterwarf, um es nach dem Vorbild Manzhouguos (Mandschukuos) zu kolonisieren.

Nach vier Jahren Bauzeit wurde die Brücke im Jahr 1192 fertiggestellt und löste nun die behelfsmäßigen Ponton-Brücken ab, die den wachsenden Verkehr nicht mehr bewältigen konnten. Ganz aus Stein errichtet, ist sie 266,5 m lang, 7,5 m breit und wird von elf Bogen getragen. Die Brückengeländer bestehen aus 140 Geländerpfosten, zwischen denen senkrecht stehende Marmorplatten als Brüstung eingelassen sind und auf denen insgesamt 485 höchst individuell gestaltete steinerne Löwenskulpturen sitzen, wobei auf vielen der Pfosten auch mehrere Löwen Platz fanden.

Ein Novum der chinesischen Brückenbaukunst des 12. Jahrhunderts war die Konstruktion der Brückenpfeiler. Da sich der heute meist träge dahinfließende Lugou-Fluß zu jener Zeit oft noch in einen reißenden Strom verwandelte und die vorhandenen Brücken mit sich riß, wurden die Pfeiler so konstruiert, daß sie zur Strömung hin spitz zulaufen. Da man die der Legende nach hier siedelnden Drachen für die Fluten verantwortlich machte, wurde an jedem der Pfeiler eine dreieckige Eisenspitze angebracht, die sich wie ein Schwert gegen die Strömung richtete. Damit hoffte man die Drachen, die sich den Fluß hinunterwagten, zu töten.

Fährt man von der Brücke aus weiter nach Süden, erreicht man **Zhoukoudian**, das als Fundort des Peking-Menschen weltweite Berühmtheit erlangte. Zentrum der Ausgrabungen war der rund 70 m hohe Drachenknochen-Hügel, in dessen Gestein Archäologen 1921 eine an Fossilien besonders reiche Stätte lokalisiert hatten. Daß es am und im Hügel Fossilien gab, war eigentlich schon seit der Ming-Dynastie bekannt, aber man hielt die Funde für Drachenknochen und nannte den Hügel deshalb kurzerhand Drachenknochen-Hügel. Zwischen 1927 und 1929 wurde die Stätte erstmals systematisch erforscht. Dabei förderte man die vollständig erhaltene Schädeldecke eines Hominiden zutage. Untersuchungen ergaben, daß sich hinter diesem Schädel tatsächlich ein Urmensch, der vor 500 000 Jahren

hier siedelte, verbarg. Als *Sinanthropus pekinensis* wurde er weltberühmt, während weitere Grabungen ergaben, daß seine Zeitgenossen und Nachfahren den Drachenknochen-Hügel über einen Zeitraum von 300 000 Jahren als Siedlungsort nutzten.

Zwischen 1933 und 1934 ergaben weitere Grabungen über der Höhle des Peking-Menschen, daß an dieser Stelle vor 12 000–17 000 Jahren noch immer die Nachfahren des Urmenschen lebten. Man nannte sie der Einfachheit halber Obere Höhlenmenschen, aber sie gehörten bereits zur Spezies Homo Sapiens.

Der berühmte Schädel allerdings verschwand, nachdem er für so kurze Zeit Berühmtheit erlangt hatte. Um ihn vor den einmarschierenden Japanern zu retten, brachte man ihn ins Xiehe-Krankenhaus, von wo aus er nach Amerika gebracht werden sollte – und nie mehr gesehen ward.

Marco-Polo-Brücke

Die Route
der Steppen-
krieger – Von
Datong nach
Xi'an

Auf einer Reise mit Bus und Bahn durch die Provinzen Shanxi und Shaanxi erlebt man auf dichtestem Raum all jene kulturellen Eigenheiten, die das alte China hervorgebracht und geprägt haben, untermalt von einer Kulisse großartiger Landschaften. Im Süden Shanxis, dort wo der Gelbe Fluß die Grenze zur Provinz Henan bildet, im Wei-Tal Shaanxis und in Henan lebten die Angehörigen der neolithischen Yangshao-Kultur. Gegenüber den Bewohnern der Gebiete weiter nördlich, wie der Wüste Gobi, dem Ordos-Bogen und der Mongolei, hatten sie den Vorteil, auf einer Schicht fruchtbarsten Lößbodens zu siedeln und konnten dadurch schnell ihren kulturellen Vorsprung gegenüber den Völkern im Norden ausbauen. Der Entwicklungsvorsprung war mit größerem Reichtum verbunden, der Neid und Begehrlichkeit der nördlichen Völker weckte, und die beiden Sha(a)nxis wurden zu den wichtigsten Einfallstoren der Nomaden der Mongolei und des Ordos-Bogens nach China. Zwei Wege standen ihnen zur Verfügung: einer führte über die Region um Datong ins Fen-Tal und damit ins Zentrum Chinas, der andere Weg führte über die Ordos-Straße und die Täler von Shaanxi nach Chang'an, dem heutigen Xi'an. Anfangs drangen die Xiongnu (Hunnen) über diese Wege in China ein, später die Toba, die Türken und schließlich die Mongolen. Die in Nordchina einfallenden und es zeitweilig auch beherrschenden Nomaden plünderten und raubten nicht nur. Wenn sie sich festgesetzt hatten, befruchtete ihre eigene Kultur die Entwicklung des Nordens, dessen Erscheinung ganz von dem ewigen Neben-, Gegen- und Miteinander von Chinesen und Nomaden geprägt ist.

Ihre zentrale politische Bedeutung für China verloren die beiden Sha(a)nxis erst mit dem Untergang der Tang-Dynastie und der Verlegung späterer Hauptstädte nach Luoyang, Kaifeng und schließlich nach Beijing. Die Folge war der wirtschaftliche Verfall, und so ›verkam‹ vor allem die Provinz Shanxi, was Westlich der (Taihang-) Berge bedeutet, zu einer Art abgeschlagener Provinz, in der gegen Ende der Qing-Dynastie finstere Generäle und Warlords ihre Macht ausübten.

Im Herzen der Toba-Kultur – Datong

1 (S. 391) Die kulturellen Sehenswürdigkeiten der über 1 Mio. Einwohner zählenden Industriestadt Datong, die sich innerhalb der Stadtmauer, trotz ihrer von der Kohle abhängigen Industrie, noch einen reizvollen alten Kern erhalten hat, ist das vielleicht beste Beispiel für das bereits geschilderte Zusammentreffen von chinesischer und ›barbarischer‹ Kultur. Stets ein Bollwerk im Schatten der Großen Mauer gegen die Einfälle der Steppennomaden, gehörte Datong schon seit der Han-Dynastie zu den Militärkommandanturen, die die Grenzen des Reichs sichern sollten, aber schon nach dem Zusammenbruch der Han-Dynastie 220 sah sich Nord-Shanxi von China allein gelassen, als

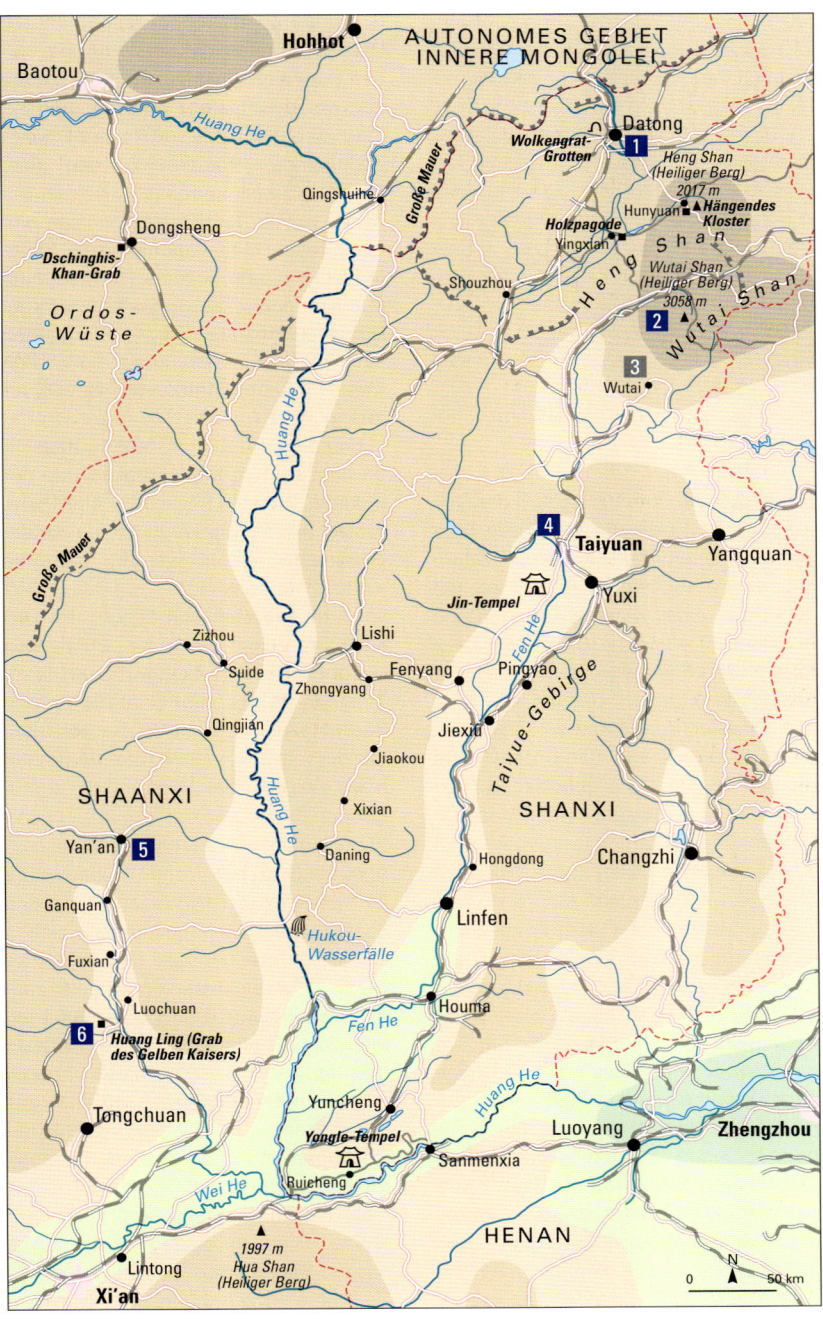

Baotou

Hohhot

AUTONOMES GEBIET
INNERE MONGOLEI

Huang He

Großе Mauer

Qingshuihe

Dongsheng

*Dschinghis-
Khan-Grab*

O r d o s -
W ü s t e

Großе Mauer

Shouzhou

*Wolkengrat-
Grotten*

Datong **1**

Heng Shan
(Heiliger Berg)
2017 m

Hunyuan ▲ *Hängendes
Kloster*

Holzpagode

Yingxian

H e n g   S h a n

*Wutai Shan
(Heiliger Berg)
3058 m*

2

W u t a i   S h a n

3

Wutai

4

Taiyuan

Jin-Tempel

Yuxi

Yangquan

Huang He

Zizhou

Suide

Qingjian

Lishi

Zhongyang

Fenyang

Jiaokou

Jiexiu

Pingyao

Taiyue-Gebirge

SHANXI

Changzhi

SHAANXI

Xixian

Yan'an **5**

Daning

Hongdong

Ganquan

Linfen

Fuxian

Huang He

*Hukou-
Wasserfälle*

Luochuan

6 *Huang Ling (Grab
des Gelben Kaisers)*

Houma

Fen He

Tongchuan

Yuncheng

Yongle-Tempel

Ruicheng

Sanmenxia

Huang He

Luoyang

Zhengzhou

Wei He

Lintong

1997 m
*Hua Shan
(Heiliger Berg)*

HENAN

N

0   50 km

Xi'an

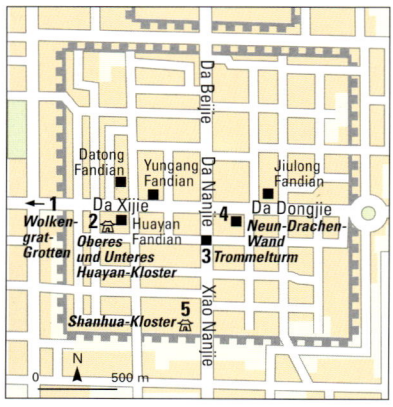

Datong

die Region von den Herrschern der Östlichen Jin-Dynastie (317–420) den Toba (Tabgac), einem der drei Xianbei-Stämme, überlassen wurde. Damit hielten die Toba eine wichtige strategische Position auf einer der Hauptinvasionsrouten nach China besetzt. Bereits Ende des 4. Jahrhunderts nutzten sie ihren strategischen Vorteil und eroberten das gesamte Gebiet von der Ordos-Wüste bis nach Beijing. Sie gehörten zu den ersten, die ihre kriegerischen Steppentraditionen mit chinesischer Administration verschmolzen, und schufen auf dieser Grundlage einen stabilen Staat, den sie ab 386 unter dem Dynastienamen Nördliche Wei (386–534) regierten. Im selben Jahr erkoren sie auch Datong zu ihrer Hauptstadt und dehnten ihr Reich nun sukzessive in Richtung Süden, Westen und Osten aus. Allein in Zentralasien erkannten 20 Oasenkönigreiche die Macht der Wei durch ihre Tributlieferungen an den Kaiserhof an. Erst im Jahr 494 wurde die Hauptstadt, nachdem die Toba-Aristokratie immer mehr in der chinesischen Kultur aufgegangen war, nach Luoyang verlegt, nicht ohne jedoch in den Wolkengrat-

Grotten ein großartiges Zeugnis ihres Wirkens zu hinterlassen.

An seine politische Bedeutung konnte Datong danach nicht mehr anknüpfen, aber die Stadt entwickelte sich zu einem bedeutenden Pferdemarkt, und nach dem Sturz der mongolischen Yuan-Dynastie wurde Datong eine der neu eingerichteten Militärkolonien der Ming-Dynastie, die Produktions- und Verteidigungsaufgaben zu übernehmen hatte. Die Pferdemärkte Datongs erlangten eine so große Bedeutung, daß Altan Khan 1553 ihre Öffnung mit Gewalt erzwang.

Das moderne Datong lebt unübersehbar von seinem Kohlebergbau und der Industrie, und ein Besuch bei wolkigem, schlechtem Wetter könnte zu einem depressiven Ereignis werden, gäbe es nicht soviel zu sehen.

16 km westlich von Datong im Örtchen Yungang sind die berühmten buddhistischen **Wolkengrat-Grotten** (1, Yungang Shiku, Abb. S. 28/29) in den Südhang des Wuzhou-Bergs gehauen, auf dessen Grat noch heute die Ruinen eines qingzeitlichen Forts von der strategischen Bedeutung der Region zeugen.

Doch nicht nur auf militärischem, sondern auch auf religiösem Gebiet wurde hier Geschichte geschrieben. Das 4. und 5. Jahrhundert standen ganz im Zeichen eines sich erneuernden und zu echter chinesischer Eigenständigkeit gelangenden Buddhismus. Den Wendepunkt leiteten zwei große Mönche ein: Huiyuan (334–417), der in Nord-Shanxi geboren wurde, und Kumarajiva (350–413) aus Kuqa. Ihnen sind die genaueren Übersetzungen aus den indischen Originalquellen zu verdanken. Nicht zuletzt dank ihres Wirkens entstand ein organisierter Klerus. Huiyuan gelang es, den Mahayana-Buddhismus als eine universale Heilslehre zu vermitteln, die allen Menschen Erleuchtung und Erlösung versprach. Kumarajivas und Huiyuans Wirken bildete den Ausgangspunkt eines gelehrten Buddhismus und einer buddhistischen Frömmigkeit, die vom 5. bis 8. Jahrhundert alle Gesellschaftsschichten erfaßte und China bzw. Chinas Hauptstadt Luoyang zum bedeutendsten buddhistischen Zentrum Asiens machte.

Diese Entwicklung machte natürlich nicht vor den Toren der Nördlichen Wei-Dynastie halt. Wendepunkt der Entwicklung war hier das Jahr 440, als die Wei das Xiongnu-Reich der Nördlichen Liang (401–439) eroberten und damit den direkten Zugang nach Zentralasien erhielten. Hatte der Kaiserhof zwischen 424 und 448 noch den Daoismus bevorzugt, wendete sich das Blatt, und der Buddhismus avancierte nun zur Staatsreligion der Wei. 460 ordnete der Kaiser an, bei Yungang fünf große Grotten zum Gedenken an seine Ahnen in den

Fels zu schlagen und sie mit Großskulpturen auszustatten. Die größten der Skulpturen erreichen Höhen von 17 m. Auch wurden neue Elemente in die chinesische Kunst eingeführt: der Sinn für Ornamente, für das Gigantische und die häufige Wiederholung des gleichen Motivs.

Bis 494 entstanden auf einer Länge von 1000 m 53 Höhlen mit Statuen und Reliefs, von denen 51 000 bis heute erhalten geblieben sind. Jede einzelne Nische, selbst die winzigste, ist mit einem oder mehreren Buddhas, Bodhisattvas oder Arhats gefüllt. Die ersten fünf Abschnitte (Grotten 16–20) wurden unter Leitung des buddhistischen Mönchs Tanyao gebaut, der 470 zum Leiter des buddhistischen Klerus ernannt wurde und damit den Rang einer Art buddhistischen Papstes (für China) bekleidete. Diesen frühen Skulpturen merkt man noch an, daß sie nach Mustern, meistens Zeichnungen, geschaffen wurden.

Wolkengrat-Grotten

Sie sind der Versuch, die Werke der indischen Gandhara-Kultur zu kopieren. Sie wirken plump, ungelenk und starr. Den meisten der Grotten waren ursprünglich tempelartige Konstruktionen vorgelagert: schön zu sehen bei Grotte 3, die mit 25 m auch die höchste Grotte von Yungang ist.

Die Höhlen 1–4 bilden die östliche Höhlengruppe und sind weniger gut erhalten als ihre mittleren und westlichen Pendants. Die mittlere Gruppe besteht aus den Höhlen 5–14. Unter ihnen ragen die Höhlen 5 und 6 besonders heraus. In Höhle 5 erhebt sich hinter einer 1651 erbauten Holzkonstruktion die mit 17 m Höhe größte Statue Yungangs. Höhle 6 wird von einem 16 m hohen, reich verzierten Pagodenpfeiler beherrscht.

Weitere Monumentalplastiken findet man in den Höhlen 19 und 20 der westlichen Höhlengruppe. Sie stammen noch aus der Anfangszeit (460) Yungangs.

Auch Datong selbst verdient einen, wenigstens kurzen, Besuch. Kommt man mit dem öffentlichen Bus von den Grotten zurück, bietet sich als erstes der Besuch des **Huayan-Klosters** (2, Huayan Si) innerhalb der 1372 erbauten Stadtmauer an. Der große Komplex im Südwesten der Altstadt entstand im 11. Jahrhundert unter der Liao-Dynastie. Huayan ist der chinesische Name der ›Blumengirlanden-Sutra‹. Diese Sutra steht im Zentrum einer während der Tang-Dynastie (618–907) gegründeten buddhistischen Schule, die zur Bauzeit der Anlage großen Einfluß ausübte. Während der Ming-Dynastie wurde der Komplex in einen oberen (Shang Huayan Si) und einen unteren Teil (Xia Huayan Si) umgebaut. Sie sind nicht wie üblich von Nord nach Süd, sondern von Ost nach West ausgerichtet, was sich wahrscheinlich aus dem Sonnenkult der Kitan erklärt, der Gründer der Liao-Herrschaft. Die Haupthalle (Daxiong Baodian) gehört mit einer Fläche von 1 560 m² zu den größten noch erhaltenen buddhistischen Tempelhallen Chinas. Im Innern befinden sich fünf vergoldete Buddha-Statuen und 20 kleinere Götterskulpturen aus der Mitte des 15. Jahrhunderts. Die Wandmalereien aus der Qing-Zeit zeigen Szenen aus dem Leben Gautama Buddhas. In der ältesten Halle des Klosters aus dem Jahr 1038 wurden 579 Bände buddhistischer Sutren auf zwei Etagen aufbewahrt. Der größte Teil der Bibliothek ging verloren. Die drei Buddha-Statuen im Innern, die von weiteren Buddhas, Bodhisattvas, Luohans (Arhats) und Heiligen aus Ton umgeben sind, stammen fast alle noch aus der Gründungszeit.

Vorbei am **Trommelturm** (3, Gu Lou) im Zentrum der Altstadt gelangt man zur 8 m hohen und 45,5 m langen **Neun-Drachen-Wand** (4, Jiulong Bi) aus dem Jahr 1392. Sie war als Sichtblende am Eingang des Palasts von Prinz Zhu Gui gedacht, dem 13. Sohn Zhu Yuanzhangs, des ersten Ming-Kaisers. Es gibt in China nur noch zwei weitere Mauern dieser Art, beide befinden sich in Beijing. Im Süden der Altstadt stößt man auf das **Shanhua-Kloster** (5, Shanhua Si), dessen Gründung auf das 8. Jahrhundert zurückgeht. Einige Skulpturen und Gebäude aus der Liao- (937–1125) und Jin-Dynastie (1115 bis 1234) haben sich bis heute erhalten. Die Kostbare Halle des Großen Helden – ein Ehrentitel Shakyamunis – (Daxiong Baodian) wurde zwischen 1123 und 1149 errichtet. In dieser Haupthalle sind fünf große vergoldete Buddha-Figuren und 24 Götterstatuen aus der Liao-Dynastie aufgestellt. Die Wandgemälde der Halle sind im Stil der Yuan-Zeit (1271–1368) gemalt, sie stammen aus der Zeit der Qing-Dynastie (1644–1911).

Mythischer Berg und Hängendes Kloster – Der Heng Shan

Etwa 75 km südöstlich von Datong liegt die Ortschaft **Hunyuan**, von der aus man das 5 km außerhalb liegende Hängende Kloster (Xuankong Si) und den gleich gegenüberliegenden heiligen Berg Heng Shan besuchen kann. Der Ausflug läßt sich als organisierter Tagestrip von Datong aus unternehmen oder als Zwischenstopp auf dem Weg zum Wutai Shan.

Der Heng Shan ist einer der fünf mythischen heiligen Berge Chinas. Der Überlieferung nach weihte ihn bereits der mythische Ur-Kaiser Shun vor 4000 Jahren zu einer seiner fünf heiligen Op-

Sehenswürdigkeiten am Heng Shan

Hängendes Kloster

ferstätten. Höchster Gipfel des auch Nord-Berg (Bei Yue) genannten Heng Shan ist der steil emporragende, 2017 m hohe **Himmelsgipfel-Berg** (1, Tianfeng Ling), der sich genau östlich des **Cuiping Shan** (5), an dessen senkrecht aufragenden Klippen das Hängende Kloster ›klebt‹, befindet. Knorrige, alte Kiefern und geheimnisvolle daoistische Eremitagen und Klöster, darunter der **Neun-Tage-Tempel** (2, Jiutian Gong), die Residenz **Huixian Fu** (3), wo sich die Unsterblichen versammeln, und die **Kaiserliche Halle** (4, Chao Dian), säumen den Weg zum Gipfel, für den man etwa zwei Stunden benötigt.

Das **Hängende Kloster** (6) klammert sich an eine Felswand des Cuiping Shan hoch über der **Schlucht des Goldenen Drachen** (7, Jinlong Xia) gegenüber dem heiligen Berg Heng (Heng Shan). Dieses wunderschöne Beispiel chinesischer Phantasie in der Architektur wurde im 6. Jahrhundert unter der Nördlichen-Wei-Dynastie (386-534) erbaut und umfaßt zehn kleine Räume, deren hintere Felswände ausgehöhlt wurden, um für die 80 Statuen aus Bronze, Eisen, Stein und Ton Platz zu schaffen. Die einzelnen Gebäudeteile sind mit Treppen, Brücken und Leitern untereinander verbunden. Lange, im Fels verankerte Balken stützen die Anlage ab. Bis 11 Uhr vormittags liegt das Kloster im Sonnenlicht, danach wirft der Heng Shan seinen Schatten darüber.

Der Berg des Manjushri – Wutai Shan

Auf der Weiterfahrt zum Wutai Shan **2** (S. 414) sollte man die Strecke über Yingxian, das 50 km westlich von Hunyuan liegt, wählen. Hier steht die berühmte, 67 m hohe **Holzpagode von Yingxian** (Yingxian Muta) aus dem Jahr 1056. Sie gilt als die älteste Holzpagode Chinas und eine der ältesten erhaltenen Holzkonstruktionen der Welt überhaupt.

Ziel der nun folgenden, langen Fahrt zum Wutai Shan ist das Örtchen **Taihuai**, das tief in der schwer zugänglichen alpinen Bergwelt Nordost-Shanxis liegt. Im Winter übernimmt grimmige Kälte von bis zu − 44°C das Regiment über das Fünf-Terrassen-Gebirge, das seinen Namen von den fünf Gipfeln, die das Gebiet einkreisen, herleitet. Höchster Gipfel des Wutai Shan und Nordchinas ist der 3058 m hohe **Nordgipfel** (1, Beitai Feng oder Yedou Feng), über den eine abenteuerliche Paßstraße führt.

Der Wutai Shan ist einer der vier heiligen Berge des Buddhismus und Manjushri, dem Bodhisattva der Weisheit, geweiht. Noch immer stehen hier rund 40 gut erhaltene Tempel. Ein erstes Kloster wurde in dieser abgeschiedenen Bergwelt bereits im 1. Jahrhundert gegründet. 200 waren es im Jahr 557, dank der Förderung des Buddhismus durch die Toba. Der Wutai Shan wurde ein so bedeutendes Pilgerziel, daß Mönche aus der gesamten asiatischen Welt hierher reisten. Allein 21 Tempel stehen in Taihuai oder seiner unmittelbaren Umgebung. Viele Anlagen erreicht man zu Fuß, andere nur mit dem Bus. Am interessantesten, aber auch am meisten überfüllt ist es am Wutai Shan zwischen dem 25. Juli und 25. August, wenn hier der sogenannte Monat des Tourismus zelebriert wird. In vielen Tempeln werden aus diesem Anlaß buddhistische

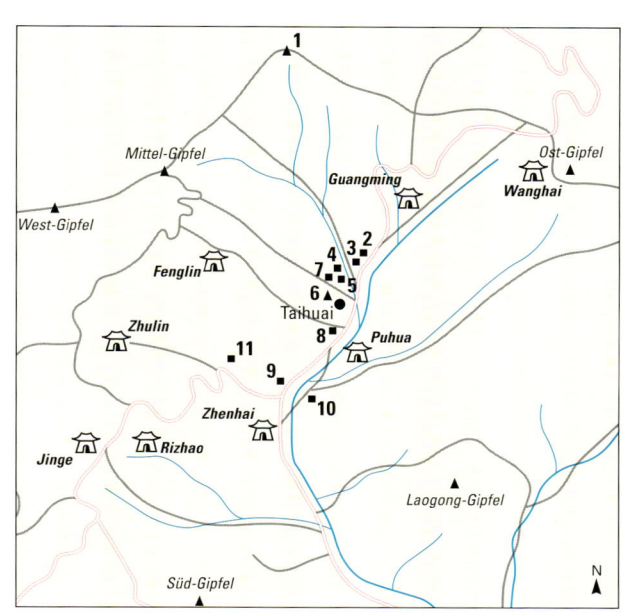

Wutai Shan

1 Nord-Gipfel
2 Tempel der Smaragdgrünen Berge
3 Tempel zum Versammeln des Glücks
4 Sieben-Buddha-Tempel
5 Guanghua-Tempel
6 Bodhisattva-Spitze
7 Xiantong-Tempel
8 Shuxiang-Tempel
9 Yunfeng-Hotel
10 Tempel des Südberges
11 Tempel der Drachenquelle

Zeremonien durchgeführt, die Taihuai für kurze Zeit aus seinem Dornröschenschlaf wecken.

Geht man etwa 2 km am Qingshui-Fluß entlang nach Norden, gelangt man zum **Tempel der Smaragdgrünen Berge** (2, Bishan Si) aus der Ming-Dynastie. Die Anlage, eine der größten am Wutai Shan, diente zum Empfang der von weither anreisenden Pilger. Der Tempel beherbergt einen weißen, 1,5 m hohen Jadebuddha aus Birma, 18 Luohan-Figuren und historisch bedeutende Steininschriften. Vorbei an einigen weiteren Tempelanlagen, wie dem **Tempel zum Versammeln des Glücks** (3, Jifu Si), dem **Sieben-Buddha-Tempel** (4, Qifo Si) und dem **Guanghua-Tempel** (5), kann man nach Taihuai zurückgehen und dort die 108 Stufen zur **Bodhisattva-Spitze** (6, Pusa Ding) emporklettern. Der Tempel wurde zwischen 1403 und 1425 zu einem Lama-Tempel umgebaut, neben einigen qingzeitlichen Einflüssen hat

sich die architektonische Gestaltung bis heute original erhalten. Der Legende nach erschien an diesem Ort der Bodhisattva Manjushri (chin. Wenshu Pusa), der auf dem Wutai Shan gelebt und gelehrt haben soll. Seine Aufgabe ist die Zerstörung der Unwissenheit und die Erweckung des Wissens. Er ist der Herr der Weisheit und der Wissenschaften, er verleiht Erkenntniskraft und Gedächtnis und wird deshalb nicht zuletzt von Gelehrten besonders geschätzt. Am Fuß des Bodhisattva-Gipfels steht der **Xiantong-Tempel** (7, Xiantong Si). Das Heiligtum ist eine der ältesten buddhistischen Tempelanlagen Chinas, soll es doch bereits während der Östlichen Han-Dynastie (25–220) existiert haben. Der heutige Komplex mit zwölf Höfen und mehr als 400 Gebäuden stammt allerdings aus der Ming- und Qing-Zeit. Im Volksmund wird er wegen seines hohen Alters und der Größe auch ›Ahnentempel‹ genannt.

Wutai Shan

Der in der Tang-Zeit gegründete **Shu-xiang-Tempel** (8) südlich von Taihuai gehört ebenfalls zu den großen Anlagen am Wutai Shan. Besonders sehenswert ist hier die 9,5 m hohe Statue des Manjushri und im Wenshu-Pavillon die 500-Luohan-Gruppe. 4 km südlich von Taihuai, nicht weit vom **Yunfeng-Hotel** (9), steht auf der östlichen Flußseite der **Tempel des Südberges** (10, Nanshan Si). Das zwischen 1271 und 1368 erbaute Gebäude zeigt den charakteristischen architektonischen Stil der ausgehenden Mongolen- und beginnenden Ming-Zeit. Der Tempel wird von einer klassischen Gartenlandschaft umgeben. Biegt man auf der Straße kurz hinter dem Yunfeng-Hotel rechts ab, erreicht man nach gut 2 km den **Tempel der Drachenquelle** (11, Longquan Si) aus der Song-Dynastie (960–1279). Er besitzt einen sehenswerten Bogengang aus Marmor mit bud-

dhistischen Figuren, Drachen und Fabelwesen.

25 km südwestlich liegt der bedeutendste Tempel in der Nähe des Wutai Shan: der **Tempel des Buddha-Glanzes** (Foguang Si). Die an den Fels gebaute Anlage aus der zweiten Hälfte des 5. Jahrhunderts wurde während der Buddhistenverfolgung 845 zerstört, kurz darauf 857 aber schon wiederaufgebaut.

Weiter südlich erreicht man die Ortschaft **3** **Wutai** mit dem Tempel der Umfassenden Hilfe. Interessanter ist jedoch der etwa 10 km südlich von Wutai gelegene **Tempel der Südlichen Meditation** (Nanchan Si). Seine Gründung geht auf das Jahr 787 zurück, und die Bodhisattva- wie auch die Große Buddha-Halle gelten als besterhaltene tangzeitliche Tempel aus Holz. Hervorragende Beispiele buddhistischer Kunst bilden die Holzplastiken in den Hallen.

Kontrollstation im gelben Löß – Taiyuan

Eine Tagesfahrt mit dem Bus nach Süden und die Pracht der Berge ist verflossen, Smog, Staub und Lärm haben einen wieder, was man um so mehr empfindet, wenn man aus der klösterlichen Stille des Wutai Shan kommt. Dennoch sollte Taiyuan **4** (S. 411) nicht nur kurzes Etappenziel bleiben, gibt es hier doch Sehenswertes zu entdecken, das die wichtige strategische Lage der Stadt belegt.

Gegründet wurde die Hauptstadt Shanxis bereits während der Zeit der Westlichen Zhou (1122–771 v. Chr.). Von alters her hatte die Lage Taiyuans allerdings den Nachteil, an der Einfallsroute der Nomaden entlang dem Fen-Fluß, ein Hindernis auf dem Weg nach Süden zu sein. So wurde die Stadt im Lauf ihrer Geschichte immer wieder von Fremdvölkern erobert, die von hier die fruchtbaren Täler des Gelben Flusses kontrollieren konnten.

Als Taiyuan unter der Sui-Dynastie zum Reich gehörte, beauftragte Kaiser Yang den General Li Yuan (565–635) mit der Verteidigung Taiyuans gegen die Nomaden. Li Yuan war selbst halb türkischer Herkunft, seine Familie hatte aber nach herrschender Sitte einen chinesischen Familiennamen angenommen, um die ›barbarische‹ Herkunft zu verschleiern. Von seinem Sohn Li Shimin angestiftet, verbündete sich Li Yuan mit den türkischen Stämmen und begann von Taiyuan aus seine Rebellion, die ihn direkt nach Chang'an auf den Kaiserthron führte, wo er die Tang-Dynastie gründete. Von nun an gehörte Taiyuan zu den sogenannten Militärbezirken, mit denen das Reich zusammengehalten wurde. 55 000 Soldaten und fast 15 000 Pferde bevölkerten im 8. Jahrhundert die Stadt. Nach dem Zusammenbruch der Dynastie 907 konnten sich einzelne, kleinere, von den Kitan protegierte Dynastien in Taiyuan halten, bevor China von den Song erneut geeint wurde. In der Ming-Zeit wurde Taiyuan Sitz des Vizekönigs von Shanxi; 27 dem Gott des Kriegs geweihte Tempel in der Stadt lassen darauf schließen, daß auch dies keine friedliche Zeit war.

Unrühmliche Geschichte schrieb Taiyuan Ende des 19. Jahrhunderts. Hier wütete der mörderische Gouverneur Yu Xian. Seine Residenz wurde am 9. Juli 1900 zum Schauplatz des brutalen Massakers an 45 ausländischen Missionaren und ihren Familien, die er in seinem Amtssitz aus persönlicher Rachsucht enthaupten ließ und nicht die ›Boxer‹, wie später kolportiert wurde. Ein großer Teil des Schreckens, der sich in der westlichen Vorstellung mit den ›Boxern‹ und ihrer ›Belagerung‹ des Gesandtschaftsviertels in Beijing verbindet, geht auf dieses Ereignis zurück und nicht auf die Vorgänge in der Hauptstadt selbst.

Nach der Revolution von 1911 wurde Yan Xishan Gouverneur von Shanxi, das er mit seiner neu geschaffenen Armee quasi als Privatbesitz regierte. Erst 1949 konnten ihn die kommunistischen Verbände aus seiner Bastion Taiyuan vertreiben, Yan floh nach Nanjing, das er mit Chiang Kai-shek gen Taiwan verließ, nicht ohne sich vorher die gesamten Goldreserven der Provinz anzueignen.

Die Sehenswürdigkeiten Taiyuans, das sich heute als die moderne Hauptstadt Shanxis präsentiert, sind im Stadtgebiet alle nördlich in den Straßen um den **Wuyi-Platz** (1) gruppiert und bequem zu Fuß erreichbar.

Um nicht Wege doppelt zu gehen, beginnt man seinen Rundgang am besten beim ehemaligen daoistischen **Chunyang-Palast**, dem heutigen **Provinzmuseum** (2, Sheng Bowuguan). Bis zu Beginn dieses Jahrhunderts wurde an diesem Ort noch Lü Dongbin bzw. Lü Chunyang, einem der ›Acht Unsterblichen‹ – der wohl populärsten Gruppe von Gottheiten in China – geopfert. Lü Dongbin ist so etwas wie der Primus inter pares unter den Acht, und seine Tempel wurden stets rege frequentiert, da er die menschlichsten und damit am besten faßbaren Eigenschaften repräsentierte. So sagt man ihm nach, daß er ohne Unterlaß darum bemüht sei, Krankheiten zu heilen, Streitigkeiten zu schlichten oder böse Eigenschaften und Dämonen zu verjagen. In dem sehenswerten Museum sind Funde aus dem Neolithikum ausgestellt: keramische Arbeiten, Bronzen, Lackarbeiten, Malereien, Stickereien, Stelen sowie Steinab-

reibungen aus verschiedenen dynastischen Zeiten.

Knapp 1 km westlich trifft man auf einen schönen alten **Konfuziustempel**, der in das Konfuziustempel-Museum (3, Wenmiao Bowuguan) umgewidmet wurde. Die Ausstellung zeigt Exponate der alten und modernen Geschichte sowie der Geschichte der chinesischen Revolution.

Geht man vom Museum aus nach Norden, gelangt man nach ca. 1 km zum **Chongshan-Tempel** (4, Chongshan Si). 1381 ließ Zhu Gang, der Sohn des ersten Ming-Kaisers Zhu Yuanzhang, den Bau aus der Sui-Dynastie (581–618) zu Ehren der verstorbenen Kaiserinmutter Gao zu einem buddhistischen Tempel umbauen. In der Halle des Großen Mitleids (Dabei Dian) stehen drei 8,5 m hohe Bodhisattva-Statuen, die mittlere stellt den Bodhisattva Avalokiteshvara dar, hier zur Göttin der Barmherzigkeit (Guanyin) umgewidmet, ihr ist dieser Tempel geweiht.

4 km südöstlich der Stadtmitte, östlich der Bahnlinie und mit dem Taxi zu erreichen, stehen die beiden 54 m

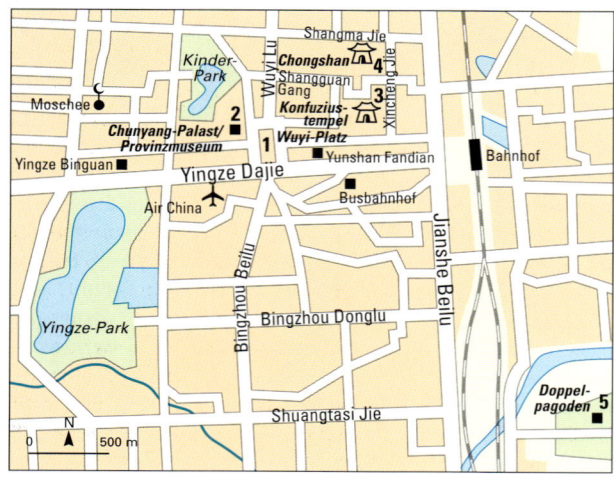

Taiyuan

hohen Wahrzeichen der Stadt, die **Doppelpagoden** (5), die man auf einer Wendeltreppe besteigen kann. Hier wurde versucht, durch die besondere Ziegelbauweise eine Holzkonstruktion zu imitieren, was auch bei den dazugehörigen Tempeln (Shuangta Si) geschah, die Kaiser Zhu Yijun (reg. 1573–1619) im Gedenken an seine Mutter bauen ließ.

Ausflüge von Taiyuan

Eigentlicher Höhepunkt eines Besuchs in Taiyuan ist der Ausflug zum 25 km südlich von Taiyuan gelegenen **Ahnentempel der Jin** (Jin Ci), der am Fuße des Xuanweng-Bergs liegt. Der Tempelkomplex besteht aus nahezu 100 Gebäuden, die seit der Nördlichen Wei-Dynastie (386–534) der ursprünglichen Anlage hinzugefügt worden sind. Der Überlieferung nach wurde die Anlage wohl schon im 11. Jahrhundert v. Chr. zu Ehren des Prinzen Shuyu gebaut, der den sich bis nach Shanxi erstreckenden Fürstenstaat Jin gründete.

Man betritt die Anlage an der Südseite nahe dem Tor der Klaren Aussicht (Jingqing Men). Die Opferhalle wurde 1168 erbaut und beherbergt das älteste gußeiserne Löwenpaar (1118) Chinas. Der Tempel der Heiligen Mutter (Shengmu Dian) aus dem Jahr 1102, Shuyus Mutter Yi Jian gewidmet, ist die älteste Halle der Anlage sowie das älteste Holzgebäude Taiyuans. Er enthält eine Gruppe Terrakotta-Figuren, die zu den herausragenden Meisterwerken der Song-Dynastie (960 bis 1279) zählen: in der Mittelnische der Halle thront die ›Heilige Mutter‹, umgeben von 42 lebensgroßen Hofdamen.

4 km südwestlich der Ortschaft Jiaocheng liegt das alte **Steinmauer-Kloster**

Eine der Doppelpagoden von Taiyuan

(Xuanzhong oder Shibi Si). Es wurde 472 als erster Tempel der buddhistischen Schule des Reinen Landes (Jingtu) gegründet und war seit der Tang-Dynastie (618–907) eines ihrer bedeutendsten Zentren in Nordchina. Für die japanischen Anhänger dieser Richtung ist der Tempel auch heute noch ihr wichtigstes Zentrum in China.

Roter Stern über China – Yan'an

Wer nach Yan'an **5** (S. 416) weiterfährt, sollte auf der Busfahrt dorthin Edgar Snows berühmtes Buch ›Roter Stern über China‹ im Gepäck haben. Bei der Lektüre kann man nachvollziehen, wieso die kommunistische Bewegung Chinas so viel revolutionäre Begeisterung entfachen konnte. Yan'an – das bedeutet revolutionärer Mythos und Bilder von großem Pathos. Dabei war Yan'an ein ärmliches Nest mit 30 000 hungernden Einwohnern, als die ebenfalls halbverhungerten, am Ende ihrer Kräfte stehenden Reste der Roten Armee nach ihrem Langen Marsch hier eintrafen. Doch statt sich selbst aufzugeben, taten die Überlebenden etwas, was in der KP-Terminologie später als »Schöpfkraft der Massen« bezeichnet werden sollte. Hatten die Bauern bislang jeder für sich aneinander vorbeigewirtschaftet und dabei nicht einmal genügend Nahrungsmittel für die eigene Familie produzieren können, wurde diese unproduktive singuläre Wirtschaftsweise sowie die Land-

verteilung unter Mao aufgebrochen, die Grundbesitzer enteignet, das Land neu verteilt und neue Wirtschaftsformen eingeführt. Die Bauern mußten nebenbei Lesen und Schreiben lernen, wurden zu Soldaten ausgebildet, und tatsächlich gelang es so unter Maos Führung, aus dem Zustand schierer Hoffnungslosigkeit und Lethargie eine vom Aufbruchfieber gepackte Atmosphäre zu schaffen, die den Bauern erstmals in ihrer Geschichte das Bewußtsein vermittelte, Mitglieder einer historisch bedeutenden Klasse zu sein.

Für Mao Zedong und seine Genossen, die hier in einfachsten Lößhöhlen lebten, bestand kein Zweifel: mit ihrer Ankunft in Yan'an war die Revolution an die Wiege der chinesischen Zivilisation zurückgekehrt, ins Lößgebiet des Gelben Flusses. Das konnte nur ein gutes Omen sein.

In Yan'an, das zwischen 1936 und 1947 Hauptquartier der Kommunisten war, entstanden 98 von 158 Aufsätzen

Yan'an

Ursprung im gelben Löß

Unter der Schirmherrschaft des damaligen KP-Chefs Zhao Ziyang wurde 1988 der Sechsteiler ›Heshang‹ produziert, ein Film, der radikal mit der überkommenen chinesischen Kultur abrechnet. Die Serie stellt den Gegensatz zwischen der Gelben und der Blauen Kultur in den Mittelpunkt und behandelt die Gelbe als stagnierende Mauerkultur, die Blaue dagegen als fortschrittliche Küstenkultur. Kernthese der Autoren ist, daß die Gelbe Kultur zwar seit Jahrtausenden in den Lößebenen Nordchinas verwurzelt sei, aber stets alles überwucherte, während die Blaue Kultur, die sich in Südchina entfaltet habe, stets weltoffen war und deshalb unterdrückt wurde. Die Gelbe Kultur sei schon seit langem erstarrt und abgestorben (daher *Heshang*: vorzeitiges Absterben des Gelben Flusses), bringe es aber immer noch fertig, mit ihrer Knochenhand den Süden abzuwürgen. Wenn also China je aus seinem Mauerdasein ausbrechen und sich zu einem weltoffenen Gemeinwesen entfalten wolle, muß es sein gelbes Erbe über Bord werfen. Eine Aussage, die jeden konservativen Chinesen zutiefst erschrecken

mußte, stellte sie doch die über die Jahrtausende gewachsene, bis zum Gelben Kaiser (Huangdi) zurückreichende, nationale Identität zumindest der Nordchinesen in Frage.

Huangdi und Yandi waren die Anführer zweier Stämme gewesen, die sich mehrere Jahrtausende vor der Zeitenwende im Tal des Gelben Flusses niedergelassen hatten und damit den Übergang vom Nomadenleben zur Seßhaftigkeit einleiteten. Seitdem verstehen sich die Han auch als Nachfahren dieser beiden Urväter der chinesischen Bauernkultur und sehen in der Kontinuität ihres gelben Erbes auch ein Element der Stabilität.

Gelb entspricht der Erde, der Mitte, dem Mitgefühl, dem Bewahren und Besinnen, allen zentralen Bestandteilen kaiserlichen Wirkens. Gelb bedeutete aber auch Ruhm und fortschreitende Entwicklung. So wurde vom 6. Jahrhundert an Gelb zur alleinigen Farbe des Kaisers.

Doch die Farbe Gelb konnte auch eine Wandlung ins Negative durchmachen, und so bedeutet sie im modernen China auch Pornographie.

Yan'an

137

Mao Zedongs. Viele schrieb er allerdings zunächst gar nicht selbst, sondern überließ es den in kommunistischer Terminologie versierteren Genossen und änderte sie dann nach seinem Geschmack ab. Das Ergebnis, im Westen

mittels intellektueller Akrobatik in den Rang philosophischer Schriften erhoben, waren durch und durch praktische Sichtweisen der Wirklichkeit, einfach zu lesen, schließlich sollten die Massen ja verstehen, was Mao wollte, und ein Bei-

Lößlandschaft

spiel, wie aus der marxistischen Theorie etwas genuin Chinesisches wurde. Aus dem Marxismus wurden die Mao-Zedong-Ideen. Eine Metamorphose, wie sie der Buddhismus schon lange davor durchgemacht hatte.

Heute ist Yan'an zu einem Synonym der chinesischen Revolution geworden und die wichtigste Gedenkstätte des chinesischen Kommunismus neben Maos Geburtsort Shaoshan in der Provinz Hunan. Eine Einführung in die Ereignisse der Zeit zwischen 1936 und 1947 erhält man in der Ausstellung des **Revo-**

lutionsmuseums (1, Geming Jinianguan) in **Wangjiaping**, dem nordwestlichen Teil der Stadt, an Hand von mehr als 2000 Dokumenten und Exponaten. In der Nachbarschaft befindet sich das **ehemalige Hauptquartier der Zentralen Militärkommission** der KP Chinas (2, Zhonggong Zhongyang Junwei Zhudi), hier werden Bilder und Dokumente der 8. Marsch-Armee gezeigt, die hier ebenfalls ihr Hauptquartier hatte. Etwa 3 km nordwestlich von Wangjiaping befand sich im alten Dorf **Yangjialing** das Büro des Zentralkomitees, von dem aus Mao

Zedong, Zhou Enlai und Zhu De den Kampf gegen die Japaner leiteten, zeitweilig befand sich das Büro im 10 km entfernt gelegenen Zaoyun. Auch hier kann man Bilder und Dokumente jener Zeit betrachten und – wie überall in Yan'an – die Wohnhöhlen der Parteiführung besuchen. Unter den Höhlen befinden sich vier Unterkünfte Maos, die er wegen japanischer Bombardements mehrfach wechseln mußte.

Östlich von Yan'an liegt auf einem Hügel die **Yan'an Schatz-Pagode** (3, Yan'an Baota). Sie wurde während der Song-Dynastie (960–1279) gebaut und nach dem Sieg der Kommunisten über die Guomindang nationales Symbol der Revolution von 1949.

Der Urahn der Han – Das Grab des Gelben Kaisers

Man kann Yan'an mit dem täglichen Zug in Richtung Xi'an verlassen, sollte aber auf halbem Wege zwischen Xi'an und Yan'an in der Ortschaft **Huangling** 6 einen Zwischenstopp einlegen, steht doch in der Nähe das Grab des legendären Gelben Kaisers Huangdi (angeblich 2674–2575 v. Chr.). Der Überlieferung nach ist er der erste der Urväter der chinesischen Zivilisation (andere sprechen von noch drei sogenannten Erhabenen vor ihm). Mit verschiedenen Erfindungen – Booten, Waffen, der Weberei, dem Wohnungsbau, der Schrift und Musikinstrumenten – habe er begonnen, das Kulturvolk der Chinesen zu formen. Ihm sollen noch vier weitere Urkaiser gefolgt sein. Erst mit dem Großen Yu, dem Gründer der Xia-Dynastie (um 2205–1766 v. Chr.), beginnt die Geschichte der chinesischen Dynastien. Ihm verdankt China seinen agrarischen Charakter, denn er habe die Fluten gebändigt.

Mit dem Bus kann man zu dem etwa 1 km nördlich von Huangling gelegenen Berg Qiao Shan fahren, dort soll unter einem 3,5 m hohen Grabhügel mit 18 m Umfang Huangdi bestattet liegen. Vor dem Hügel steht eine Steintafel mit der Inschrift: »Ritt zum Himmel auf dem Drachen vom Qiaoshan«. Als Huangdi 100 Jahre alt war, soll ein gelber Drache mit dem Auftrag zum Gelben Kaiser gekommen sein, ihn in den Himmel zurückzurufen. Huangdi bestieg mit 70 seiner Beamten den Drachen, ritt zum Qiao Shan, ließ jene dort zurück und fuhr gen Himmel. Ihm zu Ehren baute das Huaxia-Volk eine Gedenkstätte, in der Schwert, Kleid und Stiefel seines Ahnherrn begraben sind.

Das Grab des Gelben Kaisers

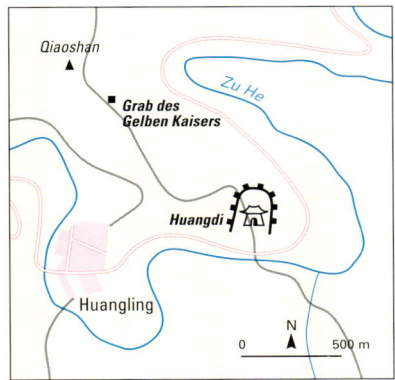

Dongbei –
Die Wiege der Mandschu-
nation

Rauhes Klima, ausgedehnte Urwälder, endlose Steppen, schwarze Vulkane und wilde Tiere sind die eindrucksvollen Erlebnisse einer Reise, die nicht nur zu Naturschönheiten führt, sondern auch in die bewegte Geschichte eines Siedlungsraums von Steppennomaden, die ein großes Kapitel chinesischer Geschichte schrieben, bevor sie nach fast 1000 Jahren vollkommen in der chinesischen Kultur aufgingen. Eine Reise in den Nordosten (Dongbei) bedeutet auch eine Auseinandersetzung mit der Geschichte des Kolonialismus der Japaner in der Mandschurei.

Im Gebiet der heutigen Mandschurei lebten zunächst die Tuyuhun, die sich im Lauf des 4. Jahrhunderts in der südlichen Mandschurei angesiedelt hatten, dann aber nach und nach ins heutige Qinghai an den Koko Nor (Qinghai Hu) abwanderten. Ihnen folgten tungusische Stämme von Pferdezüchtern, die vermutlich als Jäger aus den Weiten der sibirischen Wälder an den nordöstlichen Rand Chinas gekommen waren. Noch bis zum 10. Jahrhundert erfolgte die Besiedelung der Mandschurei über eine eher langsame Infiltration, in deren Verlauf die Reiche an Ort und Stelle gegründet wurden. Doch dann begann sich das Bild zu wandeln. Parallel zum Untergang der Tang-Dynastie 907 zeigten die türkisch-mongolischen Kitan unter ihrem frisch erkorenen Kaiser Apaoki die Zähne. Ihre Raubzüge dienten nicht mehr nur der Öffnung von Märkten oder der Beschaffung von Nahrung, sondern sie wollten Ackerland erobern, um es systematisch auszubeuten. Im Lauf des 10. Jahrhunderts eroberten sie im Sturm den Großteil der Mandschurei und der östlichen Mongolei sowie die Gegend um Beijing, das sie zu ihrer Hauptstadt machten, und die Region um Datong in Nord-Shanxi. Ihr Reich regierten die Kaiser unter dem Namen Liao (937–1125), nach dem Fluß, der auch der Provinz Liaoning ihren Namen gibt. Selbst die China regierende Song-Dynastie war 1004 gezwungen, mit den Kitan einen Friedensvertrag zu schließen.

Doch so steil ihr Aufstieg, so schnell war der Fall der meisten Steppenreiche, und den Kitan erging es nicht anders. Sie gingen immer mehr in der chinesischen Kultur auf, schufen eine an die chinesischen Zeichen angelehnte Schrift und verloren ihren Kampfgeist, so daß es nur eine Frage der Zeit war, bis die tungusischen Hirten- und Jäger-Stämme aus dem heutigen Heilongjiang, die sich unter der Bezeichnung Dschurdschen vereinigt hatten, das Liao-Reich stürzen sollten. 1115 rief sich ein Stammesfürst namens Aguda nahe dem heutigen Harbin zum Kaiser der Dynastie Jin aus.

Der Sturm der Jin war so mächtig, daß sie dank ihrer kriegerischen Überlegenheit Chinas Hauptstadt Kaifeng 1125 einnehmen konnten und den Kaiser samt 3000 Mitgliedern seiner Familie als Gefangene in die Nähe von Harbin verschleppten. Yanjing (Beijing) machten sie zu ihrer Hauptstadt. Die Dschurdschen wurden noch schneller sinisiert als die Kitan, und die Eroberung durch die Mongolen 1234 bereitete der bis dahin langsam voranschreitenden Selbstauflösung des Jin-Reichs ein Ende.

Das chinesische Kaiserreich war seit seinem Bestehen durch die nördlichen Nomadennachbarn bedroht. Man hatte sich mit dieser Tatsache arrangiert und die Eroberung durch die Mongolen verdaut, als sich im hohen Nordosten neues Unheil anbahnte. Die Nachfahren jener Dschurdschen, die das Jin-Reich im 12. Jahrhundert gegründet hatten, wurden unter dem Stammesführer Nurhaci (1559–1626) erneut geeint. Ge-

Dongbei

schickt verband Nurhaci chinesische Verwaltung und Staatsorganisation mit der Kriegsorganisation der Steppennomaden und schuf auf diese Weise ein stabiles und mächtiges Reich. 1616 ließ er sich zum Khan der Dschurdschen ausrufen und gründete in Anlehnung an das Reich der Vorfahren die Dynastie der Späteren Jin. Schon vier Jahre später eroberten seine Armeen Shenyang, das unter dem Namen Mukden Hauptstadt seines Reichs wurde. Sein Nachfolger wurde Abahai (reg. 1627–1643), der 1635 den Namen der Dynastie in Da Qing (Große Klarheit) umänderte und die Voraussetzungen für die endgültige Eroberung Chinas schuf, in dem er auch chinesische Berater und Verbündete in seine Politik einbezog. 1644 konnten die Mandschuren Beijing einnehmen, und zum zweiten Mal in der chinesischen Geschichte wurde das gesamte Reich der Mitte von einem fremden Volk regiert, das allerdings so stark in der chinesischen Zivilisation aufging, daß es fast vollständig seine mandschurische Identität verlor.

Mitte des 19. Jahrhunderts geriet die Mandschurei in den Strudel imperialer Begierden. Rußland und Japan stritten heftig um das Land; 1894 ließ sich China in den chinesisch-japanischen Krieg verwickeln, der mit schmachvollen Niederlagen endete. Im Vertrag von Shimonoseki 1895 mußte China die Halbinsel Liaodong, Taiwan und die Pescadoren an Japan abtreten. 1896 erzwangen die Japaner in einem Zusatzvertrag die Errichtung eigener Industrie im Nordosten. Ein Protest Rußlands, Frankreichs und Deutschlands führte zwar zur Rückgabe Liaodongs an China, aber die Russen konnten sich die Halbinsel mittels eines Pachtvertrags über 25 Jahre sichern. 1905 holte sich Japan die Halbinsel im russisch-japanischen Krieg erneut zurück. Die asiatischen Mächte sahen in der Mandschurei so etwas wie das ›Juwel Asiens‹. Schon zwischen 1858 und 1860 hatte China seine Gebiete jenseits des Heilongjiang und Ussuri an Rußland verloren; nun war Japan dabei, die Mandschurei zu seinem Protektorat zu machen, und beanspruchte von dort aus ganz China zu erobern. 1931 schließlich besetzte Japan die gesamte Man-

dschurei, die sie 1932 zu einem eigenen Staat erklärte, und rief 1934 das Kaiserreich Manzhouguo (Mandschukuo) aus, an dessen Spitze sie den abgesetzten letzten Kaiser der Qing-Dynastie, Pu Yi, als Marionette setzten, der die Kolonie seit 1932 als Präsident ›regiert‹ hatte. Nach der Kapitulation Japans streckte Rußland erneut seine Fühler Richtung Nordosten aus, wo es sich die Nutzungsrechte der Ostmandschurischen Eisenbahn und Pachtrechte über die Marinebasis Lüshun (Port Arthur) und Dalian sicherte. Erst nach Maos Moskaureise 1949 wurden die Rechte an China zurückgegeben, und so hatte die Volksrepublik wieder volle Souveränität über die Mandschurei erlangt.

Jenseits der Großen Mauer – Chengde

Der Sommerpalast von Jehol

Von Beijing aus führt die Reise in den Nordosten zunächst nach Chengde **1** (S. 389), das man nach einer etwa vierstündigen Zug- oder Busfahrt durch die karge Hügelwelt Nord-Hebeis, des alten Zhili, erreicht. Wer mit dem Bus unterwegs ist, sollte nicht versäumen, einem der vielleicht schönsten restaurierten Teilstücke der Großen Mauer, **Jinshanling** (Goldberg-Gipfel), einen Besuch abzustatten (s. S. 108). Knapp 120 km von Beijing entfernt schlängelt sich die Mauer scheinbar endlos durch das weite Bergland Hebeis.

Jenseits der Großen Mauer lag eine der wichtigsten Sommerresidenzen der Qing-Kaiser: Jehol (Rehe). In friedlichen Zeiten nutzten die Kaiser ihre Residenz in

Jehol als Stützpunkt für ausgedehnte Jagden und zum Empfang mongolischer, kasachischer, khalkhasischer und uigurischer Stammesfürsten. Diese Aufgabe war bereits 1703 im Gründungsdekret des Kangxi-Kaisers niedergelegt, in dem es hieß, daß die Sommerresidenz »eine versöhnliche Geste gegenüber den ethnischen Gruppen, ein Platz zum Training von militärischem Geschick und ein Ort, um wichtige Gäste zu empfangen« sei. Ausländer hatten nur in seltenen Ausnahmefällen Zutritt zum Palast, so die erfolglose britische Gesandtschaft unter Earl George McCartney im September 1793, die die Öffnung Chinas für den Handel erwirken wollte. Zu diesem Zeitpunkt war der endgültige Ausbau der Palastanlage gerade beendet worden. Die Kaiser kamen fast jeden Sommer nach Jehol, da die Luft hier kühler und angenehmer als in Beijing war.

Einschließlich Garten und Jagdrevier umfaßt die Sommerresidenz eine Fläche von 560 ha und ist damit der größte kaiserliche Palastkomplex Chinas. Wegen seiner herrlichen Lage und der milden Temperaturen erhielt die Palastanlage 1708 von Kangxi den passenden Namen **Bergschloß, in dem man der Sommerhitze entflieht** (1, Bishu Shanzhuang). Die eigentlichen Palastgebäude liegen im Südteil der Residenz und gliedern sich in vier weitläufige Baukomplexe, die gleich an den Nordteil des modernen Chengde angrenzen.

Das **Mittelschloß** (2, Zheng Gong) ist der Hauptpalast, den man über den Haupteingang des Schlosses, **Lizheng Men** (3), betritt. Über dem Eingang

hängt eine Inschriftentafel, die in fünf Sprachen, nämlich Chinesisch, Mandschurisch, Mongolisch, Tibetisch und Uigurisch darauf hinweist, daß China ein Vielvölkerstaat ist. Das Mittelschloß selbst besteht zum einen aus einer Ansammlung von flachen Pavillons für offizielle Empfänge, darunter die große Empfangshalle Danbojingcheng, die ganz aus dem Holz des Nanmu-Baums erbaut wurde. Dessen Holz ist ausgesprochen hart und dauerhaft, dennoch läßt es sich leicht bearbeiten. Darüber hinaus verströmt das Holz einen aromatischen Geruch, von dem man sagt, daß er Mücken abschreckt. Ihr folgt die Sizhishuwu, die ›Bücherei der Vier Wissen‹, eine Anlehnung an die sogenann-

Chengde, Sommerpalast und Acht Äußere Tempel

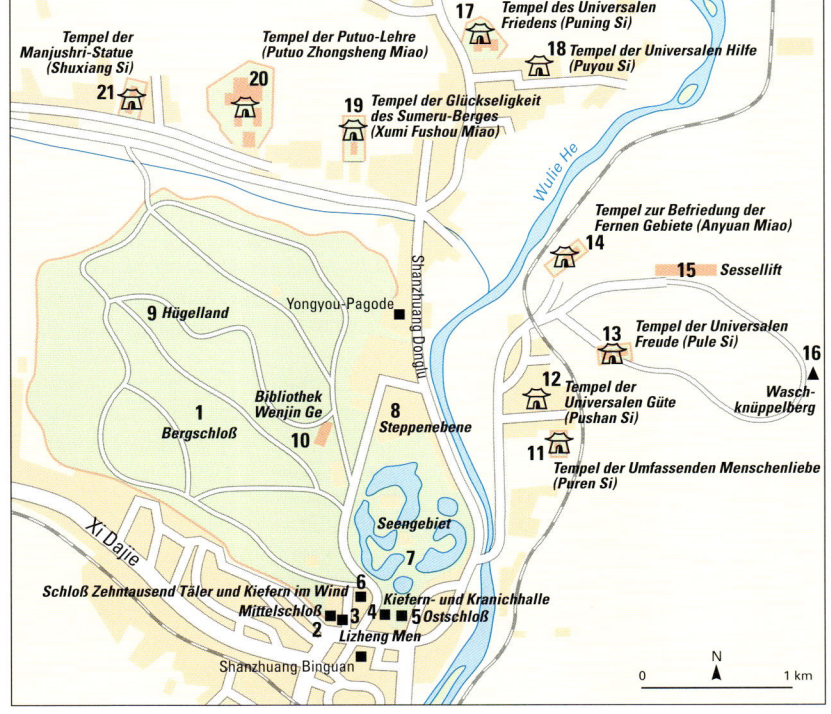

ten vier ›Wissen‹ der Han-Zeit: der Himmel weiß, die Götter wissen, ich weiß und du weißt – eine Darstellung, mit der das aufrichtige Verhalten eines Beamten umschrieben wurde. An die ›offiziellen‹ Hallen grenzen schließlich die Wohnquartiere des Kaisers. In diesem Teil ist die ›Halle der Erfrischenden Nebel und Wellen‹ (Yanbo Zhishuang) die Haupthalle, die Xianfeng-Kaiser als Schlaf- und Arbeitszimmer nutzte und wo er 1860 den noch immer hier ausliegenden Beijinger Vertrag unterschreiben mußte. Den Schluß bildet die Halle des Panoramas der Wolkenbedeckten Berge (Yunshan Shengdi). Insgesamt umfaßt dieser Baukomplex neun Höfe, die die neun himmlischen Sphären und damit das kaiserliche Mandat des Himmels symbolisieren.

Der zweite Baukomplex ist die **Kiefern- und Kranich-Halle** (4, Songhe Zhai), ein kleinerer Palast, der gleich östlich an das Mittelschloß angrenzt. Hier befanden sich die Quartiere der Kaiserinmutter, Kaiserin und der wichtigsten Konkubinen. Gleich hinter dem Songhe Zhai liegt der älteste der vier Baukomplexe, das **Schloß Zehntausend Täler und Kiefern im Wind** (6, Wanhesongfeng). Dieser Bereich diente vor allem dem Kangxi-Kaiser als Amtssitz, während seine Nachfolger dort lasen oder sich entspannten. Der spätere Qianlong-Kaiser wurde 1722 in diesen Hallen im Alter von zwölf Jahren von seinem Großvater, dem Kangxi-Kaiser, auf die Führung der Amtsgeschäfte vorbereitet. Aus diesem Grunde nannte er das Hauptgebäude später ›Saal zum Andenken an die Güte‹ (Jien Tang). Folgt man dem Spazierweg von hier nach Osten, trifft man auf die Reste des alten **Ostschlosses** (5). In ihm erledigten der Qianlong-Kaiser und seine Nachfolger ihre Tagesgeschäfte, hielten regelmäßig

Audienzen ab oder lauschten im dreigeschossigen Theater, das 1948 abbrannte, Vorführungen.

Unter dem Kangxi-Kaiser wurden auf dem gesamten Areal 36 Gebäude errichtet, die jeweils Namen aus vier Schriftzeichen erhielten. Der Qianlong-Kaiser, der mindestens die Hälfte des Jahres hier verbrachte, ließ 36 weitere Gebäude hinzufügen und sie mit Namen aus je drei Schriftzeichen versehen. Trotz der vielen Gebäude fehlte in Jehol die erdrückende Atmosphäre und Etikette der Verbotenen Stadt in Beijing. Der gesamte Komplex wurde darüber hinaus auch thematisch gegliedert, so in ein **Seengebiet** (7), das stellvertretend für die Wasserlandschaften südlich des Yangzi angelegt wurde, eine **Steppenebene** (8), die den Weiten der Mongolei nachempfunden war, und ein **Hügelland** (9), das den Palast vor den eisigen Nordwestwinden schützte. Man kann den Spaziergang so gestalten, daß man zunächst über den linken der drei Dämme im See zu den Pavillons auf dem Inselchen im Norden des Sees wandert. Eine Brücke führt von dort nach Westen auf die berühmte **Bibliothek Wenjin Ge** (10) zu. In ihr wurde eine Prachthandschrift der 36304 Bände umfassenden Enzyklopädie Siku Quanshu (Vollständige Schriften der Vier Speicher) aufbewahrt. An diesem Mammutwerk hatten unzählige Gelehrte zwischen 1772 und 1782 gearbeitet und lediglich sieben Kopien angefertigt. Diese Zusammenstellung wurde zur wertvollsten und vollständigsten aller chinesischen bibliographischen Abhandlungen überhaupt und war Teil der berüchtigten literarischen Inquisition des Qianlong-Kaisers, denn es wurden nicht nur alle bis dato bekannten Werke erfaßt, sondern mehr als 10000 Werke wurden auf den Index gesetzt, 2320 davon vernichtet und deren Verfasser sowie ihre Familienangehörigen enthauptet, eingesperrt oder verbannt. Die Abschrift der Handschrift befindet sich heute in der Beijing-Bibliothek.

Man kann den Spaziergang in Richtung Pagode (Luhe Ta) fortsetzen und dahinter zum **Schneebedeckten Südberg** (Nanshan Jixue) hochsteigen, von wo aus man bei klarer Sicht eine herrliche Aussicht auf alle Tempelanlagen hat.

Die Acht Äußeren Tempel

Erhaben und gewaltig wurden die Tempel in einem Halbkreis östlich und nördlich um die Sommerresidenz herum erbaut und scheinen sich trotz ihrer Dimensionen dem kaiserlichen Palast unterzuordnen. Unterstrichen wird diese Unterwürfigkeit noch dadurch, daß, bis auf zwei Ausnahmen, die Haupteingänge in Richtung Sommerresidenz weisen. Damit wurde zum Ausdruck gebracht, daß jeder Tempel eine bestimmte Region des chinesischen Reichs repräsentiert, die damit ihre Loyalität gegenüber dem Kaiser erweist.

Insgesamt entstanden zwischen 1713 und 1780 elf Tempelkomplexe, die in acht Verwaltungseinheiten eingeteilt wurden. Diese Einteilung und ihre Lage jenseits der Großen Mauer trugen dem Gesamtensemble den Namen Acht Äußere Tempel ein. Heute sind noch sieben der Tempel erhalten, von zweien ragen noch einige Ruinen hervor, während zwei weitere Tempel ganz verfallen sind. Fünf der ehemals elf Tempel bildeten jenseits des Wulie-Flusses die östliche Tempelreihe, darunter die beiden aus der Zeit des Kangxi-Kaisers stammenden **Tempel der Umfassenden Nächstenliebe** (11, Puren Si), ein teil-

weise erhalten gebliebener tibetischer Tempel, der 1713 zu seinem 60. Geburtstag erbaut wurde, und der verfallene **Tempel der Universalen Güte** (12, Pushan Si). Die Straße östlich des Wulie-Flusses führt als nächstes zu einer Kreuzung, wo man dem Weg rechts den Hügel hinauf folgt, der beim **Tempel der Universalen Freude** (13, Pule Si) endet. Er wurde 1766 auf Anordnung des Qianlong-Kaisers im chinesischen Stil erbaut und war ein Symbol der erfolgreichen Unterdrückung der aufständischen Dsungarenstämme in Ost-Turkestan, aber auch gleichzeitig eine Respektbezeugung gegenüber der Religion der Kasachen und Khalkas, die seit Mitte des 18. Jahrhunderts die Oberhoheit Chinas anerkannt hatten und regelmäßig Fürsten nach Chengde entsandten. Beherrscht wird der Komplex durch den runden Pavillon des Morgenlichts (Xuguang Ge), der eine Kopie des Himmelstempels in Beijing darstellt und zusammen mit seiner viereckigen Terrasse Himmel und Erde symbolisiert. In der Halle fällt sofort die prächtig gestaltete Caisson-Decke auf, die ein hölzernes Mandala darstellt und die einzige ihrer Art außerhalb Tibets ist. Hier steht auch ein Modell des Pavillons, das aus 37 Holzstücken gefertigt wurde und die 37 Wissensgebiete Shakyamunis symbolisiert.

Von der Kreuzung führt die Straße weiter nach Norden zum **Tempel der Befriedung der Fernen Gebiete** (14, Anyuan Miao), dem letzten Komplex der östlichen Reihe. Er wurde 1764 in dem in China seltenen lamaistischen Stil erbaut und sollte an die erfolgreiche Eroberung des Tarim-Beckens und des Ili-Gebiets erinnern, die schließlich zur Gründung der Provinz Xinjiang führte.

Bevor man sich auf den Rückweg macht, um zu den nördlich der Sommer-

Tempel der Glückseligkeit des Sumeru-Berges (Xumi Fushou Miao)

residenz gelegenen Tempeln zu fahren, kann man mit dem **Sessellift** (15) zu einem eigenartigen, wie ein Daumen geformten, einsam in den Himmel ragenden Felsen, dem **Waschknüppel-Berg** (16, Bangchui Shan) fahren.

Die nördliche Tempelreihe begann ursprünglich mit dem heute nahezu verfallenen tibetischen **Tempel der Universalen Hilfe** (18, Puyou Si). Gleich westlich davon setzt der **Tempel des Universalen Friedens** (17, Puning Si) den Reigen der erhaltenen Anlagen fort. Auch er gründet auf ein kriegerisches Ereignis und erinnert an einen der frühen Siege gegen die gefürchteten mongolisch-stämmigen Dsungaren im Ili-Gebiet. Der Qianlong-Kaiser ließ ihn 1755 nach dem Muster des ersten buddhistischen Klosters in Tibet, Samye, erbauen, den vorderen Teil der Anlage aber im chinesischen Stil gestalten: Zeichen der Dominanz des chinesischen Reichs über die lamaistischen Mongolen, oder diploma-

tischer, der Loyalität der Mongolen zum chinesischen Kaiser. Gleich im ersten Hof steht ein Stelenpavillon mit drei Stelen, auf denen in Chinesisch, Mandschurisch, Mongolisch und Tibetisch die Unterdrückung der Dsungaren-Aufstände sowie der Bau des Tempels beschrieben werden. Der chinesische Teil wird durch die Haupthalle mit den ›Buddhas der Drei Zeiten‹ und 18 Luohan abgeschlossen. Dahinter erklimmt man über steile Stufen eine 9 m hohe Plattform, auf der das eigentliche Zentrum der Anlage steht. Überragt wird dieser tibetische Teil durch den wuchtigen, 37 m hohen, hölzernen Mahayana-Pavillon (Dasheng Ge), einer der höchsten seiner Art in ganz China. Er bildet den Mittelpunkt eines architektonischen Mandala und repräsentiert damit den Sumeru-Berg, das Zentrum der buddhistischen Welt. In seinem Innern birgt der Pavillon eine 22 m hohe Statue des Bodhisattva Avalokiteshvara mit 42 Armen, die den ge-

Holzdecke im Xumi Fushou Miao

schwarze steht für Buddhas Erkenntnis, der weiße für seine erste Predigt, und der grüne Chörten symbolisiert seinen Eintritt ins Nirvana.

Die nördliche Tempelreihe wird nach Westen hin vom **Tempel der Glückseligkeit des Sumeru-Berges** (19, Xumi Fushou Miao) fortgesetzt. Dieser Tempel wurde nicht zum Gedenken an einen Sieg über aufständische Völker errichtet, sondern war die Respektbezeugung des Kaisers an den 6. Panchen Lama, der 1780 nach Chengde kommen wollte, um dem Qianlong-Kaiser zu seinem 70. Geburtstag zu gratulieren. Um ihn würdig genug empfangen und unterbringen zu können, gab dieser den Tempel nach dem Vorbild des Klosters Tashilhunpo, dem Sitz des Panchen Lama in Shigatse, in Auftrag. Das Zentrum der wuchtigen Anlage wird von der Großen Roten Terrasse gebildet, die auf drei Ebenen verschiedene Gebäude trägt. Das Hauptgebäude, die Erhabene und Würdige Halle (Miaogao Zhuangyan Dian), bildet das Zentrum. Hinter ihren hohen Mauern bildet dieses Gebäude einen quadratischen Innenhof mit der dreigeschossigen Großen Halle (Da Dian). Hier meditierte und predigte der Panchen Lama bei seinem Aufenthalt in Chengde. Man kann über eine Galerie auf das Dach der Haupthalle steigen und oben das prachtvoll gestaltete Dach der Großen Halle bewundern, das ganz mit vergoldeten bronzenen Ziegeln gedeckt ist. Die Dachfirste des zweistufigen Dachs werden von acht kunstvoll gearbeiteten, vergoldeten Drachen geziert.

Die größte und weitläufigste Tempelanlage in Chengde ist der nun folgende **Tempel der Putuo-Lehre** (20, Putuo Zhongsheng Miao). Schon von weitem wird der Blick von diesem majestätischen Bauwerk angezogen, das so gar nicht hierher zu gehören scheint, und

samten fünfgeschossigen Innenraum ausfüllt. Über eine schmale Treppe klettert man bis in den fünften Stock und sieht von dort eine kleinere, 1,2 m hohe Skulptur auf dem Kopf Avalokiteshvaras stehen. Dies ist der transzendente Buddha Amithaba, sein spiritueller Vater. Umrundet man die Statue, kann man in den Wandnischen 10 090 etwa 10 cm hohe, tönerne und mit Gold überzogene Buddha-Figuren bewundern.

Da sich nach buddhistischer Vorstellung Sonne und Mond um den Berg Sumeru drehen, steht links des Mahayana-Pavillons die Sonnen-Halle und rechts die Mond-Halle. Um den Pavillon herum stehen noch vier weitere kleinere Hallen sowie acht weiße, dreistufige Terrassen, die die vier großen und acht kleinen Kontinente symbolisieren. Vier Chörten an jeder Ecke vervollständigen das Mandala. Der rote ist mit Lotosblumen aus glasierten Ziegeln versehen und symbolisiert somit die Geburt Buddhas, der genau das war auch beabsichtigt, da es nichts Geringeres war als ein Geburtstagsgeschenk zum 60. Geburtstag des Qianlong-Kaisers und zum 80. Geburtstag seiner Mutter. Mit dem Bau des Tempels wurde 1767 begonnen; als Vorbild diente der Potala-Palast in Lhasa. 1771 wurde die 220 000 m² große Anlage fertiggestellt und wegen seiner Ähnlichkeit mit der Winterresidenz des Dalai Lama auch ›Klein Potala‹ genannt. Wegen der enormen Baukosten untersagte der Kaiser aber weitere Geburtstagsgeschenke in Form von Tempeln. Das Bauwerk wurde jedoch gleichzeitig zum Symbol für ein weiteres Ereignis. 1771 waren die mongolischstämmigen Torgut in ihr ursprüngliches Siedlungsgebiet im Ili-Tal zurückgekehrt, nachdem sie 1630 ins Wolga-Gebiet ausgewandert waren. Dort wurden sie indes schon bald von der zaristischen Regierung derart unterdrückt, daß sie schließlich 1771 nach China zurückkehrten. Im neuerrichteten Tempel empfing der Qianlong-Kaiser den Anführer der Torgut, der sein Volk formell wieder chinesischer Souveränität unterstellte, was mit großzügigen

Landzuweisungen und Geschenken honoriert wurde.

Hauptgebäude der Tempelanlage ist die auf einer 17 m hohen, weißen Terrasse thronende, 43 m hohe sogenannte Große Rote Terrasse. Von außen vermittelt der Bau den Eindruck, aus sieben Stockwerken zu bestehen, im Innern sind es faktisch nur drei. Die Frontseite wird von sechs übereinanderliegenden, gelb und grün glasierten Buddha-Nischen geziert, die den 60. Geburtstag des Qianlong-Kaisers symbolisieren.

Hinter dem ›Klein Potala‹ verbirgt sich bescheiden der letzte der erhaltenen Tempel, der 1774 erbaute **Tempel der Manjushri-Statue** (21, Shuxiang Si). Vorbild für diesen Bau war ein gleichnamiger Tempel auf dem heiligen, Manjushri geweihten Wutai Shan in der Provinz Shanxi. Der Qianlong-Kaiser ließ ihn zum Gedenken an eine Reise seiner Mutter zum Wutai Shan erbauen.

Der zehnte und der elfte Tempel, Guang'an Si und Luohan Tang, die den Tempelreigen einst westlich des Shuxiang-Tempels abschlossen, sind nicht mehr erhalten.

Shenyang – Geburtsstätte der Qing-Dynastie

Die Zugverbindungen ab Chengde in den Nordosten sind nicht so gut, aber es gibt einen Zug, der die kurvenreiche Bahnstrecke durch die Bergwelt des Qilaotu Shan nach Shenyang **2** (S. 409) nutzt; eine lange, aber an Eindrücken reiche Bahnfahrt ins Herz der Provinz Liaoning, die wegen ihrer Bodenschätze auch gerne als das ›Ruhrgebiet Chinas‹ bezeichnet wird. Die Hauptstadt Liaonings und auch ihr politisches und wirtschaftliches Zentrum ist Shenyang.

Schon seit dem 11. Jahrhundert war Shenyang ein Handelszentrum für die Nomaden und Volksstämme des Nordens. Seine Wurzeln allerdings reichen bis weit in die Han-Zeit (206 v. Chr.–220 n. Chr.) zurück. Überregionale Bedeutung erlangte Shenyang jedoch erst mit seiner Eroberung 1621 durch den Dschurdschen-Führer Nurhaci, der die Stadt in Mukden umtaufte und sie 1625 zur Hauptstadt seines Kaiserreichs machte. Mit der endgültigen Eroberung

Chinas und dem Umzug des mandschurischen Kaiserhofs nach Beijing verlor Shenyang wieder an Bedeutung.

Mit der Industrialisierung durch Rußland und Japan, das die Mandschurei 1931 annektierte, erlebte die Stadt seit dem späten 19. Jahrhundert dann einen starken wirtschaftlichen Aufschwung. Shenyang wurde zum wichtigsten Eisenbahnknotenpunkt des Nordostens ausgebaut und spielte auch im heutigen China der Reformen eine Vorreiterrolle, als hier erstmals die Vorteile der Privatwirtschaft für die Volkswirtschaft offiziell anerkannt wurden. Pionierarbeit leistete Shenyang auch bei der Einführung neuer Technologien und Finanzmärkte sowie bei der Regulierung von Konkursfällen. Shenyang ließ 1986 den ersten Konkurs einer maroden Staatsfirma in China zu, heute eine gängige Praxis.

Mit 4 Mio. Einwohnern ist Shenyang die größte Stadt Nordostchinas und das wichtigste und größte Industriezentrum. Zusammen mit fünf Küstenstädten der Liaodong-Halbinsel sowie Anshan und Liaoyang bildet es das Wirtschaftsentwicklungsgebiet Halbinsel Liaodong, das erste der mächtigen und reichen Küstenwirtschaftsgebiete, die sich bis zur Insel Hainan hinunterziehen.

Die bedeutendste Sehenswürdigkeit Shenyangs ist der Kaiserpalast der ersten Kaiser der Qing-Dynastie. Er ist zwar viel kleiner als sein Pendant in Beijing, aber im traditionellen Stil chinesischer Paläste erbaut beispielhaft für die Rezeption der chinesischen Kunst und Architektur durch die frühen Mandschus. Mit dem Bau der Anlage wurde 1625 begonnen, nachdem die Dschurdschen unter Nurhaci die Stadt 1621 erobert und zur Hauptstadt ihrer Dynastie Hou Jin (Spätere Jin) erklärt hatten. Der Palast gliedert sich in drei Bereiche, die an einer Nord-Süd-Achse ausgerichtet

sind. Im ersten Sektor kommt man zur **Halle der Erhabenen Regierung** (1, Chongzheng Dian), sie diente als Audienz- und Thronsaal. 1635 gaben die Dschurdschen ihrer Nation in dieser Halle die Bezeichnung ›Mandschu‹ (Manzhou); 1636 wurde hier die Qing-Dynastie durch Nurhacis Sohn und Nachfolger Abahai (Hong Taiji, reg. 1626–43) ausgerufen – ein Vorgang, den der Ming-Kaiser völlig unterschätzte, stellte er doch nichts anderes als den Anspruch auf Gesamtchina dar. Letzte Amtshandlung war hier schließlich die Krönung von Abahais Nachfolger Shunzhi (reg. 1643–61), der kurz darauf im Triumph als Kaiser des nunmehr unterjochten China in die Verbotene Stadt in Beijing einziehen konnte.

Im zweiten Bereich steht der **Phönixturm** (2, Fenghuang Lou), der als Wohn- und Bankettgebäude diente, während sich im dritten Hof mit dem **Palast der Klarheit und Ruhe** (3, Qingning Gong) die kaiserlichen Schlafgemächer und die Opferstätte des von den Vorvätern über-

Der Kaiserpalast von Shenyang

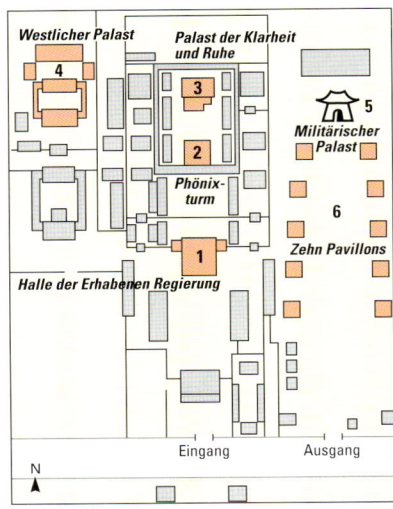

Manzhouguo – ein Reich von Japans Gnaden

Schon unter dem Meiji-Kaiser hatte Japan begonnen, ein Auge auf das Reich der Mitte zu werfen, das es in zunächst oft unkoordinierten Aktionen attackierte, schließlich aber systematisch zu erobern suchte. Es begann mit dem chinesisch-japanischen Krieg 1894, den China verlor. Japan annektierte in seinem Verlauf Taiwan und die Pescadoren und sicherte sich die Pachtrechte über die Halbinsel Liaodong in der Mandschurei. Internationale Proteste führten zwar wieder zu einem Verlust Liaodongs, das 1898 für 25 Jahre an Rußland verpachtet wurde, aber Japan war nicht gewillt, die einmal errungene Beute kampflos aufzugeben. Als sich Rußland nach 1900 mehr und mehr in der Mandschurei festzusetzen begann,

eskalierte der Machtkampf im russisch-japanischen Krieg 1904–05. Wieder ging Japan als Sieger hervor. Im Friedensvertrag wurden China zwar die Hoheitsrechte über die Mandschurei zugesprochen, faktisch aber wurde die Region unter die beiden Mächte aufgeteilt. Japan erhielt die Halbinsel Liaodong von Rußland sowie die Rechte an der Südmandschurischen Eisenbahn. Ein folgenschweres Ereignis. Japan begann sofort mit der Gründung der Südmandschurischen Eisenbahngesellschaft, über die weite Bereiche der südmandschurischen Industrielandschaft kontrolliert wurden. Zum ›Schutz‹ ihrer Unternehmen holten die Japaner militärische Einheiten ins Land, die ihren Einflußbereich immer mehr ausweite-

nommenen Kults befanden. Einige der Kultgegenstände für die schamanistischen, mandschurischen Rituale des Qing-Kaiserhofs sind im Museumstrakt des Palasts ausgestellt. Die späteren Kaiser nutzten den 1782 erbauten **Westlichen Palast** (4) bei den regelmäßigen Besuchen in ihrer ehemaligen Hauptstadt als Wohn- und Arbeitsstätte. Den Ostteil nutzten die Kaiser in ihrer militärischen, rituellen und stammesfürstlichen Führungsfunktionen. Diesem **Militärischen Palast** (5) vorgelagert sind **zehn Pavillons** (6), deren Form und Ausrichtung an die frühe Zeit des Nomaden-

daseins erinnern, als die Fürsten noch in Jurtenlagern lebten. In den Pavillons residierten und berieten die acht Bannerbefehlshaber und die älteren Prinzen während ihrer Zusammenkünfte.

Die Banner waren 1601 von Nurhaci gegründet worden, nachdem er festgestellt hatte, daß der tungusische Feudalismus mit seiner traditionellen Organisationsform der raschen Ausdehnung seines Herrschaftsgebiets nicht mehr gewachsen war. Um den Zusammenbruch seiner Macht durch weitere Clan-Kriege zu verhindern, gliederte er seine Streitkräfte in *niuru* (Pfeile), die zunächst ten. Nachdem Liaodong 1906 in ›Pacht-territorium Guandong‹ umbenannt worden war, hieß kurze Zeit später auch das hier stationierte Militär ›Guandong-Armee‹. Dieser Armeeverband begann ein subversives Eigenleben, so daß er nicht einmal von der japanischen Regierung kontrolliert werden konnte. Zwischen 1930 und 1936 gingen die Morde an acht Politikern der japanischen Regierung auf das Konto der Guandong-Armee. Gleichzeitig bereitete sie die Invasion der gesamten Mandschurei vor. Ihre Vorbereitungen mündeten schließlich 1931 im Mukden-Zwischenfall, bei dem es angeblich einen chinesischen Bombenanschlag auf die Eisenbahnlinie gegeben hatte. Für die Guandong-Armee war dies Anlaß genug, die Mandschurei zu ihrem ›eigenen Schutz‹ in einem viermonatigen Feldzug zu besetzen. China zog sich nahezu kampflos aus dem Nordosten zurück. Bestärkt durch den Erfolg, wagten die Japaner auch immer mehr Aktionen gegen das restliche China. So ließen sie aufgrund eines antijapanischen Boykotts 100 000 Soldaten nach

Shanghai schiffen und die Stadt in der ersten Hälfte des Jahres 1932 wochenlang unter Feuer nehmen. Gleichzeitig ließ die Guandong-Armee im Nordosten »auf Bitten Tausender Demonstranten« den Staat Manzhouguo proklamieren. Sie setzten Pu Yi, den letzten Qing-Kaiser, zunächst als Präsidenten und ab 1934 als Marionettenkaiser ein. Von nun an war es nur noch eine Frage der Zeit, wann Japan von seinem militärischen Brückenkopf Manzhouguo aus das übrige China angreifen würde, das nach dem Schema Manzhouguos kolonisiert werden sollte. Die Provokationen eskalierten schließlich am 7. Juli 1937 im Zwischenfall an der Marco-Polo-Brücke von Beijing (s. S. 120), den Japan zum Anlaß für den Blitzkrieg gegen China nahm. Manzhouguos Ende kam mit dem Eingreifen Rußlands in den Fernostkrieg und dem Einmarsch russischer Verbände ab Juni 1945. Nach und nach zogen sich die Japaner zurück, bis sie in der letzten provisorischen Hauptstadt Manzhouguos, Tonghua, am 15. August 1945 kapitulierten und der Marionettenstaat aufhörte zu existieren.

in vier, später in acht Einheiten, sogenannten Bannern *(qi),* zusammengefaßt wurden. Die Banner unterschieden sich durch die Farben ihrer Standarten. Jedes Banner setzte sich aus fünf Abteilungen, die jeweils wiederum aus fünf *niuru* bestanden, zusammen. Mit der Vergrößerung des Staatsgebiets wurde nach und nach auch die Zahl der Abteilungen erhöht, die Zahl der mandschurischen Banner blieb jedoch bei acht. Zu den Bannern gehörten nicht nur die Soldaten, sondern auch ihre Familien, und so gelang es Nurhaci, ähnlich wie seinerzeit Dschinghis Khan, erstmals sein

Volk einheitlich zu organisieren und ihr kriegerisches Temperament vereint gegen China, Korea sowie die Mongolei statt gegen sich selbst zu richten.

In der Umgebung des Kaiserpalasts befindet sich auch der interessanteste und älteste Stadtteil Shenyangs, und man sollte sich nach dem Besuch noch ein wenig Zeit nehmen, hier durch die Straßen zu bummeln, bevor man in den Norden der Stadt aufbricht.

An der nördlichen Peripherie, eingebettet in die schöne, weitläufige Nordgrab-Parkanlage (Beiling Gongyuan), liegt das Grab und Mausoleum Abahais,

Nördliches Kaisergrab, Drachen

Ausflüge von Shenyang

Etwa 11 km östlich von Shenyang liegt der Begründer der mandschurischen Macht, Nurhaci (1559–1626), im **Dong Ling** 3 (Östliches Kaisergrab, auch Glücksgrab oder Fu Ling), begraben.

Noch im 16. Jahrhundert standen sich die verschiedenen Stämme der Tungusen (Dschurdschen) feindselig gegenüber, während die Chinesen die südöstlichen und östlichen Teile der Mandschurei als Kolonien betrachteten, die über Militäradministrationen verwaltet wurden. Offenbar blieb es ihnen verborgen, daß auch die Dschurdschen im Lauf der Zeit die chinesischen Gepflogenheiten adaptierten, und so festigte sich die politische Organisation der Dschurdschen allmählich. Ihre Stämme konnten zwischen 1599 und 1619 vom Stammesfürsten Nurhaci nach heftigen Fehden geeint werden.

des Gründers der Qing-Dynastie: **Bei Ling** (Nördliches Kaisergrab, auch bekannt unter dem Namen Zhao Ling). Von 1643 bis 1651 dauerte der Bau der Anlage, die in ihrer Struktur den Ming-Gräbern ähnelt und einen Weg der Seelen mit Steinfiguren, einen ober- und einen unterirdischen Palastteil beinhaltet. Von den drei Kaisergräbern außerhalb der Grabkomplexe der späteren Qing-Kaiser in der Provinz Hebei ist es das größte, am besten erhaltene Grab.

Nördliches Kaisergrab

Nurhacis Grab, das man über 108 Stufen erreicht, ist nicht so groß wie das Bei Ling, aber vom Aufbau her ähnlich. Es liegt in einer schönen, hügeligen Parkanlage, und vor allem sonntags scheint halb Shenyang hierher unterwegs, um zu picknicken, Tanzen zu üben oder spazierenzugehen.

Für Eisenbahnenthusiasten lohnt sich ein Ausflug ins 25 km südlich von Shenyang gelegene **Shujiatun**, wo sich ein Eisenbahnmuseum befindet. Es ist das größte Museum dieser Art in China und zeigt Dampflokomotiven aus sieben Ländern, die zwischen dem Anfang des Jahrhunderts bis in die 50er Jahre hergestellt wurden. Über den Reiseservice der chinesischen Eisenbahn kann man übrigens Reisen mit der Dampflokomotive durch Nordostchina buchen, da hier noch zahllose der gewaltigen schwarzen Loks im Einsatz sind.

Einmal auf dem Weg nach Süden, sollte man der Shenyanger Stadtluft wenigstens für einen Tag entfliehen und ins etwa 90 km südlich gelegene Berggebiet **Qian Shan 4** fahren. Die bis zu 700 m hohe Berglandschaft ist mit uralten Kiefern bewachsen, von tiefen Schluchten durchzogen, und man kann hier über Rundwanderwege verschiedene daoistische und buddhistische Tempelanlagen erwandern. Der vollständige Name dieser Landschaft lautet eigentlich Qianlian Shan (Tausend-Lotos-Berge) und geht auf eine Legende zurück, nach der vor langer Zeit eine Fee den Frühling auf die Erde bringen wollte, indem sie hübsche Wolken auf Lotosblumen stickte. Als sie gerade den 999. Lotos fertig bestickt hatte, entdeckten die Himmelsgötter ihr Tun und beschuldigten die Fee des Diebstahls von Wolken. Sie wurde eingesperrt, wehrte sich jedoch so heftig, daß die fertig bestickten Lotosblüten auf die Erde fielen und sich in 999 grüne Hügel

Tempel am Qian Shan

verwandelten. Das Gebiet wurde von den Menschen daher Tausend-Lotos-Berge genannt. Als aber ein Wandermönch die Hügel zählte, stellte er fest, daß es nur 999 waren, und schuf einen künstlichen 1000. Hügel und damit den ersten Tempel. Aus dem Jahr 1667 stammt das vom daoistischen Mönch Liu Dalin gegründete Kloster **Wuliang Guan** (1). 1,5 km von hier trifft man auf den für sein Landschaftspanorama berühmten **Drachenquellen-Tempel** (2, Longquan Si), der gemäß einer Steleninschrift im Jahr 1558 gegründet worden sein soll. Seinen Namen trägt der Tempel nach der am Berg entspringenden Drachenquelle. Das am höchsten gelegene Kloster des Qian Shan ist der 3 km weiter westlich gelegene **Tempel der Allgemeinen Ruhe** (3, Pu'an Guan). Von hier führt eine steile Treppe zum Gipfel.

Wer Zeit hat, sollte den Besuch des Qian Shan mit den Thermalquellen von **Tanggangzi** verbinden. An 18 Stellen tritt hier bis zu 72°C heißes Wasser aus Rissen im unterirdischen Gestein an die Oberfläche, ein beliebter Kurort auch für Chinas letzten Kaiser Pu Yi.

Im Herzen der Mandschurei

Kaiserschicksal und proletarischer Glanz – Fushun

Der Weg zum Herzen der Mandschurei am Fuß des Changbai-Gebirges führt nach Osten über Fushun **5** (S. 392). Im Gebiet von Fushun siedelten schon vor 4000 Jahren die ersten Menschen, und im Lauf der Han-Dynastie entwickelte sich der Ort zu einem reichen Handelsplatz. Mit der Einnahme Fushuns durch Nurhaci 1618 hatte der Dschurdschenführer einen wichtigen Stützpunkt erkämpft, den er für die Eroberung Shenyangs drei Jahre später nutzte.

Das moderne Fushun gilt als ›Hauptstadt der Kohle‹ und beherbergt eines der größten Erdölkombinate Chinas. Das klingt ziemlich düster, und so wurde vielleicht deshalb in Fushun nach dem Krieg gegen Japan eines der beiden Verwaltungsämter für Kriegsverbrecher (Fushun Zhanfan Guanlisuo) eingerichtet, das andere befand sich in Taiyuan,

das eines der düstersten Kapitel der chinesisch-japanischen Beziehungen aufzuarbeiten hatte. Im angegliederten Militärgefängnis – heute ein Museum –, in dem zwischen 1950 und 1975 bis zu 1400 Kriegsverbrecher einsaßen, war auch der Marionettenkaiser Pu Yi nach seiner Auslieferung durch die Sowjetunion an China 1950 für zwei Monate inhaftiert, bevor er wegen des bevorstehenden militärischen Engagements Chinas in Korea ins grenzfernere Harbin verlegt wurde. 1954 verbrachte man Pu Yi erneut nach Fushun, wo man ihn mit den Verbrechen japanischer Truppen konfrontierte, die ganz in der Nähe das Pingdingshan-Massaker verübt hatten. Nach einem Zusammenstoß chinesischer Widerstandskämpfer mit japanischen Soldaten 1932 hatten die Japaner die 3000 Einwohner Pingdingshans auf einem Hügel zusammengetrieben und nahezu alle ermordet. Die **Pingdingshan-Gedenkstätte** (1) befindet sich im Süden der Stadt.

Fushun

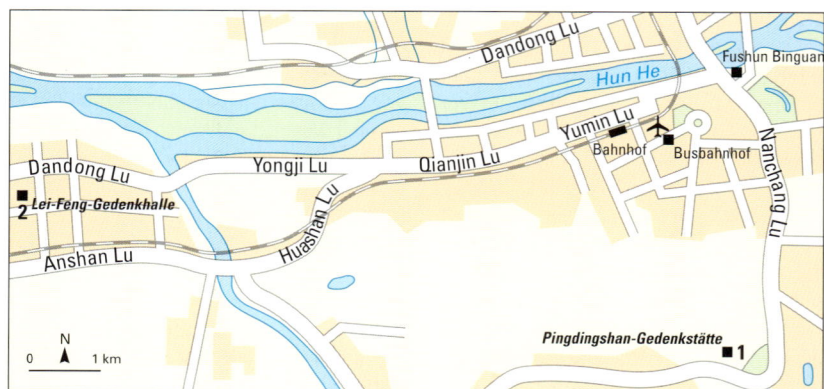

156

Genau das Gegenteil von Düsternis strahlt die riesige **Lei-Feng-Gedenkhalle** (2) im Westen Fushuns aus. Lei Feng wurde Anfang der 60er Jahre zum Inbegriff aller proletarischen Tugenden. Er entstammte einer armen Bauernfamilie, war in Ausübung seiner militärischen Pflichten ums Leben gekommen und hatte, ›Mao sei Dank‹, ein Tagebuch hinterlassen, in dem er seine untadelige, am Mao-Zedong-Denken orientierte Motivation niedergelegt hatte.

Fushun selbst ist nicht so unattraktiv und zudem Ausgangspunkt für eine Exkursion zum 1958 angelegten Dahuofang-Stausee (Dahuofang Shuiku), ein schönes Landschaftsschutzgebiet, dessen interessantesten Punkte man während einer Schiffahrt anläuft. Am Ostufer liegt das Mausoleum (Yuanshilin) des mächtigen, von den Japanern ermordeten Warlords Zhang Zuolin.

Wiege der Qing-Dynastie – Hetu Ala und Yongling

Von Fushun oder, wenn man hier keinen Stop einlegen will, von Shenyang fährt man mit der Eisenbahn bis zu einem Örtchen namens Nanzamu, wo schon Busse auf den eintreffenden Bummelzug warten und einen durch eine reizvolle Landschaft aus Hügeln und Weizenfeldern nach Xinbin bringen. Nicht weit von Xinbin, dort wo der Suzi He und der Erdao He zusammenfließen, hatte Nurhaci 1603 mit **Hetu Ala** 6 die erste Hauptstadt des mandschurischen Reichs anlegen lassen. Sehenswert sind in der Ruinenstadt noch Reste einiger Gebäude und ihrer 4,5 km langen Stadtmauer.

Nordwestlich von Hetu Ala, am westlichen Rand des Örtchens **Yongling** 7, (S. 417) das etwa 15 km von Xinbin entfernt liegt und mit regelmäßig verkehrenden Minibussen zu erreichen ist, führt eine Straße zum Ewigen Grabmal (Yong Ling), einem Mausoleum, in dem vier Generationen von Nurhacis Vorfahren bestattet liegen. Die 1,2 ha große Anlage, von der chinesischen Architektur inspiriert, bildet ein schönes Beispiel für die frühe Grabmalarchitektur der Mandschuren.

Durch das Kernland der Mandschunation führt die Route nun weit nach Osten zunächst in die bereits in der Provinz Jilin liegende Ortschaft **Tonghua** 8, die 1945 kurzzeitig von den Japanern als Hauptstadt Manzhouguos in Erwägung gezogen worden war, nachdem russische Truppenverbände die nördliche Mandschurei erobern konnten. Durch die Kapitulation Japans wurde der Umzug jedoch hinfällig.

Tonghua ist der Ausgangsbahnhof für die Zugfahrt nach Baihe, dem Sammelbecken für Touristen, die das Changbai-Gebirge erwandern wollen. Fährt man tagsüber, kommt man in den Genuß der endlosen Ebenen Jilins und kann sich vielleicht vorstellen, wie die berittenen Truppen Nurhacis in dieser Region freies Spiel hatten. Man muß in diesem Falle aber in Baihe oder dem Nachbarort Erdao eine Übernachtung einlegen. Nimmt man den Nachtzug, kommt man früh genug an, um sich nach einigem Gefeilsche gleich den Jeep-Fahrern anzuvertrauen, die einen zum Endpunkt der Piste am Fuß des Baitou Shan (Weißkopf-Berg) fahren.

Kiefern, Tiger und Vulkane – Changbai Shan

Das Gebirge **Changbai Shan** 9 (S. 388) erstreckt sich über fast 1000 km entlang der chinesisch-nordkoreanischen Grenze. Als einzigartige Landschaft wurde 1961 das 190 000 ha große Naturschutzgebiet Changbai Shan eingerichtet, dessen höchster Gipfel der Baitou Shan ist (2744 m), gleichzeitig die höchste Erhebung im östlichen Teil des Eurasischen Kontinents. Heiße Quellen, Wasserfälle, eine alpine Flora, eine Fauna mit über 300 seltenen Arten, darunter der sibirische Tiger, Zobel, Leopard und verschiedene Hirscharten, Urwälder mit mächtigen koreanischen Fichten und Kiefern, Bergseen, bizarre Gipfel und gewaltige Felsen formen ein natürliches Museum mit einem nahezu intakten Ökosystem, wie es in China kaum ein weiteres Mal existiert. Im ostasiatischen Raum ist der Changbai Shan auch die einzige Bergregion, die eine alpine Tundra vorweisen kann.

Das typische Bergklima mit einer Jahresdurchschnittstemperatur zwischen 3 und 7°C und einer Regenmenge von 600 mm, in einigen Regionen sogar bis zu 1400 mm, macht das Changbai-Gebirge zum regenreichsten Gebiet Nordostchinas und beschert dem Naturparadies feuchte Sommer und harte kalte Winter.

In der Vergangenheit war die Changbai-Region ein vulkanisch aktives Gebiet mit zahllosen Vulkanausbrüchen; zuletzt brach der Weißkopf-Berg 1702 aus. Hier liegt auch der einzige Kratersee, der **Tian Chi** 🔟 (Himmelssee), in einer mystisch anmutenden Umgebung, und so ist es kein Wunder, daß dieser Berg einer der fünf heiligen Berge Koreas ist. Die Grenze zu Nordkorea verläuft hier durch den See.

1980 wurde das einzigartige Naturschutzgebiet unter UNESCO-Schutz gestellt und als Vorbild für die Einrichtung weiterer Naturschutzgebiete gepriesen und gefördert.

Ist man nicht gerade Zoologe oder Biologe mit berechtigtem Forschungsinteresse, gibt es – glücklicherweise – nur einen Wanderweg, und der führt vom Ende der Straße auf den Baitou Shan zum 2194 m hoch gelegenen Himmelssee (Tian Chi), den man nach etwa einer Stunde Wanderung erreicht, wenn man entlang dem mächtigen Wasserfall das Vulkangestein erklimmt und dem abenteuerlichen Wanderweg zum See folgt; eine Anstrengung, die durch dessen herrliche Lage belohnt wird. Nach dem Ausflug kann man am Beginn des Wanderwegs in hier aus der Erde tretenden heißen Quellen baden. Will man tiefer in das Gebiet eindringen, muß man eine gute Wanderausrüstung, Verpflegung und ein Zelt dabei haben. Gutes Regenzeug, festes Schuhwerk und ein warmer Pullover sind zu allen Jahreszeiten vonnöten. Die Straße zum Fuß des Baitou Shan ist allerdings nur von Juni bis September geöffnet und befahrbar. Übernachtungsmöglichkeiten bieten einfache Hotels in der Nähe der heißen Quellen oder eine Hotelanlage an der Einfahrt zum Nationalpark. Die Touren, die von Erdaobaihe aus starten, sind jedoch meist Tagestouren, so daß man abends wieder am Ausgangspunkt ist und am folgenden Tag weiterfahren kann.

Um nicht in einen vollen Zug einsteigen zu müssen, sondern in den Genuß eines Liegewagen- oder zumindest eines reservierten Sitzplatzes zu gelangen, verläßt man Erdaobaihe mit dem Bus in Richtung Tumen. Dort kommt man gerade rechtzeitig an, um den Abendzug nach Changchun zu erreichen. Dies ist ein sogenannter Ausflugszug mit nur wenigen Aufenthalten, so daß man schon früh morgens in Changchun, der Hauptstadt der Provinz Jilin, eintrifft.

Hauptstadt der Marionetten – Changchun

Jilin, die mittlere der drei Nordostprovinzen, ist im Südosten eine bergige und unwirtliche Region, aber in der Gegend um Changchun ein nur leicht hügeliges Land mit wenig Höhenunterschieden – ideal für schnelle Transportwege. Die Zweimillionenstadt Changchun **11** (S. 389), ›Langer Frühling‹, ist wirtschaftliches, politisches und kulturelles Zentrum Jilins. Zwischen 1934 und 1945 war Changchun die Hauptstadt des japanischen Marionettenstaats Manzhouguo und Sitz des Kaisers Pu Yi, der sich nunmehr zum dritten Mal in kaiserlichem Glanz sonnen durfte, bis ihm klar gemacht wurde, daß er einzig zu Repräsentationszwecken auf dem Thron säße und nicht, um Politik zu machen. 1945 rückten russische Verbände im Lauf ihres Mandschureifeldzugs ein. Auf der Konferenz von Jalta hatte Stalin über den Kopf Chinas hinweg die Zusage von Churchill und Roosevelt erhalten, die japanischen ›Besitzungen‹ übernehmen zu dürfen, wenn sich die UdSSR am Krieg gegen Japan beteilige. Im Wettlauf um die Rückgewinnung der Macht in der Mandschurei konnten 1946 zwar Guomindang-Verbände in die von den russischen Verbänden geräumte Stadt einrücken, mußten aber schnell feststellen, daß sie von kommunistischen Verbänden eingekreist waren. 1948 konnte die Volksbefreiungsarmee Changchun und damit schließlich die ganze Mandschurei einnehmen.

Changchun zeichnet sich durch eine wohlgeordnete Stadtplanung mit groß-

Changchun

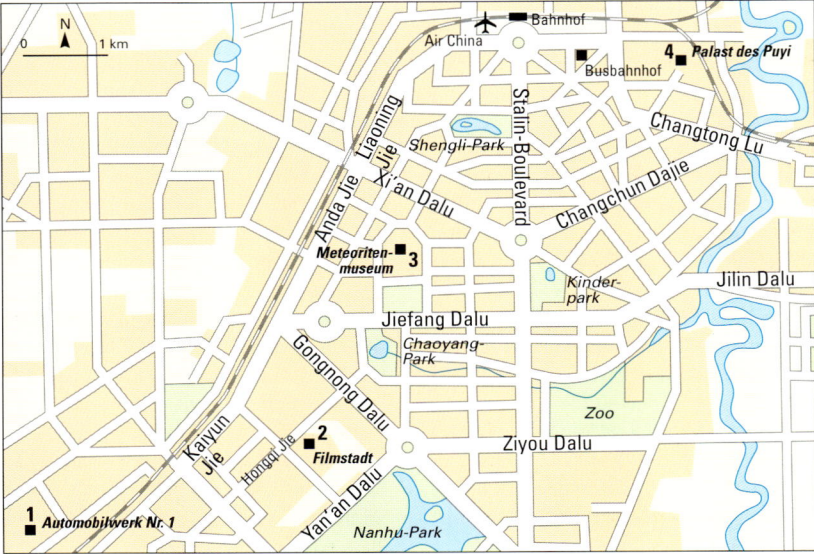

zügig angelegten Parks und breiten Boulevards aus, allen voran der endlos gerade Stalin-Boulevard. Das viele Grün hat ihr auch den Beinamen Frühlingsstadt (Chuncheng) eingebracht, darüber hinaus ist die Stadt berühmt für ihr **Automobilwerk Nr. 1** (1) und die ausgedehnte **Filmstadt** (2), eine Art chinesischer Universal Studios und Wiege des chinesischen Films. Architekturfreunde finden in der Stadt ferner zahlreiche Beispiele japanischer Monumentalarchitektur. Interessant für Geologen ist das **Meteoritenmuseum** (3), in dem Teile eines Meteoritenschwarms, der 1976 in der Region um Changchun niederging, ausgestellt sind, darunter einer der größten Meteoriten der Erde. Zusammen mit dem Erdbeben von Tangshan im Juli 1976 kündigte sich damit das nahe Ende der Ära Mao Zedong an – so jedenfalls sah es die abergläubische Bevölkerung.

Hauptattraktion ist der **Palast des Pu Yi** (4), ein für kaiserliche Verhältnisse eher schlichtes Bauwerk. Vor dem Einzug Puyis und seiner Familie diente das Gebäude als Amt für die Salzsteuer von Jilin-Heilongjiang, nach Pu Yis Ernennung zum Staatspräsidenten am 9. März 1932 wurde es umgebaut und Pu Yi als Residenz zur Verfügung gestellt. War er schon als Kindkaiser ein Gefangener der Verbotenen Stadt gewesen, die er nur zu höchst offiziellen Zwecken hatte verlassen dürfen, kam Pu Yi vom Regen in die Traufe. Er erhielt zwar 1934 den erhofften Kaisertitel, aber seine Macht war so gering, daß er ohne die Erlaubnis der Japaner nicht einmal das Haupttor seines Palasts verlassen durfte. Für Pu Yi begann eine erneute Phase des Gefangenseins, die 14 Jahre währte. Nach seiner Ernennung zum Kaiser wurde der Sitz des Präsidenten in ›Palast des Kaisers‹ umbenannt, eine subtile Wortkreation, wurde dadurch doch deutlich, daß der eigentliche ›Kaiserpalast‹ in Tokyo stand. Heute beherbergen die ehemaligen Gemächer eine Ausstellung über den chinesisch-japanischen Krieg.

Stadt des Eises – Harbin

Zweieinhalb Stunden dauert die Bahnfahrt nach Harbin 12 (S. 394 f.), der nördlichsten Provinzhauptstadt Chinas. Die Provinz Heilongjiang liegt im äußersten Nordosten des Landes. Große Getreideanbauflächen sorgen für eine gewisse landschaftliche Monotonie, aber es gibt auch riesige Waldgebiete und einige schöne Nationalparks. Das Klima ist hart und unwirtlich, nur 90 bis 120 Tage im Jahr sind frostfrei, und in dieser Zeit fällt auch noch der meiste Regen. Dank riesiger Kohle- und Erdölvorkommen sowie seiner extensiven Holzwirtschaft gehört Heilongjiang zu den wohlhabenderen Provinzen und profitiert zusätzlich vom russisch-chinesischen Grenzhandel.

Seit dem Bau der Ostmandschurischen Eisenbahn und einer Brücke über den Songhua Jiang zogen immer mehr russische und chinesische Siedler in den bis zum Ende des 19. Jahrhunderts eher unbedeutenden Fischerort am Songhua-Fluß. Durch diesen Zuzug an Glücksuchenden hatte sich die Einwohnerzahl 1917 schon auf 200 000 erhöht, es gab je ein chinesisches und ein russisches Wohnviertel. Mit dem Auftauen der russisch-chinesischen Beziehungen kann Harbin, das mit seiner russischen Architektur, seinen Alleen und Parks eine durchaus attraktive Stadt ist, an diese Vergangenheit anknüpfen.

Bekannt unter den wenigen Sehenswürdigkeiten ist der **Kinderpark** (1, Ertong Gongyuan) mit seiner 2 km langen, von bis 13jährigen Kindern bedienten Eisenbahn und die **Sonneninsel** (2, Taiyang Dao), ein beliebtes Naherholungsgebiet. Der **Tempel des Paradieses** (3, Jile Si) in der 5, Dongda Zhijie steht inmitten eines Fabrikgeländes und ist mit 26 000 m² der größte Tempel der Provinz. Er wurde 1924 erbaut und ist ein Tempel des Chan-Buddhismus.

In der Jihong Jie im Zentrum Harbins steht das **Museum der Märtyrer des Nordostens** (4, Dongbei Lieshi Jinianguan), das in einem majestätischen Gebäude untergebracht ist. In den 14 Jahren, die Manzhouguo bestand, befand sich hier das Hauptquartier der Harbiner Polizei, ein Ausführungsorgan der japanischen Besatzer und fast ebenso berüchtigt wie das Gestapo-Hauptquartier in Berlin. Ausgestellt werden unter anderem Bilder der hier gefolterten und dann zur Exekution gebrachten Opfer.

Für das Verständnis der komplizierten chinesisch-japanischen Beziehungen kann ein weiterer Ausflug in die finstere Geschichte der japanischen Besetzung wichtig sein: Etwa 30 km südlich von Harbin liegt **Pingfang** (5), der Standort der berüchtigten Bakteriologischen Einheit 731, deren grausame Machenschaften den Experimenten in deutschen Konzentrationslagern in nichts nachstanden. Die japanische Armee unterhielt hier in einem gewaltigen Komplex mit über 3000 Angestellten ein Forschungszentrum für Keime, die zur bakteriologischen Kriegsführung entwickelt wurden. Über 4000 chinesische, mongolische, russische, koreanische und britische Gefangene fielen den unmenschlichen medizinischen Experimenten zum Opfer. Mit dem Einmarsch der Roten Armee in Harbin sprengten die Japaner den Komplex in die Luft und versuchten alle Spuren zu verwischen. Dabei wurden die Pestbakterien freigesetzt, die in einem nahegelegenen Dorf eine Pestepidemie auslösten, der 142 Menschen zum Opfer fielen. Das Buch eines japanischen Mitglieds dieser Einheit brachte

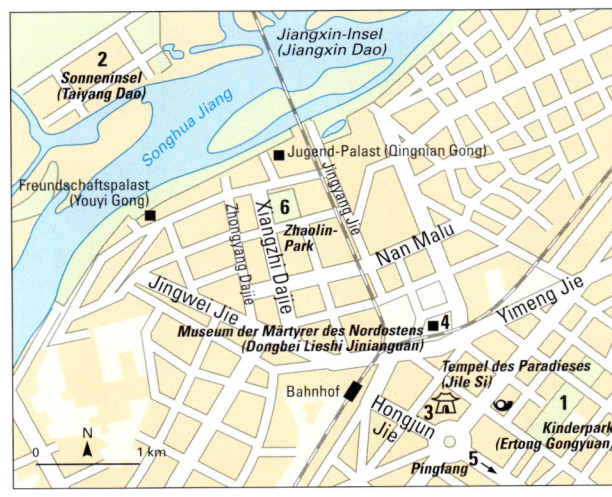

Harbin

Im Rausch der Lichter – die schönsten Laternenfeste

Nur 14 Tage nach dem Frühlingsfest kommen die Familien erneut zusammen, um an diesem Abend *Yuanxiao* zu essen, kleine Bällchen *(Tang Yuan)* mit denen, der Legende nach, die angehende Konkubine Yuan Xiao ihren Kaiser so zu beindrucken wußte, daß er ihr erlaubte, zum Laternenfest ihre Familie zu sehen. Aus diesem Grunde wird das Laternenfest auch Yuanxiao-Fest genannt. Yuanxiao bezeichnet jedoch nicht nur ein Gericht, sondern vor allem den Abend mit dem ersten Vollmond im Jahr, an dem die Kaiser das nächtliche Ausgehverbot – je nach Dynastie für drei bis zehn Tage – aufhoben, damit die Bevölkerung den Anblick der Laternen genießen konnte, eine Sitte, die vermutlich auf archaische Opfer an den Sonnengott zurückzuführen ist. Besonders beeindruckend sind die Eislaternenfeste in Harbin und Qiqihar, wo aus riesigen Eisblöcken die filigransten Figuren geschlagen und von innen beleuchtet werden. Originell ist auch das ›Dinosaurier-Laternenfest‹ der Stadt Zigong in der Provinz Sichuan, wo Zehntausende von erleuchteten Glasflaschen gebündelt und ausgestellt werden. Beiprogramme zum Laternenfest sind Löwentänze, Feuerwerke, in vielen Gebieten auch karnevalistisch anmutende Tänze, wie die Yengge-Tänze der Lößhochebene, und Laternenrätsel, die auf die Laternen geschrieben werden und bei deren Lösung ein Preis winkt.

die Vorgänge nach dem Zweiten Weltkrieg ans Licht. Viele hochrangige Ärzte suchten allerdings alles zu vertuschen, standen sie in Japan doch wieder in Amt und Würden. Auch die Amerikaner hatten kein großes Interesse an einer Aufklärung. Sie hatten den Tätern Straffreiheit zugesichert, wenn sie ihnen die medizinischen Ergebnisse ihrer Versuche überließen.

Wer im Winter zur Zeit des Laternenfests nach Harbin kommt, kann das weithin berühmte Eislaternenfest (Bingxue Jie) besuchen, das in der Regel zwischen Januar und März im **Zhaolin-Park** (6) stattfindet. Für die gewaltigen Eisskulpturen werden große Eisblöcke aus dem Songhua Jiang gesägt und per LKW in den Park geschafft, wo sie anschließend von ›Eismetzen‹ bearbeitet und in Figuren, Tiere und Eispaläste verwandelt werden, die von innen mit bunten Glühbirnen ausgeleuchtet werden. Ein Ereignis, das – vermutlich ›dank‹ der Klimaveränderungen – mittlerweile auch schon mal ausfällt.

Ausflüge von Harbin

Von Harbin aus kann man die zahlreichen großen Nationalparks der Provinz Heilongjiang meist nur in mehrtägigen Ausflügen erreichen: so das Zhalong-Vogelschutzgebiet nahe Qiqihar, in dem sechs der 15 auf der Welt vorkommenden Kranicharten leben, und der hoch im Norden gelegene Naturpark der ›Fünf verbindenden Seen‹ (Wudalianchi), ein Gebiet zum Schutz der hiesigen Vulkanlandschaft.

Der vielleicht schönste Abstecher mit einer gelungenen Kombination von Natur und Kultur ist ein Besuch des Spiegelsees. Von Harbin fahren regelmäßig Züge ins 355 km weiter östlich gelegene **Mudanjiang** (S. 405), von wo man mit dem Zug oder Bus in das 70 km entfernte **Dongjingcheng**, das alte **Shangjing** 13, fahren kann, das wiederum Ausgangspunkt für den Ausflug zum Spiegelsee ist.

Shangjing war einst die Hauptstadt des frühesten tungusischen Staats Bohai (Moho), der von 698 bis 926 existierte. In der Ruinenstätte findet man noch Mauerreste der Residenz, Fundamente von sechs Palästen und der Acht-Schätze-Quelle (Babao Quan). In der Qing-Zeit (1644–1911) wurde auf dem Gelände der buddhistische Tempel des Gedeihens (Xinglong Si) gebaut.

Etwa eine Busstunde von Dongjingcheng liegt der 90 km² große und bis zu 70 m tiefe **Spiegelsee** (S. 405, Jingpo Hu) in einer herrlichen Landschaft. Nicht versäumen sollte man den 20 m hohen und 40 m breiten Wasserfall Diaoshuilou. Der Name des Sees, der der größte Kratersee Chinas ist, rührt von einer Legende her. Ein tyrannischer und grausamer König schickte allwöchentlich einen Minister aus, der ein hübsches Mädchen für ihn finden mußte. Gefiel sie ihm nicht, ließ der König das Mädchen töten. Eines Tages erschien ein Mönch vor dem König und übergab ihm einen Wunderspiegel, der angeblich die wahre Schönheit einer jeden Frau zeigen könnte, selbst wenn sie mit dem Rücken zum Spiegel stünde. Eines Tages fand sein Minister eine schöne Frau am See und siehe da, der Spiegeltest funktionierte. Überglücklich bat der König um ihre Hand. Die Frau aber fragte ihn, was das wertvollste Ding der Welt sei, worauf der König ohne zu zögern antwortete: die ›Macht‹. Daraufhin warf die Frau den Spiegel in den See, ein Sturm brach los und sie verschwand, während der Name blieb.

Die ›Badewanne‹ des Nordens – Shanhaiguan und Beidaihe

Shanhaiguan **14** (S.409) ist ein Küstenort mit blühendem Tourismus an der Grenze der Provinz Hebei zu Liaoning. Der ›Paß zwischen den Bergen und dem Meer‹, so die Übersetzung des chinesischen Namens, ist Endpunkt der Großen Mauer im Osten. Das andere Ende liegt 3000 km weiter im Westen in Jiayuguan, und die gewaltigen Dimensionen, aber auch das unermeßliche durch den Bau der Mauer verursachte Leid sind kaum vorstellbar. Das Bedürfnis, Sicherheit durch Mauern zu schaffen, ist alt und weit verbreitet. Aber wohl nirgends sonst spielten Mauern so lange eine dominierende Rolle wie in China. Die Große Mauer war das vielleicht sichtbarste Zeichen für die Trennung der Welt in eine chinesisch zivilisierte und eine barbarische. Die Mandschuren holten sich 1644 diese ›bessere‹ Hälfte der Welt und machten die Mauer damit überflüssig, da sie nun mitten durchs Reich führte. 1980 wurde das hiesige Mauer-Teilstück restauriert und die alte Garnisonsstadt Shanhaiguan für den Tourismus hergerichtet. Hauptsehenswürdigkeit ist der **Erste Paß unter dem Himmel** (1, Tianxia Diyi Guan), der östliche der vier Zugänge zur Stadt. Er besteht aus einem mächtigen, 12 m hohen Mauerstück, das von einem schönen, 13 m hohen, hölzernen Turm gekrönt wird. 4 km südöstlich von hier fand die Große Mauer am **Alten Drachenkopf** (2, Lao Longtou) ihr natürliches Ende. Benannt wurde diese Stelle nach einem großen, nicht mehr existierenden steinernen Drachenkopf, der als Abschluß der Mauer hier aufs Meer schaute.

Sechs Kilometer östlich von Shanhaiguan steht der **Tempel der Frau Meng Jiang** (3, Mengjiangnü Miao), der eines der tragischen Kapitel der Großen Mauer gedenkt. Frau Mengs Ehemann Wan war zum Frondienst am Bau der Großen Mauer eingezogen worden, weil er bei Kaiser Qin Shihuang in Ungnade gefallen war. Als der Winter nahte, reiste Frau Meng zur Baustelle, um ihrem Mann warme Kleidung zu bringen. Dort mußte sie allerdings erfahren, daß ihr

Shanhaiguan und Beidaihe

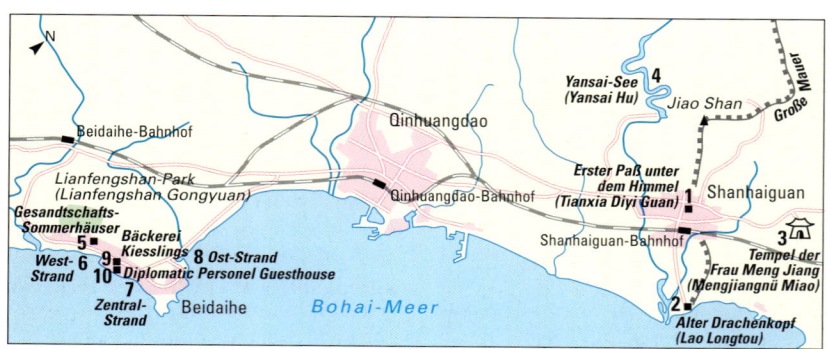

Mann an den Folgen der harten Arbeit gestorben war. Weinend wanderte sie umher, um die sterblichen Überreste ihres Mannes und eine geeignete Begräbnisstätte zu finden. Damit rührte sie die heilige Seele der Mauer derart, daß sie zusammenfiel und die Knochen ihres Mannes freigab. Meng Jiang schleppte sie zur Küste und stürzte sich mit den sterblichen Überresten in die Fluten.

6 km nordwestlich von Shanhaiguan liegt in einer pittoresken Landschaft der schöne **Yansai-See** (4, Yansai Hu), zu dem sich ein Ausflug lohnt.

Von Shanhaiguan braucht man ungefähr eine Busstunde bis zu Chinas berühmtester Sommerfrische – **Beidaihe** **15** (S. 409). Man sollte bei den Stränden allerdings nicht an Spanien denken, sondern auf dem Boden der chinesischen Tatsachen bleiben. Gebadet wird hier fürs Urlaubsfoto, und im Hochsommer sieht man den Strand vor lauter Menschen nicht. Niemanden stört es, nur das gemeinsame Erlebnis des Dortseins ist entscheidend. In einem Umfeld, das nur bescheidenen Urlaub kennt, muß alles nur mögliche aus dem Aufenthalt herausgeholt werden: Karaoke und Essen.

Beidaihe ist ein ursprünglich europäisches Konstrukt und diente den in Nord-

china lebenden Europäern als Seebad. Die landschaftlich reizvoll an einer langgezogenen Meeresbucht gelegene Sommerfrische war mit der Bahn bequem erreichbar (245 km von Tianjin, 385 km von Beijing). Schon 1896 standen hier die ersten 20 Sommerhäuser, 1899 waren es schon fast 100. Viele der alten Villen sind verschwunden, andere verbergen sich hinter hohen Mauern, so die beiden alten deutschen **Gesandtschafts-Sommerhäuser** (5). 1908 waren sie von dem deutschen Gesandten Graf von Rex eingeweiht worden. Die Wahl des Standorts war exquisit, und die beiden Häuser blickten direkt auf das südlich vorgelagerte Bohai-Meer. Das wußte auch die kommunistische Führung zu schätzen, die das 65 000 m^2 große Gelände mit den beiden Gebäuden requirierte und das Erholungsheim des Zentralkomitees der KPCh darin unterbrachte. Die Anlage liegt am **Weststrand** (6, Xi Haitan) in der Xihaitan Lu/Ecke Xiyi Lu. Die drei Strandstücke Beidaihes waren bis 1990 verschiedenen Nutzungen ›zugeteilt‹: Der Weststrand war Ausländern, der **Zentral-Strand** (7, Zhong Haitan) hohen Kadern und der **Ost-Strand** (8) den ›Normalchinesen‹ vorbehalten.

Bei einem vorzüglichen Stück Kuchen in der altehrwürdigen **Bäckerei Kiesslings** (9, nur Juni bis August geöffnet) gleich um die Ecke vom **Diplomatic Personal Guesthouse** (10) kann man die Geschichte rekapitulieren: In Beidaihe fand vom 17.–30. 8. 1958 jene ZK-Konferenz statt, auf der die ›Errichtung von Volkskommunen in den ländlichen Gebieten‹ beschlossen wurde. Mao erhielt seinen ›Großen Sprung nach vorn‹, und die Volkskommunenbewegung wurde zum operativen Instrument für die Umsetzung dieser maoistischen Politik, die in einem Desaster ohnegleichen endete und fast 19 Mio. Hungertote forderte.

Der Erste Paß unter dem Himmel

Handelsmetropole am Golf von Bohai – Tianjin

Tianjin **16** (S. 412) war eines jener Konzessionsgebiete, die China infolge aufgezwungener Kriege und ›ungleicher Verträge‹ den Ausländern überlassen mußte, damit sie dort ungehindert ihren Handelsaktivitäten mit China nachgehen konnten – quasi ein Staat im Staate. Zwischen den einzelnen europäischen Konzessionen in Tianjin bestanden zwar keine Grenzen, aber jedes Land praktizierte in seiner Niederlassung ein eigenes Rechts- und Steuerwesen, hatte eigene Polizeistreitkräfte und eine eigene Verwaltung.

Den europäischen Mächten kam bei ihren Aktionen, mit denen sie China die Konzessionen abpreßten, der durch und durch korrupte Zustand der chinesischen Regierungen zugute. Die Westeuropäer machten sich zunehmend einen Sport daraus, Chinesen zu provozieren und von den örtlichen Mandarinen Konzessionen zu fordern, sobald die Chinesen sich zur Wehr setzten. Wurden sie verweigert, verliehen Kanonenboote den Forderungen Nachdruck. Nicht anders war es auch 1860. Der Streit über die Aufbringung des verrotteten Lastkahns ›Arrow‹ in Kanton (s. S. 281), ein Schmugglerschiff, das unter bereits abgelaufener englischer Lizenz fuhr, hatte als Vorwand gedient, den zweiten Opiumkrieg anzuzetteln, der eigentlich aus drei Kriegen zwischen 1858 und 1860 bestand.

Sie endeten mit den Verträgen von Tianjin und Beijing, die die Einrichtung ausländischer Gesandtschaften in Beijing sowie weiterer Konzessionen der Briten und Franzosen in Tianjin gewährten. Ihre Niederlassungen entwickelten sich zum wirtschaftlichen Zentrum der Stadt und sind es auch heute noch. Deutschland hatte seine Niederlassung 1895 erhalten, nachdem es sich mit Frankreich und Rußland für den Frieden von Shimonoseki (s. S. 143) eingesetzt hatte, der den chinesisch-japanischen Krieg beendet hatte.

Nach dem japanischen Erfolg im russisch-japanischen Krieg besserte sich das Verhältnis der hier lebenden Ausländer zu den Chinesen, und schon 1912 forderte der deutsche Konsul Knipping in einem Schreiben an den Reichskanzler, daß in der deutschen Niederlassung kein Unterschied mehr zwischen Chinesen und Ausländern gemacht werden dürfe. Nach der Revolution von 1911 flüchteten daher auch viele wohlhabende Mandschu-Familien nach Tianjin, wo sie von Ausländern aus ›politischen Gründen‹ Eigentum in Form von Grundbesitz erwerben durften, was den Immobilienmarkt kräftig anheizte.

Auch Pu Yi siedelte nach seiner Vertreibung aus der Verbotenen Stadt 1924 nach Tianjin über, wo er zunächst im Zhang-Garten und später im Stillen Garten residierte.

Das moderne Tianjin ist Chinas drittgrößte Stadt mit über 8 Mio. Einwohnern; ein florierendes Wirtschafts- und Kulturzentrum, das seine Abhängigkeit von Beijing, als dessen Hafen und Getreidelager es von den Mongolen einst angelegt worden war, abschütteln konnte. Hier endete auch der Kaiserkanal und schon Ende des 19. Jahrhunderts war Tianjin gut in ein Bahnnetz eingebunden, das, zu großen Teilen von deutschen Ingenieuren erbaut, die Stadt unter anderem mit Nanjing (Bahnhof Pukou), Shenyang (Mukden) und Beijing verband. Seit 1905 wurden mehrere Straßenbahnlinien angelegt, die den schnellen Transport der Arbeiter in die Fabriken gewährleisten sollten. 1984 gehörte Tianjin zu den 14 Städten, die Vorzugsbedingungen für Auslandsinvestitionen bieten durften, und so war der Startschuß für eine rasante Modernisierung gefallen.

Tianjin ist keine Stadt der spektakulären Sehenswürdigkeiten, aber es ist trotz seiner Größe eine Stadt zum Bummeln. Tianjin ist so etwas wie ein Architekturmuseum, in dem die um die Jahrhundertwende maßgebenden Nationen

in einem bunten Potpourri ihre Architekturstile hinterlassen haben. Man sollte nicht mit den Augen eines denkmalschutzgeschulten Europäers durch die Straßen bummeln, dann wird man von einem Tief ins andere stürzen, sondern mit Humor zur Kenntnis nehmen, wie die Chinesen die Kolonialarchitektur für ihre Zwecke umwidmen und damit durchaus Neues schaffen.

Beginn des Bummels ist der attraktive, aber unruhig und überladen wirkende **West-Bahnhof** (1, Xi Zhan), der Anfang des Jahrhunderts von deutschen Ingenieuren geplant und gebaut

Tianjin

worden ist. Eigentlich sollte er in der Nähe der Niederlassungen stehen und hätte da optisch sicher auch besser hingepaßt. Vom Bahnhof aus kann man eine Station mit der U-Bahn zur Station Xibeijiao fahren. Nicht weit von der Station befindet sich die 1703 erbaute **Große Moschee** (2, Qingzhen Dasi), die noch weitgehend im Originalzustand erhalten ist. Wie auch die Große Moschee in Xi'an, erinnert sie eher an einen chinesischen Tempel.

Südlich der Beima Lu liegt das **Alte Chinesenviertel** (3) der Zeit der Konzessionen. Unverkennbar durch die rechtwinkelige Struktur und noch bis 1901 von einer 10 m hohen Stadtmauer umgeben, erinnern heute die Beima (Nord-) Dongma (Ost-), Nanma (Süd-) und Xima Lu (West-Pferd-Straße) an den ursprünglichen Grundriß der Stadt. Nördlich davon mündete der Kaiserkanal in den Hai He, wo sich ein riesiger Warenumschlagplatz befand. In den Gassen herrscht hektisches Treiben, und die Architektur ist unverkennbar chinesisch.

Am besten läßt man sich in Richtung Westen treiben. Vorbei am 1463 erbauten **Konfuzius-Tempel** (4, Wen Miao) gelangt man schließlich zur **Alten Kulturstraße** (5, Gu Wenhua Jie). Sie ist der Versuch, ein Stück altes China zum Leben zu erwecken, und hat dabei, trotz aller touristischen Attraktion, echt chinesisches Eigenleben entwickelt, so daß hier auch viele Tianjiner bummeln. Besuchen kann man neben allerlei Läden den **Palast der Himmelsgöttin** (6, Tianhou Gong). Sie gilt als Beschützerin der Seefahrer und ist eine Variation der Göttin Matsu, die man vor allem in der Provinz Fujian und auf Taiwan antrifft. Auf der gegenüberliegenden Seite des Hai He lag übrigens die Östereichisch-Ungarische Niederlassung. Über die **Löwenwaldbrücke** (7, Shizilin Qiao) ge-

langt man dorthin. Kurz hinter der Brücke steht die von Franzosen erbaute Kirche ›Heilige Maria siegt‹, und es verwundert nicht, daß sie, mit einem für Chinesen aggressiv klingenden Namen, mehrfach bei antichristlichen Ausschreitungen zerstört worden ist. 1904 wurde sie in ihrer jetzigen Form wiederaufgebaut und heißt nun **Kirche, die auf den Hai-Fluß blickt** (8, Wanghailou Jiaotang).

Geht man am Fluß entlang weiter nach Norden und biegt dort, wo die nächste Brücke den Hai He überspannt, nach rechts ab, stößt man auf die Tianwei Lu und den dort stehenden **Tempel des Großen Mitleids** (9, Dabei Si). Er ist der größte Tempel der Stadt und gehört zu den wenigen Bauten des alten Tianjin. Die ältesten Teile des Komplexes stammen aus dem Jahr 1669. Wer weiter auf den Spuren Puyis wandeln will, kann von hier zum **Park der Nördlichen Stille** (10, Beining Gongyuan) fahren, der weiter im Nordosten liegt und dem arbeitslosen Kaiser zwischen 1929 und 1932 als Residenz diente. Heute tummeln sich dort Wochenendler, es gibt einen kleinen Zoo und einen Botanischen Garten.

Die zweite Etappe der Besichtigung Tianjins beginnt man am besten beim großen **Kaufhaus** (11, Baihuo Dalou) in der Heping Lu, das sich auf dem Gelände der ehemaligen japanischen Konzession befindet. Die Heping Lu geht man nach Süden bis zur Shenyang Dao. In dieser faszinierenden Straße befindet sich der **Antiquitätenmarkt** (12), der an Wochenenden gewaltige Ausmaße annimmt und sich in alle Seitenstraßen ausbreitet. Die zum Verkauf angebotenen Produkte kommen aus ganz China, und Gerüchte wollen wissen, daß hier Waren verkauft werden, die die Regierung während der Kulturrevolution geplündert und gehortet hat.

Wer nach dem Bummeln Hunger verspürt, muß zur nahen Shandong Dao, einer Gasse, die zwischen der Changchun Lu und Binjiang Dao liegt. Hier steht Chinas berühmtestes **Dim-Sum-Restaurant Goubuli** (13), das wenig vertrauenerweckend übersetzt ›Ein Hund faßt sie nicht an‹ heißt. Die Dim Sums sind dennoch ihren Ruf und einen eigenen Abstecher wert.

Bevor man nun ganz in dem Straßengewirr verlorengeht, hält man sich nach Westen und folgt der Binjiang Dao bis zur Kreuzung mit der Jiefang Lu: auch sie, wie schon die Heping Lu, ein Architekturmuseum. Hier befand sich die französische Niederlassung, die Binjiang Dao hieß Rue du Baron Gros und die Jiefang Lu Rue de France. Sie ging über in die Victoria Road der britischen Konzession und endete in der Wilhelmstraße der deutschen Niederlassung. In der Victoria Street, die heute Jiefang Beilu heißt, liegt die **ehemalige Deutsch-Asiatische Bank** (14). Das Gebäude wurde in einer Mischung aus deutscher und italienischer Neorenaissance erbaut, verlor aber beim großen Erdbeben 1976 sein charakteristisches Mansardenwalmdach. Nicht weit von hier, in der Hausnummer 77, befindet sich in einem imposanten Gebäude das **Kunstmuseum** (15, Yishu Bowuguan), das einen Einblick in alte und neue chinesische Kunst gibt. Weitere Beispiele erhaltener deutscher Architektur findet man weiter südlich in der Jiefang Nanlu. An der Kreuzung zur Bengbu Dao befindet sich das Gebäude des **ehemaligen Club Concordia** (16), ein neoromanisches Gebäude aus dem Jahr 1907. An der Jiefang Nanlu 252 Ecke Zhenjiang Dao steht noch ein schmuckes **Wohnhaus** (17), das 1914 in einer bunten Mischung von Stilen errichtet wurde. Ein weiteres interessan-

Im Innern der Kirche, die auf den Hai-Fluß blickt

tes Wohngebäude in der Xuzhou Dao 29 demonstriert, wie Jugendstil in Ostasien rezipiert wurde.

Einmal im Süden der Stadt, kann man dem Stadtlärm entfliehen, indem man den weitläufigen **Wasserpark** (Shuishang Gongyuan) besucht. Fährt man von dort die Guizhou Lu direkt nach Norden, stößt man auf eine der originellsten Kirchen der Stadt, die **Alte Xikai-Kirche** (Lao Xikai Jiaotang). Das Bauwerk ist ein eigenwilliges Beispiel für die Vermischung verschiedener architektonischer Stile. Westlich der Kirche steht das Denkmal für das schreckliche Erdbeben vom 28. Juli 1976. Das Beben, das ganz konfuzianisch Mao Zedongs Ende ankündigte und dessen Epizentrum im nahen Tangshan lag, hatte die Stärke 8 auf der Richterskala. Es richtete verheerende Verwüstungen bis in die Gegend von Beijing an und forderte mindestens 242 000 Menschenleben.

Wüsten, Berge und Oasen – Die Seidenstraße

Geschichte der Seidenstraße

»Einzig Knochen von Menschen und Tieren dienen uns auf der Reise als Wegweiser« notierte der Mönch Faxian in seinem ›Bericht über die buddhistischen Länder‹, in dem er seine zwischen 399 und 414 durchgeführte Reise entlang der Seidenstraße nach Indien aufzeichnete. Auch spätere Reisende, allen voran der berühmte Pilger Xuanzang, der zwischen 629 und 645 über die Seidenstraße nach Indien reiste, konnten ein Lied über die Gefahren der Wüste singen, deren mörderischer Umklammerung sie oft nur mit knapper Not entrinnen konnten. Doch die Seidenstraße ist mehr als nur trockene Wüste. An ihr treffen faszinierende Landschaften, unzugängliche gewaltige Hochgebirge, einsame grüne Almen, endlose Wälder und weite Seen, aber auch vielfältige Kulturen, grandiose Kulturzeugnisse, pulsierende Basare und gemächliches Oasenleben aufeinander.

Der Name Seidenstraße wurde von dem Geographen und Zentralasienforscher Ferdinand Freiherr von Richthofen (1833–1905) geprägt und bezeichnet die von Chang'an (Xi'an) im Zentrum Chinas durch den Hexi-Korridor über Kashgar und Samarkand bis nach Persien verlaufenden Handelswege, die seit etwa 105 v. Chr. mit vielen zeitlichen Unterbrechungen die drei Hochkulturen Indiens, Persiens und Chinas mit den Mittelmeerkulturen verbanden. Daß der Seidenstraßenhandel so bedeutende Ausmaße überhaupt annehmen konnte, ging auf die Expansionspolitik des Han Kaisers Wu (reg. 141–87 v. Chr.) zurück. Um die China bedrohenden Hunnen friedlich zu stimmen, hatten Wus Vorgänger noch eine Politik der Beschwich-tigung praktiziert, die sich durch Geschenke, prunkvolle Empfänge für die Xiongnu-Führer und der Verheiratung chinesischer Prinzessinnen mit Führern der Nomadenvölker auszeichnete. Die Staatskasse wurde dadurch immer leerer und die Xiongnu immer reicher und dreister. Angesichts leerer Kassen kam Kaiser Wu auf die Idee, »einen Barbaren durch einen anderen bekämpfen zu lassen«, eine Politik, durch die China über die Jahrhunderte hinweg immer wieder der lachende Dritte sein konnte. Mit der Umsetzung der neuen Politik betraute er seinen General Zhang Qian, der 139 v. Chr. zu einer ersten Expedition in den unbekannten fernen Westen aufbrach, wo er die von den Xiongnu aus Gansu vertriebenen Yuezhi ausfindig machen wollte, um sie als Verbündete im Kampf gegen die Xiongnu zu gewinnen. 13 Jahre dauerte Zhang Qians Odyssee, bis er 126 wieder in Chang'an eintraf und detaillierte Berichte aus den Gebieten im fernen Westen mitbrachte.

Die diplomatischen Missionen des Zhang Qian bereiteten eine beispiellose Offensive der Chinesen vor, die sie bis zum Pamir und in die Dsungarei führte, wo sie schließlich das Generalprotektorat der Westgebiete (Xiyu Duhu) grün-

deten und ihre Eroberungsfeldzüge abschlossen. Nun waren nicht nur die Grenzen gesichert, sondern auch der Weg frei für einen gewaltigen Handelsaufschwung. Riesige Karawanen bewegten sich fortan von Ost nach West, beladen mit Seide für das unersättliche Rom, feinster Keramik für den erlesenen Geschmack der islamischen Welt und Brokaten für die kurzlebigen zentralasiatischen Königreiche. Umgekehrt reisten wandernde Karawanenstädte aus bis zu 1000 Karren von West nach Ost, beladen mit Tributlieferungen an den chinesischen Kaiserhof, darunter die Unsterblichkeit verheißenden Himmelspferde aus der Sogdiana für Kaiser Wu, der, ähnlich wie schon sein großer Vorgänger Qin Shi Huangdi, nicht hinnehmen wollte, daß ausgerechnet er als Sohn des Himmels sterblich sein sollte.

Die Zeiten des Seidenstraßenhandels waren Zeiten des Reichtums für die Oasenstädte. Es waren gleichzeitig auch Zeiten reger Missionstätigkeit, und so fanden Manichäismus, Nestorianismus, Mazdaismus und der Islam ihren Weg in die Oasen des Tarim-Beckens, ja bis hinein in die Städte Chinas. Am bedeutendsten aber war das Vordringen des Buddhismus, der im Verbund mit den Reichtümern der Oasen in riesigen Tempel- und Grottenanlagen seinen kunstvollen Ausdruck fand und heute neben den landschaftlichen Schönheiten jede

Reise entlang der Seidenstraße zu einem unvergeßlichen Erlebnis werden läßt.

Der Handel entlang der alten Seidenstraße lebte von eindeutigen Machtverhältnissen, und die waren nur zur Han-, Tang- und zur mongolischen Yuan-Zeit gegeben, als sich Chinas Grenzen jeweils bis weit nach Westen schoben. Brachen diese Großreiche zusammen, zerfiel die zentralasiatische Welt in einen Flickenteppich sich bekämpfender Einzelstaaten, die einen lohnenden Handel oftmals unmöglich machten. Seit der Ming-Zeit verlagerte sich der Fernhandel weitgehend auf den sichereren Seeweg, und für die Oasen des Tarim-Beckens begann die Zeit des Niedergangs. Abgeschnitten von der Macht des Geldes, wurden die Königreiche zu Spielbällen imperialer Politik, auf die sie selbst kaum mehr gestaltend einwirken konnten. Das Tarim-Becken und die Dsungarei wurden unter der mandschurischen Qing-Dynastie zwischen 1755 und 1795 erneut dem chinesischen Reich einverleibt, um den Rest stritten sich England und Rußland.

Zum Leben erwacht ist die Seidenstraße erst wieder seit Anfang des 20. Jahrhunderts, als sie wegen aufsehenerregender Entdeckungen in die Schlagzeilen der Weltpresse gelangte: 1899 die Dokumentenfunde in den Grotten von Dunhuang; 1974 die spektakuläre Ausgrabung der Terrakottaarmee. Auch die Reiseberichte von Sven Hedin und anderen Abenteurern und Forschern lenkten ein weltweites Interesse auf die Seidenstraße. Die modernen Karawanen setzen sich nicht mehr aus Kamelen zusammen, sondern aus Güterzügen nach Kasachstan, Lkw-Konvois nach Kirgisstan oder Touristenbussen nach Pakistan, die der Seidenstraße nach Jahrhunderten der Abstinenz zu einer ungeahnten Renaissance verholfen haben.

Xi'an – das Tor zum Westen

»Ich mahne Dich: Noch einmal trink
Mit mir den Becher leer!
Wo du im fernen Westen bist,
Gibts' keine Freunde mehr.«
(Wang Wei, 699–759)

Kaiyuan Men, was für ein Klang im Ohr der in der Ferne weilenden chinesischen Kaufleute, Mönche und Soldaten. Durch dieses Tor verließen sie während der Tang-Zeit Chang'an, das heutige Xi'an **1** (Karte S. 190/191, S. 414), wissend, daß sie viele Monate, Jahre nicht zurückkehren würden. Hier wurden sie mit Pomp verabschiedet oder in Schande verbannt und folgten von nun an den Meilensteinen, die, stumme Zeugen von Größe und Verfall der Seidenstraße, sich über 9900 Li (ca. 4950 km) bis in die Präfektur Anxi, das heutige Kuqa, erstreckten. Am Kaiyuan Men wurden auch die erfolgreichen, ruhmreichen Heimkehrer mit großem Gepränge empfangen.

Kaiser Taizong (reg. 626–649) war dem Beispiel von Kaiser Wu gefolgt und hatte die Einfälle feindlicher Nomadenstämme mit der zweiten gewaltigen Expansionswelle in der chinesischen Geschichte beantwortet und weite Teile Zentralasiens unter seine Herrschaft gebracht. Kaufleute, Mönche, Diplomaten, Künstler und Studenten aus Persien, Syrien, Indien und anderen Ländern strömten seitdem in seine Hauptstadt, die zu einer kosmopolitischen, nahezu 2 Mio. Einwohner zählenden Weltstadt heranwuchs. Chang'an entwickelte sich zum Handelszentrum und gleichzeitig zu einem Schmelztiegel der Weltreligionen, die bis in die heutige Zeit ihre Spuren hinterlassen haben. Die Funda-

mente Chang'ans ruhten zur Zeit der gerade an die Macht gekommenen Tang-Dynastie auf einer fast tausendjährigen Geschichte als Hauptstadt Chinas. Bereits die Könige der Zhou-Zeit hatten im Tal des Wei-Flusses ihren Sitz, und Qin Shi Huangdi machte das heutige Xianyang nordwestlich von Xi'an zur Hauptstadt des frisch aus der Taufe gehobenen Reichs der Mitte. Liu Bang, Gründer der langlebigen Han-Dynastie, ließ eine neue gewaltige, von einer 22 km langen Stadtmauer umschlossene, Hauptstadt anlegen und nannte sie Ewiger Friede (Chang'an). Mit dem Sturz der Tang-Dynastie 907 wurde das Kapitel von Chang'ans Geschichte als Hauptstadt schließlich geschlossen. In der Ming-Zeit war das Areal der Stadt auf gerade einmal ein Sechstel der einstigen Ausdehnung geschrumpft.

Das heutige Xi'an zieht seinen äußerlichen Reiz aus der gut erhaltenen mingzeitlichen Stadtmauer, innerhalb derer man immer noch auf jenes alte China trifft, das im Osten seit 1990 zunehmend der Abrißbirne zum Opfer fällt. Dieses Schicksal ereilt in zunehmenden Maße auch Xi'an, doch es bleibt die vage Hoffnung, daß die Entwicklung hier vielleicht ein wenig auf den Reiz des alten Stadtkerns mit seiner so bewegten Geschichte Rücksicht nimmt.

Die Orientierung innerhalb der Stadtmauer ist einfach, da Xi'an nahezu schachbrettartig angelegt ist. Die meisten Museen und Tempel öffnen um 9 Uhr ihre Pforten, aber es lohnt sich, schon früher aufzubrechen und am besten mit dem Rad entlang der alten, mächtigen Stadtmauer zum Ausgangspunkt der Besichtigung, dem Tempel des Großen Wohlwollens, zu fahren. Um 7 Uhr morgens geht das Leben entlang der Mauer noch seinen gemächlichen Gang, in den mobilen Garküchen dampft *Xifan*, die geschmacksneutrale Frühstücksreissuppe, daneben braten *Youtiao*, Fettgebäckstangen in heißem Öl, und auf kleinen hölzernen, ziemlich wackeligen Höckerchen sitzen die ersten Frühaufsteher, die heißen Tee oder Sojamilch zum Frühstück trinken. Hin und

Xi'an

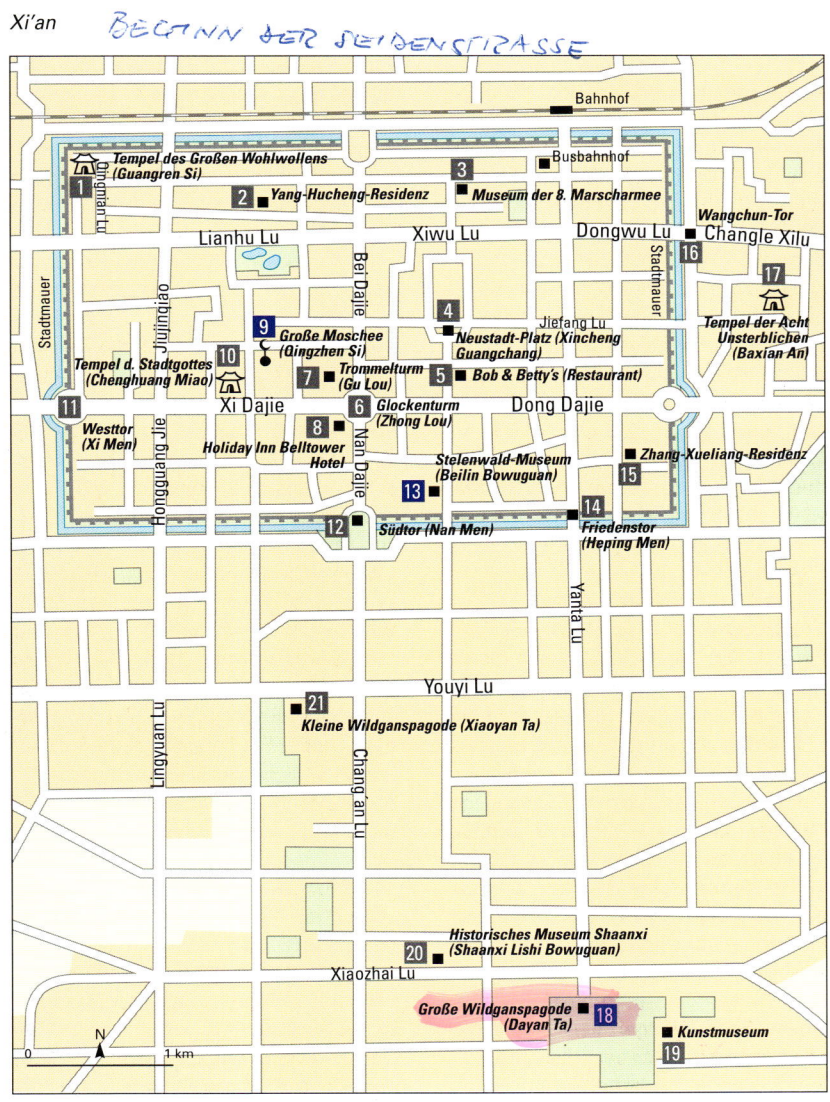

BEGINN DER SEIDENSTRASSE

wieder sieht man ältere Leute allein oder in kleinen Gruppen beim Schattenboxen oder beim Üben von Tanzschritten zu blecherner Musik aus einem Kassettenrecorder. Wenn die ersten Sonnenstrahlen ihren Weg über die Mauer gefunden haben, ist das Licht- und Schattenspiel in der schmalen Gasse an der Mauer am schönsten, und bei einem Frühstück in ihrem Schatten sollte man sich dieses gewaltige Bauwerk etwas näher ansehen. Befestigungsanlagen wie diese, stellten stets den heiligsten Teil der Stadt dar. In ihnen ruhte die göttliche Kraft, die unabdingbar für den Schutz einer Stadt war. Eine echte Stadt durfte sich erst dann *Du* (Hauptstadt) nennen, wenn sie eine gemauerte Festungsanlage besaß. Aus diesem Grund ist auch das chinesische Wort für Stadt und Mauer identisch. Beide heißen *cheng* und werden auch mit demselben Schriftzeichen geschrieben.

An der Nordwestecke der Mauer steht der 1705 erbaute **Tempel des Großen Wohlwollens** 1 (Guangren Si). Es ist ein Bau der Gelbmützenschule (Gelugpa) des tibetischen Buddhismus, von der außerhalb Tibets nur drei weitere Anlagen existieren: der Lama-Tempel in Beijing, das Kloster Labrang in Xiahe und das Kloster Kumbum in Xining. Der Guangren Si erreicht zwar nicht die Dimensionen der anderen Anlagen, bietet aber einen interessanten Einstieg in den Lamaismus, auf den man entlang der Seidenstraße immer wieder stößt.

Chinesische Geschichte des Bürgerkriegs und des Kriegs gegen die Japaner wird in der **Yang-Hucheng-Residenz** 2, nur wenige Minuten vom Tempel entfernt, lebendig. General Yang Hucheng hatte zusammen mit dem Marschall der Nordostarmee Zhang Xueliang gewagt, Chiang Kai-shek am 12. 12. 1936 gefangenzunehmen, um ihn

zu zwingen, den Bürgerkrieg ruhen zu lassen und in einer Einheitsfront mit den kommunistischen Armeen gegen die Japanischen Aggressoren vorzugehen. Chiang sah sich gezwungen einzuwilligen, und so führten Verhandlungen mit Zhou Enlai schließlich zur Bildung einer Einheitsfront von KPCh und Guomindang. Die beiden Generäle wurden nach der Freilassung Chiang Kai-sheks verhaftet. Yang Hucheng wurde im Gefängnis von Chongqing ermordet, vermutlich weil er sich dafür eingesetzt hatte, Chiang Kai-shek den Prozeß wegen Hochverrats zu machen. Zhang Xueliang, dessen ehemalige Residenz im Südwesten der Stadt in der Jianguo Lu liegt, wurde für den Rest seines Lebens, auch nach der Flucht der Guomindang-Regierung nach Taiwan, unter Hausarrest gestellt.

Weiter östlich, jenseits der Bei Dajie, steht in der Straße Qixiangzhuang 1, die über die Beixin Jie zugänglich ist, das schön gelegene **Museum der 8. Marscharmee** 3, das ehemalige Koordinierungsbüro der Armee und Wirkungsstätte Zhou Enlais und Deng Xiaopings. Diese Armee war das Ergebnis der erzwungenen Verhandlungen zwischen Chiang Kai-shek und Zhou Enlai. Als 8. Marscharmee wurde sie am 22.8.1937 in die Guomindang-Verbände eingeordnet. Das Büro verband den kommunistischen Stützpunkt in Yan'an mit der Außenwelt und koordinierte bis 1947 die militärischen Aktionen der Einheitsfront.

Vom Museum aus direkt nach Süden über die Xiwu Lu gelangt man zum **Neustadt-Platz** 4 (Xincheng Guangchang), der unrühmliche neue Geschichte geschrieben hat. Zwischen dem 15. und 22. April 1989 wogte auf ihm die bei uns nahezu unbeachtet gebliebene Xi'aner Demokratiebewegung, während die Augen der Weltöffentlichkeit auf Beijings Tian'anmen-Platz gerichtet waren. Am Abend des 22. April wurden die Demonstranten von bewaffneten Militäreinheiten eingekesselt und mit brutaler Gewalt auseinandergetrieben. Die Bilanz dieses schwarzen Apriltages: mindestens 13 Tote und Hunderte von Verletzten.

Man verläßt den Platz nun Richtung Süden über die Nanxin Jie, die nach gut 500 m auf die lebhafte Dong Dajie trifft. Sie bildet das eigentliche Zentrum Xi'ans und ist auch die Haupteinkaufsstraße. Gleich linker Hand befindet sich der Freundschaftsladen und ein wenig weiter nach Osten das originelle Fastfood-Lokal **Bob & Betty's** 5, das im angestaubten 50er Jahre Ambiente westliche Hamburger, Kuchen, Pizza und auch diverse chinesische Snacks anbietet. Ein guter Platz für eine erste längere Pause, bevor man sich nun in Richtung Westen zum Glockenturm aufmacht.

Die Dong Dajie eignet sich herrlich zum Bummeln – überall zweigen Märkte rechts und links von der Hauptstraße ab –, und man sollte sich im Strom der Menschen treiben lassen. So gelangt man schließlich zum 1384 weiter westlich erbauten und 1582 an seinen jetzigen Standort verbrachten **Glockenturm** 6 (Zhong Lou), dem Wahrzeichen Xi'ans. Der Legende nach liegt unter dem Turm eine mit einer gewaltigen Eisenkette gefesselte Riesenschildkröte in einem unterirdischen Brunnen gefangen, die, noch in Freiheit, für zahlreiche Erdbeben und Überflutungen verantwortlich gewesen sein soll. Der neue Glockenturm versiegelte das Gefängnis dieser Schildkröte die, glaubt man einem populären Gedicht, noch immer lebt und im Brunnen plätschert: »Tief unter der Stadt Xi'an, liegt gefesselt eine Schildkröte im Fluß. Traust Du der Geschichte nicht, dann lege dein Ohr an

den Fuß des Glockenturms.« Die Seitenfronten des Turms weisen auf die vier wichtigsten Stadttore Xi'ans, und der Schlag der Glocke im Morgengrauen war das Signal zum Öffnen der Tore.

Hat man es geschafft, den Glockenturm im oft chaotischen Verkehr zu umrunden und in Richtung Westen in die Xi Dajie zu gelangen, sieht man schon nach wenigen Metern rechter Hand den **Trommelturm** 7 (Gu Lou), ein 1370 errichtetes Bauwerk, dessen Trommel zu Beginn der Dämmerung geschlagen wurde und das Signal für das Schließen der Stadttore war. Durch den runden Torbogen betritt man nun das geschäftige muslimische Viertel. Schwerer Geruch von Hammelfett liegt über den Gassen, und aus allen Eingängen qualmt und dampft es. Die Gassen des Viertels sind zum Teil so schmal, daß hier jeglicher Autoverkehr fehlt und man mit viel Muße zahllose architektonische Kleinode entdecken kann.

Kurz hinter dem Trommelturm führt ein Gäßchen zur **Großen Moschee** 9 (Qingzhen Si). Schon im Jahr 742 stand an dieser Stelle ein erster islamischer Kultbau. In der frühen Ming-Zeit erhielt er auf Anweisung des Kaisers und Dynastiegründers Taizu seine heutige Form. Mit dieser Geste ehrte der Kaiser die Hilfe der Hui-Muslime beim Kampf gegen die mongolische Fremdherrschaft. Vier Höfe folgen aufeinander und bilden mit den sie umlagernden Gebäuden ein 12 000 m^2 großes Areal. Besonders eindrucksvoll ist der gewaltige hölzerne Torbogen gleich hinter dem Eingang, der einer der schönsten mingzeitlichen Torbauten ist. Einen näheren Blick sollte man auch auf die beiden freistehenden, mit Steinschnitzereien gekrönten Stelen im zweiten Hof werfen, auf denen sich die beiden berühmten Kalligraphen Mi Fu (1051–1107) und Dong Qichang

Die Große Moschee

(1555–1636) verewigt haben. Über den dritten Hof gelangt man zur Chixiu-Halle, in der man eine Sammlung von Stelen, die in Chinesisch, Arabisch und Persisch beschriftet sind, besichtigen kann. Herzstück ist die aus dem Jahr 1733 stammende Mondtafel eines Imams, der auf ihr eine Tabelle zur exakten Zeitberechnung des islamischen Mondkalenders eingraviert hat. Vor der Halle in der Mitte des dritten Hofs steht das Minarett. Es entspricht so gar nicht der klassischen Vorstellung eines Minaretts, wie man es aus den arabischen Ländern kennt. Eher wird man an einen Pavillon erinnert, wie man ihn gewöhnlich in den chinesischen Gärten sieht, hier achteckig und dreigeschossig. Aber wie in der Gesamtkomposition der Moschee zeigt sich im Detail die Integrationsfähigkeit der chinesischen Kultur, die zwar nicht den Islam im chinesischen Sinne verändern konnte – und daher auch nicht angenommen hat – aber die

islamische Architektur. Die Hauptgebäude gruppieren sich um den vierten Hof, der von der Gebetshalle abgeschlossen wird, die zu den größten Chinas zählt und mehr als 1000 Gläubigen Platz bietet. Auf der Plattform der Haupthalle steht ein über und über mit Nägeln beschlagener Taihu-Stein, der berühmte ›Prüfstein für Beamte‹. Angeblich kam ein findiger qingzeitlicher Beamter auf die Idee, Allah zu bitten, ihm bei seiner Beamtenkarriere behilflich zu sein. Dann verlangte er nach Hammer und Nagel und sprach: »Wenn das Schicksal mir günstig gesonnen ist, soll der Nagel in den Stein gehen.« Anschließend schlug er den Nagel in einen Riß des Steins. Von da an kamen hohe wie niedere Beamte in die Moschee, um ihr Glück zu versuchen. Tatsächlich aber ist der Stein ein schönes Beispiel dafür, wie die Hui-Muslime konfuzianische Beamte lächerlich gemacht haben.

Hat man sich vom Zauber dieser so viel Ruhe ausstrahlenden Moschee losgerissen, kann man nun dem schmalen Weg entlang der Moschee nach Westen folgen und trifft auf die belebte Guangji Jie – einst die Wirkungsstätte der alten Familie Tong, auf deren Tradition Xi'ans bekannte Spezialität Lawei Yangrou (gepökeltes Hammelfleisch), ein knuspriges Fleischgericht, zurückgeht. Man geht die Guangji Jie in Richtung Xi Dajie und hält sich dort noch einige Meter nach rechts bis zu einem kleinen Vorplatz, von dem ein überdachter Markt in nördlicher Richtung zum ehemaligen **Tempel des Stadtgottes** 10 (Chenghuang Miao) führt. In den Höfen des einst so wichtigen Tempels wuchert ein Markt bis in den letzten Winkel der Anlage, deren Gebäude ihrer Baufälligkeit wegen für den Besucher geschlossen sind. Inmitten dieser eigenartigen Mischung aus orientalischem Marktleben und Tempelatmosphäre deutet nichts mehr darauf hin, daß die Stadtgott-Tempel einst, neben Ahnentempel und Stadtmauer, zu den wichtigsten Sakralbauten einer Stadt gehörten. Erst wenn diese der Stadt ihren heiligen Charakter verleihenden Bauten fertiggestellt waren, durften die Paläste und Wohnhäuser errichtet werden. Die Regierung der Volksrepublik China sah darin denn auch den manifestierten Aberglauben und stellt Gelder für ihre Restaurierung nur sehr zögernd zur Verfügung.

In den Tempeln der Stadtgötter residierten die Schutzgötter einer Stadt. Sie rekrutierten sich in der Regel aus den Seelen verdienter Generäle, Mandarine oder Helden. Stadtgötter konnten allerdings auch ihres Amtes enthoben werden, wenn sie ihre Arbeit nicht zufriedenstellend ausübten.

Hat man diesen so herrlich anarchischen, chinesisch umgewidmeten Tempel verlassen, folgt man der Xi Dajie weiter nach Westen bis zum mächtigen **Westtor** 11 (Xi Men). Die Stadttore bildeten den heiligsten Teil der Befestigungsanlage und verdankten ihre besondere Weihe den Köpfen der besiegten Feinde, die unter dem Tor begraben wurden. Man kann am Westtor gegen eine geringe Gebühr auf die Mauer steigen und sogar sein Fahrrad mitnehmen. Über den Wohnvierteln im Südwesten Xi'ans kann man nun auf der 12 km langen, 12 m hohen und oben bis zu 14 m breiten Mauer bis zum **Südtor** 12 (Nan Men) fahren oder laufen. Ein einzigartiges Erlebnis, ist doch die Stadtmauer von Xi'an die einzige vollständig erhalten gebliebene Befestigungsanlage einer Großstadt in China.

Nach Verlassen des Südtors hält man sich nach rechts, dorthin, wo eine schmucke Ziegelsteinpagode auf den Beginn der Shuyuanmen-Gasse (Schultorgasse) hinweist. Durch das prunkvolle Tor betritt man die kleine Gasse, die im qingzeitlichen Stil restauriert worden ist und zahlreiche kleine Souvenirshops beherbergt. Am Ende der gemütlichen Straße stößt man auf eine der wichtigsten und sehenswertesten historischen Stätten Xi´ans, das **Stelenwald-Museum** 13 (Beilin Bowuguan). Es ist im ehemaligen Konfuziustempel Xi'ans untergebracht und beherbergt die vollständigste und größte Stelensammlung Chinas, ein einzigartiges, 2300 steinerne Stelen umfassendes Dokument chinesischer Geschichte. Bis in die Tang-Zeit war der Buchdruck unbekannt. Bereits in der Zeit der Streitenden Reiche hatte man daher begonnen, wichtige Schriften, offizielle Dokumente, aber auch Gedichte auf großen Steinblöcken, sogenannten Steintrommeln, einzugravieren, um sie für die Nachwelt zu erhalten. In der Han-Dynastie tauch-

Bücher für die Ewigkeit – Steinschild-
kröte mit Stelen

Wer in China einen Tempel, ein Mausoleum oder einen Park besucht, wird fast zwangsläufig auf die meist mächtigen, Stelen tragenden Schildkröten stoßen. Viele von ihnen sind aus hochwertigem Stein mit oft kunstvoll eingravierten Kalligraphien. Die besonders wertvollen unter ihnen stehen meist in einem schützenden Pavillon. Diese Art Stele besteht immer aus drei Teilen: einer Krone, die in Form eines oder mehrerer Chi, einem der neun Söhne des Drachen, gestaltet ist und oft mit dem Kopf eines Drachen verwechselt wird; der oft prachtvoll verzierten Stele und schließlich einer Schildkröte, die keine ist. Streng genommen heißt die Kreatur Bixi und ist der neunte Sohn des mythischen Drachens. Seit seiner Geburt außerordentlich stark, konnte Bixi selbst Berge versetzen. Erst der mythische Urkaiser und Bändiger der Fluten, Yu, konnte das Ungeheuer zähmen und in seine Dienste stellen. Zu-

sammen kämpften sie gegen die großen Fluten, gruben Kanäle und sorgten für die einwandfreie Bewässerung der Felder. Um zu verhindern, daß Bixi nach getaner Arbeit wieder zum zerstörerischen Ungeheuer werden konnte, packte er einen gewaltigen Stein auf seinen Rücken, auf denen die guten Taten des Tiers gepriesen wurden. Bixi aber kostete es die Freiheit, da sich der Stein auch für ihn als zu schwer erwies. Manch-mal wird er daher auch, umgeben von Krabben, Fischen und Schildkröten, im Meer dargestellt. Schwimmend im Wasser kann Bixi die schwere Bürde besser (er-)tragen. In späteren Zeiten wurde Bixi oft mit der Schildkröte verwechselt, die ein Symbol der Langlebigkeit, der Stärke und Festigkeit ist. Da ihr gewölbter Panzer als Sinnbild des Himmels und die flache Unterseite als Bild der auf dem Wasser schwimmenden Erde galt, vermischte sich die Symbolik beider Kreaturen immer wieder.

ten erstmals die handlicheren Stelen auf, so die 46 ältesten bislang gefundenen Stelen aus dem Jahr 175 mit den Texten der konfuzianischen Klassiker. Sie waren vor der Vorlesungshalle der kaiserlichen Akademie in Luoyang aufgestellt. Auch nach der Einführung des Buchdrucks

wurden auf den Stelen, bevorzugt prüfungsrelevante, Texte eingraviert, um die Fehler, die sich bei handschriftlichen Übertragungen stets einschlichen, möglichst dauerhaft auszuschalten. In Xi´an wurden seit 1090 Stelen gesammelt, und so bietet diese großartige Sammlung nicht nur einen eindrucksvollen Einblick in die chinesische Geschichte und Literatur, sondern umfaßt auch einige der exquisitesten Kalligraphien aller Epochen und Schulen.

Vom Museum aus kann man entlang der Stadtmauer bis zum **Heping-Tor** 14 weiter mit dem Rad fahren und dort den Ausflug entweder wieder auf der Mauer fortsetzen oder noch einen Abstecher zur **Residenz des Marschalls Zhang Xueliang** 15, der bereits im Zusammenhang mit der Residenz Yang Huchengs erwähnt wurde, machen.

Am **Wangchun-Tor** 16 verläßt man die Mauer und den ummauerten Stadtbereich und fährt ein Stück die Changle Xilu entlang – wer mit dem Bus unterwegs ist, muß die zweite Station hinter dem Tor aussteigen und in Fahrtrichtung bis zu einer Marktstraße gehen, die rechter Hand hinter einem häßlichen, grauen, rechteckigen Torbogen beginnt. Man durchquert den Markt nach Süden bis zum Ende. Dort folgt man der Straße nach rechts und geht gleich weiter nach links wieder in Richtung Süden zum **Tempel der Acht Unsterblichen** 17 (Baxian An). Der Eingang des größten daoistischen Tempelkomplexes der Stadt befindet sich in der nächsten Gasse, die nach rechts abzweigt. Seine Haupthalle ist Lü Dongbin geweiht, dem beliebtesten der Acht Unsterblichen. An die langgezogene Anlage ist ein daoistisches Ausbildungszentrum angeschlossen; da sie etwas abseits liegt, geht es hier aber meist sehr beschaulich zu.

Ohne einen abschließenden Besuch der beiden berühmten Wildganspagoden wäre ein Besuch Xi'ans nicht vollkommen. Man fährt vom Tempel aus nach Süden zur Yanta Lu, die direkt bei der **Großen Wildganspagode** 18 (Dayan Ta) endet. 648 ließ der dritte Tang-Kaiser Li Zhi (Gaozong, reg. 649–684) nahe der

Stadtmauer im Süden der Stadt den weitläufigen Tempel der Großen Gnade und Güte (Da Ci En Si) zum Gedenken an seine Mutter erbauen. Auf Drängen des Kaisers übernahm der berühmte Indienpilger Xuanzang (602–664) hier das eigens für ihn eingerichtete Amt zur Übersetzung buddhistischer Schriften. Xuanzang hatte mehr als 600 Sanskrittexte aus Indien mitgebracht, und um die Schriften an einer würdigen Stätte aufbewahren zu können, erbat er vom Kaiser eine Pagode, die 652 schließlich für ihn errichtet wurde. Den Namen Große Wildganspagode gab ihr Xuanzang in Anlehnung an eine indische Legende: Einst gab es ein Kloster des Hinayana-Buddhismus, in dem die Mönche auch Fleisch essen durften. Eines Tages aber waren die Fleischvorräte zu Ende, und die Mönche gingen nur noch

Große Wildganspagode

mürrisch ihren Aufgaben nach. Als sie einmal eine Schar Wildgänse über das Kloster hinwegfliegen sahen, rief einer der Mönche rief ihnen eher im Scherz zu: »Wir haben hier kein Fleisch mehr, und Buddha sollte das wissen.« Im selben Moment fiel eine der Gänse tot vom Himmel, und die erschrockenen Mönche – im Glauben, Buddha selbst habe sich geopfert – errichteten der Gans eine Pagode.

Die Tempelanlage wurde während der großen Buddhistenverfolgungen 841 bis 845 stark beschädigt, so daß ihre einstigen Ausmaße sehr reduziert wurden. Die Pagode hat indes nichts von ihrer alten Pracht eingebüßt und ist eines der beliebtesten Ausflugsziele der Stadt.

Gleich östlich der Außenmauer befindet sich das kleine, höchst interessante **Kunstmuseum** 19 für die Kunst der Tang-Zeit. Die Ausstellung gibt einen Eindruck vom Erscheinungsbild der Stadt im 7. und 8. Jahrhundert, der damals vorherrschenden Mode und Kunst. Vergleichskarten mit Rom und Alexandria am anderen Ende der – zu jener Zeit gerade wiederbelebten – Seidenstraße lassen die damaligen Zentren der Welt lebendig werden.

Nicht weit von der Großen Wildganspagode liegt in der Xiaozhai Lu das weitläufige, im Stil eines tangzeitlichen Palastgebäudes erbaute **Historische Museum Shaanxi** 20 (Shaanxi Lishi Bowuguan). Es ist eines der größten und modernsten Museen Chinas und zeigt in über 100 000 Ausstellungsstücken einen Querschnitt durch die Zhou-, Qin-, Han- und Tang-Zeit, die zu den glanzvollsten Dynastien der chinesischen Geschichte zählen. Fast alle Ausstellungsstücke stammen aus Grabungen in der Provinz Shaanxi, und wer keine Zeit hat, die großen Grabanlagen der Han- und Tang-Kaiser in der Umgebung zu besu-

chen, findet hier einen großartigen Überblick über die aufsehenerregenden Grabfunde.

Vom Museum aus erblickt man bereits den letzten Besichtigungspunkt, der für ein besonders intrigantes und außergewöhnliches Kapitel der Tang-Zeit steht: die zwischen 707 und 709 erbaute, 43 m hohe **Kleine Wildganspagode** 21 (Xiaoyan Ta). Sie steht auf dem Areal des großen Tempels des Opfers für den Erfolg (Da Jianfu Si), dessen Bau 684 von Kaiserin Wu Zetian zum Gedenken an ihren verstorbenen Ehemann Gaozong in Auftrag gegeben worden war. Wu Zetian war eine der schillerndsten Persönlichkeiten in Chinas Geschichte und die einzige Frau, die sich je offiziell zur Kaiserin krönen ließ. Gegen jegliche konfuzianische Ethik war sie nicht nur die Konkubine von Kaiser Taizong, es gelang ihr auch, die Konkubine Gaozongs zu werden und zu seiner Hauptfrau und Kaiserin aufzusteigen. Der Aufstieg war mit zahllosen Morden auch an ihren eigenen Kindern gepflastert. Einem ihrer Söhne, dem von ihr eingesetzten Marionettenkaiser Zhongzong, gelang es zu überleben, nur um nach Wu Zetians Tod von seiner eigenen Frau, Kaiserin Wei, vergiftet zu werden, die in Wu Zetians Fußstapfen treten wollte. Erst Wus Enkel Xuanzong konnte die Macht der Li-Familie restaurieren, und zum Gedenken an seinen Onkel Zhongzong wurde die Kleine Wildganspagode errichtet. Da sie wie ein Spiegelbild in Sichtweite der Großen Wildganspagode stand, jedoch etwas kleiner war, erhielt sie den Namen Kleinen Wildganspagode. Sie war ursprünglich 45 m hoch und hatte 15 Stockwerke, von denen allerdings zwei bei großen Erdbeben 1487 und 1555 einstürzten. Der Tempel ist nicht zuletzt jedoch auch mit dem Namen des Indien-

Pilgers Yijing (635–713) verbunden, der zwischen 671 und 695 auf seine große Reise ging und über 400 Manuskripte aus Südostasien und Indien mitbrachte, die er teilweise in diesem Tempel übersetzte.

Ausflüge in die Umgebung

Die wichtigsten der Sehenswürdigkeiten in der Umgebung Xi'ans erreicht man recht preiswert über Touren, die von vielen Hotels angeboten werden. Meist zahlt man die reinen Fahrkosten (Bus), während die Eintritte extra berechnet werden. Angeboten werden die sogenannte *Xi Xian*, die westliche Linie, die die wichtigsten Tang- und Han-Gräber, das Museum in Xianyang und manchmal den Famen-Tempel mit einschließen, und die *Dong Xian*, die östliche Linie, auf der das Banpo-Dorf, die Huaqing-Thermalquellen und die

Terrakotta-Armee besichtigt werden. Für einen Besuch der unzähligen, oft prächtigen Tempelanlagen in der Umgebung muß man ein Taxi chartern, da öffentliche Busse gar nicht oder nur sehr sporadisch dorthin fahren.

Im Osten von Xi'an

Wenn man für die Besichtigung der Umgebung Xi'ans nur wenig Zeit hat, sollte man die östliche Tour wählen, die meist mit dem Besuch des **Banpo-Dorfs** 1 beginnt, eine der ältesten neolithischen Siedlungen Chinas. Im Gebiet der heutigen Provinzen Gansu, Shanxi, Shaanxi und Henan hatte sich im fünften Jahrtausend vor unserer Zeitrechnung die Yangshao-Kultur entwickelt, zu der auch das Banpo-Dorf gehört. Auf einer Fläche von 5 ha wurden in den 50er Jahren Wohnbereiche, Brennöfen, Vorratsgruben und ein Gräberfeld freigelegt. Die Funde lassen darauf schließen, daß hier

Umgebung von Xi'an

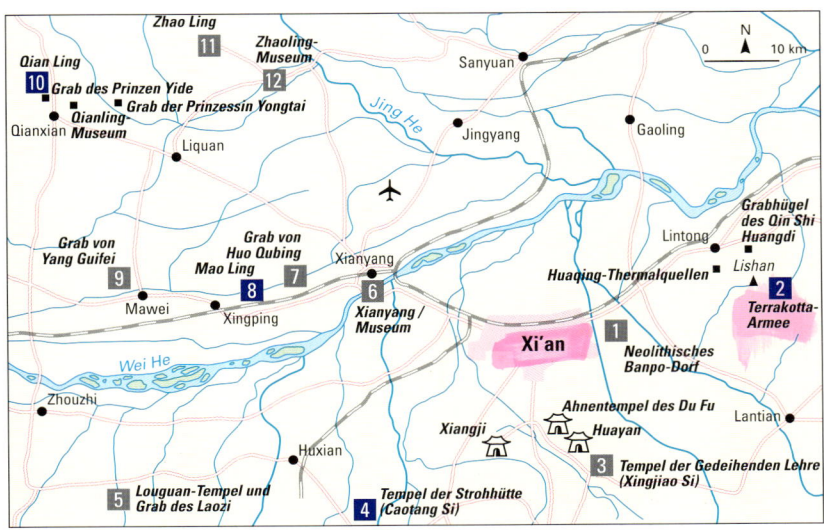

500 bis 600 Menschen in einer matriarchalischen Gesellschaftsordnung lebten und sich durch Ackerbau, Viehzucht, Fischfang und Jagd ernährten. Ihre Sitten ähnelten dem Stamm der Mosu, die noch heute im Kreis Ninglang (Yunnan, s. S. 332 f.) im Matriarchat leben. Innerhalb eines etwa 6 m breiten und tiefen, schützenden Grabenrings lagen 45 in den Lößboden eingelassene Wohnhäuser mit einem zentralen, größeren Gebäude. Gräber und Keramikbrennöfen fand man außerhalb der Siedlung. Im angeschlossenen Museum werden die Fundstücke aus Keramik, Werkzeuge, Waffen und Schmuck gezeigt.

Etwa 30 km weiter östlich steht einer der großartigsten Funde der Geschichte der Archäologie, die **Terrakotta-Armee** 2 des ersten Kaisers von China, Qin Shi Huangdi (259–210 v.Chr., s. S. 23). Selbst nach 2000 Jahren bietet dieser Fund, der nur einem Zufall zu verdanken

Die Terrakotta-Armee von Xi'an

ist, noch einen majestätischen Anblick. 1974 stießen Bauern beim Bau eines Brunnens auf einen Teil der unterirdischen Anlage. Die Archäologen selbst hatten sich von den historischen Aufzeichnungen täuschen lassen, in denen immer wieder von Plünderungen und Zerstörung der Grabanlage die Rede war. Das eigentliche unterirdische Grab ist, wie man nunmehr weiß, nicht nur komplett erhalten, es wurde bis heute auch zu keiner Zeit geöffnet.

Qin Shi Huangdi gilt als einer der größten Kaiser der chinesischen Geschichte, auch wenn seiner Dynastie Qin keine lange Dauer beschieden war. Er ließ schon 247, lange bevor er das Kaiserreich gründen konnte, mit den Bauarbeiten an seiner zukünftigen Nekropole beginnen, um sich seinen Nachruhm zu sichern. 700 000 Zwangsarbeiter, Künstler und Architekten, das war ein Zehntel der damaligen arbeitsfähigen Untertanen, schufen eine ober- und unterirdische Welt aus Flüssen, Seen und Modellen von Palästen und plazierten davor eine gewaltige tönerne Armee, die dem Kaiser auch im Jenseits uneingeschränkte Macht sichern sollte. 37 Jahre dauerten die Bauarbeiten, und nach der Fertigstellung umfaßte die Grabanlage ein Gebiet von insgesamt 225 km^2, doppelt so groß wie das heutige Xi'an. Das eigentliche Mausoleum bedeckte eine Fläche von etwa 8 km^2 und war in zwei Bereiche eingeteilt: die Äußere Stadt, die von einer 6210 m langen Mauer umgeben war, und die Innere Stadt, die einen Umfang von 3840 m hatte. Der 46 m hohe Grabtumulus erhob sich im Südteil der Inneren Stadt. Dieser Teil war ebenfalls aufgeschüttet worden, so daß der Grabhügel tatsächlich eine Höhe von 120 m erreichte. Verteilt zwischen Innerer und Äußerer Stadt liegen zahlreiche Begräbnisgruben, 17 für Pferde, 17 für tönerne Gefäße, die seltene Vögel und exotische Tiere enthielten, und 14 für Terrakotta-Soldaten. Eine Passage westlich des Mausoleums war angefüllt mit bronzenen Streitwagen, im Norden verband eine weitere Passage zahlreiche unterirdische Befestigungsanlagen und eine große Kammer für all jene Unglücklichen, die mit dem Kaiser zusammen lebendig begraben worden waren. Mehr als 100 weitere zusätzliche Begräbnisgruben befinden sich an der Peripherie. Sie enthalten Ställe, Tiergehege und Grüfte für Kriminelle. Die bisherigen Forschungen decken nur einen Bruchteil der Fläche der Gesamt-Nekropole ab, dennoch wurden schon auf kleinstem Raum mehr als 50 000 äußerst wertvolle Artefakte ausgegraben.

Die wohl eindrucksvollsten Funde aber sind die lebensgroßen tönernen Krieger, die bis heute in drei der Gruben freigelegt wurden. Die erste Grube enthält 6000 Soldaten, die den rechten Flügel der kaiserlichen Garde bilden. In der zweiten freigelegten Grube steht der linke Flügel mit Kavallerie, Infanterie und Bogenschützen, während die dritte, kleinste freigelegte Grube 68 Terrakotta-Krieger enthält, die vermutlich Mitglieder der militärischen Führung darstellen. Das Faszinierendste aber ist, daß jede Figur einzigartig ist und keine der andern gleicht, so als habe je ein Soldat aus Qin Shi Huangdis Armee zumindest für die individuell gestalteten Gesichter Modell gestanden. Ursprünglich waren die Figuren farbig bemalt und vollständig bewaffnet. Auf die Ergebnisse künftiger Grabungen darf man gespannt sein.

Wer einen plastischen Eindruck von der Entstehung der Terrakotta-Armee bekommen will, sollte sich vor der Besichtigung der Ausgrabungsstätten den 30minütigen informativen Film im 3D-Kino am Haupteingang ansehen, der zweimal pro Stunde gezeigt wird.

Nicht weit vom Grab des Qin Shi Huangdi befinden sich am Fuß des Li Shan die berühmten, bereits vor 3000 Jahren entdeckten und zu allen Zeiten beliebten **Huaqing-Thermalquellen**. Kaiser Li Shen (Xuanzong) aus der Tang-Dynastie ließ hier im 8. Jahrhundert einen Teich, Pavillons, Terrassen, Hallen und für seine schöne Konkubine Yang Yuhuan ein Bad bauen. Die Romanze zwischen Xuanzong und Yang, die er später Yang Guifei nannte, gehört zu den großen Liebestragödien der chinesischen Geschichte. Er war derart in sie verliebt, daß er seine Staatsgeschäfte vernachlässigte. Es kam schließlich zu einer Rebellion, in deren Folge der Kaiser nach Sichuan fliehen mußte. Für das so entstandene Chaos wurde Yang Guifei mitverantwortlich gemacht und zum Selbstmord gezwungen.

Der Park ist durch den Xi'an-Zwischenfall bekannt geworden: 1936 nahmen hier die Generäle Zhang Xueliang und Yang Hucheng Chiang Kai-shek gefangen.

Im Süden von Xi'an

Im Süden Xi'ans befinden sich unzählige Tempelanlagen – Zeugnisse dafür, daß Xi'an in der Tang-Zeit das Zentrum des Buddhismus schlechthin war, denn nach seinem Weg entlang der Seidenstraße hatte er nicht zuletzt in eben diesen Tempeln seine chinesische Ausprägung erhalten.

Auf der Fahrt nach Süden sind der Ahnentempel des Du Fu, der Xiangji- und der Huayan-Tempel sehenswerte Anlagen, besonders interessant ist jedoch der **Tempel der Gedeihenden Lehre** 3

(Xingjiao Si), da dieser auch in engem Bezug zur Seidenstraße und zum mit ihr verbundenen Buddhismus steht, befindet sich hier doch die letzte Ruhestätte des berühmten Mönchs Xuanzang, der 629–645 auf seine große Indienreise ging. Fünf Jahre nach seinem Tod wurde Xuanzangs Asche 669 in das eigens dafür restaurierte Xingjiao-Kloster, eines der ersten Klöster der Faxiang-(Dharma-)Schule, überführt, wo er in einer schlichten Ziegelsteinpagode seine letzte Ruhestätte fand. In den beiden kleineren, sein Grab einrahmenden Pagoden, wird die Asche seiner beiden wichtigsten Assistenten aufbewahrt, die ihm bei der Übersetzung der indischen Quellen geholfen hatten: Kuiji und der Koreaner Yuan Ce.

Ein weiterer für die Geschichte der Seidenstraße und des Buddhismus wichtiger Tempelkomplex ist der schön gelegene tangzeitliche **Tempel der Strohhütte** 4 (Caotang Si), der eng mit dem Namen des berühmten Kumarajiva (344–413) verbunden ist. Nach Jahren der Wanderung und des Studiums hatte sich der in Kuqa geborene, indischstämmige Kumarajiva fundierte buddhistische Kenntnisse angeeignet und wurde 334 nach Liangzhou, dem heutigen Wuwei, geholt, wo er Chinesisch lernte und als Abt ein Kloster leitete. 402 wurde Liangzhou von den Tibetern erobert und Kumarajiva nach Chang'an verschleppt, wo er den Rest seines Lebens blieb und mit einer Übersetzergruppe Schriften aus allen Bereichen des Mahayana-Buddhismus ins Chinesische übersetzte. Betrachteten die meisten Chinesen bis dato den Buddhismus als die barbarische Variante des Daoismus, leiteten Kumarajivas Übersetzungen den entscheidenden Wendepunkt zur Entwicklung eines eigenständigen chinesischen Buddhismus ein.

Der Legende nach war Kumarajiva von der Korrektheit seiner Übersetzungen so überzeugt, daß er voraussagte, seine Zunge würde nach der Einäscherung seines Körpers unversehrt bleiben. Kumarajivas Urne wurde in einer 2,33 m hohen, zwölfgeschossigen Marmorpagode im Tempel der Strohhütte beigesetzt, während die ›unversehrte‹ Zunge als Reliquie nach Liangzhou (Wuwei) gebracht wurde, wo sie noch heute in der Rajiva-Pagode (Luoshen Ta) aufbewahrt wird.

30 km westlich der Ortschaft Huxian kann man den daoistischen Chongyang-Tempel besichtigen, in dem sich das angebliche **Grab des Laozi** 5 befindet. An diesem ehrwürdigen Ort steht auch der vermutlich älteste daoistische Tempel Chinas, der **Louguan-Tempel** 5. Der Komplex ist im Lauf der Jahrhunderte immer wieder erweitert, zerstört und neu aufgebaut worden. Besichtigen kann man 70 Stelen mit Inschriften berühmter daoistischer Personen sowie im Tempel eine kunstvolle Statue des Laozi, der eine Scheibe mit den acht Trigrammen des Yi Jing, des Buchs der Wandlungen, hält. Die uralte Zypresse, an der der große Philosoph immer seinen Ochsen angebunden haben soll, steht auf dem Tempelgelände, nicht weit davon hat man eine tangzeitliche Skulptur seines Reitochsen aufgestellt.

Im Nordwesten von Xi'an

In der Umgebung des heutigen **Xianyang**, etwa 60 km von Xi'an entfernt, wo einst Qin Shi Huangdi am Wei-Fluß seine Hauptstadt hatte, befinden sich Hunderte von Gräbern, die Ruhestätten von elf Herrschern der Westlichen Han und von 18 der 19 Herrscher der Tang, ihrer Familien sowie Mitgliedern des Hofstaats. Auf dem Weg zu den Gräbern sollte man zunächst dem **Museum von Xianyang** 6 einen Besuch abstatten. Es ist in einem ehemaligen Konfuziustempel in der Zhongshan Jie untergebracht und beherbergt Funde der Umgebung aus der Zeit vom 4. Jahrhundert v. Chr. bis zur Zeit der Westlichen Han. Interessant ist vor allem die kleine Terrakotta-Armee eines Han-Generals. Die nahezu 3000, etwa 50 cm hohen Figuren sind zwar nicht so qualitätvoll gearbeitet wie die des Ersten Kaisers, aber sie zeigen deutlich, wie sich die Begräbnisriten an die der Qin-Zeit anlehnten.

Von Xianyang aus kann man die Grabanlagen in einer großen Rundfahrt besuchen und trifft auf dem Weg nach Westen zuerst auf das Grab des hanzeitlichen Generals **Huo Qubing** 7. Schon früh war Kaiser Wu auf das uneheliche Kind seiner Schwägerin, den rauhbeinigen, kämpferischen Huo Qubing, aufmerksam geworden und übertrug dem 18jährigen sein erstes Kommando über eine Armee. Wu sollte den Schritt nicht bereuen, denn Huo Qubing erwies sich als genialer Soldat und Taktiker. Er wurde mit 20 zum Großgeneral befördert und begann 121 v. Chr. seine sechs Feldzüge gegen die Xiongnu, die im Raum der heutigen Mongolei 204 v. Chr. ein mächtiges Großreich gegründet hatten und seitdem für das chinesische Kaiserreich eine permanente Bedrohung darstellten. Er lenkte seine Kavallerie über den Ordosbogen nach Ejin Horo Qi, wo heute das Dschinghis-Khan-Mausoleum die Steppe ziert, und drehte nach Zhangye am Fuß der mächtigen Qilian-Berge ab, wo seine Armee den Xiongnu in den Rücken fiel und über 30 000 der Steppenkrieger niedermetzelte. Damit war der Hexi-Korridor, die wichtigste Verbindung nach Westen, unter chinesischer Kontrolle und der Weg offen für die Eroberung des gesam-

ten Tarim-Beckens. Huo Qubing erlebte den weiteren Vormarsch nicht mehr, er starb 117 v. Chr. mit nur 24 Jahren.

Kaiser Wu ordnete den Bau einer Grabanlage an, die an das Qilian-Gebirge erinnern sollte. Um das schroffe Gebirge entlang dem Hexi-Korridor nachzuahmen, griffen die Steinmetzen für diesen Auftrag zu einem Kunstgriff. Vor dem Grab wurden 16 Steinblöcke aufgestellt, die ihre natürliche Form weitgehend beibehielten. So scheint es, als habe man es mit von der Natur geformten Steingebilden zu tun, aus einigen von ihnen meißelten sie Tierfiguren in groben und kraftvollen Formen heraus. Zusammen mit den weiteren Steinen auf dem Grabhügel erinnern sie so an die Felslandschaft des Qilian Shan. Die Skulpturengruppe ist das älteste erhaltene Zeugnis chinesischer monumentaler Bildhauerkunst.

Etwas weiter westlich ragt das schönste Grab eines Kaisers der Westlichen Han (206 v. Chr.–8 n. Chr.) aus dem Lößboden, das **Mao Ling** 8. Es ist das Grab von Kaiser Wu (156–87 v. Chr.), des fünften Kaisers dieser Dynastie, eine der großen Herrschergestalten Chinas.

Wu Di war ähnlich veranlagt wie schon Qin Shi Huangdi einige Jahrzehnte vor ihm. Er war von seiner Einzigartigkeit überzeugt und stellte sich selbst auf eine Stufe mit dem Gelben Kaiser, Huangdi, dem Ahnherrn der Chinesen. Wie schon Qin Shi Huangdi sandte er Boten aus, die Pille der Unsterblichkeit zu suchen. Als die Suche erfolglos blieb, ließ er die Bronzestatue eines Unsterblichen anfertigen und mit einem Kelch auf einem Turm aufstellen. Den im Kelch aufgefangenen Morgentau trank er mit pulverisierter Jade. Aus Sogdiana, einem Staat in der Region um Samarkand, ließ er sich Tausende sogenannter Himmelspferde kommen, denen nachgesagt wurde, ebenfalls Unsterblichkeit zu verheißen. Ganz war aber auch er nicht vom Erfolg seiner Bemühungen überzeugt, denn schon zwei Jahre nach seiner Thronbesteigung ließ er die Bauarbeiten an seinem Mausoleum beginnen. Sie dauerten 53 Jahre, und als Kaiser Wu schließlich doch starb, erhielt er offensichtlich so viele Grabbeigaben, darunter alle jene, die vielleicht doch noch Unsterblichkeit verheißen sollten, wie Pferde, Fische, Schildkröten und Reiher, daß sie, glaubt man den historischen Aufzeichnungen, nicht alle in den unterirdischen Gemächern aufbewahrt werden konnten.

Verläßt man das Mao Ling in Richtung Westen, kann man kurz hinter der Ortschaft Mawei einen Abstecher zum **Grab von Yang Guifei** 9 machen, der Lieblingskonkubine von Kaiser Xuanzong. Sie wurde während ihrer Flucht mit dem Kaiser im Alter von 38 Jahren gezwungen, Selbstmord zu begehen. Ihre Schönheit aber wirkte noch weit über ihren Tod hinaus. Die Erde ihres Grabhügels galt schon bald als begehrtes Schönheitsmittel und wurde mit Mehl vermischt als Guifei-Pulver verkauft. Um das Grab zu retten, wurde es schließlich mit grauen Backsteinen ummauert.

Von Mawei aus führt die Straße nun direkt nach Norden, wo man nordwestlich der Ortschaft Liquan eine der eindrucksvollsten Anlagen, das **Qian Ling** 10, Grab des dritten Kaisers der Tang-Dynastie, Li Zhi (Gaozong, reg. 649–684), besuchen kann. Wu Zetian, Li Zhis Konkubine und spätere Hauptfrau sowie einzige offizielle Kaiserin auf dem chinesischen Thron, hatte es 683 in Auftrag gegeben und gegen die Proteste der Li-Familie die sterblichen Überreste ihres verstorbenen Gatten von Luoyang nach Chang'an bringen lassen. 23 Jahre wurde an dem Bau gearbeitet, und im Jahr 706 wurden Li Zhi und Wu Zetian dort feierlich beigesetzt.

Die Grabanlage ist in vielerlei Hinsicht ungewöhnlich. So hatte die Wahl des Standorts am 1047 m hohen Liang Shan gegenüber künstlich aufgeschütteten Hügeln den Vorteil, daß die Grabanlage sehr viel mächtiger wirkte, und es sollte das erste Grab werden, in dem ein Kaiser mit seiner Hauptfrau zusammen bestattet wurde, ein unerhörter Vorgang in der Frauen geringschätzenden konfuzianischen Gesellschaft. Erstmals wurden vor einem kaiserlichen Grab auch Skulpturen der beim Begräbnis anwesenden ausländischen Würdenträger und Abgesandten der nationalen Minderheiten aufgestellt. Leider wurden, außer dem König von Persien und einem seiner Generäle, allen Skulpturen die Köpfe abgeschlagen, da aber auf ihrer Rückseite Herkunft, Name und Rang eingemeißelt waren, weiß man, wer an den Feierlichkeiten teilgenommen hat. Das Qian Ling war auch das erste Mausoleum, vor dem große Steinstelen aufgestellt wurden. So enthält die aus sieben Steinplatten zusammengesetzte Gedenkstele für Kaiser Li Zhi einen von Wu Zetian in 8000 Schriftzeichen verfaßten Text, der seine Leistungen preist. Wu Zetian selbst ließ sich eine noch größere Stele errichten, die ›Tafel ohne Text‹, die rechts des Grabwegs vor dem Mausoleum steht. Das gewaltige Steinmonument mag so wohl ausdrücken, daß profane Lobpreisungen den Verdiensten der Kaiserin nicht gerecht werden konnten. Die vorhandenen Inschriften stammen von Literaten, die in späteren Zeiten das Grab besucht haben.

Als einziges der Gräber ist das Qian Ling wohl nicht von Grabräubern geplündert worden, und es ist bis heute noch nicht einmal den Archäologen gelungen, einen Zugang zum unterirdischen Palast zu schaffen, ohne ihn zu beschädigen.

Nordöstlich der Ortschaft Liquan liegt der zweite Kaiser der Tang-Dynastie, Li Shimin (Taizong, reg. 626–649), in der **Nekropole Zhao Ling**  begraben. Taizong war der eigentliche Begründer der Tang-Dynastie. Es war ihm gelungen, seinen Vater Li Yuan zu überzeugen, sich mit den Turkstämmen gegen den Sui-Kaiser Yang zu verbünden, um diesen zu stürzen. Der Staatsstreich gelang, und Li Yuan wurde unter dem Namen Gaozu (reg. 618–626) erster Kaiser der Tang-Dynastie. Als seine älteren Brüder versuchten, Li Shimin um die Thronnachfolge zu bringen, ließ er sie umbringen, zwang seinen Vater zur Abdankung und proklamierte sich zum Kaiser Taizong. Er setzte die unter seinem Vater begonnene Konsolidierung des Reichs fort und begann den bislang größten Expansionsfeldzug in der Geschichte Chinas, der erst 683 sein erfolgreiches Ende fand.

Um seinem Grab die ihm zustehende historische Bedeutung zu geben, wählte auch Taizong keinen künstlich aufgeschütteten Grabhügel, sondern den 1180 m hohen Jiuzong-Berg. Verdienten Würdenträgern und Angehörigen des Kaiserhofs erlaubte er ebenfalls, auf dem Gebiet seiner Grabanlage ihre Grabstätten anzulegen, und so entstanden während seiner Regierungszeit 167 Nebengräber, ein eindrucksvoller Beweis, daß er es verstanden hatte, fähige und loyale Berater zu rekrutieren, um dieses gewaltige Reich zu schaffen. Zahlreiche Gräber wurden geplündert, aber die wichtigsten Funde kann man heute im **Zhaoling-Museum**  beim Grab und im Historischen Museum Shaanxi in Xi'an besichtigen.

Ein Tagesausflug führt zum rund 120 km westlich von Xi'an gelegenen **Famen-Tempel** (Famen Si), einem der wichtigsten buddhistischen Tempel Chinas. Gegründet um 150, hatte sich die

Statue des Buddha Shakyamuni im Famen-Tempel

Anlage schon bald auf einem Areal von 10 ha ausgebreitet und erhielt eine hölzerne Pagode, um einen Fingerknochen Buddhas aufzunehmen, der dem Tempel durch den indischen König Ashoka vermacht worden sein soll. Bis in die Tang-Zeit statteten die meisten Kaiser dem Famen-Tempel ihre Besuche ab, und seit Anfang des 7. Jahrhunderts wurde die Krypta der Pagode alle 30 Jahre einmal geöffnet, um die Reliquie Buddhas in einer feierlichen Prozession in den kaiserlichen Palast zu bringen, wo der Kaiser von ihr Stabilität im Lande, gute Ernten und langes Leben erflehte. Mit dem Untergang der Tang-Dynastie geriet der Tempel zunehmend in Vergessenheit.

1981 stürzte die Pagode des kleinen Famen-Tempels auf halber Länge in sich zusammen. Mit Beginn der Renovierungsarbeiten 1987 entdeckte man zufäl-

lig die seit fast 1000 Jahren vergessene Krypta. Auf zwei Stelen vor der Krypta war die Geschichte des Tempels bis 873 sowie die komplette Auflistung des Inventars niedergeschrieben. Die Sensation war perfekt, denn keiner der über 2400 Gegenstände aus Gold, Silber, Glas oder Porzellan fehlte. Am 5. Mai, um 1.15 Uhr morgens, dem achten Tag des vierten Monats und damit Buddhas 2553. Geburtstag, öffnete der Abt des Klosters den wichtigsten aller Funde: acht ineinander steckende goldene Kästchen, das letzte in Form einer Miniatur-Pagode, in der sich ein kleines Stück Fingerknochen befand. Später wurden in weiteren Gefäßen noch drei Knochenstücke gefunden. Zu den Feierlichkeiten aus Anlaß der Renovierung der Pagode im November 1989 strömten 50 000 Buddhisten aus aller Welt zum Famen-Tempel.

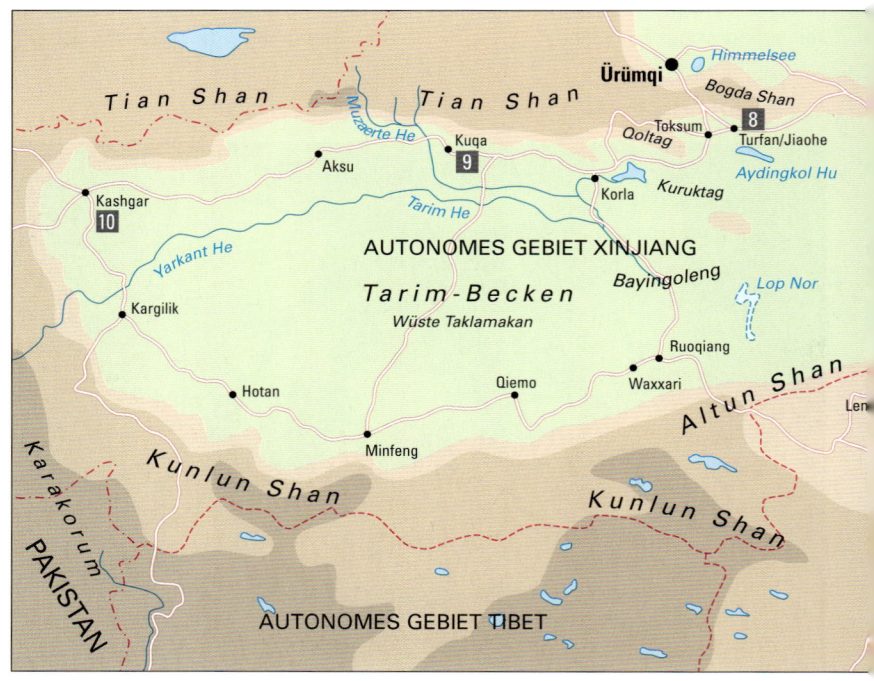

Durch das Lößhochland zum Hexi-Korridor

»Prächtige Häuser und Triumphwagen gibt es nicht mehr, die zierlichen Villen der reichen Familien liegen in Trümmern…« leitete der Dichter Wei Zhuang (836–910) ein Gedicht über den Verfall Chang'ans (Xi'an **1**, s. S. 413 ff.) und seiner Paläste ein. Auch das so traditionsreiche Tor zum Westen, das Kaiyuan Men, verschwand, und heute wird der Weg des Reisenden wohl nur noch in Ausnahmefällen an der Stelle, wo es stand, vorbeiführen. Die Stadtverwaltung hat dort ein Denkmal – die Karawane des Zhang Qian darstellend – errichtet, der von hier als erster offiziell Reisender in den damals noch unbekannten Westen aufgebrochen war.

Tianshui

Ob man nun mit dem Zug oder dem Bus unterwegs ist, wer der Geschichte des Buddhismus, wenn auch in entgegengesetzter Richtung, auf der Spur bleiben will, der sollte in **Tianshui 2** (S. 412), der zweitgrößten Stadt der Provinz Gansu, eine erste Rast einlegen. In Tianshui lohnt ein Besuch des **Fuxi-Tempels** (Fuxi Miao), der im Stadtteil Qincheng westlich der Altstadt steht. Er ist dem ersten mythischen Kaiser von China gewidmet, der 2852–2738 v. Chr. gelebt haben soll.

Die Seidenstraße von Xi'an nach Kashgar

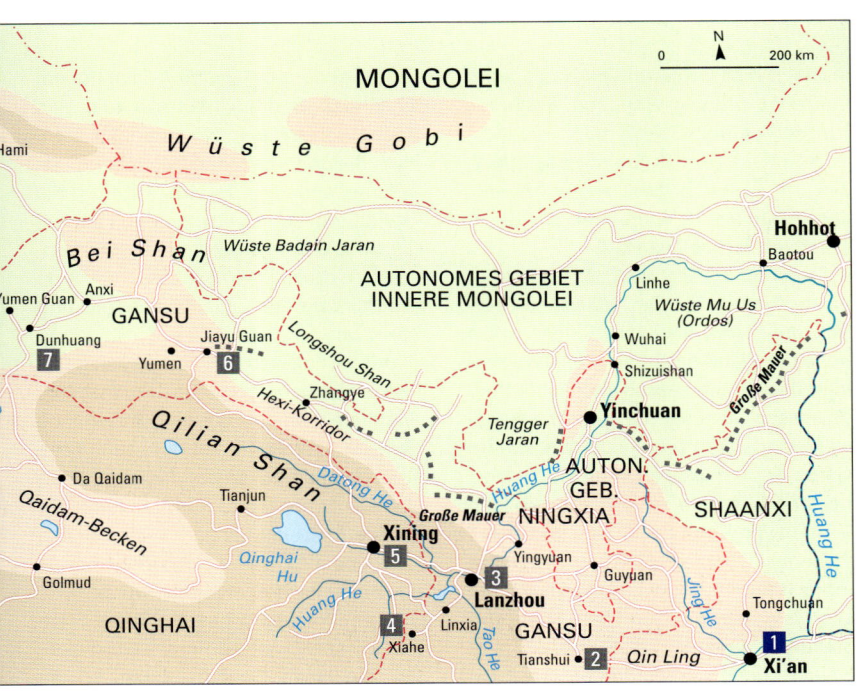

Maijishan-Grotten

In der chinesischen Mythologie wird ihm die Erfindung von Jagd, Fischerei, Nutztierhaltung, Schrift und den Acht Trigrammen, die das Grundgerüst des Yi Jing (I Ging) bilden, zugeschrieben. Jedes Jahr am 16. Februar findet Fuxi zu Ehren ein Tempelfest statt.

Tianshui ist der Ausgangspunkt für einen Ausflug zu den **Maijishan-Grotten**, die in die beeindruckende, 142 m hohe Felswand des Maiji Shan (Weizenlager-Berg) hineingeschlagen sind. Buddhistische Mönche, Künstler und Handwerker aus dem fernen Westen, die im Gefolge der Karawanen über die Seidenstraße kamen, hinterließen in den Grotten von Kuqa, Dunhuang und vielen weiteren Orten großartige Zeugnisse ihres Glaubens und ihrer Fertigkeiten. Die ersten Grotten am Maiji Shan entstanden zwischen 384 und 417. Im 6. Jahrhundert entstand die mächtige

Skulpturengruppe mit dem 15 m hohen, stehenden Buddha Maitreya und den zwei Bodhisattvas, die ihn flankieren. Eine Besonderheit der Darstellung gegenüber anderen Grottenanlagen ist die Gestaltung der Gesichter der Figuren. Sie sind nicht, wie sonst üblich, stilisiert, sondern drücken in ausgeprägter Weise Gefühle von Freude, Glück, Trauer und Zorn aus.

Um die Felswand und die steilen Berghänge überhaupt zugänglich zu machen, errichtete man eine schwindelerregende Galeriekonstruktion, die über zahlreiche Treppen und Ebenen den Zugang zu den Höhlen ermöglichte. 734 zerstörte ein großes Erdbeben einen Teil des Heiligtums und die Galerie, die in jüngster Zeit aus Beton wiederhergestellt wurde.

In der Nachbarschaft des Maiji Shan gibt es noch weitere Sehenswürdigkeiten, die einen Besuch lohnen, so die

Klippe der Unsterblichen (Xianren Ya), eine Felswand mit einem mächtigen Überhang, unter dem ein daoistischer Tempel liegt. Weiter östlich gelangt man über einen Wanderweg, an kleinen Tempeln vorbei, auf einen dicht bewaldeten Berg, von dem aus man bei klarem Wetter eine herrliche Aussicht auf das Qin-Gebirge im Süden hat.

Stadt der Melonen und Früchte – Lanzhou

Die alten Karawanen folgten nun verschiedenen Wegen, die sich in der Garnisonsstadt Zhangye wieder vereinten. Die touristisch interessanteste Strecke führt über die ›Stadt der Melonen und Früchte‹ Lanzhou **3** (S. 402 f.), die Hauptstadt der Provinz Gansu, nach Linxia, Xiahe mit dem Kloster Labrang und nach Xining. Lanzhou ist eines der wenigen großen Wirtschaftszentren im Westen Chinas, ein Standort für Maschinenbau, Petrochemie und Textilindustrie. Seinen Aufschwung verdankt es der 1953 in ersten Teilstücken fertiggestellten Eisenbahnlinie nach Lianyungang an der Ostküste. 1953 gerade 16 km² groß, umfaßt das Stadt- und Verwaltungsgebiet heute über 2000 km². Neben einigen Parks wie dem **Park des Berges der Weißen Pagode** (Baitashan Gongyuan) am Ufer des Gelben Flusses und dem **Park der Fünf Quellen** (Wuquan Gongyuan), die man besuchen kann, ist Lanzhou hauptsächlich als Ausgangspunkt für einige Ausflüge interessant.

Ein langer Tagesausflug führt von Lanzhou nach Yongjing, von wo aus die Boote zu den faszinierend gelegenen **Grotten des Tausend-Buddha-Tempels** (Binglingsi Shiku) ablegen, einem weiteren Zeugnis des Buddhismus an der alten Seidenstraße. Die Schiffe fahren aber nur von etwa Ende Mai bis Oktober, da im Winter der Wasserstand des Stausees nicht hoch genug ist.

Es war sicher kein Zufall, daß ausgerechnet in die steilen Wände der schmalen Jishi-Schlucht Grotten geschlagen wurden. In den Zeiten des Seidenstraßenhandels führten die Karawanenwege hier vorbei, denn ganz in der Nähe befand sich eine der wenigen Stellen, an denen der Gelbe Fluß überquert werden konnte. So weist noch heute an der Einfahrt in die Schlucht eine Stele mit der Inschrift ›Die erste Brücke der Welt‹ in 33 cm hohen Schriftzeichen darauf hin, daß bereits in der Östlichen Jin-Zeit (317–420) eine Brücke die beiden Ufer miteinander verbunden hatte. Nach der Fertigstellung des Liujiaxia-Wasserkraftwerks 1974 wurden die alten Brückenbefestigungen und die Schriftzeichen überflutet und sind nur noch bei besonders niedrigem Wasserstand zu sehen.

Den Zugang zur Schlucht, die erst 1952 wiederentdeckt wurde, bilden die beiden markanten ›Schwesterngipfel‹. Seit dem Ende des 4. Jahrhunderts wurden hier 183 Höhlen und Nischen, die sich in vier Reihen über 2 km erstrecken, in den Fels geschlagen. Unübersehbar ist der indische Einfluß in den Darstellungen – Zeichen des seit Kumarajiva neu erwachten Bewußtseins über die Herkunft des Buddhismus und die Suche nach seinen Ursprüngen. Eine große Anzahl der Bodhisattva-Reliefs lassen in ihrer Anmut an indische Tänze denken, und auch die Buddha-Figuren stehen nicht in eigenen Nischen, sondern sind Pagodenreliefs indischen Stils. So zeigt sich an diesen Beispielen gleichermaßen, daß man sich von der Vorstellung gelöst hatte, der Buddhismus sei nichts anderes als die barbarische Variante des Daoismus.

Nahtstelle der Religionen – das Kloster Labrang

Von Yongjing aus führt eine Straße direkt über Linxia durch eine herrliche, abwechslungsreiche Löß-, Wüsten- und Gebirgslandschaft ins 2920 m hoch gelegene **Xiahe** 4 (S. 414). Der kleine Ort inmitten der Berge, wird von dem mächtigen, weitläufigen Komplex des **Klosters Labrang** (Labuleng Si) beherrscht, der den Ort in einen von Han und Hui sowie einen von Tibetern bewohnten Bereich unterteilt.

In der Qing-Zeit gehörte Xiahe zum Kulturraum der erstarkenden Nation der Tibeter, für die der Ort ein Einfallstor ins Reich der Mitte war. 1709 wurde Labrang auf die Initiative des Lebenden Buddha (Jiamuyang) E'anzongzhe, dessen Inkarnationen auch heute noch das Kloster leiten, gegründet. Dem Rang nach steht dieser Lebende Buddha gleich hinter dem Dalai Lama und dem Panchen Lama, und so nimmt es nicht Wunder, daß sich Labrang schon nach kurzer Zeit zu einem der sechs größten tibetischen Klöster entwickelte.

Außerhalb des tibetischen Kernlands ist Labrang neben dem Kloster Kumbum (Xining, Provinz Qinghai) das größte lamaistische Kloster und das wichtigste buddhistische Zentrum der Gelbmützenschule in der nordöstlichen Grenzregion tibetischer Kultur. Diese Bedeutung brachte Xiahe auch den Beinamen ›Klein Tibet‹ ein. Die etwa 500 angehenden Mönche studieren in sechs Fakultäten, die vielleicht wichtigste ist die der tibetischen Medizin. Daneben werden auch Esoterik, Astronomie, Theologie sowie das Rad der Zeit (Kalachakra) gelehrt. Besonders hervorzuheben ist die Schule für Tanz – nicht zuletzt deshalb, weil der Besucher die Chance hat, die Mönche

Kloster Labrang

beim Üben der Cham-Masken-Tänze oder anderer kultische Tänze zu beobachten. Die großen Feste, an denen diese Tänze aufgeführt werden, sind beispielsweise das Monlam-Fest drei Tage nach dem tibetischen Neujahr (meist Ende Februar, Anfang März), an dem riesige Thangkas (auf Leinen oder Seide gemalte heilige Bilder) entrollt werden, und das große Fest zur Vertreibung der Dämonen am 7. und 8. Tag des zweiten (tibetischen) Mondes.

Um das Kloster, das ein Areal von 860 000 m² umfaßt, führt ein Pilgerpfad herum, der im Uhrzeigersinn beschritten wird. Sieht man morgens die oft von weither angereisten Pilger in religiöser Freude oder tiefer Versenkung das Kloster umwandern, erlebt man eine fremde Welt mit Gebetsmühlen und buddhistischen Schreinen. Besichtigen darf man das Kloster übrigens nur im Rahmen einer Führung (Englisch).

Durch den ›wilden Norden‹ Tibets – Xining und Qinghai

Dramatische Berglandschaften erwarten einen auf der Weiterfahrt über Linxia nach Xining, der Hauptstadt der Provinz Qinghai. Ist diese Strecke wegen der häufigen Erdrutsche allerdings gesperrt, bleibt nur der zeitraubende Umweg über Lanzhou.

Seit Jahrhunderten ist das bereits im Jahr 121 v. Chr. als Garnisonsstadt unter dem Namen Xipingting gegründete **Xining** 5 (S. 415) die Nahtstelle dreier Kulturen: der tibetisch-lamaistischen, der konfuzianisch-daoistischen und der islamischen Welt, die alle hier ihre Spuren hinterlassen haben. Hauptattraktion der Stadt aber ist das etwa 35 km südwestlich nahe des Orts Lusha'er gele-

Ausrollen eines Thangka

gene **Kloster Kumbum** (Ta'er Si), das zu den sechs größten Klosteranlagen Chinas gehört und das wichtigste lamaistische Zentrum außerhalb Tibets ist.

Mit der Errichtung von Kumbum wurde 1560 zu Ehren des hier wohl geborenen Begründers der Gelbmützenschule (Gelugpa), Tsongkhapa (1357 bis 1419), begonnen. Die erste Anlage war bereits nach 17 Jahren fertig, wurde jedoch später immer weiter ausgebaut. 52 Hallen mit 9300 Gebets- und Meditationsräumen sowie 3600 Mönchszellen umfaßte das Kloster in seinen besten Zeiten, heute leben hier noch 500 Mönche. Der Abt des Klosters wird als lebender Buddha verehrt.

Acht entscheidende Stationen aus dem Leben Buddhas werden von den acht **Chörten** (Ruyi Dagoba) aus dem Jahr 1776 symbolisiert, bei denen man die Anlage betritt. Der nächste Bau des Klosters ist die **Dharmapala-Halle** (Gongkhang bzw. Xiao Jinwa Si = Kleiner Goldziegeltempel) aus dem Jahr 1631, es folgt der **Friedensstupa** (Taiping Ta), der nach einem unbeschadet überstandenen Bombardement durch die Japaner von Gläubigen gestiftet wurde, und der **Blumentempel** (Hua Si) aus dem

Jahr 1717. Die vielleicht schönste Halle des Klosters ist die 1606 errichtete **Große Sutrahalle** (Dajing Tang) oder auch Große Halle der Meditation. Die 108 Säulen, von denen die Halle getragen wird, symbolisieren die 108 Bände des *Kanjur* (Wort des Meisters), der kanonischen Schrift des tibetischen Buddhismus. Dem Dalai Lama sowie dem Panchen Lama sind die beiden gelben Throne vorbehalten. An die Halle der Meditation sind Lehrinstitute für buddhistische Religion, Esoterik, Astronomie und Medizin angeschlossen. Ihr gegenüber liegt das zentrale Gebäude des Klosters, die große **Golddachhalle** (Da Jinwa Dian), die an einen chinesischen Palast erinnert. Der Legende nach wurde genau an dieser Stelle Tsongkhapa geboren. Bei seiner Geburt sei das Blut seiner Mutter in den Boden gesickert, und später sei daraus ein Bodhi-Baum (Baum der Erleuchtung) gewachsen, der unzählige Buddha-Bildnisse in seinem Stamm und auf den Blättern trug.

Bei besonderen Feierlichkeiten werden buddhistische Zeremonien durchgeführt, rituelle Cham-Tänze (Maskentänze) veranstaltet, ein großes Thangka ausgebreitet und bunte Skulpturen aus Yakbutter gefertigt. Diese unglaublichen Kunstwerke stellten ursprünglich die ausgerissenen Augen, Ohren, Nasen, Zungen und Herzen von Feinden des Buddhismus als Opfergaben für die Schreckensgottheiten dar.

Von Xining führen zwei Wege weiter nach Westen. Der landschaftlich beeindruckendste Weg führt mitten durch das **Hochland von Qinghai** mit seinen weiten, von Bergen gesäumten Hochebenen und Graslandern mit überall verstreut stehenden Jurten der tibetischen Nomaden. Höhepunkt dieses Abschnitts ist die Fahrt entlang dem südlichen Ufer des Salzwassersees Qinghai Hu (Koko Nor),

dessen tiefblaues Wasser an ein weites Meer erinnert. Die zweite Etappe dieser über eine gut ausgebaute Straße befahrbaren Route führt durch Sandwüsten, zerklüftete Gebirge und eine schier endlose Geröllwüste nach Golmud, von wo aus man in einer weiteren langen Tagestour nach Dunhuang weiterreisen kann.

Die alternative, landschaftlich ebenso reizvolle Route führt von Xining über die hohen Pässe des Qilian Shan in den Hexi-Korridor hinein nach **Zhangye**, das einst Sitz eines Abschnittskommandos der Großen Mauer war. In Zhangye vereinten sich die verschiedenen Stränge der von Xi'an kommenden Seidenstraßen wieder, um nun bis Dunhuang einen gemeinsamen Verlauf zu nehmen. Von Zhangye aus kann man einen interessanten Abstecher zu den **Pferdehuf-Grotten** (Matisi Shiku, Abb. Umschlaginnenklappe) machen.

Weiter führte die Karawanenroute nun durch den sogenannten **Hexi-** oder **Gansu-Korridor** nach Westen. Begrenzt wird der über 1000 km lange und bis zu 100 km breite Korridor westlich des Huang He (Hexi) durch den von Südosten nach Nordwesten verlaufenden Qilian-Gebirgszug, der eine durchschnittliche Höhe von 4000 m aufweist, und vom Bergland des Bei Shan (Nordberg), das im Osten in die unwirtlichen Wüsten Tengger und Badain Jaran übergeht und Höhen von 1500 bis 2500 m erreicht. Die Fruchtbarkeit des Korridors beruht auf dem Zufluß der Schmelzwasser von über 3000 Gletschern des Qilian-Gebirges. Dieser schnee- und eisüberzogene Gebirgszug verhindert das Eindringen feuchter Luft vom Indischen Ozean und nimmt einen Niederschlag von jährlich 300 bis 600 mm auf. So entstanden die Gletscher, die die drei wichtigsten Flüsse des Korridors (Shiyang He, Hei He, Shule He) speisen.

Entlang der Nordroute nach Kashgar

Am Ende der Großen Mauer – Jiayu Guan

Jiayu Guan ist der Endpunkt der Großen Mauer aus der Ming-Zeit. 1372 begann man eine Festung zu bauen, die während langer Zeiträume der letzte Außenposten des chinesischen Reichs war und den Beinamen ›Der erste große Paß unter dem Himmel‹ erhielt. Der Begriff ›Paß‹ bezeichnete allerdings keinen Gebirgspaß, sondern eine zu passierende Burg oder Festung.

Die weitläufige, heute restaurierte Anlage der etwa 5 km nordwestlich vom Ort Jiayuguan **6** (S. 398) gelegenen Festung wird von einer 10 m hohen und 730 m langen Mauer eingefaßt, Überreste der Großen Mauer verlieren sich im Sand der Wüste. Hier waren zeitweise bis zu 30 000 Soldaten stationiert; feindliche Angriffe konnten innerhalb eines einzigen Tages bis Beijing gemeldet werden. Weitere Wälle und Wachtürme, Truppenquartiere und andere Gebäude bilden das Innere. Ihr Baumaterial besteht aus Lehm und übereinandergeschichteten Sträuchern und Zweigen, eine Mischung, die in Verbindung mit Wasser und Salz zu einer festen Masse wurde, die 2000 Jahre lang den Unbilden der Witterung trotzte.

Ein etwa 500 m langes renoviertes Teilstück der Großen Mauer, die **Hängende Mauer** (Xuan Bi), kann man 7 km nordwestlich vom Ort besuchen. Es wurde um 1540 erbaut und verband das Fort mit dem Hei Shan (Schwarzer Berg), von dem man einen guten Ausblick auf Jiayuguan hat. 20 km nordöstlich der Stadt befinden sich **Gräber** mit ausgezeichnet erhaltenen Wandmalereien aus der Wei- (220–265) und der Jin-Zeit (265–420). Acht Gräber, die unter dem Namen Xincheng-Untergrund-Galerie (Xincheng Dixia Hualang) bekannt sind, können besichtigt werden.

Man verläßt Jiayuguan am besten mit dem Bus und erspart sich so die hier immer überfüllten Züge. Hinter der alten Festung öffnet sich der Hexi-Korridor, um sich schließlich in der trostlosen Ödnis der südlichen Ausläufer der Wüste Gobi zu verlieren.

Buddhaglanz in Sand und Stein – Dunhuang

Nach gut acht Stunden Fahrt erreicht man Dunhuang **7** (S. 391). Hier ganz im Westen der Provinz Gansu beginnen bereits die Ausläufer der Taklamakan-Wüste; damit wurde Dunhuang zum wichtigsten Ausgangspunkt für Reisen in den wilden Westen Zentralasiens. Mindestens seit dem 11. Jahrhundert v. Chr., schon bevor die Region um Dunhuang dem Reich der Mitte einverleibt wurde, lebten hier verschiedene Volksstämme. Die Nomadenvölker der Qiangrong, der Yuezhi und der Hunnen ergriffen im Zuge ihrer Wanderungen Besitz von Dunhuang. Unter der Führung der Hunnen (Xiongnu) und ihrem Führer Maodun (209–174 v. Chr.) konnte, nachdem die Yuezhi aus Gansu verdrängt worden waren, die Föderation der Nomadenstämme gegründet werden. Der Machtbereich der Hunnen reichte vom Balchasch-See im heutigen Kasachstan bis zum Baikalsee im Osten und etwa bis zum 40. Breitengrad im Süden, der durch die heutige Innere Mongolei und Xinjiang verläuft. Sie stellten damit für das expandierende Han-Reich eine stete Bedrohung dar. In dieser Zeit wurde die Große Mauer bis nach Dunhuang verlängert und erreichte damit ihre größte Ausdehnung. Expeditionskorps mit über 100 000 Reitern und Fußsoldaten unternahmen zwischen 124 und 119 v. Chr. drei erfolgreiche Großoffensiven gegen die Hunnen, in deren Verlauf die Kommandanturen Wuwei, Zhangye, Jiuquan und als westlichster Ort Dunhuang zur Sicherung des Chinesischen Reichs gegründet wurden. Seit dieser Zeit galt Dunhuang als nordwestliche Grenze des Landes. Alles, was westlich davon lag, nannte man ›Westliche Gebiete‹ (Xiyu). Um auch diese Regionen dauerhaft zu beherrschen, siedelte man Hunderttausende sogenannter Wehrbauern, darunter viele deportierte Verbrecher, in den eroberten Gebieten an, die das Land urbar machen und die westlichen Grenzen verteidigen sollten.

Dunhuang ist die älteste bekannte Stadtgründung, die direkt auf den Handel über die Seidenstraße zurückgeht. Die Oase entwickelte sich in ihrer Blütezeit zu einer der reichsten Städte Asiens mit über 100 000 Einwohnern. Unabhängig davon, ob die Gebiete westlich von Dunhuang zu China gehörten oder nicht, nie sollte die Stadt ihre überragende Bedeutung an der Seidenstraße verlieren, solange hier der Handel florierte. Als spätestens seit der Ming-Zeit die Handeltreibenden den sichereren Seeweg vorzogen, kehrte die Wüste zurück und ließ den Ort zu einem vergessenen, winzigen Oasenflecken am Ende der Welt verkommen. Erst der daoistische Wandermönch Wang Yuanlu entdeckte 1899 Dunhuang für die Welt wieder. Seit der Tourismus den alten Seidenhandel abgelöst hat und Dunhuang 1981 für Besucher zu-

Mogao-Grotten bei Dunhuang

gänglich gemacht wurde, gehört der Ort wie ehedem zu den wichtigsten Stationen entlang der Seidenstraße.

Hauptattraktion Dunhuangs sind zweifelsohne die 25 km südöstlich der Oase gelegenen **Mogao-Grotten**. Von den ursprünglich über 1000 Grotten, die als eines der bedeutendsten Zentren des Buddhismus in China gelten, sind nur 492 erhalten, die auf über 4500 m^2 Wandfläche einen unglaublichen Bilderreigen buddhistischer Malerei bieten. Der harte Wüstenalltag mit den Portraits der einzelnen Wüstenvölker ist ebenso Thema der Bilder wie die Freuden künstlerischen Schaffens, das aristokratische Leben an den Königshöfen und die Inhalte buddhistischer Sutren oder Legenden zum Wirken der Buddhas und Bodhisattvas. So bietet sich dem Betrachter ein einzigartiger Einblick in das Leben entlang der alten Seidenstraße.

Die rechteckigen oder quadratischen Grotten, die sowohl als Kultstätten wie auch als Behausungen für die Mönche dienten, sind von unterschiedlichen Ausmaßen. Über fünf Etagen sind die Höhlen in den Sandsteinfelsen geschlagen und waren früher über hölzerne Gänge und Treppen untereinander verbunden. Wang Yuanlu erkannte 1899 die Bedeutung seiner Entdeckung sofort und widmete sich fortan der Restaurierung der Grotten. Hierbei entdeckte er eine Bibliothek, die um 1036 vor der Eroberung durch die Tanguten vermauert worden war und die über 50 000 Dokumente, Kunstwerke und Kultgegenstände aus der Zeit vom 4. bis zum 10. Jahrhundert barg. Ein Fund von dieser Bedeutung blieb natürlich unter den großen Zentralasienkennern nicht geheim, und seit 1907 trafen hier so berühmte Forscher wie Aurel Stein, Paul Pelliot und Graf Otani ein, die Tausende von Dokumenten erwarben und in ihre Heimatländer brachten. Erst 1943 konnten die chinesischen Behörden den Ausverkauf der Mogao-Grotten stoppen, und ab 1949 wurde das einzigartige Kulturdenkmal, das 800 Jahre chinesischer und zentralasiatischer Kunstentwicklung repräsentiert, systematisch restauriert.

Eine weitere Attraktion Dunhuangs ist der bizarre **Klingende Sandberg** (Mingsha Shan), ein riesiges Sanddünengebirge, das aus Treibsand entstand und sich auf einer Fläche von 40 x 20 km erstreckt. Zwischen den Dünen liegt der **Mondsichelsee** (Yueya Quan). Heute ist hier eine Art ›Wüstenrummelplatz‹ mit Kamelritten und der Möglichkeit zum Paragliding entstanden.

Während der Fahrt von Dunhuang in Richtung Nordosten durch eine trostlose Einöde passiert man vereinzelte Ruinen der Großen Mauer, die in der Han-Zeit bis hierher reichte. Nach etwa 60 km erreicht man die Reste der Speichermauer von **Dafangpan**; in der Han-Zeit war der Ort ein großer Getreidespeicher, von dem aus die Grenzsoldaten und Gesandten mit Getreide versorgt wurden. 20 km weiter liegt eine mächtige Ruine mit 10 m hohen Mauern: **Yumen Guan**. Wer diesen Ort, das eigentliche Tor zum Westen, im Altertum passierte, betrat eine unbekannte, weite und oft feindliche Welt. Den Namen Jadetor-Paß (Yumen Guan) erhielt der Ort, weil aus dem Westen viel Jade nach China transportiert wurde. Vorbei an einem Signalturm kann man von hier aus nach Yang Guan weiterfahren. In einem Abstand von wenigen Kilometern stehen diese Signaltürme entlang der gesamten Seidenstraße, so konnten mittels Rauchzeichen Nachrichten schnell übermittelt werden.

Yang Guan, das alte Tor zur südlichen Seidenstraße, erreicht man nach 50 weiteren Kilometern. Erhalten haben sich nur einige wenige Fundamente und ein Gedicht, das von der Trostlosigkeit des Soldatenlebens in dieser Region zeugt: »Hart ist der Dienst an der Grenze! Dreimal zu Feld in einem einzigen Jahr! Drei Söhne stehen in Dunhuang. Zwei Söhne marschieren nach Longxi. Fünf Söhne sinds', die in der Ferne kämpfen, fünf Frauen, die alle schwanger gehen.«

Die frühen Reisenden und Handelskarawanen um die Zeitenwende konnten von Dunhuang zwischen drei Routen wählen, die sie weiter nach Westen führten. Alle drei durchquerten die mörderischen Westausläufer der Wüste Gobi: die Südroute vom Yang Guan über Miran (Milan), Qiemo, Niya (Minfeng), Hotan (Hetian) und Yarkand, die mittlere über das blühende, aber stets zwischen den Fronten der Han-Chinesen und Hunnen stehende Königreich Loulan nach Korla, Kuqa und weiter nach Kashgar, und die nördliche Strecke vom Yumen Guan nach Hami und Turfan, die sich dort weiter verzweigte. Loulan ging allerdings im Lauf des 4. Jahrhunderts unter, weil, wie Sven Hedin auf einer Expedition 1900 zufällig herausfand, der heute versandete Lop Nor ein wandernder See war und dem Königreich das Wasser buchstäblich wegwanderte. Damit war diese mittlere Route für die Karawanen nicht mehr begehbar.

Hitze, Wüste und Rosinen – Turfan

Turfan 8 (S. 413) unterlag als Durchgangsstation verschiedener Kulturen immer chinesischen, indischen und persischen Einflüssen. Hier entstanden ein Zentrum des Hinayana-Buddhismus sowie Kommunen von Manichäern, die

einer Mischlehre von griechischem, christlichem, buddhistischem und anderem Gedankengut anhingen, und es beherbergte nestorianische Christen. Seit die Uiguren das Tarim-Becken ab etwa 760 beherrschten, wurde der Islam die vorherrschende Religion, was er bis heute ist. Die Uiguren bilden auch die Mehrheit der Bewohner dieser Region. Das Turfan-Becken liegt im Schnitt 150 m unter dem Meeresspiegel, und der 152 km^2 große Aydingkol-See ist mit 154 m u. d. M. nach dem Toten Meer der zweittiefst gelegene See der Welt. Im Sommer ist es hier mit über 40°C extrem heiß und trocken. Durch diese trockene Luft haben sich viele Zeugnisse der Vergangenheit gut erhalten.

Ein 2000 Jahre altes Kanalsystem, auch Karez- oder Foggara-System genannt, mit einer Gesamtlänge von nahezu 2000 km bewässert diese etwa 10 300 km^2 große Oase bis zum heutigen Tag. Schmelz- und Quellwasser vom Fuß des Tian Shan werden hierbei über ein 1300 km langes System von mit Kanälen untereinander verbundenen Brunnen nach Turfan geleitet. Überall wurden unterirdische Wasserspeicher angelegt, um einen gleichmäßigen Fluß des Wassers zu gewährleisten; die vielen Kieshaufen, die in der Landschaft zu sehen sind, sind der Aushub dieser Speicher. So entwickelte sich die Oase schon in früher Zeit zum größten landwirtschaftlich genutzten Gebiet des Tarim-Beckens. Weintrauben sind das Hauptanbauprodukt, das hier in zahllosen Sorten kultiviert wird. In den allgegenwärtigen Lehmhütten mit fensterartigen Löchern trocknen die Weintrauben in etwa 30 Tagen zu Rosinen.

Der Ort Turfan mit der Chinesenstadt im Osten und der Uigurenstadt im Westen ist überschaubar, und so laden enge Gassen, ein orientalisches Leben und Märkte zu einem Bummel ein. Der quirlige und nach Kashgars Basar wohl schönste Markt liegt nahezu zentral.

Etwa 20 Minuten zu Fuß vom Turfan-Hotel entfernt liegt das **Emin-Minarett**. Vom Hotel aus geht man nach links und an der nächsten Kreuzung wieder nach links, um dann einfach dem langen, teilweise schön schattigen Weg zu folgen. 1776–79 ließ Suleiman das Emin-Minarett zu Ehren seines Vaters Emin Khoja erbauen. Das Minarett, in der schlichten Eleganz des afghanischen Stils gestaltet, ist eines der wenigen kulturgeschichtlich bedeutenden Bauwerke Turfans. Sich flaschenförmig nach oben verjüngend, ragt es 44 m auf.

10 km westlich von Turfan liegt der in der Han-Zeit gegründete und längst verlassene Ort **Jiaohe** (Yarkhoto = Stadt auf dem Yar). Die Chinesen versuchten 50 Jahre lang die Festung der Cheshi, die zum Herrschaftsbereich der Hunnen gehörten, zu erobern. Erst 60 v. Chr. gelang es ihnen, die gesamte Turfan-Oase, ein bis dahin unabhängiges Fürstentum, unter ihre Herrschaft zu bringen. Als Zentralchina in zwei Machtblöcke, die Südlichen und die Nördlichen Dynastien (420–589), geteilt war, entwickelte sich die Stadt zu der noch heute erkennbaren Größe. Im 13. Jahrhundert wurde die Garnisonsstadt von Dschinghis Khans Heeren vollständig zerstört. Die Struktur der Stadt läßt sich an Hand des großen Ruinenfelds noch gut erahnen. Zwischen zwei Flußtälern erhebt sich ein schmales, weidenblattförmiges Felsplateau mit bis zu 50 m senkrecht abfallenden Steilwänden, über denen Jiaohe wie eine natürliche Festung thront. Die Gebäude reichen oft beängstigend nah an die Abgründe heran, da hier jede Fläche genutzt wurde. Die Stadt gliederte sich in zwei gleich große Verwaltungs- und Wohnquartiere zu den Seiten der nord-

Orientalisches Leben in Turfan

südlich verlaufenden Hauptstraße, die ihrerseits auf die Ruinen eines großen, rechteckigen Tempels zuführt. Die Fundamente der Haupthalle, der Seitentrakte und der Pagode sind ebenso erhalten wie die große Buddha-Pagode hinter dem Tempel, die einst von einem ganzen Pagodenwald umgeben war.

Etwa 40 km südöstlich von Turfan liegen die verfallenen Reste **Gaochangs**, das vermutlich unter dem Han-Kaiser Wudi nach dem Vorbild der Hauptstadt Chang'an gegründet worden war. Vermutlich waren hier zuerst Truppen stationiert, denen später eine Kommandantur für die Urbarmachung des Landes durch Truppen angeschlossen wurde. Zwischen dem 7. und 9. Jahrhundert hatte die aus Stampflehm und Lehmziegeln errichtete und von einer 6 km langen Mauer umgebene Stadt ihre Blütezeit. Die Juqu, die Nachkommen der Hunnen, gründeten das erste Königreich Gaochang (442–446), das die

Orte Turfan und Jiaohe umfaßte. Danach wurde das kleine Königreich meist von Han-Chinesen beherrscht, unter denen die Familie Qu den größten Einfluß hatte. Zwischen 499 und 640 stellte sie insgesamt zehn Könige und sicherte dem Kleinstaat lange Zeit den Frieden, indem sie den Nomadenstämmen politisch entgegenkam und gleichzeitig Tribut an die chinesische Zentralmacht zahlte. Die Vorfahren der heutigen Uiguren, die Huihe, machten Mitte des 9. Jahrhunderts Gaochang zur Hauptstadt ihres Reichs Khocho. Die Huihe waren im 7. und 8. Jahrhundert noch Anhänger der manichäischen Religion, bis ins 13. Jahrhundert sollte dann der Buddhismus vorherrschend bleiben.

Die Zerstörung großer Teile der Bewässerungsanlagen im Lauf der Kriege des 17. Jahrhunderts besiegelte den Untergang der Stadt. Bei Grabungen in einem Komplex von vier Kuppelräumen stieß Albert von Le Coq auf Hunderte von Leichen vermutlich während der Buddhistenverfolgungen im 9. Jahrhundert erschlagener Mönche, die die trockene Wüstenluft mumifiziert hatte.

Viele Wandmalereien der teilweise erhaltenen Gebäude wurden zerstört, da die ansässigen Bauern den alten Farben der Fresken eine besonders gute Düngewirkung zuschrieben, unzählige Tempelwände wurden zerkleinert und auf den oft innerhalb der Ruinen angelegten Feldern verteilt. An Hand alter Expeditionsberichte kann man nachvollziehen, wieviel von den Muslimen im Lauf ihrer Eroberungen zerstört, von Archäologen mitgenommen und schließlich durch die Kulturrevolution oder auch aus Unwissenheit vernichtet wurde.

Sehenswert, nicht nur wegen ihrer ausgesprochen reizvollen Lage, sondern in erster Linie wegen ihrer Wandmalereien aus der Tang-Zeit (618–907)

Im Tal der Grotten von Bezeklik

sind die buddhistischen **Grotten von Bezeklik**, 10 km nördlich von Gaochang. Auch hier ist der Erhaltungszustand nicht sehr gut. Die Malereien zeigen eine interessante Mischung buddhistischer und manichäischer Elemente, man findet uigurische und chinesische Inschriften sowie Steine mit Inschriften in Sanskrit oder der Brahmi-Schrift. Viele der Grotten wurden, wie auch die Mogao-Grotten bei Dunhuang, oft von reichen Kaufleuten gestiftet, die sich dadurch eine bessere Wiedergeburt erhofften. Vermutlich hängt damit auch die Namensgebung der Grotten zusammen: im Uigurischen bedeutet Bezeklik soviel wie »vornehm eingerichtete Häuser«. Etwa 3 km außerhalb Gaochangs lag der Begräbnisplatz der Stadt, 400 Gräber aus der Zeit zwischen 265 und 288 wurden bislang lokalisiert, von denen drei mit sehenswerten Wandmalereien zu besichtigen sind. In einer Höhle liegen die Mumien eines Ehepaars. Im nahen Museum

Blick auf den Tian Shan

sowie in den Museen von Turfan und Ürümqi werden die Grabbeigaben aufbewahrt. Entlang der in der Abendsonne aufleuchtenden **Flammenberge** fährt man von Gaochang zurück nach Turfan.

Ürümqi kann man getrost als Reiseziel auslassen. Staubig und dreckig, hat sich die aus einem Militärlager hervorgegangene Stadt zu einer überdimensionierten Industrieoase entwickelt, die aus allen Nähten platzt. Lohnenswert ist aber ein Ausflug zum wunderschön gelegenen **Himmelssee** (Tian Chi) im Tian Shan, der im Sommer allerdings von Touristen aus Ürümqi recht überlaufen ist.

Oase zwischen Macht und Religion – Kuqa

Geröllwüsten, Sanddünen, Schluchten, Gebirge und Oasen wechseln sich auf der langen Fahrt nach **Kuqa** 9 (S.402)

ab, aber die Strapaze lohnt, denn der heute so ruhige Ort, der über einen reizvollen Basar und eine pittoreske Moschee verfügt, war einst Zentrum eines der wichtigsten Königreiche im Tarim-Becken und des Seidenstraßenhandels. Im ständigen Spannungsfeld zwischen den mächtigen Reichen der Hunnen, Yuezhi, Han und anderen Völkern, konnte sich die Hauptstadt des alten Königreichs Qiuci trotz ihres bunten Völkergemischs aus Tocharern, Sogdiern, Syrern, Indern und Tibetern stets eine relative Unabhängigkeit bewahren. Als Handelszentrum entwickelte sich die Oase zu einer der reichsten Städte im Westen, die erst um die Zeitenwende für einige Zeit dem chinesischen Reich einverleibt werden konnte. Durch die Heere der Tang-Dynastie verlor Qiuci im Jahr 658 abermals seine politische Unabhängigkeit und wurde von nun an stets von Großmächten geschluckt. Seit diesem Jahr reichten die Meilensteine entlang

Die buddhistischen Grotten von Kizil

Die ersten Grotten von Kizil entstanden im 3. Jahrhundert und sind damit die ältesten und am weitesten westlich gelegenen buddhistischen Höhlengrotten Chinas. 235 Grotten haben bis heute den Unbilden der Wüste und ihrer Zerstörungskraft getrotzt, 75 von ihnen sind sehr gut erhalten und mit prachtvollen Wandbildern ausgemalt, die, anders als in den später entstandenen Mogao-Grotten, vor allem von indischen und sassanidischen Einflüssen geprägt sind. Die schönsten und besten Arbeiten stammen aus dem 7. Jahrhundert. Nicht Askese, buddhistischer Erlösungsweg oder Transzendenz sind Hauptthemen der Malerei von Kizil, sondern die Synthese von weltlichem und religiösem Leben. Dies entsprach ganz der Tradition und dem Selbstverständnis Kuqas, einer Stadt voller Lebensfreude, und dies wird am deutlichsten in der Verbindung von höfischen und städtischen Festen mit himmlischen Orchestern und Tänzergruppen, die besonders häufig zu sehen sind. Die Qiuci-Musik gehörte zu den großen Errungenschaften des Königreichs und entwickelte sich zu einem wichtigen Exportgut Kuqas. In der Tang-Zeit wurden die Klänge aus Kuqa in den Rang der offiziellen Hofmusik des chinesischen Kaisers erhoben und nahmen dadurch auch maßgeblichen Einfluß auf die Entwicklung der chinesischen Musik.

der Seidenstraße über eine Strecke von 9900 Li (ca. 4950 km) von Chinas Hauptstadt Chang'an bis zur neu eingerichteten Präfektur Anxi, deren Hauptsitz Kuqa wurde. Die Blüte und Kultur Kuqas, das auch den berühmten buddhistischen Mönch Kumarajiva (344–413) hervorgebracht hatte, tat die wechselvolle Geschichte keinen Abbruch. Die kulturelle Blüte der Tang-Dynastie strahlte bis Kuqa, und dank des Reichtums der Stadt konnten die großen buddhistischen Tempelanlagen und unzähligen Höhlengrotten erbaut werden.

Das moderne Kuqa ist ein kleines, ruhiges Städtchen ländlichen Charakters, das von weitläufigen Straßen und kleinen Märkten geprägt ist. Besonders die Gegend um die Moschee ist sehenswert. Den Turm, von dem man einen schönen Ausblick auf das muslimische Viertel hat, kann man gegen ein Eintrittsgeld besteigen, was den herumlungernden Kindern am meisten gefällt, denn die dürfen mit hoch, wenn das Tor aufgeht.

Entlang dem Muzaerte He, etwa 75 km nordwestlich von Kuqa, findet man die berühmten **Kizil-Grotten** (siehe *Tip*) in einen etwa 1 km langen Steilhang gehauen. Einst gab es hier zahlreiche Skulpturen, die nicht erhalten sind, aber einige sehr schöne Wandmalereien sind noch zu besichtigen.

Die **Kumtura-Grotten** liegen etwa 30 km südwestlich von Kuqa am Stausee des Muzaerte He. 72 Grotten sind erhalten, aber von den Wandmalereien ist nur noch wenig zu erkennen. Man fand hier allerdings erstmals Darstellungen von Damen und Rittern in europäisch anmutender Kleidung. Im Museum von Kuqa werden einige schöne Plastiken aus diesen Höhlen ausgestellt.

Rund 18 km nördlich von Kuqa schmiegt sich die antike **Klosterstadt Subashi**, ein 200 000 m² großes Ruinenfeld, an den Kuqa-Fluß. Symmetrisch stehen sich an den Flußseiten je drei Pagoden gegenüber, um die sich jeweils Tempel und Buddhagrotten gruppieren. Das größte Kloster war Zhaohuli, dessen mächtige Lehmziegelwände von der gewaltigen Größe des Hauptgebäudes zeugen. Im Südwesten der Anlage befindet sich ein großer Pagodenrumpf, unter dem ein Grab aus dem 3. Jahrhundert entdeckt und freigelegt wurde. Die Grabbeigaben werden im Museum von Kuqa aufbewahrt. Bei den gefundenen Totenschädeln gab es bemerkenswerte Verformungen. Wie auch bei Völkern in anderen Erdteilen war es in Qiuci Sitte den Söhnen mittels fixierten Holzbrettern flache Schädel zu erzeugen. Das sogenannte Sule-Volk, das dieses Schönheitsideal entwickelt hatte, war ein den Yuezhi verwandter Volksstamm mit blauen Augen und dem Brauch, sich zu tätowieren, wie man es in den Annalen der späteren Han lesen kann.

Im Fernen Westen – Kashgar

Lang und anstrengend ist die Busreise (von Kuqa ca. 700 km) nach Kashgar **10** (S. 400 f.). Die größte Oase Chinas wird im Osten von der Taklamakan-Wüste, im Norden vom Tian Shan und im Westen vom Pamir-Gebirge umgeben. Der orientalische und mittelalterlich anmutende Charakter Kashgars ist geprägt durch 2000 Jahre bewegte Geschichte; im Gewimmel der Altstadt spürt man, daß Geschichte nicht immer nur museal vermittelt werden muß. Truppen des Han-Kaisers nahmen 76 v. Chr. die zu jener Zeit noch Shule genannte Stadt ein. Bald entwickelte sich Shule als Verkehrsknotenpunkt der Seidenstraße, hier vereinigten sich die Nord- und Südrouten wieder zu einer Drehscheibe der Kulturen. Kriege und Naturkatastrophen hinterließen ihre Spuren, und der Islam verdrängte schließlich den Buddhismus, der über Kashgar ins Reich der Mitte gekommen war. General Ban Chao, der für die Öffnung der Seidenstraße so Wichtiges leistete, unternahm seine Feldzüge von Shule aus. Es war sein Verdienst, mit dem bürgerkriegsähnlichen Chaos, das dem Interregnum von Wang Mang folgte, auf eigene Faust in Zentralasien aufgeräumt zu haben. Mit seinem Heer, das er mit hoher Moral und großer Autorität zusammenhalten konnte, drang er bis zum Pamir vor und sicherte Chinas Westen und damit seine Handelsrouten. Seit dem 19. Jahrhundert waren auch westliche Mächte an dieser Stadt mit ihren widerspenstigen, antichinesisch eingestellten Bewohnern interessiert. 1882 wurde in Kashgar ein russisches Konsulat, zehn Jahre später ein britisches eingerichtet. Berühmte Forscher und Abenteurer wie Sven Hedin, Aurel Stein, die Gebrüder Roosevelt sowie der Journalist Peter Fleming waren hier auf der Durchreise. In den 30er Jahren des 20. Jahrhunderts suchte dann Japan in Kashgar seinen Vorteil. Nach 1949 schien Ruhe eingekehrt zu sein, aber der zunehmende islamische Fundamentalismus und Separatismus sind auch hier zu spüren. Heute versucht Kashgar als wirtschaftliches, politisches und kulturelles Zentrum Süd-Xinjiangs Anschluß an die Moderne zu finden. *Kasch* bedeutet im Uigurischen soviel wie ›glasierter Ziegel‹ und *Nigar* ›Relief‹. Mit diesen Begriffen spielt man heute auf die ungebremste Bautätigkeit an, die zahlreiche Überschwemmungen, Dürren und Kriege immer wieder notwendig machten.

Das Zentrum Kashgars rund um die Moschee gehört wohl zum Sehenswertesten der Stadt. Östlich der Id-Kah-Moschee befindet sich der Basar als Teil der Altstadt. Man sollte mit genügend Zeit und der entsprechenden inneren Gelassenheit das orientalische Leben in den verwinkelten Gassen, Teehäusern, Basaren und Handwerksbetrieben auf sich wirken lassen.

Die im 9. Jahrhundert gegründete **Id-Kah-Moschee** ist die größte Moschee Chinas. Ihre Dimension – sie faßt bis zu 8000 Gläubige – mag die Bedeutung Kashgars als wichtiges islamisches Zentrum der Westlichen Gebiete bis in die Gegenwart unterstreichen. Das heutige Gebäude ist über 500 Jahre alt und vereint arabische und uigurische Baustile. 90 weitere Moscheen sind über das Stadtgebiet verteilt. Ein beeindruckendes Schauspiel ist jedoch der **Sonntagsmarkt**: Auf dem riesigen Marktgelände nordöstlich der Stadt ist von der Nähnadel bis zum Kamel wirklich alles für das (Wüsten-)Leben Notwendige erhältlich. Die Zufahrtsstraßen sind von den von überall herbeiströmenden Händlern auf ihren Pferden, Pferde- oder Eselskarren verstopft, und Gaukler, Geschichtenerzähler und Musikanten tragen das Ihre zu dem farbenprächtigen Treiben bei.

Rund 5 km nordöstlich der Stadt sollte man schließlich noch das große **Abakh-Hoja-Grabmal** besichtigen. Es ist eines

der schönsten Beispiele islamischer Grabarchitektur in China und wurde von dem lokalen Herrscher Abakh Hoja (reg. 1678–80 sowie 1682–93) für seinen Vater, seine eigene Familie und seine Nachfahren erbaut. Heute ist die denkmalgeschützte Grabstätte ein Zankapfel zwischen den Generationen. Anlaß des Streits ist die Nationalheldin Kashgars, Xiang Fei (Maimuru Aizimu, 1734–88), von der man bis vor kurzem annahm, daß sie ebenfalls hier ruhe. Die höchste Ehre war es deshalb auch, im angrenzenden Friedhof bestattet zu werden. Xiang Fei war eine Urenkelin Abakh Hojas und mußte als Konkubine des Qing-Kaisers an den kaiserlichen Hof gehen. Dort widerstand sie angeblich den Gunstbezeugungen des regierenden Qianlong-Kaisers und wurde deshalb zum Selbstmord gezwungen. Nach der Überführung ihres Leichnams soll sie im Mausoleum mit allen Ehren bestattet worden sein. Xiang Fei wurde so bei den Uiguren zum Inbegriff der Standhaftigkeit und des Widerstands gegen die Chinesen. Neue Forschungen zu ihrer Person haben diese Legende zum Entsetzen vieler Uiguren widerlegt. Weder ihr Selbstmord noch ihre Überführung nach Kashgar haben sich bestätigen lassen. Statt dessen wurde sie in allen Ehren in einem Grab bei den Östlichen Qing-Gräbern nahe Beijing beigesetzt. Ihre Familie hatte sich auch nicht gegen den Kaiser gestellt, sondern an der Unterwerfung der aufständischen Oiraten mitgewirkt und so dazu beigetragen, daß der Westen erneut unter chinesische Herrschaft geriet. Während viele der älteren Uiguren die neuen Forschungsergebnisse erbittert ablehnen, weigern sich vor allem junge Uiguren, das Abakh-Hoja-Grabmal weiterhin zu besuchen beziehungsweise ihre verstorbenen Eltern dort bestatten zu lassen.

Brodelnder Orient – Sonntagsmarkt in Kashgar

Die sonst so träge und schon am frühen Morgen heiße Wüstenluft knistert. Ein aufgeregtes Vibrieren erfüllt die Atmosphäre, angereichert durch das beständige Quietschen von Esels- und Pferdekarren, die in nie enden wollender Folge, schwer mit Ware und Menschen beladen, in die Stadt rollen. Dazwischen ärgerliches, aber hoffnungsloses Gehupe von Lkws, die vor der Masse der Karren und Fußgänger kapitulieren und dennoch versuchen, sich zentimeterweise vorzuschieben. Es ist wieder Sonntag in Kashgar, und die Bewohner der umliegenden Oasen strömen auf dem Marktgelände nordöstlich der Stadt zusammen, um zu feilschen, zu verkaufen, Freunde zu treffen, Tee zu trinken, Gauklern zuzuschauen, zu tratschen und den bunten Tag zu genießen.

Mensch und Tier vermischen sich hier zu einem gewaltigen Knäuel aus Gezeter, Gefeilsche, Lachen, Muhen, Mähen und Wiehern. Auf einem riesigen Areal kann man von der Nähnadel bis zum Fernglas alles erstehen, was man zum (Wüsten-)Leben braucht. Große Planen beschatten die Wege und lindern die Macht der unbarmherzig sengenden Sonne ein wenig. Das Marktgeschehen in Kashgar beginnt erst spät. Zu lang sind die Anfahrtswege, und so geht er erst mittags, wenn die Hitze langsam unerträglich zu werden scheint, seinem Höhepunkt entgegen. Der ganze Markt wogt und dampft, bis einem der Kopf springt und man wieder in den Sog der Menschen gerissen wird zu weiteren Abteilungen, Überraschungen und Eindrücken.

Erst am späten Nachmittag beginnt sich das Gewühl aufzulösen, die Aufregung zu legen, die Atmosphäre zu beruhigen, und die Menschen brechen nach Hause auf. Dann liegt die große Marktfläche im Nordosten der Stadt wieder verwaist da, als wäre nichts geschehen.

Kultur am Gelben Fluß

An den Niederungen des Gelben Flusses (Huang He), von der Provinz Gansu bis zur Halbinsel Shandong, beginnt die Geschichte Chinas. Das gewaltige Lößplateau von Nord-Henan und Shaanxi, das von dem fruchtbaren gelben Staub, den der Wind im Pleistozän hier abgelagert hatte, bedeckt ist, war die Heimat der neolithischen Yangshao-Kultur, während sich in der Nordchinesischen Tiefebene und im Westen der Provinz Shandong vermutlich parallel dazu die Longshan-Kultur entwickelte. Zentrum der Yangshao-Kultur, deren ausgeprägtes Kennzeichen eine mit geometrischen Mustern bemalte Keramik ist, war der Westen Henans und das Tal des Wei-Flusses in Shaanxi, wo die Menschen ihre Siedlungen auf Terrassen entlang dem Wei und dem Huang He anlegten. Ihre rechteckigen oder runden Häuser waren von kleinen Lehmmauern umgeben. Ein eindrucksvolles Beispiel einer derartigen Siedlung hat man bei Xi'an mit dem Banpo-Dorf (s. S. 183 f.) gefunden. Im Osten Henans begannen sich die Yangshao- und Longshan-Kulturen zu überlagern, ihre Keramik wird fein und schwarz. Schon früh wirkte diese Kultur bis weit nach Nordchina und in die Tiefländer von Anhui und Jiangsu, wo weitere, bislang wenig erforschte neolithische Kulturen bestanden haben.

Im Banne des Buddhismus – Luoyang

Eine der besonders begünstigten Gegenden war die Region um Luoyang **1** (S. 405), wo bereits vor 6000 Jahren zahlreiche bäuerliche Gemeinschaften siedelten. Um 1200 v. Chr. wurde die Ortschaft Luoyang gegründet, die dank ihrer geographischen und klimatischen Bedingungen prädestiniert war, im wachsenden chinesischen Selbstbewußtsein eine militärische, wirtschaftliche und kulturelle Schlüsselrolle zu spielen. Von 770 v. Chr. an sollte die Stadt schließlich 934 Jahre lang die Hauptstadt von neun Dynastien sein. Den Anfang machte die Zhou-Dynastie, und auch die langlebige Han-Dynastie trug das Ihre zum Glanz der Stadt, aber

Kulturzentren am Gelben Fluß

◁ *Tai Shan, Tempel der Prinzessin der Azurblauen Wolken*

auch zu ihrem ersten Untergang bei. Im Jahr 189 ließ General Yuan Shao 2000 Eunuchen hinter den Mauern des Kaiserpalasts massakrieren und brach damit nicht nur deren Macht, sondern auch die der herrschenden Dynastie. Drei Jahre später ließ General Dong Zhuo die Stadt plündern und verwüsten, wobei die kaiserlichen Archive und die Bibliothek verbrannten – ein unersetzlicher Verlust.

Luoyang wurde noch mehrfach zerstört und wiederaufgebaut und sollte schließlich mit Beginn der Sui-Dynastie seine Blütezeit erleben. Seine eigentliche Bedeutung aber verdankte es nach der großen Büchervernichtung von 192 nicht mehr der hohen Politik, sondern dem Buddhismus. So unauffällig kam der Buddhismus nach China, daß schon kurz nach seinem ersten Auftreten nie-

mand mehr so recht wußte, wann diese neue Religion ihren Weg ins Reich der Mitte gefunden hatte. Eine wichtige Etappe dabei war die Bekehrung der Kushan (chin.: Yuezhi), die zu jener Zeit Baktrien (etwa das heutige Afghanistan) beherrschten. Kaiser Wu (reg. 141–83 v. Chr.) hatte Gesandtschaften über die von ihm eröffnete Seidenstraße nach Baktrien geschickt, und im Gegenzug dürfte der Buddhismus nach China vorgedrungen sein.

In chinesischen Quellen wird der Buddhismus erstmals im Jahr 65 erwähnt, als ein seltsamer Traum des Kaisers Ming von seinem Minister dahingehend gedeutet worden war, daß er Buddha, den Erleuchteten, gesehen habe. Um mehr über Buddha zu erfahren, schickte der Kaiser daraufhin eine Gesandtschaft nach Westen, die Bücher mit 42 Kapiteln

der heiligen buddhistischen Schriften und ein Bild des Buddha Shakyamuni zurückbrachten. Für diese Heiligtümer ließ der Kaiser im Jahr 68 n. Chr. das Kloster des Weißen Pferdes in Luoyang errichten. Damit war der Weg Luoyangs zum buddhistischen Mittelpunkt Chinas geebnet. Die große Stunde Luoyangs schlug unter der Herrschaft der Toba, Nomaden aus der südlichen Mandschurei, die über ganz Nordchina die Herrschaft der Nördlichen Wei ausübten. Anfangs noch ein kleines Reich dehnten die Toba ihr Herrschaftsgebiet sukzessiv aus und verlegten 494 ihre Hauptstadt von Datong am Rand der Steppe nach Luoyang. Unter den Toba nahm die Entwicklung des Buddhismus bis dahin nie gekannte Ausmaße an. Eine gewaltige Welle buddhistischer Frömmigkeit erfaßte das Land, und Luoyang avancierte zum ostasiatischen Zentrum des Buddhismus. Überbordender Prunk und zur Schau gestellte Herrlichkeiten und Reichtümer waren die Kennzeichen der Hauptstadt, die zu dieser Zeit die sagenhafte Anzahl von 1367 großen und kleinen Klöstern bei einer Bevölkerung von einer halben Million Menschen besaß. Die Toba gingen schließlich in der chinesischen Kultur auf, aber während sie verschwanden, blieb der Buddhismus, dem das ›Goldene Zeitalter‹ des chinesischen Mittelalters, das bis in die erste Hälfte der Tang-Zeit reichte, seine wesentlichen Impulse verdankte. Luoyang wurde in der Folgezeit an den Kaiserkanal angeschlossen, schachbrettartig ausgebaut und reichte in seinen Dimensionen schließlich fast an die von Chang'an heran. Nach außen hin glich die Stadt einem gewaltigen, befestigten Heerlager. Der buddhistischen Religion verdankte auch Chinas einzige je offiziell regierende Kaiserin, Wu Zetian, ihre Herrschaft, und als Reverenz an deren Bedeutung verlegte sie ihre Hauptstadt 684 nach Luoyang. Der buddhistische Einfluß erreichte unter Kaiserin Wu seinen Höhepunkt. Verschwendung und hemmungsloser Luxus waren das Kennzeichen ihrer Regierungszeit. Die großen Buddhistenverfolgungen der Jahre 842–845 beendeten die Macht der Klöster. 907 stürzte die Tang-Dynastie, und mit ihr begann Luoyangs Abstieg zur Bedeutungslosigkeit. 1920 lebten hier nur noch 20 000 Menschen, und erst die Kommunisten erweckten die Stadt aus ihrem Dornröschenschlaf, die sie nun konsequent zu einer Industriestadt aufbauten. Nur noch die **Longmen-Grotten,** ein großartiges Zeugnis buddhistischer Kunst, sowie der eine oder andere Tempel erinnern an den alten Glanz.

Die Longmen-Grotten

Für die Mehrheit der asiatischen Völker war der Buddhismus zur Universalreligion geworden und China dessen glanzvolles Kernland. Während der Sui- und Tang-Zeit wurde er integrierender Bestandteil der chinesischen Kultur. Die Klöster waren Zentren einer weltlichen wie auch religiösen, chinesischen wie auch buddhistischen Kultur. Dem Typ des gebildeten Mönchs, der Dichter, Maler und Kalligraph war, entsprach derjenige des frommen weltlichen Gebildeten, der sich für buddhistische Philosophie interessierte, Konzentrationspraktiken betrieb und fähig war, mit Mönchen oder Eremiten über einzelne Punkte der Lehre zu diskutieren. Doch neben den geistigen Einflüssen drangen auch die ihnen manifesten Ausdruck verleihenden Künste nach China ein. Zusammen mit der Bildhauerkunst kam entlang der Seidenstraße eine den indo-

Die Wächterfiguren der Longmen-Grotten

iranischen Grenzgebieten und Indien eigene architektonische Technik nach Nordchina: die Anlegung von Felsgrotten. Kuqa, Dunhuang, Lanzhou, Tianshui, Datong waren in einer langen Kette nur die wichtigsten Stationen, und nun reihte sich auch Luoyang ein. Die Herrscher der Nördlichen Wei ließen nach ihrem Umzug an beiden Seiten des Yi-Flusses erste Höhlengrotten anlegen, an denen fast 400 Jahre lang ununterbrochen gearbeitet wurde. Das Ergebnis waren 1352 einzelne Höhlen und 750 Nischen mit 97 300 großen und kleinen Statuen, 40 buddhistischen Pagoden und 3608 Inschriften. Nur ein Bruchteil davon ist erhalten geblieben, sei es daß die Grotten verschüttet wurden, Vandalismus zum Opfer fielen oder von Kunsträubern aus aller Welt systematisch geplündert wurden.

Die Kunst der Longmen-Grotten begann schon früh den Stil Yungangs, der kubische, breitschultrige, plumpe, unge-

lenk und starr wirkende Buddha-Skulpturen hervorbrachte, in Datong, der vormaligen Hauptstadt der Wei, abzulösen. Die Figuren wurden nun schlank, hoheitsvoll und anmutig. Die Gewänder fallen in symmetrisch geordneten, nur leicht angedeuteten Wellen von der Schulter herab. Das Ergebnis der neuen, im 6. Jahrhundert entstandenen ›Longmen-Form‹ sind Buddha-Statuen, die in sich ruhen. Man sieht, daß die Künstler das Transzendentale, das sie verkörpern, erfaßt haben, daß sie anders als in Yungang nicht mehr nur nachbilden, sondern zu eigenen Formulierungen gefunden haben. Die Kreativität der Künstler offenbart sich nicht zuletzt an den beiden martialischen Wächterfiguren des ehemaligen Eingangs. Sie entfalten in geradezu stürmischen Bewegungen ihre Kraft. Die linke der beiden Kolossalgestalten ist ein Weltenwächter oder Himmelskönig. Die Pagode, die er in der Hand hält, ist das Symbol für die We-

Vairochana-Buddha der Longmen-Grotten

senssubstanz Buddhas. Mit dem rechten Fuß zertritt er einen Feind der Lehre. Sehr viel grimmiger schaut der rechts von ihm stehende Wächter der Lehre *(Lishi)* drein. Im Lauf der Tang-Zeit kam mit dem Tang-Stil eine weitere künstlerische Entwicklung nach Longmen. Der Körperbau ist nun gedrungen, die Brust gewölbt, die Schultern sind breit. Voluminös wirken auch die verschränkten Beine unter dem sich bauschenden Gewand. Die Haltung des Buddha ist nun majestätisch, und das Gesicht drückt Ruhe und Beschaulichkeit aus. Wer anders als die bigotte und abergläubische Kaiserin Wu Zetian (624–705) hätte die monumentalste Buddha-Statue in Auftrag geben können. Unter ihrer Ägide entstand der weithin sichtbare, 17 m hohe **Vairochana-Buddha** mit seinen beiden Begleitern. In der Zeit ihrer Herrschaft begann sich auch der Daoismus Bildnisse zu schaffen, um mit dem übermächtigen Buddhismus weiterhin konkurrieren zu können. Aus diesem Grund findet man viele Entsprechungen im daoistischen Pantheon: besonders

charakteristisch vielleicht die vier Weltenwächter, die bei den Daoisten zu den vier Beamten des Himmlischen Zensorats wurden. Auch die beliebte Trinität aus den Buddhas der Vergangenheit, Gegenwart und Zukunft wurde kopiert und mit der Gruppe der Drei Reinen übernommen. Vor dem Untergang der Grottenkunst im 9. Jahrhundert steigerte sich der Tang-Stil zu barockem Überschwang und Pathos. Stoffreiche, drapierte und in vielen kleinen Glocken fallende Gewänder umhüllen nun die schwellenden Körper, die fülligen Gesichter wirken oft kindlich. Die großen Buddhistenverfolgungen 842–845 beendeten die Blüte der buddhistischen Grottenkunst. Es entstanden zwar weitere Werke, die aber eine kanonische, wenn auch gemäßigte Strenge und Regelhaftigkeit aufwiesen. Seit der Song-Zeit erhielt diese Kunst kaum neue Impulse.

Die wichtigsten Höhlen gruppieren sich entlang dem Westufer an einem 800 m langen Uferabschnitt. Hier war der Stein besonders stabil und dennoch gut zu bearbeiten, und so konnte 494 mit der **Guyang-Grotte** die erste der Höhlen fertiggestellt werden. Sie liegt nahezu am Ende des ganzen Komplexes gleich neben der ebenfalls sehenswerten **Rezeptgrotte** (Yaofang Dong), in der auf Steintafeln über 100 medizinische Rezepturen eingemeißelt sind. Letzte bedeutende Höhle im hinteren Abschnitt ist die **Shiku-Höhle**, deren Steingravierungen religiöse Prozessionen darstellen.

Auf dem Rückweg passiert man den **Tempel zur Ahnenverehrung** (Fengxian Si) mit dem 17 m hohen **Vairochana-Buddha**, dessen Gesicht angeblich dem der Stifterin Wu Zetian nachempfunden sein soll. Gleich dahinter folgt die **Lotos-Höhle** (Lianhua Dong), deren Hauptattraktion eine große Lotosblüte an der Decke ist. Der Lotos ist ein Symbol der

Reinheit, denn er wächst völlig rein aus dem Schmutz des sumpfig-trüben Wassers empor. Im Buddhismus steht der Lotos nicht nur für die Reinheit, seine Knospe, Blüte und Frucht stehen auch für Vergangenheit, Gegenwart und Zukunft. Die nächste Höhle ist die **Zehntausend-Buddha-Höhle**, deren Wände von 15 000 Buddha-Figuren geziert werden. Nebenan wird eine 680 erbaute Grotte von einem großen Buddha und von Darstellungen himmlischer Musikanten und Tänzer geschmückt. Einige Minuten weiter in Richtung Ausgang kommt man zu der zwischen 500 und 523 fertiggestellten **Binyang-Höhle**, die sich in drei Sektionen gliedert und als zentrale Figur den Buddha Shakyamuni beherbergt. Letzte, oder je nach Ausgangspunkt, erste der interessantesten Höhlen ist der **Qianxi-Tempel**, der eine Statue des Buddha Amithaba mit je einem Schüler zu seinen Seiten enthält.

Auf der anderen Seite des Flusses liegt kurz hinter der Brücke das **Grab des Dichters Bai Juyi** (772–846, Bai Juyi Mu), eines der Dichterkönige der Tang-Zeit. Als Lyriker sah er seine Aufgabe darin, Mahner und Warner zu sein. Seine Gedichte wendeten sich gegen die Eunuchenwirtschaft, daoistisches Quacksalbertum, nutzlose Grenzkriege, Ausbeutung der Bauern und gegen eine unmenschliche Strafjustiz. In Luoyang verbrachte er nach einem wechselvollen, oft von düpierten und neidischen Zeitgenossen bedrohten Leben seinen Ruhestand. Von seinen Gedichten sind 3800 erhalten geblieben, die größte Zahl, die ein chinesischer Dichter aufzuweisen hat.

Die Longmen-Grotten liegen 13 km südlich der Stadt, und auf dem Weg zurück sollte man auf halbem Wege den **Tempel des Guan Yu** (Guanlin Miao) besuchen. Hier befindet sich das Grab des berühmten Generals Guan Yu, eines Helden aus der Zeit der Drei Reiche und loyalen Generals von Liu Bei, dem König von Shu. Sun Quan, der König von Wu, nahm ihn gefangen und ließ ihn hinrichten. Seinen Kopf schickte Sun Quan dem König von Wei, Cao Cao, in der Hoffnung, daß sich die Rache Liu Beis auf Cao Cao richten möge. Dieser ließ den Kopf jedoch ehrenvoll begraben und machte damit Sun Quans Pläne zunichte. Guan Yus Ruhm als untadeliger Soldat war so groß, daß er schon bald als Heiliger in den Götterpantheon aufstieg, wo er zu einer der höchsten und mächtigsten Gottheiten avancierte. In seinen Tempeln schwor man Blutsbrüderschaft, bat um Regen oder Sonnenschein, betete vor einer Schlacht oder trug Rechtsstreitigkeiten aus. Wie die buddhistische Guanyin wurde er zu einer allmächtigen Universalgottheit der Volksreligion.

Die dritte große Sehenswürdigkeit Luoyangs ist der **Tempel des Weißen Pferdes** (Baima Si) 10 km östlich der Stadt. Das erste Monument des nach China eindringenden Buddhismus ist zugleich das letzte buddhistische Glanzlicht von Luoyang. Die Gründung geht auf das Jahr 67 zurück, und der Bau gilt als der älteste buddhistische Tempel Chinas überhaupt. Der Name rührt von zwei weißen Pferden her, auf denen zwei indische Mönche die ersten buddhistischen Sutren nach China brachten. Dort, wo die Pferde schließlich zum Stehen kamen, wurde dieser Tempel errichtet. Die heutigen Gebäude stammen allerdings aus der Ming-Zeit, während die beiden Pferdeplastiken vor dem Eingang aus der Song-Zeit stammen. Die Gräber der beiden Mönche, die ihre Sutren auch ins Chinesische übersetzten, befinden sich in den Seitenhöfen gleich rechts und links vom Haupteingang.

Ausflüge in die Umgebung

Keine Frage, der wichtigste Abstecher von Luoyang führt zum mythischen Heiligen Berg **Song Shan**, an dem entsprechend seiner Bedeutung zahlreiche Tempel- und Klosteranlagen liegen. Hauptanziehungspunkt ist das **Shaolin-Kloster**. Berühmt ist dieses Chan-buddhistische Kloster für seine Mönche sowie deren Fertigkeiten in der Kunst des Kampfes, die eigentlich als eine meditative beziehungsweise Konzentrationsübung entstanden.

Bereits im 4. Jahrhundert hatte der Mönch Taosheng (um 360–434) die revolutionäre Auffassung vertreten, daß die Erlösung nicht nur durch einen langen entsagungsreichen, durch viele Inkarnationen führenden Erkenntnisprozeß führen müsse, sondern auch durch ein blitzartiges Erfassen der Wahrheit erlangt werden könne. Der indische Mönch Bodhidharma (chin.: Damo) griff diese Gedanken auf und begründete um 520 im 495 erbauten Kloster Shaolin schließlich die Schule des Chan-Buddhismus, einer der wohl wesentlichsten

Beiträge Chinas zur Entwicklung des Buddhismus. Unter Damo übernahm der Meditationsbuddhismus vom Daoismus das Erlebnis der Natur. Natur und Religion schufen eine ganz neue Erfahrungswelt. Zu ihr gehörte unter anderem auch die Imitation von Tierbewegungen, durch die die Mönche sich in den Meditationspausen entspannen sollten. Auf diese Weise entwickelte sich schließlich die Kampfkunst des Wu Shu, zu der auch das Kung Fu (Gongfu) zählt. Seine Blütezeit erlebte das Kloster in der Tang-Zeit, als hier über 1000 in der Kunst des Wu Shu geübte Mönche lebten. Sie halfen dem Begründer der Tang-Dynastie Li Shimin im Kampf gegen einen lokalen Kriegsherrn und erfuhren im Gegenzug besondere Aufmerksamkeit.

Bis heute konnte sich Shaolin seine Berühmtheit erhalten. Beigetragen zu dieser ungeheuren Popularität haben unzählige Filme, in denen alle paar Minuten Kämpfende mit martialischen Schreien Saltos schlagend durch die Luft wirbeln. Tausende chinesischer Touristen ergötzen sich hier Tag für Tag an einem Rummel, der fast schon wie ein Kungfu-Disneyland anmutet.

Kungfu-Training im Shaolin-Kloster

Der Gelbe Fluß

Chinas Sorgenfluß Nummer Eins, der Gelbe Fluß (Huang He), bahnt sich in Shandong seinen Weg in den Bohai-Golf. Der mit 5464 km zweitlängste Fluß des Landes entspringt im südöstlichen Teil Qinghais. Seine gelbe Farbe erhält der Huang He vom gelblichen Lößschlammbrei, den der Strom mit sich führt. Die ungeheuren Mengen an Feinsand (pro Jahr 1 Mrd. m³) bewirken die Versandung des Flußbetts im Flachland, was zusammen mit dem immensen Landhunger und der Abholzung ganzer Landstriche dazu geführt hat, daß der Huang He seinen Unterlauf im Lauf von 2000 Jahren 26mal geändert hat, zuletzt 1947. Dabei betrug der Abstand in neun Fällen von der nördlichsten zur südlichsten Mündung bis zu 1000 km! Ein gewaltiges Problem sind nicht nur die verheerenden Flutkatastrophen, die sich durch die Änderungen des Flußlaufs ereigneten, sondern auch das Abschwemmen riesiger Mengen fruchtbaren Lößes. Entlang dem Huang He befinden sich immerhin 20% der Ackerbaufläche Chinas, und aufgrund des fruchtbaren Schwemmlößbodens gehört Shandong neben Sichuan zur fruchtbarsten Provinz des Landes. Seit 1949 genießt die Flutkontrolle in China oberste Priorität (innerhalb von 2000 Jahren brachen 1500mal die Dämme), denn schon heute erhebt sich das Flußbett durchschnittlich 3–4 m über dem Umland, und es wächst jährlich um weitere 10 cm. Extensive Wassernutzung, Staudämme und Kanäle, die das Wasser des Huang He ableiten, haben in den 90er Jahren allerdings ein ganz neues, für den Unterlauf des Stromes sehr ungewöhnliches Problem geschaffen. In den trockenen Sommermonaten leidet er neuerdings unter Wassermangel, so daß Kritiker bereits ironisch davon sprechen, daß der Huang He wie der Tarim in der Provinz Xinjiang ein Binnenstrom ohne Abfluß zum Meer wird, wird die extensive Nutzung nicht unter Kontrolle gebracht.

Der Pagodenwald

Nach einem kurzen Fußmarsch vom Tempel aus erreicht man den berühmten **Pagodenwald**. Mehr als 200 berühmte Äbte und Mönche wurden hier während eines Jahrtausends beigesetzt. Der Wald ist ein einzigartiges Museum der Pagodenstile verschiedener Epochen. Nördlich des Pagodenwalds steht zu Ehren des ersten Patriarchen Damo der **Tempel des Ersten Patriarchen** (Chuzu An), und im Süden steht der **Tempel des Zweiten Patriarchen** (Erzu An), in dem Damos Nachfolger verehrt wird.

Auf dem Song Shan gibt es noch zahllose weitere Tempel, Gräber und Pagoden zu entdecken: der Qingliang-Tempel (Qingliang Si), in dem Damo neun Jahre lang meditiert haben soll; der Lotos-Tempel; der Fawang-Tempel oder die Pagode des Songyue-Tempels (Songyuesi Ta) aus dem Jahr 520, die als älteste erhaltene Ziegelpagode Chinas gilt. 15 km südlich der Kreisstadt Dengfeng steht das **Gaocheng-Observatorium** (Gaocheng Guanxingtai), das älteste vollständig erhaltene Observatorium Chinas. Es wurde im Jahr 1276 erbaut und war die Wirkungsstätte des großen Astronomen und Mathematikers Guo Shoujing (1231–1316), der hier die Umlaufbahn der Erde um die Sonne fast genau errechnete: Er irrte sich nur um 26 Sekunden. Der von ihm erstellte Kalender war einer der exaktesten seiner Zeit.

Auf einem daoistischen Berg sollte man auch ein daoistisches Kloster besuchen, und hier bietet sich das weitläufige, elf Höfe umfassende **Zhongyue-Kloster** (Zhongyue Miao) an. Es steht 4 km östlich von Dengfeng und wurde bereits im 2. Jahrhundert v. Chr. gegründet. Das heutige Bild der Anlage entstand zur Zeit der Qing-Dynastie, und die furchterregende Gruppe der vier eisernen Wächter stammt aus dem Jahr 1064.

Die Heimat des Konfuzius – Qufu

Die Provinz Shandong ist nicht nur eine Wiege der Kultur, sie ist auch die Heimat des die gesamte chinesische Geisteswelt prägenden Mannes, und so sollte die Bahnfahrt spätestens in Qufu enden, dem Heimatort des großen Philosophen Konfuzius (Kong Fuzi).

Die kleine Stadt Qufu **2** (S. 407) hat es in den letzten Jahren geschafft, aus dem Schatten ihrer pittoresken ländlichen Idylle zu treten und sich zu einer häßlichen, verbauten Ortschaft zu mausern. Fast gewinnt man den Eindruck, daß sie den Grund ihrer Berühmtheit hinter der modernen Fassade verstecken möchte. Dabei sollte die Philosophie des Konfuzius die östliche Welt in einer Weise befruchten wie das Christentum das Abendland. China ist heute auf dem besten Weg, dieses Erbe zu akzeptieren, das im Konfuzianismus der Kleinen Tradition, dem sogenannten Dorfkonfuzianismus, wieder existiert. Seine wichtigsten Erscheinungsformen sind: Volksreligion, einschließlich Magie und Animismus; Bildung von Geheimgesellschaften; das Feiern der traditionellen Feste; spezifische Kunstformen in der Bildhauerei und im Scherenschnitt; das Volksgesundheitswesen mit traditioneller Pharmazie und Akupunktur.

Qufu ist nicht groß, und man kann die wichtigsten Sehenswürdigkeiten gut zu Fuß erreichen. Der erste Besuch sollte der riesigen, 21 ha großen Anlage des **Konfuzius-Tempels** im Herzen des Orts gelten, die in ihrer kulturhistorischen Bedeutung nur noch vom Kaiserpalast in Beijing übertroffen wird. 478 v. Chr., im zweiten Jahr nach Konfuzius' Tod, wurde an der Stelle, wo Konfuzius wohnte und seine Schüler um sich versammelte, eine erste kleine Gedenk- und Kultstätte eingerichtet, die in der Westlichen Han-Zeit mehrfach umgebaut und erweitert worden ist. Erst mit der wachsenden Bedeutung des Konfuzianismus als Staatsphilosophie begann der Tempel größere Dimensionen anzunehmen. Die heutigen Gebäude stammen zum größten Teil aus dem 18. Jahrhundert. Der Grundriß orientiert sich am klassischen Muster der Kaiserpaläste und richtet die neun Höfe mit den zahlreichen Hallen und Pavillons symmetrisch entlang einer Nord-Süd-Achse aus.

Man betritt den Tempel von Süden her durch das Lingxing-Tor (Lingxing Men), dem noch das ›Ehrentor zum Schlagen der Gongs und der Musiksteine‹ vorgelagert ist. Ursprünglich bildete sogar das südliche Stadttor Qufus einen Zugang zum Tempel. Insgesamt stehen in der Anlage 54 solcher Ehren- und Schmuckbogen. Lingxing ist ein Stern im Großen Bären und galt als ›Stern der Literatur‹. Durch mehrere mingzeitliche Schmucktore mit so epischen Namen wie ›Tor des ursprünglichen Äthers und der höchsten Harmonie‹ oder ›Tor der Zeitlosigkeit des Heiligen‹ gelangt man in einen von alten Zypressen bewachsenen Hof. Mitten hindurch fließt der Bi-Bach, den drei steinerne Brücken überspannen. Linker Hand, versetzt vor der dritten Brücke, steht der Pavillon des Steinernen Mannes, in dem sich zwei Statuen aus der Zeit der Östlichen Han-Dynastie befinden. Hinter der mittleren Brücke führt der gepflasterte Weg zum ›Tor zur Vermehrung der Wahrheit‹. Gleich dahinter passiert man das ›Tor der Großen Mitte‹,

Im Konfuzius-Wald

das während der Song-Zeit als Haupteingang diente und betritt dahinter den
vierten Hof. Rechts und links sieht man
L-förmige, mit grünen Ziegeln gedeckte
Ecktürme aus dem Jahr 1331. Zusammen mit den Türmen in der Nordwest-
und Nordostecke des Tempelbezirks bilden sie ein Rechteck und dienten früher
als Wachtürme. Man muß nun noch
durch das ›Tor der Einheit der geschrie-
benen Sprache‹ gehen und steht
schließlich vor dem Ehrfurcht einflößen-
den dreigeschossigen Kuiwen-Pavillon,
dem eigentlichen Zentrum der Tempelanlage.

Im Kuiwen-Pavillon (Kuiwen Ge), dessen nicht übersetzbarer Name den göttlichen Status von Konfuzius versinnbild-
licht, wurden die unterschiedlichsten
Schriftstücke aufbewahrt, wie etwa die
Kalligraphien einiger Kaiser. Das untere
Geschoß ist eines der ältesten Gebäudeteile der Anlage und stammt aus dem

11. Jahrhundert. Die Gesamtkonstruktion ist in der chinesischen klassischen
Architektur einzigartig, und das ganze
Bauwerk ist so solide gebaut, daß es
sogar starke Erdbeben unbeschadet
überstanden hat. In den beiden kaiserlichen Stelenpavillons vor dem Kuiwen
Ge werden große mingzeitliche Stelen
aufbewahrt.

In dem sich anschließenden sechsten
Hof stehen in zwei Reihen je 13 Pavillons
(Shisan Yubei Ting) mit 53 Inschriftenta-
feln von Kaisern seit der Tang-Zeit, die
den Tempel erweitern oder restaurieren
ließen. Die Zahl 13 ist natürlich bewußt
gewählt: fünf Pavillons sind nach Norden und acht nach Süden beziehungsweise sechs nach Westen und sieben
nach Osten ausgerichtet. Mit dieser Anordnung wurde der fundamentalen Bedeutung der Zahl im chinesischen
Leben entsprochen. So ist die Fünf die
wichtigste Zahl chinesischer Zahlenmy-
stik überhaupt, und die Acht ist eine der
wichtigsten Yin-Zahlen und steht beispielsweise für das Glück.

Durch das Tor der Großen Vollendung
führt der Weg nun zu einem Pavillon,
dessen Name einmal nicht von konfuzianischer Ehrfurcht zeugt. Er heißt ganz
profan Aprikosenaltar (Xing Tan). Der
Altar stammt aus dem Jahr 1018,
während der über dem Altar errichtete
Pavillon 1569 entstand. An dieser Stelle,
über die heute mächtige Pinien und Zypressen ihre Schatten werfen, soll Konfuzius unter einem Aprikosenbaum
seine Vorlesungen gehalten haben.
Nicht zu übersehen ist von hier das
Hauptgebäude des Tempels, die Halle
der Großen Vollendung (Dacheng Dian),
in der Zeremonien zu Ehren von Konfuzius abgehalten wurden. Sein Geburtstag, der 28. September, wird inzwischen
wieder aufwendig gefeiert, was seit der
Kulturrevolution untersagt war. Auffällig

ist das Dach: Gelbe Ziegel waren dem Kaiser vorbehalten, und so bedurfte es zunächst der Genehmigung des Kaiserhofs das riesige Gebäude zu errichten. Auch die mit neun Figuren verzierten Dachkanten zeugen von kaiserlichem Privileg. Im Innern vermitteln purpurrote Wände den Eindruck kaiserlicher Erhabenheit. Die Säulen der Haupthalle sollen der Legende nach derart kunstvoll gearbeitet gewesen sein, daß man sie vor dem Kaiser verhüllen mußte, um ihn bei einem Besuch nicht zu verstimmen. In der Halle stehen die Statuen von Konfuzius, seinen vier Begleitern (Yan Hui, Zeng Shen, Kong Ji und Menzius) und seinen zwölf Schülern. Die Figurengruppe wurde 1984 eingeweiht, da die Originale in der Kulturrevolution zerstört worden waren. In den beiden Hallen links und rechts der Haupthalle werden 172 weitere Schüler von Konfuzius und wichtige Gelehrte geehrt. Im Hof vor der Haupthalle steht noch eine gewaltige, von einer Balustrade umgebene Zypresse. Sie soll von Konfuzius persönlich gepflanzt worden sein und trägt den gewichtigen Namen ›Zypresse, die von der Hand des ersten Lehrers gepflanzt worden ist‹. In ihr soll die Essenz seiner Gedanken wohnen.

Gleich hinter der Haupthalle steht die zweitgrößte Halle, Qin Dian, in der die Frau von Konfuzius verehrt wurde. Erstaunlich genug, denn Frauen wurden im puritanisch-gestrengen China der Ming- und Qing-Zeit eher geringgeschätzt. Die 120 Steinschnitte in der letzten Halle, Shengji Dian, zeigen Szenen aus dem Leben von Konfuzius.

Gleich neben dem Tempel befindet sich die ehemalige **Residenz der Kong-Familie**, die ein Areal von 16 ha einnimmt. Die Residenz mit ihren 463 Räumen spiegelt die Macht und den Einfluß der späteren Kong-Generationen wider.

77 Generationen sollen hier über einen Zeitraum von 2500 Jahren gelebt haben, und so viel Kontinuität wurde schließlich mit dem Ehrentitel ›die Erste Familie unter dem Himmel‹ belohnt. Kaum ein Kaiser ließ es sich nehmen, Konfuzius und seine Familie mit immer neuen Titeln zu überhäufen, und wollte man den letzten Nachkommen mit all seinen Titeln anreden, würden Jahre vergehen. Der letzte, der einen Titel verlieh, war Chiang Kai-shek, der dem Nachkommen der 77. Generation, Kong Decheng, den Titel ›Staatslehrer der Opfer für den Erhabenen Weisen und Ersten Lehrer‹ verlieh. Tatsächlich aber wurde es der Familie erst im 14. Jahrhundert per Dekret erlaubt, ihre Residenz gleich neben dem Tempel zu errichten.

Der Wohnsitz besteht aus drei Bereichen: ein östlicher Teil mit dem Familientempel und den Wohnstätten; ein westlicher, den sechs kaiserlichen Ministerien nachempfundener Teil für offizielle Anlässe sowie ein mittlerer Teil mit den Arbeitsräumen. Die heute etwas heruntergekommene Anlage ist ein faszinierendes Beispiel der alten Wohnkultur bedeutender Familien.

Zu dem etwa 2 km außerhalb von Qufu gelegenen, nahezu 200 ha großen **Friedhof** der Familie Kong gelangt man zu Fuß oder mit einer Rikscha. In dem von einer 10 km langen Mauer umschlossenen Wald liegen überall die Gräber der Kongs sowie Statuen, Pavillons und Stelen verstreut. Auch heute noch wird der Friedhof von den Nachkommen der Familie genutzt.

Links vom Eingang in den Wald führt der Weg zu dem eher unscheinbaren Grab des Konfuzius, ein von einer Mauer umgebener Erdhügel. Das Grab östlich davon ist das seines Sohnes und das davor das Grab seines Enkels. Verfehlen kann man es kaum, denn ein Spalier aus Souvenirbuden und Stempelschnitzern säumt den Weg zum Grab.

Am Ende der Gulou Jie auf dem Weg zum Wald der Familie Kong steht der **Yan Miao**, ein Tempel zum Gedenken an den Lieblingsschüler von Konfuzius: Yan Hui. Konfuzius, der in seinen letzten Lebensjahren angesichts der Fruchtlosigkeit seines Wirkens zusehends deprimierter wurde, erlitt durch den frühen Tod seines Lieblingsschülers erneut einen Schicksalsschlag und klagte, »daß der Himmel ihn verlassen habe«. Die große Ruhe ausstrahlende Anlage wurde um 200 v. Chr. erbaut und in den späteren Jahren immer wieder erweitert und umgebaut. Die heutigen Gebäude stammen aus der Ming- und Qing-Zeit.

Ausflüge von Qufu

Etwa 4 km östlich von Qufu kann man mit dem Taxi zum Grab des mythischen Urkaisers Shaohao fahren. Das pyramidenförmige **Mausoleum** mit der Grundfläche von 25 x 25 m stammt aus dem Jahr 1111 der Song-Zeit. Es wird von alten Zypressen und zahlreichen Gebäuden umgeben. Shaohao war der Legende nach der Sohn des Gelben Kaisers (Huangdi) und dessen Nachfolger. Er soll aus einem großen Stern in Form eines Regenbogens geboren worden sein, und es wird ihm eine Regentschaft von 100 Jahren und die Erfindung von Pfeil und Bogen zugeschrieben. Als Regierungssitz wählte er Qufu. Durch den Hang der Chinesen, ihre Geschichte zu ›begradigen‹ und zu periodisieren sowie Wechselbeziehungen zu konstruieren, avancierte Shaohao nach und nach zum Vorfahren des Konfuzius, der damit wiederum Nachfahre des Gelben

Kaisers wurde. Shaohaos Rolle als Kaiser war allerdings eher umstritten. So kann man in einer ›Abhandlung über die Fürstentümer‹ lesen, daß zu Shaohaos Zeiten die Sitten verdorben gewesen seien und das Volk sich darauf verlegt habe, die Geister ohne Sinn und Zweck anzurufen; die Beziehungen zwischen den Menschen und den Göttern seien in Unordnung geraten. Sein Nachfolger Zhuanxu brachte die Ordnung zurück und begründete das ›Goldene Altertum‹, das Konfuzius schließlich mit seiner Philosophie wiederbeleben wollte.

25 km südlich von Qufu liegt **Zouxian**, der Geburtsort von Menzius (Mengzi, 372–289 v.Chr.), einem der großen konfuzianischen Philosophen, der Thesen entwickelte, die im sogenannten Neokonfuzianismus der Song-Zeit zum Tragen kamen und sich als orthodoxe Lehrmeinungen in der Ming- und Qing-Zeit durchsetzen sollten. Begünstigt wurde diese Entwicklung durch die Ähnlichkeit seiner Auffassung der menschlichen Natur mit buddhistischen Theorien und der allgemeinen Übereinstimmung seiner politischen Ideen mit den philosophischen und ethischen Tendenzen, die in der Song-Zeit entstanden.

Zouxian ist ein chinesisches Dorf mit genau jenem ursprünglich ländlichen Charakter, den Qufu ohne Not abgeschüttelt hat. Besichtigen kann man im Dorf den großen Menzius-Tempel, seine Residenz und den Menzius-Wald mit den Gräbern seiner Nachkommen. Der Menzius-Tempel hat bei weitem nicht die Dimensionen des Konfuziustempels und befindet sich leider in einem eher verwahrlosten Zustand. Dennoch lohnt der Besuch, denn fern der Besuchermassen offenbart sich einem hier die ganze Faszination, die diese Orte der Ruhe ausstrahlen können.

Tai Shan – Berg der Himmelssöhne

Nur eine Zugstunde von Qufu entfernt umfängt einen der Zauber chinesischer Gebirgslandschaften. Schon bevor sich Shandong zum Zentrum der chinesischen Zivilisation entwickelt hatte, war die Region des Tai-Gebirges das Zentrum kaiserlich-himmlischer Ahnenverehrung und damit Zentrum religiöser Macht. Nirgendwo war der Zugang zum Himmel unmittelbarer als auf dem Gipfel des mythischen Tai Shan **3** (S.411, Abb. S. 208/209). Seine Entstehung geht der Legende nach unmittelbar auf die Gründung der Welt durch Pan Gu, den mythischen Urahn des Universums, zurück. Nach seinem Tod formten sich aus seinen Gliedmaßen Sonne, Mond und Sterne, aus den Adern bildeten sich die Flüsse, aus den Knochen die Gebirge und Landschaften, und sein Kopf verwandelte sich in den 1524 m hohen Tai Shan, der damit zum wichtigsten aller heiligen Berge aufrückte. Dieser Bedeutung zollten die meisten chinesischen Kaiser Tribut, indem sie wenigstens einmal in ihrem Leben auf den Gipfel stiegen, um dem Himmel zu opfern.

Am konsequentesten nutzte der Han-Kaiser Wu die dem Berg immanente Symbolik für seine Zwecke. Es gelang ihm mit dem Opfer auf dem Tai Shan nicht nur die weltliche Macht des Kaisers zu festigen, sondern auch die religiöse Macht an sich zu reißen, die vorher in den Händen von Priestern und der Kaiserin lag. Mit diesem Schachzug begründete er den allmächtigen Status als Sohn des Himmels und Herr des Kalenders, der seither als alleiniger Lebensspender für das gesamte chinesische Territorium seine Macht mit niemandem teilen mußte.

Ausgangspunkt für den Aufstieg auf den Gipfel ist die Stadt Tai'an am Fuß des Tai Shan. 6000 Stufen führen durch eine herrliche Landschaft hinauf, anfangs noch sanft, auf dem letzten Drittel aber steil ansteigend. Entlang der Hauptroute sorgen zahlreiche Tempel für interessante Abwechslung, aber auch für Getränke und Verpflegung, so daß man für den acht- bis zehnstündigen Auf- und Abstieg außer Regenzeug und Pullover keine weiteren schweren Gepäckstücke mitnehmen muß. Man kann auch vom Bahnhof den Bus bis zum Mittleren Himmelstor (Zhongtian Men) nehmen, das etwa auf der Hälfte der Strecke liegt. Von dort führt eine Seilbahn auf den Gipfel.

Der Wanderweg beginnt am Taishan-Hotel (Taishan Binguan), der eigentliche Ausgangspunkt für die Pilger aber ist der **Tempel des Berggottes** (Dai Miao) etwas südlich vom Hotel. Zusammen mit dem Kaiserpalast in Beijing und dem Konfuziustempel in Qufu ist die gewaltige Tempelanlage das bedeutendste Bauwerk der klassischen Architektur in China. Die Gründung des Tempels liegt im Dunkel der Geschichte, aber mindestens seit 200 v. Chr. standen hier die ersten Sakralbauten, deren Anzahl im Lauf der Jahrhunderte auf über 800 anstieg. Als Ausdruck der kaiserlichen Macht ist das Dach des Hauptgebäudes, die Halle der Himmlischen Gaben (Tiankuang Dian), mit Ziegeln in kaiserlichem Gelb gedeckt. In ihr wurde vor Beginn des Aufstiegs dem Berggott geopfert. Da die Besichtigung des Dai Miao mindestens einen halben Tag erfordert, sollte man, falls man den Aufstieg zu Fuß machen will, dafür einen Extratag einkalkulieren.

Durch das **Steintor** (Daizong Fang), einen **Ehrenbogen für Konfuzius** (Kongzi Denglinchu) und das **Erste Himmelstor** (Yitian Men), wo der Anstieg beginnt, führen die nie enden wollenden Stufen durch eine dichte Waldlandschaft aus Koniferen. Weitere Sehenswürdigkeiten und Rastplätze sind der **Palast des Roten Tores** (Hongmen Gong), in dem die Prinzessin der Azurblauen Wolke, eine Enkelin des Berggottes, verehrt wird, das **Torgebäude der Zehntausend Unsterblichen** (Wanxian Lou) und der **Palast der Göttin des Großen Bären** (Doumu Gong). Diese Göttin gilt als Schutzpatronin der Literaten und bewohnte den Stern Ling (Ling Xing), den Stern der Literaten im Sternbild des Großen Bären.

Kurz dahinter erreicht man über einen kleinen Umweg das **Tal der Steinsutra** (Jingshi Yu), so genannt, weil dort eine 1400 Jahre alte in Stein gemeißelte Inschrift des Diamantsutra steht. Zurück auf dem Hauptweg passiert man nun den **Grat, an dem die Pferde zurückgelassen wurden** (Huima Ling), ein Platz inmitten uralter Zypressen. Von nun an wird der Weg steiler, und angeblich weigerten sich die Pferde, von hier aus weiterzugehen, so daß der kaiserliche Pilgerzug in Sänften umsteigen mußte, denn selbstverständlich brauchten der Kaiser und sein Gefolge den mühsamen Aufstieg nicht zu Fuß zu bewältigen. Nun muß man noch am **Pavillon des Himmelskessels** (Hutian Ge) vorbei, und plötzlich endet die Treppenflucht am **Zweiten Himmlischen Tor** (Zhongtian Men). Wen nun doch die Kräfte verlassen haben, der kann hier in die Seilbahn umsteigen.

Nun beginnt das steilste und kräftezehrendste Stück des Aufstiegs. Man sollte diesen imposanten Abschnitt ehrfürchtig auf sich wirken lassen. Fast in Ideallinie ziehen sich die Stufen zum **Tor des Südlichen Himmels** (Nantian Men) hinauf. Auch hier bieten immer wieder Pavillons Ruhepunkte, von denen man, atemholend, in den Genuß phantastischer Ausblicke auf die Berglandschaft kommt. Der Anstieg beginnt mit der Überquerung der **Brücke in den Wolken** (Yunbu Qiao). Sie führt zu den **Kiefern des Fünften Rangs** (Wu Song Ting). Kaiser Qin Shi Huang soll unter ihren ausladenden Ästen Schutz vor einem Unwetter gefunden und ihnen zum Dank dafür den fünften Ministerrang verliehen haben.

Das anstrengendste Stück beginnt jetzt hinter dem großen Felsen **Zehntausend Fuß hohe Stele** (Wanzhang Bi). Es wird euphemistisch **Treppe der 18 Windungen** (Shiba Pan) genannt, doch dahinter verbergen sich 1200 äußerst steil ansteigende Treppenstufen. Das **Südliche Himmelstor** (Nantian Men) will und will nicht näher kommen, aber wer es schafft, soll angeblich unsterblich werden. Doch ganz ist das Ziel noch nicht erreicht. Ein vergleichsweise sanft ansteigender Pfad führt als nächstes zum **Tempel der Prinzessin der Azurblauen Wolke** (Bixia Ci), den vor allem die Großmütter – in spe – ansteuern, um dort für erhoffte Enkelkinder zu opfern. Zu diesem Zweck stellen sie Kinderschuhe vor den Altar in der Opferhalle. Die durch eine eigenwillige Farbgebung erzeugte Atmosphäre wird als ›Buddhas Licht‹ bezeichnet.

Endpunkt der Pilgerreise ist der **Tempel des Jadekaisers** (Yuhuang Dian), der dem höchsten Gott des daoistischen Pantheons geweiht ist. Vor dem Tempel steht die **Stele ohne Inschrift** (Wuzi Bei). Sie soll auf Kaiser Wu zurückgehen, dessen Besteigung seine Allmacht festigte, ein so bedeutsames Ereignis, daß es nicht in Worte zu fassen war.

Musterländle in Fernost – Qingdao

Die letzte Station entlang der Route am Gelben Fluß hat wenig mit chinesischer alter Zivilisation zu tun, eher etwas mit deutscher Provinzmentalität. Es gibt so etwas in China nur selten. Man kommt an und fühlt sich gleich wie zu Hause, genau dieser Empfindung sollte man in Qingdao nachspüren, der so ganz ›unchinesischen‹ Stadt Chinas.

Die heutige Millionenstadt Qingdao **4** (S. 406) war noch ein kleines Fischerdorf außerhalb der Interessenssphären der Russen, Japaner und Briten, als es 1898 den Deutschen in die Hände fiel. Als am 1. November 1897 zwei deutsche

Missionare der Steyler-Mission ermordet wurden, besetzte man die Bucht von Jiaozhou kampflos und ließ sich den Ort als ›Sühneopfer‹ für 99 Jahre zuschreiben, um hier in erster Linie einen Flottenstützpunkt einzurichten. Um keine Kompromisse bei der Bebauung eingehen zu müssen, kaufte das deutsche Gouvernement kurzerhand alle auf dem geplanten Stadtgebiet liegenden chinesischen Dörfer auf und trug sie ab. Ein strenger Bebauungsplan und eine kompromißlos durchgeführte Baupolitik verhinderten jede Spekulation, die in den Konzessionen anderer Städte oft chaoti-

Qingdao

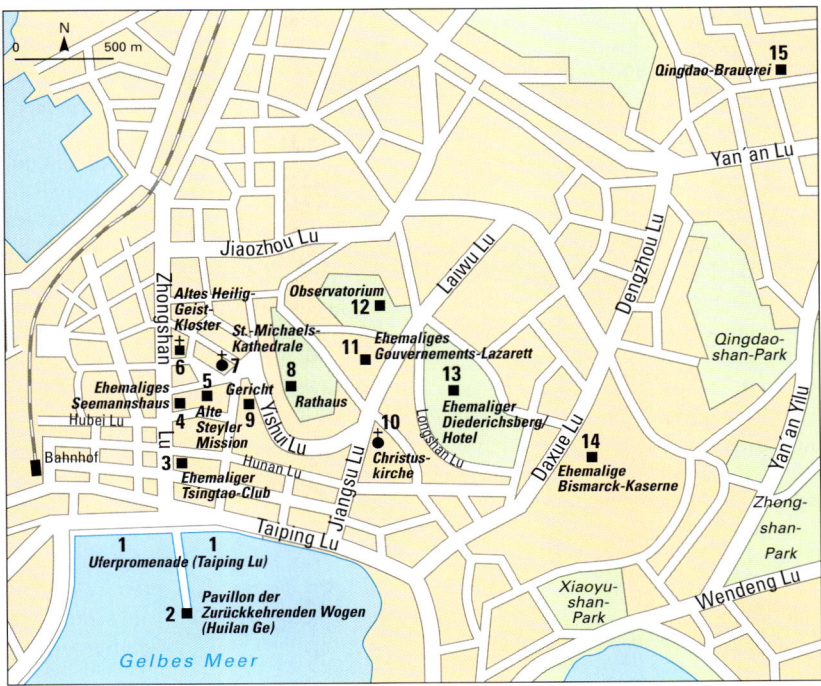

sche Stadtstrukturen geschaffen hatte. Angelegt wurden ein Europäer-, ein Villenviertel, eine chinesische Händler- und Geschäftsstadt sowie zwei Arbeiterviertel. Nach anfänglichen Schwierigkeiten (eine Typhusepidemie, ausgelöst durch die höchst unzureichenden hygienischen Bedingungen, raffte einen Großteil der deutschen Soldaten und den Gouverneur Paul Jaeschke hinweg) hatten die deutschen Kolonialisten ein sauberes und ordentliches ›Musterländle‹ errichtet. Unter den Ausländern in China kursierte bald, daß »Tsingtau die gesündeste Stadt Asiens und ein bezaubernder Urlaubsort sei«. Auch heute hat man noch diesen Eindruck, und man glaubt, sich in einem deutschen Ort aus der Zeit vor dem Ersten Weltkrieg zu befinden.

1922 wurde das zwischenzeitlich von den Japanern übernommene Qingdao an China zurückgegeben, blieb aber bis zur erneuten Besetzung durch japanische Truppen am 10. Januar 1938 eines der beliebtesten Seebäder Asiens.

Die jetzige Stadtregierung versucht weiter an der Tradition der kompromißlosen deutschen Bauordnung, manchmal mit eigenwilligen Interpretationen, festzuhalten – so ist das architektonische Stadtbild die eigentliche Sehenswürdigkeit der Stadt.

›Sauber und ordentlich‹ ist Qingdao geblieben, aber ein wenig heruntergekommen ist es schon, das deutsche Erbe, denn es fehlt das Geld für die teure Sanierung der vielen Gebäude, die der Stadt einen etwas modrigen und doch anheimelnden Reiz verleihen.

Qingdao ist eine auf Hügeln erbaute Stadt. Die Hügel, deren Kuppen fast immer unbebaut blieben, prägen und unterteilen die Stadt auch heute noch. Die Straßen passen sich der Geländeform an und bieten durch ihren Richtungswechsel ständig neue interessante Perspektiven, die sich einem bei den Spaziergängen oder Rundfahrten erschließen.

Guter Ausgangspunkt für einen Spaziergang ist die der Taiping Lu vorgelagerte **Uferpromenade** (1). Auf den ersten Blick machen Qingdaos Strände einen sehr schönen, gepflegten Eindruck, aber bei näherem Hinsehen wird deutlich, daß Großstadt- und Strandleben in China wohl noch nicht vereinbar sind. Dennoch kann man sich die frische Seeluft um die Nase wehen lassen, und es gibt sogar eine nach Usedomer Vorbild erbaute Seebrücke mit dem lyrischen Namen **Pavillon der Zurückkehrenden Wogen** (2, Huilang Ge). Auf der Höhe der Zhongshan Lu sollte man auf die andere Straßenseite wechseln. Gleich an der Ecke, wo früher die Friedrichstraße auf das Kaiser-Wilhelm-Ufer führte steht das 1910 in ›strengem Jugendstil‹ erbaute Gebäude des **ehemaligen Tsingtao-Clubs** (3), in dem heute die Gesellschaft für Technik und Wissenschaft residiert.

Die Zhongshan Lu ist zusammen mit der Jiaozhou Lu Qingdaos Haupteinkaufsstraße, aber man muß ein ganzes Stück gehen, bevor das geschäftige Leben losgeht. Vorher passiert man an der Kreuzung Zhongshan Lu mit der Hubei Lu, der alten Kronprinzenstraße, rechter Hand das **ehemalige Seemannshaus** (4) aus dem Jahr 1901. Ziel dieses Hauses war es, die Matrosen von der Straße zu holen, »damit sie sich den demoralisierenden Einflüssen ziellosen Straßenlebens, schlechter Wirtschaften und des Schnapsgenusses entziehen können«. Heute ist in dem Haus, an dem nur noch die blau lackierten Balken der Veranda und des Fachwerks an seine Vergangenheit erinnern, ein Büro untergebracht.

An der nächsten Kreuzung biegt man nach rechts ab und befindet sich nun in der Qufu Lu (Berliner Straße). Auf der Höhe mit der Zhejiang Lu (Luitpoldstraße) steht das 1899 erbaute Gebäude der **Steyler Mission** (5), das genau an der Schnittstelle von Europäerviertel und chinesischem Händlerviertel lag. An der nächsten Kreuzung, Zhejiang Lu/Feicheng Lu, eine Straße weiter nördlich, steht das in seinem verwaschenen Gelb noch immer düster wirkende **alte Heilig-Geist-Kloster** (6) aus dem Jahr 1901.

Ihm gegenüber befindet sich die noch heute das Zentrum auf eigenwillige Weise prägende **St.-Michaels-Kathedrale** (7). Sie steht auf einer Hügelkuppe und sollte ursprünglich um das Jahr 1900 im neogotischen Stil erbaut werden. Der Bau der Kirche war nach der Eroberung Qingdaos durch die Japaner im Jahr 1914 allerdings hinfällig geworden, und so dauerte es fast 30 Jahre, bis die Ausführung in Angriff genommen werden konnte. 1934 wurde das streng wirkende neoromanische Gebäude endlich fertiggestellt. Steht man vor der Kirche, muß man sich nach rechts halten und ein Stück die Dexian Lu (Hohenlohestraße) weitergehen, bis man auf die Yishui Lu trifft, den früheren Gouvernements-Platz.

Auch heute noch wird dieser Platz vom mächtigen, 1906 fertiggestellten **Rathaus** (8) beherrscht. »Tintenfaß« wurde das mit Granitquadern verblendete Amtsgebäude des deutschen Gouvernements von Jiaozhou im Volksmund respektlos genannt, und 1989 zeigte die chinesische Stadtverwaltung, daß Modernisierung nicht immer nur Abriß bedeuten muß, als sie einen Erweiterungsbau plante. Die Architekten verdoppelten das Rathaus und ›spiegelten‹ den Altbau an seiner Nordseite

St.-Michaels-Kathedrale

ganz einfach. Er ist etwas niedriger als das Original, aber offensichtlich fühlten sich die chinesischen Planer an eine mittelalterliche Burg erinnert, denn sie verpaßten dem Neubau einen wasserlosen Burggraben, so daß man das Rathaus über eine steinerne Brücke betritt. Herrlich ist auch der Blick zum Meer hinunter. An seiner Westseite wird der Gouvernements-Platz vom **ehemaligen kaiserlichen Gericht** (9) begrenzt. Heute ist der 1914 fertiggestellte Bau Sitz des städtischen Volksgerichts. Übrigens unterstanden die im deutschen Pachtgebiet Jiaozhou lebenden Chinesen ebenfalls der deutschen Gerichtsbarkeit. Zwar wurde bei zivilen Rechtsstreitigkeiten auf die geltende chinesische Rechtsauffassung zurückgegriffen, doch verzichtete man auf die grausamen chinesischen Strafen.

Die Yishui Lu (Diederichsstraße) geht man weiter bis zur Jiangsu Lu (Bismarckstraße). An dieser Kreuzung steht die evangelische **Christuskirche** (10). Entworfen wurde sie von dem berühmten Architekten Curt Rothkegel, der zahlreiche Gebäude in China gebaut hat. Er verband Formen des Historismus mit denen des Jugendstils und gab der Kirche mit seinen rauhen, wulstigen Gesimsen den Eindruck einer klobigen Festung. Anders als die meisten Kirchen war sie keine Missionskirche, sondern nur für die evangelische Gemeinde und die deutsche Garnison in Qingdao gedacht. Der steil ansteigenden Jiangsu Lu folgt man weiter nach Norden. Linker Hand, etwa auf der Höhe der Pingyuan Lu, passiert man die weitläufige Anlage des **ehemaligen Gouvernements-Lazaretts** (11) aus dem Jahr 1905, in dem heute das Krankenhaus der Medizinischen Hochschule untergebracht ist.

Dahinter sieht man die festungsähnliche Burg des 1910 erbauten **Observatoriums** (12), dessen Fassade ganz mit rauhen Granitquadern verkleidet wurde. Es diente vor allem der Messung des Erdmagnetismus und der Wettervorhersage.

Ein wenig muß man nun aufpassen, damit man nicht die rechts von der Jiangsu Lu abzweigende Longshan Lu übersieht. Sie bildete den Südhang des bekannten Signal- oder **Diederichsbergs** (13), auf dem sich das spektakuläre Wohnhaus des Gouverneurs befand. Heute ist in dem Gebäude ein Nobelhotel untergebracht. Die von alten Wohngebäuden gesäumte Longshan Lu endet in der Longjiang Lu, in die man nach rechts abbiegt und noch bis zur Daxue Lu (Ostpaß-Straße) geht. Hier stand die **ehemalige Bismarck-Kaserne** (14), eine der drei großen Kasernen der Stadt. In den Gebäuden der Mannschaftsquar-

tiere ist heute die Ozeanographische Hochschule untergebracht.

Von hier aus kann man einen Besuch in Chinas berühmtester Brauerei anschließen. 2400 deutsche Soldaten in Qingdao, das klang nach einem guten Geschäft. Eine deutsch-englische Gesellschaft, die in Shanghai bereits die Victoria-Brauerei betrieb, ließ die Brauerei 1904 in der Hauptmann-Müller-Straße (heute Dengzhou Lu), einer Verlängerung der Daxue Lu, errichten. Schon 1906 wurde das *Tsingtao Beer* auf der Münchner Brauereiausstellung mit einer Goldmedaille ausgezeichnet. Seinen guten Ruf konnte das Bier bewahren, und so ist es auch heute noch eines der besten Biere Asiens.

30 km östlich von Qingdao reichen die bis zu 1100 m hohen Berge des Lao Shan bis ans Meer. Ihre bizarren Felsformationen, ihre tiefen Schluchten mit üppiger Vegetation und Wasserfällen bieten sehenswerte Naturpanoramen. Die Brauerei in Qingdao bezieht ihr Wasser für das Qingdao-Bier wie auch für das in ganz China bekannte Lao-Shan-Mineralwasser aus den hier entspringenden Quellen.

Chinas erster Kaiser, Qin Shi Huangdi, habe der Legende nach von hier Untergebene ausgeschickt auf die Suche nach der sagenhaften Insel der Unsterblichen: von dort hoffte er, das Elixier der Unsterblichkeit zu bekommen. Buddhistische und daoistische Tempel finden sich hier in den Bergen. Größter Tempel der Region mit mehr als 100 Gebäuden ist der **Taiqing Gong** aus der Song-Zeit; weitere daoistische Anlagen sind der **Shanqing Gong**, der auf die Song-Zeit zurückgeht und Anfang des 14. Jahrhunderts wiederaufgebaut wurde, der **Hualou Gong** aus dem Jahr 1325 und der **Taiping Gong** ebenfalls aus der Song-Zeit.

Wohnen wie ein Gouverneur

War das Erscheinungsbild Qingdaos in der Städtelandschaft Chinas an sich schon spektakulär, so war das ehemalige Gouverneurswohnhaus das wohl mit Abstand außergewöhnlichste Gebäude der Stadt. Die Bauarbeiten begannen 1905, und zwei Jahre später konnte der deutsche Gouverneur Oskar Truppel in seine neue prunkvolle Residenz einziehen. Großartig am Hang gelegen und vom Zentrum der Stadt dennoch nicht sichtbar, hatte er sich hier ein wuchtiges Denkmal deutscher Präsenz schaffen lassen. Die Baukosten sollen über 1 Mio. Goldmark betragen haben, genug, um den zuständigen Hochbaudirektor Strasser vor den Rechnungshof zu zitieren, denn ursprünglich waren nur 450 000 Goldmark für den Bau bewilligt worden.

Die Fassade des dreigeschossigen Hauses wurde, in der für die wilhelminische Zeit typischen Bauweise, mit mächtigen, rustikal behauenen Granit-steinen verblendet und mit Elementen des Jugendstils kombiniert. Das Ergebnis war ein strenges, von der Dominanz der Kolonialherren zeugendes Bauwerk ohne jede ästhetische Leichtigkeit.

Nach den deutschen Gouverneuren wohnten hier ab 1914 hohe japanische Generäle, später die Bürgermeister von Qingdao, und auch Mao Zedong war sich nicht zu schade, bei seinen Besuchen in dem prachtvollen Gebäude abzusteigen. Das verhinderte zumindest die Zerstörung der Residenz in der Kulturrevolution, und so sind sogar noch fast alle originalen elektrischen Leuchten erhalten. Heute dient der alte Gouverneurssitz als nobles Hotel, das inmitten einer herrlichen Parkanlage liegt. Alle Zimmer wurden zu komfortablen Hotelräumen umgebaut und bieten die einmalige Möglichkeit, sich das ›Architekturmuseum‹ Qingdao nicht nur von außen anzuschauen, sondern es auch von innen zu erleben.

Die Route der Gärten – Chinas Osten

Zur Zeit der neolithischen Hochkulturen war der mittlere Osten Chinas, der heute in etwa die beiden Provinzen Jiangsu und Zhejiang umfaßt, Sumpf, gebildet aus dem Schwemmland des Huai He und des Gelben Flusses, dessen Unterlauf sich zeitweise im Norden Jiangsus ins Gelbe Meer ergoß. Der Süden dieser flachen Region wurde darüber hinaus regelmäßig von den Wassermassen des Yangzi überflutet, dessen weitläufiges Delta sich nördlich der ›Zunge‹ des heutigen Shanghai auffächert. Im Durchschnitt nicht mehr als 50 m über dem Meeresspiegel, ist Jiangsu die tiefstgelegene Provinz Chinas, mit unzähligen großen und kleinen Seen, Myriaden von Flüssen, Bächen und Kanälen. Jiangsus höchster Berg, der Yuntai, bringt es im ›Land der Berge‹ gerade auf 625 m.

Die große Stunde des lange benachteiligten ›Wasserlands‹ kam mit der Entwicklung neuer Reisanbaumethoden, und so wandelten sich die Niederungen Jiangsus und Zhejiangs zum Land von ›Fisch und Reis‹, aber auch zum Zentrum des Handels. Mit dem Geld der reichen Mandarine und Händler kam die Kultur. Sie fand hier ihren feinsinnigsten Ausdruck in der Anlage prachtvoller Gartenkunstwerke: Orte von großer Vielfalt und harmonischer Beschaulichkeit. Eine Reise durch die Region zwischen Yangzi, Kaiserkanal und Gelbem Meer wird nicht nur zu einem kulturellen Erlebnis, sondern vermittelt auch einen tiefen Eindruck von dem modernen dynamischen China, denn ihre wirtschaftliche Vormachtstellung hat diese Region seit dem 9. Jahrhundert bis heute nicht aufgegeben.

◁ *Im ›Wasserland‹*

Die Route der Gärten

Kaiserstadt Nanjing

»Seitdem sich übern Strom die Jin gewand nach Süden, / Ward dieser Ort, was einst Chang'an gewesen. / Die Berge: Lagerstatt von Drache und Tiger, / Ein Platz deshalb, für Kaiser und Könige erlesen…« textete vor 1300 Jahren Li Bai (701–762), einer der großen Dichter der Tang-Zeit, über eine Stadt, die schon lange Aspirant auf die Hauptstadtwürde Gesamtchinas war.

Die Region war seit Vorzeiten besiedelt, und eine erste Erwähnung fand **Nanjing** **1** (S. 405 f.) bereits in den Schriften der Östlichen Zhou. Dennoch zog das Yangzi-Becken lange Zeit nur wenige Kolonialisten an und blieb arm, es gab kaum Handel, und selbst im Bereich des so wichtigen Reisanbaus gelangten fortschrittliche Techniken erst im 7. und 8. Jahrhundert hierher.

Durch den Einfall der Xiongnu in Chang'an und Luoyang – und die damit einhergehende Auflösung des Reichs zwischen 265 und 317 – war eine gewaltige Fluchtbewegung ausgelöst worden, die über eine Million Menschen entwurzelte und in eine neue Umgebung brachte. So dramatisch war der Flüchtlingsstrom auch nach Nanjing, daß eigene Flüchtlingskommandanturen geschaffen werden mußten, um der Massen Herr zu werden. Einer umsichtigen Flüchtlingspolitik und der soliden Verwaltung war es schließlich zu verdanken, daß in Nanjing zwar die Kaiserhäuser der Südlichen Dynastien zwischen 420 und 589 in schneller Folge wechselten, diese Zeit aber dennoch in ein goldenes Zeitalter der Adelskultur mündete, in der auch der Buddhismus im Yangzi-Tal einzog. Schnell paßte er sich den dort herrschenden Gegebenheiten an und erlebte

seine erste große Blütezeit in dieser Region. Anders als in Nordchina, wo die großen Klöster sich in den Hauptstädten ansiedelten, hatte sich im Yangzi-Tal der Buddhismus in eine Gesellschaft gefügt, die durch die Macht eines Gutsadels mit Klientelen gekennzeichnet war. Die Klöster mit ihren Ländereien und ihren Familien und Abhängigen wurden diesem weltlichen Modell nachgebildet und lagen verstreut im gesamten unteren Yangzi-Tal, vor allem aber in der Gegend um Nanjing und Suzhou.

Gegen Mitte des 6. Jahrhunderts war es aus mit dem Frieden. Bürgerkriege und Militärrebellionen erschütterten das Reich. »Das Reich verging, der Frühling sprießt, / Paläste wurden Trümmerhügel. / Es bleibt der Mond im Wasserspiegel, / Die Geisterinsel, die uns grüßt«, beendete Li Bai sein Gedicht über Nanjing, wo alle Gebäude, die an die sechs vorherigen kaiserlichen Dynastien in der Yangzi-Metropole erinnerten, auf Anweisung des ersten Kaisers der Sui-Dynastie, Wen, geschleift werden mußten. Nanjing verlor für lange Zeit an Bedeutung – es blieb der Abgesang Li Bais.

Nanjing war nurmehr eine Stadt von vielen. Erst 1359, als der Rebell und Mönch Zhu Yuanzhang mit seinen Aufständischen Nanjing eroberte und von hier aus seinen Feldzug zur Befreiung Chinas aus den Händen der Mongolen fortführte, konnte es an seine alte Bedeutung anknüpfen. 1368 rief Zhu Yuanzhang in Nanjing die Dynastie Ming aus und machte es zu seiner Hauptstadt. Nanjing wurde von einer mächtigen Mauer umgeben, ein großer Kaiserpalast wurde gebaut, doch schon der dritte Ming-Kaiser Zhu Di beendete diese kurze Blüte, indem er den zweiten Kaiser 1401 entmachtete und die Verlegung der Hauptstadt nach Beijing anordnete. 1450 war der Umzug abgeschlossen, und erneut fiel Nanjing in politische Bedeutungslosigkeit zurück. Ins Zentrum der Aufmerksamkeit geriet Nanjing erst wieder 1842, als die Engländer kamen, ihre Kanonen auf die Stadt richteten und damit den Vertrag von Nanjing erzwangen, der die Abtretung Hongkongs und die Öffnung von Handelsniederlassungen beziehungsweise die faktische Legalisierung des Opiumhandels beinhaltete.

Die englische Aggression war nur ein Nadelstich in den Ereignissen, die Mitte des 19. Jahrhunderts das Reich der Mitte erschütterten. Eine Folge war die für China verheerende Taiping-Rebellion, die das ›Himmlische Reich des Allgemeinen Friedens‹ gründete und Nanjing zu ihrer Hauptstadt machte. Für die Bewohner der Stadt endete diese Episode am 19. Juli 1864 in einem unvorstellbaren Grauen, als sie mit ausländischer Hilfe zurückerobert, mehr als 100 000 Einwohner getötet und weite Teile der Stadt in Schutt und Asche gelegt wurden.

Die Wunden dieser Barbarei sollten keine Zeit erhalten zu verheilen. 1911, nach dem Sturz der Qing-Dynastie, wurde Nanjing für kurze drei Monate Hauptstadt der frisch gegründeten Republik, eine Rolle, die ihr erneut zwischen 1928 und 1937 unter der Führung Chiang Kai-sheks zugetragen wurde, der hier seine Guomindang-Regierung etablierte. Im ›Dezennium von Nanjing‹ schwang sich Chiang Kai-shek endgültig zum Diktator über China auf. Allerdings zeigte er sich dem von Japan

Nanjing

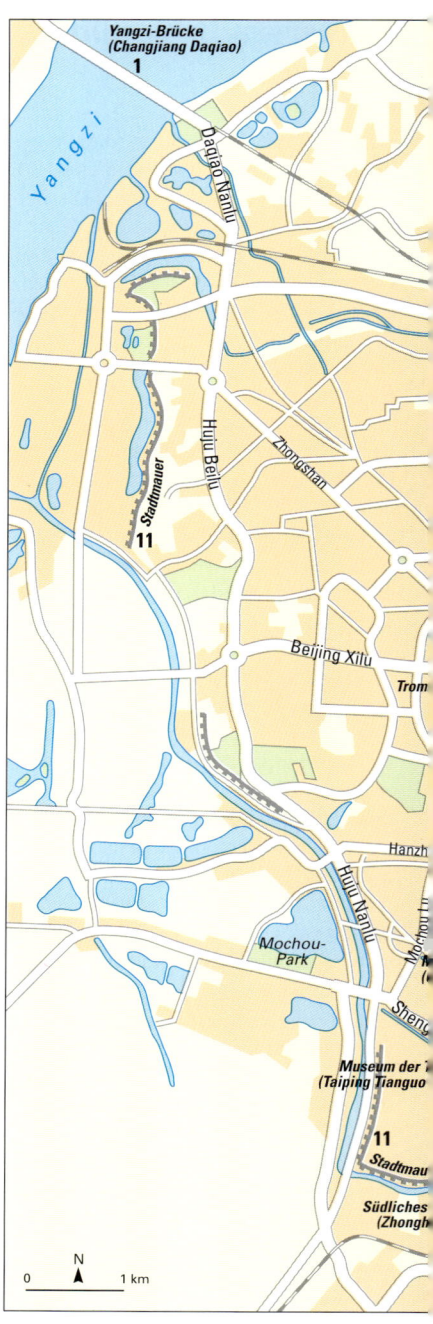

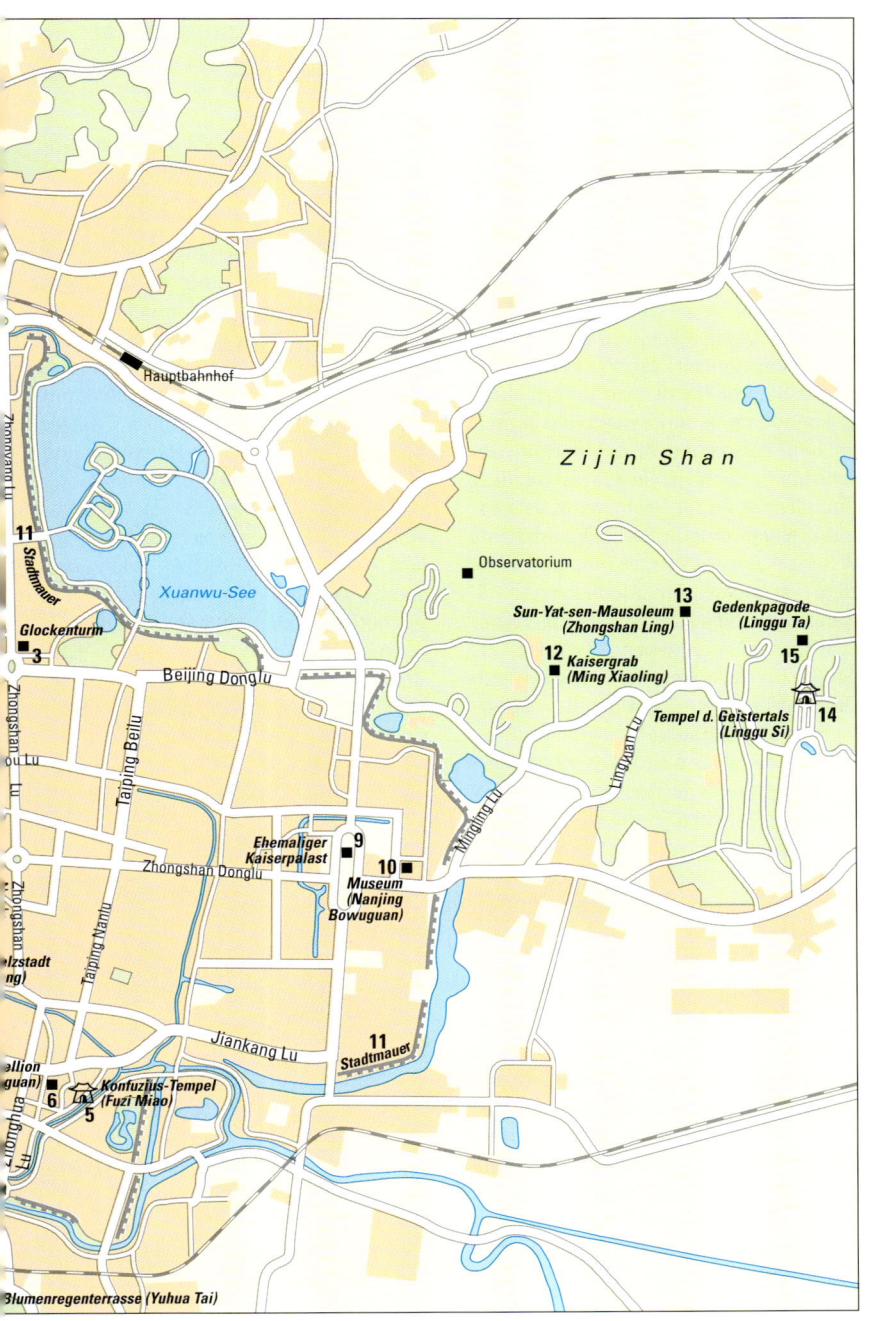

Hauptbahnhof

Zijin Shan

Observatorium

11
Stadtmauer

Xuanwu-See

13
Sun-Yat-sen-Mausoleum ■
(Zhongshan Ling)

Gedenkpagode
(Linggu Ta)

Glockenturm
3 ■

Beijing Donglu

12 ■ Kaisergrab
(Ming Xiaoling)

15

Tempel d. Geistertals **14**
(Linggu Si)

Zhongshan Beilu

Taiping Beilu

Ehemaliger **9**
Kaiserpalast

Zhongshan Donglu

10 ■
Museum
(Nanjing
Bowuguan)

Mingling Lu

Lingyuan Lu

Zhongshan

Taiping Namu

lzstadt
ng)

Jiankang Lu

11
Stadtmauer

ellion
guan) ■

6 ■ 🏛 Konfuzius-Tempel
5   (Fuzi Miao)

Blumenregenterrasse (Yuhua Tai)

ab 1937 begonnenen Eroberungsfeldzug nicht gewachsen, und am 12.12.1937 zogen japanische Truppen nach erbitterten Kämpfen in seine Hauptstadt. Sie rächten sich für den geleisteten Widerstand mit dem bislang wohl grausamsten Massaker, das die Bewohner in der langen Geschichte Nanjings erleiden mußten. Bis zu 300 000 Menschen fielen dem japanischen Morden zum Opfer. Nach der Kapitulation Japans kehrte die Regierung noch einmal nach Nanjing zurück, wo sie bis zu ihrer Flucht nach Taiwan blieb.

Angesichts seiner bewegten, von zahlreichen Zerstörungen begleiteten Geschichte hat sich Nanjing ein erstaunlich freundliches, ja für chinesische Verhältnisse sogar grünes Stadtbild erhalten. Platanen- und zederngesäumte Sraßenzüge spenden im Hochsommer – Nanjing gehört zu den sogenannten drei Ofenstädten – angenehmen Schatten. Große Parkanlagen wie der Schwarze-Drachensee-Park (Xuanwuhu Gongyuan) und Mochouhu-Park laden zu langen Spaziergängen ein. Die rasante Modernisierung der letzten Jahre hat den Charakter der Stadt nicht zerstört. Ähnlich wie in den anderen Städten des Ostens macht die Modernisierung hier rasche Fortschritte, aber viele der alten Kulturdenkmäler wurden restauriert und in eine etwas modernere, dem alten China jedoch Rechnung tragende Umgebung eingebettet.

Über 5 Mio. Menschen leben in Nanjing, der letzten Großstadt der 300 km langen Achse Shanghai-Nanjing, dem Land von ›Fisch und Reis‹, deren Leicht- und Schwerindustrie 12,8 % der industriellen Produktion Gesamtchinas ausmachen. Damit gehört die Stadt zu einer der entwickeltsten Regionen Chinas, der man bereits Schwellenlandcharakter zuschreibt.

Sehenswürdigkeiten der Stadt

Die gewaltige, zweigeschossige **Yangzi-Brücke** (1, Changjiang Daqiao) bietet einen eindrucksvollen Ausgangspunkt für die Besichtigung Nanjings. Auf ›ewig‹ wollten die beiden sozialistischen Bruderstaaten China und die damalige UdSSR miteinander verbunden sein. Gemeinsame Projekte wurden lanciert, und die Zeitungen strotzten von Unverbrüchlichkeitsrhetorik. Doch 1960 kam es zum Bruch zwischen beiden Staaten. Die Sowjetunion zog ihre Berater ab und kündigte die weitere Zusammenarbeit am Aufbau des Landes auf, darunter auch die Mithilfe am schwierigen Projekt einer großen Brücke über den Yangzi. Die Chinesen ließen sich nicht entmutigen und begannen 1960 in Eigenregie mit den Bauarbeiten. 9000 Arbeiter waren beim Bau der 1577 m langen Brücke über den Yangzi im Nordwesten der Stadt beschäftigt. Die Gesamtlänge des oberen Straßenteils beträgt 4589 m, die der Eisenbahntrasse 6772 m. 1968 wurde die gigantische Brücke ohne jegliche ausländische Hilfe fertiggestellt und gilt seitdem als Synonym für chinesische Eigenständigkeit. Man kann mit dem Fahrstuhl die mächtigen Pfeiler hinauffahren und hat von oben eine gute Aussicht über den Yangzi und die Stadt. Unglaublich der Verkehr, der sich über die Brücke wälzt, und kaum vorstellbar, daß noch bis Ende der 70er Jahre die Fenster der hinüberfahrenden Züge zugehängt wurden, damit keine feindlichen ›Spione‹ die Brücke allzu genau unter die Lupe nehmen konnten.

Die Fahrt zurück ins Zentrum ist weit, und regelmäßig quält man sich durch die notorischen Dauerstaus in die Innen-

Über die Yangzi-Brücke

stadt. Genug Zeit, die schönen von Pla-
tanen gesäumten Alleen und das unter
den Bäumen wogende Straßenleben zu
beobachten. In einem bunten Durcheinander wechseln sich Läden, Bürohoch-
bauten, Werkstätten und Wohnblocks
ab, und ebenso spielt sich das Leben ab.
Hier der mehr oder weniger gutgeklei-
dete Geschäftsmann mit Handy, daneben ein Fahrradkuli, der schwerste La-
sten hinter sich herzieht, und mitten auf
dem Bürgersteig ein Holztrog, in dem
eine Mutter ihr Kind badet. Nach rund
5 km trifft die Zhongshan Beilu auf den
großen umtosten Verkehrskreisel, der
das Zentrum der Stadt markiert. Auf der
Westseite des Kreisverkehrs steht der
alte **Trommelturm** (2, Gu Lou), dessen
Fundamente aus dem Jahr 1382 stammen. Oben gibt es ein Café, und bei einer
Tasse Tee kann man sich ein wenig der
Atmosphäre Nanjings hingeben.

Gegenüber dem Trommelturm in der
Zhongyang Lu steht der 100 Jahre alte
Glockenturm (2, Dazhong Ting), ein Pavillon mit einer 23 t schweren Bron-
zeglocke aus dem späten 14. Jahrhundert. Ihre Entstehung ist mit einer dra-
matischen Geschichte verbunden. Der
mit der Herstellung der Glocke beauftragte Handwerker hatte bereits mehrere erfolglose Versuche unternommen,
eine Bronzelegierung herzustellen, die
einen optimalen Klang ermöglichte. Der
verzweifelte Handwerker sah bereits die
drohende Hinrichtung auf sich zukom-
men, als sich seine beiden Töchter in
den Schmelztiegel warfen und wie
durch ein Wunder die benötigte Legie-
rung entstand. Die angegliederte Halle
ist den beiden Töchtern gewidmet,
deren Opfer ein Vorbild der zentralen
konfuzianischen Kindespietät darstellt.

Weitere 4 km südwestlich von diesem
Platz steht der auch **Metallschmelzstadt**
genannte Chaotian-Palast (4, Chaotian
Gong) in der Mochou Lu/Jianye Lu, östlich vom Mochouhu-Park. Fürst He Lü

von Wu (reg. 515–496 v. Chr.) ließ hier im 5. Jahrhundert v. Chr. zwei berühmte Schwerter herstellen. Die Bezeichnung Chaotian (den Himmelssohn verehren) erhielt der Tempel in der Ming-Zeit, als er für Audienzen und Empfänge des Kaisers umgebaut wurde. Nach dem Umzug des Kaisers nach Beijing wurde der Chaotian-Palast eine Schule, in der die Kinder vornehmer Chinesen auf die kaiserlichen Examina vorbereitet wurden und höfische Etikette lernten. In dem am besten erhaltenen Konfuzius-Tempel südlich des Yangzi ist heute das städtische Museum untergebracht. Man sollte aber nicht nur durch das Museum bummeln, sondern auch außerhalb der Anlage über den Markt wandern. Hier wird nicht nur allerlei Tand verkauft, sondern er ist auch Treffpunkt alter Männer, die hier *Xiangqi*, das chinesische Schach, spielen.

Bereits ganz im Süden der Stadt steht ein weiterer ehemaliger **Konfuzius-Tempel** (5, Fuzi Miao) inmitten eines im Stil der Qing-Zeit rekonstruierten Stadtviertels. Das Tempelinterieur erinnert mehr an ein Disneyland mit einem von Lämpchen behängten, glitzernden Gelehrten, Leuchtbildern und vielen elektronischen Spielereien. Der rückwärtige Teil des Tempels ist ein Vergnügungspark, es gibt in den Gassen Souvenirshops, Märkte, Restaurants und viel Trubel, so daß man genügend Zeit mitbringen sollte, um sich hier ein wenig umzusehen und chinesisches Freizeitleben kennenzulernen. Abends wird am Ufer des am Tempel vorbeifließenden Baches ein Essensmarkt aufgebaut, und gegen Eintritt kann man den bunt beleuchteten, mit Musik untermalten Wasserspielen vor dem Tempel zusehen.

Durch eine malerische Gasse nordöstlich des Konfuzius-Tempels gelangt man nach wenigen Minuten zum **Mu-**seum der Taiping-Rebellion** (6, Taiping Tianguo Lishi Bowuguan). In den Hallen eines ehemaligen Ming-Palastes, der dem ersten Ming-Kaiser Zhu Yuanzhang gehörte, wird die Geschichte der Taiping-Rebellion und ihres Führers Hong Xiuquan (1813–64), dessen Palast bei der Erstürmung Nanjings fast völlig zerstört wurde, dokumentiert. In der Anlage residierte der Östliche Himmelskönig, Yang Xiuqing. Sehenswert ist auch die dazugehörige pittoreske Gartenanlage Zhan Yuan, die Yang Xiuqing seiner Residenz angegliedert hatte. Sie bietet einen ersten kleinen Einstieg in die Gartenkultur der unteren Yangzi-Ebene.

Den Abschluß Nanjings nach Süden hin bildete das mächtige **Südliche Stadttor** (7, Zhonghua Men). 3000 Soldaten fanden einst unter den Gewölben der Torgebäude Platz. Heute kann man in ihrem kühlen Dunkel der Sommerhitze entfliehen und Tee trinken. Diese für die Ming-Zeit typische Befestigungsanlage war zu ihrer Zeit eine der größten ihrer Art und galt als unüberwindbar. Links und rechts des Tors sieht man noch Reste der gewaltigen, einstmals 33 km langen, 12 m hohen und 7,5 m breiten Stadtmauer, die über insgesamt 24 Tore den Zugang zur Stadt erlaubte.

Südlich des Zhonghua Men soll auf der **Blumenregenterrasse** (8, Yuhua Tai) im 4. Jahrhundert ein buddhistischer Mönch derart inbrünstig gepredigt haben, daß Buddha Blumen vom Himmel regnen ließ. Die farbigen, oft herrlich bunt gemaserten Steine, die an das Ereignis erinnern, werden überall in Nanjing verkauft. Auf den schönsten, aber auch teuersten von ihnen hat sich die Natur in wahren Gemälden verwirklicht. In Ausstellungen, beispielsweise in den Seitenhallen des Konfuzius-Tempels, findet man solche, auf denen sich

Motive der klassischen chinesischen Landschaftsmalerei, Tiere, ja sogar Masken der Pekingoper befinden.

Vom südlichen Stadttor aus führt der Weg nun wieder nach Norden bis zur Zhongshan Donglu. Fährt man diese in Richtung Osten, passiert man einige Ruinen des **Kaiserpalasts** (9) des ersten Kaisers der Ming-Dynastie und gleich dahinter das **Museum von Nanjing** (10, Nanjing Bowuguan). Es wurde in der Holzbauweise der Liao-Zeit (937–1125) 1950 erbaut und verfügt über eine umfangreiche Sammlung an Kunstschätzen aus Nanjing und der Provinz Jiangsu.

Ausflug zum Zijin Shan

Durch die Reste der alten **Stadtmauer** (11) zweigt die Mingling Lu nun direkt nach Norden ab und führt mitten durch den Wald zum herrlich gelegenen Zijin Shan, dem Purpur- und Gold-Berg, ein Naherholungsgebiet, das bedeutende kulturhistorische Sehenswürdigkeiten aufweist.

Als erstes führt die Straße zum **Kaisergrab** (12, Ming Xiaoling). Die Grabstätte des ersten Kaisers der Ming-Dynastie, 1381–83 erbaut, hat während der Taiping-Rebellion starken Schaden genommen und wurde bis heute nicht vollständig restauriert. Man kann hier aber nicht nur die originale Architektur der frühen Ming-Zeit bewundern, auf dem Weg durch die Anlage werden die Geräusche des Waldes, das Singen der Vögel und das Zirpen der Grillen endlich einmal nicht durch den sonst allgegenwärtigen Großstadtlärm oder den Geräuschpegel fröhlicher Ausflügler beeinträchtigt. Vor dem Grabkomplex führt inmitten der Zufahrtsstraße der **Weg der Seelen** auf den Haupteingang zu, der zunächst von je einem Paar stehender beziehungsweise liegender Tiere und Fabeltiere flankiert wird. Ihnen folgen paarweise Offiziere und Mandarine. Beliebt ist die Geschichte eines der steinernen Generale, dessen Kopf abgeschlagen wurde. Eine kaiserliche Prinzessin sagte eines Tages aus Spaß zu ihren Begleiterinnen, daß sie diesen starken General gern heiraten würde. Dieser erschien des Nachts tatsächlich vor dem Kaiser und forderte die Heirat mit der Prinzessin ein. Als er tagsüber wieder zu Stein geworden war, ließ ihm der Kaiser den Kopf abschlagen und bereitete so dem Spuk ein Ende. Kurz vor dem mächtigen Eingangstor zum Grabkomplex endet der Weg, und man betritt die ummauerte Anlage. Vorbei an einem Stelenpavillon, der Plattform eines zerstörten Gebäudes und über einen schattigen Waldweg gelangt man schließlich zum Altar- oder Seelenturm, durch den eine Treppe hindurch und hinter dem Turm auf ihn hinauf führt. Von oben hat man einen schönen Rundblick. Den Abschluß bildet der große, runde Grabhügel, in dessen Innern die bislang noch nicht genau lokalisierte Grabkammer des Kaisers liegt.

Eigentliches Zentrum des Zijin Shan ist das gewaltige **Sun-Yat-sen-Mausoleum** (13, Zhongshan Ling), das 1926–29 erbaut wurde. Der Republikgründer Dr. Sun (Sun Zhongshan) muß geomantisch versiert gewesen sein, als er sich wünschte, nach seinem Tod in Nanjing begraben zu werden. Sein Grab liegt an der schönsten Stelle des Zijin Shan und überblickt die weiten Ebenen nach Süden. Vermutlich wird er an eine eher bescheidene Grabanlage gedacht haben. Er erhielt aber ein Mausoleum, das sich vor den Kaisergräbern nicht zu verstecken braucht und Pilgerziel von Chinesen aus aller Welt ist. So wie die Architektur der Kaisergräber von konfuzianischer Symbolik durchdrungen ist, bezieht sich die Konstruktion dieses Grabes auf Gedanken, Zahlen und Farben Sun Yat-sens und der von ihm gegründeten Guomindang.

392 Stufen muß man bis zum Hauptportal erklimmen. Die architektonische Besonderheit ist, daß man von unten nur die Stufen sieht, schaut man von oben hinunter, sieht man nur weite Terrassen. Die blauweiße Farbgebung der Anlage repräsentiert die weiße Sonne auf blauem Grund der Guomindang-Flagge. Die Wände des eigentlichen Mausoleums sind mit den Schriftzeichen des kompletten Textes seiner »Drei Grundlehren vom Volk« versehen. Hauptgedanke der Lehren Sun Yat-sens war die Wiedererringung der chinesischen Souveränität (Nationale Grundlehre = *Minzuzhuyi*), die Demokratisierung Chinas beziehungsweise die

Lehre von der Macht des Volkes (Politische Grundlehre = *Minquanzhuyi*) und die Verwirklichung einer sozialen Gerechtigkeit gemäß den chinesischen Gegebenheiten (Soziale Grundlehre = *Minshengzhuyi*).

Die letzte der drei großen Sehenswürdigkeiten am Zijin Shan ist der **Tempel des Geistertals** (14, Linggu Si). Der im 6. Jahrhundert erbaute buddhistische Tempel mußte allerdings weichen, als der erste Ming-Kaiser den Platz für sein Grab ausgewählt hatte. Er wurde 1381 im mingzeitlichen Stil an seinen jetzigen Standort verlegt. Berühmt ist der Tempel für seine balkenlose Halle. Sie wurde komplett ohne hölzerne Stützbalken aus Ziegeln errichtet. Hinter der Tempelhalle steht die 1929 erbaute **Gedenkpagode** der Revolution (15, Linggu Ta oder Geming Jinian Ta), ein nationales Denkmal für die Opfer des Nordfeldzugs Chiang Kai-sheks (1926–27).

Sun-Yat-sen-Mausoleum

China und das Christentum

Die Versuche, China ins Christentum zu führen, begannen schon 1244, als Papst Innozenz IV. zwei Missionen in die Mongolei schickte. Ihre Aufgabe war es, die Mongolen zu bekehren und als Verbündete gegen den Islam zu gewinnen. Eine der Missionen verschwand auf ewig, die andere kehrte unter der Leitung des Franziskanermönchs Johannes de Plano Carpini erfolglos, aber mit der Nachricht zurück, daß es in Asien ein Land namens Cathay gäbe – er war der erste, der China so nannte – in dem man an einen Gott und Jesus Christus glaube, und man die Chinesen nur noch taufen müsse.

Ihm folgten weitere Missionare, die nun auch bis ins geheimnisvolle Cathay gelangten, so der Franziskaner Odorico de Pordenone um 1320, der Dominikaner Gaspar da Cruz, der Augustiner Martin de Rada 1575 und andere, die dazu beitrugen, das Chinabild in Europa zu erhellen. Papst Gregor der XIII. ließ schließlich eine Geschichte Chinas herausgeben, die vom Augustiner-Pater Juan Gonzales de Mendoza zusammengetragen wurde, der zwar selbst nie in China war, aber die vorliegenden gesammelten Berichte von Reisenden benutzte. Es war so erfolgreich, daß es 46 Auflagen in sieben Sprachen erlebte. Sein Buch wurde quasi zum Baedeker aller Chinareisenden vor dem 18. Jahrhundert. Nur war bis dahin noch kein einziger Chinese bekehrt. Die sonst so erfolgsgewohnte katholische Kirche war ratlos, und 1576 schlug der Gouverneur

der Philippinen, Dr. Francisco de Sande, vor, China mit militärischer Gewalt zu christianisieren, ein Vorhaben, das König Philipp II. von Spanien glücklicherweise ablehnte und statt dessen gutnachbarliche Beziehungen empfahl.

Die Jesuiten waren schließlich die ersten, die über neue Wege der Missionierung nachdachten. Einer der Jesuiten der ersten Stunde, Francisco Xavier, reiste 1541 nach Goa und 1549 weiter nach Japan und erkannte, daß der Schlüssel für die Missionierung dieser Länder in China lag. Xavier konnte seinen Traum, China zu besuchen, nicht erfüllen, weil er zu früh starb. Er hatte seinen Nachfolgern jedoch empfohlen, ein »integraler Bestandteil« der zu missionierenden Gesellschaft zu werden, eine zu seiner Zeit schon fast ketzerische Ansicht. Sein Nachfolger Alessandro Valignano reiste nach China und war tief beeindruckt. Er bestätigte die Ansicht seines Vorgängers und ermutigte seine Missionare, die Sprache zu lernen. Auf seine Anweisung hin lernte Matteo Ricci seit 1582 Chinesisch und vertiefte seine Kenntnisse zu allen Aspekten Chinas. 1583 begann seine Reise durch China, die ihn 1601 schließlich in die Hauptstadt Beijing führte, wo er bis zu seinem Tod 1610 lebte.

Matteo Ricci war zweifellos der größte Missionar, den China je erlebt hatte. Er wußte, daß er eine Politik der kleinen Schritte gehen und daß der Konfuzianismus darin seinen Platz haben mußte. Bei seiner Missionierung beschränkte er sich deshalb auf die wesentlichsten ethischen Momente. Anders als die Konkurrenzorden wollte er nicht zuerst das Volk und dann die Oberschicht konvertieren, sondern den umgekehrten Weg gehen. Dazu mußte er ihre Kleidung anziehen, ihre Umgangsformen annehmen und sich auch mit den konfuzianischen Klassikern befassen. Er legte den Grundstein für die lange Präsenz jesuitischer Missionare am Kaiserhof, und bis zur Auflösung ihres Ordens Ende des 18. Jahrhunderts leisteten sie den Kaisern Dienste als Mathematiker, Astronomen, Kartographen und Übersetzer. Damit war allerdings auch schon ein Dilemma vorgezeichnet. Die Kaiser betrachteten die Jesuiten als ihre Beamten, Adam Schall von Bell (1592–1666) etwa wurde Leiter des astronomischen Amts der Hauptstadt. Auf ihn geht auch die erste katholische Kirche Beijings zurück, die Südkirche. Sein Nachfolger im Amt wurde Ferdinand Verbriest (1623–88), der die

Position der Jesuiten weiter stärkte, als er in einem entscheidenden Disput die Überlegenheit der europäischen Astronomie darlegen konnte. In ihrer Gesamtheit jedoch sah die chinesische Oberschicht im Christentum ein Gefüge von Überspanntheiten und Widersprüchlichkeiten und in den entstandenen christlichen Gemeinschaften eine Bedrohung der öffentlichen Ordnung. Vielleicht hätte die Mission der Jesuiten eines Tages tatsächlich Früchte getragen, wäre der Orden nicht 1773 durch Papst Klemens XIV. aufgelöst worden. Die Position der Jesuiten war damit gebrochen, denn den Kaisern fehlte jegliches Verständnis dafür, daß die Jesuiten auf jemand anders hören konnten als auf den Kaiser. Von nun an sollte die Missionstätigkeit unter einem anderen Stern stehen. Ende des 19. Jahrhunderts sollte sich im ›Boxeraufstand‹ der Haß gegen die christliche Mission auch massiv gegen die Missionare und ihre Konvertiten richten.

Stadt von Salz und Kunst – Yangzhou

Etwa zwei Stunden mit dem Bus dauert die Fahrt durch eine unattraktive, stark zersiedelte und industrialisierte Landschaft von Nanjing nach Yangzhou **2** (S. 416). Unterwegs kann man beobachten, was eine Politik der Dezentralisierung der Industrie bedeutet: Industrieschlote allerorten, unterbrochen von Reisfeldern und Teeplantagen. Im Rahmen dieser Politik soll möglichst viel Industrie in die Dörfer und Kleinstädte verlagert werden, um dort Arbeitsplätze und Zukunftsperspektiven zu schaffen.

Damit hofft die Regierung, die zum Teil dramatische Landflucht einzudämmen und die schon übervölkerten Städte zu entlasten. Oft werden, wegen der immer strengeren Umweltauflagen in den Städten, allerdings schlicht die Dreckschleudern auf das weniger stark kontrollierte Land verlegt, und so verschwindet der Horizont meist im grauen Dunst.

Yangzhou entschädigt voll und ganz für diese Fahrt. Die Stadt ist die attraktivste entlang der Route der Gärten. Zwar ist auch Yangzhou nach und nach vom Abriß bedroht, noch aber hat sich eine weitläufige, urtypische Altstadt erhalten, und in kaum einer anderen Stadt Ostchinas läßt sich noch so ursprüngliches chinesisches Leben beobachten.

Erste Erwähnung fand die Stadt, als He Lü, der Herrscher des Fürstentums Wu, hier Kanäle ausheben ließ, die die zahlreichen Flüsse miteinander verbanden. Die Blütezeit Yangzhous kam unter dem zweiten Herrscher der Sui-Dynastie. Wohl in der Vorahnung, daß dem unteren Yangzi-Gebiet ein bedeutender maritimer und kommerzieller Aufschwung bevorstand, machte der Usurpator kaiserlicher Macht, Kaiser Yang (reg. 604–617), die Stadt neben Luoyang zu seiner zweiten Hauptstadt. Die bereits unter He Lü angelegten Kanäle wurden nun in das Jahrhundertprojekt des Kaiserkanals integriert, womit Yangzhou zum wichtigsten Kreuzungspunkt zwischen Yangzi, Huai He und Kaiserkanal avancierte und einen ungeheuren Aufschwung nahm. Schon in der Tang-Dynastie hatte sich die Stadt zum größten Außenhandelshafen Chinas entwickelt. Mehrere tausend ausländische Kaufleute, unter ihnen eine große arabische Gemeinde, ließen sich hier in der Erwartung hoher Profite nieder, und als Yangzhou auch noch das Monopol auf den Salzhandel übertragen wurde, begann sein Wohlstand. Diese überragende Bedeutung als Handelsmetropole war Teil einer gesamtchinesischen Entwicklung, in der sich der Schwerpunkt der chinesischen Welt allmählich vom Wei-Tal im Zentrum Chinas und von der Nordchinesischen Ebene ins Yangzi-Becken verlagerte.

Die reichen Salzhändler gefielen sich in der Rolle von Mäzenen und machten Yangzhou zu einer Kulturmetropole. Kein bedeutender Kaiser, Kanzler oder Literat ließ es sich nehmen, Yangzhou wenigstens einmal einen Besuch abzustatten. Nur einem erging es dabei schlecht, und das war ausgerechnet Kaiser Yang, der alles in Bewegung gesetzt hatte. Er wurde 618 in seinem Yangzhouer Palast ermordet und in einem einfachen Grab bestattet.

Mit der Eroberung Chinas durch die Mandschuren sank der Stern der Salzmetropole wieder. Eines der Ziele ihrer anfänglichen Grausamkeit war im Jahr 1645 das sich heftig unter der Führung von Shi Kefa wehrende Yangzhou, das die Steppenkrieger plünderten und dessen Bevölkerung sie töteten. Das einzige erhaltene Dokument dieser schrecklichen Zeit ist ein Augenzeugenbericht mit dem Titel ›Tagebuch der zehn Tage von Yangzhou‹, in dem das Wüten der Mandschuren festgehalten wurde.

Noch einmal aber konnte sich die Stadt erholen und wurde erneut ein Zentrum für reiche Kunstliebhaber wie die drei Gebrüder Ma, Salzhändler und Kunstliebhaber, die Ende des 17. Jahrhunderts große Summen für Literatur, Kunst und Wissenschaft ausgaben. Berühmt wurden die ›Acht Exzentriker von Yangzhou‹, Maler, die es verabscheuten, Perfektion zu zeigen, die Ungeschicklichkeit kultivierten und in ihren Bildern sehr persönliche Aussagen anstrebten. Sie schufen damit einen bedeutenden, bis in die heutige Zeit fortwirkenden künstlerischen Stil. Doch ab 1800 begann der endgültige Niedergang der großen reichen Familien. Sie wurden durch die Abwertung des Kupfergeldes ruiniert. Die Verschlickung des Yangzi und die mangelnde Wartung des Kaiserkanals taten das Ihre dazu, und der Seehandel verlagerte sich nach und nach ins aufstrebende Shanghai. Im Lauf der Taiping-Rebellion sollte die Stadt stark zerstört werden, und nachdem die Eisenbahn-

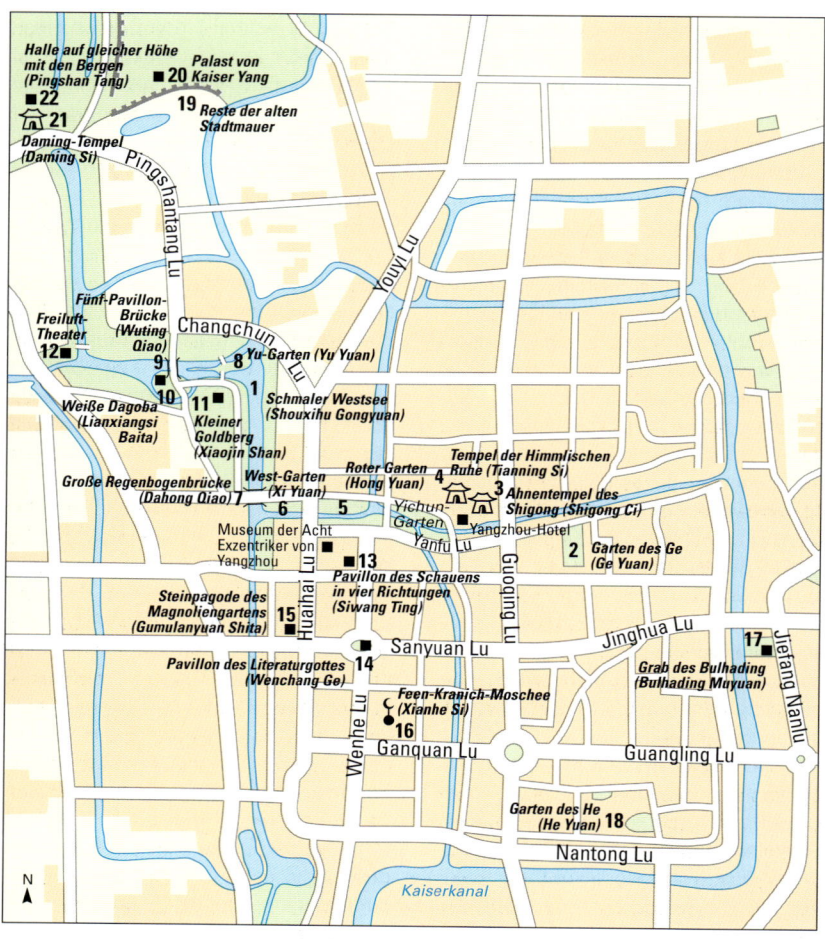

Halle auf gleicher Höhe
mit den Bergen
(Pingshan Tang)   ■ 20 Palast von
                         Kaiser Yang
■ 22
⌂ 21   19 Reste der alten
Daming-Tempel   Stadtmauer
(Daming Si)

Pingshantang Lu

Youyi Lu

Fünf-Pavillon-
         Brücke
Freiluft- (Wuting   Changchun
Theater   Qiao)
12 ■   Yu-Garten (Yu Yuan)
          9 ■   8 ■
         10   1 ■
   Weiße Dagoba 11 ■   Schmaler Westsee
(Lianxiangsi   (Shouxihu Gongyuan)
   Baita)   Kleiner
            Goldberg
         (Xiaojin Shan)
                              Tempel der Himmlischen
Große Regenbogenbrücke West-Garten Roter Garten 4   Ruhe (Tianning Si)
(Dahong Qiao)   (Xi Yuan) (Hong Yuan)   3 Ahnentempel des
                6   5   Shigong (Shigong Ci)
Museum der Acht   Yichun-
Exzentriker von   Garten   Yangzhou-Hotel
Yangzhou   Yanfu Lu
            ■ 13   2   Garten des Ge
            Pavillon des Schauens   (Ge Yuan)
            in vier Richtungen
Steinpagode des (Siwang Ting)
Magnoliengartens
(Gumulanyuan Shita) 15 ■   Jinghua Lu   17 ■
                                              Grab des Bulhading
              14   Sanyuan Lu   Grab des Bulhading
Pavillon des Literaturgottes   (Bulhading Muyuan)
(Wenchang Ge)
          Feen-Kranich-Moschee
          (Xianhe Si)
          16   Guangling Lu
   Ganquan Lu

                    Garten des He
                    (He Yuan) 18
                    Nantong Lu

N   Kaiserkanal

Yangzhou

planer sie übergingen, war der wirtschaftliche Niedergang besiegelt.

Von der einstigen Größe und Blüte
Yangzhous ist nur wenig erhalten geblieben. Dennoch hat sich es eine
Atmosphäre bewahrt, die den ehemaligen Glanz zumindest noch ahnen läßt.
Yangzhou ist eine Stadt zum Bummeln
und Fahrradfahren, was man ausgiebig
nutzen sollte, denn nur dann erschließt

sich einem das Flair dieses besonderen
Ortes.

Den besten anfänglichen Eindruck
von der Gartenkultur Yangzhous gewinnt man bei einem Bummel durch
den **Park des Schmalen Westsees** (1,
Shouxihu Gongyuan), der in der Tang-
Zeit angelegt wurde und Standort mehrerer Residenzen reicher Kaufleute und
Mandarine sowie einiger Tempel war.

Entlang dem Schmalen Westsee befinden sich einige sehenswerte Gärten, Tempel und Brücken. Am besten beginnt man beim **Garten des Ge** (2, Ge Yuan) in der Yanfu Lu. Dieser typische klassische Garten, der stark vom Stil Suzhouer Gartenanlagen (s. S. 250 ff.) beeinflußt ist, wurde im 19. Jahrhundert angelegt und gehörte einem reichen Salzhändler namens Huang Yingtai. Seinen Namen verdankt er den Blättern des hier üppig wachsenden Bambusses, die im Aussehen dem chinesischen Schriftzeichen *ge* (= ein Stück, Einzel-) ähneln.

Geht man vom Garten des Ge die Yanfu Lu ein Stück nach Westen, erreicht man nach wenigen Metern den **Ahnentempel des Shigong** (3, Shigong Ci) gleich rechts vom Yangzhou-Hotel. Shi Kefa (Shigong, 1601–45) war ein loyaler Mandarin der gestürzten Ming-Dynastie, der mit 4000 Soldaten zehn Tage lang versuchte, die Stadt vor den anstürmenden Mandschuheeren zu verteidigen. Alle Tapferkeit war umsonst, und die Eroberer verübten ein grausames Gemetzel, um den geleisteten Widerstand zu bestrafen. In der schönen Gartenanlage ist ein Museum untergebracht, in dem man unter anderem Bilder der berühmten ›Acht Exzentriker von Yangzhou‹ bewundern kann. Von hier geht man dann am Yangzhou-Hotel vorbei zum **Tempel der Himmlischen Ruhe** (4, Tianning Si), in dessen Hallen das etwas verstaubte städtische Museum untergebracht ist. Vom Tempel führt ein Weg hinunter zum Kanal und zu einigen Gärten wie dem **Roten Garten** (5, Hong Yuan) und dem **West-Garten** (6, Xi Yuan). Dies war auch der Weg, den der Qianlong-Kaiser bei seinen Besuchen am Westsee mit seinem Boot nahm.

Am Ende erreicht man eine größere Kreuzung und geht dort weiter nach Westen zur **Großen Regenbogenbrücke** (7, Dahong Qiao), hinter deren markanten Steinbögen rechts der Park des Schmalen Westsees beginnt. Wichtigste Sehenswürdigkeiten der Anlage sind der schmucke **Yu-Garten** (8, Yu Yuan), den sich der lokale Warlord Yu Baoshan 1915 als Residenz anlegen ließ, die markante **Fünf-Pavillon-Brücke** (9, Wuting Qiao), die 1757 erbaut wurde, die **Weiße Dagoba** des Tempels der Lotosnatur (10, Lianxiangsi Baita), die der Weißen Dagoba in Beijing nachempfunden ist, der **Kleine Goldberg** (11, Xiaojin Shan) und das **Freiluft-Theater** (12), dessen Vorstellungen man auf Booten vom See her zusah, mit seiner breit angelegten Bühne auf einer Uferterrasse.

Vom Schmalen Westsee führt der Spaziergang nun in Richtung Süden, die Wenhe Lu hinunter. Drei Pagoden passiert man auf dem Weg zur Hauptsehenswürdigkeit dieses Abschnitts, der Feen-Kranich-Moschee. Erste Pagode ist der 1559 erbaute **Pavillon des Schauens in vier Richtungen** (13, Siwang Ting), der seinen Namen dem Umstand verdankt, daß er während der Taiping-Rebellion von den Aufständischen 1853 als Wachturm benutzt wurde.

Am großen Kreisverkehr inmitten der Wenhe Lu erhebt sich das Wahrzeichen der Stadt, der **Pavillon des Literaturgottes** (14, Wenchang Ge) aus dem Jahr 1585. Dieser Gott war vor allem für die Kandidaten der kaiserlichen Beamtenexamina von Bedeutung, die von ihm Hilfe bei den Prüfungen erbaten. Ein kleines Stück westlich erhebt sich die **Steinpagode des Magnoliengartens** (15, Gumulanyuan Shita), die älteste Pagode Yangzhous. Sie wurde 840 ursprünglich außerhalb des Westtores errichtet. In der Song-Zeit (960–1279) versetzte man sie schließlich an ihren heutigen Standort.

Kurz vor der Kreuzung mit der Ganquan Lu erreicht man die auf der linken, östlichen Straßenseite gelegene **Feen-Kranich-Moschee** (16, Xianhe Si). Zusammen mit den Moscheen von Kanton (Guangzhou), Quanzhou und Hangzhou zählt sie zu den vier berühmten alten Moscheen Chinas. Yangzhou war bereits das Ziel eines der ersten vier Missionare Mohammeds (s. S. 285 f.), die zwischen 618 und 626 nach China kamen. Die Moschee selbst wurde allerdings erst im 13. Jahrhundert während der Herrschaft der Mongolen gebaut, um den religiösen Bedürfnissen einer stark angewachsenen arabischen Bevölkerung gerecht zu werden. Auf dem Komplex der Moschee wachsen eine Pinie und ein Ginkgo, die beide aus der Zeit der Gründung des Gotteshauses stammen sollen. Den Namen verdankt die Moschee ihrem Grundriß, der einem Kranich ähneln soll. Der Haupteingang bildet den Kopf, die Brunnen auf beiden Seiten die Augen, der linke Pfad das Rückgrat, die Gebetshalle den Körper und die Nord- und Südhalle jeweils die Flügel des Vogels, der in China langes Leben verheißt.

Von der Moschee aus sollte man sich nun viel Zeit nehmen und die Ganquan Jie nach Osten gehen. Hier ist man im Herzen der Altstadt, es wimmelt von Fahrrädern, und wer in der Rushhour selbst mit dem Rad unterwegs ist, wird ein unvergeßliches Radfahrerlebnis haben. Nie sollte man zurückschauen, stets muß man gemächlich im Strom mitschwimmen und wehe, man übersieht die unvorhergesehene Bremsung seines Vordermannes. Man hat zwar kaum Zeit oder Muße, die Umgebung zu bewundern, doch in den kleinen Läden arbeiten die Handwerker noch wie vor 100 Jahren. Blech wird zu Eimern getrieben, Bambus wird zu Dämpfaufsätzen, runden Bambuskörben mit gitterrostartigen Böden, in denen über kochendem

Wasser chinesische Teigklöße, Fisch etc. gegart werden können, Kinderfahrradsitzen, Besen und vielem mehr verarbeitet; Friseure, Fahrradreparaturwerkstätten und Geschäfte reihen sich eins neben das andere. Auch die zahllosen Seitengäßchen sollte man nicht auslassen, denn hier spielt sich echtes Yangzhouer Hofhaus-Leben ab, das vor allem nach Feierabend der Enge der von hohen Mauern umschlossenen Höfe entrinnt und sich auf die Gassen vor die Tore ergießt. Hier wird gekocht, gegessen, Kinder spielen oder werden gewaschen, alte Leute spielen Karten oder Mahjong (Majiang), und ein jeder wird seine Tätigkeit unterbrechen, um den merkwürdigen Ausländer zu begutachten: das Thema des Abends.

Ein Kreisverkehr bildet das Zentrum der Altstadt, und die Straße nach Osten heißt nun Guangling Lu. Sie führt die nie enden wollende Geschäftigkeit bis zum Kaiserkanal und jenseits des Kanals zum **Grab des Bulhading** (17, Bulhading Muyuan) fort. Bulhading war angeblich ein Nachkomme Mohammeds der 16. Generation, der in der Song-Zeit nach China gekommen war, um den Islam zu verbreiten. Zwischen 1265 und 1275 lebte er in Yangzhou und half beim Aufbau der Feen-Kranich-Moschee. Er starb später auf einer Missionsreise in Shandong, wurde aber auf eigenen Wunsch in Yangzhou beigesetzt.

Einmal im Süden der Stadt, sollte man auf keinen Fall den Besuch des vielleicht interessantesten Gartens von Yangzhou versäumen, der **Garten des He** (18, He Yuan). Angelegt zur Zeit des Qianlong-Kaisers und im 19. Jahrhundert durch den Beamten He ausgebaut, repräsentiert er die Spätphase der Yangzhouer Gartenbaukunst. Die faszinierende Anlage gehört zu den schönsten Gärten des Landes und verbindet erstmalig auch westliche Stilelemente mit der traditionellen chinesischen Gartengestaltung. Der Besitzer He Zhidao war Botschafter der Qing in Frankreich gewesen und ließ zum Beispiel die Fenster seiner Residenzen verglasen, ein Unterfangen, das ein Vermögen kostete, da Glas überaus selten war. Einzigartig auch ist der erhöhte Wandelgang, der sich durch den ganzen Garten zieht. Von oben konnten die Frauen des Mandarin den ganzen Garten durchqueren und am Leben teilnehmen, ohne sich den Männern zeigen zu müssen. Ein Novum auch, daß sich das gesamte Privatleben des Besitzers im zweiten Stock abspielte, während die ebenerdigen Gebäudebereiche mehr offiziellen Anlässen zugedacht waren.

Einen Abstecher mit dem Fahrrad, dem Taxi oder dem Bus Nr. 5 sollte man zu guter Letzt noch in den Nordwesten der Stadt unternehmen. Neben den Resten der **alten Stadtmauer** (19) und des **Palasts von Kaiser Yang** (20) der Sui-Dynastie steht hier der schmucke, im 5. Jahrhundert gegründete **Daming-Tempel** (21, Daming Si), dessen Geschichte eng mit dem berühmten Mönch und Arzt Jianzhen (688–763) verknüpft ist. Fünfmal versuchte er vergeblich, nach Japan zu reisen, um dort einer Einladung, die buddhistische Lehre in Japan zu verbreiten, Folge zu leisten, aber jedesmal scheiterte er. Erst mit dem sechsten Versuch gelang ihm 754 mit vier weiteren Mönchen die Überfahrt. Zu der Zeit war er bereits 66 Jahre alt und blind. Seinem Ruhm in Nara, wo er im Toshodaiji (Tempel des China-Klosters) wirkte, tat das keinen Abbruch, und er wurde zu einem wichtigen Vermittler chinesischer Kultur, vor allem der Literatur, Kunst, Architektur und Medizin, in Japan. Alle buddhistischen Schulen Japans (Jodo, Tendai, Shingon, Zen usw.)

sind Ableger chinesischer buddhistischer Schulen der Tang-Zeit, die durch Mönche (chinesische oder jappanische) wie Jianzhen nach Japan gebracht und verbreitet wurden. Ihm zu Ehren wurde auf Initiative japanischer Buddhisten eine Gedenkhalle, die östlich der Haupthalle steht, errichtet. Ihre Wände sind mit Bildern geschmückt, die von den Versuchen handeln, nach Japan zu gelangen. 1980 kam noch eine hölzerne Statue und als Geschenk von Kaiser Hirohito der vor der Statue stehende Weihrauchbehälter dazu.

»Große Inseln bewohnt jenes Volk, so wird uns berichtet, fruchtbar trage der Boden, es herrsche Zucht und Gesittung...« von niemand Geringerem als dem großen unbeugsamen Historiker, Lyriker und Staatsmann Ou Yangxiu (1007–72) stammen diese Zeilen über Japan, und sie zeigen ganz seine traditionelle konfuzianische Denkrichtung, die im scharfen Kontrast zum großen Reformer Wang Anshi (1021–86) steht, dessen Ideen von Historikern schon als geradezu ›sozialistisch‹ bezeichnet wurden. Für Ou Yangxiu, einem erklärten Gegner des Buddhismus, bestand die Aufgabe seiner Epoche in einer Wiederbelebung des Ideals des Altertums, als Staat und Gesellschaft, Regierung und Erziehung noch eins waren. Ou Yangxiu wurde Präfekt von Yangzhou, und 1048 ließ er aus diesem Grund die **Halle auf gleicher Höhe mit den Bergen** (22, Pingshan Tang) bauen, in der er während seiner Amtszeit Gäste empfing. Sie steht etwas versetzt zwischen Tempel und Gedenkhalle. In einem Stein eingraviert findet sich auch ein Gedicht des berühmtesten Dichters der Song-Zeit, Su Dongpo (1036–1101), über seinen Mentor. Er war von Ou Yangxiu ›entdeckt‹ und gefördert worden und in Yangzhou vorübergehend als Beamter tätig.

Zentrum der Gartenkultur – Suzhou

Was das Schicksal Suzhous **3** (S. 410) von dem Yangzhous trennt, ist seine Berühmtheit. Was haben sich die Chinesen nicht alles einfallen lassen, diese Stadt in den Himmel zu loben: ›Venedig des Ostens‹, ›Stadt der Gärten‹, ja nicht einmal vor dem ›Paradies auf Erden‹ schreckte man zurück, und so teilt sich Suzhou mit Hangzhou die Ehre, die irdische Entsprechung des Paradieses im Himmel zu sein.

Wie immer steckt ein Körnchen Wahrheit in diesen Superlativen, aber sie beziehen sich auf eine weit zurückliegende Zeit. Was heute zu sehen ist, sind einzelne Relikte, die zwar für sich großartig sind, aber nicht mehr im Gesamtzusammenhang wirken. Suzhou und Umgebung sind heute die stärkste Wachstumsregion Chinas, und in China nimmt Wirtschaftswachstum keine Rücksicht auf Historisches. Die Altstadt Suzhous wurde zwischen 1994 und 1997 nahezu komplett wegsaniert, übriggeblieben sind nur einige in Beton wiederaufgebaute Straßenzüge, die nach außen hin altchinesisch gestaltet wurden, damit die Touristen noch etwas von dem wiederfinden, was sonst in absehbarer Zeit nur noch die Seiten alter Reiseführer geschmückt hätte.

Die Gründung der Stadt geht auf den Herrscher He Lü von Wu zurück, der Suzhou auch zu seiner Hauptstadt machte. Mit dem Bau des Kaiserkanals im 6. Jahrhundert avancierte die Stadt zu einem bedeutenden Verwaltungs- und Handelszentrum, dessen reiche Mäzene auch bedeutende Künstler und Literaten anlockten. Darüber hinaus entwickelte sich die Umgebung von Suzhou während der Tang-Zeit zu einem der großen Zentren des Buddhismus im unteren Yangzi-Becken.

Stets konnte sich die Stadt den Wirren und Zerstörungen in der chinesischen Geschichte entziehen, was ihr eine überaus konstante Entwicklung ermöglichte. Einer der großen Reformer der Song-Dynastie, Fan Zhongyan (989–1052), stammt aus dem reichen Suzhou, und seine damals sehr moderne Vorstellung, daß das Horten von Reichtümern die Geldzirkulation blockiere und damit die Ausbeutung der Armen durch die Reichen ermögliche, erklärte sich aus seinen unmittelbaren Erfahrungen eines regen Waren- und Geldumlaufs. Auch erkannte er in Ansätzen, daß durch die Entwicklung der Produktion gleichzeitig der Lebensunterhalt jedes einzelnen und vor allem die Einkünfte des Staates erhöht werden könnten. Diese moderne Einstellung gegenüber sich wandelnden Wirtschaftsstrukturen führte zum allgemein bekannten Sprichwort »wenn die Ernte in Suzhou und Changzhou reif ist, wird die Welt satt«. Die Verbesserung des Naßreisanbaus und die Kultivierung von Textilfasern liefernden Pflanzen verhalfen Suzhou zu wirtschaftlicher Blüte, und seit dem 14. Jahrhundert entwickelte sich die Stadt zum wichtigsten Zentrum der Seidenherstellung in China. Der Reichtum brachte jedoch nicht nur Reformer hervor, sondern auch Verlierer, die sich in Geheimsekten organisierten. Mao Ziyuan aus Suzhou gründete um 1133 die wohl berühmteste dieser Geheimgesellschaften, die Sekte des ›Weißen Lotos‹, deren Mitglieder sich aus den Reihen verarmter Bauern rekrutierten, streng vegetarisch lebten, sich weigerten, Steuern zu zahlen oder Frondienste zu leisten, und den Amithaba-Buddha verehrten.

Mit dem Machtzuwachs der Eunuchen im China der Ming-Dynastie wurde Suzhou Zentrum eines Widerstandes der Literaten und Gebildeten, die sich hier in der ›Partei der Erneuerung‹ zusammenfanden. Sie zählte fast 2000 Mitglieder und übte zwischen 1628 und 1644 einigen Einfluß auf die Politik aus. Dann aber wurden die Erneuerungspartei entmachtet und ihre Mitglieder verfolgt. Seine überragende Rolle als Wirtschaftszentrum konnte sich Suzhou allerdings erhalten und im China der Reformen in beeindruckender Weise bestätigen.

Größte kulturelle Hinterlassenschaft des Reichtums sind die fantastischen Gärten und Wohnsitze der früheren Händler, die nichts von ihrer einstigen Pracht verloren haben und einen Besuch Suzhous in jedem Falle lohnen.

Suzhou besitzt über 150 Gärten, von denen mehrere über 1000 Jahre alt sein

sollen. Von den so berühmten Kanälen, die das Antlitz des ›Venedig des Ostens‹ geprägt hatten, sind nur noch wenige stinkende Rinnen übrig.

Die 76 m hohe **Nordtempel-Pagode** (1, Beisi Ta) im Norden der Stadt ist ein guter Startpunkt für die Erkundung Suzhous. Das gewaltige, achteckige Bauwerk steht auf dem Gelände des alten **Tempels der Wohltätigkeit** (2, Bao'en Si), dessen Geschichte bis in die Zeit der Drei Reiche zurückreicht. Zu jener Zeit widmete die Mutter Sun Quans, des Herrschers von Wu, ihre Residenz in einen Tempel um und ließ hier eine Pagode errichten. In den Gebäuden des restaurierten Tempels ist heute ein Museum untergebracht. Von der 1567 errichteten neunstöckigen Pagode hat man eine hervorragende Aussicht auf die Stadt mit ihren vielen traditionell grau gedeckten Häuschen, den Gartenanlagen und der sich ständig modernisierende Skyline.

Die Brücke des Kostbaren Gürtels über den Kaiserkanal

Man verläßt die Anlage nach dem Besuch durch das dekorative, 1614 erbaute Schmucktor und hält sich nun nach links oder Osten. Nach knapp einem Kilometer gelangt man zu dem auf der linken Straßenseite gelegenen **Garten des Bescheidenen Beamten** (3, Zhuozheng Yuan), einem der vier berühmtesten Gärten Chinas und ein typisches Beispiel der Gartenarchitektur südlich des Yangzi.

Schon im 4. Jahrhundert der Zhou-Zeit (ca. 1100–221 v.Chr.) wurden Gärten

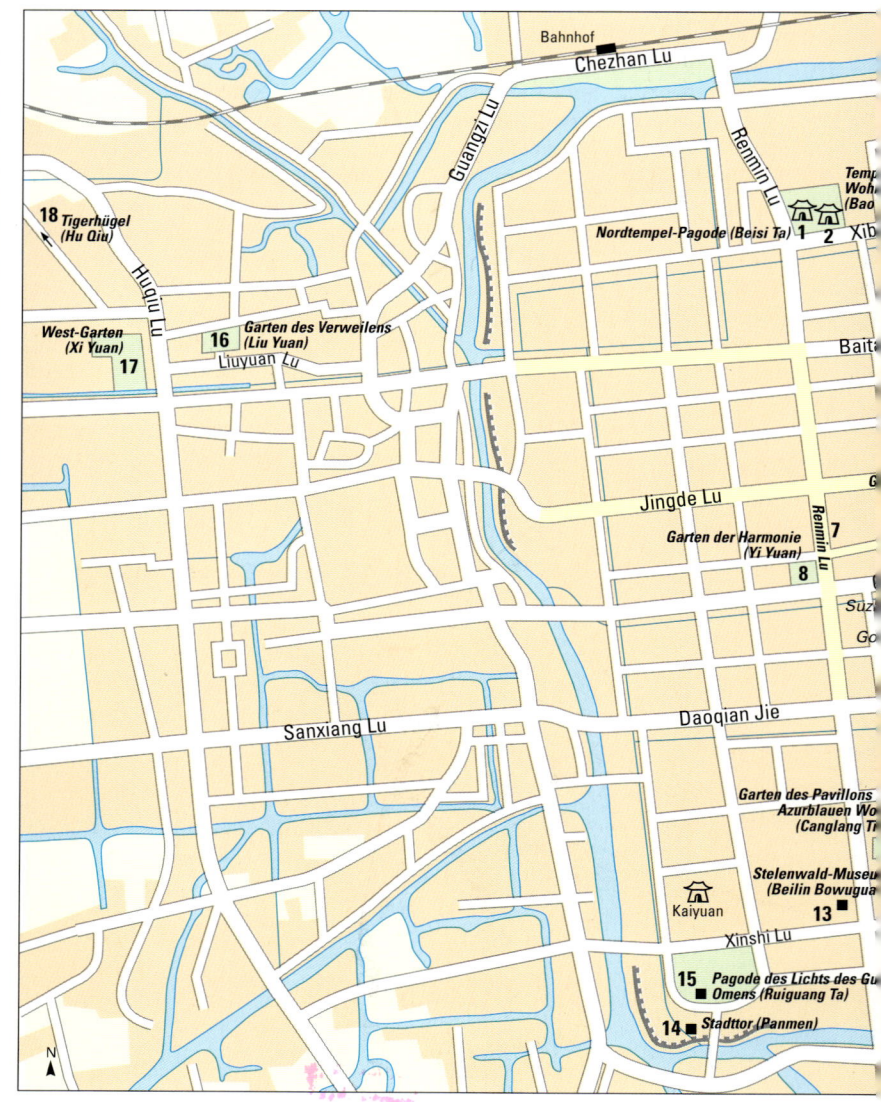

in China erwähnt und spiegelten zunehmend als kaiserliche Parkanlagen Größe und Reichtum einer Dynastie wider. Diesem Beispiel folgten bald wohlhabende Beamte, Kaufleute, Landbesitzer oder Literaten und legten sich luxuriöse Gärten an, in denen häufig auch ihre Residenzen lagen. Hier traf man sich mit Freunden und Gelehrten zum Meditieren, Philosophieren oder Dichten.

Mit der Anlage der Gärten sollte nicht nur Land gestaltet oder Natur nachgeahmt werden, sondern man wollte in einem zum Gesamtkunstwerk arrangierten Garten einen Ort der Versenkung und Beschaulichkeit schaffen, in dem Vielfältigkeit, Balance, Rationalität und Harmonie herrschten. Gestaltungselemente sind dabei das auch in der Malerei bevorzugte Hauptelement Shan-Shui (Berge und Wasser), also Teiche und künstliche Felsen, sichtbegrenzende Mauern, Torbögen, Pavillons, verschlungene Wege und Brücken, Wandelgänge und natürlich Blumen und Bäume. Jedes Element hat eine spezifische Bedeutung: Pavillons dienen zum Ausruhen, Lesen oder Betrachten der Landschaft, Wege und Wasserläufe vermitteln Bewegung, Teiche sind zentrale Ruhepunkte, sorgen für klare, kühle Luft, Bäume spenden erholsamen Schatten, und Inschriftensteine vermögen die innere Harmonie und das Wohlbefinden des Besuchers fördern. Das typische Element der Suzhouer Gärten sind die künstlichen Hügel aus Erde, Felsen oder Felsgruppen, die, in schier unerschöpflichen Variationen kombiniert, den Gärten ihren ureigensten Ausdruck verleihen. Auch wenn das westliche Auge oft nur ein Durcheinander wahrzunehmen vermeint, bleibt hier nichts dem Zufall überlassen. Die Anlage der Gärten verhindert, daß sie von irgendeinem Punkt aus vollständig überblickt werden können. So glaubt der Betrachter nach dem Rundgang nie, alles gesehen zu haben, und es bleibt immer eine neugierige Erwartung.

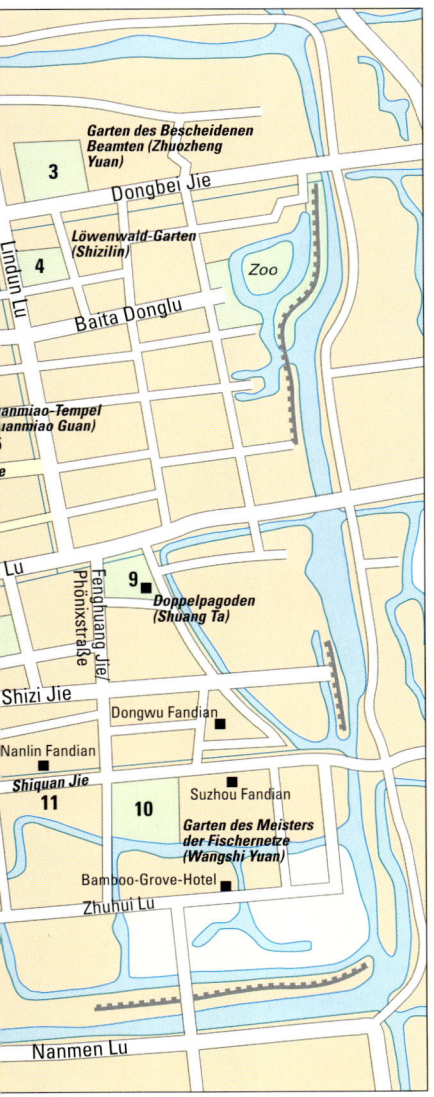

*Im Garten
des Bescheidenen
Beamten*

Der Zhuozheng Yuan bedeckt eine Fläche von 50 000 m² und wurde zwischen 1522 und 1566 von dem pensionierten kaiserlichen Beamten und Zensor Wang Xianchen auf dem Gelände eines ehemaligen Tempels angelegt. Er wird auch ›Garten der Politik des einfachen Mannes‹ genannt, nach dem Ausspruch von Fan Yue: »Seinen Garten zu kultivieren, um glücklich zu sein, das ist die Politik des einfachen Mannes.« Der schönste Bereich des Gartens ist der zentrale, rund 12 000 m² umfassende Teil, dessen Ruhepol das

Wasser ist. Alle Pavillons, Balustraden, Terrassen und Wasserpavillons sind auf den See hin ausgerichtet. Die restlichen Gebäude scheinen in einem bunten Durcheinander mal hoch, mal niedrig angelegt zu sein und vermitteln das typische Bild des ›Wasserlands‹ südlich des Yangzi. Dieser zentrale Teil barg auch die Wohngebäude der oft wechselnden Besitzer.

Nicht weit vom Zhuozheng Yuan, ein Stück nach Süden an der Lindun Lu liegt ein weiterer berühmter klassischer Garten Suzhous, der auch Modell gestanden hat für einige Gebäude der Sommerresidenz der Qing-Kaiser in Chengde. Er wurde 1336 auf den Resten eines songzeitlichen Gartens angelegt und gehörte zu einem Tempel, dessen Mönche ihn als Meditationsort nutzten. Der buddhistische Abt des Tempels, Tian Ru, nannte ihn zu Ehren seines Lehrers Zhong Feng, der auf dem Löwenfels im Tianmu-Gebirge der Provinz Zhejiang gelebt haben soll, **Löwenwald-Garten** (4, Shizilin). Sein prägnantestes Merkmal sind die bizarren Taihu-Felsen, die hier in einer großen Variationsbreite zur Landschaftsgestaltung zusammengesetzt wurden. Auch die für die Suzhouer Gärten so wichtigen Hügel, ursprünglich bestand der Löwenwald-Garten nur aus einem Teich mit einigen Hügeln, sind hier großartig gestaltet. Seine heutige Größe erhielt er zwischen 1918 und 1926, als ihn sein Besitzer, der Großvater des amerikanisch-chinesischen Architekten Ieoh Ming Pei, erweitern ließ.

Vom Löwenwald führt der Spaziergang weiter nach Süden die Straße hinunter bis zur Kreuzung mit der **Guanqian Jie** (5), in die man nach rechts einbiegt. Die Guanqian Jie ist das kommerzielle Zentrum Suzhous. Hier schlägt Tag und Nacht der Puls der Stadt, die Menschenmassen flanieren durch die Hauptstraße und das Gewirr der Nebensträßchen mit ihren unzähligen Läden, Kaufhäusern, Werkstätten und Restaurants. Werden europäische Stadtbilder häufig von einem zentralen Platz mit Rathaus oder Kirche bestimmt, ist eine solche städtebauliche Konzeption in China nahezu unbekannt. In Suzhou findet man ein vergleichbares Zentrum, das vom daoistischen Mysterientempel **Xuanmiao Guan** (6) gebildet wird.

Die Gründung dieses Tempels geht auf das Jahr 276 zurück. Er soll auf dem Areal erbaut worden sein, wo einst He Lü, der Herrscher des antiken Staates Wu, im 6. Jahrhundert v. Chr. seine Residenz hatte. Von den ursprünglich 25 Hallen dieses daoistischen Zentrums blieb nur die 1180 neu errichtete Halle für die Drei Reinen (Sanqing Dian) erhalten, die größte intakt gebliebene alte Holzkonstruktion im südlichen Yangzi-Gebiet. Das tiefgezogene Doppelwalmdach wird von 30 Steinsäulen und innen von 40 Edelholzpfeilern getragen. Da dieser Tempel nicht in der Abgeschirmtheit eines ummauerten Bezirks liegt, sondern im Zentrum des Alltagsgeschehens – die Luft surrt vom geschäftigen Treiben der Menschen – gehört der Xuanmiao Guan zu den wenigen chinesischen Tempeln, in denen die Volksreligion noch lebt und miterlebbar ist. Der Vorplatz ist schon seit Urzeiten Zentrum und Begegnungsstätte Suzhous: mit Geschäften, Garküchen, Musikern, Bettlern und buntem Leben. Abends wird von hier beginnend nach Osten hin ein großer bunt beleuchteter Kleider- und Essensmarkt aufgebaut.

Die Guanqian Jie endet auf der zentralen Verkehrsachse **Renmin Lu** (7), die von luxuriösen Büro- und Kaufhäusern, Banken und Restaurants gesäumt wird und der Stadt ein modernes, selbstbewußtes Erscheinungsbild gibt. Daher wirkt der nächste Garten auch ein wenig verloren inmitten einer Stadt der Zukunft, aber er trägt den bezeichnenden Namen **Garten der Harmonie** (8, Yi Yuan). Er wurde 1880 als Residenz des Präfekten Gu Wenbin angelegt und ist der jüngste der Gärten von Suzhou. Gu Wenbin war der bedeutendste Sammler antiker Kalligraphien und Malereien im südlichen Yangzi-Gebiet, und so gehören die in Stein gravierten Kalligraphien seines Gartens zu den exquisitesten in Suzhou. Auf 95 steinernen Tafeln kann man die Werke so berühmter Künstler wie Wang Xizhi, Mi Fei, Huai Shu und anderer bestaunen. Neben den Kalligraphien ist der Garten auch für seine reiche Sträucher- und Blumensammlung bekannt.

Vom Garten der Harmonie aus geht man nun wieder in Richtung Osten die Ganjiang Lu entlang. Dort, wo diese Straße auf die Fenghuang Jie, die Phönixstraße, trifft, stehen die wunderschönen **Doppelpagoden** (9, Shuang Ta), die im 10. Jahrhundert während der Song-Dynastie mit 30 m Abstand voneinander erbaut wurden. Zwei Brüder einer Familie Wang stifteten das Geld und erhofften sich damit eine wohltuende Wirkung auf die Umgebung. Um ihrer Intention Ausdruck zu verleihen, wurde die eine Pagode Sheli (Seine persönlichen Interessen aufgeben) und die andere Gongde (Tugend und Verdienst) genannt, um all jene zu ehren, die ebenfalls zugunsten anderer ihre persönlichen Interessen zurückgestellt oder sich in der Wohlfahrt verdient gemacht hatten.

Folgt man dem Verlauf der Phönixstraße nach Süden, kündigen an ihrem Ende zahllose Souvenirstände den kleinen, nur 5000 m² großen **Garten des Meisters der Fischernetze** (10, Wangshi Yuan) an, ein Meisterstück der Gartenbaukunst. Die heutige Bezeichnung geht auf den ursprünglichen Namen Yu Yin zurück, was soviel bedeutet wie ›Einsiedelei des Fischers‹.

Der Spazierweg folgt nun der im qingzeitlichen Stil neugestalteten Shiquan Jie, in der sich auch zahlreiche Hotels befinden. Erneut kreuzt man die Renmin Lu, die man Richtung Süden entlanggeht. Nach wenigen Metern kann man dem um 1044 angelegten **Garten des Pavillons der Azurblauen Wolke** (12, Canglang Ting), einem der ältesten Suzhous, einen Besuch abstatten. Für diesen Garten wurden aus der umliegenden Landschaft ›Anleihen‹ gemacht und gestalterisch eingegliedert.

Interessanter ist das schräg gegenüberliegende **Stelenwald-Museum** (13, Beilin Bowuguan), das in einem alten Konfuziustempel untergebracht ist. Der Tempel wurde 1035 an der Stelle erbaut, an der sich die erste konfuzianische Schule Chinas befand. Neben den Schriftzeichen sind besonders die alten in Stein geschnittenen Sternkarten interessant, ein beeindruckendes Beispiel dafür, wie vielseitig die Stelen nutzbar waren. Eine der ältesten Sternkarten der Welt aus dem 13. Jahrhundert ist hier zu bewundern.

Der Spaziergang endet im Südwesten der Stadt, wo Suzhous einziges Stadttor, das **Pan Men** (14), die Jahrhunderte überdauert hat. Zur Zeit ihrer Gründung unter dem Herrscher He Lü von Wu hatte Suzhou eine Stadtmauer mit acht Stadttoren, die aus je einem Wasser- und Landtor bestanden. Von den acht Paaren ist nur noch das 516 v. Chr. erbaute Pan Men erhalten. Von oben hat man einen schönen Blick auf die fast tausend Jahre alte **Pagode des Lichts des Guten Omens** (15, Ruiguang Ta) und die wunderschöne Kaiserkanalbrücke Wu Men, deren Konstruktion auch das Wassertor des Stadttorpaars umfaßte.

In den Nordwesten der Stadt, in Richtung des alten Kaiserkanals, kommt man am schnellsten mit dem Taxi oder dem Bus 5 oder 6. Hier liegt am westlichen Stadtrand in der Liuyuan Lu der **Garten des Verweilens** (16, Liu Yuan). Ende des 16. Jahrhunderts ließ ein kaiserlicher Beamter den Park anlegen, der 1800 neugestaltet wurde. Er zählt neben dem Zhuozheng Yuan hier in Suzhou, dem Sommerpalast in Beijing und der Sommerresidenz in Chengde zu den vier berühmtesten Gärten Chinas.

Ursprünglich bildete der Liu Yuan mit dem gegenüberliegenden **West-Garten** (17, Xi Yuan) eine Einheit. 1835 wurde er einem buddhistischen Kloster überlassen und erhielt den gestrengen Namen ›Tempel des Verbots und der Disziplin‹ (Jiezhuanglü Si). Sehenswert ist die Halle mit den 500 tönernen Luohans (Schüler Buddhas, Sanskrit: Arhats).

Etwa 3 km nordwestlich von Suzhou, mit Bus 5 oder dem Taxi zu erreichen, liegt der **Tigerhügel** (18, Hu Qiu). Hier soll 496 v. Chr. der Herrscher He Lü von Wu zusammen mit 6000 Schwertern begraben worden sein. Drei Tage nach dem Begräbnis, an dem, laut Chinas berühmtestem Historiker Sima Qian (135 bis 93 v. Chr.), Tausende von Menschen teilnahmen, erschien ein weißer Tiger, um das Grab des Königs zu bewachen, dessen Sarg reich mit Gold und Silber gefüllt sein soll. Das 13 ha große Areal, von dem der berühmte Su Dongpo schrieb, daß ein Besuch Suzhous ohne den Besuch des Tigerhügels nur ein unvollkommener Besuch sei, zeigt Felslandschaften, Pavillons, Hallen, Tore und auf dem Gipfel des Hügels die Pagode des Wolkenfelsen-Tempels (Yunyansi Ta). Gegen 960 war sie als Teil eines Klosters errichtet worden. Wie der schiefe Turm von Pisa neigte sie sich wegen des sandigen Untergrunds und ist daher im Innern nicht zugänglich.

Ausflüge von Suzhou

»Der Mond sinkt herab, und in der frostgefüllten Luft hallt der Ruf der Krähen. Schlaflos, im Schatten des Ahorn am Flußufer, schaue ich auf die Laterne des Fischers. Außerhalb Suzhous steht der Han-Shan-Tempel, das Geläut seiner Mitternachtsglocke hallt bis zu meinem Boot«, seufzte der aus Suzhou stammende Gelehrte Zhang Ji (702–756) melancholisch nach seiner Rückkehr aus der Hauptstadt, wo er gerade durch die kaiserlichen Examina gefallen war und seinem Trübsinn freien Lauf ließ.

Nur 5 km westlich von Suzhou steht das **Kloster des Kalten Berges** (Hanshan Si), das 503–508 während der Liang-Dynastie gegründet wurde. Benannt wurde es nach seinem Abt Han Shan, dessen großes Verdienst es war, zusammen mit dem Mönch Shi De bei der Verbreitung des Buddhismus die schwer verständliche buddhistische Lehre in einfache Versen zu übersetzen. Ihre Bildnisse finden sich auf einer Stele in der Haupthalle, die von Le Ping gestaltet wurde, einem der berühmten ›Acht Exzentriker von Yangzhou‹. Die in dem Gedicht so melancholisch beschriebene Glocke wurde im 17. Jahrhundert nach Japan gebracht und ging verloren. Dieser Verlust sorgte für politische Mißstimmung, und 1903 ließ Japans Premierminister Ito Hirobumi zwei neue, kleinere Glocken gießen. Eine wurde dem Hanshan-Tempel geschenkt, die andere verblieb im gleichnamigen Tempel (Kanzan) in Kyoto. Heute stehen beide Glocken für die wiederhergestellte Freundschaft zwischen beiden Ländern. Durch die Nähe zum Kaiserkanal und die vielen reisenden Händler herrschte im Kloster stets reges Leben.

Etwa 7 km südöstlich der Stadt befindet sich der Hauptabschnitt des **Kaiserkanals** bei Suzhou, der von hier in Richtung Hangzhou weiterfließt. An dieser Stelle überspannt die eindrucksvolle **Brücke des Kostbaren Gürtels** (Baodai Qiao, Abb. S. 249) den Kaiserkanal. Die 317 m lange, von 53 Bögen getragene Brücke wurde 816 erbaut.

Unbedingt einplanen sollte man auch den Besuch des sogenannten **Wasserlands** um Suzhou. Das Umland der Stadt

Mondscheinromantik im Wangshi Yuan

Der Garten des Meisters der Fischernetze, der im Süden Suzhous an einem alten Kanal liegt, gehört zu den architektonischen Kleinoden Suzhous. Unübertroffen ist die ästhetische Gestaltung, die auf engstem Raum eine Komposition von Dichte und Größe, Enge und Weite geschaffen hat, die man in anderen Gärten vergeblich sucht und die in dieser Form nur noch vom Yu-Garten in Shanghai erreicht wird. Der Wangshi Yuan wurde bereits 1140 von Shi Zhengzhi, dem Vizeverteidigungsminister der Song, angelegt und wird zum größten Teil von Gebäuden eingenommen, eine Seltenheit in Suzhou, da die Residenzen der Besitzer anderer Gärten meist nicht in den Garten eingegliedert, sondern nur angegliedert waren. Ende der 70er Jahre wurde eine mingzeitliche Halle ausgewählt und nachgebaut, um als ständiges Ausstellungsstück ›Astor Court‹ im Metropolitan Museum of Art in New York eine neue würdige Bleibe zu finden. Mitten im Park steht ein gemütliches Teehaus, in dem man fern aller Hektik Tee trinken kann. Doch noch viel näher liegt die Nutzung der pittoresken Anlage für ein Ereignis ganz anderer Art. Jeden Abend, nach Hereinbrechen der Dunkelheit, wird der Wangshi Yuan romantisch erleuchtet, und in den Höfen und Hallen der Anlage erklingen die Weisen traditioneller chinesischer Musik. So kann man im ersten Hof zehn Minuten lang einem Ausschnitt der Pekingoper lauschen. Anschließend wandert man weiter zu einem Kurzkonzert mit klassischen chinesischen Instrumenten. Insgesamt werden allabendlich hintereinander vier bis fünf verschiedene Kurzvorstellungen aufgeführt, die einen Querschnitt durch die traditionelle Musik Chinas bieten und zusammen mit der unvergleichlichen Umgebung einen tiefen Eindruck chinesischer Kultur vermitteln.

wird von Tausenden von Kanälen und Flüssen durchzogen. Viele der Dörfer im Wasserland sind nur per Boot erreichbar. Hier, inmitten der Moderne, spielt sich das Leben noch wie in alten Zeiten ab, ganz nach unserem Bild des alten China: Brückchen, Gassen, windschiefe, grau gedeckte Häuschen, verträumte Kanäle, Dschunken und gemütliches Dorfleben. Die kleinen Orte Tongli und besonders **Zhouzhuang** 5 bieten hinter einer modernen Kulisse originales Dorfleben. Die Straßen sind so schmal, daß Fahrzeugverkehr hier unmöglich ist. Unzählige Kanäle mit alten Steinbrücken durchziehen die Orte. Die Zeit scheint auch in den vielen traditionellen Handwerksbetrieben stehengeblieben zu sein. **Luzhi** 4, etwa 30 km östlich von Suzhou, ist ein weiteres Dorf im ›Wasserland‹, das sich ursprüngliches Landleben und Dorfidylle bewahrt haben.

›Paris des Ostens‹ – Shanghai

Der Ruf Shanghais **6** (S. 407 ff.) als ›Paris des Ostens‹ hat sich unter der Knute kommunistischer Herrschaft verflüchtigt – wie konnte Mao Zedong ein solches Sündenbabel, Archetyp aller kapitalistischen Verfehlungen und Produkt eines im Opium gründenden Reichtums, auch dulden. Doch das Shanghai des kommenden Jahrtausends hat den sozialistischen Muff wieder abgeschüttelt und arbeitet mit Volldampf daran, seinem alten Ruf wieder gerecht zu werden. Mit der Hochtechnologiezone Pudong jenseits des Huangpu-Flusses gleich gegenüber vom Bund schafft sich Shanghai gerade einen gewaltigen, komplett neuen Stadtteil aus Wolkenkratzern, Industrieanlagen, neuem internationalen Flughafen und Hafenvierteln, all das gekrönt von Asiens höchstem Gebäude, dem klobigen, 465 m hohen Fernsehturm. Mit dem alten Shanghai ist die neue Metropolis durch die längsten Hängebrücken der Welt verbunden: die gigantische, sich in ästhetischen Schleifen hocharbeitende Nanpu-Brücke, die eine Gesamtlänge von 8346 m erreicht, und die 7658 m lange Yangpu-Brücke. Liest man in der Zeitung mal wieder, daß Europa den Anschluß an das Wirtschaftspotential des chinesischen Marktes nicht verlieren darf, wenn es international konkurrenzfähig bleiben will, so braucht man nur vom Bund hinüber nach Pudong schauen. Hier ist er greifbar, jener so schwer faßbare Markt, und wächst und verändert sich für jeden sicht- und hörbar, täglich rund um die Uhr.

Der Rest Shanghais wird sukzessiv abgerissen, und keine andere Stadt Chinas hat ihr Antlitz in den Jahren nach 1990 so vollständig gewandelt wie diese. Bald wird die bewegte Vergangenheit nur noch an einigen wenigen Gebäuden aus der Zeit der Konzessionen zu erahnen sein, während das Shanghai der Wolkenkratzer sich bemüht, eine Stadt der Zukunft zu sein.

Dabei fing alles ganz klein an. Zwar bemüht Shanghai, um nicht hinter anderen Metropolen zurückstecken zu müssen, eine Geschichte von 6000 Jahren, aber davon war es 5400 Jahre lang ein höchst unbedeutendes Fischerdorf. Im 16. und 17. Jahrhundert entwickelte sich das Städtchen zu einem zweitrangigen Weberei- und Fischereizentrum, das sogar eine Stadtmauer erhielt, um es vor den regelmäßigen Überfällen japanischer Piraten zu schützen. Die eigentliche Stunde von Shanghais Aufstieg zum Finanz- und Wirtschaftszentrum Chinas schlug 1842 mit dem Vertrag von Nanjing, der den ersten Opiumkrieg beendet hatte. Großbritannien durfte in Shanghai eine Konzession eröffnen, das hieß, ungeniert dem Opiumhandel nachgehen, und in einem Zusatzvertrag von 1843 wurden Exterritorialrechte eingeräumt. 1847 richtete sich Frankreich eine eigene Niederlassung ein, und schließlich folgten Schlag auf Schlag weitere ausländische Mächte, denn die Lage Shanghais am Yangzi-Delta war ideal sowohl für den Binnen- als auch den Überseehandel. Schon 1863 schlossen sich Engländer und Amerikaner zur Internationalen Konzession zusammen, die geradezu prädestiniert war, Abenteurer, Glücksritter, Geschäftsleute und Verbrecher aus ganz China und aller Welt anzuziehen. Die Bevölkerung wuchs von etwa 50 000 im Jahr 1842 auf über 1 Mio. im Jahr 1900 an. Trieb es bis 1860 nur wenige hundert Ausländer in die Stadt, so lebten hier 1930 bereits über 60 000, darunter 1000 Deutsche. Noch vor Hongkong und Kanton war die Stadt der größte Außenhandelshafen Chinas.

Shanghai war eine Stadt der Reichen. Soviel Glanz das mondäne Shanghai tagsüber, soviel Abwechslung das Leben nachts ausstrahlte und so fortschrittlich sich die Stadt gab, die Grundstücks- und Mietpreise waren die höchsten Chinas, das Leben war teuer, und die Zahl der Verlierer war Legion. Es waren jene, die herkamen, um wenigstens ein kleines Stück vom Kuchen abzukommen. Letztlich landeten sie ausgebeutet und unter menschenunwürdigen Bedingungen in den Fabriken der Ausländer oder reichen Chinesen, wo sie mit Hungerlöhnen dahinvegetierten. Zahllose Aufstände im ganzen Land, die Taiping-Rebellion, der ›Boxeraufstand‹, die Revolution von 1911, sie alle spülten immer mehr Menschen in die Sicherheit der exterritorialen und dem Zugriff der chinesischen Behörden entzogenen Konzessionsgebiete Shanghais, das aus allen Nähten platzte und dessen Chinesenviertel von Triaden und Verbrechergangs beherrscht wurden.

Durch die wirtschaftliche Machtstellung wurde Shanghai zu einem Herd politischer Unruhen, aber auch zum Ort von Neuerungen. Die Übertragung der deutschen Pachtgebiete in China an Japan auf der Versailler Friedenskonferenz führte am 4. Mai 1919 zunächst in Beijing und dann in Shanghai zu einer auf das ganze Land übergreifenden Protestbewegung. In seinem Verlauf kam es zu Streiks, und japanische Waren wur-

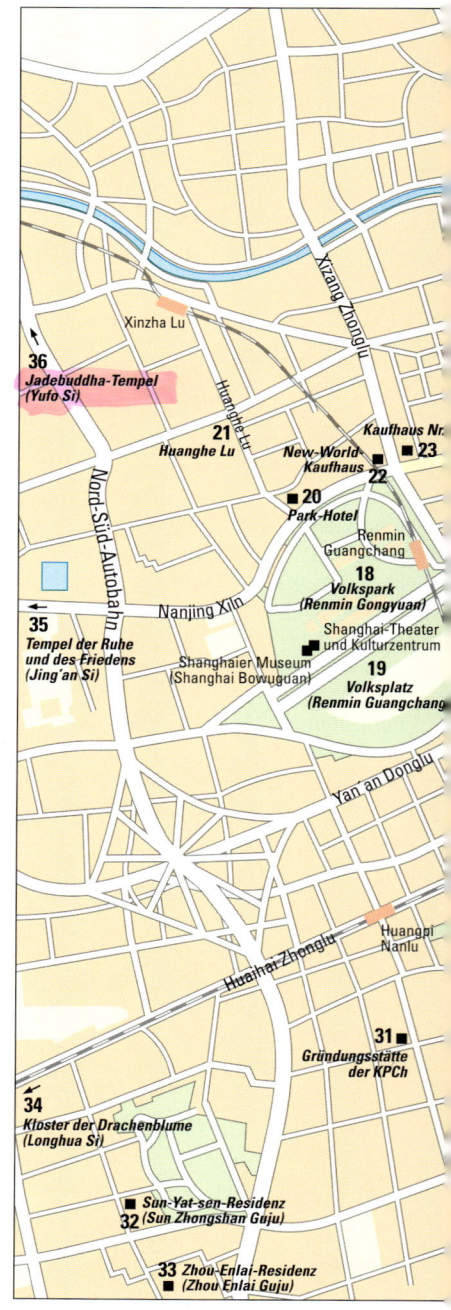

Shanghai

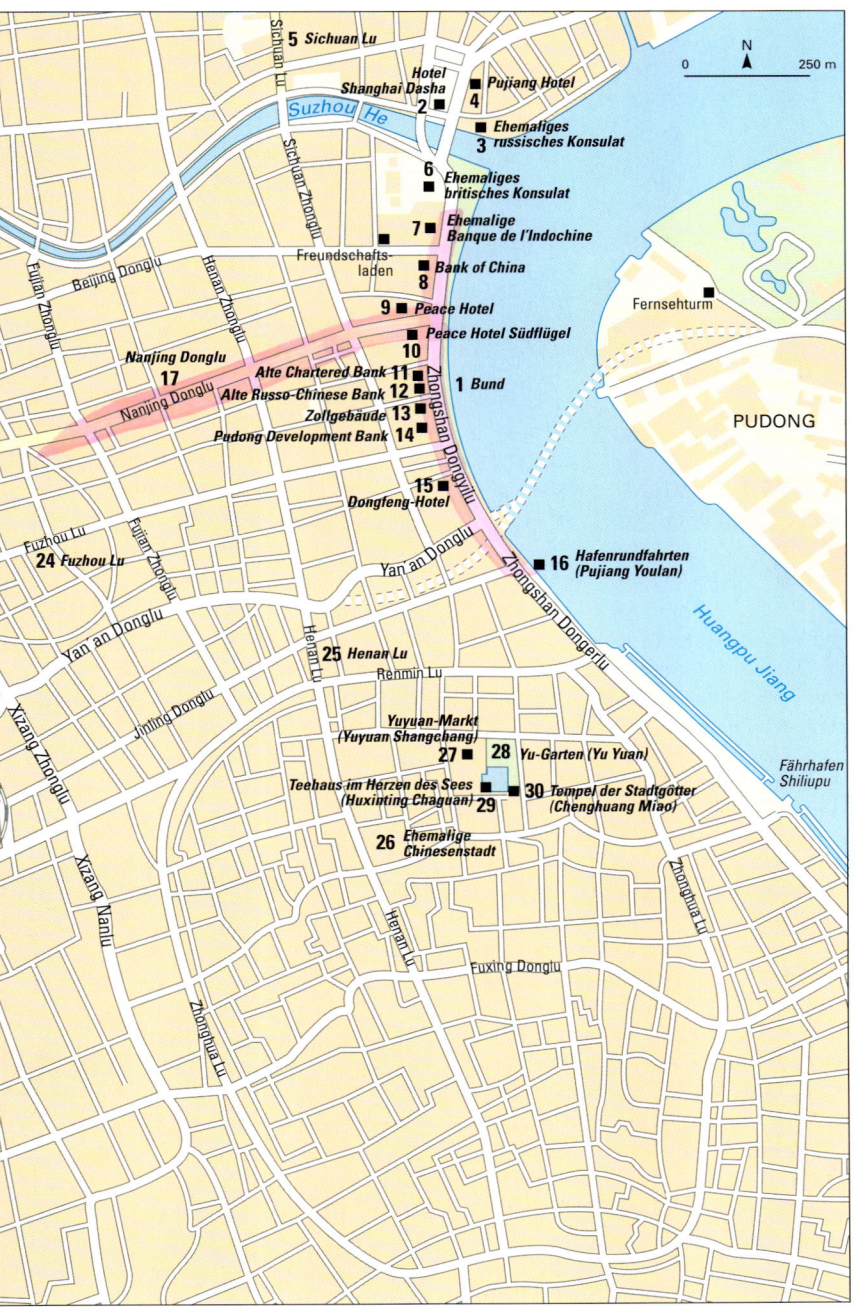

5 Sichuan Lu

Hotel
Shanghai Dasha
2 ■   **4** ■   **Pujiang Hotel**

Suzhou He

3 ■ **Ehemaliges
russisches Konsulat**

6 ■ **Ehemaliges
britisches Konsulat**

7 ■ **Ehemalige
Banque de l'Indochine**

Freundschafts-
laden   **8** ■ **Bank of China**

9 ■ **Peace Hotel**

■ **Peace Hotel Südflügel**
10

Nanjing Donglu
17   **11** ■ **Alte Chartered Bank**
1 ■ **Bund**
Nanjing Donglu   **12** ■ **Alte Russo-Chinese Bank**
13 ■ **Zollgebäude**
Pudong Development Bank 14 ■

15 ■
Dongfeng-Hotel

Fuzhou Lu
Yan an Donglu
24 **Fuzhou Lu**
16 ■ **Hafenrundfahrten
(Pujiang Youlan)**

Yan an Donglu

25 **Henan Lu**
Renmin Lu

**Yuyuan-Markt
(Yuyuan Shangchang)**
27 ■   **28** ■ **Yu-Garten (Yu Yuan)**

**Teehaus im Herzen des Sees
(Huxinting Chaguan)**   **30** ■ **Tempel der Stadtgötter
(Chenghuang Miao)**
29 ■

26 **Ehemalige
Chinesenstadt**

Fuxing Donglu

N
0   250 m

Fernsehturm ■

PUDONG

Huangpu Jiang

Fährhafen
Shiliupu

Shanghai

Bund

den im ganzen Land boykottiert. Mit dieser Vierten-Mai-Bewegung, die auch eine intellektuelle Erneuerungsbewegung war, wurde das in vielen gesellschaftlichen Bereichen noch fest verankerte konfuzianische Wertesystem in Frage gestellt, und durch seine Überwindung begann die eigentliche moderne Geschichte Chinas. In der französischen Konzession von Shanghai wurde dann am 1. Juli 1921 die KPCh gegründet. Die folgenden Jahre sahen die Stadt als Mittelpunkt von weiteren Proteststreiks wie die der Seidenarbeiter gegen Massenentlassungen. Die ausländischen Geschäftsleute wehrten sich, indem sie Chiang Kai-shek über den Unterweltboß Du Yuesheng von der ›Grünen Bande‹, der auch Chiang angehörte, große Mengen an Waffen und Munition lieferten. Chiang wurde der in ihn gesetzten Hoffnung gerecht und ließ seine Soldaten die Stadt nach Arbeiterführern und Kommunisten, oder wen er dafür

hielt, durchkämmen. Dem systematischen Terror von Chiangs ›Bereinigungsaktion‹ fielen etwa 5000 Menschen zum Opfer. Fünf Jahre stand die Stadt unter Guomindang-Verwaltung, bis 1932 japanische Flugzeuge das Banken- und Geschäftsviertel bombardierten. 1937 besetzten japanische Truppen die Stadt, die erst 1945 wieder voll in chinesische Hände gelangte.

Noch einmal herrschte in Shanghai der chinesische Bürgerkrieg, den die Kommunisten 1950 endgültig für sich entschieden. Alle Betriebe wurden verstaatlicht, und die Verwaltung wurde der Beijinger Zentralregierung unterstellt. Für Shanghai begann ein Dornröschenschlaf, in dem es fast auf Dorfniveau zurückgestutzt wurde und aus dem es sich erst nach 1978 zunächst langsam und ab 1990 im Galopp befreien konnte. In nur fünf Jahren hat diese Stadt ihr Antlitz rundum erneuert, ein Ende ist nicht abzusehen. Ähnlich wie Tianjin ist

Shanghai ein wahres Architekturmuseum, aber zur Zeit scheinen außer am Bund und in dessen unmittelbarer Umgebung alle alten Gebäude der Modernisierung und den Wolkenkratzern im Weg zu stehen und somit abgerissen zu werden.

Bester Einstieg für eine Stadtbesichtigung ist zweifelsohne der **Bund** (1, Waitan). Er zieht sich als erhöht geführte breite Uferpromenade, und dient damit gleichzeitig als Damm, entlang der Zhongshan Lu (Sun-Yat-sen-Straße) vom Suzhou-Kanal im Norden bis zur Altstadt im Süden hin. Gesäumt wird der Bund von einer langen Reihe klassizistischer Hochhäuser, die Shanghai sein unverwechselbares Aussehen verleihen. Auffälligstes Gebäude am Nordende des Bundes auf der linken Seite des Suzhou-Flusses ist das **Hotel Shanghai Dasha** (2). Es wurde 1934 in der stilisierten Form des Schriftzeichens *ren* (=Mensch) erbaut und diente unter dem Namen Broadway Mansions als Appartementhaus. Rechts daneben steht das charakteristisch blaue Gebäude des ehemaligen – und heute wieder – **russischen Konsulats** (3). Das dahinterliegende **Pujiang Hotel** (4) war einst Shanghais erstes First-Class-Hotel. Heute ist es bei Billigreisenden beliebt und ziemlich heruntergekommen. Wer sich in den Stadtteil hinter die 1907 erbaute Eisenbahnbrücke verirrt, sollte durch die lebhafte Einkaufsmeile **Sichuan Lu** (5) bummeln, eine der wichtigsten Geschäfts- und Restaurantstraßen der Stadt.

Wieder zurück über den Suzhou-Fluß, kann man an den interessantesten Gebäuden der Zhongshan Lu von Nord nach Süd entlanggehen. Das **ehemalige britische Konsulat** (6, Nr. 33) wurde im frühen Kolonialstil 1873 errichtet und ist einer der ältesten Bauten am Bund. Weitere Gebäude sind das mächtige Bauwerk der ehemaligen **Banque de l'Indochine** (7, Nr. 29) aus dem Jahr 1914 und das Hochhaus der **Bank of China** (8, Nr. 23) aus dem Jahr 1937, eines der wenigen Bauwerke im chinesischen Stil. Gleich daneben steht das Nord-Gebäude des berühmten **Peace Hotel** (9), das, 1929 erbaut, als Sassoon House bekannt war und das Cathay Hotel beherbergte. Gleich gegenüber steht der **Südflügel des Peace Hotel** (10), der ,1906 erbaut, das Palace Hotel beherbergte. Weitere charakteristische Gebäude sind die alte **Chartered Bank** (11, Nr. 18) mit ihren beiden Säulen, die alte **Russo-Chinese Bank** (12, Nr. 15), das von einer Uhr gekrönte **Zollgebäude** (13, Nr. 13) und das Gebäude der **Pudong Development Bank** (14, Nr. 12). Seinen Glanz verloren hat der ehemalige, im Stil der englischen Renaissance errichtete Shanghai Club aus dem Jahr 1910, einst die erste Adresse extravaganten Lebens in der Stadt. Heute modert in ihm das **Dongfeng Hotel** (15, Nr. 2).

Der Name Bund kommt aus dem Anglo-Indischen und bedeutet Kaimauer. Auch heute noch befinden sich Anlegestellen an der Uferbefestigung, wie der Anleger für **Hafenrundfahrten** (16, Pujiang Youlan). Die Rundfahrten vom Huangpu-Ausflugspier dauern drei Stunden und führen bis zum Yangzi-Delta. Unter anderem wird die gewaltige Yangpu-Hängebrücke unterquert. Der Shanghaier Hafen ist der größte Chinas und wird als Binnen- und Hochseehafen genutzt.

Auch die vom Bund abzweigende Haupteinkaufsstraße **Nanjing Donglu** (17) ist als Ensemble sehenswert. Hier herrscht fast 24 Stunden am Tag geschäftiges Leben. In Shanghais Haupteinkaufsstraße stehen ebenfalls noch zahlreiche alte Gebäude, die jedoch mehr und mehr von gläsernen Wolkenkratzern abgelöst werden. Diese entstehen hier gleich im Dutzend und bilden mit den Hochhäusern der Seitengassen enge, sonnenlose Straßenschluchten.

Wo die Nanjing Donglu in die Nanjing Xilu übergeht, befand sich einst die Pferderennbahn. Sie hat dem weitläufigen **Volksplatz** (19, Renmin Guangchang), einer der raren Freiflächen der Stadt, weichen müssen. Auf dem Platz selbst fallen sofort das eigenwillige Gebäude des hervorragenden Shanghaier Museums (Shanghai Bowuguan) und gleich gegenüber neben dem neuen Rathaus das 1998 fertiggestellte gläserne Theater- und Kulturzentrum ins Auge. In der Grünanlage des **Volksparks** (18, Renmin Guongyuan) steht die Städtische Bibliothek mit ihren rund 6,2 Mio. Bänden. An der Nanjing Xilu steht mit Blick auf den Park das **Park-Hotel** (20) aus dem Jahr 1934. Lange Zeit galt es als das höchste Gebäude Asiens. Hinter dem Hotel führt die schmale **Huanghe Lu** (21) nach Norden. Man sollte abends herkommen, denn hier befindet sich eine der dichtesten Ansammlungen von Restaurants in Shanghai. Nach Sonnenuntergang überbieten sich die Lokale mit ihren funkelnden Neonreklamen, die die Straße taghell erleuchten.

An der Kreuzung Nanjing Lu Ecke Xizang Lu steht das **Kaufhaus Nr. 1** (23) sowie das große **New-World-Kaufhaus** (22). Schön ist es, oben im 6. Stock im Café zu sitzen und den Blick über die Stadt zu genießen, bevor man anschließend die Xizang Lu nach Süden bis zur **Fuzhou Lu** (24) geht. Die Fuzhou Lu ist das Zentrum für Buchläden, Computer und Malerei-Zubehör. Hier geht man nach Osten bis zur **Henan Lu** (25).

Der Henan Lu nach Süden folgend, gelangt man zur Altstadt Shanghais, der **ehemaligen Chinesenstadt** (26). Auch sie ist vom Abriß bedroht, doch noch

Brücke zum Teehaus im Herzen des Sees

wird sie von winzigen Gäßchen mit zweigeschossigen Holzhäusern beherrscht, in denen das faszinierende Schauspiel pulsierenden asiatischen Lebens spielt. Zahllose Lädchen werben lautstark um Kunden, und alle paar Meter dampft irgendwo eine Garküche, in der man im Vorbeieilen einen Imbiß zu sich nehmen oder Tee trinken kann. Im **Yuyuan-Markt** (27, Yuyuan Shangchang) um den gleichnamigen Garten geht es am lautesten und buntesten zu, allerdings verirren sich hauptsächlich chinesische und ausländische Touristen in dieses quirlige Einkaufszentrum, das im Stil der Qing-Architektur aus Beton neu errichtet wurde.

Nordöstlich des Altstadtbasars befindet sich der 2 ha große **Yu-Garten** (28, Yu Yuan) aus der Ming-Zeit, der mit zu den berühmtesten Gärten Chinas gehört. Bevor man ihn betritt, kann man dem **Teehaus im Herzen des Sees** (29, Huxinting Chaguan) einen Besuch ab-

Teehaus im Herzen des Sees

statten. Es befindet sich mitten in einem Goldfischteich mit streng überwachtem Spuckverbot (!) und ist über die Neun-Biegungen-Brücke (Jiuqu Qiao) erreichbar. Nach chinesischem Glauben können Geister und Dämonen nur geradeaus gehen, durch die Zickzack-Brücke ist das Teehaus daher vor übersinnlichen Wesen sicher. Kommt man um 7 Uhr in der Frühe hierher, ist man ganz unter einheimischen alten Leuten und erlebt Shanghai auf unvergeßliche Weise.

Südlich des Gartens, beziehungsweise wenn man durch das alte Nordtor (Lao Beimen) in die Altstadt wandert, erreicht man den ehemaligen **Tempel der Stadtgötter** (30, Chenghuang Miao) aus der Song-Zeit. Einst beteten hier Mandarine und Grundherren vor der Statue des Shanghaier Schutzpatrons. Der Tempel bildet den Übergang in das untouristische Einkaufszentrum der Altstadt, und man sollte sich ruhig in das Gassengewirr wagen. Manche Sträßchen sind so

eng, daß man kaum hindurchpaßt, überall hängt Wäsche zum Trocknen und wird sogleich von den Essensgerüchen der Gassen durchzogen.

Um das Altstadtviertel zu verlassen muß man sich nun ein Taxi nehmen, will man zur nächsten Sehenswürdigkeit gelangen, der **Gründungsstätte der KPCh** (31, Zhonggong Yida Huizhi). Hier in der ehemaligen französischen Konzession versammelten sich am 23. 7. 1921 im Haus Nr. 76 in der Xingye Lu heimlich 13 junge Intellektuelle, um die Kommunistische Partei Chinas zu gründen. Da das Treffen verraten wurde und die Teilnehmer gerade noch vor der Polizei fliehen konnten, fand der Gründungsbeschluß später auf einer Dschunke in Jiaxing (Zhejiang) statt. Seit Mai 1920 gab es zwar schon eine kommunistische Zelle mit sieben Mitgliedern, doch die offizielle Parteigeschichtsschreibung legte das Jahr 1921 als Gründungsdatum fest, da Mao Zedong vorher noch nicht dazugehört hatte. Das Gebäude ist ein typisches Wohnhaus der 20er Jahre mit Steinbogen-Türen, deren Rund von Steinschnitzereien geziert wird.

In der Xiangshan Lu lebte von 1920 bis 1925 der Begründer der Republik China, Dr. Sun Yat-sen (1866–1925). Die **Sun-Yat-sen-Residenz** (32, Sun Zhongshan Guju) ist heute ein Museum und noch in der Originalausstattung der 20er Jahre eingerichtet.

Ganz in der Nähe, in der Sinan Lu, kann man die ehemalige **Residenz Zhou Enlais** (33, Zhou Enlai Guju), des wohl beliebtesten Ministerpräsidenten der VR China, besichtigen. Das Haus im Stil einer französischen Villa birgt ein kleines Museum über das Leben des Politikers. Ein Besuch muß allerdings über ein Reisebüro angemeldet werden.

Im Südwesten der Stadt, am Westufer des Huangpu, steht der größte Tempel Shanghais, das **Kloster der Drachenblume** (34, Longhua Si), mit der gleichnamigen Pagode. Beide erhielten ihr heutiges Aussehen in der Song-Zeit. Ein erster Tempel soll an dieser Stelle bereits 242 in der Zeit der Drei Reiche gestanden haben. Gleichzeitig wurde auch die erste Pagode gebaut und 977 in ihrer heutigen Form restauriert. Sie ist die einzige Pagode der Stadt und zur Zeit noch vom Tempel getrennt. Berühmt ist der Tempel für die größte, tausendhändige Guanyin-Statue Chinas. Guanyin war die in China populäre Göttin der Barmherzigkeit, eine weibliche Form des Bodhisattva Avalokiteshvara. Angeschlossen sind ein Hotel und ein hervorragendes vegetarisches Restaurant. Es gibt Pläne, die ursprüngliche Anlage wieder aufzubauen, was aber die Umsiedlung von 20 000 Menschen erforderlich macht.

Der **Tempel der Ruhe und des Friedens** (35, Jing'an Si) stand ursprünglich am Wusong He (heute Suzhou He), wurde in der Song-Zeit abgetragen und an der Nanjing Xilu wieder aufgebaut. Heute werden hier buddhistische Schriften aus der Song-Zeit aufbewahrt.

»Ein ruhiges Stück Land inmitten der Hektik der Stadt« nennen die Chan-Mönche des **Jadebuddha-Tempels** (36, Yufo Si) stolz ihr Heiligtum, was manche Besucher heute leider nicht respektieren. Seinen Namen und Ruhm verdankt der Tempel in der Anyuan Lu zwei Statuen des Buddha Shakyamuni, die jeweils aus einem Stück Jade geschnitzt wurden. Von einer Reise nach Birma (Myanmar) brachte der Mönch Huigen 1882 fünf Statuen mit, von denen er zwei in Shanghai ließ. Aber erst 1911 wurde ein Tempel für die Jadebuddhas erbaut. In der Wen-Halle (Wen Tang) befindet sich im oberen Geschoß ein 1,9 m hoher sitzender Buddha und in der Halle des Schlafenden Buddha (Wofo Tang) ein 96 cm langer, liegender Buddha, der ins Nirvana eingeht.

Jadebuddha im Jadebuddha-Tempel

Im Himmel das Paradies – auf Erden Hangzhou

»Im Himmel ist das Paradies, auf Erden gibt es Suzhou und Hangzhou«, heißt ein oft zitierter Spruch, und auch Marco Polo sowie sein Zeitgenosse, der Franziskanermönch Odorico de Pordenone, bezeichneten die Stadt **7** (S. 394) als schönste der Welt, die von Tausenden von Brücken durchzogen sei. Pater Pordenone zeigte sich vor allem beeindruckt, daß so viele Menschen friedlich zusammen wohnen konnten. Mythen halten sich hartnäckig, und jeder Chinese wird einen fragen, ob man auf seiner Reise Hangzhou besucht habe. Die Stadt unterscheidet sich nicht besonders von anderen modernen chinesischen Großstädten, und so verdankt Hangzhou seine Berühmtheit in erster Linie der Lage am West-See, der Hangzhou ein einzigartiges Natur- und Wassererlebnis vor der Haustür beschert.

Die Region um Hangzhou war schon früh ein Einwanderungsgebiet der Chinesen, die die einheimischen Stämme verdrängten oder assimilierten. Da hier einige der fruchtbarsten Böden Chinas liegen, konnte sich Hangzhou zu einem der wichtigsten Getreidelieferanten Chinas entwickeln, eine Entwicklung, der mit dem Anschluß der Stadt an den Kaiserkanal im 6. Jahrhundert Rechnung getragen wurde. Hangzhous politische Glanzzeit kam 1127. Die regierende Song-Dynastie floh vor der Macht der nach China eindringenden Dschurdschen nach Hangzhou, wo der Kaiser unter dem Dynastienamen Südliche Song die Herrschaft über Südchina noch bis 1279 ausüben konnte. Mit dem Hof flohen auch Kaufleute und Soldaten in die neue Hauptstadt, deren Bevölkerung sich auf fast 1,5 Mio. verdreifachte.

Hangzhou nahm nicht nur einen gewaltigen Aufschwung als Handelsstadt, es wurde auch Zentrum der neu aufkommenden Vergnügungsstätten *(Wazi)*. Erstmals wurde eine Stadt nicht nach Vierteln benannt, sondern mittels Straßennamen strukturiert. Die Sperrstunde wurde aufgehoben, und in den Vergnügungsvierteln pulsierte das Leben bis zum Morgengrauen. Zusammen mit Kaifeng war Hangzhou ein Repräsentant der sich in der Song-Zeit entwickelnden neuen typischen Stadtkultur, die sich von nun an in jeder Hinsicht vom Land unterschied, während Städte vorher streng organisierte Adels- und Verwaltungsstädte waren, deren Lebensweise und Organisation einen eher ländlichen Charakter aufwiesen.

Auch nach der Eroberung Chinas durch die Mongolen konnte Hangzhou seine Bedeutung als Handelsmetropole aufrechterhalten und sich weiter zum Zentrum des Buchdrucks, der Baumwoll- und Seidenherstellung entwickeln.

Interessant wurde die Stadt für die missionierenden Jesuiten im 16. und 17. Jahrhundert, gelang ihnen hier doch die Bekehrung der Hangzhouer Literaten und Beamten Yang Tingyun (1557 bis 1627), der zunächst ein überzeugter Anhänger des Chan-Buddhismus gewesen war und sich auf den zwar christlichen, aber höchst unchinesischen Namen Michael taufen ließ, und Li Zhizao (gest. 1630), der bei Matteo Ricci Geographie und Kartographie studierte. Bei der Christenverfolgung des Jahres 1622 unterstellte der couragierte Li Zhizao die Hangzhouer Christen seinem Schutz.

Das friedliche Leben fand erst 1861 sein Ende, als Hangzhou von den auf-

Der West-See

ständischen Taiping-Rebellen belagert und eingenommen wurde. 1863 wurde die Stadt den Rebellen entrissen. Das Ergebnis dieser Rückeroberung war die vollständige Verwüstung der reichen und dichtbesiedelten Region zwischen Nanjing und Hangzhou. Fast fünf Jahrzehnte brauchte Hangzhou, um sich von den verheerenden Auswirkungen zu erholen, und wurde erst nach und nach von Emigranten aus anderen Landesteilen besiedelt. Im 20. Jahrhundert konnte Hangzhou an seine alten Traditionen anknüpfen und gehört heute zu den reichsten und am weitesten entwickelten Regionen Chinas.

Hangzhou hat in seinem Zentrum zahlreiche sehenswerte Gassen, die es sich zu erkunden lohnt. Hauptanziehungspunkt ist aber sicher der weithin berühmte **West-See**, der mit seinen Bergen, Wäldern und Parkanlagen eine wahre Augenweide ist. Man kann die Umgebung und die vier kleinen Inseln-

chen in der Seemitte auch mit einem gemieteten Ruderboot erkunden.

Vor über 1000 Jahren ließen verschiedene Herrscher die Bucht des Qiantang-Flusses ausheben, so erst entstand der See, der mit zwei Dämmen in drei verschiedene Bereiche aufgeteilt wurde.

Über den Bai-Damm, der mit Pfirsichbäumen und Weiden bepflanzt und nach dem berühmten Tang-Dichter Bai Juyi (772–846) benannt ist, gelangt man auf Gushan, die größte Insel, auf der sich der Berg der Einsamkeit (Gu Shan) erhebt. Eine Stele mit einer Kalligraphie erinnert an einen Pavillon (Pinghu Qinyue = Herbstmond über dem Stillen See), den der Qianlong-Kaiser sich hier errichten ließ, um die Aussicht auf See und Umgebung genießen zu können. Weitere Sehenswürdigkeiten bilden hier das Provinzmuseum, die Pagode des Blumengirlanden-Sutra (Huayanjing Ta) sowie der Kranich-Pavillon (Fanghe Ting). Darüber hinaus bietet sich von hier der eindrucksvollste Ausblick auf die Skyline von Hangzhou.

1607 wurde in der Mitte des Sees die Insel im Kleinen Ozean (Xiaoying Zhou) künstlich aufgeschüttet, auf der ein chinesischer Garten vier kleine Seen mit Goldfischen und Lotosblumen umschließt. Die drei Steinpagoden ›Drei Teiche, in denen sich der Mond spiegelt‹ (Santan Yinyue) aus dem Jahr 1621 ragen vor der Insel aus dem Wasser.

Am Nordufer des Sees kann man in einem Teehaus eine Tasse Tee trinken und den Blick auf den See genießen.

Neben dem West-See ist die **Baochu-Pagode** aus dem 10. Jahrhundert das Wahrzeichen Hangzhous. Sie ragt am Nordufer auf dem **Edelsteinhügel** (Baoshi Shan) 45 m in die Höhe. Westlich davon liegt der **Geling-Hügel**, auf dem inmitten von Bambus- und Palmenhainen ein kleiner Tempel, **Terrasse des**

Sonnenaufgangs (Chuyang Tai), steht. Auch hier könnte man Tee und einen wundervollen Blick auf die Stadt genießen, denn im ehemaligen buddhistischen Heiligtum ist jetzt ein Teehaus eingerichtet.

Folgt man der Beishan Lu am Ufer des West-Sees, erreicht man etwa an der Stelle, wo der Su-Damm Nord- und Südufer des Sees verbindet, den **Tempel des Generals Yue Fei**, einer Symbolfigur des chinesischen Patriotismus. Als die Song-Herrscher vor den Dschurdschen nach Süden flohen, schlug Yue Fei mehrfach die Feinde zurück. Intrigen am Kaiserhof ließen ihn in Ungnade fallen, seine Hinrichtung war die Folge. Im 13. Jahrhundert baute man ihm zu Ehren den Tempel mit seinem Grab.

Vom Yue-Fei-Tempel aus führt die Straße nun weiter in die Berge und zweigt schließlich zum **Kloster der Seelenzuflucht** (Lingyin Si) ab. Das Kloster, das 326 von einem indischen Mönch gegründet worden sein soll, gilt als eines der berühmtesten Chinas, daher auch der Besucherandrang. Im 10. Jahrhundert lebten 3000 Mönche in der damals etwa 300 Gebäude umfassenden Anlage. Das Kloster, das während des Taiping-Aufstands zerstört und danach wiederaufgebaut wurde, liegt auf dem 168 m hohen **Herbeigeflogenen Gipfel** (Feilai Feng). Entlang dem Weg zum Tempel wurden zwischen dem 10. und 12. Jahrhundert 380 Steinreliefs und Skulpturen aus dem Fels gehauen. Der lachend in einer Nische auf einem Lotosblatt sitzende Buddha Maitreya aus dem Jahr 1100 ist die größte und beeindruckendste Figur unter ihnen. Sehenswert ist auch der Buddha in der 33 m hohen Haupthalle (Daxiong Baodian), es handelt sich um eine vergoldete, 19,6 m hohe Holzstatue des thronenden Buddha Shakyamuni.

Buddha Maitreya beim Kloster der Seelenzuflucht

Von Flüssen und Bergen – Die Naturwunder Südchinas

Merkwürdigerweise wird China im Westen fast immer als ein Land angesehen, das man im Lauf einer Tour bereisen kann. Gestützt wird diese Sichtweise durch die Reiseprogramme der Veranstalter, die suggerieren, man könne China in drei Wochen ›komplett‹ erleben. Weit gefehlt. Jede einzelne der 32 Provinzen bietet einen eigenen Mikrokosmos verschiedenster Völker, Sitten, Sprachen, Küchen und vor allem Landschaften. Wird man eine dieser Komplettreisen durchführen, besucht man großartige Tempel, Paläste und Mauern. Landschaftlich aber wird man das Gefühl nicht los, daß eine gewisse Eintönigkeit herrscht. Der Eindruck täuscht, doch es stimmt, daß dort, wo man auf die großen Kulturzeugnisse trifft, die Umgebung oft flach, gut besiedelt und daher beherrschbar, aber auch eintönig ist. Aber China ist auch ein Land der Nationalparks und Naturreservate. Über 400 sind es heute, und bis zum Jahr 2000 sollen 500 Naturschutzgebiete eingerichtet worden sein. Viele sind nahezu unzugänglich, und einige von ihnen bilden eine großartige Synthese aus Kultur und Natur. Buddhisten wie Daoisten fühlten sich von der Natur gleichermaßen angezogen, als sie ihre Tempel inmitten der Landschaft errichteten oder bedeutende Erhebungen zu heiligen Bergen machten. Eine Reise durch Süd- und Zentralchina führt auch mitten durch ein bewegtes Stück ewiger Geschichte.

◁ *Kormoranfischer bei Guilin*

Südchina und Yangzi

Duftender Hafen – Hongkong

1 (S. 395ff.) Rhythmisches Dröhnen gewaltiger Trommeln läßt die Atmosphäre vibrieren, und martialische Tänzer wirbeln, selber auf kleinen Trommeln schlagend, zum auf- und abschwellenden Takt der Paukenklänge durch die Luft. Erst als der ganze Platz unter aufgewirbeltem Staub versinkt, erreicht das Tempo seinen Höhepunkt, um plötzlich abrupt abzubrechen. Kaum haben die Tänzer völlig außer Atem das Feld verlassen, zerreißt bereits ein ohrenbetäubendes Scheppern von Zimbeln die noch immer aufgewühlte Luft, während zwei meterlange, von Menschenkörpern gebildete Drachen durch die Luft wirbeln, sich ineinander verdrehen, wieder entwirren, sich verspielt umtänzeln, vergnügt über den Boden wälzen, nur um gleich wieder aufzuspringen und schließlich im atemberaubenden Crescendo der Becken ihren wilden Abschlußtanz zu vollführen, wobei, dem feierlichen Kolorit noch eins draufsetzend, dichter gelber und roter Qualm aus den Drachenmäulern quillt – China feiert. Doch diesmal galten die Drachen- und Trommeltänze der Rückgabe Hongkongs an China und der damit verbundenen Beendigung einer 156 Jahre lang andauernden Demütigung durch den Westen.

Schon wochenlang vorher begann der Countdown, und an allen Schulen, Bahnhöfen, Flughäfen sowie vielen öffentlichen Gebäuden Chinas wurden auf großen Tafeln die letzten hundert Tage gezählt. Kindergärten, Schulen, Betriebe, Tanz- und Musikensembles sowie Sänger; sie alle probten Aufführungen, die flächendeckend das Land auf die große historische Stunde, die Nacht zum 1. Juli 1997, vorbereiteten.

Ein gewaltiges Feuerwerk über den Wolkenkratzern der alten Kronkolonie und neuen Sonderverwaltungszone schloß schließlich ein bewegtes Kapitel in der Geschichte dieser außergewöhnlichen Stadt, die wie kaum eine andere Westliches und Östliches zu einer eigenwilligen und doch so wirkungsvollen Synthese konfuzianischer und christlicher Traditionen zu verbinden wußte.

Hongkongs letzter von Großbritannien 1992 eingesetzter Gouverneur Christopher Patten war an diesem denkwürdigen Tag ausgeladen worden, hatte er sich doch erdreistet, Hongkong nach über 150 Jahren Kolonialherrschaft noch in den restlichen vier Jahren britischer Souveränität eine demokratische Verfassung und Regierung zu verpassen. Der 1995 für vier Jahre demokratisch gewählte Legislativrat wurde noch in der Nacht zum 1. Juli abgesetzt, und der von China 1996 eingesetzte Provisorische Legislativrat, der bislang im benachbarten Shenzhen hatte tagen müssen, durfte 10 Minuten nach Beendigung der Feiern zum Machtwechsel in das Hongkonger Parlament einziehen, ein Ereignis, dem der britische Premierminister Blair und sein Außenminister Cook demonstrativ fernblieben. So endete mit Mißklängen, was über 156 Jahre früher mit Mißklängen begonnen hatte.

Großbritannien näherte sich um die Mitte des 19. Jahrhunderts dem Gipfel seiner Macht, während China am Tiefpunkt seit Machtantritt der Mandschuren 1644 angelangt war. Englands Stärke im Fernen Osten gründete sich allerdings auf eine Droge – Opium. Der Schlüssel zum Reichtum der Engländer geriet schließlich zum Debakel chinesischer Außenpolitik. Die britischen Händler standen, was den Chinahandel anging, vor einem Dilemma. Baumwoll- und Wollstoffe, die sich in Indien bestens verkauften, fanden in China keine Abnehmer, da das Reich der Mitte selber über eine gut entwickelte Baumwollverarbeitung verfügte. Da sich auch andere Fertigprodukte aus England und seinen Kolonien nur schwer oder gar nicht verkaufen ließen, begann die East India Company mit dem Verkauf billigen Opiums aus Indien nach China.

Opium war seit seinem ersten Verbot 1729 mit so hohen Zöllen und Steuern belegt, daß nur eine sehr kleine Schicht sich diese Droge leisten konnte. Nun begann auf einmal billiges Opium, das von englischen Kaufleuten via Kanton eingeschmuggelt wurde, das Land zu überschwemmen. Nicht nur die Opiumsucht breitete sich dadurch explosionsartig aus, der enorme Silberabfluß schwächte das Land wirtschaftlich derart, daß der Staat nicht weiter tatenlos zusehen konnte. Am Opium entzündete sich nicht zuletzt die Frage, ob Ausländer die Souveränität Chinas nach Belieben verletzen durften. Die vor Ort agierenden Engländer unter Kapitän Charles Elliot, der mit der Oberaufsicht über den Handel britischer Kaufleute in Kanton und Umgebung beauftragt war, vertraten jedenfalls diese Meinung. Sie rechneten aber nicht damit, daß Chinas schwacher Daoguang-Kaiser in einem Anflug von Willensstärke einen unbestechlichen Beamten namens Lin Zexu 1839 nach Kanton schickte, um dem Spuk der Engländer ein Ende zu bereiten. Lin Zexu ließ über 20 000 Kisten Opium beschlagnahmen und verbrennen, warf die Engländer aus China hinaus und entflammte

damit die Rachsucht des Charles Elliot, der sich diese Blamage nicht gefallen lassen wollte. Im Verbund mit dem britischen Außenministerium, das sich endlich einen direkten Zugang zum Kaiserhof in Peking erzwingen wollte, begannen die Briten den ersten Opiumkrieg (1840–42). Am 26. Januar 1841 erhielt

Hongkong

Charles Elliot Genugtuung für die erlittene Demütigung, als er die britische Flagge am sogenannten Possession Point auf der Insel Hongkong hißte und die Insel, die 1842 formell in britisches Eigentum überging, in Besitz nahm. Doch die Engländer wollten mehr. Auf Schritt und Tritt begannen sie, die Chinesen zu provozieren. Setzten diese sich zur Wehr, kreuzten die Engländer, nun im Verbund mit anderen westlichen Mächten, mit Kanonenbooten auf und holten sich mit Gewalt, was sie begehrten. 1860 erhielten sie auf diese Weise auch die Halbinsel Kowloon, von nun an nahm die Stadt einen steten Aufschwung.

1898 pachtete England schließlich ein 588 km² großes Gebiet als Pufferzone zum chinesischen Festland hinzu. Strenggenommen hätte England nur dieses Gebiet 1997 zurückgeben müssen. Die Insel Hongkong und Kowloon sind jedoch hochgradig abhängig von der Versorgung aus dem Festland und damit für sich allein nicht lebensfähig. So schwebte Premierministerin Thatcher, als sie im September 1982 mit Deng Xiaoping zusammentraf, eine Verlängerung des Pachtvertrags vor, und die ›eiserne Lady‹ belehrte den chinesischen Staatsmann, daß Verträge bindend seien, ob sie ihm gefielen oder nicht. Aber ganz wohl war ihr dabei wohl nicht, gründeten diese von China stets als ›ungleiche Verträge‹ titulierten Vertragswerke auf nichts anderem als auf Rauschgift. 1984 kam es schließlich zur Unterzeichnung des chinesisch-britischen Vertrags über die Rückgabe Hongkongs, ein Gesetzeswerk, das die geregelte Übergabe der Kronkolonie enthielt. Kernpunkt der Vereinbarung war die Idee Deng Xiaopings, das kapitalistische Hongkonger System noch 50 Jahre lang unangetastet zu lassen.

Eines ist dennoch sicher: Hongkong wird sich verändern, so wie es sich schon in den letzten Jahrzehnten permanent verändert und angepaßt hatte, im steten Rausch und Zwang zur Modernisierung, die durch wiederholte Flüchtlingswellen notwendig wurde und die Stadt von einem Handelsplatz über einen Produktionsstandort zum Dienstleistungszentrum wandelte, das Tausende von Neuankömmlingen aufsog.

1938 kamen eine halbe Million Flüchtlinge, die vor den vorrückenden Japanern Zuflucht suchten. Nach der Kapitulation Hongkongs vor den Japanern 1941 gerieten sie allerdings vom Regen in die Traufe. 1950 fluteten erneut Hun-

derttausende von Flüchtlingen, diesmal vor den Kommunisten, in die Stadt, unter ihnen viele ehemalige Unternehmer, denen Hongkong letztlich seinen rasanten wirtschaftlichen Aufschwung verdankte. Zuletzt trafen seit 1978 täglich Hunderte von vietnamesischen Bootsflüchtlingen ein, die ein bis heute nicht gelöstes Problem darstellen. Parallel dazu sickerten immer mehr Flüchtlinge aus der VR China in die mit 6 Mio. Einwohnern aus allen Nähten platzende Metropole, die ihre Vergangenheit ständig abreißt, zubetoniert, verleugnet, wie es die nun anstehenden Namensänderungen bezeugen, denn alle Bezeichnungen, die an das Königshaus erinnern, werden ausgetauscht. Hongkong ist eine Stadt ohne sichtbare Vergangenheit, mit einer flüchtigen Gegenwart und einer Fixierung auf die Zukunft, bereit zur stän-

digen Neugestaltung – und bezieht vielleicht gerade daraus seinen Reiz.

Shopping und *Sightseeing* verschmelzen in Hongkong zu einem ureigenen, unnachahmlichen Happening. Während die einen im Kaufrausch die Stadt vergessen und gerade dadurch in das Herz dieser auf Kommerz ausgerichteten Metropole stoßen, ihr innerstes Wesen durchleben und später vielleicht mit einem Kater und lauter nutzlosem Tand aufwachen, weichen die anderen besorgt zurück, stets voller Angst, dem Sog des Konsums zu erliegen, und versagen sich damit den Zugriff auf den Puls der Stadt. Wer wenig Zeit hat, sollte diese genau verplanen, morgen ist dieses Hongkong schon wieder ein anderes, das Heute unwiederbringlich verloren. Also: am Tag der Besichtigungen Kreditkarte im Safe einschließen

und erst für den Einkaufsbummel am nächsten Tag wieder hervorholen; die Gefahr, in den langen, klimatisierten Schluchten des Konsums hängenzubleiben, ist zu groß.

Beginnen Sie den Bummel auf der Promenade in Kowloon hinter dem **New World Centre** (1) und dem **Regent Hotel** (2), die die beneidenswerte Kulisse quasi monopolartig für sich gepachtet haben, während der neuerbaute Turm des altehrwürdigen **Peninsula Hotel** (3) sich verzweifelt über die Bauten reckt, die ihm in jüngster Zeit vor die Nase gesetzt wurden, um ebenfalls ein wenig vom Ausblick zu erhaschen. Am Peninsula beginnt auch die schnurgerade nach Norden laufende **Nathan Road**, eine der Haupteinkaufsmeilen der Stadt. Noch 1904 wurde Gouverneur Nathan ausgelacht, als er die Allee anlegen ließ, damals eine scheinbar überflüssige Straße ins Niemandsland.

Zurück zur Promenade, sollte man seinen Blick auf die Gebäude richten, die man auf dem Weg zur traditionsreichen Star Ferry passiert und die an zu groß geratene Badeanstalten erinnern. Hier stehen auf dem alten Areal des Hongkonger Bahnhofs die relativ neuen Errungenschaften wie **Space Museum** (4), **Space Theatre** (5) sowie das weit ausschwingende **Kulturzentrum** (6). Fast schon etwas beschämt ob seines hohen Alters duckt sich im Schatten des Kulturzentrums ganz am Ende der Promenade der alte, 1916 erbaute **Uhrenturm** (7) des ehemaligen Bahnhofs der Hongkong-Kanton-Eisenbahn. Gleich hinter dem Uhrenturm begegnet man einem weiteren Relikt der Vergangenheit, der **Star Ferry** (8), die seit 1898 unermüdlich die beiden Stadtteile Tsim Sha Tsui und Hongkong Central verbindet.

Auf dem Wasser zwischen Kowloon und der Insel Hongkong herrscht ein chaotisches Durcheinander scheinbar planlos kreuzender Hochseeschiffe, Hovercrafts, Fähren, Schlepper, Dschunken und allem, was irgendwie schwimmen kann. Die vielfach rostigen, archaischen Kähne bilden einen eigenartigen Kontrast zu dem, was am jenseitigen Ufer steht: himmelstürmende Wolkenkratzer, alle darin wetteifernd, der modernste, höchste, schönste, originellste, teuerste oder symbolträchtigste Bau zu sein. Hier haben sich Taipane, Multis und Architekten verwirklicht, ohne auf Bauvorschriften achten zu müssen, die alles vorschreiben und vereinheitlichen. Jedes der Bauwerke will Mittelpunkt sein, ohne Rücksicht darauf, ob es in die Umgebung paßt oder andern die Sicht nimmt, und schafft gerade durch diese Rücksichtslosigkeit das spannende, sich täglich ändernde Gesicht der Insel Hongkong, manifestiert eben darin Hongkongs ungeheure Dynamik.

Blickt man auf die Hongkonger Skyline, bildet der neue, nach oben hin wie eine Pagode spitz zulaufende Turm des **Central Plaza** (9) einen eindrucksvollen Blickfang. Davor schiebt sich der elegant geschwungene gläserne Erweiterungsbau des **Convention Centre** (10) ein Stück ins Meer. Weiter rechts sticht wie eine Speerspitze das futuristische Gebäude der **Bank of China** (11) in den Himmel. Für das abergläubische Hongkong, wo kein Gebäude ohne den Rat eines Geomanten errichtet wird, ein Sündenfall, wurde es doch von einem, zumindest staatlicherseits, streng atheistischen China ohne Rücksicht auf geomantische Gegebenheiten in die Stadt verpflanzt. Während die einen in dem Gebäude eher den Ausdruck eines düsteren zukünftigen Schicksals der Stadt unter kommunistischer Ägide erkannten, manifestierte sich für die anderen in dem Bauwerk der verschlungene Weg,

den China auf dem Weg zum kapitalistischen Staat zurücklegt.

Auf der Überfahrt überfällt einen erneut dieses eigenartige Gefühl, das Hongkong ausstrahlt; aber kaum angekommen, wird man schon mitgerissen vom Sog der Menschen und landet schließlich, der Unterführung folgend, auf dem **Statue Square** (12), der nach der Statue von Sir Thomas Jackson, einem frühen Boß der Hongkong Bank, benannt wurde. Viel gewichtiger allerdings gibt sich der innovative High-Tech-Turm der **Hongkong Bank** (13), ein Bauwerk des berühmten Architekten Norman Foster. Ganz in der Nähe hat wie durch ein Wunder eines der wenigen Relikte aus der Kolonialzeit überlebt, der ehemalige **Supreme Court** (14), der seit 1985 als Sitz des Legislativrats dient. Nach Westen hin verlaufen die drei Hauptverkehrsachsen des Central District: Connaught Road, Des Vœux Road, die in die Des Vœux Road übergehende Chater Road und die Queen's Road. Hier befindet sich der Mittelpunkt der Geschäfts- und Finanzwelt, entsprechend herrscht hier 24 Stunden am Tag eine unglaubliche Hektik. Am besten biegt man in die schmalen Querstraßen ab, die vollgestopft sind mit kleinen Läden und Restaurants. Am Ende des Geschäftsbezirks liegt der große **Central Market** (15), und hier beginnt eine weitere Attraktion der Stadt, eine technische Spielerei in Form der längsten **Rolltreppe** (16) der Welt. 800 m ist sie lang und führt in die Wohngebiete der Mid Levels. Man kann ein Stück hochfahren und die Treppe an der Lyndhurst Terrace verlassen. Diese Straße führt zur Hollywood Road, die schon seit ihrem Bestehen als Zentrum für Antiquitäten und Kunsthandwerk gilt. An der Kreuzung zur Ladder Street, die man über steile Stufen erklimmen muß, steht der **Man-**

›Das Herz berühren‹ – Dim Sum

Da kommt er, der mit kleinen, runden, aufeinandergestapelten Bambusdämpfern vollgeladene Servierwagen, prüfend verfolgt von Dutzenden hungrig blickender Augenpaare: Krabben- und Rindfleischklößchen, Rippchen, Hühner- und Entenfüße, gebratene Frühlingsröllchen, Reisküchlein, Dampfbrötchen, gefüllte Teigtaschen mit Gemüse, Fleisch oder Fisch, Mondkuchen …; die Aufzählung nimmt kein Ende, doch halt, da kommt schon der nächste Wagen mit weiteren Auswahlmöglichkeiten: Küchlein, Erdnüsse, eingelegte Gürkchen, gesäuerter Knoblauch …; also schnell entscheiden, die gewünschten Dämpfer vom Wagen nehmen und schlemmen, quatschen, tratschen, singen sowie im dynamisch modernen China unentwegt ins Handy brüllen und dabei auch noch rauchen – eben den Morgentee genießen.

»Iß nicht, um zu leben, lebe um zu essen«, heißt es im chinesischen Volksmund, und in kaum einem anderen Ereignis manifestiert sich diese Auffassung treffender als beim sogenannten chinesischen Morgentee. Seit dem 10. Jahrhundert trifft man sich mit Freunden, Geschäftspartnern oder der Familie in den Teehäusern Südchinas zum Teetrinken, wobei die Snacks anfangs noch eine reine Beigabe waren. Doch nach und nach begann man, den Morgentee, der sich übrigens bis weit in den Nachmittag erstrecken kann, regelrecht zu zelebrieren und in dessen Mittelpunkt die Dim Sum, die leichten Snacks, zu stellen. Untermalt wird der Genuß heutzutage oft von Livemusik oder Karaoke, und ehe man sich versieht, sind Stunden vergangen. »Nach Hongkong zu kommen und keine Dim Sum zu probieren, ist wie eine Reise nach New York ohne das Empire State Building auf dem Besuchsprogramm«, charakterisiert eine Hongkonger Broschüre die Wichtigkeit dieses fröhlichen, lauten Ereignisses, und so sollte man wenigstens einmal das Diamond Restaurant aufsuchen, das von 6.30 bis 16 Uhr Dim Sum serviert, oder eine der elf Filialen des Hsin Kuang Restaurants, die zwischen 7 und 18 Uhr Dim Sum servieren.

Hausboote und Personenfähre

Mo-Tempel (17), in dem zum einen der Gott der Literatur Man und zum anderen der Gott des Krieges Mo verehrt werden. Gleich südlich vom Tempel verläuft die Cat Street, einst Wirkungsstätte der Hongkonger Unterwelt, heute ein bunter, geschäftiger Flohmarkt. Noch weiter nach Westen trifft die Hollywood Road auf die Possession Street. An dieser Stelle hißten Kapitän Charles Elliot und seine Soldaten am 26. Januar 1841 die britische Fahne und markierten so die Inbesitznahme der Insel Hongkong. Von hier sollte man hinunter zur De Vœux Road gehen und in eine der alten Straßenbahnen steigen. Eine Kuriosität auch sie, und so rumpelt sie seit über 90 Jahren, beharrlich der Modernisierung trotzend, zwischen Kennedy Town im Westen und Shau Kei Wan im Osten hin und her. Auf Höhe der wie ein Dorn in den Himmel ragenden **Bank of China** (11) steigt man aus und geht nun direkt nach Süden. Vorbei an der **St. John's Cathedral** (18), mit deren Bau 1848 begonnen wurde und die die älteste anglikanische Kirche des Fernen Ostens sein soll, erreicht man die Station der **Peak Tram** (19) in der Garden Road. 373 m

Höhenunterschied muß die renovierte Bahn, die 1888 erstmals die Mid Levels mit dem **Victoria Peak** (20) verband, überwinden. Der Victoria Peak ist 554 m hoch und einen Besuch wert. Bei klarem Wetter hat man einen phantastischen Blick über Hongkong, während Wanderer zahlreiche Möglichkeiten finden, dem Stadtlärm zu entfliehen und in der Bergwelt zu wandern.

Wieder unten in den Straßenschluchten kann man entweder mit einer der Straßenbahnen oder der effizienten U-Bahn weiter nach **Causeway Bay** fahren. Dieser Distrikt gehört zu den Haupteinkaufsbezirken, in dem sich vor allem die großen japanischen Kaufhausketten angesiedelt haben. Man kann sich ziellos durch die Straßen treiben lassen, sollte aber in jedem Falle die beiden Marktgassen **Jardine's Bazaar** (21) und **Jardine's Crescent** (22) besuchen, in denen zwar ein unbeschreibliches Gedränge, aber auch eine einzigartige Marktatmosphäre herrscht. Vor allem der Jardine's Bazaar wimmelt von kleinen Läden und Verkaufsständen, an denen man getrocknete Nahrungsmittel, Heilkräuter und allerlei Sojaprodukte erstehen kann.

Wer Hongkongs Sehenswürdigkeiten intensiver kennenlernen möchte, sollte nicht nur durch die Geschäftszentren streifen, sondern auch einmal in Richtung **New Territories** aufbrechen. Von Causeway Bay nimmt man zunächst die U-Bahn in Richtung Chai Wan und steigt an der Station Quarry Bay um in die U-Bahn nach Yau Ma Tei. An der U-Bahnstation Wong Tai Sin verläßt man die Bahn und folgt der Beschilderung in Richtung **Wong Tai Sin**. Der große Tempel, in dem der daoistische Heilige Wong Tai Sin verehrt wird, liegt wenige Meter hinter dem Ausgang und ist einer der wichtigsten Tempel der Stadt. Wong

Tai Sin wird nachgesagt, daß er es geschafft habe, aus Zinnober eine Medizin herzustellen, die jegliche Krankheit heilen könne. Im Lauf der Zeit wandelte er sich zu einer Gottheit, die nicht nur für die Leiden der Menschen zuständig war, sondern auch als Ratgeber aufgesucht wurde. Daher finden sich in der bunten Anlage zahllose Wahrsager mit ihren kleinen Buden.

Ein weiterer berühmter Tempel befindet sich tief in den New Territories. Man fährt mit der U-Bahn zunächst weiter bis Shek Kip Mei und steigt dort in die KCR-Bahn nach Sha Tin um. Von der Bahnstation in Sha Tin führen Hinweisschilder zum **Zehntausend-Buddha-Tempel**. 400 Stufen muß man bis zur Anlage überwinden, aber die Strapaze lohnt, nicht nur wegen der 13 000 Buddha-Figuren, die die Nischen der Haupthalle schmücken, sondern auch wegen der herrlichen Aussicht, die man von der Pagode des Tempels genießen kann.

Wer nicht nur Tempel sehen will, dem seien noch zwei weitere Abstecher empfohlen. Den ersten erreicht man gleich über die nächste KCR-Station in Richtung Kowloon, Tai Wai. Von der Bahnstation folgt man der Che Kung Miu Road, passiert den Che-Kung-Tempel und folgt schließlich der Beschilderung nach **Tsang Tai Uk**. Der Name bedeutet ›Großes Haus von Tsang‹ und diente im 19. Jahrhundert der Familie Tsang als befestigte Residenz. Der beeindruckende Architekturstil ist typisch für die Bauweise des Volksstamms der Hakka im 19. Jahrhundert.

Von Tai Wai nimmt man die Bahn bis zur Umsteigestation Shek Kip Mei, fährt von dort mit der U-Bahn bis zur Station Prince Edward, wo man erneut umsteigt in die U-Bahn nach Tsuen Wan. Hier folgt man der Beschilderung zum Frei-

Der Buddha vom Po-Lin-Kloster

lichtmuseum **Sam Tung Uk**. Dies ist ein restauriertes, in der typischen Bauweise der Hakka 1786 errichtetes ummauertes Dorf. Zum Leben dieses Volksstamms gibt es hier zahlreiche interessante Ausstellungen.

Wer noch Zeit hat, sollte auch eine der mehr als 235 Inseln besuchen, von denen die wichtigsten Cheung Chau, Lamma, Peng Chau und Lantau sind, wo sich der neue internationale Großflughafen befindet. Fähren zu den Inseln legen vom Ferry-Terminal in Hongkong Central ab. Auf **Lantau** kann man das weitläufige **Po-Lin-Kloster** mit dem größten sitzenden bronzenen Buddha der Welt besuchen. Eine weitere Attraktion Lantaus ist das **Dorf Tai O**, das gern als Klein-Venedig Hongkongs bezeichnet wird, da viele der hier siedelnden Fischer ihre Behausungen auf Pfählen im schmalen Kanal, der den Ort von Lantau trennt, errichtet haben.

Wer ganz die Ruhe sucht, sollte an einem Wochentag nach **Cheung Chau** fahren. Hier gibt es schöne Strände und vor allem keine Autos, ein Hort der Entspannung im stets verkehr- und lärmumtosten Hongkong.

Stadt der Ziegen – Kanton (Guangzhou)

Die Legende erzählt von fünf auf Ziegen reitenden Göttern, die zur Zeit des Königs Yi von Zhou die Stadt Kanton 2 (S. 399 f., Guangzhou) aufsuchten. Gekleidet in fünffarbige Seidengewänder, übergab jeder den Einwohnern eine Getreidegarbe mit jeweils fünf Ähren, damit man künftig Getreide anbauen könne und nicht mehr Hungers leide. Die Götter gingen wieder, nicht ohne ihre Ziegen zurückzulassen, die sich in Steine verwandelten. Seitdem heißt Kanton auch ›Stadt der Ziegen‹.

Das glückliche Omen konnte nicht verhindern, daß Chinas erster Kaiser Qin um 214 v. Chr. seine Heere gen Süden lenkte, wo er bis ins heutige Vietnam vordrang und an strategisch günstigen Orten neue Kommandanturen gründete. Eine davon war Panyu, das heutige Kanton oder hochchinesisch gesprochen Guangzhou.

Zunächst zögernd, dann immer zügiger kamen die Siedler nach Kanton, das sich dank seiner Lage am Perlfluß (Zhu Jiang), dem mit 2197 km Gesamtlänge viertgrößten Strom Chinas, zum wichtigen Handelshafen entwickelte und schnellen Reichtum versprach. Der eigentliche Aufstieg der Stadt zu überregionaler Bedeutung begann allerdings erst im Lauf der Tang-Dynastie. In dieser Zeit wurde Kanton Bindeglied des Überseehandels mit den Philippinen, Indonesien, Japan, Indien und dem östlichen Iran. Arabische Kaufleute gründeten 850, in der von ihnen *Khanfu* genannten Stadt, sogar ein muslimisches Viertel, mit mehreren Moscheen.

Zu Beginn des 16. Jahrhunderts kreuzten erste portugiesische Galeonen in den ostasiatischen Meeren auf und versuch-

ten schon bald, die lukrative Kontrolle des Seehandels an sich zu reißen. 1517 erreichten sie erstmals Kanton – der Beginn einer unheilvollen Beziehung. Viele der Portugiesen und der nachfolgenden Spanier wie Holländer waren nichts anderes als Freibeuter und Abenteurer, die auf höchst einseitigen Gewinn aus waren. Anfang des 17. Jahrhunderts kamen die Jesuiten, die eine Mission einrichteten, und schließlich drängten auch Engländer, Franzosen und zuletzt Amerikaner an die Küsten Guangdongs, wo ihnen Schmuggler bei ihrem illegalen Handel behilflich waren.

1786 erhielt die East India Company das Handelsmonopol mit Kanton, das zum Hauptumschlagplatz für jegliche Waren wurde. Leider ließen sich die Waren aus dem fernen Europa oder Indien in China nicht absetzen, und so verlagerte sich die Gesellschaft ganz auf den höchst lukrativen Opiumschmuggel (s. S. 271 f.) und schwächte damit die chinesische Wirtschaft grundlegend. Abhilfe schuf 1839 der kaiserliche Beamte Lin Zexu, indem er 20 000 Kisten Opium beschlagnahmen und vernichten sowie die Engländer aus der Stadt werfen ließ, was bekanntermaßen zum ersten Opiumkrieg 1841–42 führte. England rächte sich für diese Schmach und griff Kanton zunächst mit 2400 Soldaten an. Nach Eintreffen von Verstärkung hielten sich die Engländer noch einmal schadlos an Kanton und bedrohten im weiteren Verlauf die Städte entlang dem Yangzi. Die Aggression endete mit dem Nanjinger Friedensvertrag und brachte Kanton immer mehr unter die Kontrolle der Engländer und Franzosen, die sich den Aggressionen Englands in zunehmendem Maße anschlossen. Sichtbarer Ausdruck dafür wurde die Shamian-Insel im Perlfluß im Süden Kantons, die als exterritoriales Gebiet nur von Ausländern betreten werden durfte. 1856 nutzten die Engländer einen völlig belanglosen Zwischenfall, um China erneut in einen Krieg zu verwickeln. Die Aufbringung eines verrotteten, alten Lastkahns mit Namen Arrow durch die chinesischen Behörden diente den Engländern als Vorwand zur erneuten, sechs Tage andauernden Bombardierung Kantons. Abschließend ließ Admiral Sir Michael Seymur die Forts, die Kanton schützten, in die Luft sprengen. Doch damit nicht zufrieden, forderten sie eine Entschädigung für die durch die Beschießung der Stadt verursachten Verletzungen britischer Staatsbürger. Da auch die anderen Mächte an der Kriegsbeute teilhaben wollten, sandten sie ›Beobachter‹ oder wie die Franzosen gleich eine Armee. China weigerte sich, die

Forderungen anzuerkennen, und so schossen die Alliierten Kanton am 28./29. Dezember 1856 in Schutt und Asche. Anschließend wurde die Stadt unter der Führung von Harry Parkes für drei Jahre einem Besatzungsregime unterstellt, während der zweite Opiumkrieg weiter nach Norden in den Hafen von Tianjin getragen wurde, um die Forderungen wirkungsvoller durchsetzen zu können. Diese Aggression endete mit dem Tianjiner Vertrag und der Konvention von Beijing, die den Ausländern weitere Rechte in China einräumten.

Ein halbes Jahrhundert nach der Demütigung Kantons machte sich ein vom System enttäuschter und als Arzt gescheiterter Chinese namens Dr. Sun Yat-sen auf, um einer der ersten Berufsrevolutionäre der Welt zu werden. Rastlos gründete er verschwörerische Gemeinschaften, reiste Unterstützung suchend durch die Welt und zettelte nicht weniger als zehn antimandschurische

Kanton

Aufstände an, den berühmtesten davon in Kanton am 27. 4. 1911, der 72 Opfer forderte, die als die ›72 Märtyrer‹ in die chinesische Geschichte eingingen.

Nachdem die eigentliche Revolution ohne sein Zutun stattgefunden hatte und er nur für knapp zwei Monate als provisorischer Präsident der jungen Republik amtieren konnte, zog er sich, von den Truppen Yuan Shikais verfolgt, 1916 nach Kanton zurück, wo er 1921 mit seinen Anhängern eine ›Militärregierung zum Schutz der Verfassung‹ gründete.

Suns Nachfolger wurde der junge Chiang Kai-shek. Chiang verhängte sogleich das Kriegsrecht über die Stadt und begann von hier aus seinen Nordfeldzug, in dessen Verlauf er die Macht der Warlords brechen und China wiedervereinen konnte. Erstmals wurde damit eine südchinesische Stadt zum Symbol der Einigung Chinas, nachdem diese Region in früheren Jahrhunderten, bedingt durch ihre ferne Lage von den Hauptstädten, eher für separatistische Tendenzen stand. Die Einheit zwischen Kommunisten und Guomindang war nur von kurzer Dauer, und die KPCh, in euphorischer Verkennung der politischen Lage, wurde von der Komintern dazu getrieben, die Aufstände weiter anzuheizen und Kanton zu einem revolutionären Zentrum der Kommunisten auszubauen. So wurde die Stadt vom 11.–13. 12. 1927 Schauplatz eines Aufstandes der KPCh, der mit vielen Opfern kläglich scheiterte.

Kanton erschien auch den meisten Chinesen stets als fremde Welt. Irgendwie chinesisch, aber doch barbarisch; der Dichter Su Dongpo schrieb nach einem Besuch Kantons: »Keinen festen Platz hat das Mädchen aus Guangdong,

Kanton (Guangzhou)

wo es ihr gerade gefällt, stellt sie ihre Körbe auf. Drei- oder viermal am Tag verändert sie manchmal den Standort. Überall bietet zum Kauf Krabben sie an und Fisch. Indigoblau ist ihr Rock, sie trägt keinen Strumpf an den Füßen. Ach wie übel sie riecht! Wie Affen riechen

und Meerkatz! Wer aber ist so vermessen, die Art ihres Landes zu schelten? Wuchs doch in Bozhou einst Lüzhu, die Schöne, auf!«

Wie weit entfernt von Zentralchina und wie andersartig die Hauptstadt der Provinz Guangdong ist, empfindet man selbst heute noch. Sprache, Sitten und Eßgewohnheiten sind anders als im vergleichsweise unterkühlt wirkenden Norden, die Menschen sind viel temperamentvoller, weltoffener. Im Verbund mit dem jahrhundertelangen Austausch von Waren und Ideen mit dem Ausland

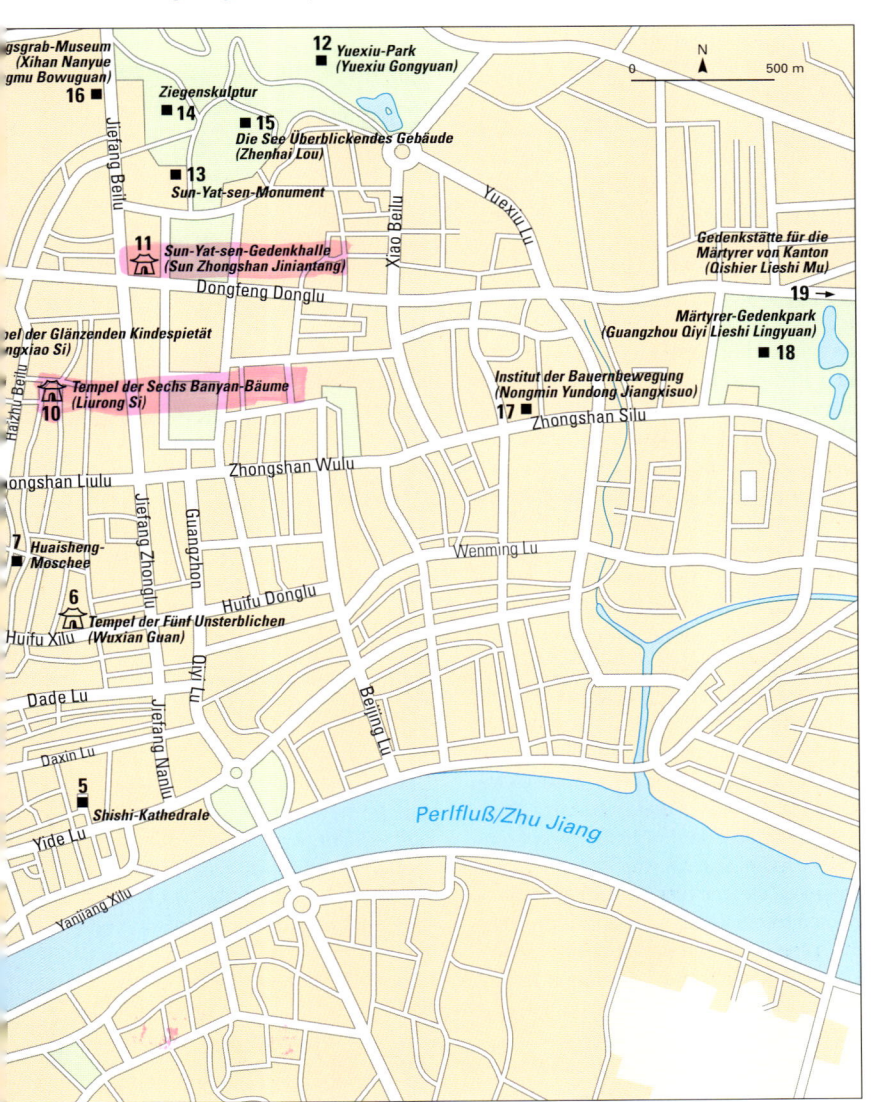

sowie der Nähe zu Hongkong und Macao entwickelte sich Kanton zu einer südostasiatischen Metropole voller Leben und Geheimnisse.

Kanton besticht nicht gerade durch seine Sehenswürdigkeiten, aber es ist eine Stadt voller Flair und der Möglichkeit, sich ziellos treibenzulassen. Die

Mao Zedong, wußte deren Vorzüge und die Abgeschiedenheit Shamians zu schätzen und residierte dort bei Besuchen des Südens.

Anfang der 80er Jahre wurden am südwestlichen Zipfel 30 000 m² Land gewonnen, um Platz für Chinas nobelste Herberge, das **White Swan Hotel** (2), zu

wichtigsten Sehenswürdigkeiten lassen sich an einem Tag bequem zu Fuß erreichen. Günstiger Ausgangspunkt ist **Shamian** (1), die ›Sandfläche‹, ein Inselchen im Perlfluß, das aus der südlichen Fläche Kantons herausgeschnitten zu sein scheint. Bis zum Auftauchen der ersten europäischen Handelsschiffe während der Ming-Zeit war Shamian denn auch nur ein uninteressantes Fleckchen Sand. Mitte des 18. Jahrhunderts wurde den fremden Kaufleuten erlaubt, auf Shamian ihre Warenhäuser und Lager zu errichten. Im 19. Jahrhundert wurde das durch Landgewinnung mittlerweile auf eine Fläche von 900 x 300 m vergrößerte Inselchen exterritoriales Konzessionsgebiet der Engländer und Franzosen. Chinesen durften Shamian zu jener Zeit nur mit einer Sondergenehmigung betreten. Bis heute hat sich Shamian seine eigentümliche, durch die alten Kolonialbauten geprägte Atmosphäre erhalten. Die Villen der ausländischen Machthaber sind teilweise noch erhalten, und auch die kommunistische Führung der ersten Stunde, allen voran

schaffen, sichtbarer Ausdruck dafür, daß Kanton nun den Sprung in die Marktwirtschaft gewagt hatte. Mit der Normalisierung der Beziehungen zum Westen kamen auch die Ausländer nach Shamian zurück, und so findet man hier Konsulate der USA und Polens.

Verläßt man Shamian über eine der Brücken nach Norden, landet man jenseits des Kanals auf der Liu'ersan Lu, der 6-2-3-Straße, die an den 23. Juni 1925 erinnert, als britische und französische Soldaten auf streikende Arbeiter des großen Streiks von Hongkong und Kanton, dem längsten Ausstand in der chinesischen Arbeiterbewegung, schossen. In mehreren Städten mit Konzessionsgebieten war es zu Streiks und Boykotten gegen ausländische Waren gekommen, und England wie Frankreich, die den Umtrieben der ›Linken‹ ohnehin feindselig gegenüberstanden, nutzten den Streik, um mit dieser harten Reaktion ein Exempel zu statuieren. Gegenüber der Brücke, die von der Shamian-3-Jie zur Liu'ersan Lu führt, beginnt der **Qingping-Markt** (3, Qingping Shichang).

Er breitet sich entlang der Qingping Lu bis zur Höhe der Heping Lu aus und ist eine der großen Attraktionen der Stadt. Eingekeilt von Menschen, Marktständen und fliegenden Händlern erhält man Anschauungsunterricht darin, was alles eßbar ist. Affen, Hunde, Gürteltiere, unzählige Arten von Hühnern, Tauben, Le-

guane, Schlangen und vieles andere, was da kreucht und fleucht, wartet darauf, beim Schlächter gleich nebenan sein Leben zu verlieren. Auch in Sachen Gemüse, Medizin, Gewürze und sonstige Zutaten erhält man einen lebhaften Eindruck davon, was den Kantonesen im Kochtopf lieb und teuer ist. Ein Paradies der Gerüche, angenehmer wie unangenehmer, ist dieser Markt, und einer überragt sie alle. Stinkender Doufu *(Chou Doufu)* heißt der Ursprung dieses üblen Geruchs, den man schon über weite Strecken hinweg wahrnimmt und der eine echte Spezialität sein soll, wenn man sich erstmal an den Geschmack gewöhnt hat.

Geht man die Heping Lu nach Osten, sollte man kurz vor der Renmin Lu in die nördliche Parallelstraße, die schmale Jianglan Lu, einbiegen, wo das **Schlangenrestaurant** (4, She Canting) steht, in dessen Käfigen es von Hunderten ineinander verknoteter Schlangen aller Couleur wimmelt – für Empfindliche ein Schaudern auslösender Anblick und furioser Abschluß des Marktbesuchs. Jen-

seits der Heping Lu führt die Yide Lu weiter nach Osten, wo sich rund 700 m weiter in einer Seitenstraße, die auf einen Platz mündet, das ›Steinhaus‹, die **Shishi-Kathedrale** (5), erhebt. Sie ist eines der wenigen römisch-katholischen Gotteshäuser des Fernen Ostens, die den Segen Roms hat. Zwischen 1863

und 1888 wurde sie im neugotischen Stil von dem französischen Architekten Guillemin vollständig aus Granit auf dem Gelände des während des Opiumkriegs zerstörten Amts des Provinzgouverneurs errichtet.

Nach einem längeren Fußweg oder mit dem Taxi in Richtung Norden gelangt man zum daoistischen **Tempel der Fünf Unsterblichen** (6, Wuxian Guan) in einer Seitenstraße der Huifu Xilu. An diesem Ort erschienen der Überlieferung nach die fünf auf Ziegen reitenden Götter den Kantonesen. Das Loch in dem großen Felsen im Tempelhof soll der Fußabdruck eines der Götter sein. Der Tempel besitzt neben Skulpturen der Götter und Ziegen eine 5 t schwere, 3 m hohe und 2 m im Umfang messende Glocke. Sie trägt den wenig Gutes verheißenden Namen ›Elendsglocke‹, da ihr Klang angeblich bevorstehendes Unheil ankündigen kann.

Nach einem kleinen Stück in Richtung Nordwesten erreicht man die **Huaisheng-Moschee** (7) in der Guangta Lu. Sie ist die älteste Moschee Chinas, und man fragt sich verwundert, weshalb sie ausgerechnet in Kanton, soweit wie nur möglich von allen arabischen Einflüssen entfernt, steht. Möglich wurde dies durch die Seefahrt, und oft war der Weg über die Ozeane sicherer als der kürzere Landweg, der durch zahlreiche, sich in der Geschichte häufig bekriegende Königreiche führte. Gemäß historischer Aufzeichnungen soll die Anlage von Saad bin Waqqas, einem Onkel Mohammeds, dessen Grab sich weiter nördlich im Orchideen-Park befindet, 627 erbaut worden sein. ›Offiziellen‹ Einzug in China erhielt der Islam zwar erst 651, als der dritte Kalif Umar ibn al-Khattab (577–656), ein Schwiegervater und Ratgeber Mohammeds, Gesandtschaften in das Reich der Mitte schickte, aber zwischen 618 und 626 waren bereits vier Schüler Mohammeds nach China gekommen. Saad bin Waqqas ging nach Kanton, ein Schüler nach Yangzhou und die beiden anderen nach Quanzhou. Wahrzeichen der Moschee ist ihr zweiteiliges, 36 m hohes Minarett, die ›Nackte Pagode‹, offiziell auch Pagode des Lichts (Guang Ta) genannt.

Etwas abseits vom Weg kann man der Zhongshan Lu nach Westen folgen, wo man nach knapp 2 km den **Ahnentempel der Familie Chen** (8, Chenjia Ci) erreicht. Auf dem großen, noch 1894 während der Qing-Zeit fertiggestellten Komplex befand sich eine Akademie für die Lehre der konfuzianischen Klassiker. Sehenswert ist nicht nur der Gesamtkomplex, der für seine Holzschnitzereien, glasierten Tonfiguren und schmiedeeisernen Kunstwerke bekannt ist, sondern auch das in seinen Gebäuden untergebrachte Museum für volkstümliche Kunst der Provinz Guangdong.

Vom Ahnentempel führt der Weg zurück über die Renmin Lu zur Guangxiao Lu, die man nach Norden geht. Dort

steht der **Tempel der Glänzenden Kindespietät** (9, Guangxiao Si), einer der ältesten Tempel der Stadt. Er war anfangs ein Wohnsitz, aber im 4. Jahrhundert wurde die Residenz in einen buddhistischen Tempel umgewidmet. Im Tempel befindet sich die Figur eines schlafenden Buddha, die Frauen Fruchtbarkeit schenken soll, wenn sie sie mit ihren Bettlaken berühren.

Der berühmteste Schüler des Guangxiao-Tempels war Huineng (638–713), der hier als Novize in den Buddhismus eingeführt wurde. Die Lehre fiel bei ihm auf fruchtbaren Boden, und Huineng wurde erster Patriarch einer auch bei uns bekannt gewordenen Schulrichtung des Chan-Buddhismus, die die plötzliche Erleuchtung postuliert und die wohl chinesischste aller buddhistischen Schulrichtungen Chinas ist. Seine Schule war ikonoklastisch und lehnte jedes System, Dogma, Schrifttum und Ritual ab. Um den Geist vom logischen, begrifflichen Denken und vom Ich-Begriff zu lösen, widmete man sich im Chan-Buddhismus dem Paradoxon und der Meditation über absurde Themen, sogenannten Gong'an, (›öffentliche Fälle‹, jap. Koan), suchte verwirrende Antworten, auch Schreien und Stockschläge waren manchmal erlaubt. Die Gong'an wurden in der Regel im Dialog mit einem Meister entwickelt, und viele haben sich in buddhistischen Schriften erhalten. Da sich die Lebenshaltung des Chan viel eher in den Alltag auch des gewöhnlichen Gebildeten, der keinen Bezug zum Klosterleben hatte, einfügen ließ, blieb der Chan-Buddhismus Huinengs bis in die heutige Zeit eine der lebendigsten Formen des chinesischen Buddhismus.

Etwas versteckt im hinteren Teil der interessanten Anlage stehen zwei Eisenpagoden aus dem Jahr 963 (westliche Pagode) und 967 (östliche Pagode), die zu den ältesten Pagoden des Landes gehören.

Wenige Minuten weiter östlich liegt der **Tempel der Sechs Banyan-Bäume** (10, Liurong Si) mit seiner berühmten Blumen-Pagode (Hua Ta). Errichtet wurde der Tempel im Jahr 537. Auf dem Gelände wuchsen einst sechs der im Buddhismus als Bäume der Erleuchtung geltende Banyan-Bäume. Der Dichter Su Dongpo, der das Mädchen von Kanton so drastisch beschrieben hatte, widmete ihnen aus Bewunderung 1099 eine Kalligraphie und benannte den Tempel nach den sechs Banyan-Bäumen. Heute ist der Tempel ein lebhaftes buddhistisches Zentrum und auch von Touristen gut besucht. Man kann von der 50 m hohen, achteckigen Blumenpagode (Hua Ta) den weiten Blick über die Stadt genießen.

Der lange Spaziergang führt nun weiter nach Norden auf der Jiefang Lu, die Kanton in Nord-Süd-Richtung zerschneidet, dann ein Stück nach Osten die Dongfeng Lu entlang, und man gelangt zur **Sun-Yat-sen-Gedenkhalle** (11, Sun Zhongshan Jinianguan), die aus Spendengeldern reicher Auslandschinesen errichtet wurde. Die zwischen 1929 und 1931 erbaute Halle faßt 4000 Menschen und steht auf dem Gelände des qingzeitlichen Gouverneurssitzes, wo auch noch Sun Yat-sen als Präsident der Nationalregierung wirkte. Nördlich der Gedenkhalle schließt sich mit dem **Yuexiu-Park** (12, Yuexiu Gongyuan) Kantons größte Parkanlage an. Der 93 ha große Park bietet neben Teichen und Brücken für Pflanzenliebhaber eine Blumenhalle und einen Orchideengarten, darüber hinaus Sportanlagen, ein Schwimmbad, Restaurants und ein Freilichtkino sowie verschiedene Denkmäler und kulturelle Einrichtungen. Entsprechend tummelt sich hier vor allem am Wochenende

halb Kanton. Zu sehen gibt es unter anderem das **Sun-Yat-sen-Monument** (13) gleich im Süden des Parks, ein Obelisk, der 1929 zum Gedenken an den ›Vater der Republik‹ errichtet wurde, die **Skulpturengruppe der Fünf Ziegen** (14), das Symbol Kantons, und das **Die See Überblickende Gebäude** (15, Zhenhai Lou) aus dem Jahr 1380. Es wurde nach mehrmaliger Zerstörung 1686 zu einem Wachturm umgebaut und ist das einzige erhaltene Relikt der alten Stadtmauer. Seit 1953 ist hier das Historische Museum untergebracht, das Funde aus der Han-, Ming- und Qing-Dynastie beherbergt. Von dem 28 m hohen Gebäude bietet sich eine schöne Aussicht auf die Stadt. Etwas nördlich vom Südausgang des Parks befindet sich ein sehenswertes Museum mit dem langen Namen **Museum eines der Königsgräber der Nanyue aus der Westlichen Han-Zeit** (16, Xihan Nanyue Wangmu Bowuguan). Ausgrabungen an dieser Stelle förderten das Grab des zweiten Herrschers von Süd-Yue (Nanyue Guo) zutage, ein Königreich, das im Süden Chinas bis etwa 109 v. Chr. bestanden hat und hauptsächlich von Vorfahren der Thais und der Mon-Khmer besiedelt worden war. Der Name Nanyue entspricht dem Namen Vietnam. Mit dem Vordringen der chinesischen Expeditionskorps bis ins Delta des Roten Flusses wurden die hier siedelnden Völker allerdings langsam weiter nach Süden abgedrängt und Kanton in eine chinesische Kommandantur verwandelt.

An weniger weit zurückliegende historische Begebenheiten erinnern einige Gedenkstätten im Osten Kantons, die man am schnellsten mit dem Taxi erreicht. Erstes Monument entlang der großen Ost-West-Achse Zhongshan Lu ist das **Institut der Bauernbewegung** (17, Nongmin Yundong Jiangxisuo) in

Dr. Sun Yat-sen

Sun Yat-sen (in China nur unter den Namen Sun Yixian oder Sun Zhongshan bekannt) wurde 1866 geboren und erhielt seine Ausbildung überwiegend in Hawaii und Hongkong. 1892 beendete er sein Medizinstudium in Hongkong und ließ sich dort als Arzt nieder.

Zwei Jahre später wurde er erstmals politisch aktiv und gründete in Hawaii die ›Gesellschaft zur Wiederbelebung Chinas‹. Eine Chance, in China Veränderungen herbeizuführen, sah er, nachdem China im chinesisch-japanischen Krieg (1894/95) eine demütigende Niederlage erlitten hatte. Er verließ Hawaii wieder, um von Hongkong aus einen Aufstand in Guangzhou vorzubereiten, der jedoch verraten wurde. Auf Ersuchen der kaiserlichen Regierung mußte Sun Hongkong wieder verlassen und

begann nun, zwischen Japan, Südostasien, Hawaii, den USA und Europa herumzureisen, um Mitglieder für seine Gesellschaft zu werben.

Erste internationale Beachtung fand Sun Yat-sen, nachdem ihn Angehörige der chinesischen Botschaft in Großbritannien entführt hatten, um ihn in China hinrichten zu lassen. Sun gelang jedoch die Flucht, und nach mehreren Jahren der Untergrundtätigkeit schloß er seine Gesellschaft mit einer anderen radikalen Vereinigung zum Revolutionsbund (Tongmenhui) zusammen. Das Programm wurde in den berühmten Sanminzhuyi (Drei Grundlehren vom Volk), die Sun Yat-sen ausgearbeitet hatte, festgelegt.

Wegen der wachsenden Radikalisierung und der stetigen Verbreitung der

der 42 Zhongshan Silu. Es befindet sich auf dem Gelände eines alten Konfuziustempels und wurde 1924 von Peng Pai (1896–1929), einem führenden Funktionär in der Anfangszeit der KPCh, begründet. Das Institut wurde zur Zelle der ersten modernen Bauernorganisation Chinas und Peng Pai ihr erster Vorsitzender. Gedankt wurde ihm sein Engagement nicht, und das Schicksal seiner Familie wurde zum Schandfleck für den Umgang der späteren KPCh mit ihren frühen Kämpfern. Peng Pai selbst wurde im Shanghaier Untergrund von einem eingeschleusten Guomindang-Agenten

verraten und hingerichtet, ebenso sechs weitere Mitglieder seiner Familie. Nachdem Mao Zedong die Parteiführung übernommen hatte – 1925 hatte er die Nachfolge Peng Pais als Direktor des Instituts angetreten – sprach die offizielle Geschichtsschreibung das Verdienst, die Wichtigkeit der Bauernbewegung für die chinesische Revolution erkannt zu haben, Mao zu. Noch während der Kulturrevolution wurden weitere Familienangehörige und Nachkommen Peng Pais ermordet oder ins Gefängnis geworfen.

Etwas weiter östlich, im Sektor drei der Zhongshan Lu, befindet sich der **Ge-**

Ideen durch geheime Zweigstellen in China wurde er zu einem der meistgesuchten Männer Chinas und in vielen Ländern Asiens zur unerwünschten Person erklärt. Über die vielen geheimen Untergruppen hatte er ebenfalls keine Kontrolle mehr, und so kam es, daß Sun Yat-sen beim Aufstand von Wuchang vom 10. Oktober 1911, der schließlich unmittelbar zum Sturz der kaiserlichen Regierung führte, überhaupt nicht in China weilte, sondern in den USA, wo er aus der Zeitung erfuhr, daß das Kaiserreich gestürzt worden war und er Präsident einer neuen Republik werden sollte.

Suns revolutionäres Leben war damit keineswegs beendet. Um des inneren Friedens willen dankte er schon kurz nach seiner Ernennung zum vorläufigen Präsidenten der Republik zugunsten des ehemaligen kaiserlichen Oberbefehlshabers Yuan Shikai ab und gründete im Gegenzug die Guomindang, die Yuan Shikai sofort auszuschalten versuchte. Sun mußte erneut ins Exil gehen, wo er 1914 in Tokio die 26 Jahre jüngere Soong Ching Ling heiratete.

Ein Jahr später versuchte Yuan Shikai, sich zum Kaiser einer neuen Dynastie auszurufen, was allerdings scheiterte. Yuan starb 1916. Sun wurde nun Führer einer Militärregierung in Guangzhou, während der Rest des Landes von verschiedenen Militärführern (Warlords) beherrscht wurde. 1918 entzogen ihm die Militärs allerdings die Unterstützung, und Sun ging nach Shanghai in die französische Konzession, wo er seine wichtigsten politischen Werke schrieb.

Im Februar 1923 kehrte er erneut nach Guangzhou zurück, wo er sich wieder an die Spitze einer Militärregierung stellte. Mit Hilfe des russischen Beraters Borodin reorganisierte er die Guomindang und gründete die Whampoa-Militärakademie, deren Leitung er Chiang Kai-shek übertrug. Sun konnte so seine Macht mehr und mehr konsolidieren, aber die angestrebte Einigung Chinas, die mit dem Nordfeldzug Chiang Kaisheks im Jahr 1928 zumindest vorübergehend wieder erzielt werden konnte, erlebte Sun Yat-sen nicht mehr. Er starb am 12. März 1925.

denkpark für die Märtyrer des Aufstands von Kanton (18, Guangzhou Qiyi Lieshi Lingyuan). Nach dem ›Shanghaier Massaker‹ (s. S. 260) hatten sich die Kantoner Kommunisten als Zeichen landesweiter Solidarität zum Aufstand entschlossen. Aber auch diese Erhebung schlugen die Guomindang-Truppen blutig nieder. Zum Gedenken an die 5700 Opfer wurde 30 Jahre später dieser Park eröffnet. Nordwestlich des Parks liegt schließlich die **Gedenkstätte für die Märtyrer von Kanton 1911** (19, Qishier Lieshi Mu). Die Stätte an der Xianlie Lu erinnert an die Niederschlagung des

Aufstands vom 27. 4. 1911 (s. S. 282). 1918 wurde das Grabmal für die ›72 Märtyrer‹ auf dem Huanghua Gang (Hügel der Gelben Blumen) errichtet.

Ausflüge von Kanton

Das Hinterland Kantons ist stark industrialisiert und eignet sich relativ wenig für ausgedehnte Ausflüge. Dennoch gibt es einen überaus lohnenswerten Abstecher, der ins 110 km westlich von Kanton liegende **Zhaoqing** **3** (S. 417)

führt. Man kann schnell und bequem mit dem Bus oder Zug hinfahren, und es besteht sogar eine Direktverbindung mit der Bahn ab Hongkong.

Hauptsehenswürdigkeit in Zhaoqing ist der Sieben-Sterne-Felsen (Qixing Yan), eine riesige Parkanlage mit mehreren großen, 1955 angelegten Seen, die von einer Gruppe Karstfelsen, wie sie auch in Guilin zu sehen sind, eingerahmt werden. Stolz verkünden die Einwohner, daß ihnen mit diesem Park die einmalige Synthese aus der Schönheit der Karstberge Guilins mit der Anmut des West-Sees von Hangzhou gelungen sei. Der Legende nach fielen die Karstkegel als Sterne vom Himmel, um auf der Erde das Sternbild des Großen Wagens widerzuspiegeln.

Interessanter noch als der Sieben-Sterne-Park ist das 20 km weiter nordöstlich gelegene Naturschutzgebiet **Dinghu Shan**. In einer der Schatzkammern Chinas, wo schon die Reisfelder Mühe haben, der schnellen Industrialisierung zu trotzen, konnte sich am Dinghu Shan ein intaktes subtropisches Regenwaldgebiet Chinas halten. Wegen seines relativ unversehrten Ökosystems und seiner geographischen Lage am Übergang von subtropischer zu tropischer Zone, die in anderen Weltregionen auf demselben Längengrad von Wüsten bedeckt sind, wurde es in das UNESCO Biosphären-Schutzprogramm eingeschlossen. Das eigentliche Gebiet umfaßt eine Fläche von 1133 ha, auf der mehr als 2000 verschiedene Pflanzen aller Art wuchern, darunter mehr als 20 außerordentlich seltene Arten wie die wilde Litchi. Gezählt wurden bislang rund 32 Säugetierarten, darunter Leopard und Serow, eine ziegenähnliche Antilopenart, 27 Reptilienarten und 11 Amphibien. Nachdem in den vergangenen Jahren Scharen von Besuchern durch das Unterholz getrampelt sind, gibt es nun einen Wanderweg, der an den bewaldeten Hügeln, Bächen, Wasserfällen und drei Tempeln, Qingyun Si, Baiyun Si und dem Nonnenkloster des springenden Drachen (Yuelong An), vorbeiführt.

Stadt der Duftblüten – Guilin

Viele Wege führen von Kanton nach **Guilin** 4 (S. 392 f.), aber außer mit dem Flugzeug, benötigt man für alle Varianten einen vollen Tag oder eine Nacht, wobei der Nachtzug die bequemste der Varianten darstellt. Nach chinesischer Ansicht ist Guilin, die Stadt des Duftblütenwaldes – früher gab es in der Stadt und seiner Umgebung zahlreiche Osmathus-Haine (Duftblütenbaum), so etwas wie ein Paradies auf Erden, noch eine Stufe über den ebenso apostrophierten Städten Suzhou und Hangzhou. Kein Dichter, der die Landschaft nicht in Verse verwandelt, kein Maler der sie nicht auf ein Rollbild gebannt hätte, und kein Kalligraph, der es sich hätte nehmen lassen, eine Kalligraphie zu schaffen. Lobpreisungen auf Guilin und seine Landschaft sind Legion, doch ist davon heute nichts mehr zu spüren. Staub, Smog und verstopfte Straßen, unbarmherzige Modernisierung sind allgegenwärtig. Vereinzelt stehen einige der Karstberge in der Stadt, so der Elefantenrüsselberg (Xiangbi Shan), Gipfel der Einzigen Schönheit (Duxiu Feng), Berg der Farbigen Schichten (Diecai Shan) und Fubo Shan, aber sie alle kosten Eintritt und sind ein Tummelplatz für Taschendiebe. 6 km nordwestlich Guilins kann man die große, beeindruckende **Schilfrohrflöten-Höhle** besichtigen, die ihren Namen vom Schilf, das vor der Höhle wuchs, herleitet. Und wenn Dutzende von fliegenden Händlern einem gellend ins Ohr pfeifen, weiß man auch, was mit dem Schilf gemacht wird.

Etwa 15 km westlich von Guilin bieten die alten **Königsgräber** einen kulturellen Höhepunkt. Vor der Zeit des ersten Kaisers von China war hier noch sumpfiges, mückenverseuchtes ›Barbarengebiet‹, zwischen 221 und 214 v. Chr. wurde eine erste Garnison in Guilin eingerichtet. 1647 schrieb die Stadt etwas bedeutendere Geschichte, als Nachkommen des letzten Ming-Kaisers auf der Flucht vor den Mandschus hier den Yongli-Kaiser (1647–60) der Südlichen Ming inthronisierten. Der Yongli-Kaiser konnte mit seinen Anhängern kurzzeitig

sogar Kanton zurückerobern, mußte dann aber nach Yunnan fliehen, wo er mit seinen Mannen der Übermacht der Mandschus unterlag. Als Kuriosität am Rande vermeldeten einige Guilin erreichende Jesuitenmissionare wie Pater Andreas Xavier Koffler, daß sie bedeutende Mitglieder des Guiliner Kaiserhofs hätten bekehren können.

Zu den Gräbern gelangt man mit dem Fahrrad oder einem Taxi. Entgegen den Erzählungen örtlicher Reiseleiter sind elf Königsgräber und über 100 Gräber hoher Beamter und Familienangehöriger der Ming-Dynastie zu besichtigen, die von Guilin aus, das bis 1914 Hauptstadt Guangxis war, die Provinz verwalteten. Die Anlage ist im typischen Stil der Ming-Gräber gehalten, alles ist natürlich viel kleiner als in Beijing, aber es gibt den Weg der Seelen, einige schöne Pavillons und vor allem kaum Besucher inmitten einer schönen Landschaft.

Die Schilfrohrflöten-Höhle

Karstkegel und Landleben – Yangshuo

Hauptgrund für den Besuch Guilins ist die viel besungene Li-Flußfahrt (Abb. S. 74), die mitten durch die Karstlandschaft führt. Wegen des niedrigen Wasserstandes beginnt die Schiffahrt meist gar nicht in Guilin, sondern weiter südlich in Yangdi und endet in Yangshuo.

Hier sollte man hinfahren, wenn man die Landschaft, derentwegen die Region so berühmt ist, wirklich genießen will. Zwar schon lange kein Geheimtip mehr, ist **Yangshuo** 5 (S. 416) zum Eldorado für Individualtouristen geworden und bei aller Popularität klein genug geblieben, um alle Wege zu Fuß zurückzulegen oder von hier aus die herrliche Gegend mit dem Rad zu erkunden. Am eindrucksvollsten ist die Radtour von dem

am Li-Fluß gelegenen Örtchen **Xingping** 6 zurück nach Yangshuo. Man kann mit einem Boot bis Xingping fahren, sein Rad mitnehmen und braucht etwa zwei bis drei Stunden für die Rückfahrt. Über ein schmales, kaum befahrenes Sträßchen führt der Weg durch eine weite, von Karstkegeln geformte, rurale Landschaft mit kleinen Dörfern, die ihr bizarres Aussehen einer nahezu 200 Mio. Jahre andauernden geologischen Laune zu verdanken hat. In der Urzeit reichte das Meer noch bis in die Niede-

rungen Guilins, und Muschelkalk konnte sich ablagern. Dann aber wich das Meer zurück, die Erdkruste hob sich, wobei die Kalkablagerungen aufbrachen, sich umschichteten und durch Erosion ihr heutiges Aussehen erhielten.

Eine weitere bekannte Sehenswürdigkeit Yangshuos ist der nahegelegene **Mondsichelberg**, den man ebenfalls bequem mit dem Rad erreichen kann. Er liegt einige Kilometer südlich von Yangshuo an der Straße nach Lipu und zeichnet sich durch seine große, mondsichelförmige Öffnung im oberen Teil aus. Die beste Sicht auf den Berg hat man vom gegenüberliegenden Dörfchen. Die Bewohner haben das ebenfalls schon registriert und verlangen Eintritt in ihr Dorf, an dessen Zufahrt sie eigens ein Kassenhäuschen aufgestellt haben. Klettert man bei klarem Himmel frühmorgens auf den Berg, hat man eine phantastische Aussicht auf die pittoreske Landschaft.

◁ *Karstberge zwischen Guilin und Yangshuo*

Ein Wasserrad der Dong

Durch das Land der Yao, Miao und Dong

Von Guilin lassen sich interessante Ausflüge in einige Dörfer der Dong-, Yao- und Miao-Nationalitäten unternehmen. Wer etwa fünf bis sieben Tage zur Verfügung hat, kann in einem Rundkurs die Strecke Xing'an, Ziyuan, Longsheng und Sanjiang fahren. Man erlebt eine phantastische, ständig wechselnde Karst-, Berg- und Waldlandschaft, Gebirgstäler mit malerischen Dörfern der hier siedelnden Minderheitenvölker und gemütliches Landleben. Die Hotels in den einzelnen Orten sind zwar einfach, aber sauber, und man erreicht die einzelnen Etappenziele bequem mit Bussen. Erstes Ziel ist **Xing'an** 7 (S. 415), etwa 67 km nordwestlich von Guilin. Das durch seine breite, häßliche und hektische Hauptstraße nach außen hin zunächst recht abschreckend wirkende Örtchen offenbart ein ganz anderes Gesicht, wenn man zur Hauptattraktion Xing'ans, dem alten Lingqu-Kanal, abgebogen ist. Hier beherrscht die Gemütlichkeit alter chinesischer Dörfer die Szene, und entlang dem aus der Qin-Zeit stammenden Kanal bewegt man sich durch eine wunderschöne Parklandschaft. Der Kanal ist 34 km lang und verbindet das Flußsystem des Xiang Jiang über weitere Flüsse mit dem Yangzi. Mit einem Alter von 2100 Jahren dürfte der Lingqu der älteste Kanal der Erde sein. Man kann, will man am nächsten Tag zum Katzenberg, in der Nähe des Damms, der den Xiang-Fluß kanalisiert, übernachten oder noch am selben Tag mit dem Bus nach Ziyuan fahren und dort ein Hotel suchen.

Zwischen Xing'an und Ziyuan ragt in einer einsamen Bergregion der Katzen-

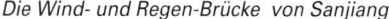

Die Wind- und Regen-Brücke von Sanjiang

berg oder **Mao'er Shan** 8 auf. Mit einer Höhe von 2142 m ist er die höchste Erhebung Guangxis und ein der örtlichen Bevölkerung heiliger Berg. Wer sich hierher verirrt, findet eine märchenhafte Berglandschaft sowie traumhafte Wandermöglichkeiten vor. Am dicht bewaldeten Osthang des Mao'er Shan entspringt auch der berühmte Li-Fluß. Man passiert die unscheinbare, jedoch markierte Quelle auf dem Weg zum Gipfel. Für den Ausflug sollte man einen möglichst frühen Bus von Xing'an nach Huajiang am Fuß des Berges nehmen. Die Piste von Huajiang auf den Gipfel hinauf ist 25 km lang, man muß also schon zügig wandern, um noch vor dem Dunkelwerden oben zu sein. Man kann aber auch auf den Bus warten, der die Ablösemannschaft der Wetterstation nach oben fährt, und versuchen mitzukommen, allerdings sollte man sich nicht darauf verlassen, daß es klappt. Auf dem Gipfel gibt es ein einfaches Hotel. Morgens zum Sonnenaufgang sollte man auf das Felsplateau hinter dem Hotel klettern, um dann von oben die überwältigende Fernsicht über die Bergwelt Guangxis zu genießen.

Um **Ziyuan** 9, das nächste Etappenziel, zu erreichen, muß man nicht nach Xing'an zurück, sondern kann einen Bus zur Landstraße Xing'an-Ziyuan nehmen und dort umsteigen. Ziyuan ist der Ausgangspunkt einer gemütlichen Bootsfahrt durch eine pittoreske Landschaft auf dem Zi-Fluß. Fast könnte dies der Ort sein, an dem sich der große Maler der Ming-Zeit, Tang Yin (1470–1524), zu den Zeilen »schnelle Strudel scheuern die grünen Klippen, in den leeren Bergen hallt ihr Echo wider« inspirieren ließ, denn auf der gut dreistündigen Bootsfahrt passiert man zahllose Stromschnellen, bizarre Felsformationen und weite Bambuswälder. Die Fahrt endet in

Trommelturm von Mapang

einem schönen Dorf der Yao-Nationalität, von wo aus ein Bus nach Ziyuan zurückfährt.

Durch die schwer zugängliche Gebirgswelt Guangxis führt die Route weiter in Richtung **Longsheng** 10, einem Siedlungsgebiet der Yao. Einige Kilometer vor der Stadt passiert man dessen Hauptattraktion, die heißen Quellen (Longsheng Wenquan). Mehrere einfache Hotels direkt an den Quellen bieten Unterkunft, doch kann es an den Wochenenden sehr voll werden. Oberhalb eines rauschenden Gebirgsflusses kann man hier bis spät nachts unter freiem Himmel im heißen Wasser sitzen und sich wohlfühlen. Über Longsheng geht die Fahrt nun weiter nach **Sanjiang** 11. Man sollte früh aufbrechen und Sanjiang mit einem weiteren Bus gleich wieder in Richtung der 40 km entfernten **Wind-und-Regen-Brücke** (Chengyang Fengyu Qiao) verlassen, wo sich direkt am Fuß der Brücke ein spartanisches, im Stil der Dong-Architektur gehaltenes Gasthaus findet. Die 1916 erbaute, 76 m lange Brücke besteht aus fünf durch Korridore miteinander verbundenen Pavillons und ist ein hervorragendes Beispiel für die Architektur der Dong. Die Gegend eignet sich für lange Wanderungen in die Dörfer sowie durch die Reisterrassen.

45 km nördlich von Sanjiang erhebn sich die beiden hölzernen **Trommeltürme von Mapang** (Mapang Gulou), die ein weiteres schönes Zeugnis für den Baustil der Dong bieten. Der ältere, 14 m hohe Turm ist einer der schönsten dieser Kommunikationsstätten, die fast jedes Dorf besitzt. Leider ist er nicht von der Brücke aus zu erreichen, sondern man muß zunächst nach Sanjiang zurück. Von dort nimmt man einen Bus bis zum Ort Baxie, wo man den Fluß überquert. Dann führt ein Pfad zu dem auf einer Anhöhe gelegenen Turm. Von Sanjiang aus fahren auch Busse nach Guilin, der nächsten Bahnstation, so man mit dem Zug weiter nach Westen reisen möchte.

Durch Guizhou nach Chongqing

Der Westen Guangxis und die Provinz Guizhou gehören zu den touristisch unerschlossensten Gebieten Chinas. Ein Besuch der abgelegenen tiefen Bergtäler und Dörfer, die von 13 verschiedenen Völkern besiedelt werden, erfordert noch viel Pioniergeist und vor allem Anspruchslosigkeit gegenüber den einfachen Unterkünften. Belohnt wird man durch unglaublich farbenfrohe lokale Sitten und Bräuche mit ständig und überall stattfindenden Festen, großen Märkten sowie einer Ursprünglichkeit, wie sie in China so eindrucksvoll kaum mehr existiert.

Anders hingegen ist Guizhous Hauptattraktion **Huangguoshu** 12 (S. 397), Chinas größter Wasserfall. Man erreicht ihn über eine Autobahn von Guiyang, der Provinzhauptstadt, via Anshun. Er ist 74 m hoch und 81 m breit. Sein Wasserstand ist abhängig vom Regen, und oft tröpfelt er nur als Rinnsal dahin, so daß man sogar den Spazierweg, der auf halber Höhe hinter dem Wasserfall entlangführt, sehen kann.

Die Umgebung von Huangguoshu eignet sich hervorragend zum Wandern. Entlang dem Fluß gibt es noch 18 weitere Wasserfälle, zwei davon in Laufweite: 1 km flußaufwärts und 8 km flußabwärts. Die Karst- und Höhlenregion ist eines der Siedlungsgebiete der Bouyei, deren Dörfer in der Umgebung verstreut liegen. Berüchtigt sind die Trinksitten dieser Minderheit. *Kaishui* – ›Kochendes Wasser‹ – wird das Gebräu genannt, das einem gleich zur Begrüßung in bis zum Rand gefüllten Reisschalen kredenzt wird. Chinesischer Schnaps ist die Rache des Reiskorns, wenn es vergoren wird. Der Schnaps der Bouyei allerdings muß über eine direkte Leitung zu einer Petroleumraffinerie verfügen. Wer beim Trinken durchhält, sollte zumindest bedenken, daß bis zur nächsten Straße oft Treppen bergauf zu überwinden sind, da viele der Dörfer schwer erreichbar an steilen Hängen liegen.

27 km vor Anshun hat man nicht nur Wasserfälle, sondern auch vier unterirdische Flüsse und zahllose riesige Höhlen entdeckt, die berühmteste ist die **Höhle des Drachenpalasts** (Longgong Dong), die eigentlich ein riesiges, von einem Fluß durchzogenes Höhlenlabyrinth darstellt, das man mit Booten durchfährt. Hier sollte man in jedem Fall noch einen

*Huangguoshu-
Wasserfall*

kurzen Aufenthalt einschieben, bevor es nach Guiyang zurückgeht.

Von Guiyang fährt man am besten mit dem Zug weiter. Über elf Stunden braucht die Bahn in der gebirgigen Region, um die knapp 460 km nach Chongqing zu überwinden. Zeit genug für spannende Lektüre, am besten Harrison Salisburies ›Der Lange Marsch‹. Die Provinz Guizhou war eine der schwierigsten Etappen während des Langen Marschs der chinesischen Kommunisten, der Zug aus 100 000 Soldaten mußte das unwegsame Gelände von Ost nach West und Nord nach Süd auf der Flucht vor den Truppen der Guomindang durchqueren. Nach gut dreieinhalb Stunden Fahrt läuft der Zug in **Zunyi** 13 ein. In China waren äußerlich unscheinbare Orte wie dieser nicht selten Schauplätze bedeutsamer Vorgänge. Bei einem Gläschen des berühmten Maotai, der in Maotai ganz in der Nähe gebrannt wird, taucht man in eines der folgenschwersten Kapitel sinokommunistischer Geschichte ein. Zusammen mit der Stützpunktbewegung vom Jinggang Shan in der Provinz Jiangxi 1927 und dem 3. Plenum des XI. Zentralkomitees im Dezember 1978, auf dem Deng Xiaopings Reformpolitik durchgesetzt wurde, galt die Konferenz von Zunyi im Januar 1935 als einer der drei großen Wendepunkte in der Geschichte der KPCh. Mao rief 20 ihm genehme Genossen des Politbüros zusammen – weniger als ein Drittel seiner gesamten Mitglieder –, änderte in einem Federstreich die bislang von der Komintern vorgegebene politische Taktik und enthob die beiden Komintern-Berater Bo Gu und Otto Braun aller ihrer Posten. An ihre Stelle traten nun Mao Zedong, Zhou Enlai und Zhu De, die von nun an ihre eigene Strategie durchsetzten. Das Unerhörte dieses Ereignisses war die Lossagung der ersten asiatischen Revolutionsbewegung von der Moskauer Führung. Mao konnte so seine, wenn auch auf zweifelhaftem Wege gewonnene, Position stärken, 1936 wurde er schließlich auch Führer der Partei, während die weiteren Konferenzteilnehmer in eine ›Revolutionsaristokratie‹ aufrückten, die in der späteren VR China die tonangebende Rolle spielen sollte.

Die neue Megalopolis – Chongqing

Hat man den Maotai verdaut, erreicht der Zug schon Chongqing **14** (S. 390), was soviel wie ›Verdoppelung der Feiern‹ heißt, ein kurioser Name, der auf den Song-Kaiser Zhao Dun zurückgeht. Zhao Dun war gerade Prinz von Gongzhou, so der frühere Name der Stadt, geworden, als er auf den Kaiserthron nachrückte. Zur Erinnerung an diese beiden für ihn freudigen Ereignisse benannte er Gongzhou in Chongqing um.

Hielten die entlegenen Regionen Guizhous und Sichuans für Mao Zedong die großen Triumphe bereit, entbehrte der Umzug der Nationalregierung nach Chongqing für Chiang Kai-shek und seine Guomindang jeglichen Grund zum Feiern und war politisch eher ein Symbol des Versagens. Konnte die Guomindang 1935 noch triumphieren, als sie die Kommunisten aus ihren Stützpunktgebieten endlich vertrieben hatte, mußte sie 1937 vor den heranrückenden japanischen Heeren selber fliehen, erst aus Nanjing und dann aus Wuhan. Chongqing war für die japanische Armee wegen des schwierigen Geländes zwar nicht einnehmbar, wurde dafür aber permanent bombardiert. Erstmals in der Geschichte Chinas war damit eine offizielle Hauptstadt in den Südwesten des Landes verlegt worden. Die Guomindang war nun allerdings von den Steuereinnahmen der reichen Yangzi-Gebiete abgeschnitten und geriet in Finanznot. Die Nationalregierung überstand die Zeit der Kriegswirren in desolatem Zustand. Nach der Kapitulation Japans konnte die Guomindang zwar zunächst erfolgreich die vormals besetzten japanischen Territorien zurückerobern, verlor jedoch gegenüber den Kommunisten – obwohl zahlenmäßig weit überlegen – mangels der Kampfmoral ihrer Soldaten immer mehr an Boden. Auf Vermittlung der USA kam es in Chongqing am 10. 1. 1946 zu einem Waffenstillstand, wohl auch in der Euphorie, den schrecklichen Krieg gegen

Japan überstanden zu haben. Die Konsultativkonferenz zwischen GMD und KPCh steckte die weitere Zusammenarbeit zwischen Kommunisten und Guomindang ab, doch statt sich in den Aufbau des Landes zu stürzen, begann ein halbes Jahr später der landesweite Bürgerkrieg.

Chongqing übernahm nach dem Abzug der Nationalregierung nicht nur das zerbombte Erbe und eine durch endlose Flüchtlingsströme auf 2 Mio. angewachsene Bevölkerung, sondern auch die in der Zeit zwischen 1938 und 1945 forcierte Industrialisierung, die nun konsequent weitergeführt wurde. Heute ist Chongqing mit seinen 2,5 Mio. Einwohnern das bedeutendste Industriezentrum Südwestchinas. 1997 wurde die Stadt und mit ihr der gesamte Einzugsbereich des neuen Staugebiets des Yangzi in den Rang einer regierungsunmittelbaren Stadt erhoben und erhielt dadurch den Status einer eigenständigen Provinz. Mit 30 Mio. Einwohnern avancierte der Großraum Chongqing zur größten regierungsunmittelbaren Stadt noch vor Shanghai mit ›nur‹ 12 Mio.

Die Stadt ist hauptsächlich als Abfahrtsort für die Yangzi-Kreuzfahrt interessant, doch hat man bis zur Abfahrt des Yangzi-Schiffes noch Zeit, lohnt ein Bummel durch das Zentrum zwischen **Befreiungsdenkmal** und den Docks am **Tor das den Himmel Grüßt** (Chaotian Men). Das Stadtbild unterliegt einem raschen Wandel, die Modernisierung der Innenstadt läßt kaum Zeit zum Luftholen, aber immer noch gibt es zahlreiche interessante Gassen zu entdecken, die von der allgegenwärtigen Abrißbirne übersehen wurden.

Wer etwas mehr Zeit erübrigen möchte, kann die im Nordwesten von Chongqing gelegenen **SACO-Gefängnisse** besuchen. Während des Zweiten Welt-

Chongqing, altes und neues Bauen

kriegs dienten die Gefängnisse der Sino-American Cooperation Organisation als KZ für politische, meist kommunistische Gefangene der Guomindang. Die USA hatten die SACO gegründet, um der Guomindang bei der Ausbildung von Geheimagenten zu helfen. Im Museum ist eine ›Ausstellung über die Verbrechen der USA und Chiang Kai-sheks‹ zu sehen mit vielen Bildern und Folterwerkzeugen der Guomindang. Die eigentlichen, kaum sehenswerten Gefängnisse Baigongguan und Zhazidong liegen noch etwa eine Stunde Fußweg entfernt. Auf dem Weg dorthin passiert man das **Rote-Klippen-Dorf** (Hongyan Cun). Hier befanden sich die Quartiere von KPCh-Repräsentanten wie Ye Jianning und Zhou Enlai während der Einheitsfront von Kommunisten und Nationalisten gegen die Japaner. Auf dem Gelände befindet sich auch das ehemalige Süd-Büro des ZK der KPCh.

Eine Kreuzfahrt auf dem Yangzi

3800 km hat der mit rund 6300 km längste Fluß Chinas und drittlängste Fluß der Welt bereits hinter sich, wenn er endlich die hügelige ›Zunge‹ von Chongqings Zentrum umspült. Dort vereint er sich mit dem Jialing-Fluß, einem von mehr als 700 Nebenflüssen, die ihre Wassermassen in den Chang Jiang, den Langen Fluß, ergießen und sechs Provinzen sowie 20% der chinesischen Ackerfläche bewässern. 40% der gesamten Getreideernte Chinas, darunter 70% der Reisernte, 33% der Baumwollernte, 48% aller Süßwasserfische und 40% der industriellen Produktion stammen aus der Region am Yangzi, der damit die wichtigste Lebensader Chinas ist.

Im Gespräch mit Chinesen wird man schnell feststellen, daß der Strom in seiner Gesamtheit gar nicht Yangzi heißt. Erst die Europäer haben ihn einfachheitshalber zum Yangtse Kiang gemacht. Die Chinesen selbst hatten nicht das Bedürfnis, ihrem Strom nur *einen* Namen zu geben. Er war lang genug, seinen Namen mehrfach zu wechseln. Seine Quelle liegt bei den Gletscher- und Schneefeldern der rauhen Tanggula-Berge in der Provinz Qinghai. Erst 1976 wurde der Ursprung des Yangzi, der Name soll hier beibehalten werden, am Fuß des 6621 m hohen Geladandong ausgemacht und erforscht. Zahllose Bäche schließen sich zunächst zum Tuotuo He zusammen und bilden im weiteren Verlauf den 813 km langen Tongtian, der sich seinen Weg steil bergab durch das Tibet-Qinghai-Hochland bahnt und als Goldsand-Fluß (Jinsha Jiang) die heutige Grenze zwischen Tibet und Sichuan bildet. 2308 km fließt er in Richtung Yunnan und danach durch aben-

Yangzi-Kreuzfahrt

teuerliche Schluchten und Windungen zurück nach Sichuan und hat 5200 Höhenmeter überwunden, bis er bei Yibin, wo die Flüsse Min, Tuo und Wu ihre Wassermassen in den Strom ergießen, seinen Namen in Chang Jiang, Langer Fluß, der in China geläufigste Name für den Yangzi, ändert. Die Bewohner der Yangzi-Regionen nennen ihren Fluß meist einfach nur Jiang, Fluß eben, oder Da Jiang, Großer Fluß. Bis Yichang, einem der Endpunkte der Yangzi-Kreuzfahrt, reicht der Oberlauf des Yangzi, der etwa 1000 km lange mittlere Lauf wird von dem Stück zwischen Yichang und Hukou gebildet, während man von dort bis zum Delta bei Shanghai vom Unterlauf spricht. Erst der Unterlauf im ›Land von Fisch und Reis‹, etwa ab der Stadt Wuhu, wird als Yangzi Jiang bezeichnet, wenngleich auch dieser Teil in China unter dem Namen Chang Jiang bekannter ist.

Mit dem Verkehr auf dem Yangzi verbindet sich viel Schiffahrtsromantik, doch das Leben der Schiffer war hart und hatte mit der Romantik der Literatur gewordenen Gefühle gebildeter Mandarine nichts gemein. Schlimm waren die Schlepper dran, die die Dschunken für einen Hungerlohn mit langen, über die Schultern geworfenen Tauen über die Stromschnellen zogen. Ihr Leben zählte nichts, und viele von ihnen kamen bei ihrer Arbeit ums Leben. Niemand scherte sich darum, und die ausgefallenen Schlepper wurden einfach ersetzt.

Noch bis Anfang des 20. Jahrhunderts dauerte die Reise stromaufwärts von Yichang nach Chongqing bei Niedrigwasser 30 Tage und bis zu 50 Tage bei Hochwasser, stromabwärts war man etwa fünf bis zwölf Tage unterwegs. Erst mit der Sprengung von Hindernissen und dem Bau des Gezhouba-Damms konnte die Reise auf dem Yangzi sicherer gemacht werden, und heute fährt man mit riesigen Luxusschiffen durch die Schluchten.

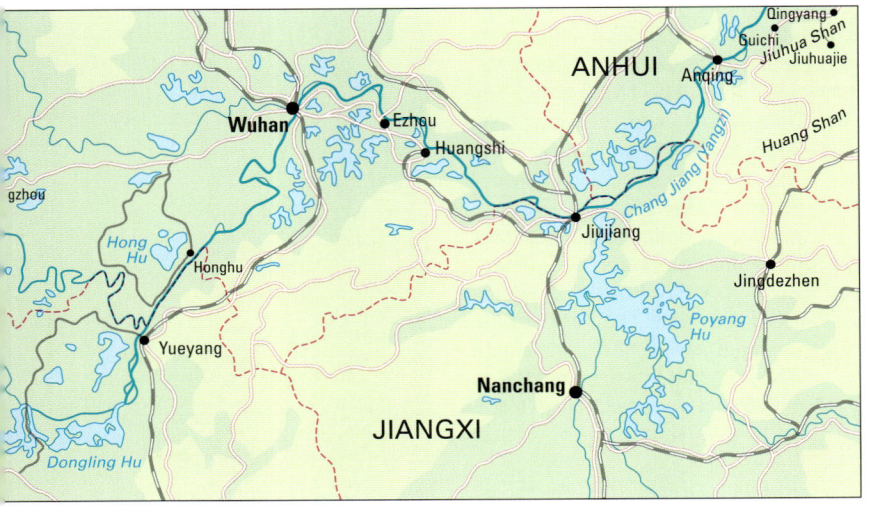

Zusammen mit der Li-Flußfahrt gilt die Fahrt durch die Drei Schluchten als schönste Schiffahrt Chinas. Doch wie immer sollte man den rosig-romantischen Faltblattankündigungen der Tourismusindustrie skeptisch gegenüberstehen. Außerdem weiß noch niemand so recht, was aus den Kreuzfahrten wird, wenn die zweite Staustufe des neuen Damms 2003 geflutet wird. Die Fahrt kann zweifelsohne ein echtes Erlebnis sein, aber wer viel gesehen hat oder zuviel erwartet, wird vielleicht enttäuscht sein. In jedem Falle erwarten einen ein paar schöne Tage an Bord, und da viele der Sehenswürdigkeiten unterwegs eng mit der Geschichte der Drei Reiche verknüpft sind, sollte man als Reiselektüre den großen Roman ›Die Drei Reiche‹ in der Übertragung von Franz Kuhn im Gepäck haben. Sinnvoll ist es, die Fahrt auf einem der Touristenschiffe mitzumachen. Sie ist zwar teuer, schließt aber die Landausflüge mit ein. Wer mit normalen Personenfähren reist, fährt billig, aber an allen Sehenswürdigkeiten ohne Halt vorbei, darüber hinaus fahren viele der Fähren nachts durch die Schluchten!

Fengdu, ›Stadt der Geister‹, heißt der erste interessante Halt, und mit ihr materialisiert sich der ureigenste, so pragmatische chinesische Wesenszug. Im alten China glaubte man, daß die Seele eines jeden Verstorbenen vor den Gott der Hölle treten müßte. Die grausamsten Strafen erwarteten die Sünder, wurden sie vom Höllengott in den chinesischen Hades geschickt, der immerhin aus 18 (Leidens-)Ebenen bestand. Doch findig wie immer, wußten die Chinesen einen Ausweg, und der befand sich in Fengdu, dem Sitz des Königs der Unterwelt. Daß man diesen ausgerech-

net in Fengdu lokalisierte, verdankte der Ort den Namen zweier Gelehrter, die hier angeblich unsterblich wurden. Einer hieß Yin, der andere Wang, was zusammen ›König der Unterwelt‹ bedeutet, und schon bald wurde Fengdu nicht mehr mit den Unsterblichen in Verbindung gebracht, sondern nur noch mit dem Höllengott. 704 wurde ein erster Tempel auf dem heiligen daoistischen Berg Ming gebaut und dem König der Unterwelt gewidmet. Schnell sprach sich das freudige Ereignis herum, und Fengdu wurde zum Pilgerziel, konnte man in den Tempeln des Ming Shan gegen gutes Geld doch einen ›Himmelspaß‹ erwerben und sich damit den Weg aus der Hölle erkaufen. Den Tempeln ging es dabei gut, und es wurden ihrer immer mehr. Heute sind sie originell ausgestattet mit allerlei Darstellungen von Höllenqualen, Folterwerkzeugen und grausamen Dämonen. Früher gab es im Ort häufig Namen wie ›Paß zum

Durch die Schluchten des Yangzi

Foltern der Seelen‹, ›Letzter-Blick-zurück-Turm‹ oder ›Nichts-mehr-zu-machen-Brücke‹. 1870 versank Fengdu kurzzeitig in den Hochwasserfluten des Yangzi und wurde eine Zeitlang zur echten Geisterstadt. Dieses Schicksal wird sie nach 2000 wieder ereilen, wenn sie in den Fluten des neuen Stausees versinkt.

Als nächstes passiert das Schiff ein echtes Juwel chinesischer Tempelarchitektur: **Shibaozhai**, die ›Steinschatzfestung‹, ein von der Flußperspektive aus höchst beeindruckendes Bauwerk, das sich über 30 m nach oben verjüngend, einen Fels hochzieht. Dieser, einem Jadesiegel ähnelnde Fels soll von Nüwa, der Gattin und Schwester des Ehrwürdigen Fuxi, geschaffen worden sein, als sie die nach einem Kampf mit dem Ungeheuer Gongnong zerstörte Himmelssäule reparierte und dabei einen Erdrutsch auslöste. Der Qianlong-Kaiser ließ einen Tempel auf dem Fels errichten, und 1819 wurden die ersten neun

Stockwerke des Pagodentempels gebaut, über die man den auf dem Fels gelegenen Tempel bequemer erreichen konnte. 1956 wurden noch einmal drei Stockwerke aufgesetzt. Jede Etage des leuchtendroten Bauwerks ist einem der berühmten Generäle aus der Zeit der Drei Reiche, lokalen Gelehrten oder bekannten Dichtern gewidmet. In der hinteren Halle des oben auf dem Felsen gelegenen Tempels befindet sich das ›Reis-Loch‹. Einer Legende nach wurden die Mönche Shibaozhais auf mysteriöse Weise durch dieses Loch mit einem nie versiegenden Strom Reis versorgt. Ein gieriger Abt vergrößerte die Öffnung, in der Hoffnung den Reisfluß zu steigern und sich durch den Verkauf zu bereichern. Der Erfolg war, daß die Reisquelle für immer versiegte.

Wer mit einer normalen Fähre unterwegs ist, muß in dem Örtchen **Xituozhen** am südlichen Ufer aussteigen und mit einer lokalen Fähre über den Fluß zum Tempel fahren.

Abends erreichen die meisten Fähren **Wanxian**, wo sie über Nacht festmachen, falls sie nicht doch nachts durch die Schluchten fahren. Die beiden neungeschossigen Pagoden zum Schutz der Stadt konnten es nicht verhindern: Wanxian ist von dem Bau des neuen Drei-Schluchten-Staudamms am stärksten betroffen. Zwei Drittel der 1,2 Mio. Menschen, die umgesiedelt werden müssen, leben im Verwaltungsdistrikt der Stadt, zwei Drittel Wanxians werden in den Fluten versinken, und damit wird eine bewegte Geschichte als wichtiger Handelshafen geflutet. Wanxian war ein Zentrum des Dschunkenbaus, die Gilde der Yangzi-Schiffer hatte hier ihr Hauptquartier, und Tag und Nacht wimmelte der Hafen von ankommenden und abfahrenden Schiffen. Vom Wasser verschluckt wird auch das kurze und

schmerzvolle Kapitel als ausländischer Handelshafen seit 1902. 1926 schossen zwei englische Kanonenboote die Stadt in Brand, nachdem es ein lokaler Warlord gewagt hatte, ausländische Schiffe für seine Soldaten zu requirieren. Wie von alters her muß man heute noch Hunderte von Treppen hinaufsteigen, um zum berühmten Rattan- und Nachtmarkt in der Shengli Lu zu gelangen. Strohmatten, Hüte, Schuhe und Körbe, kurz alles, was sich aus Stroh und Rattan machen läßt, wird hier verkauft. Parallel dazu verläuft die Er Malu, die Haupteinkaufsstraße der Stadt.

Frühmorgens legen die Kreuzfahrtschiffe ab, und man muß zeitig aufstehen, will man einen Blick auf den 55 km weiter stromabwärts gelegenen **Zhangfei-Tempel** (1) erhaschen. Er liegt gegenüber der Ortschaft Yunyang am jenseitigen Flußufer, wo er sich im Schutz eines Hügels an den Hang schmiegt. Schon von weitem leuchten die vier Schriftzeichen »Auf dem Fluß herrscht eine erfrischende Brise« (Jiangshang Fengqing) über dem Tor des dreigeschossigen Pavillons der Haupthalle. Bis zu dieser Kalligraphie reichten 1870 die verheerenden Fluten des Yangzi: bei seinem bis heute schlimmsten Hochwasser.

Zhang Fei, der ›Tiger-General‹, war ein berühmter Heeresführer in der Zeit der Drei Reiche. Zusammen mit seinen beiden Blutsbrüdern Liu Bei, dem König von Shu, und dem unbestechlichen General Guan Yu sowie dem genialen Strategen Zhuge Liang führte er den Krieg gegen das Königreich Wei, in dem der brillante aber skrupellose Cao Cao herrschte, und gegen Wu, wo der verräterische Sun Quan die Macht ausübte. Sie waren die Hauptakteure des vielleicht berühmtesten historischen Dramas der Chinesischen Geschichte, das in dem Roman ›Die Drei Reiche‹ sein

poetisches Denkmal erhielt. Als Zhang Feis Blutsbruder Guan Yu 221 bei einer Schlacht getötet wurde, schwor der Tiger-General Rache und bereitete sich auf eine Schlacht gegen Wu vor. Zwei seiner Heeresführer allerdings planten Verrat, machten Zhang Fei vor der Schlacht betrunken und köpften ihn. Mit einem Boot und dem Kopf flohen sie nach Yunyang, in der Absicht, sich Wu zu ergeben. Als sie jedoch von einer Friedensvereinbarung zwischen Wu und Shu hörten, warfen sie den Kopf in den Strom, wo er um ein Fischerboot kreiste. Im Traum erschien Zhang Fei dem Fischer und bat ihn, seinen Kopf zu retten und in Shu zu begraben. An der Stelle des Grabes wurde schließlich in der Song-Dynastie ein erster Tempel errichtet.

26 km weiter stromabwärts erreicht man die quirlige, ebenfalls dem Untergang geweihte Ortschaft Fengjie, eine typische Ortschaft am Oberlauf des Yangzi. Sie ist der Ausgangsort für das nahe **Baidicheng** gleich an der Einfahrt zur Qutang-Schlucht, das man auf einer 20minütigen Fahrt mit einer lokalen Fähre erreicht. Die ›Stadt des Weißen Königs‹ ist eine einzige Huldigung an die Helden von Shu, die im Baidi-Tempel als Statuen zu sehen sind. Ihren Namen verdankt sie allerdings einem anderen Ereignis. Am Anfang des 1. Jahrhunderts erkor ein hoher Offizier und Beamter namens Gong Sunshu den Ort zu seinem Hauptquartier. Im Jahr 25 entwich auf einmal weißer Rauch in Form eines Drachens aus einem Brunnen im Hof seines Palastes und überzeugt, daß es sich um ein Omen handeln müsse, proklamierte sich Gong zum Weißen Kaiser und nannte den Ort fortan ›Stadt des Weißen Kaisers‹. Zum Tempel führen einige hundert Stufen die bewaldeten Hänge des Baidi-Berges hinauf. Der erste Pavil-

Projekt des Größenwahns – der Drei-Schluchten-Damm

Tituliert wurde das seit mehr als 40 Jahren in den Schubladen der chinesischen Regierung schlummernde Mammutprojekt ›San Xia‹ bereits als »der schrecklichste unter den 20 Großdämmen der Welt«. Einmalig in der Geschichte des kommunistischen China, konnte das Staudammprojekt 1992 nur mit einer hauchdünnen Mehrheit im April 1992 vom VII. Nationalen Volkskongreß bestätigt werden. Eine Mehrheit mit gravierenden Folgen. Der Hintergrund klingt vordergründig vernünftig: Hochwasserschutz gegen die oft verheerenden Fluten, Energieerzeugung, Schifffahrt und Wasserversorgung in einem sollen mit ihm entwickelt werden. Hinter einem gewaltigen Betondamm wird die Bergwelt des mittleren Yangzi dabei in einem 40 Mrd. m³ Wasser fassenden Stausee untergehen. 1,3 Mio. Menschen müssen umgesiedelt werden, 30 000 ha Ackerland werden vernichtet, 13 Städte, 140 Kleinstädte, 657 Fabriken und zahlreiche historische Stätten werden in den Fluten des Yangzi versinken, gar nicht zu reden von der Vernichtung eines kompletten natürlichen Lebensraums. Der neue Staudamm ist jedoch nicht nur in ökologischer Hinsicht umstritten. Die Sicherheit eines der wichtigsten Wirtschaftsgebiete Chinas hängt nach der geplanten Fertigstellung im Jahr 2008 von einer einzigen 185 m hohen Mauer ab. Sollte sie gesprengt werden, reißt eine 175 m hohe Wasserwand Millionen von Menschen sowie das mittlere und untere Yangzi-Tal mit sich fort. Eine Herausforderung ohnegleichen, da auch ein komplettes militärisches Sicherheitssystem entwickelt und aufgebaut werden muß, das den neuen Damm vor allen Gefahren zu schützen in der Lage ist.

lon am Hang ist der Westliche Pavillon, der dem Poeten Du Fu gewidmet ist. Er soll hier zahlreiche seiner melancholischen Gedichte geschrieben haben.

Zu Füßen von Baidicheng formen zwei Berge das Kui-Tor (Kui Men), die Einfahrt in die **Qutang-Schlucht** (2), die zu den gefährlichsten Durchfahrten zählte und nur mit Hilfe von menschlichen Schleppern zu überwinden war, die die Dschunken flußaufwärts über die Stromschnellen zogen. 107 m ist der Yangzi hier breit, und zu Hochwasserzeiten steigen die Fluten bis zu 50 m, im September 1929 waren es sogar mehr als 75 m. Noch bis in die 50er Jahre hinein flankierte ein gewaltiger, 40 m hoher Felsblock das Kui-Tor. Verschwand er in den Fluten des Yangzi, war dies das Signal, den Schiffsverkehr einzustellen. Als Gefahrenstelle für die Schiffe wurde er 1959 gesprengt.

Paradies im Herzen Chinas – der Wulingyuan-Nationalpark

Tief im Süden der Provinz Hunan, der ›Wiege der Staatsmänner, Philosophen und Dichter‹ – Mao Zedong, sein größter Kontrahent Liu Shaoqi, Peng Dehuai, Hu Yaobang und die Schriftstellerin Ding Ling wurden hier geboren – liegt eine der spektakulärsten Landschaften Chinas, der Wulingyuan-Nationalpark **16** (S. 414). Bizarr geformte Felsen, von Kiefernwäldern bedeckte, unüberwindliche Berge, Täler, die vom Duft der Mischwälder erfüllt sind, malerische Dörfer der Bai-, Tujia- und Miao-Nationalitäten, die in einer urtümlichen Landschaft liegende Suoxi-Schlucht (Suoxi Yu), einsame Seen, deren azurblaues Wasser mit dem Smaragdgrün der Wälder um die Wette leuchtet, und der Tianzi-Berg (Tianzi Shan) mit seinen Wasserfällen, Karsthöhlen und Tempelruinen sind nur einige wenige gewichtige Gründe für einen längeren Aufenthalt in diesem 13 000 ha großen Naturparadies, das zu ausgedehnten Wanderungen einlädt.

Der Wulingyuan-Nationalpark besteht aus den drei Teilen Zhangjiajie, Suoxi Yu und Tianzi Shan, die zum Teil weit auseinanderliegen und durch Wanderwege sowie Busse untereinander verbunden sind. Von Yichang aus kann man entweder mit einem der nur selten verkehrenden Züge oder aber mit den häufigeren Bussen nach Zhangjiajie, dem Startpunkt für einen Besuch des Wulingyuan-Nationalparks, fahren. Der Zug hält in einer Station namens Zhangjiajie, der Ort selbst heißt aber Dayong, und von dort muß man mit dem Minibus noch etwa eine Stunde ins eigentliche Zhangjiajie am Parkeingang fahren. Eine weitere Anreisemöglichkeit ist der Flug von Wuhan nach Dayong.

Nur knapp 8 km lang ist diese erste Schlucht, die die vielleicht schönste Passage auf der Fahrt darstellt: so ziemlich jeder Gipfel, jeder Fels und jedes Loch sind mit einer Legende behaftet. Kurz hinter Baidicheng passiert man die am Südufer gelegenen **Mengliang-Treppen** (3), die gleich von mehreren verschiedenen Legenden umrankt sind. So soll General Meng Liang hier mit seiner kompletten Armee, die auf ihren Schiffen in der Schlucht eingekesselt worden waren, entkommen sein, indem sie versetzt angeordnete Löcher in den Fels meißelten und sie mit Hilfe hölzerner Pflöcke zu Leitern verbanden. Wie sie allerdings den Gipfel überwunden haben, bleibt ein Geheimnis, hören doch die Löcher weit vor dem Gipfel plötzlich auf. Eine andere Version will daher auch wissen, daß Meng Jiang die sterblichen Überreste seines Kameraden General

Yang Jiye, der auf einer Plattform auf der oberen Hälfte des Berges begraben war, heimlich in dessen Heimatort bringen wollte, um sie dort zu begraben. Da er sich auf feindlichem Territorium befand, stahl er sich des Nachts in die Schlucht und fing an, die Löcher für eine Leiter in den Fels zu hauen. Er wurde dabei von einem Mönch entdeckt, der, um ihn zu erschrecken, wie ein Rabe anfing zu krächzen. Meng Liang, der dachte, daß die Dämmerung anbräche, fürchtete seine Entdeckung und gab das Vorhaben auf. Später erkannte er, daß er die Aufgabe seines Vorhabens dem Mönch verdankte, und hing ihn voller Zorn kopfüber an einem Fels auf. Dieser Fels befindet sich gleich unter den Mengliang-Treppen und heißt ›Fels des Hängenden Mönchs‹ (Daodiao Hesheng Shi). Tatsächlich aber führten die Stufen von einer uralten Ansiedlung zum Fluß hinunter. Am höchsten Punkt des Felsens sieht man die Waffen-Höhle, in der man drei 2000 Jahre alte Särge aus der Zeit des Königreichs Ba fand. Weitere Särge wurden in anderen Höhlen gefunden. Auf der anderen Flußseite gegenüber den Mengliang-Treppen gibt es eine Felsformation, die an versteinerte Blasebälge erinnert. Der Gott der Zimmerleute soll sie benutzt haben. Hier hingen die mysteriösen Särge eines Volkes von Ureinwohnern namens Bo, die die Sitte hatten, die Toten in Särgen an Klippen aufzubahren. Daher rührt auch der von den frühen Reisenden benutzte Name Wind-Box-Schlucht.

Bei der Durchfahrt durch die Schlucht sieht man hoch oben im Felsen des Nordufers noch den alten, 1889 in den Fels gehauenen Pfad, über den die Schlepper die Schiffe stromaufwärts zogen. Bei **Daixi** endet die Schlucht. In diesem Ort wurde zwischen 1959 und 1975 eine jungsteinzeitliche Siedlung

mit 214 Gräbern freigelegt. Hinter Daixi verbreitert sich der Yangzi wieder, und nach einiger Zeit erreicht man **Wushan**, einen malerischen Ort am Nordufer. Er ist Ausgangspunkt der Bootsfahrt in die **Drei Kleinen Schluchten** (4), die sich 33 km lang den Daning-Fluß hinaufziehen. Auf Sampans nachempfundenen, langen Booten fährt man erst durch die 3 km lange Drachentor-Schlucht, dann durch die 10 km lange Nebelige Schlucht (Bawu Xia), die mit ihren Felsen, Höhlen und hoch aufragenden Berggipfeln die schönste der Drei Schluchten ist, und erreicht schließlich Shuanglong (Zwei Drachen), ein Dorf, in dem in der Regel Mittagspause gemacht wird. Die Bawu-Schlucht wird auch gern als Eisensarg-Schlucht (Tieguan Xia) bezeichnet, hängt doch hoch oben, nur mit einem Fernglas sichtbar, ein ›eiserner‹ 2000 Jahre alter Sarg, dessen Holz im Lauf der Zeit eine dunkle Eisenfarbe angenommen hat. Letzte und mit 20 km längste Schlucht ist die Schlucht des Smaragdgrünen Tropfens (Dicui Xia). Am Ende der Schlucht wenden die langen Boote und sausen nun in der Hälfte der Zeit, die sie für den Hinweg benötigt haben, zurück nach Wushan.

Von Wushan aus bahnt sich der Yangzi seinen Weg in die zweite der drei Schluchten, die **Hexenschlucht** (5, Wu Xia). Sie ist 40 km lang und wird von je sechs Gipfeln auf beiden Ufern geformt, die natürlich alle mit einem Namen versehen sind.

Kurz vor Einfahrt in die rund 76 km lange **Xiling-Schlucht** (6) passiert man die Ortschaft **Zigui**, in deren Nähe der berühmte Dichter und Beamte Qu Yuan geboren wurde. Ein Ahnentempel erinnert an diese große historische Gestalt, deren Geschichte bereits jedem Kind geläufig ist, wird sie doch mit den berühmten Drachenbootrennen in Verbindung gebracht. Qu Yuan, der in der Zeit der Streitenden Reiche im Staat Chu als Beamter von 332–295 v. Chr. tätig war, ertränkte sich aus Gram über die Korruptheit der Welt am fünften Tag des fünften Mondes im Dongting-See. Der Legende nach wurde in langen Drachenbooten nach ihm gesucht. Als man seinen Körper nicht fand, wickelte die Bevölkerung Klebereis in Bambusblätter und warf sie am Ort des Selbstmords als Opfergaben ins Wasser. Seitdem gibt es am 5. Tag des 5. Monats (meist der Juni) das Drachenbootfest (Duanwu Jie) und die Sitte, zum Fest den in Bambusblätter eingewickelten Klebereis (Zongzi) zu essen. Inmitten der Schlucht beim Örtchen **Sandouping** entsteht der neue, gewaltige, umstrittene **Drei-Schluchten-Staudamm**, dessen erste Staustufe 1997 fertig geworden ist.

Hinter der Xiling-Schlucht erreicht man schließlich den Gezhouba, den ersten großen Staudamm, und muß sich in die Schlange vor den drei Schiffshebewerken einreihen, bevor man im Fährhafen von **Yichang** 15 (Karte S. 270) anlegt. Von hier aus kann man einen Abstecher zum spektakulären **Wulingyuan-Nationalpark** 16 (S. 306, 414) machen. Der Endpunkt der meisten Kreuzfahrten ist Wuhan.

Wuhan

Der 3,5 Mio. Einwohner zählende Moloch Wuhan 17 (S. 413) ist das wichtigste Wirtschaftszentrum Zentralchinas. Der Yangzi trennt mit einer Breite von 1,5 km den Stadtteil Wuchang, von Hanyang und Hankou, die wiederum durch den Han-Fluß voneinander getrennt werden. Der Strom ist tief genug, um als großer Überseehafen für Schiffe bis zu 10 000 t befahrbar zu sein.

Den Engländern blieb die bevorzugte Lage Wuhans als wirtschaftlicher Knotenpunkt im Zentrum des Landes nicht verborgen, und so erzwangen sie 1861 die Öffnung der Stadt für ihre Handelsaktivitäten. Ab 1894/95 kamen auch Russen, Franzosen, Deutsche und Japaner, die in Hankou ihre Niederlassungen gründeten. Dieser Teil der Stadt war für Chinesen wirtschaftlich uninteressant, da ihre Dschunken wegen der starken Strömung des Yangzi hier nicht festmachen konnten. Die Ausländer schütteten Land auf, um ihre Konzessionen vor den regelmäßigen Überschwemmungen zu schützen. Das durch den Yangzi isolierte Wuchang ist der älteste Stadtteil Wuhans, der noch bis zum Ende des 19. Jahrhunderts von einer Stadtmauer umgeben war. Hier ging an jenem 9. Oktober 1911 die selbstgefertigte Bombe in die Luft, die zum Ende des Kaiserreichs führte. Am 5. September 1926 beschossen britische Kriegsschiffe Wanxian, und kurze Zeit später kam es zu derart gewaltsamen Ausschreitungen chinesischer Demonstranten gegen die Briten, daß diese beschlossen, ihre Konzession in Hankou aufzugeben. Dies war der erste Einbruch des chinesischen Nationalismus in die Vorrechte einer westlichen Großmacht.

1937 geriet die Stadt erneut in den Strudel gesamtchinesischer Ereignisse, als die Guomindang-Regierung nach dem Fall Nanjings Wuhan kurzzeitig zu ihrer Hauptstadt machte. Als prosperierende Industriestadt war Wuhan auch ein bevorzugtes Aktionsfeld für den kommunistischen Untergrund, und 1966 knüpfte Mao Zedong im Alter von 73 Jahren in einer aufsehenerregenden Schwimmaktion an die einstige Bedeutung an, als er 15 km schwimmend im Yangzi zurücklegte.

Haupteinkaufsstraße ist die **Zhongshan Dadao**, wo Tag und Nacht gehandelt, eingekauft, flaniert und gegessen wird. Ebenfalls interessant ist ein Bummel über den **Bund** von Wuhan, der einstige 3,5 km lange gemeinsame Kai der Konzessionsgebiete. Auf der Höhe der Yanjiang Dadao zur Kreuzung Yiyuan Lu, der alten Augustastraße, steht noch das prachtvolle alte Gebäude des **ehemaligen deutschen Konsulats**, das 1905 fertiggestellt wurde und die typische Architektur der Europäer in den heißen Gebieten Chinas widerspiegelt. Auch Teile des **alten Rathauses** mit seiner eigenartigen, nach seiner Fertigstellung heftig umstrittenen Architektur stehen noch, und zwar dort, wo Eryue Lu und Shengli Lu aufeinandertreffen. In dem 1907 errichteten Gebäude befindet sich heute eine Polizeistation.

Wenigstens einmal sollte man mit der Fähre über den Yangzi setzen und vom gewaltigen, schlammig-gelben Strom aus die noch gewaltigere **Yangzi-Brücke** bewundern, ein Bauwerk, auf das die Chinesen besonders stolz sind, wurde es doch zwischen 1955 und 1957 in der Rekordzeit von nur zwei Jahren erbaut. Zusammen mit der Yangzi-Brücke in Nanjing war sie ein ästhetisches Symbol des neu erwachenden chinesischen Selbstbewußtseins.

Will man die Brücke nicht nur von unten sehen, kann man noch zum **Turm des Gelben Kranichs** (Huanghe Lou) am Wuchanger Ende der Brücke wandern und den herrlichen Ausblick über die florierende Stadt genießen. Weitläufige Parkanlagen wie der **Ost-See-Park** (Donghu Gongyuan), die sich um große Seen herumziehen, laden zu ausgedehnten Spaziergängen ein.

Der Berg des Kshitigarbha – Jiuhua Shan

Ein letztes Mal sollte man wieder eine Yangzi-Fähre besteigen und sich mit dem inzwischen gewaltig breiten Strom gen Osten treiben lassen. An vielen Stellen ist der Yangzi nun so breit, daß man seine beiden Ufer nicht mehr ausmachen kann. Ziel der Fahrt ist Guichi am Südufer des Yangzi, wo man in einen Bus zum Jiuhua Shan umsteigen kann. Der Jiuhua Shan **18** (S. 399) gehört mit dem Emei Shan, Wutai Shan und Putuo Shan zu den vier heiligen Bergen des chinesischen Buddhismus. Ursprünglich war er im 3. Jahrhundert, als Mönche hier erste Eremitagen bauten, ei-

gentlich ein daoistischer Berg. Mit der Verbreitung des Buddhismus verloren die daoistischen Einsiedeleien an Be-

Jiuhua Shan, Qiyuan-Tempel

deutung, und die herrliche Bergregion wurde von den Buddhisten für sich entdeckt. Sie bauten steinerne Klöster, und während der Blütezeit des Buddhismus in der Tang-Zeit lebten hier nahezu 5000 Mönche in 300 Klöstern. Seine Bedeutung als heiliger Berg verdankt der Jiuhua Shan dem koreanischen Prinzen Kim Gio Gak aus dem Königreich Silla, der 720 hier eintraf, Mönch wurde und einen Tempel für den Transzendenten Bodhisattva Kshitigarbha gründete, den Hüter der unterirdischen Welt und der Höllen, von dem die Legende berichtet, daß er seine Macht einst auf dem Jiuhua Shan gezeigt habe. In dieser Eigenschaft ist Kshitigarbha ständig bemüht, die Qualen der in den Höllen schmorenden Verdammten zu lindern. Lange Zeit nach Kims Tod fand man seinen Körper unversehrt, und so wurde er als Inkarnation des Kshitigarbha angesehen. Am 30. Tag des siebten Mondes, Kims Todestag, finden auf dem Jiuhua Shan große Zeremonien mit vielen Pilgern statt.

Von den 99 Gipfeln des Jiuhua-Gebirges ist der Gipfel der Zehn Könige (Shiwang Feng) mit 1342 m der höchste, und der Aufstieg zieht sich über 8 km hin. Etwa 70 der Tempel sind heute noch erhalten und über eine ganze Reihe von Wanderwegen zu erreichen. Der Hauptort, von wo die Wanderung auf endlosen Treppen zu den Gipfeln beginnt, ist **Jiuhuajie**, wo den Pilgern einfache Hotels zur Verfügung stehen. Zahlreiche Kloster- und Tempelanlagen säumen den Weg zum Gipfel. Wichtigster Tempel des Jiuhua Shan ist der im 8. Jahrhundert von Kim Kiao Kak gegründete **Huacheng-Tempel** (Huacheng Si). Als ältestes Gebäude des Komplexes gilt die Bibliothek Zangjing Lou (erbaut zwischen 1426 und 1434). Östlich davon steht der **Qiyuan-Tempel** (Qiyuan Si). Alle anderen erhielten ihre heutige Form in der Qing-Zeit. Ein weiterer interessanter Tempel trägt den poetischen Namen **Kostbare Halle der Leiblichen Hülle** (Roushen Baodian) und wurde 794 gegründet. Was heute zu sehen ist, stammt aus der zweiten Hälfte des 19. Jahrhunderts. Sehenswert im **Palast des Hundertjährigen** (Baisui Gong) ist die goldüberzogene Mumie des Mönches Wuxia (auch Haiyu genannt), der während der Wanli-Ära der Ming-Zeit (1573 bis 1619) lebte und durch besondere Übungen 126 Jahre alt geworden sein soll.

Das Mondfest wird am Jiuhua Shan mit buddhistischen Zeremonien und Umzügen gefeiert und findet am 15. Tag des 8. Monats (meist September) statt. Da zu dieser Zeit sehr viele Besucher hier sind, sollte man schon vorher eintreffen, um eine Unterkunft zu finden.

Landschaft der ›Unsterblichen‹ – Das Gelbe Gebirge

Von Jiuhuajie fahren im Sommer Busse direkt zum **Huang Shan** 19 (S. 397 f.), der bizarrsten und fraglos schönsten Gebirgsregion Chinas. Außerhalb der Saison muß man zunächst einen Bus nach Qingyang nehmen und dort zum Huang Shan umsteigen.

Geheimnisvolle, bizarre und schöne Bergregionen gibt es viele in China, aber kaum eines dieser Gebirge ist der einzigartigen Schönheit des Huang Shan, des Gelben Gebirges, vergleichbar. Inmitten der romantischen Bergwelt der Provinz Anhui, die hier noch ganz ihren ländlichen Charakter bewahrt hat, ragen die

bis zu 1800 m hohen mächtigen Felsgipfel in die Wolken und scheinen sich in der Unendlichkeit des Himmels zu verlieren. Nicht umsonst war der Huang Shan eines der Lieblingsmotive aller chinesischer Maler. Das Gebirge erstreckt sich auf einem Areal von rund 1600 km^2, und überall stößt man auf seine meist völlig unzugänglichen, steilen und schroffen Felswände. Das pittoreske Bild wird von den knorrigen, alten Kiefern vollendet, die in den phantasievollsten Variationen auch noch auf dem schmalsten Felsvorsprung wachsen.

Wer sich ganz dem Zauber der Landschaft hingeben will, sollte mit der Seilbahn auf den Gipfel fahren, oben in einem der Hotels übernachten und auf alle Fälle den Wanderweg nach Tangkou hinabsteigen: ein Weg ganz aus Treppe mit geradezu abenteuerlicher Strec führung, entlang den steilsten über Felswände, durch Höhl an Wasserfällen und durch ten. Sechs Stunden bra 7,5 km, wer aber die Treppen zu erklim fel Tiandu Fe Hauptstadt men-Gi fel w

Yunnan – Ewiges Eis und schwüle Tropen

Um die Gunst der Besucher konkurrieren in China 32 Provinzen und Städte, sie alle sind einzigartig, sei es in kultureller Hinsicht, wegen herrlicher Landschaften oder im Idealfall dank einer Synthese aus beidem.

Eine Provinz aber schlägt an Vielseitigkeit alle – Yunnan. Die Landschaften Yunnans, einer sich in die äußerste Südwestecke Chinas schmiegenden Provinz, die an ihrer Ausdehnung nur durch natürliche Grenzen gehindert wird, reichen von den unüberwindlichen, eisüberzogenen Hochgebirgen jenes Teils von Tibet, der in den 50er Jahren Yunnan zugeschlagen wurde, bis zu den undurchdringlichen tropischen Regenwäldern Xishuangbannas, die den Übergang zu den Ländern Südostasiens formen. Hier findet man den größten Artenreichtum an chinesischer Flora und Fauna, mächtige Berggipfel und die größte Zahl verschiedener Nationalitäten, von denen allein 24 als nationale Minderheiten anerkannt werden. Ewiges Eis und schwüle Tropengebiete grenzen unmittelbar aneinander. Reisen in das Hinterland haben oft noch Pioniercharakter, gleichzeitig werden zahlreiche Gebiete energisch für den schnell wachsenden Tourismus erschlossen und ausgebaut. Trotz seiner abgeschiedenen Lage nimmt Yunnan am wachsenden Aufschwung teil, ist es doch nach Klärung der Grenzstreitigkeiten zu Myanmar (Birma), Laos und Vietnam das wichtigste Handels- und Transitland nach Südostasien geworden. Dokumentiert wird diese Entwicklung durch neue Straßen-, Bahn- und Schiffahrtsverbindungen in die Nachbarländer. Diese Entwicklung brachte jedoch einige Schattenseiten in die Idylle, unter anderem

entwickelte sich Yunnan mit der Verbesserung der Infrastruktur zu einem wichtigen Drogenumschlagplatz im Goldenen Dreieck.

Vor der Zeitenwende breitete sich auf der Fläche der heutigen Provinz das geheimnisvolle, nur wenig dokumentierte Land Dian aus. Um 136 v. Chr. trieb Neugierde und Expansionslust die Chinesen erstmals in den fernen Südwesten, den sie ab 120 v. Chr systematisch zu erobern suchten. Beherrscht wurde Dian durch die Kunming-Stämme, die die Tropenstraßen nach Sichuan und Birma kontrollierten. 109 v. Chr. konnten sie schließlich von den Chinesen unterworfen werden. Doch die diese kamen in den mückenverseuchten Tropensümpfen nicht zurecht, und das Reich der Dian war weit von der chinesischen Hauptstadt entfernt, so daß das neueroberte Gebiet immer wieder von China abfiel und längere Perioden der Eigenständigkeit genoß. Bedroht wurden diese Unabhängigkeitsphasen jedoch zunehmend durch Bürgerkriege, Rebellionen oder Dynastiezusammenbrüche im Reich der Mitte, in deren Verlauf unzählige Flüchtlinge, Kolonisatoren und Glücksritter nach Yunnan getrieben wurden. Auf diese Weise geriet es schleichend unter immer stärkeren chinesischen Einfluß. Vor allem in der Zeit der Sechs Südlichen Dynastien begannen sich die Chinesen verstärkt für die Reichtümer des Südens zu interessieren und annektierten immer mehr Gebiete in der Folge bewaffneter Expeditionen.

Im 6. Jahrhundert wandte sich das Blatt wieder zugunsten größerer Eigenständigkeit, als das Volk der Bai den mächtigen Staat der ›Südlichen Fürsten‹, Nanzhao, gründete. Nicht einmal

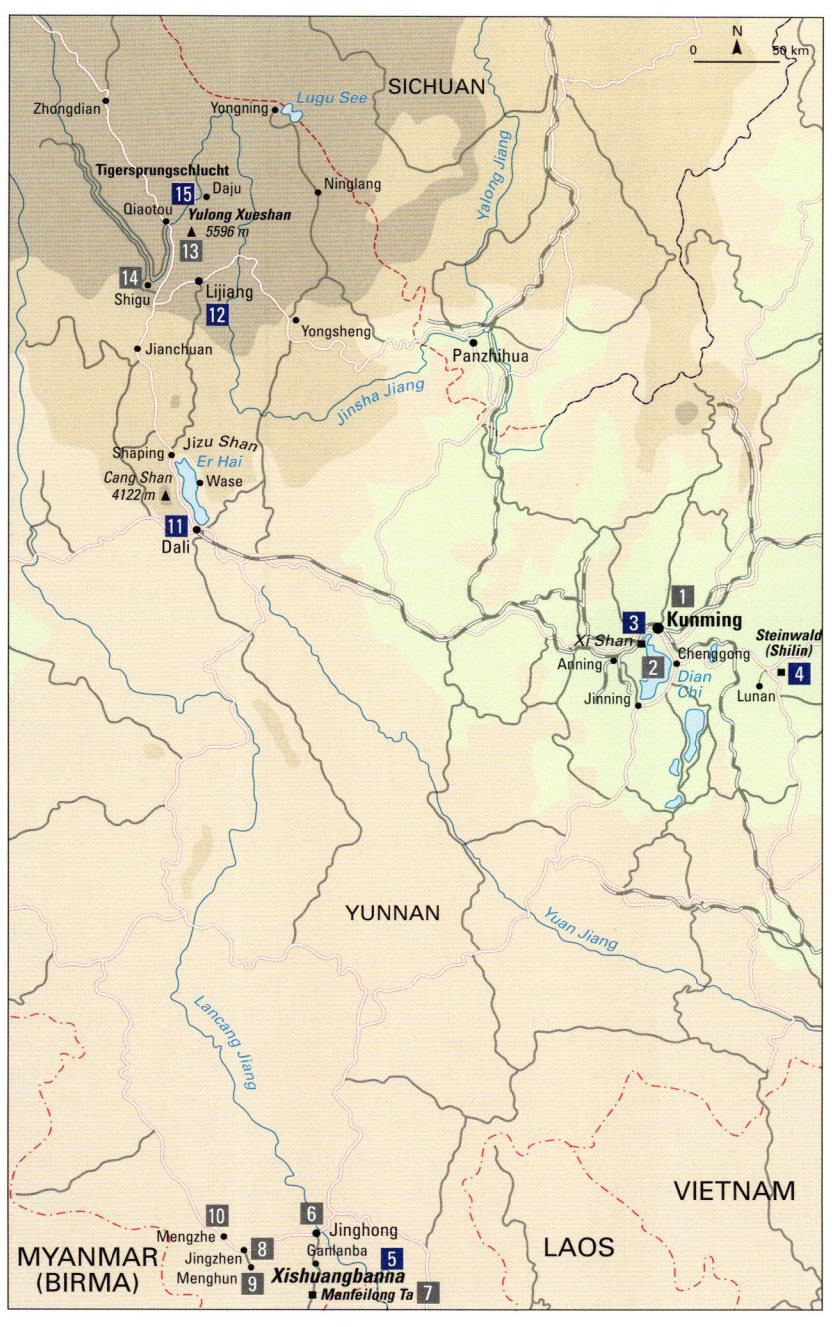

SICHUAN

Zhongdian

Yongning

Lugu See

Ninglang

Tigersprungschlucht

15 Daju

Qiaotou

Yulong Xueshan
▲ *5596 m*

13

14

Shigu

12 Lijiang

Jianchuan

Yongsheng

Panzhihua

Yalong Jiang

Jinsha Jiang

Jizu Shan

Shaping

Er Hai

Cang Shan
4122 m ▲ ● Wase

11

Dali

1

3 **Kunming**

Xi Shan

Anning

2 Chenggong

Dian Chi

Jinning

Steinwald
(Shilin)

■ **4**

Lunan

YUNNAN

Yuan Jiang

Lancang Jiang

VIETNAM

10

Mengzhe

6 Jinghong

Ganlanba

Jingzhen **8**

Menghun **9**

MYANMAR
(BIRMA)

5

Xishuangbanna

■ *Manfeilong Ta* **7**

LAOS

N

0   50 km

die Herrscher der sonst so erfolgsgewohnten Tang-Dynastie konnten sich dieses Reichs bemächtigen und mußten seit 750 dem tibeto-birmesischen Nanzhao sogar die Kontrolle der Straßen und Territorien im Südwesten überlassen. Geschickt nutzten die Herrscher von Nanzhao verschiedene Bündnisse, mal mit Tibet, mal mit China, und annektierten 827 unter Ausnutzung der Schwäche des Kaisers sogar das Becken von Sichuan. Parallel dazu dehnten sie ihr Reich nach Süden hin bis Hanoi aus. 902 wurde das unabhängige Nanzhao zum Reich von Dali, das noch bis 1253 souverän blieb, bevor es vom Mongolensturm überrollt und endgültig als Provinz Yunnan in das Chinesische Reich eingegliedert wurde.

Unter den Mongolen begann eine starke Islamisierung Yunnans, und große muslimische Gemeinden entstanden. Trotz seiner festen Anbindung an das Reich der Mitte blieb Yunnan, nicht zuletzt seiner vielen auf Selbständigkeit bedachten Minderheiten wegen, ein Un-

ruheherd, von dem immer wieder große Rebellionen ausgingen, wie in den Jahren 1621–29 oder die großen Erhebungen der Muslime des Jahres 1855.

Ein letztes Mal genoß die Provinz 1916 unter dem Warlord Cai E (1859 bis 1916) ihre Unabhängigkeit. Der General war einer der ersten, der sich von der Zentralregierung losgesagt hatte, und sicherheitshalber annektierte er die Nachbarprovinz Sichuan gleich mit. Geschickt lavierten er und sein Nachfolger Tang Jiyao (1882–1927) die Provinz durch die politischen Wirren jener chaotischen Zeit, in der vor allem die Franzosen versuchten, Yunnan in ihr indochinesisches Kolonialreich einzugliedern.

Die politisch unruhigen Zeiten sind vorerst auch für Yunnan vorbei, und die Provinz ist bemüht, am allgemeinen Aufschwung Chinas zu partizipieren. Abzuwarten bleibt, ob es der politischen Führung gelingt, die Modernisierung auf Kosten der unvergleichlichen Natur so zu steuern, daß Yunnan eines der großen Naturparadiese Chinas bleibt.

Stadt des ewigen Frühlings – Kunming

Eine Reise durch Yunnan beginnt fast zwangsläufig in Yunnans Hauptstadt Kunming **1** (S. 401 f.), die wie ein Verteilerzentrum im Osten der Provinz liegt. Ihre Silhouette hat sich noch nicht im Smog und Dunst eines unkontrollierten Wachstums aufgelöst, und ihre Lage auf einer Höhe von 1890 m beschert der Stadt ein Klima des ›ewigen Frühlings‹, klare Luft und relativ stabile, milde Temperaturen, die im Winter jedoch durchaus auf Minusgrade absinken können.

Besiedelt wurde diese Region schon vor mindestens 2000 Jahren, und zwar

von Stämmen, die man der Einfachheit halber Kunming-Stämme genannt hat. Organisiert waren sie im Reich Dian. In der Han-Dynastie begannen die Chinesen an der Stelle des heutigen Kunming eine Garnison einzurichten. Bis zum 8. Jahrhundert blieb die Ortschaft allerdings ein eher isolierter chinesischer Außenposten, der schließlich vom Königreich Dali eingenommen wurde. Zwar erkoren die Könige von Dali Kunming neben Dali zur zweiten Hauptstadt, aber es mußten noch zwei weitere Dynastien vergehen, bis die Stadt, die zu jener Zeit noch Yunnanfu hieß, zu einem Brennpunkt politischer und militärischer Aufmerksamkeit wurde. Der Zusammenbruch der Ming-Dynastie unter dem Ansturm der Mandschuren spülte den chinesischen General Wu Sangui (1612 bis 1678) an die Schalthebel der Macht. Dank seiner Hilfe konnten konkurrierende Rebellen und Thronanwärter aus Beijing vertrieben werden, wodurch er den Mandschus schließlich den Weg auf den Drachenthron ebnete. Doch schon wenig später rebellierte er selber, um einer bevorstehenden Entmachtung durch die neuen Herrscher zuvorzukommen. Er unterstellte die Provinzen Yunnan und Guizhou seinem Einflußbereich, der de facto sogar bis Gansu reichte, und regierte ihn von Kunming aus bis zu seinem Tod als Alleinherrscher. Erst 1681 gelang es den Qing-Truppen, Kunming zu belagern und nach dem Selbstmord von Wu Sanguis Nachfolger und Enkel Wu Shifan auch diese südwestlichste Provinz dem neuen Großreich einzugliedern.

Während der großen muslimischen Aufstände wurde Kunming ab dem 18. Jahrhundert zum Ziel der Rebellen, die Stadt mehrfach belagerten und plünderten, zuletzt zwischen 1858 und 1868 als der Sultan von Dali, Du Wenxiu, sie angreifen und verwüsten ließ.

Ab 1900 wurde das Schicksal der Stadt ins internationale Ränkespiel um Einflußsphären einbezogen, als die Franzosen ein Auge auf Yunnan warfen. Nicht ganz uneigennützig bauten sie bis 1910 beispielsweise die Indochina-Eisenbahn von Hanoi nach Kunming. China blieb jedoch trotz seiner Schwäche wachsam, und die Warlords in Yunnan verhinderten eine Annektierung durch Frankreich, dessen Ambitionen schließlich im weiteren Verlauf der Kolonialgeschichte obsolet wurden.

Heute hat sich Kunming dem Modernisierungstrend angeschlossen und seinen alten Stadtkern seit 1990 systematisch abgerissen. Dennoch ist es eine gemütliche Stadt geblieben, denn glücklicherweise suchten sich chinesisches Alltagsleben und urbanes Flair auch in der Moderne einen interessanten, diese Stadt prägenden Weg.

Als Ausgangspunkt eines Rundgangs sollte man den im Norden der Stadt gelegenen **Yuantong-Tempel** (Yuantong Si) wählen, so daß man den Stadtbummel auf diese Weise im interessanten Stadtzentrum beenden kann. Die Anlage liegt am Südhang des Yuantong-Hügels, in der Yuantong Jie, im Norden Kunmings und ist der größte buddhistische Tempelkomplex der Stadt. Die Gründung geht auf die Tang-Zeit zurück; zwischen 1301 und 1320 wurde der Tempel allerdings komplett neu erbaut und danach mehrmals renoviert. Schön ist

Yuantong-Tempel

an der Anlage vor allem der im Zentrum liegende Teich, in dessen Mitte sich ein durch Brücken erreichbarer, achteckiger Pavillon erhebt, in dem drei herrliche, weiße Jadebuddhas ausgestellt sind.

Nach Verlassen des Tempels geht man die Yuantong Jie nach Westen weiter und erreicht an ihrem Ende den großen **Smaragd-See-Park** (Cuihu Gongyuan). Sehenswert ist die Uferpromenade am frühen Morgen, wenn sich in der Parkanlage zahlreiche Menschen zum gemeinsamen Taijiquan (›Schattenboxen‹) versammeln oder sich am Nachmittag zum Teetrinken und Majiang-Spiel (Mahjong) treffen, und abends die Liebespaare die Spazierwege entlangschlendern. Parks in China sind in erster Linie die Orte, an denen sich das chinesische Freizeitleben abspielt, und gerade sonntags ist dort immer viel los, man ist zu Tausenden unter sich, flaniert, ißt und genießt das Nichtstun.

Westlich vom See erhebt sich der **Fünf-Blumen-Hügel** (Wuhua Shan). Auf ihm hatte sich der chinesische General Wu Sangui Mitte des 17. Jahrhunderts einen Palast errichten lassen, der sich bis zum Cui Hu (Smaragd-See) ausdehnte. Heute tagt hier die Provinzregierung. Vom Hügel hat man einen schönen Blick auf den See.

Eine schnurgerade Straße, die Zhengyi Lu, zieht sich vom Hügel bis ins Stadtzentrum hinunter. An der Kreuzung mit der Changchun Lu muß man nach rechts in die Rensheng Jie abbiegen und kommt dort zur großen, 400 Jahre alten **Moschee** (Shengli Tang) im Stadtzentrum. Während der Kulturrevolution zu einer Fabrik umgebaut, dient sie seit 1977 wieder ihrem eigentlichen Zweck. Nicht weniger interessant ist das sie umgebende Zentrum mit seinen schmalen Einkaufssträßchen und alten Häusern, die noch nicht dem Abriß zum Opfer ge-

fallen sind. Gleich südlich der Moschee erstreckt sich in den verwinkelten Gassen der Blumen- und Vogelmarkt, und mittendrin steht ein Teehaus, in das die Besucher ihre Papageien mitbringen, die durch ihre Sprachfähigkeit oder auch nur durch Geschrei brillieren.

Wer den Weg nicht scheut, kann im Süden der Stadt, nahe der Dongsi Jie, die 36 m hohe **Pagode des Westtempels** (Xisi Ta) aus der Tang-Zeit besichtigen. Der Tempel der Anlage existiert jedoch nicht mehr. Das Gegenstück, die **Pagode des Osttempels** (Dongsi Ta), steht in der Shulin Jie.

Ausflüge von Kunming

Besonders reizvoll ist eine Fahrt zum **Dian-See** 2 (Dian Chi), der 15 km südwestlich von Kunming auf einer Höhe von 1884 m liegt und im Licht der Nachmittagssonne oft azurblau leuchtet. Er ist 40 km lang, 8 km breit und hat eine durchschnittliche Tiefe von nur 6 m. Die sich rund um den See aufreihenden Sehenswürdigkeiten sind einige Ausflüge wert.

Am Westufer des Sees erstrecken sich die **Westberge** 3 (Xi Shan), die man auf einem landschaftlich wunderschön gelegenen Wanderweg an teilweise recht steil abfallenden Hängen besteigen kann. Die chinesische Phantasie hat ihnen auch den Namen ›Hügel der Schlafenden Schönheit‹ gegeben, da ihre Silhouette den Formen einer ruhenden Frau ähneln soll.

Wenn man die Wanderung bereits an der Busstation von Gaoyao am Fuß der Westberge beginnt, sollte man für den steilen Aufstieg etwa 2,5 Stunden ansetzen. Man kann die Etappe zum Sanqing Ge, dem Endpunkt der Straße, auch mit dem Bus fahren und die Wanderung zum Drachentor dort beginnen. Dann allerdings verpaßt man den Huating- und den Taihua-Tempel, was schade wäre, denn die beiden Anlagen liegen nicht nur pittoresk im Wald, sondern lohnen auch einen intensiveren Besuch.

Zunächst errreicht man den **Blumenpavillon-Tempel** (Huating Si), der umgeben von Bambus- und Pinienhainen sich gleich unten an den Fuß der Westberge schmiegt. Ein Prinz des Nanzhao-Reichs ließ ihn 1036 erbauen. In der Haupthalle, die von vier Gebäuden umgeben ist, stehen drei vergoldete Buddha-Skulpturen und 500 Luohan-Statuen.

Die Schönheit der Landschaft hat viele Dichter zu Versen inspiriert, die sie hier im Tempel hinterließen, und wer angesichts des steilen Anstiegs mutlos wird, sollte sich von Qin Nanyuans Versen ermuntern lassen: »Die grünen Berge sind hoch, die smaragdenen Wasser tief. Muß man denn ein Buddha sein, um seinen Mund zu einem Lächeln zu öffnen? Du kannst zu deinem Behagen herumbummeln. Der Boden ist flach, und es gibt keine Gefahr zu stolpern. Warum nicht einen Spaziergang für die Fröhlichkeit deines Herzens machen?«

Am Fuß des höchsten Gipfels (Taihua Feng) der Westberge passiert man einen zweiten Tempel entlang der Route. Der **Taihua-Tempel** (Taihua Si) wurde 1688 unter dem Kangxi-Kaiser erbaut. Wandelgängen flankieren die Anlage an beiden Seiten. Einer dieser Gänge führt zum Seeblickturm (Wanghai Lou), von dem aus sich eine schöne Aussicht auf den Dian-See bietet.

Bevor man von hier zum Sanqing Ge gelangt, trifft man am Fuß des Gaoyao Shan auf das **Grab des Komponisten Nie Er** (1912–35). Er hatte 1935 die Titelmelodie zu dem Film ›Kinder der Unruhen‹ komponiert. Der Film spielt in den Kriegszeiten der 30er Jahre und handelt von Intellektuellen, die in den Kampf gegen Japan ziehen. Nach dem Anlaufen des Films wurde das Titellied ›Marsch der Freiwilligen‹ so populär, daß es zum Kampflied gegen die Besatzer avancierte. Am 27. September 1949 wurde das Lied schließlich zur Nationalhymne erkoren.

Von hier führt der Weg als nächstes zum **Pavillon der Drei Reinen** (Sanqing Ge) aus der Zeit der Yuan-Dynastie. In der Nähe des Tempels liegt malerisch ein Teehaus mit Blick auf den See.

Als nächstes erreicht man das **Drachentor** (Long Men). Die Skulptur des Drachens, der Torrahmen sowie der Altar sind aus dem Felsen herausgearbeitet. Auf dem Rücken einer Schildkröte wird der Literatengott Kuixi dargestellt. Hierher kamen die erfolgreichen Absolventen der kaiserlichen Beamtenexamina und dankten Kuixi für ihr Bestehen mit einem Opfer, aber es kamen wohl auch die einen oder anderen aufgeregten Prüfungskandidaten, die an dieser Stelle für eine erfolgreiche Prüfung beteten und den Literatengott mit einer großzügigen Gabe ›milde stimmten‹.

Vom Tempel führt ein Tunnel zum Gipfel des **Arhat-Felsens** (Luohan Yan), von dem aus man eine herrliche Fernsicht über den See genießt. Über den Bergrücken kann man nun durch eine schöne Landschaft zurück zum Ausgangspunkt wandern.

Ein zweiter Ausflug führt etwa 8 km in die nördlichen Vororte von Kunming, wo auf dem **Mingfeng Shan** (Hügel des Singenden Windes) inmitten eines dichten Waldes die malerische Anlage des 1671 errichteten daoistischen **Goldenen Tempels** (Jin Dian) steht. Man erreicht ihn über eine lange Steintreppe, die von den drei prachtvollen ›Himmelstoren‹ überspannt wird. Berühmt ist der **Palast**

der Großen Harmonie (Taihe Gong) am Ende der Treppe. Über 300 t wiegt das 6,5 m hohe, ganz aus Bronze gearbeitete Gebäude, auch die Skulpturen, Säulen, Schriftschilder und Wanddekorationen sind aus Bronze. Nur das Fundament der Halle ist aus Marmor.

Kunmings berühmteste Sehenswürdigkeit aber liegt 126 km weit entfernt, im autonomen Bezirk Lunan der Yi-Nationalität. Auf einer Fläche von 27 000 ha

ragen die bizarren, rauhen Gesteinsformationen des einzigartigen **Steinwalds** 4 (Shi Lin) bis zu 30 m empor. Jede einzelne gleicht einer geheimnisvollen Skulptur, in sich eine Geschichte bergend und geschaffen wie von Meisterhand. Den seltsamen Steinfiguren wurden im Lauf der Zeit denn auch Namen wie ›Lotosblumengipfel‹, ›Schwertspitzenteich‹, ›Mutter und Sohn Wandern Zusammen‹ gegeben. Aus allen Forma-

Der Steinwald

tionen wurden Geschichten gelesen, wie jene von einem jungen Mädchen, das nach einem tragischen Tod ihres Geliebten zu Stein erstarrt war. Die geologische Geschichte ist nüchterner. Hier breitete sich vor 270 Millionen Jahren ein Meer aus, auf dessen Grund sich Sedimente ablagerten. Durch tektonische Bewegungen hob sich der Boden, es entstand Festland mit tiefen Spalten im Gestein, aus denen das Regenwasser im Verlauf von Jahrtausenden die weichen Sedimente auswusch, bis die heutigen Formen entstehen konnten.

Nur 80 ha des gesamten Gebiets sind durch schmale Wege erschlossen, um die sich noch mehrere kleinere und größere Steinwälder gruppieren. Man sollte für die abgelegeneren Wege, die von den Besucherscharen überhaupt nicht berührt werden, genügend Zeit mitbringen und am besten auch in einem der Hotels am Park übernachten. Besonders schön ist der Blick auf dieses einmalige Naturwunder bei Sonnenuntergang, wenn der Reiz der eigenwilligen Steinformationen durch den Schattenwurf noch erhöht wird.

Wer an einem Mittwoch zum Steinwald fährt, sollte auch dem kleinen, ganz in der Nähe liegenden Ort **Lunan** einen Besuch abstatten, denn dann findet dort ein bunter Markt statt, auf dem auch die Bergvölker ihre Waren anbieten.

Land der Dai – Xishuangbanna

Der autonome Bezirk der Dai, Xishuangbanna 5, liegt ganz im Süden der Provinz Yunnan, 750 km von Kunming entfernt und grenzt bereits an Laos und Myanmar (Birma). Gegliedert ist er in die drei Kreise Jinghong, Menghai und Mengla. Hier herrscht subtropisches bis tropisches Klima. Im Sommer zwischen Mai und Oktober wird es schwülheiß, und es vergeht kaum ein Tag, an dem es nicht ein oder zwei Stunden lang regnet oder gewittert, während es in den Wintermonaten zwar trocken ist, aber oft neblig sein kann. In den Urwäldern entlang dem Lancang Jiang, des späteren Mekong, wachsen Orchideen und Edelhölzer wie Teak, Mahagoni, Sandelholz und Kampfer. Hier leben noch Elefanten, Tiger, Leoparden, Pythonschlangen, Malaienbären, Affen und Nashornvögel. 1958 wurden in Xiaomengyang, Damenglong, Mengla und Menglun erstmals vier Naturschutzgebiete mit insgesamt 200 000 ha Waldgebieten eingerichtet. Abholzung und Besiedelung wurden dennoch nicht gebremst, und schon heute können die Wälder ihre Rolle zur Erhaltung des Ökosystems nicht mehr erfüllen. Die Folge dieser Entwicklung ist ein dramatischer Rückgang des Feuchtigkeitsniveaus, und so bleiben beispielsweise die nächtlichen Nebel, die oft von November bis April bis weit in die Mittagszeit schwer über Xishuangbanna hingen, aus. Für das gesamte Ökosystem besteht dadurch die Gefahr einer schleichenden Austrocknung, die das Absterben der Urwälder zur Folge haben kann.

Bereits zur Zeit der Östlichen Han-Dynastie entrichteten die Dai-Fürsten dem chinesischen Kaiserhof Tribute. Während der Tang- und Song-Dynastie war Xishuangbanna Teil des Nanzhao-Reichs (649–903) und danach des Dali-Reichs (937–1253), in dem vor allem die

Das Wasserfest der Dai

Das turbulente und bunte Neujahrsfest der Dai-Nationalität fällt auf den 24. bis 26. Tag des sechsten Mondes im Dai-Kalender (Mitte bis Ende April). Am ersten Tag des Festes finden auf dem Lancang Jiang, dem späteren Mekong, Drachenbootrennen statt, an denen zahlreiche Mannschaften verschiedener Dörfer in prächtig geschmückten, langgezogenen Drachenbooten um die Wette rudern, während am Ufer gefeiert und getanzt wird. Der Brauch geht der Legende nach auf eine Begebenheit zurück, in der ein grausamer Herrscher einen armen Jungen aufforderte, mit ihm um die Wette zu rudern. Ein ungleiches Unterfangen, besaß der Herrscher doch ein gewaltiges Boot und der Junge nur eine Nußschale. Im Fall, daß er die Regatta verlöre, sollte der Junge geköpft werden. Der stimmte dennoch zu, und seine Tapferkeit erweichte die Herzen des Drachenkönigs und des höchsten Gottes, die dem jungen Mann zum Sieg verhalfen und das Schiff des Herrschers kentern ließen, so daß dieser ertrank.

Nicht minder dramatisch ist die Legende, die das Wasserspritzen zum Bestandteil des Neujahrsfestes machte. Einst wurde Xishuangbanna von einem brutalen Dämonenkönig unterjocht. Er hatte sieben Frauen, die ihn alle gleichermaßen haßten. Durch eine List fand die jüngste heraus, wie sie den Drachen töten konnte, doch sein Kopf fiel herab, und, wohin er auch rollte, verbrannte und vernichtete er alles. So

mußten die armen Frauen den Kopf abwechselnd tragen und bespritzen sich gegenseitig, um das Blut abzuwaschen. In Erinnerung an die sieben, die litten, damit andere nicht leiden mußten, bespritzt man sich auch heute noch. Abends wird wieder gefeiert und getanzt, wobei der Pfauentanz im Mittelpunkt steht, ein Symbol für das Glück.

Der dritte Tag ist der eigentliche Neujahrstag. An ihm stehen die Gao Sheng im Mittelpunkt, lange, aus Bambusrohren gefertigte Feuerwerksraketen, deren Schaft von einem Bambusflötenkranz umgeben wird. Schießt man sie in den Himmel, tönen die Flöten in allen Tonlagen. Nachdem sie wieder heruntergefallen sind, rennen die Menschen zu den Resten, um ein Stück des glückbringenden Bambus zu erhaschen.

Ebenso beliebt, vor allem bei den Jugendlichen, ist das Diu Bao, das Beutelwerfen. Mädchen und Jungen stehen sich bei diesem Spiel in zwei Reihen gegenüber und werfen sich mit Baumwollsamen gefüllte, dreieckige Stoffsäckchen zu, deren Saum mit bunten Troddeln verziert ist. Wer den Beutel nicht fängt, muß sich bei seinem Gegenüber mit einer Blume entschuldigen. In der heiteren und gelösten Spielatmosphäre kommt man sich näher, und wenn ein Mädchen sich für einen Jungen interessiert, wird sie diesem plötzlich etwas entreißen und weglaufen, so daß er ihr folgen muß. Am Abend wird dann wieder getanzt, und man läßt papierene Heißluftballons steigen.

Frauen in traditioneller Burong-Tracht ...   *... und Akha-Tracht (Hani)*

Dai herrschten. Das ›Königreich des Goldenen Palastes von Jinghong‹ wurde 1180 von Piazheng gegründet. Der Dai-König Yinmeng reformierte im 16. Jahrhundert die Verwaltung seines Reichs, indem er das Gebiet in zwölf administrative Einheiten einteilte. Daher rührt der heutige Name, denn in der Dai-Sprache heißt Xishuang ›zwölf‹, und Banna bedeutet ›Verwaltungsdistrikt‹, und es ist eine chinesische Annäherung an den thailändischen Begriff Sip Sawng Panna.

In Xishuangbanna glaubt man nicht mehr, in China zu sein. Hier leben zwölf verschiedene ethnische Minderheiten wie die Dai, Hani, Bulang, Jinuo, Yi oder Miao. Besonders die Dai weisen nach ihrem Aussehen, ihrer Kleidung, Kultur, Religion und ihren Baustil eine Verwandtschaft mit den Thai auf, deren Ursprung auch hier im Süden Yunnans liegt. Der Druck der chinesischen Kolonialisten und der Einfall der Mongolen, die

das Nanzhao-Reich 1253 zerschlugen, ließen einzelne Thai-Stämme nach Süden abwandern, wo sie sich ansiedelten.

Jinghong und der Süden

Der Ausgangspunkt für Unternehmungen ist zunächst Jinghong **6** (S. 398), die Hauptstadt Xishuangbannas. Hier gibt es einen Flughafen, und wer die zweitägige Anfahrt von Kunming mit dem Bus nicht scheut, wird an einem der beiden Busbahnhöfe Jinghongs ankommen. Der aufstrebende kleine Ort liegt am Ufer des Lancang Jiang, der im Südosten der Provinz Qinghai entspringt, seinen Lauf durch Tibet, Yunnan und Indochina lenkt, wo er seinen Namen in Mekong ändert. Zur Zeit der großen Feste, namentlich des berühmten Wasserfests im April oder des Tanta-

Fests im Oktober/November, quillt Jinghong von Besuchern aus ganz China und
aller Welt über, platzt aus allen Nähten
und vibriert vor Festfreude. In dieser Zeit
ist es grundsätzlich schwierig, Unterkünfte und Transportmöglichkeiten zu
erhalten. In der übrigen Zeit kann man
alle Ausflüge selbst organisieren und bequem mit öffentlichen Bussen fahren
oder sich einer der zahlreichen, überall
angebotenen Touren anschließen.

In Jinghong selbst gibt es nicht viel zu
sehen, aber wer sich für die reichhaltige
Flora Xishuangbannas interessiert, dem
sei das **Forschungsinstitut für tropische
Pflanzen** in der Minzu Lu empfohlen.
Eine fachkundige Einführung erhält man
nur im Rahmen einer offiziellen Tour,
darf aber anschließend einen Rundgang
durch das Institut machen.

Besichtigen sollte man auch das Dai-
Dorf **Manting** am Ende der nach Süden
führenden Manting Lu mit seinem buddhistischen Tempel im Dai-Stil. Neben
dessen Eingang liegt der Manting-Park,
der Nachbildungen der Weißen Pagode
von Damenglong und der achteckigen
Pagode von Jingzhen enthält.

In der unmittelbaren Umgebung Jinghongs befinden sich mehrere leicht zu
Fuß erreichbare Dörfer der Dai. Sehr viel
ergiebiger ist es aber, Jinghong zu verlassen und die weiter entfernten und
etwas weniger besuchten Gebiete zu erkunden.

Einer der lohnenswertesten Ausflüge
führt ins 30 km südöstlich von Jinghong
gelegene **Ganlanba** (Menghan) am Lancang Jiang, das man nach einer knapp
einstündigen Busfahrt erreicht. Der Ort
verbreitet nicht die Hektik Jinghongs,
und in den Dörfern der Umgebung lassen sich mit dem Fahrrad mehrere
kleine Tempel erkunden, so die Tempel
Man Song Man, Man Ting und der Tempel von Ganlanba selbst. Das Erlebnis

Die Pagode von Damenglong

der wunderbaren Urwaldlandschaft vermag einen für die Mühen der Suche zu
entschädigen.

Um in den nächsten interessanten Ort
zu gelangen, muß man zunächst nach
Jinghong zurück und dort in einen Bus
ins gut 70 km entfernte **Damenglong**
umsteigen. Hier findet sonntags ein
Markt statt, auf dem die Angehörigen
der verschiedenen Minderheiten ihre
Waren anbieten. Viel berühmter aber ist
die weiße **Manfeilong Ta** **7** (Pagode
des Fliegenden Drachen), die 2 km vor
Damenglong auf einem Bergrücken
steht und wohl das schönste Bauwerk
des Hinayana-Buddhismus in China ist.
Erbaut wurde sie 1240 im birmesischen
Stil. Auf einem Sockel steht ein 16 m
hoher Stupa, der von acht kleineren jeweils 9 m hohen Stupas umgeben wird.
Der Eingang wird von steinernen Pfauen
bewacht, und einer Legende nach sollen
in der Pagode die Füße Buddhas bestat-

Drache bei der Pagode von Damenglong

steht ein mehrere hundert Jahre alter, halb abgestorbener und über und über mit Moos bewachsener Teebaum (Cha Wang, König der Teebäume). In der Tradition der Hani, einem Volk tibetischen Ursprungs, das in Thailand unter dem Namen Akha bekannt ist, gilt er als der erste Teebaum einer seit 55 Generationen bestehenden Tradition des Teeanbaus.

20 km hinter Bala liegt der 1701 erbaute, achteckige **Pavillon von Jingzhen** **8** (Jingzhen Bajiao Ting). Einzigartig ist seine filigrane Dacharchitektur. Wie acht Drachenschwänze verjüngen sich die jeweils zehn ineinander verschachtelten Dacheinheiten, um sich an der Spitze des Pavillons zu vereinen und in einem Chattra mit Ehrenschirm aufzugehen.

Ist man an einem Sonntag unterwegs, sollte die Ortschaft **Menghun** **9**, 28 km südlich von Jingzhen, ein Muß auf dem Besuchszettel sein. Jeden Sonntag findet auf einer weitläufigen Freifläche vor den Toren des Ortes ein großer Bauernmarkt statt. Angehörige der verschiedenen Minderheiten aus der ganzen Gegend strömen zu dem Ereignis zusammen, stellen ihre Produkte aus, treffen sich, kaufen ein, verbreiten den neusten Tratsch und genießen die fröhliche Marktatmosphäre. Die aufwendigen, farbenprächtigen Trachten, die viele von ihnen tragen, machen den Besuch zu einem eindrucksvollen Erlebnis, das man sich nicht entgehen lassen sollte.

In **Mengzhe** **10**, westlich von Jingzhen, sollte man die interessante, ockerfarbene Pagode Man Lei besichtigen. Der 20 m hohe Bau ist in der Form eines tibetischen Chörten gestaltet, der im oberen Teil mit buddhistischen Symbolen geschmückt und durch einen Chattra mit fünf Ehrenschirmen gekrönt wird. Daneben steht eine 15 m hohe, der Man Lei ähnelnde Pagode.

tet sein. Auf einem Hügel in Damenglong steht die Schwarze Pagode, die irgendwann einmal versilbert worden ist. Sie ist ebenfalls im birmesischen Stil erbaut, wurde aber mit eingelegten Spiegelchen und leuchtenden Kacheln ›verschönert‹. Beide Tempelanlagen sind in eine reizvolle Landschaft eingebettet.

Im Westen von Jinghong

Erstes Ziel dieser Rundfahrt (etwa zwei bis drei Tage mit öffentlichen Verkehrsmitteln, eine organisierte Tour dauert einen Tag) ist die Ortschaft **Bala,** ein Dorf der Jinuo-Minorität. 8 km vor Bala auf der Straße von Jinghong (39 km) zweigt in südliche Richtung eine Straße zum **Nannuo-Berg** ab. Vorbei an einzelnen Dörfern der Hani kommt man zu den Treppen, die zum Gipfel führen. Hier

Königsstadt am Grünen Berg – Dali

Hat sich Xishuangbanna zu einer Art Thailand im Reich der Mitte entwickelt, das jedes Jahr Scharen von Touristen anlockt, so ist es dem 410 km westlich von Kunming gelegenen Dali **11** (S. 391) nicht anders ergangen. Noch vor wenigen Jahren war es ein Geheimtip der Individualreisenden, heute führt eine 1996 fertiggestellte Autobahn und eine parallel dazu eröffnete Eisenbahn hin, und seit 1997 gibt es sogar einen eigenen Flughafen, der den Dornröschenschlaf dieses einst so gemütlichen Dorfs endgültig beendet hat. Dali lebt heute vom Tourismus, und die heftige Konkurrenz hat dazu geführt, daß hier die Preise für Ausländer auf einem vernünftigen Niveau liegen und auch der Service vielerorts recht gut ist. Die Umgebung bietet sich an für Spaziergänge, Wanderungen und vor allem Radtouren. In den abgelegeneren Dörfern muß man sich allerdings vor den manchmal sehr aggressiven Wachhunden in acht nehmen

Dali liegt 1980 m über dem Meeresspiegel am Er-See (Er Hai), umgeben von hohen Bergen, an dessen Hängen die Bai traditionsgemäß ihre Toten bestatten. Es ist ein schönes altes Städtchen, das von seinem Erbe einer guterhaltenen Stadtmauer aus der Ming-Dynastie lebt, mit einer gemütlichen Hauptstraße, die noch das Flair des alten China ausstrahlt sowie freundlichen Bewohnern.

Schon vor 3000 Jahren entwickelte sich an den Ufern des Er Hai die hochstehende Erhai-Kultur. Auf ihr beruhte das mächtige tibeto-birmesische Reich Nanzhao mit Dali als seiner Hauptstadt. 902 wurde Nanzhao durch das Königreich Dali abgelöst. Dieses Reich, dessen Zentrum ebenfalls Dali war, bestand bis ins 13. Jahrhundert und wurde erst von den Mongolen seiner Unabhängigkeit beraubt und dem Reich der Mitte einverleibt.

Nur wenige Relikte erinnern an Dalis bewegte Vergangenheit, unter anderem das Sanyue-Fest, das seit über 1000 Jahren am 15. Tag des 3. Mondes (etwa April) mit traditionellen Wettkämpfen, Gesangs- und Tanzdarbietungen gefeiert wird und Dali in einen echten Hexenkessel verwandelt.

Dali wartet sicher nicht mit spektakulären Sehenswürdigkeiten auf, doch es ist ein idealer Ort, in aller Muße die geschäftige, von unzähligen Souvenirshops und alten Holzhäusern gesäumte Hauptstraße auf- und abzubummeln und die entspannte Atmosphäre zu genießen. Der Reiz Dalis erschließt sich vor allem jenen Reisenden, die auf eigene Faust in China unterwegs sind und hier endlich einmal auf einen einfachen, unkomplizierten Reisealltag stoßen – in China sonst eher eine Seltenheit. Es gibt sogar zahlreiche gemütliche Cafés, in denen man einfach nur sitzen und etwas trinken kann, ohne immer gleich ein gewaltiges Mahl verzehren zu müssen. Für die Besichtigungen in der Umgebung mietet man sich in den Cafés oder Hotels am besten ein Fahrrad, die meisten Orte erreicht man allerdings auch mit den ständig verkehrenden Minibussen.

Der Westen Dalis wird vom mächtigen **Cang Shan** beherrscht, der sich über 40 km an der Westseite des Er-Sees entlangzieht. Der Malong Feng ist mit 4122 m der höchste der 19 Gipfel. Zu Füßen dieses Gebirgszugs steht am nordwestlichen Stadtrand die wichtigste Sehenswürdigkeit Dalis, der **Drei-Pago-**

den-Tempel (Chongsheng Santa Si). Die mit 69 m größte und älteste der drei Pagoden stammt aus der Meng-Dynastie, im Innern steht auf 18 Stufen je eine Buddha-Statue aus weißem Marmor. Die beiden achteckigen, 43 m hohen Pagoden wurden im 10. Jahrhundert erbaut. Hinter dem Drei-Pagoden-Tempel liegt die **Guanyin-Halle** des Chongsheng-Tempels mit einer bronzenen Statue des Bodhisattva und einer Marmorstele aus dem 14. Jahrhundert.

Eine weitere Pagode steht im Südwesten der Stadt und war ebenfalls Bestandteil eines Tempels. Wegen seiner 40 m hohen, sechzehngeschossigen Pagode aus der Tang-Zeit wurde die Anlage als Gegenstück zu den drei Pagoden im Norden **Ein-Pagoden-Tempel** genannt.

Neben der Stadt Dali mit ihren Pagoden ist der **Er Hai** die große Attraktion dieser Region. Der See mißt insgesamt über 40 km in der Länge. An seinem öst-

lichen Ufer ragen zwei kleine Inseln aus dem Wasser, Jinsuo Dao und Xiao Putuo, auf denen sich schmucke, der Göttin der Seefahrer Mazu und der Göttin der Barmherzigkeit geweihte Tempel befinden. Sie werden allerdings nur von den Ausflugsschiffen, die in dem eine Stunde südlich von Dali gelegenen Xiaguan (Dali Shi) starten, angelaufen. Man kann auch direkt von dem am See gelegenen **Caicun**, einem kleinen Örtchen östlich von Dali, mit der Fähre zu verschiedenen Orten am gegenüberliegenden Ufer übersetzen und sich von dort dann von Fischern zu den Inseln bringen lassen, muß aber vorher um den Preis feilschen. Generell legen die Fähren von Caicun sehr früh morgens ab und fahren gegen 16 Uhr wieder zurück. Der Fahrplan ist jedoch flexibel, und man sollte sich vorher genau erkundigen, wie man wieder zurückkommt.

So kann man beispielsweise mit der Fähre nach Wase übersetzen, in dessen

Drei-Pagoden-Tempel

Nähe die kleine Insel **Putuo** liegt. Auf dem Inselchen steht der Guanyin geweihte Potala-Tempel (Putuo Si) aus der Ming-Dynastie. Der Name Putuo ist eine lautmalerische Umsetzung des Sanskritworts Pattala (Potala), ein Berg in Indien, auf dem der Überlieferung nach der Bodhisattva Avalokiteshvara leben soll. Avalokiteshvara wandelte sich im Reich der Mitte zu Guanyin, der Göttin der Barmherzigkeit, der wichtigsten Universalgottheit im chinesischen Götterpantheon. Nachdem sie auf einem bergigen Eiland vor der Küste der Provinz Zhejiang ihre Erleuchtung erlangt haben soll, wurde dieses zum heiligen Berg Putuo Shan erklärt, aber im Lauf der Zeit wuchs mit der Errichtung weiterer Guanyin-Tempel auch die Zahl der heiligen Putuo-Inseln im ganzen Land.

Von Caicun kann man mit der Fähre auch nach Haidong gelangen, in dessen Nähe der **Luoquan-Tempel** in einer Bucht steht.

Weniger kompliziert zu erreichen ist die 7 km südlich von Dali stehende **Schlangenknochen-Pagode** (Shegu Ta), eine sehenswerte, 31 m hohe, dreizehnstufige Pagode. 820 wurde sie zum Gedenken an einen jungen Mann erbaut, der die Gegend der Legende nach von einer menschenfressenden Schlange befreit haben soll, indem er sich opferte.

Noch weiter südlich im Dorf **Taihe** oberhalb der Straße nach Xiaguan befindet sich in einem kleinen Pavillon die mit 3 m Höhe größte Stele Yunnans. Auf dem Steinmonument aus dem Jahr 766 findet sich die Geschichte des Nanzhao-Reichs eingraviert.

Ein weiterer interessanter Ausflug führt zum Nordufer des Sees in den kleinen Ort **Shaping**, 30 km von Dali entfernt. Hier findet auf den Hügeln am Ortsrand jeden Montag ein Markt statt, auf dem sich die nationalen Minderheiten der Gegend treffen. Neben alltäglichen Dingen werden auch interessante Souvenirs angeboten, oft Gegenstände von den Speichern der Bauern, die man sonst in China nicht erhält. Das bunte Treiben fängt übrigens erst relativ spät am Vormittag zwischen 9 und 10 Uhr an.

Der schönste Ausflug von Dali aber führt jenseits des Ostufers zum **Jizu Shan** (Hühnerfuß-Berg), der ein lokaler heiliger buddhistischer Berg ist. Der Legende nach habe sich Kashyapa, einer der zehn Schüler des Buddha Shakyamuni, einst hier niedergelassen. Der Name des Bergs leitet sich von der Ähnlichkeit seiner drei Hänge mit Hühnerfüßen ab. Viele der ursprünglich 100 Tempel wurden im Lauf der Kulturrevolution zerstört, 1979 hat man mit dem Wiederaufbau begonnen.

Von Xiaguan aus, der Stadt südlich von Dali, muß man zwischen 7 und 8 Uhr aufbrechen und mit dem Bus nach Binchuan (etwa 70 km) fahren. Dort steigt man in einen Pilgerbus nach Shache, einem kleinen Dorf am Fuß des Jizu Shan. Da die Strecke größtenteils nicht asphaltiert ist, kommt man erst mittags in Shache an, hat dann aber noch genügend Zeit für den etwa vier Stunden dauernden Aufstieg. Da es oben kalt und windig werden kann, sollte man sich entsprechend anziehen.

Der höchste Gipfel ist der Tianzhu Feng (3240 m), auf dem Weg hinauf passiert man den Zhusheng- (Zhusheng Si) und den Zhongshan-Tempel (Zhongshan Si) sowie zahlreiche Teebuden. Oben gibt es für Wanderer und Pilger einfache Unterkünfte und Essen am Jinding-Tempel. Wer hier übernachtet, kann das malerische Schauspiel der unter- und aufgehenden Sonne miterleben und sich den Nonnen und Pilgern anschließen, die sich der Sonne zugewandt aufstellen, singen und sich verneigen.

Am Fuß des Jadedrachen – Lijiang

Die nächste Station auf der eindrucksvollen Reise in Richtung Tibet ist für die meisten Reisenden das auf einem 2600 m hohen Plateau liegende Städtchen **Lijiang** 12 (S. 404). Östlich der Stadt bahnt sich der Jinsha Jiang (Goldsandfluß), der spätere Yangzi, seinen Weg in abenteuerlichen Windungen durch die unwegsame Bergwelt Yunnans, und nördlich von Lijiang erhebt sich, das ganze Plateau beherrschend, das 5596 m hohe **Yulong Xueshan** 13 (Jadedrachen-Schneegebirge), dessen schneebedeckte Gipfel zu den Ausläufern des tibetischen Plateaus gehören.

Einem nach Amerika ausgewanderten Österreicher namens Joseph F. Rock (1884–1962) ist es zu verdanken, daß die unglaublich vielfältige und schöne Flora des Jadedrachen-Schneegebirges erforscht und im Westen bekannt wurde. Im Lauf seiner botanischen Forschungen in den 20er Jahren entdeckte er sein Interesse für die in den zu jener Zeit noch völlig unerforschten Regionen Yunnans und Sichuans lebenden Völker und machte sich schließlich einen Namen mit Forschungen über die Naxi, unter denen er lange Zeit in Lijiang lebte. Die Naxi leben von der Land- und Viehwirtschaft und stammen von tibetischen Nomaden ab, die vor Jahrhunderten in dieses Gebiet einwanderten. Heute tragen nur noch die alten Frauen die traditionelle Tracht der Naxi. Besonders die von ihnen getragene Haube ist bemerkenswert, denn sie soll den Kosmos symbolisieren. Sie besteht aus zwei durch eine Reihe von Bändern miteinander verbundenen Teilen, während der

Straßenszene in Lijiang

untere mit einem dunkelblauen aufge-
nähten Band den Himmel repräsentiert,
stellt die obere Hälfte aus heller Seide
das Tageslicht dar.

Die einstige isolierte Lage hat der Ort
abgeschüttelt, und seit 1997 gibt es
sogar einen Flughafen – Zeichen der
Hoffnung, daß der wirtschaftliche Aufschwung nun auch in den Vorhof Tibets
gelangt.

Lijiang besitzt eine überaus sehenswerte Altstadt und, wie die anderen aus
dem Boden gestampften neuen Städte
Chinas, eine wenn auch kleine, moderne
Stadt. In der Altstadt stehen einige mehr
als 200 Jahre alte, schöne Holzhäuser,
die nach dem großen Erdbeben 1996
wieder restauriert wurden. Die Straßen
in Lijiang haben teilweise noch Kopf-
steinpflaster. Mitten durch die Stadt
fließt ein schmaler Fluß, Waschplatz
und Zentrum der Kommunikation zugleich. Als die Roten Garden während
der Kulturrevolution ihr Zerstörungs-
werk vollbrachten, ließ Ministerpräsi-
dent Zhou Enlai die Stadt mit regulären
Regierungstruppen schützen.

Auch Lijiang ist ein Ort zum gemütlichen Verweilen, man sollte ausgiebig in
den Gassen der alten Stadt bummeln,
das gemächliche Leben aus den behag-
lichen Cafés heraus genießen, die es in
China so selten gibt, und Radtouren in
die umliegenden Dörfer unternehmen,
in denen das Leben oft noch wie eh und
je seinen beschaulichen Gang geht.

Die schönste Aussicht auf das Jadedrachen-Schneegebirge hat man vom
Teich des Schwarzen Drachens (Heilong
Tan) gleich im Norden Lijiangs. Er liegt
inmitten einer mit Pavillons geschmückten, schönen Parkanlage, und bei wind-
stillem, klarem Wetter spiegeln sich im
Wasser die Gipfel des Yulong Xueshan.

Einen Ausflug in die Geschichte des
Naxi-Volkes kann man ins 10 km nörd-

lich von Lijiang liegende **Baisha** unternehmen, wo sich einstmals die Residenz
der Naxi-Herrscher befand, bevor die
Mongolen unter Kublai Khan Yunnan
ihrem Reich einverleibten und der Vorherrschaft der Naxi in diesem Gebiet
ein Ende bereitet wurde. Nahe dem sehenswerten Dorf steht noch heute der
Dabaoji-Tempel (Dabaoji Gong) aus der
Ming-Dynastie mit mehreren Hallen. Die
tantrischen Fresken der tibetisch inspirierten Halle sind leider nicht mehr gut
erhalten.

Wer mit dem Fahrrad unterwegs ist,
kann noch einmal 5 km weiter nach Norden radeln, wo sich die Straße am **Shangri Mopo** vorbeischlängelt, einem Berg,
den die Tibeter als heilig betrachten. Auf
dem Shangri Mopo steht der große **Yu-
feng Si** (Jadegipfel-Tempel), der immer
noch von vielen Pilgern besucht wird.
Die etwa 350 buddhistisch inspirierten
Wandmalereien in den Hallen sind
zwischen dem 14. und 17. Jahrhundert
entstanden. Ein über 800 Jahre alter Ka-
melienbaum mit dem poetischen
Namen Zehntausend-Blüten-Kamelie
(Wanduo Chahua) steht bei dem Tempel, er soll der zweitälteste Kamelien-
baum auf der Erde sein. Doch wer weiß
heute schon noch, daß vor allem
Yunnan eine Urheimat der Kamelie ist,
die die Chinesen Tee-Blume nennen. In
Europa wurde »ihre strahlende Schönheit ohne Koketterie« erst nach ihrer
Einfuhr durch englische Kaufleute im 17.
Jahrhundert bekannt. Ihr europäischer
Name aber hat auf den Philippinen seinen Ursprung, wo sich der Jesuitenpater G. J. Kamel so für diese Pflanze interessiert hatte, daß man sie schließlich
nach ihm benannte.

Ein längerer, landschaftlich höchst
eindrucksvoller Ausflug führt zu zwei
besonders interessanten Plätzen am
Jinsha Jiang, dem späteren Yangzi. Als

erstes sollte man **Shigu** 🔢 besuchen. Hier wurde im 16. Jahrhundert eine tibetische Armee von einem Heer aus Han-Chinesen und Naxi besiegt, 200 000 Soldaten sollen dabei ums Leben gekommen sein. In einem Pavillon hat man eine Stele in Form einer Steintrommel als Denkmal für dieses Ereignis aufgestellt. Im April 1935 überquerte die Rote Armee auf ihrem Langen Marsch bei Shigu den Jinsha Jiang, der hier auch in seine erste große Windung gezwungen wird, die den Lauf des Stroms wieder nach Norden in Richtung des unwirtlichen, einsam und mächtig in den Himmel ragenden Jadedrachen-Schneegebirges lenkt.

Mehr als 100 Arten Nutzhölzer, 400 Arten Heilpflanzen und mehr als 300 verschiedene Azaleen sowie Rhododendren wachsen in diesem Gebirge, das an seiner Nordflanke die spektakuläre Südwand der **Tigersprungschlucht** 🔢 bildet, der zweiten Etappe dieses Ausflugs. Diese 15 km lange Schlucht des Jinsha Jiang gehört zu den tiefsten der Welt. Der Fluß hat sich hier so tief in die Berge eingegraben, daß sie bis zu

Blick in die Tiger-
sprungschlucht

Richig Reisen
Tip

Wo Frauen herrschen – der Lugu-See

Fast einen Katzensprung von der Tigersprungsschlucht entfernt liegt tief in den Bergen des Kreises Ninglang, in ein Hochtal eingebettet, der unvergleichliche Lugu-See (S. 405). Er ist mit 2685 m der höchstgelegene See der Provinz und mit bis zu 90 m Wassertiefe der zweittiefste See Chinas. Sein Wasser ist so klar, daß man selbst in größeren Tiefen noch bis zum Grund sehen kann. Auf dem See verteilt ragen fünf heilige Inselchen, mit zum Teil kleinen tibetischen Tempeln, aus dem Wasser. Umgeben wird diese landschaftliche Idylle von steilen Bergen, darunter der heilige Löwenberg (Shizi Shan).

Das Tal wird bewohnt von Tibetern, Han, Pumi und den Mosu, die vor allem

3900 m hoch emporragen und eine unüberwindbare Barriere bilden. An der engsten Stelle ist die Schlucht nur 30 m breit und wird dort überdies durch einen Felsen blockiert, daher auch der Name der Schlucht, da sie an dieser Stelle bildlich gesprochen von einem ›Tiger übersprungen‹ werden kann.

Mit dem Bus kann man von Lijiang bis **Qiaotou** fahren, wo es preiswerte und einfache Unterkünfte gibt. Von hier aus kann man die Wanderung durch die phantastische Landschaft der Schlucht beginnen. Die Strecke, für die man zwei Tage benötigt, ist einfach zu gehen und führt über einen befestigten Pfad hoch oben am Nordufer entlang. Auf halbem Weg bietet ein kleines Gästehaus eine Übernachtungsmöglichkeit. Von **Daju**, dem Endpunkt der Wanderung, fahren unregelmäßig Busse nach Lijiang zurück. Am besten erkundigt man sich schon in Lijiang nach den Fahrzeiten.

Ein Pfad in der Tigersprungschlucht

die Dörfer direkt am See besiedeln. Die Mosu sind eine Untergruppe der tibeto-birmesischen Naxi und werden von diesen Luxi genannt. Was sofort auffällt, ist die Dominanz der Frauen in allen Arbeitsbereichen. Noch heute leben die Mosu/Luxi im Matriarchat. Heiraten ist unbekannt, und die Männer verlassen die Familie ihrer Mütter in der Regel nicht. Ein Kind bleibt bei der leiblichen Mutter und erfährt erst im zwölften Lebensjahr, wer sein Vater ist.

Man kann direkt am See in privaten Familienpensionen des Örtchens Luoshui unterkommen und die Zeit, die hier (noch) buchstäblich stillzustehen scheint, mit herrlichen Wanderungen verbringen. Um zum See zu gelangen, nimmt man von Lijiang einen Überlandbus nach Ninglang, eine Fahrt die bis zu neun Stunden dauern kann, wegen der aufregenden Landschaft aber äußerst kurzweilig ist. Von Ninglang fährt am folgenden Tag ein Bus in vier Stunden zum See. Die Endstation der Busse ist Yongning, das in einem Seitental abseits des Sees liegt. Man muß dem Fahrer also Bescheid sagen, daß man in Luoshui aussteigen möchte. Ähnlich langwierig ist die Weiterfahrt via Ninglang zur Bahnlinie nach Dukou, aber vielleicht ist es genau dies, was der Region noch eine Zeitlang ihre Einzigartigkeit erhalten wird.

Sichuan – Natur und Kultur im Vierstromland

»Regen und Trockenheit folgen dem Willen der Menschen,/Hunger ist unbekannt./Die Zeiten haben nie ein mageres Jahr gesehen,/jeder kennt es als Himmel auf Erden«, hieß ein seit dem 3. Jahrhundert im Volksmund bekanntes Gedicht über das fruchtbare Sichuan-Becken. Doch der Himmel auf Erden war so schwer zu erreichen wie das Schlaraffenland. Unüberwindbare Gebirgszüge trennen die Provinz von ihren Nachbarn, und der Tang-Poet Li Bai konstatierte im 9. Jahrhundert sogar, daß der Pfad nach Sichuan schwieriger sei als der Weg zum Himmel. Noch zu seiner Zeit war diese Reiskammer Chinas nur über waghalsige Holzgalerien, die die steil abfallenden Felshänge gangbar machten, zu erreichen. Ein anderer Weg führte zwar über den Chang Jiang (Yangzi), aber der war die meiste Zeit des Jahres ein reißender, unberechenbarer Strom. Die

◁ *Seenlandschaft im Huanglong-Nationalpark*　　　　　　　　　　　　　　　　*Sichuan*

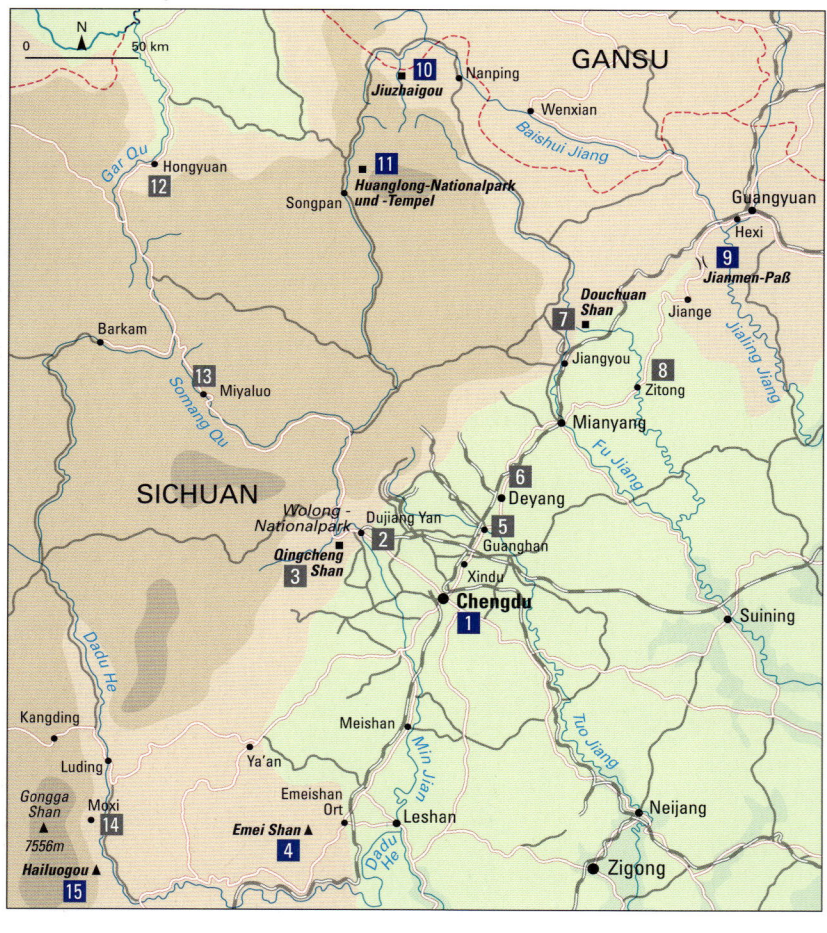

Gebirge, die im Westen in das tibetische Hochland übergehen, sind die Heimat der so seltenen Pandabären, auf den grünen Hochalmen grasen Yakherden, und durch die Grasländer im Nordwesten der Provinz ziehen tibetische Nomaden. In der Bergwelt im Osten dagegen vermutete man den chinesischen Yeti. Inmitten dieser zivilisationsfeindlichen Umwelt hat die Natur ein gewaltiges Becken geschaffen, eben jenen Himmel auf Erden, den der deutsche Geograph Freiherr von Richthofen, wegen der Farbe seines Bodens, das Rote Becken getauft hatte.

Besiedelt wurde Sichuan seit mindestens 30 000 Jahren, und vermutlich sickerten ab etwa 2500 v. Chr. die ersten Siedler aus nördlicheren Regionen in das Rote Becken. In dieser Zeit herrschten hier wahrscheinlich die Volksstämme der Ba und Shu in eigenen Königreichen. Ab dem 4. Jahrhundert v. Chr. interessierten sich die Chinesen immer wieder für diese sagenhafte Region, bis sie Sichuan in der Song-Zeit (960–1279) endgültig in ihr Kaiserreich eingliedern konnten. Um den fruchtbaren Boden gleichmäßig nutzen zu können, begannen die ersten Siedler mit dem Bau genialer Bewässerungsanlagen, dank derer die Landwirtschaft eine Produktivität entwickelte, daß die Provinz nahezu autark wurde.

Die einzigartige Lage, die Fruchtbarkeit und der Reichtum Sichuans lockten nicht nur Abenteurer, die hier unabhängige Königreiche errichteten, Glücksritter auf der Suche nach Reichtum oder Flüchtlinge an, wie zuletzt die Regierung Chiang Kai-sheks, sondern auch immer mehr durch Kriege entwurzelte Menschen. Das so immer enger werdende Rote Becken steht damit vor einem Berg von Problemen, die fast so unüberwindbar scheinen wie die Pässe seiner Gebirgszüge. Ein erster Lösungsansatz wurde 1997 mit der Ausgliederung der Millionenstadt Chongqing, einschließlich des Staugebiets des neuen Yangzi-Staudamms, gemacht. Wie Beijing, Shanghai und Tianjin besitzt diese Stadt nun einen Provinzstatus und soll die Vorreiterrolle für die Industrialisierung des Südwestens übernehmen.

Touristisch hat Sichuan außerordentlich viel zu bieten. Zu den Höhepunkten zählen neben einer Yangzi-Kreuzfahrt die Besuche des Jiuzhaigou- und des Hailuogou-Nationalparks, des heiligen Bergs Emei und der kulturellen Metropole Chengdu.

›Vollkommene Metropole‹ – Chengdu

Hauptstadt Sichuans ist die Millionenstadt **Chengdu** **1** (S. 389 f.). Mit den Städten des Ostens teilt sie das unkontrollierte Wuchern und Wachsen, das die Stadt mittlerweile zu einem riesigen Moloch hat anschwellen lassen.

Schon früh wurden die Chinesen auf die Fruchtbarkeit und das Potential der reichen Ressourcen der Ebene von Si-chuan aufmerksam, und so fiel sie ihnen erstmals im Jahr 311 v. Chr. in die Hände. Um 136 v. Chr. wurde die erste große Straße von der Hauptstadt Chang'an nach Chengdu und von dort in die reichen Ebenen von Guangdong gebaut. Zu jener Zeit gehörte das wegen seiner rötlichen Erde auch Rotes Becken genannte Sichuan bereits zu den reichsten und aktivsten Regionen Chinas. Eng verknüpft mit der Geschichte und dem Reichtum der Stadt ist die Handwerkskunst. Chengdu war bereits im 2. Jahrhundert v. Chr. ein Zentrum für die Herstellung von Lackarbeiten und Brokaten und diese gaben ihr auch ihren ersten Namen: Jinjiang Cheng (Brokatstadt). Salz-, Eisen- und Textilhandel trugen ihren Teil zum Reichtum Chengdus bei, das immer wieder längere Perioden völliger Autonomie kannte. Chengdu lag an der Kreuzung der Handelswege, die nach Yunnan, Birma und Nordostindien, nach Guizhou und Guangdong sowie in alle weiteren wichtigen Regionen des chinesischen Reichs und nach Tibet führten und konnte so den lukrativen Handel kontrollieren. Wer im Gegenzug Chengdu kontrollierte, konnte unermeßlich reich werden, und immer wieder fiel die Stadt Eroberern in die Hände, die hier ihre Unabhängigkeit von China erklärten. Auch das tibeto-birmesische Reich des ›Südlichen Fürsten‹ (Nanzhao) konnte sich im 9. Jahrhundert der Stadt bemächtigen und sie sich für einige Zeit einverleiben. Es war eine Zeit, als steinreiche Kaufleute aus Chengdu, zusammen mit den ebenso reichen Salzhändlern aus Yangzhou, den Handel kontrollierten. Unter ihnen nahm der Teehandel einen außerordentlichen Aufschwung, denn unter der Tang-Dynastie war das Teetrinken zur Mode geworden, und die Teesteuer wurde zu einer der lukrativsten Einnahmequelle überhaupt. Entsprechend waren die Sichuaner auch immer dabei, wenn neue Erfindungen hohe Einnahmen versprachen. Nach Aufkommen des Buchdrucks wurde Chengdu im 11.–13. Jahrhundert eines der großen Buchdruckzentren Chinas.

Seinen heutigen Grundriß erhielt Chengdu im 14. Jahrhundert. Die Stadt war von einer Mauer umgeben, im Zentrum stand der Palast des Vizekönigs. Ihre Bewohner waren selbstbewußt genug, ihrer Stadt den Namen ›Vollendete Hauptstadt‹ (Chengdu) zu geben. Mit der Krise zum Ende der Ming-Zeit versuchte der Rebellenführer Zhang Xianzhong (1606–47) sich der Provinz zu bemächtigen, was ihm zwischen 1645 und 1647 auch für zwei Jahre gelang. Seine Unfähigkeit als Staatschef überspielte er allerdings durch Terror, und so stießen die Mandschus auf wenig Widerstand bei der Bevölkerung, als sie ihn stellten und töteten.

Eine größere politische Rolle spielte Chengdu erst wieder in den 30er Jahren des 20. Jahrhunderts, nachdem die Guomindang ihren Sitz nach Chongqing verlegt hatte. Sie verlor viel an Boden und Unterstützung, da sie nichts Eiligeres zu tun hatte, als das reiche Chengdu auszupressen. Die Folge war, daß den Kommunisten bei ihren großen Offensiven in Südchina im April 1949 die Städte Sichuans, so auch Chengdu, wie reifes Obst in die Hände fielen.

Die alte ›Hibiskus-Stadt‹, so der liebevolle Beiname, den die Einwohner ihr einst gaben, hat heute durch die Modernisierung und die chaotischste Verkehrsentwicklung auf dem chinesischen Subkontinent viel an Atmosphäre verloren und ist, abgesehen von einigen recht interessanten Sehenswürdigkeiten, hauptsächlich der Ausgangspunkt für Ausflüge ins Hinterland.

Die Wege in Chengdu sind lang und weit, und die meisten der Sehenswürdigkeiten erreicht man am schnellsten und bequemsten mit dem Taxi. Entlang einer Achse, die sich südwestlich von Chengdu nach Norden und dann weiter in den Nordosten zieht, reihen sich alle wichtigen Sehenswürdigkeiten auf. Ein guter Start für die Besichtigungen ist der

Figuren auf dem Dach des Ahnentempels des Fürsten Wu

im Südwesten Chengdus gelegene Nanjiao-Park mit seinem **Ahnentempel des Fürsten Wu** (Wuhou Ci). Wu war ein posthum verliehener Titel für den großen Militärstrategen Zhuge Liang, einem der Helden aus dem Roman ›Die Drei Reiche‹, dessen überragende Strategien König Liu Bei (reg. 221–223) zur Herrschaft im Königreich Shu verhalfen. Dabei hatte es Liu Bei nicht leicht gehabt, Zhuge Liang für seine Dienste zu gewinnen, dreimal mußte er im Hause des Strategen erscheinen, bis er sich dessen Unterstützung versichert hatte. Über seine Strategien und Husarenstücke kursieren in China zahlreiche Geschichten. So hielt sich Zhuge Liang eines Tages in einer Stadt auf, als völlig unerwartet eine Armee des großen Rivalen Cao Cao erschien. Da keine Soldaten zur Verteidigung der Stadt anwesend waren, befahl er unverzüglich, das Stadttor zu öffnen. Er selbst begab sich mit einem Diener auf die Mauer. Als die feindlichen Truppen Zhuge Liang friedlich auf der Mauer die Zither spielen sahen, vermuteten sie eine Falle und zogen sich zurück. Um Zhuge Liangs unverbrüchliche Loyalität zu ehren, wurde dem großen General in der Tang-Zeit dann der Wuhou-Tempel geweiht. Auf beiden Seiten des Hauptwegs befinden sich Wandelgänge mit 28 Standbildern von Generälen und Beamten des Königreichs Shu. Die erste Halle des Tempels ist Liu Bei und die zweite Zhuge Liang gewidmet. Die weiße Kopfbedeckung vieler Sichuaner Bauern auf den Feldern soll übrigens ein Zeichen ewiger Trauer um den Tod Zhuge Liangs sein.

Fährt man mit dem Taxi auf der großen Ringstraße nach Norden, erreicht man nach gut 3 km den im Kulturpark (Wenhua Gongyuan) gelegenen daoistischen **Tempel der Grünen Ziegen** (Qingyang Gong), der vermutlich in der Tang-Zeit gegründet worden ist und zu den größten daoistischen Anlagen in der Region von Chengdu zählt. Einer Legende nach soll Laozi einst einen Freund gebeten haben, ihn an dieser Stelle zu treffen. Als der Freund kam, erblickte dieser allerdings nicht den weisen Laozi, sondern nur einen Jungen, der zwei Ziegen hütete. Philosophisch bewandert auch er, folgerte der Freund, daß es sich bei dem Jungen um Laozi handeln müsse, was aber wiederum bedeute, daß alles, was man sieht, nur Schein ist. Zum Gedenken an diese philosophische Einsicht wurde schließlich der Tempel gebaut. Die bronzenen Ziegen stehen in der rückwärtigen Halle und sind schon ziemlich abgegriffen, weil die Berührung Glück bringen soll. Bemerkenswert ist die einhörnige Ziege, in deren Erscheinung die zwölf chinesischen Tierkreise vereinigt werden: Ohren von der Ratte, Nase vom Ochsen, Mund vom Pferd, Rücken vom Hasen, Schwanz von der Schlange, Genick des Affen und Hinterteil vom Schwein.

Jedes Jahr findet von Februar bis März im Park das Blumenfest statt, dessen Ursprung in der Tang-Zeit liegt. Während des Blumenfests gibt es auch Theater- und Opernaufführungen.

Im Manjushri-Tempel (Wenshu Yuan)

Fährt man mit dem Taxi vom Tempel über die große Ringstraße Richtung westlichen Stadtrand, erreicht man nach einigen Kilometern die **Strohhütte des Du Fu** (Du Fu Caotang). Nachdem der große Dichter Du Fu seines Beamtenlebens in Chang'an (Xi'an) überdrüssig geworden war, hatte er sich 759 nach Chengdu zurückgezogen, um hier in einer einfachen Strohhütte zu leben. Dort verfaßte er in nur vier Jahren über 240 der 1400 von ihm erhaltenen Gedichte. In seinem unnachahmlichen Stil schrieb er ebenso über Menschen, ihr Leid durch Armut oder Krieg, wie über die Natur. In seinem Zeitalter, das eines der großen Poeten war, zählte er zu den berühmtesten. Die Hütte, in der er lebte, wurde rund 200 Jahre nach seinem Tod 770 ihm zu Ehren rekonstruiert und immer wieder erneuert. Im Lauf der Jahrhunderte kamen ein Tempel, Hallen und Gärten hinzu. Leben und Schaffen des Dichters werden in den verschiedenen Gebäuden an Hand von Steintafeln und Schriftstücken dokumentiert.

Nun führt der Weg einige Kilometer nach Norden zum **Grab des Wang Jian** (Wang Jian Mu). Wang Jian (847–918) war ein ehemaliger Räuber. Seines Banditenlebens überdrüssig, wurde er Soldat und diente schließlich dem letzten Tang-Kaiser Li Zhu (Jinzong, reg. 904 bis 907) als General. Nach dem Sturz der Dynastie besann er sich wieder seiner finsteren Qualitäten und gründete den Staat Shu im Süden Chinas, dessen erster Herrscher er wurde. In den Ausstellungsräumen sind Grabfunde wie Jadeschmuck und Steinfiguren ausgestellt. Sein Grab wurde erst 1942 entdeckt. Bis dahin hat man das oberirdische Gebäude für einen Musik-Pavillon Zhuge Liangs gehalten.

Vom Grab führt nun eine längere Fahrt in den Nordosten der Stadt zum

Manjushri-Tempel (Wenshu Yuan). Der im 6. Jahrhundert gegründete buddhistische Tempel ist ein aktives buddhistisches Zentrum und Sitz der Chan-Buddhisten Sichuans. Die Gebäude in ihrer heutigen Form entstanden 1691. Schon der Zugang zum Tempel zeigt den engen Zusammenhang von Religiosität und Geschäftssinn in China. Auf der schmalen Zufahrtsstraße werden jegliche für die erfolgreichen Opfer erforderlichen Devotionalien verkauft: ›Höllengeld‹ für die Geldopfer, Weihrauch-Stäbchen für die Geruchsopfer, rote Kerzen, Feuerwerkskörper und vieles mehr. Vor allem an Wochenenden ist der Andrang hier so groß, daß es kein Durchkommen gibt. Doch der Tempel ist nicht nur wegen der Atmosphäre seines religiösen Lebens interessant, sondern auch für seine Schätze, Relikte fanatischer Mönche und Gläubigen. So besitzt der Wenshu Yuan Bücher, die von Mönchen mit ihrem eigenen Blut geschrieben wurden, sowie ein Rollbild der Göttin der Barmherzigkeit (Guanyin) aus dem 18. Jahrhundert, das ganz aus dem Haar gestickt ist, das sich eine fanatische Buddhistin in einem Akt der Selbstkasteiung herausgerissen hatte.

Der Weg führt von hier weiter nach Norden, zu einem der interessantesten Märkte Chengdus, dem **Lotos-Teich-Markt für Chinesische Medizinkräuter** (Hehua Chi Zhongyao Shichang). Auf den ersten Blick fühlt man sich eher an einen an allen Seiten offenen Flugzeug-Hangar erinnert, aber unter dem Dach des Markts ist so ziemlich alles versammelt, was die chinesische Pharmazie in 2000 Jahren hervorgebracht hat. Der ganze Markt ist erfüllt von aromatischen, würzigen, scharfen, süßlichen und hölzernen Gerüchen, schon das allein ist ein Erlebnis ganz neuer Dimension. Verkauft werden nicht nur unzäh-

Kalligraph in Chengde

lige getrocknete, frische, eingelegte oder geriebene Heilkräuter, sondern auch Tiere, denen eine Heilwirkung zugesprochen wird – in getrockneter und gemahlener Form –, wie Schlangen, Seepferdchen oder Insekten aller Art. Wer sich krank fühlt, kann sich in den umliegenden Straßenambulanzen untersuchen und gleich die richtige Rezeptur verschreiben lassen.

Ausflüge von Chengdu

Im Westen Chengdus, etwa 58 km entfernt, liegt die Kreisstadt Guanxian, die nach ihrer Bewässerungsanlage aus dem Jahr 250 v. Chr. auch den Namen Dujiangyan Shi trägt und ein guter Ausgangspunkt für eine Wanderung auf den heiligen daoistischen Berg Qingcheng Shan ist.

Die berühmte Bewässerungsanlage **Dujiang Yan** 2 liegt gleich am Nordrand Guanxians. Immer schon war der Min

Jiang über seine Ufer getreten und hatte Ernten vernichtet. So ließ der Provinzgouverneur Li Bing in den letzten Jahren der Streitenden Reiche den Flußlauf teilen. Der ›Äußere Fluß‹ floß weiter zum Chang Jiang, während der ›Innere Fluß‹ zu einem ausgeklügelten Kanalsystem ausgebaut wurde, das die Wassermassen des Flusses aufnehmen und zur Bewässerung über das Land verteilen konnte. So entstand hier einer der fruchtbarsten Landstriche Sichuans. Man kann die Anlage auf einem Wanderweg erkunden, der auch alle beschriebenen Sehenswürdigkeiten verbindet.

Startpunkt des Rundgangs sollte der **Tempel der Zwei Könige** (Erwang Miao) sein, da man von dem hoch oben am Hang gelegenen Komplex auch eine schöne Aussicht auf die Bewässerungsanlagen zu Füßen des Bergs hat. In dem Tempel, dessen Gebäude und Pavillons sich den Hügel hinunterziehen, werden Li Bing und sein Sohn Li Erlang verehrt.

Vom Eingang geht man über einen Wanderweg, der von zahlreichen weiteren interessanten Hallen gesäumt ist, den Berg wieder hinunter und trifft unten auf den Zugang zur bemerkenswerten **Anlan-Brücke** (Anlan Qiao), die an dieser Stelle den Min-Fluß überspannt. An ihrer Stelle existierte schon zur Song-Zeit eine Brücke über den Fluß.

Auf dem sogenannten **Fischmund**, der Insel, die den Min-Fluß teilt, kann man über weitere Brücken zum **Tempel des Drachenbezwingers** (Fulong Guan) spazieren. An dieser Stelle soll Li Bing den Drachen, der im alten China traditionell als Beherrscher von Quellen und Flußläufen angesehen wurde, bezwungen und sich damit selber zum Herrscher über die Fluten aufgeschwungen haben.

Die zweite Attraktion Guanxians ist der heilige daoistische Berg **Qingcheng**

Shan 3, der sich etwa 17 km südwestlich der Stadt erhebt. Auf einer etwa drei- bis vierstündigen Wanderung durch eine reizvolle Landschaft lassen sich einige daoistische Tempel besuchen. Schon von alters her war der Qingcheng Shan ein beliebtes Pilgerziel der Daoisten. Man beginnt die Wanderung beim ›Palast der Schaffung des Glücks‹ (Jianfu Gong) aus der Tang-Zeit. Diesem Tempel ist auch ein Gasthaus angeschlossen, in dem man übernachten kann. Auf halbem Wege passiert man des weiteren die Höhle des Himmelsmeisters (Tianshi Dong), in der der Gründer der daoistischen ›Fünf-Scheffel-Reis-Sekte‹ (Wudoumi), Zhang Daoling, gelehrt haben soll. Zhang Daoling sah sich als messianischen Revolutionär und Zaubermeister, der sich die Geister der Luft, der Erde und des Wassers dienstbar gemacht hatte. Von seinen Anhängern verlangte er einen Beitrag von fünf Scheffel Reis, daher auch der Name der Sekte. Die Sekte glaubte an die Wirkkraft von Amuletten, an die Wirkung des Sündenbekenntnisses und an den religiösen Ursprung von Krankheiten, die zu heilen man sich berufen fühlte, auch gehörten orgiastische Feiern zu den Ritualen. In der Gemeinschaft war das Privateigentum abgeschafft es gab Gratisreisspeicher für Reisende, und als Sühneleistung mußten Straßenerhaltungsarbeiten geleistet werden. Um 190 gelang es Anhängern der Sekte, sogar im Süden Shaanxis einen eigenen Staat zu gründen. Der Weg führt nun hinauf zum 1600 m hohen Hauptgipfel, wo der Palast der Höchsten Reinheit (Shangqing Gong) aus dem 3. Jahrhundert steht. Vom Tempel aus kann man über einen weiteren Weg wieder hinabsteigen und kommt an mehreren kleinen Tempel vorbei zurück zum Ausgangspunkt.

Der Berg der Vier Schönheiten – Emei Shan

Schon immer glaubten die Chinesen, daß die Natur einen mystischen, unmittelbaren Einfluß auf die Geschicke der Menschen habe, und in einem Land der Gebirge kam Bergen naturgemäß ein besonders hoher Stellenwert zu. Auf ihnen residierten die wichtigsten Götter, und auch die daoistischen Unsterblichen lebten bevorzugt auf den Gipfeln unzugänglicher Berge. Besonders beliebt war der Emei Shan **4** (S. 392) unter den Daoisten, aber nachdem daoistisches Gedankengut auch in den Buddhismus Eingang gefunden hatte, wandelte sich seine Funktion allmählich. Eigentlich fehlte nur noch eine Legende, um den Wandel zu einem der vier heiligen buddhistischen Berge Chinas perfekt zu machen. In der Zeit der Westlichen Jin (265–317) soll der Beschützer jener, die die Buddha-Lehre predigen, Bodhisattva Samantabhadra (der Ringsum Segensreiche), auf einem riesigen Elefanten mit sechs Stoßzähnen reitend auf dem Berg abgestiegen sein. Seitdem gilt Samantabhadra (Puxian) als Schutzpatron des Emei Shan, dessen Wandlung zum heiligen buddhistischen Berg damit abgeschlossen war.

Seinen Namen verdankt der Berg, von dem die Chinesen sagen, daß er aussehe wie ein riesiger, liegender Löwe, dem man den Kopf abgeschlagen habe, allerdings einer anderen Legende. So soll er aus dem Namen des transzendenten Buddha Amitabha (chin.: Amituofo) hergeleitet sein. Im Buddhismus des Reinen Landes, dessen Kern die Verehrung des Amitabha ist und die von den Gläubigen unter anderem die möglichst häufige Wiederholung seines Namens verlangt, um Erlösung zu erlangen, wandelte sich das ständig wiederholte Amituofo zu Emei, das schneller und einfacher zu sprechen war.

Der Name ›Berg der geschwungenen Augenbraue‹ allerdings impliziert einen anderen Ursprung, und der ist auch viel chinesischer. Der ungewöhnliche Name ist eine poetische Anspielung auf eine schöne Frau, und die vier Gipfel des Berges sollen ursprünglich vier hübsche Frauen gewesen sein. Außerhalb des Westtors einer dem Berg vorgelagerten Stadt soll ein kleiner Tempel, der von einem Mönch bewohnt wurde, gestanden haben. Eines Tages erschien ein Maler, der um Unterkunft bat, und der Mönch gewährte sie ihm, ohne eine Gegenleistung zu verlangen. Der gerührte Maler erwiderte die erwiesene Gastfreundschaft mit vier Bilderrollen, die je eine wunderschöne Frau darstellten. Allerdings forderte er den Mönch auf, die Bilder noch 49 Tage lang nach seiner Abreise in einer Kiste unter Verschluß zu halten. Der Mönch war von den Bildern jedoch so beeindruckt, daß er sie entgegen der Weisung gleich aufhing. Als er abends zurückkehrte, fand er nur noch weiße Bilderrollen vor, und davor saßen vier Frauen, die lachten und sich unterhielten. Als ihm der Zusammenhang aufging, rannten die Frauen bereits davon. Zwar versuchte der Mönch sie einzuholen, doch es gelang ihm, nur die jüngste der Frauen festzuhalten, und in ihrer Verzweiflung verwandelte diese sich sofort in einen Berggipfel. Die anderen Frauen wollten sie nicht alleinlassen und verwandelten sich ebenfalls in Gipfel.

Die ersten daoistischen und buddhistischen Klöster entstanden am Emei Shan im 2. Jahrhundert, ihre Zahl stieg im Lauf der Zeit auf 151, von denen, bedingt durch Verfall und Zerstörung, heute noch 20 zu besichtigen sind. Seit dem 6. Jahrhundert, der Blütezeit des Buddhismus, gilt der Berg als heilig und ist seither Ziel von nimmermüden Pilgern jeder Altersstufe, die auch heute noch in unübersehbarer Zahl den Gipfel stürmen.

Beeindruckend ist auch die schroffe Landschaft. Auf dem treppenreichen Weg zum Gipfel kommt man an Tempeln und Hütten vorbei, in denen man essen, trinken und teilweise auch nächtigen kann. Man kann über zwei Wege den 3099 m hohen Gipfel erreichen: einen nördlichen, 44 km langen, der am interessantesten ist, und einen südlichen, 64 km langen Pfad.

Aufstieg über die nördliche Route

Am Fuß des Emei Shan steht der **Tempel für den Dienst am eigenen Land** (Baoguo Si) aus der Ming-Zeit, der eine sehenswerte 2,4 m hohe Porzellanstatue Buddhas aus der ›Porzellanhauptstadt‹ Jingdezhen von 1415 birgt.

Etwa 1 km westlich vom Baoguo Si erreicht man den **Tempel zum Bezwingen des Tigers** (Fuhu Si), der angeblich gebaut wurde, um einen in der Umgebung wütenden schwarzen Tiger zu vertreiben. Der Legende nach kamen zu dieser Zeit drei, von daoistischen Studien gelangweilte, Schwestern an diesen Ort und beschlossen, das bereits Erlernte gegen den Tiger anzuwenden. Ihre Zauberkräfte erwiesen sich indes noch als zu schwach, der Tiger schien über sie zu obsiegen, als ihnen glücklicherweise ihr Bruder in einem geeigneten Moment vom Himmel aus zur Hilfe kam und das

Raubtier zähmte. Um diesem Ereignis zu gedenken, wurde im 12. Jahrhundert der Tempel errichtet. Aus dem 16. Jahrhundert stammt die 7 m hohe Bronzepagode links in der Haupthalle des Fuhu Si. 4700 winzige Buddhas sowie buddhistische Inschriften zieren ihre 13 Stockwerke.

Hat man sich entschlossen, den gesamten Weg zu Fuß zurückzulegen, passiert man unter anderem den **Donner-Tempel** (Leiyin Si) und den **Pavillon des Klaren Klangs** (Qingyin Ge) 15 km vom Baoguo Si entfernt. Die Klangeffekte des nahen Wildwasserbachs waren namengebend für diesen Tempel. Hier steht auch ein Restaurant mit leckerer vegetarischer Küche – eine gute Rastmöglichkeit, bevor man sich entscheidet, welchen der beiden Wege man gehen will, denn hier trennen sich Nord- und Südroute.

Wichtigster Tempel und Beginn des eigentlichen Aufstiegs über die Nordroute ist der **Tempel der Ewigkeit** (Wannian Si) aus der Jin-Dynastie er ist der älteste der erhaltenen Tempel. Er birgt die bekannte 980 gegossene, knapp 9 m hohe Statue des Schutzpatrons des Emei Shan, des Bodhisattva Samantabhadra mit seinem Elefanten. Das 62 t schwere Kunstwerk wird von unzähligen kleinen Buddhas umgeben. Die Mutter des Wanli-Kaisers der Ming soll den Tempel auf einer ihrer Pilgerreisen zum Emei Shan 1580 in Auftrag gegeben haben. Zweimal im Jahr zur Winter- und Sommersonnenwende, sollen die Sonnenstrahlen genau durch ein Loch in der Tempelwand auf die Stirn des Bodhisattva fallen.

In einer Höhe von 2070 m trifft man auf den **Elefanten-Badeteich** (Xixiang Chi) mit einem angegliederten Tempel. Hier soll der Reitelefant des Bodhisattva Samantabhadra bei seinem Abstieg gebadet haben. Etwas weiter bergauf erreicht man einen recht lebhaften Ort, das **Kloster der Weißen Wolke** (Baiyun Si). Nicht nur Touristen sammeln sich hier, sondern auch aggressive, diebische Affen. Wenn sie auch nur den Verdacht haben, daß man etwas zu essen in den Taschen hat, stürzen sie herbei, zerreißen Hosen- oder Jackentaschen und stehlen einem im unglücklichsten Fall sogar den Tagesrucksack.

Weitere 360 m höher hat man von der **Terrasse des Donners** eine phantastische Aussicht über die Bergwelt Sichuans, falls die Gipfelregion nicht gerade, wie so oft, in tiefe Nebel gehüllt ist. Bis hierher fahren die Busse, und man hat nun die Möglichkeit mit der Seilbahn auf den Gipfel zu gelangen.

In 3077 m Höhe endet der Weg beim **Tempel des Goldenen Gipfels** (Jinding Si). In der Zeit der Östlichen Han (25–220) erbaut, wurde er häufig durch Blitzschlag zerstört und immer wieder aufgebaut. Übernachtungsmöglichkeiten gibt es hier oder etwas weiter unten im **Kloster der Schlafenden Wolke** (Woyun An). Wenn man Glück mit dem Wetter hat, lassen sich auf dem höchsten Gipfel des Emei Shan, dem 3099 m hohen **Wanfo Ding**, dem Zehntausend-Buddha-Gipfel, herrliche Sonnenauf- und -untergänge erleben. Am großartigsten aber ist bei klarem Wetter die Fernsicht zur Ostflanke des sich von Sichuan aus auftürmenden tibetischen Plateaus, wo unter anderem der einsame Schneegipfel des Gongga Shan in den Himmel ragt.

Wenn man nicht den gleichen Weg noch einmal gehen will, empfiehlt sich die Südroute für den Rückweg. Etwa 150 m unterhalb des Elefanten-Badeteichs beginnt sie. Folgende Hauptsehenswürdigkeiten liegen entlang der Strecke: der **Tempel der Begegnung mit** einem **Unsterblichen** (Yuxian Si), ein **Tempel** von 1862, der **Tempel des Gipfels der Unsterblichen** (Xianfeng Si) und **Hongchun Ping**, ein Kloster aus der Ming-Zeit.

Abrunden kann man den Besuch des Emei Shan noch durch einen Abstecher in die Industriestadt **Leshan**. So unattraktiv die Stadt und ihre Umgebung auch sein mögen, so eindrucksvoll ist zumindest der Große Buddha. Zwischen 719 und 803 arbeiteten buddhistische Mönche die größte sitzende Buddha-Skulptur der Welt aus dem Fels heraus. Sie ist 71 m hoch, allein 15 m Höhe mißt der 10 m breite Kopf, die Ohren sind je 7 m lang und die Mittelfinger je 8,3 m. Der große Zeh bietet einer kompletten Fußballmannschaft Platz. Zugänglich ist der Buddha über die angrenzende Anlage des Lingyun-Tempels. Auf dem Fluß fahren am Buddha Schiffe vorbei, die allerdings viel zu teuer sind.

Der große Budda von Leshan

Neun Tibetische Dörfer – Jiuzhaigou

In Chengdu endete der alte Pfad von Chinas Hauptstadt Chang'an ins Königreich Shu, dessen Grenzen sich ungefähr mit denen des heutigen Sichuan decken. Die Gefährlichkeit der Strecke war Anlaß zahlloser Gedichte und Beschreibungen. Auch der berühmte Tang-Poet Li Bai verfaßte für einen nach Sichuan in die Verbannung gehenden Freund einen Vers: »Die Straße nach Shu: Ein Felspfad soll es sein,/Nicht leicht zu gehen, wie dir die Leute sagen,/Gebirge vor dem Antlitz des Wanderers ragen,/Wolken hüllen den Kopf des Pferdes ein.«

Vieles hat sich seitdem verändert, aber viele Wege in den Norden Sichuans sind gefährlich geblieben, werden regelmäßig von Erdrutschen verschüttet und unpassierbar gemacht. Befahrbar ist die Route nur von Ende März bis Oktober, wenn die großen Schneemassen geschmolzen sind. In der Regenzeit zwischen Juni und August versinken die Wege im Matsch oder unter den Erdrutschen und verlängern die Fahrzeiten oft empfindlich. Dennoch lohnt das Abenteuer, denn es führt einen direkt ins Herz einer der wohl bezauberndsten Naturlandschaften Chinas. Mit einer Ausstrahlung voller magischer Schönheit breitet sich hier an der Provinzgrenze zu Gansu das 620 km² große Naturschutzgebiet Jiuzhaigou aus, das 1978 geschaffen wurde.

Auf dem Weg nach Jiuzhaigou, für den man mindestens zwei Tage benötigt, folgt man zunächst der alten Straße nach Shu, wenn auch in umgekehrter Richtung. Hat man den städtischen Moloch Chengdu endlich hinter sich gelassen, fährt man durch eines der fruchtbarsten Gebiete der Provinz. Die Gefräßigkeit fortschreitender Urbanisation und die wachsende Luft- und Wasserverschmutzung bedrohen es allerdings akut. Jährlich gehen durch die oft unkontrollierte Bebauung bis zu 40 000 ha Ackerland verloren.

Man passiert mehrere, stets durch chaotischen Verkehr verstopfte Städtchen und Dörfer und kommt schließlich etwa 30 km nördlich von Chengdu durch **Guanghan** 5, wo seit 1929 und zuletzt 1986 Überreste einer alten Stadt aus dem Königreich Shu (221–261), das zur Zeit der Drei Reiche bestanden hatte, ausgegraben wurden. Die wertvollste Entdeckung auf der Fundstätte **Sanxingdui**, ein wenig westlich von Guanghan, war die bronzene ›Himmelsleiter‹, so genannt, weil sie einen heiligen Baum darstellt, durch den in alten Zeiten schamanistische Priesterinnen mit einem Gott kommunizieren konnten.

Nächste Station entlang der alten Route ist **Deyang** 6, die ›Bronzestadt‹. Erwähnenswert ist hier der mächtige, majestätisch wirkende Konfuziustempel. Einer der bekanntesten Schnäpse, der Jiannanchun-Schnaps, wird in Deyang destilliert, aber es bedarf doch einiger Übung, bis sich der westliche Gaumen an den scharfen Geschmack gewöhnt hat. Nördlich von Deyang fährt man am Schrein des Pangtong vorbei, der auf dem **Hirschkopf-Berg** (Lutou Shan) steht. Pangtong war einer der großen Strategen von Liu Bei, dem König von Shu, und so ehrten ihn in der Folge zahlreiche bedeutende Dichter, die jede Säule seines Schreins mit Gedichten verzierten. Die Anlage wird von Hunderten alter Zypressen beschattet, was ihr einen besonderen Reiz verleiht.

Hinter der Industriestadt Mianyang verläßt man die alte Straße von Chengdu nach Shu und folgt in nördlicher Richtung der Route der Bahnlinie. Nach 25 km erreicht man **Jiangyou**, die Geburtsstätte eines der berühmtesten Dichter der Tang-Zeit, Li Bai. Hier wuchs er »dichtend und singend auf Hügeln unter Wolken« auf, bevor er auf Wanderschaft ging, mehrfach heiratete, sich im Glanz des Kaiserhofs um die Konkubine Yang Guifei sonnte, verbannt und wieder begnadigt wurde und schließlich 762 nach einem überaus wechselvollen Leben starb. Über 1000 seiner Gedichte sind erhalten geblieben. Verse, die von einer visionären Leuchtkraft eines über menschliche Bindungen erhabenen Geistes erfüllt sind und dem daoistischen Ideal eines Unsterblichen ihren besonderen Ausdruck gegeben haben. Diese daoistische Inspiration war vielleicht nicht zufällig, denn folgt man der Straße weiter nach Norden, trifft man 25 km hinter der Ortschaft Jiangyou auf die eigenartige, mystisch anmutende Felsgruppe **Douchuan Shan** 7 . Wie gigantische Nadeln beherrschen hier drei sich aus der Hügellandschaft emporreckende Felsen das Bild. Gleich den Meteora-Klöstern in Griechenland steht auf jedem dieser drei Felsen ein Tempel, aber nur einer der Felsen ist über einen alten Pfad begehbar. Zu den anderen beiden Tempeln gelangt man nur über schwankende Hängebrücken. So stellte man sich im alten China die Wohnsitze der daoistischen Unsterblichen vor.

Lassen es die Straßenverhältnisse zu, kann man von Jiangyou nach Osten zur Ortschaft **Zitong** 8 fahren und stößt dort wieder auf die alte Straße nach Shu. Hinter Zitong beginnt sich die Straße in die Berge zu winden, und schon kurz hinter der Stadt lohnt der nächste Stopp beim Großen Tempel

vom Berg der Sieben Windungen‹ (Qiqushan Damiao), dessen Ursprung auf die Yuan-Dynastie zurückgeht. Seine Hallen liegen inmitten eines alten Zypressenwalds, der bereits im 3. Jahrhundert angepflanzt worden sein soll. Von dem einstigen großen Waldgebiet, das auf Anordnung eines Kaisers im 3. Jahrhundert amgelegt worden war, sind jedoch nur noch einige Bäume übrig, der Rest fiel der Abholzung zum Opfer.

Nach weiteren 80 km erreicht man die Kreisstadt Jiange und bewegt sich während der folgenden 30 km auf historisch bedeutsamem Gebiet, nähert man sich doch dem berühmten **Jianmen-Paß** 9 (Schwerttor-Paß). Dieser formte einen natürlichen Durchlaß nach Shu, das wichtigste Tor in das Königreich und einer der strategisch bedeutsamsten Orte. Nur noch das Grab des Generals Jiang Wei von Shu, der von Zhuge Liang hierher geschickt worden war, um den Schwerttor-Paß gegen die heranrückenden 100 000 Soldaten aus dem Königreich Wei zu verteidigen, erinnert an diese Bedeutung. Seinen Namen erhielt der Ort wegen der beiden sich gegenüberliegenden Felswände, die einen schmalen Durchlaß erlauben und wie ein großes Tor anmuten, während die felsigen Gipfel der Bergregion wie Schwerter den Himmel zerschneiden. 1936 wurde die insgesamt 500 m lange Schlucht verbreitert, um die Straße nach Shaanxi bauen zu können.

Hat man den Paß hinter sich gelassen, führt die Straße nach **Guangyuan**, eine Art Grenzposten zu den nahen Provinzen Shaanxi und Gansu, der seine Berühmtheit aus der Tatsache bezieht, daß dies der Geburtsort von Wu Zetian war, Chinas einziger Kaiserin, die je offiziell auf dem Drachenthron gesessen hat. Ihr zu Ehren wurde der Huangze-Tempel im Westen Guangyuans errichtet. Interessanter ist aber die **Tausend-Buddha-Klippe** (Wanfo Yan) 4 km nördlich von Guangyuan am Ufer des Jialing-Flusses, die die imposantesten buddhistischen Grotten der Provinz Sichuan enthält. In den über 400 Nischen und Grotten sind insgesamt 7000 Buddha-Skulpturen in den Felsen gehauen, die Kunststile aus sieben Dynastien repräsentieren.

In Guangyuan zweigt ein Strang der Straße nach Shaanxi ab, während der andere nach Gansu führt. Um nach Jiuzhaigou zu gelangen, folgt man der Route nach Gansu, wo sich die Straße kurz hinter der Ortschaft Wenxian gabelt und via Nanping wieder nach Sichuan hineinführt. Nun ist es nicht mehr weit, und nach weiteren 40 km erreicht man endlich Goukou, den Ausgangspunkt für die Erwanderung **Jiuzhaigous** 10 (S.399).

Der Lohn der langen Anfahrt ist eine Naturlandschaft, die einen in ihren Bann zieht, verzaubert und nicht mehr losläßt. Mensch und Natur hier scheinen sie noch eins sein zu dürfen. Steile bewaldete Hänge, tief eingeschnittene Täler, dichte grüne Laubwälder, exotische Vögel und Tiere bilden die Kulisse zur eigentlichen Attraktion dieses Naturparadieses, einer Kette aus 108 kristallklaren Seen, die sich wie ein Collier um die alpine Bergwelt legen und mit smaragdgrünen Wäldern, schneebedeckten Gipfeln und dem azurblauen Himmel um die Wette glänzen. Fast zu schön wirken die Wasserfälle, deren rauschende, oft steile Verläufe die einzelnen Seen untereinander verbinden. Am schönsten präsentiert sich Jiuzhaigou zweifelsohne im Herbst, wenn sich die Laubwälder in flammendes Rot verwandeln, ein unvergleichliches Spiel der Farben.

Eine präzise Erklärung für dieses Naturspektakel und die Entstehung der 108 Seen gibt es nicht, es handelt sich wohl um eine Art natürlicher Stauseen, die durch das sich auf Steinen, alten Baumstämmen und ähnlichem ablagernde Kalziumkarbonat aus dem karbonatreichen Karstboden entstanden sind. Die Sedimente formten schließlich natürliche Dämme, die zum Aufstauen der 108 Seen führten.

Sehr viel romantischer ist allerdings die tibetische Entstehungslegende, nach der die 108 Seen aus den Scherben eines zerbrochenen Spiegels der Göttin Wonuosemo entstanden sind. Vor undenklichen Zeiten wurde Jiuzhaigou von großen Katastrophen heimgesucht, die Berge fielen in sich zusammen, die Pflanzen verdorrten, und die Bewohner flohen. Berührt von dieser Szenerie der Verwüstung, beschloß die Göttin Wonuosemo die ursprüngliche Schönheit des Tals wieder herzustellen. Dage, ein großmütiger Gott, hatte unabhängig von ihr dieselbe Idee, und von ihren jeweiligen Bergresidenzen gelang es ihnen, das Wunder zu vollenden. Die Flüsse folgten daraufhin wieder ihrem Lauf, die Wälder wurden wieder grün, und die Menschen kehrten in ihre Dörfer zurück. Es war unvermeidbar, daß sich die beiden Götter bei ihrer großen Aufgabe trafen, und sie verliebten sich auch sofort ineinander. Doch bevor es zum ›göttlichen Happy-End‹ kommen konnte, mußten die beiden zunächst einen gefährlichen Dämon besiegen. Dann überreichte Wonuosemo Dage als Geschenk ihrer Liebe einen selbst gewebten Wollmantel, während jener ihr einen Spiegel überreichte, in dem sie ihre vollendete Schönheit bewundern konnte. In ihrer Freude entglitt Wonuosemo der Spiegel, und trotz intensiver Suche fanden sie ihn nicht wieder. Statt dessen blickten sie in 108 Seen, in denen sich der Reiz der von ihnen wiederhergestellten Landschaft spiegelte, und sie begriffen sofort, daß es sich um die Scherben des Spiegels handeln mußte, die fortan als Seen in Jiuzhaigou verblieben.

Man kann und sollte die Wege in Jiuzhaigou erwandern, nur dann erschließt sich die volle Schönheit der Täler – doch es fahren auch Busse zu den wichtigsten Punkten. Der erste Abschnitt des Nationalparks führt von Goukou nach Nuorilang, wo es auch ein einfaches Hotel gibt. 14 km ist diese Etappe lang, die hinter den breiten, 30 m hinabstürzenden Wasserfällen von Nuorilang endet. Auf der Höhe des Nuorilang-Gasthauses teilt sich der Weg, den Berg der Wonuosemo wie eine Y-förmige Kette umschließend. Weitere 17 km folgt der Wanderweg dem Verlauf des Tales nach Rizegou, bis er schließlich in den dichten Primärwäldern der Berge endet. Ein zweiter Strang führt 18 km von Nuorilang zum Langen See, der bereits 3100 m über dem Meeresspiegel liegt und mit 7 km der längste See Jiuzhaigous ist. Nach Rizegou ebenso wie bis zum Aufstieg zum Langen See fahren Busse.

Nicht weniger überwältigend als Jiuzhaigou ist die Natur auf der Weiterfahrt nach Süden, zu dem etwas mehr als 110 km entfernt liegenden, 1983 eingerichteten **Huanglong-Nationalpark 11**. Eine schlecht ausgebaute Straße windet sich bis auf Höhen von 4100 m, führt über weite Hochtäler, die, soweit das Auge reicht, von grasenden Dzos, einer Mischung aus Yak und Rind, gesprenkelt sind. Nicht weit vom **Huanglong-Tempel**, der dem Park den Namen gab, kann man einen Abstecher zum Bön-Kloster Gamel machen, was daran erinnert, daß man nicht nur in einem autonomen tibetischen Verwaltungsdistrikt reist, sondern daß auch die Ursprungsreligion Tibets hier noch lebendig ist.

Der Name Huanglong, Gelber Drache, geht auf verschiedene Legenden zurück.

Im Huanglong-Nationalpark

Eine will wissen, daß vor einigen tausend Jahren ein Mönch namens Huanglong dem legendären Bezwinger der Fluten und Begründer der Xia-Dynastie Yu geholfen hätte, den Lauf des Min-Flusses zu formen und ihn in den Yangzi münden zu lassen, um die Überflutungen der Region zu beenden. Ihm zu Ehren wurde der Huanglong-Tempel im gleichnamigen Tal errichtet.

Eine andere Legende erzählt, daß dieses Tal die Inkarnation eines gelben Drachen sei. Der Drachenkopf wurde zu den mächtigen Felsgipfeln am Kopf des Tals, während der Körper sich in die märchenhaften, terrassenförmig liegenden Seen verwandelte, die sich schließlich in den Fu-Fluß, den Schwanz, ergießen. Das Ende des Drachen wurde einst durch einen Tempel etwas nordöstlich der Fuyuan-Brücke markiert.

Die Hauptattraktion des Huanglong-Nationalparks sind seine terrassenförmig angeordneten, kristallklaren Seen, die das gesamte, von mächtigen Bergen geformte Tal überziehen und fast wie Reisterrassen gebildet sind. Entstanden sind diese einzigartigen Seen durch eine Laune der Natur. Ursprünglich lag das Tal tief unter einem Gletscher begraben. Karbonatgesättigte Schmelzwasser arbeiteten sich über die Jahrtausende durch Risse und Spalten des Untergrunds und hinterließen ein phantastisches Muster aus niedrigen, weißen in den Karstboden geschnittenen Dämmen, die das Wasser stauten und die glasklaren Seen formten.

Vom Eingang des Nationalparks führt ein 9 km langer Wanderweg an den Teichen und Seen vorbei. Er endet am Huanglong-Tempel und dem nahen **Fünf-Farben-Pool** (Wucai Chi), der mit seiner aus 400 Einzelteichen bestehenden Anordnung die sicher spektakulärste Formation des Tals darstellt. Seine volle Farbenpracht, die durch das stark

mineralhaltige Wasser hervorgerufen wird, entwickelt der Fünf-Farben-Pool allerdings nur bei klarem Wetter.

Von Huanglong führt der Weg nun via Songpan, dem Hauptort des autonomen tibetischen Distrikts Aba, ins fast 200 km entfernte **Hongyuan** 12, eine lange Tagesfahrt über miserable Straßen. Doch der Aufwand lohnt, ist Hongyuan doch ein einzigartiger Kontrast zur Bergwelt Osttibets. Über weite Ebenen erstreckt sich hier das **Grasland**, durch das auch heute noch die tibetischen Golok-Nomaden, einst ein besonders räuberischer Stamm, ziehen. Hongyuan selbst erscheint wie der Vorposten in den wilden tibetischen Westen, zu dem es früher gehört hat: rauh, aus Holzbrettern und billigem Zement zusammengezimmert, ein Treffpunkt der sonst Einsamkeit gewohnten Nomaden, die dem Ganzen ein wildes Flair verleihen.

Auf der Rückfahrt nach Chengdu bieten sich noch zwei weitere Abstecher

Weidende Schafe im Grasland

an. Man kann die lange Fahrt in **Miyaluo** 13 unterbrechen, dort in heißen Quellen baden und am folgenden Tag in den **Wolong-Nationalpark**, das einzige große Naturschutzgebiet für Pandabären,

weiterfahren. Allerdings kann man die Pandabären dort nur in Gehegen sehen. Von Wolong führt der Weg zu guter Letzt über Dujiangyan nach Chengdu zurück.

Hailuogou

Von Chengdu führt die 319 km lange Reise in den Westen Sichuans über Ya'an, wo man in der Regel übernachten muß, nach Luding, einem Städtchen inmitten der wildromantischen Bergwelt Osttibets. Zwei Tage dauert diese Reise, und von Luding benötigt man noch einmal einen halben Fahrtag bis zum Dörfchen **Moxi** 14, dem Ausgangspunkt für den Trek zum Hailuogou-Gletscher. Die Fahrt nach Moxi führt durch eine tiefe, vom Dadu-Fluß ausgehöhlte Schlucht, und die Anwesenheit des ›Königs der Berge von Sichuan‹, des höchsten Bergs der Provinz, des stolzen 7556 m hohen **Gongga Shan** (tib.: Minya Konka), läßt sich lange Zeit nur ahnen. Vier große Gletscher ziehen sich die Flanken des Gongga hinab, aber der **Hailuogou-Gletscher** 15 (S. 393f.) ist der imposanteste. Er zieht sich die Ostflanke des Gongga Shan hinab und endet auf einer Höhe von 2850 m inmitten der Urwaldgebiete der umliegenden Berge. Damit ist er der tiefstgelegene Gletscher Asiens und einer der wenigen auf der Welt, die sich bis in eine Waldregion hinabziehen. Mit einer Höhe von 1080 m und einer Ausdehnung von 500 bis 1100 m ist er darüber hinaus der größte Eiskatarakt Chinas. Das umliegende Gebiet ist 1980 zum Nationalpark erklärt worden.

Von Moxi aus sind es noch einmal gut 11 km bis zum Beginn des Wanderwegs. Wer mit einem gecharterten Fahrzeug

unterwegs ist, kann die Strecke fahren, man kann in Moxi auch Pferde mieten, die von ihren Besitzern geführt werden, und mit ihnen den gesamten Trek durchführen. Man findet den Weg auch ohne Führer. Wanderkarten erhält man in den Buchläden von Moxi oder Chengdu.

Spezielle Voraussetzungen und Ausrüstungen für den Gletscher-Trek sind nicht nötig, aber man sollte für wärmende Kleidung und festes Schuhwerk sorgen. Wegen der Höhe von über 3000 m ist es notwendig, sich vor der starken Sonneneinstrahlung zu schützen.

Über einen Wanderweg führt die Strecke an drei Camps, in denen man sich verpflegen und übernachten kann, man braucht dafür keinen Schlafsack, vorbei zum Gletscher. Von Camp 1 aus am Anfang des Wegs überwindet man einmal 6 km, dann 5 km und noch einmal 2 km, bis man freie Sicht auf den Gletscher hat, hier wird man durch die großartige Aussicht auf den Gongga Shan für die Mühen des Aufstiegs entlohnt.

Erfahrene Trekker schaffen die Strecke an einem Tag, aber dann betreibt man Leistungssport und sieht nichts von der Landschaft. Optimal sind drei Tage für Auf- und Abstieg. Am Camp 2 gibt es herrliche heiße Quellen, hier sollte man immer eine Pause einlegen.

Tibetische Mönche vor einer Felsmalerei ▷

Tibet – Reisen auf dem Dach der Welt

Eine Reise durch Tibet gehört mit zu den nachhaltigsten Erfahrungen, mit denen man konfrontiert werden kann. Nirgendwo sonst sind Landschaft und Kultur eine so enge Symbiose eingegangen, und selbst als ›außenstehender‹ Tourist wird man sich kaum dieser tiefgehenden Faszination einer schier unendlichen, von weiten Hochebenen durchzogenen Gebirgslandschaft, den dicht zusammengedrängten, oft festungsähnlichen Dörfern und Häusern sowie der tiefen Religiosität und herzlichen Freundlichkeit seiner Bewohner entziehen können.

Anders als bei Reisen in China kann man sich in Tibet nicht aus dem Alltag ausklinken. Es gibt keine Fünf-Sterne-Hotels, die einen den Streß der Reise vergessen lassen – selbst im Lhasa Hotel ist die Luft dünn –, keine perfekte Tourismusmaschinerie, die einen von morgens bis abends kaum zu Atem kommen läßt. Hier gibt es nur dünne Luft, durch die man kurzatmig wird, schlechte, oft staubige Straßen, die die Überlandfahrten anstrengend werden lassen, einfache Hotels, deren Standard beim besten Willen nicht mehr mit Sternen zu messen ist und in denen man froh sein kann, wenn fließend kaltes Wasser zur Verfügung steht. Man ist einem Klima augesetzt, das im Lauf nur eines einzigen Tages von grimmiger Kälte und dichtem Schneetreiben zu großer Hitze und stechendem Sonnenschein wechseln kann. Im Juli-August erschweren schwere Monsunregenfälle das Reisen zusätzlich. Die Palette der für den verwöhnten westlichen Reisen oft als Beeinträchtigung ihres Reiseerlebnisses empfundenen Unannehmlichkeiten ist lang, aber wer sich gut vorbereitet, auch auf minimalen Komfort verzichten kann und bereit ist, sich unvoreingenommen auf Tibet einzulassen, der wird in dem Schneeland eine unvergeßliche Zeit erleben.

Geschichte Tibets

Die dokumentierte Geschichte Tibets beginnt im 7. Jahrhundert. Vermutlich herrschte davor keine zentrale Staatsmacht über die enorme, zu jener Zeit schon seit fast 3000 Jahren besiedelte Fläche Tibets, sondern einzelne Fürstentümer teilten sich die Macht in den Hochtälern. So kontrollierten auch die ersten 31 Yarlung-Könige nur die weitere Umgebung ihres Heimatlandes, während sich im Westtibetischen Raum ein Reich namens Zhang-Zhung ausdehnte. Um das Jahr 600 einte der 32. König des Yarlung-Reichs, Namri Songtsen, mehrere südtibetische Stämme, um einen Feldzug gegen einen nördlich von Lhasa gelegenen Widersacher zu führen. Namri Songtsens Armee siegte, und zum Dank an die geleistete Hilfe belehnte er die beteiligten Stammesfürsten großzügig. Zusammen gründeten sie das Reich Töpö (Thupo, Tibet), das Namri Songtsen und seine Nachfolger zunächst als Primus inter Pares regierten. Die Tibeter aber waren mit einem Mal aus ihrem Dornröschenschlaf erwacht und drückten der wechselvollen Geschichte Zentralasiens von nun an ihren eigenen Stempel auf.

Schon Namri Songtsens Sohn Songtsen Gampo, der seinem Vater 629 auf den Thron gefolgt war, gab sich mit den bestehenden Grenzen nicht zufrieden. Gen Osten drangen seine Heere bis an die Ränder Sichuans, nach Westen bis zu den Grenzen des Westtürkischen Reichs. Im Nordosten wurden die Sumpa unterworfen und am Koko Nor (heute Qinghai-See) die Tuyuhun, die aus ihrem ehemaligen Siedlungsraum der Mandschurei in die Hochebene am Seeufer gezogen waren und ein wichtiges Bindeglied zu den reichen Städten am unteren Yangzi bildeten.

Tibet, eine bis zu dieser Zeit animistisch geprägte Nomadengemeinschaft ohne gemeinsames Zentrum, hatte zur eigenen Identität gefunden und entwickelte sich rasch zu einer zentralstaatlich verwalteten Seßhaftengesellschaft. Damit waren die Voraussetzungen für einen enormen kulturellen, technologischen und ökonomischen Aufschwung geschaffen. Der Weg zur Hochkultur war geebnet, und im Zenit seiner Macht begann Tibet sogar das chinesische Großreich der Tang-Dynastie zu bedrohen, dessen Hauptstadt Chang'an 763 für drei Wochen unter dem König Trisong Detsen dank des herrschenden Chaos durch die An-Lushan-Rebellion (755 bis 763) eingenommen werden konnte.

Zuerst aber konnte Songtsen Gampo, dessen Reich an Nepal grenzte, durch seine Vermählung mit der Prinzessin Bhrikuti um 632 ein stabileres Verhältnis zum erstarkten südlichen Nachbarn schaffen. Bhrikuti brachte Priester und Künstler in ihrem Gefolge sowie als Mitgift die Statue des Jobo Mikyö Dorje, die heute im Ramoche von Lhasa steht, nach Tibet. Sie regte den Bau zahlreicher Tempel an, auf dessen Fundamenten der Potala und der Jokhang, das bedeutendste Heiligtum Tibets, ruhen.

Da auch Chinas Kaiser Taizong kein Interesse an einer permanenten Auseinandersetzung mit der an der Südwestflanke des Reichs neu auf die geschichtliche Bühne getretene Macht hatte, gab er Songtsen Gampo 641 die Prinzessin Wencheng zur Gemahlin, eine politische Heirat, die ihm eine Verschnaufpause an der Grenze zu Tibet bescherte. Wencheng brachte fundiertes Wissen in der Geomantik und Astrologie ins Land sowie als Mitgift die Statue des Jobo Shakyamuni, eine Plastik, die schon zu Lebzeiten Buddhas gefertigt worden sein soll und heute im Jokhang von Lhasa steht. Begleiterscheinung dieser Heiratspolitik war die Einführung des Buddhismus in Tibet. Zur Übersetzung der buddhistischen Schriften und Niederlegung der Annalen ins Tibetische wurde eine eigene Schrift entwickelt, die zugleich eine wichtige Voraussetzung zur Verwaltung des riesigen Reichs war.

Mit Songtsen Gampos Tod wurde die Entwicklung und Expansion des tibetischen Reiches nicht beeinträchtigt. Trotz zahlreicher innerer Spannungen konnte es sein Territorium weiter ausdehnen, und als Trisong Detsen 755 den Thron bestieg, stand das Schneeland auf dem Höhepunkt seiner Macht. Unter seiner Herrschaft kam es zu einem großen, öffentlich ausgetragenen Disput zwischen den Priestern der Bön-Religion und den Buddhisten. Die Bönpos unterlagen und wurden ins heutige Westtibet verbannt. Der Buddhismus avancierte 779 zur Staatsreligion. Allerdings kam es schon bald zu Spannungen zwischen den Vertretern des chinesischen und des indischen Buddhismus. Postulierten die chinesischen Buddhisten, daß die Erleuchtung auf intuitiver Erkenntnis beruhe und keinerlei Willensanstrengung unterliege, so lehrten die indischen Buddhisten die Anhäufung der ›Sechs Vollkommenheiten‹: Freigiebigkeit, Sittlichkeit, Geduld, Willenskraft, Konzentration und

Gebetsfahnen im tibetischen Hochtal

Weisheit als Voraussetzung zur Erlangung der Buddhaschaft. Wie schon in der Auseinandersetzung mit den Bönpos kam es auch hier zu einem Disput, der zwischen 792 und 794 im ›Konzil von Samye‹ ausgetragen wurde. Die chinesischen Buddhisten unterlagen, und auch sie entgingen ihrer schmählichen Verbannung nicht.

Dank der Einführung des Buddhismus als Staatsreligion konnte der König seine Stellung als Primus inter Pares, die er über Jahrhunderte innehatte, abschütteln. Um ihren Einfluß auszubauen, hatten ihm die Buddhisten gleich eine staatsphilosophische, religiös sanktionierte Legitimation seiner Herrschaft mitgeliefert, während sich die Bön-Priester im Gegenzug mit dem Adel, der um seinen Einfluß fürchtete, verbündet hatten. Dieser Streit um Macht und Pfründe eskalierte im 9. Jahrhundert erneut und führte 842 zu großen Buddhistenverfolgungen, in deren Verlauf das Reich in kleine Fürstentümer zerfiel und die einst so bedrohliche Macht in den Weiten der Hochtäler zerrann.

Von Westtibet aus begann im 10. Jahrhundert zunächst die Wiederbelebung des Buddhismus und in seinem Gefolge die erneute Einigung Tibets. Zahlreiche neugegründete Klöster verschiedener Schulrichtungen wie Sakya (1073), Zhalu (1087) und Tsurphu (1189) wetteiferten um Wahrheit und schließlich auch um die Macht. Unter den vielen Klöstern sollte vor allem Sakya sowie das gleichnamige Fürstentum eine zentrale Rolle bei der erneuten Vereinigung Tibets einnehmen. Anfang des 13. Jahrhunderts hatte Sakya das Rennen um die führende Rolle in Tibet für sich entschieden und nach der Eroberung des

Schneelands durch die Mongolen wurde 1244 der Sakya Pandita (1182 bis 1251) als Repräsentant Tibets eingesetzt. Sein Nachfolger Sakya-Lama Phagpa (1235–80) erhielt 1260 von Kublai Khan die Ernennung zum Reichslehrer sowie 1270 die Berufung zum ›Kaiserlichen Lehrer‹, und damit einhergehend wurde ihm auch die Verwaltung Tibets übertragen. Damit war die theokratische Regierungsform faktisch begründet.

Mit dem Zerfall der in China herrschenden Yuan-Dynastie begann auch der Stern des Hauses Sakya zu sinken. Abgelöst wurde es 1354 von Jangchub Gyeltsen (1302–64), der die Phagmo Drukpa-Dynastie gründete. Unter seiner Herrschaft begann eine Rückbesinnung auf die Zeit Songtsen Gampos, die Verwaltungsorganisation der Mongolen wurde abgeschafft, und das Herrschaftssystem wurde an die ›gute alte Zeit‹ angelehnt. Die Macht der Phagmo Drukpa

beruhte im wesentlichen auf der Person ihres Gründers und verfiel nach Gyeltsens Tod sukzessiv. Erneut bildeten sich regionale Machtzentren, so daß im 15. Jahrhundert keine zentrale Macht mehr über Tibet herrschte.

Doch im Zerfall lag schon der Keim eines Neubeginns. Im Jahr 1357 wurde Tsongkhapa geboren, einer der überragenden Gelehrten seiner Zeit. Er schuf eine neue buddhistische Lehrauslegung und gründete die Gelugpa (Schule der Tugendhaften), die wegen der Kopfbedeckung ihrer Mönche schon bald den Namen Gelbmützen-Schule erhielt. Unter ihnen setzte eine regelrechte Euphorie der Klostergründungen ein, und die Lehrzentren Ganden (1409), Drepung (1416), Sera (1419) und Tashilhunpo (1447) entstanden. Die große Stunde der Gelbmützen aber kam 1578, als der gewiefte Abt Sönam Gyatso (1543–88) zum mongolischen Herrscher Altan Khan reiste, den er als mächtigen Schutzpa-

tron zu gewinnen trachtete. Sönam Gyatso konnte Altan Khan überzeugen, daß jener die Reinkarnation des großen Kublai Khan und er selbst, Sönam Gyatso, die Reinkarnation Sakya-Lama Phagpas sei. Geschmeichelt durch die geschickt eingefädelte Anlehnung an diese beiden historischen Größen, verlieh der Khan Sönam Gyatso den Titel Dalai Lama, und man betrachtete ihn darüber hinaus als irdische Manifestation des Bodhisattva Avalokiteshvara. Doch der frisch gebackene Dalai Lama strebte nicht nur nach eigener Macht. Um an die große Zeit Tsongkhapas anzuknüpfen, wurden dessen Neffe und Gründer des Klosters Tashilhunpo und Abt des Klosters Drepung Gendün Drub (1391–1474) und sein Nachfolger Gendün Gyatsho (1475–1542) zum ersten und zweiten Dalai Lama ernannt, während Sönam Gyatso als dritter Dalai Lama zählte. Mit diesem Schachzug erreichte er, daß der Titel des Dalai Lama zum Linientitel eines sich stets neu inkarnierenden Lama wurde.

Politisch und religiös kamen sich Tibet und die Mongolei nicht nur durch die in der Mongolei einsetzende buddhistische Missionierung näher, sondern auch dadurch, daß man nach Sönam Gyatsos Tod in einem Urenkel Altan Khans den 4. Dalai Lama (1589–1617) identifizierte.

Anfang des 17. Jahrhunderts befand sich Tibet in einem zerrissenen Zustand. Heftige innenpolitische Auseinandersetzungen schwächten das Land, und das in einer Zeit, in der China und die Mongolei einen neuen Gipfel ihrer Macht und Größe erklommen hatten. Nach dem Tod des 4. Dalai Lama wurde Ngawang Losang Gyatso (1617–82) als seine Reinkarnation identifiziert. Ein Glücksfall, sollte der 5. Dalai Lama sich doch als einer der größten Staatsmänner Tibets erweisen. Ausgestattet mit überragender Intelligenz, war er nicht nur ein großer Gelehrter, sondern auch gewiefter Politiker und großartiger Architekt. Nach seinen Plänen wurde zwischen 1644 und 1692 der Potala erbaut. Doch ohne die Hilfe der Mongolen kam auch der 5. Dalai Lama nicht aus. Er holte Truppen von Gushri Khan, dem Herrscher der mongolischen Khoshoten, nach Tibet, die ihm bei der Ausschaltung seiner Widersacher in Tibet zur Seite standen, und 1638 übertrug er dem Khan zum Dank für die geleistete Unterstützung den Titel des Religionskönigs über Tibet. 1641 konnten auch die letzten Gegner der entstehenden lamaistischen Autokratie in Shigatse geschlagen werden, und 1642 stattete Gushri Khan den Dalai Lama mit der höchsten weltlichen Autorität über Tibet aus. Der Dalai Lama bildete nun eine Regierung, setzte einen Regenten (Desi) ein und wurde so als höchste religiöse und politische Autorität zum Begründer der lamaistischen Autokratie.

Die Nachfolger des Großen Fünften, wie der 5. Dalai Lama später ehrfuchtsvoll genannt wurde, konnten an dessen Leistung nicht mehr anknüpfen und wurden schließlich unter den Hufen der über Tibet herfallenden Dsungarenhorden zermahlen. Prominentestes Opfer wurde der 6. Dalai Lama, den sie entführten und ermordeten.

Die Zeit der mongolischen Übermacht war auch eine Zeit der Stärke der Mandschuren, die sich in den Weiten des Nordostens gesammelt hatten. Die selbstbewußten ersten Kaiser der kraftvollen mandschurischen Qing-Dynastie hatten in alter chinesischer Tradition begonnen den Einfällen von Nomadenheeren, eine aggressive Eroberungspolitik entgegenzusetzen. Die von den Mongolen bedrängten Tibeter riefen in ihrer Not chinesische Truppen zur Hilfe, um allerdings den Teufel mit dem Beelzebub auszutreiben, denn der chinesische Kaiser, dankbar über dieses ›Geschenk‹, errichtete 1723 ein De-Facto-Protektorat über Tibet, dessen Regierung durch zwei chinesische Kommissare (Ambane) kontrolliert wurde. 1750 wurde das weltliche Parlament endgültig aufgelöst und der 7. Dalai Lama (1708–57) zum nominellen Oberhaupt über Tibet ernannt. Die von China kontrollierte Regierung setzte sich von nun an aus Laien- und Mönchsbeamten zusammen. Doch schon der 8. Dalai Lama (1758–1804) wurde nie zum Herrscher nominiert, und alle seine Nachfolger bis einschließlich des 12. Dalai Lama wurden ermordet. Diesem gefährlichen Kreislauf konnte erst der 13. Dalai Lama (1876–1933) ein Ende bereiten. Nach dem Großen Fünften avancierte er zum bedeutendsten Oberhaupt des Landes. Er führte dringend notwendig gewordene Reformen durch und lavierte sein Land erfolgreich durch die schwierige Epoche, in der Rußland, England und China in Zentralasien ihre Einflußsphären zu sichern suchten. Rußland gelangte über diplomatisches Geschick nach Lhasa, während England seine Interessen 1904 schließlich mit Gewalt durchzusetzen suchte und Colonel Younghusband mit einem Feldzug die Tibeter zur Kapitulation zwang. Mehr als eine Handelsniederlassung in Gyangtse konnten sie damit allerdings nicht erringen.

Mit dem Sturz der Qing-Dynastie 1911 verließen die chinesischen Truppen Tibet, und der 1910 kurzzeitig nach Indien geflohene Dalai Lama kehrte 1913 nach Lhasa zurück, wo er feierlich die Unabhängigkeit Tibets proklamierte. Um den politischen Status sowie die Grenzen zwischen Tibet und China festzulegen, fand im selben Jahr die Konferenz von

Simla statt, an der England, Tibet und China teilnahmen. China war allerdings nicht bereit, seine Ansprüche auf Tibet aufzugeben und paraphierte den gefundenen Kompromiß nicht. Die Briten betrachteten Tibet von nun an als gleichberechtigten Partner und verhandelten direkt mit dem Schneeland. 1950 manifestierte das nun kommunistische China seinen Anspruch auf Tibet: die chinesische Armee marschierte ein, angeblich, um die indisch-chinesische Grenze zu sichern. Den Vereinten Nationen war diese Aggression beziehungsweise das betroffene Land nicht wichtig genug, als daß sie sich mit der Frage der Legalität dieses Vorgehens befaßten, sie wurde schlichtweg vertagt. China nutzte die Gunst der Stunde, um das Land 1951 in die VR China einzugliedern. Taktik und Ränkespiele zielten darauf ab, die Rolle des Panchen Lama gegenüber dem Dalai Lama zu stärken und somit Uneinigkeit in Tibet zu säen. 1959 marschierte die chinesische Armee erneut im Land ein, nachdem der Dalai Lama nicht bereit gewesen war, die Widerstandskämpfe gegen die chinesische Besetzung zu beenden. Der 1940 inthronisierte 14. Dalai Lama Tenzin Gyatso floh vor den einrückenden Truppen nach Indien, während sich die Vereinten Nationen weiterhin in Untätigkeit übten und die völkerrechtliche Diskussion erneut vertagten. China verlor keine Zeit, seinen neugewonnenen Einfluß zu festigen. Tibet wurde in einen Polizeistaat verwandelt, die alten Strukturen aufgebrochen und 1965 die Autonome Region Tibet ausgerufen, die mit einer Halbierung des Territoriums einherging. Osttibet, namentlich Kham, wurde der Provinz Sichuan zugeschlagen. Wie das übrige China auch, mußte Tibet die verheerenden Experimente eines maoistischen Kommunismus über sich ergehen lassen und zusehen, wie die Kulturrevolution die alten Traditionen Tibets endgültig auszumerzen trachtete.

Dem Versuch der gewaltsamen wie schleichenden Sinisierung versuchten sich die Tibeter seitdem zu widersetzen, und ab 1987 kam es mit zunehmender Tendenz zu anti-chinesischen Demonstrationen, die sämtlich blutig unterdrückt wurden.

Reagiert China schon auf die Menschenrechtsfrage höchst empfindlich, so ist Tibet bei aller Reformfreudigkeit der Regierung politisches Tabu und ein heißes Eisen für die Industriestaaten, die sofort der Einmischung in die inneren Angelegenheiten Chinas bezichtigt werden, wenn hohe Politiker dem Dalai Lama auch nur die Hand schütteln. Von Deng Xiaoping selbst stammt dabei die Einsicht, daß es Chinas größter Fehler gewesen sei, sich die Tibeter 1950 nicht zu Freunden gemacht zu haben. Er selbst hat diese Wahrheit, die er nach seiner Philosophie in den Tatsachen begründet sah, leider ebenfalls nicht beherzigt, sondern China noch weiter in eine Sackgasse manövriert, die Tibet unnötigerweise viel Leid aufzwingt, und so wird die Tibetfrage wohl weiter ungelöst vor sich hinbrennen.

Tibetische Mönche in Lhasa

›Stadt der Götter‹ – Lhasa

■ **Lhasa** (S. 403f.), ›Stadt der Götter‹, liegt 3658 m über dem Meeresspiegel am Kyi-Chu (Glücksfluß) und ist seit alters religiöses, politisches, kulturelles und wirtschaftliches Zentrum Tibets. Der mächtige Potala, Wahrzeichen des stolzen unbeugsamen Tibet, der noch immer das Stadtbild beherrscht, läßt schon ahnen, daß die Geschichte des Schneelandes und Lhasas Hand in Hand gehen.

Die schöne Lage des Lhasa-Tals war es vielleicht auch, die den 33. tibetischen König Songtsen Gampo (reg. 619 bis 649) dazu veranlaßt hatte, das heimatliche Yarlung-Tal zu verlassen und seine Residenz an eine Stelle zu verlegen, von der ihm seine chinesische Gattin bescheinigte, daß sie am Himmel dem achtspeichigen Rad der Lehre und am Boden einem Lotos gleiche. Vielleicht lag in dieser geomantischen Deutung schon ein Omen für die zukünftige Bedeutung der Stadt als religiöser Mittelpunkt Tibets, aber der Buddhismus

sollte noch einige Umwege gehen, bis er als tantrischer Buddhismus schließlich zur Staatsreligion wurde. Paradoxerweise brachte die Öffnung der China-Tibet-Straße in der Tang-Zeit zwischen Chang'an und Lhasa zunächst den geographisch viel weiter entfernt wirkenden chinesischen Buddhismus nach Tibet, da nun Mönche wie Xuanzhai (651) und zahlreiche andere über Tibet nach Indien pilgerten, der umgekehrte Strom von Nepal nach Tibet aber ausblieb.

Eine heute vor dem Eingang des Jokhang-Tempels stehende Inschriftenstele, auf der der chinesisch-tibetische Friedens- und Freundschaftsvertrag von 822 aufgezeichnet worden ist, erwähnt den Namen Lhasa erstmalig. In diesem Vertrag erkannte der Kaiser die Unabhängigkeit Tibets und die Besetzung Gansus durch die Tibeter an. Durch die Nähe des Klosters Drepung, des Zentrums der Gelugpa (Schule der Tugendhaften), deren Einfluß stetig zunahm,

Lhasa

wuchs auch die Bedeutung Lhasas. Mitte des 17. Jahrhunderts siedelte ihr Oberhaupt, der Dalai Lama, in den neu erbauten Potala über. Damit war Lhasa zwar Hauptstadt Tibets, doch die Unwegsamkeit des Landes ließ ihre administrative Kraft oft nicht weit reichen.

Seine große Vergangenheit manifestiert sich auch im modernen Lhasa noch in zahlreichen beeindruckenden Bauten. Unvergleichlich, trotz der raschen Modernisierung der Stadt, die wie ein aus den Fugen geratenes Dorf mit zu großen Straßen wirkt, in der sich die religiösen Zentren fast schon anachronistisch ausnehmen, ist die Atmosphäre, die einen beim ersten Eintreffen umfängt und den Zauber Tibets spüren läßt. Die Stadt untergliedert sich in einen chinesischen und einen tibetischen Teil voller Atmosphäre. Heute sind nur noch etwa 50 000 der über 130 000 Einwohner Tibeter, wobei der Anteil zuwandernder Chinesen ständig wächst und die tibetische Altstadtsubstanz leider immer mehr verschwindet. Allerdings gibt es Bestrebungen, alte Häuser nicht mehr nur einfach abzureißen und durch Betonklötze zu ersetzen, sondern in der traditionellen Architektur neu zu bauen – vielleicht gelingt den Tibetern hier ja auch eine Synthese aus Altem und Neuem.

Würziger Wacholderduft aus geheimnisvoll qualmenden freistehenden oder in Mauern eingelassenen Opferöfen, helles Glöckchengeläut von den Tempeldächern, das die Lehre Buddhas verbreitet, das Surren der allgegenwärtigen Gebetsmühlen, monotones Gemurmel von Mantras und Gebeten der in gläubiger Ehrfurcht versunkenen Pilger und das sporadische Gekläff der Hunde, das zu einem gewaltigen Crescendo aller Hunde der Stadt anwachsen kann: Das ist Lhasa am frühen Morgen auf dem **Lingkhor** **1**.

Die tibetischen Pilger umrunden die Stadt, bevor sie sie betreten, meist ein oder mehrere Male im Uhrzeigersinn auf diesem 7 km langen äußeren Ritualweg. Er führt westlich am **Thakpori** **2** (Eisenberg) und unterhalb der Rückseite des bedrohlich wirkenden Potala vorbei, ein Weg, den jeder einmal gehen sollte. Zahlreiche Felsbilder, Tempelchen, Grotten und die in der frühmorgendlichen Dämmerung wandernden Pilger, die unablässig ihre eigenen oder die am Wegrand angebrachten Gebetsmühlen drehen und Gebete murmeln, bilden die beeindruckende Kulisse des frühen Spaziergangs. Besonders viel ist hier an religiösen Festtagen los, und der ganze Lingkhor summt vom Drehen der Gebetsmühlen, und die Luft ist erfüllt von der Freude der überall lagernden und picknickenden Tibeter. Nach der Umrundung des um diese Zeit noch geschlossenen Potala verläßt man den Lingkhor in Richtung Innenstadt nach Süden, bis man auf die Renmin Lu stößt. Sie endet genau vor dem Jokhang-Tempel, und hier kann man seine morgendliche Wanderung auf dem Inneren Ritualweg fortsetzen.

Zentrum der Altstadt ist der **Barkhor** **3**, der heilige Umwandlungsweg des Jokhang-Tempels. Er ist Markt, Begegnungsstätte und heiliger Ort in einem und ein Treffpunkt der verschiedenen tibetischen Stämme. Hier umrunden einige Pilger den 800 m langen Ritualweg nicht zu Fuß, sondern sie nehmen ihre Körperlänge oder gar -breite als Maß für den Weg. Durch Leder an Brust, Bauch und Knie geschützt, werfen sie sich der Länge nach ein ums andere Mal hin und umrunden den Barkhor auf diese Weise. In den Seitenstraßen entlang dem Weg findet man den Souvenirmarkt, den Lebensmittelmarkt mit Gemüseständen und einen Fleischstand, der mit abge-

Gebetsfahnen vor dem Jokhang

schlagenen Yakköpfen wirbt, sowie einen sich zum Souvenirmarkt entwickelnden Kleider- und Trödelmarkt. Silberwaren oder Kunstgegenstände, die hier angepriesen werden, sind meist wertloser Tand aus Nepal, wo sie oft sogar noch billiger zu haben sind.

Hauptziel einer jeden Pilgerreise aber ist der **Jokhang** 4 , Tibets Nationalheiligtum und pulsierendes Zentrum des tibetischen Buddhismus. Die Gründung des sehr verschachtelt wirkenden Tempels geht auf Songtsen Gampos nepalesische Gattin Bhrikuti zurück, und eng mit seiner Entstehungslegende verknüpft ist auch der Name der Stadt Lhasa. Bhrikuti hatte versucht, den See der Milchebene (Othangi Tso) trockenlegen zu lassen, um auf dem freigewordenen Gelände einen Tempel zu errichten. Seltsamerweise füllte sich der See allnächtlich erneut mit Wasser und vereitelte das Vorhaben. Die Ursache erkannte erst die chinesische Prinzessin

Wencheng, Songtsen Gampos zweite Gemahlin. Sie war nicht nur auf dem Gebiet der Geomantik bewandert, sondern kam auch aus einem Land, wo der Buddhismus sich anschickte, zu höchster Blüte zu gelangen. Eine auf dem Rücken liegende Dämonin breitete sich über ganz Tibet aus und verhinderte dort die Entwicklung der buddhistischen Lehre, denn der See der Milchebene war das Herzblut der Dämonin. Da nahm Wencheng den goldenen Ring von ihrem Finger und warf ihn in den See. Wenig später hob sich ein weißer Stupa aus dem See empor und verschwand wieder. Wencheng erkannte darin eine Disharmonie der Elemente, und um die für die Trockenlegung benötigten Elemente in Harmonie zueinander zu bringen, ordnete sie an, daß von nun an Ziegen *(Ra)*, die als magische Ausstrahlung der buddhistischen Schutzgottheit Damcen galten, für den Transport der Erde *(Sa)* verwendet werden sollten. So entstand zunächst der Name Rasa, der sich später zu Lhasa wandelte. Diese Legende wird übrigens in vielen Tempeln der Stadt im Eingangsbereich bildlich dargestellt.

Zwischen 642 und 653 wurde dann der Tsuglagkhang von nepalesischen Künstlern gebaut. Im Tsuglagkhang fand zunächst die Mitgift der nepalesischen Prinzessin Bhrikuti, der Jobo Mikyö Dorje, seine Heimstatt, später wurde hier dann der Jobo Shakyamuni, die Mitgift Wenchengs, aufgestellt. Als ›Haus des Jobo‹ (Jokhang) wurde der Tempel dann auch bekannter, als unter der Bezeichnung Tsuglagkhang.

Auf dem Vorplatz vor dem Eingang zum Jokhang stehen zwei Stelen. Die linke der beiden Inschriftenstelen enthält den chinesisch-tibetischen Friedensvertrag von 821/822, während sich rechts davon die Pockenstele aus dem Jahr 1793 befindet, die die Bevölkerung vor der grassierenden Pockenepidemie warnte und Verhaltensmaßregeln aufzeigte. Der ummauerte Stumpf einer abgesägten Weide soll schon von Prinzessin Wencheng gepflanzt worden sein und wurde von Rotgardisten gefällt, weil sie den Tibetern heilig war.

Vor dem Haupteingang finden sich den ganzen Tag über gläubige Pilger ein, um sich leder- oder stoffbewehrt vor dem Portal niederzuwerfen (Prostration) – eine schweigsame und beeindruckende Demonstration tiefverwurzelten buddhistischen Glaubens.

Um nicht durch diese sich in ständiger Bewegung befindliche menschliche Barriere hindurch zu müssen, betritt man den Tempel durch einen Seiteneingang rechts vom Haupteingang. Man gelangt zuerst auf einen größeren Vorhof. Auffallend sind hier die zahllosen Butterlämpchen, die den allgegenwärtigen Yakbutter-Geruch verbreiten. Sie

dienen der Darbringung des ›Tausendfachen Lichtopfers‹. Auf den Altären wird man neben den Lichtopfern oft auch sieben wassergefüllte Schalen finden. Da Opfergaben wie Gerste, Chang, ein aus vergorener Gerste gewonnenes bierähnliches Getränk, oder Räucherstäbchen vielfach nicht leicht zu bekommen sind, werden sie gern durch diese Schalen repräsentiert, die idealerweise aus Silber sein sollten. Auf der nördlichen Hofseite im ersten Stockwerk sieht man ein prächtig gestaltetes Gebäude, in dem der Dalai Lama die jährlichen Abschlußprüfungen des Geshe-Lharampa-Examens abnahm, an denen 16 Kandidaten teilnehmen durften. Nur fünf Kandidaten wurde am Ende der Titel des Geshe, des ›Heilsfreundes‹, einer Art Doktor der Philosophie, verliehen.

Man kann nun direkt in den Tsuglagkhang hineingehen oder ihn zunächst einmal entlang dem von Hunderten, angeblich 365, von Gebetsmühlen gesäumten Wandelgang im Uhrzeigersinn umrunden.

Betritt man den Tsuglagkhang, muß man gleich im Eingangsbereich an den Schutzgottheiten des Gebäudes, den zornvollen Raksha-Dämonen und den friedlichen Schlangendämonen, vorbei und steht dann in einem Versammlungssaal mit mehreren großen Statuen. Die schönste ist die des Tausendarmigen Avalokiteshvara auf der hinteren linken Seite. Vorbei an mehreren Seitenkapellen, sogenannten Lhakhang (Haus der Gottheiten), liegt im Osten der eigentliche Jokhang. In diesem Sanktuarium steht die aus vergoldeter Bronze bestehende heiligste Buddha-Statue Tibets, der Jobo-Buddha (Buddha Shakyamuni).

Im südöstlichen Winkel des Tsuglagkhang führt eine Treppe hinauf ins erste Obergeschoß, wo sich an der östlichen

Seite der Meditationsraum Songtsen Gampos befand. Die Treppe führt weiter bis ins zweite Obergeschoß, von wo aus man auf die weitläufige Dachanlage des Jokhang gelangt. Ein unvergeßliches Erlebnis, kann man doch von oben, umgeben von den goldenen Dächern des Tempels und dem leisen Geläut der überall angebrachten Glocken, einen herrlichen Blick auf die vor einem liegende Altstadt und den sich in der Ferne majestätisch erhebenden Potala werfen.

Weiterer Höhepunkt eines Lhasa-Aufenthalts ist der Besuch des **Potala** 5. Der Winterpalast des Dalai Lama erhebt sich auf dem Roten Berg (Marpori) und erscheint als Manifestation einer uns unbegreiflichen Welt, der des mystischen tantrischen Buddhismus, der sich hier sein unvergeßliches Denkmal schuf. Der ›Große Fünfte‹ Dalai Lama, Ngawang Losang Gyatso, der Begründer der Theokratie der Gelben Kirche, begann 1643 mit dem Bau des Palasts, dessen Vorderfront etwa 360 m lang ist. Im Innern tragen 15 000 Säulen die Decken der über 750, angeblich sogar 999 Hallen. Die in der grellen Sonne funkelnden Golddächer überragen die Stadt um 120 m. Der Name Potala wurde vom Sanskritwort ›Pattala‹ abgeleitet und bezeichnet den gleichnamigen heiligen Berg (chin.: Putuo), auf dem Avalokiteshvara (Bodhisattva der Barmherzigkeit) im alten Indien gelebt haben soll. Als Emanation dieses Bodhisattva konnte sich der Dalai Lama kaum einen besseren Ort aussuchen, galt der Marpori doch als Abbild des Berges Sumeru, des Weltenbergs der hinduistischen und buddhistischen Kosmologie.

Der Rote Palast ist der zentrale und wichtigste Bereich des Potala. Er enthält die größten Hallen für Zeremonien, vier für Meditationen, 35 Schreine und Kapellen sowie sieben Grabkammern verstorbener Dalai Lama mit ihren prachtvollen und kostbaren Reliquien-Chörten, von denen der des Fünften Dalai Lama an kostbarer Ausstattung wohl kaum noch zu überbieten ist. Im obersten Stockwerk des Roten Palasts liegen die Privatgemächer des Dalai Lama. Die Teile des Palasts, die weiß getüncht sind, beherbergen in erster Linie Verwaltungsräume und Lager. Einen rein tibetischen Stil zeigt die Architektur der Gebäude, in der Ausstattung und Ausschmückung sind aber auch mongolische, chinesische und indische Einflüsse spürbar. In ihrer Gesamtkonstruktion manifestiert sich in dem gewaltigen Palast der Höhepunkt tibetischer Baukunst, die sich hier nicht in strenger Geometrie oder Symmetrie, sondern in der Anpassung an die natürlichen Geländegegebenheiten Ausdruck verschafft und dem Potala dadurch seinen unverwechselbaren Charakter verleiht. Der Dalai Lama lebte hier mit einem Gefolge von 500 Lamas.

Als Gruppenreisender betritt man den Potala übrigens von der Rückseite und gerade älteren Besuchern wird dadurch der beschwerliche Aufstieg über die vielen Treppen des Haupteingangs erspart, fahren doch die Tourbusse bis zum Eingang hinauf, so daß man den Besuch treppab macht. Einen Steinwurf vom Potala entfernt birgt der Thakpori den Felsentempel **Dralha Lubuk** 6, der zu den ältesten Kulturdenkmälern Lhasas gehört. In der teils in den Fels gehauenen Kultstätte verehren die Tibeter seit der Zeit Songtsen Gampos die unterirdischen Naga-Götter und bitten sie um Schutz vor den alljährlichen Überschwemmungen des Kyi Chu. Den Reigen der alten buddhistischen Kulturstätten sollte man mit einer Besichtigung des **Ramoche** 7 aus dem 7. Jahrhundert, neben dem Jokhang einer der älte-

Potala, der Winterpalast des Dalai Lama

sten Tempel Tibets, abschließen. Man geht auf dem Lingkhor um den Potala herum nach Osten und erreicht den Ramoche in der nördlichen Altstadt in einer Gasse namens Xiaozhaosi Lu, die von der Lingkuo Beilu nach Süden abzweigt. Während der Kulturrevolution seiner Innenausstattung beraubt und zwischenzeitlich als Schul- und Wohnraum zweckentfremdet, ließ man ihn 1985 renovieren und mit neuen Wandmalereien und Statuen ausstatten. Heute dient er wieder als Tempel und zentrales Heiligtum, denn im Ramoche steht die Statue des Jobo Mikyö Dorje, die Mitgift der nepalesischen Prinzessin Bhrikuti. Errichtet wurde der Ramoche ursprünglich für den Jobo Shakyamuni, der, vielleicht um die im 7. Jahrhundert heranrückenden chinesischen Truppen nicht zu verärgern, an dessen Statt in den Jokhang verbracht wurde.

Lhasa besticht aber nicht nur durch seine Tempel voller Atmosphäre und die beeindruckende Größe des Potala, mindestens ebenso interessant ist der Bummel durch die Gassen der tibetischen Stadt. Überall wird man kleinere Tempel finden, so das sehenswerte Nonnenkloster Ani Sangkhung oder den Meru Nyingpa in einer Gasse auf der Rückseite des Jokhang. Einige Tempelchen befinden sich in Wohnanlagen, erkennbar am penetranten, allgegenwärtigen, leicht ranzig-süßlichen Duft der Butterkerzen und den heraushängenden Gebetsfähnchen. Das Leben selbst spielt sich hier ab wie vor Jahrhunderten. Man kann viele Tage damit verbringen, immer wieder Neues zu entdecken.

Ausflüge von Lhasa

Etwa 7 km westlich der Stadtmitte liegt der **Norbulingka** 8 (Juwel-Garten) mit der Sommerresidenz des Dalai Lama. 1754 ließ der 7. Dalai Lama, Losang Kalsang Gyatso, erstmals eine Sommerre-

Tibet – Reisen auf dem Dach der Welt

sidenz in der Parkanlage errichten, nachdem er dort schon längere Zeit gelegentlich Heilbäder in einer Quelle genommen hatte. Seine Nachfolger ließen weitere Gebäude dazubauen. Die letzten Veränderungen fanden unter dem jetzigen Dalai Lama zwischen 1954 und 1956

statt. Er ließ für sich einen ganz neuen Palast, den Tagten Minjur Phodrang, erbauen. Auffallend am Sommerpalast ist, daß er nicht so düster und abweisend wirkt, wie es für die tibetische Architektur sonst typisch ist. Hier hat der chinesische Einfluß einen sommerlich lichten, reich ornamentierten, aber nicht überladenen Stil hervorgebracht. In der 360 000 m² großen Parkanlage treffen

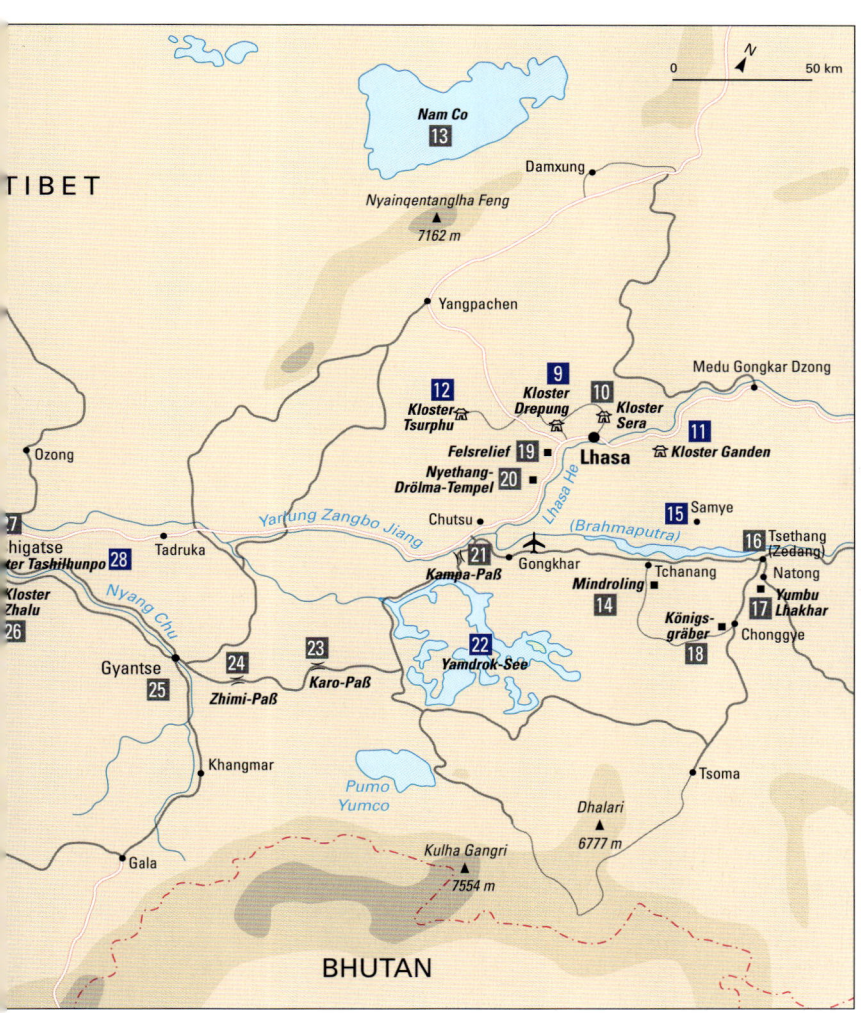

TIBET

Nam Co
13

Damxung

Nyainqentanglha Feng
▲
7162 m

Yangpachen

Medu Gongkar Dzong

9
Kloster
Drepung   **10**
12   **Kloster**
Kloster   **Sera**   **11**
Tsurphu   🏯 **Kloster Ganden**

Ozong

Felsrelief 19 ▪   **Lhasa**
Nyethang-
Drölma-Tempel 20 ▪

15 Samye

higatse   Chutsu   (Brahmaputra)   **16** Tsethang
7   Tadruka   (Zedang)
ter Tashilhunpo 28   **21**   Natong
Kloster   *Nyang Chu*   **Kampa-Paß** Gongkhar   Tchanang   **17** **Yumbu**
Zhalu   **Mindroling**   **Lhakhar**
26   **14**   **Königs-** Chonggye
                                         23   **22**   **gräber**
Gyantse   **24**   **Yamdrok-See**   **18**
25   **Zhimi-Paß** **Karo-Paß**

Khangmar   Tsoma

                    Pumo
                    Yumco   Dhalari
                                         ▲
                    Kulha Gangri   *6777 m*
                    ▲
Gala   *7554 m*

BHUTAN

0   50 km

367

Tibet

sich die Tibeter gern zum Sonntags-
picknick und zu ausgelassenem Treiben.
    10 km westlich von Lhasa am Fuß
eines 5600 m hohen Bergrückens liegt
der weitläufige Klosterkomplex **Dre-**
pung 9 (Reishaufen-Kloster). Drepung
und die Klöster Sera und Ganden wurden »die drei Säulen des Staates« genannt, da in ihnen früher nicht nur die
Mönchselite für ganz Tibet ausgebildet

wurde, sondern ihnen innerhalb des
Staatsapparates wichtige Befugnisse,
Rechte und Pflichten oblagen. 1416
gründete Jamyang Chöje (1379–1449),
ein Schüler von Tsongkhapa, das Kloster, das von seinen Nachfolgern zu
einer mächtigen stadtähnlichen Anlage
ausgebaut wurde. Es war seinerzeit das
größte Gelugpa-Kloster Tibets und
Heimstatt für 10 000 Mönche. Als ehe-

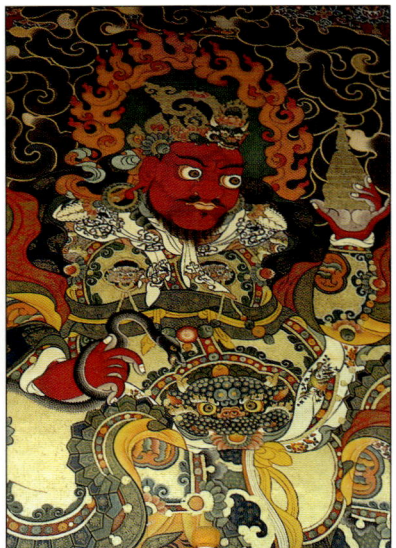

Wandmalerei in Kloster Drepung

seines Wirkens sind ein flammendes Schwert zum Durchschlagen der Unwissenheit und das Buch der transzendenten Weisheit. Als Bodhisattva der zehnten Vollendung bedarf es für ihn nur noch eines einzigen Existenzwechsels, um Buddha zu werden. Er gilt als Emanator des chinesischen Kaisers, während die Dalai Lamas von Avalokiteshvara und der mongolische Khan von Vajrapani hervorgebracht wurden.

Im 17. Jahrhundert verlegte man aus machtpolitischen Gründen das Staatsorakel vom Kloster Samye in das nur etwas südöstlich von Drepung liegende **Nechung**. Nicht nur der Dalai Lama, seine Regenten oder der Ministerrat entschieden wichtige Staatsangelegenheiten in Tibet, sondern auch die Befragung des Orakels half Entscheidungen zu finden. Im Orakel, das in einem Ekstasebeziehungsweise Trancezustand gemacht wird, spricht der Gott Pehar durch den Körper des Orakelpriesters, der ein Mensch mit besonderen geistigen Fähigkeiten sein muß. Er wird von Priestern ausfindig und mit den höheren Stufen der Meditation vertraut gemacht. Schließlich muß der zukünftige Seher vor seiner ›Institutionalisierung‹ noch eine Prüfung ablegen.

Bereits mit 15 Jahren wurde der 14. Dalai Lama auf Weisung des Orakels in die Regierungsgeschäfte eingesetzt, als die Volksbefreiungsarmee am 7.10.1950 in Tibet einmarschierte. 1959 flüchtete der Orakelpriester gemeinsam mit dem Dalai Lama nach Dharamsala in Indien, wo er 1984 starb. Das Kloster Nechung wurde 1981 wieder renoviert und davor der Baum neu gepflanzt, in dem der Orakelgott Pehar wohnen soll.

Nur 5 km nördlich von Lhasa erreicht man über eine schnurgerade Straße die Klosteranlage **Sera** 🔟. Sie wurde 1417 von Jamchen Chöje (1354–1435), eben-

maliger Sitz des 5. Dalai Lama arrivierte es zum politischen Zentrum, so waren die Äbte dieses Klosters an allen politischen Entscheidungen beteiligt. Allein 400 der Mönche Drepungs waren hohe Gelehrte, und 50 Lamas galten als reinkarniert (Tulku). Der Name Drepung geht auf ein Opfer-Ritual zurück, bei dem die Mönche kleine Reishäufchen symbolisch für die Welt mit ihren materiellen und sinnlichen Verlockungen opfern.

Wenn man durch das Tal wandert, gelangt man durch die Mönchsstadt mit Wohnungen und Magazinen zu den Zeremonienhallen (Dukhang). Die Haupthalle, der sogenannte Große Dukhang, birgt eine große Manjushri-Statue. Manjushri (Der von lieblicher Schönheit) gehört zu den transzendenten Bodhisattvas, und seine Aufgabe ist die Zerstörung der Unwissenheit und die Erweckung des Wissens, er gilt daher als Verkörperung der Weisheit. Symbole falls Schüler von Tsongkhapa, an einem Ort mit Eremitenhöhlen gegründet, und bereits 1419 begann man mit dem Bau. Das Kloster ist etwas kleiner als Drepung, aber in der Anlage ähnlich. Von einst über 5000 Mönchen leben heute noch 200 in Sera. Da Jamchen Chöje dreimal am Hof des Ming-Kaisers weilte, besaß Sera ein relativ enges Verhältnis zu China und trat so in der Folge in Konkurrenz zu Drepung. Bekannt war Sera für seine drei Fakultäten: die tantrische Fakultät, Sera-Je (Flüchtlingsfakultät) und Sera-Mä (Untere Fakultät). Die Flüchlingsfakultät bildete sich um eine Gruppe von Mönchen, die dem Kloster Drepung den Rücken gekehrt hatten und in Sera eine neue Heimat fanden.

In der Hauptversammlungshalle steht als zentrale Kultfigur ein metallener Buddha Maitreya sowie das Standbild des Klostergründers Jamchen Chöje mit einer schwarzen Mütze als Kopfbedeckung. Die Decke einer weiteren Zeremonienhalle wird von zwölf Reihen mit je neun Säulen getragen, diese 108 Säulen symbolisieren die 108 Bände des Kanjur (Worte des Meisters), die kanonische Schrift des tibetischen Buddhismus.

In der Nähe von Sera befindet sich ein für Touristen nicht zugängliches Felsplateau, auf dem die Himmelsbestattungen stattfinden. Diese Form der Bestattung hat den Sinn, den Toten wieder dem Element Luft zuzuführen. Zu diesem Zweck wird der Tote zerstückelt, so daß die einzelnen Teile von Geiern gefressen werden können und sich so mit der Luft vereinen. Andere Formen der Bestattung führen den Körper den Elementen Wasser, Feuer, Erde oder Holz zu. Die Form der jeweiligen Bestattung ist nicht willkürlich, sondern wird durch astrologische Berechnungen ermittelt.

Um zum 60 km östlich von Lhasa gelegenen Kloster **Ganden** 11 (das ›Freudenvolle‹) zu gelangen, kann man sich einen Platz im morgendlichen Pilgerbus

Kloster Ganden

erkämpfen oder einen Jeep chartern. Das Gründungskloster der Gelugpa-Schule, und damit auch ihr religiöses Zentrum, paßt sich in 4200 m Höhe, überwältigend wie ein Amphitheater, in die grandiose gebirgige Umgebung des Kyi-Chu-Tals ein und bietet einen phantastischen Blick ins tief unten gelegene Tal. 3000 Mönche lebten hier vor der Kulturrevolution, in der das Kloster systematisch zerstört wurde. Von den ursprünglich 200 Sakral- und Wohnbauten blieb eine Ruinenlandschaft übrig, die sich einem Mahnmal gleich aus der Landschaft erhebt. Seit 1980 wurden 30 Gebäude sowie das rote Mausoleum des Gründers der Gelbmützenschule, Tsongkhapa, wiederhergestellt. Zur Rekonstruktion der Malereien, Statuen und des Inventars hat man traditionelle Vorbilder zu Rate gezogen.

Etwa 40 km hinter Lhasa in Richtung Yangpachen auf der Tibet-Qinghai-Route führt eine 20 km lange Piste von der Überlandstraße ab nach **Tsurphu** 12. Einer breiteren Öffentlichkeit wurde diese Stätte durch den Film ›Living Buddha‹ bekannt, in dem ein Ausschnitt aus dem Alltag des jungen Karmapa gezeigt wird, des Oberhaupts der Karma-Kagyüpa-Schule, dessen Residenz Tsurphu ist. Er wird als lebender Buddha verehrt, und seine Linie geht zurück auf den indischen Tantriker Naropa (956–1040) und den großen tibetischen Yogi Milarepa (1040–1123). Nach dem Dalai Lama und dem Panchen Lama gehört er zu den bedeutendsten Lamas in Tibet.

Einen längeren, mindestens drei Tage beanspruchenden Abstecher kann man zum landschaftlich paradiesisch gelegenen **Nam Co** 13 machen, der über die Ortschaft Damxung, die ebenfalls an der Tibet-Qinghai-Route liegt, zu erreichen ist. Der 1940 km^2 große See liegt 4678 m hoch und ist damit der höchstgelegene See der Welt. Der Ausflug hierher lohnt sich auf jeden Fall und gehört mit zu den nachhaltigsten Erlebnissen einer Tibetreise. In diesem noch völlig wilden Hochtal mit seiner unbeschreiblichen Stille schrumpfen die umliegenden Fünf- und Sechstausender zu Hügeln.

Die Wiege Tibets – Tsethang (Zedang) und das Yarlung-Tal

Auf dem Weg nach Tsethang, der ›Wiege‹ der tibetischen Kultur, 193 km südöstlich von Lhasa und gut 100 km östlich vom Flughafen Gongkhar, passiert man etwa 50 km vor Tsethang den Abzweig, der ein Stück in Richtung Süden zum Kloster **Mindroling** 14 führt. Das 1616 gegründete Kloster der Nyingma-Schule (Schule der Alten) ist eine der wenigen im 10. Jahrhundert wiedererstandenen Schulrichtungen, die an die alte, im 9. Jahrhundert verbotene und untergegangene Form des Buddhismus anknüpfte und den aus Indien stammenden tantrischen Yogi Padmasambhava als ihren wichtigsten Lehrer ansah. Der historisch kaum faßbare, von unzähligen Legenden umrankte Padmasambhava war auf Einladung des tibetischen Königs Trisong Detsen nach Tibet gekommen. Das Auffallendste an seiner Lehrauslegung war, daß er negative

Mächte und Eigenschaften nicht ausgrenzte, sondern durch Wandlung und Sublimierung zu hilfreichen Triebkräften des buddhistischen Heilswegs machte. So wird ihm zugeschrieben, daß er Dämonen und Götter unterwarf und sie dann in Schutzgottheiten der buddhistischen Lehre (Dharmapalas) verwandelte. Er soll eine Vielzahl seiner Schriften an verschiedenen Orten Tibets versteckt haben, damit diese später seine Lehre weiterverbreiten sollten. Vor allem die Nyingma-Schule betrachtet dieses apokryphe Schrifttum (Termas = Schätze), das nach und nach – und auch heute noch – ›wiedergefunden‹ wurde, als maßgeblich. Bekanntestes Werk der Termas ist das berühmte Tibetische Totenbuch.

Wieder auf der Hauptstraße, erreicht man etwa 30 km westlich von Tsethang die Fähranlegestelle über den Zangbo. Nach dem Übersetzen führt der Weg an fünf weißen Stupas vorbei, die an die erste Begegnung zwischen Trisong Detsen und Padmasambhava erinnern. Trisong Detsen hatte sich geweigert, dem großen, von ihm ins Land geholten Lehrer zu huldigen, woraufhin dieser fünf Flammen an seinen Fingerspitzen aufflammen ließ und sich Trisong Detsen, nun doch ergriffen von Ehrfurcht vor Padmasambhava, prostrierte und zum Gedenken die fünf Stupas errichten ließ.

Schließlich erreicht man nach 3 km **Samye** 15, das älteste Kloster Tibets. Gegründet wurde es um 770 von Padmasambhava. Die in ihrer Gesamtkomposition an ein dreidimensionales Mandala erinnernde Architektur orientiert sich an einem im indischen Magadha stehenden Tempel. In Anlehnung an die indische Kosmologie, das heißt der Lehre vom Aufbau des Universums, symbolisiert der Haupttempel im Zentrum den zentra-

len Weltenberg Sumeru, die ihn umgebenden zwölf Tempel stehen für die vier Kontinente mit ihren jeweiligen zwei Nebenkontinenten. Samye avancierte zu einem wichtigen religiösen Zentrum, nachdem 779 der Buddhismus als Staatsreligion anerkannt wurde. Zwischen 792 und 794 fand hier das folgenreiche Konzil von Samye statt. Aus dem heftig ausgetragenen Disput um die einzuführende Form des Buddhismus (die chinesische Schule des Chan = Beschauungsschule kontra Tantraschule) ging die indische Tantraschule schließlich als Sieger hervor.

Der Besuch Mindrolings und Samyes erfordert einen ganzen Tag, und so wird man wohl erst spät in **Tsethang** 16 (Zedang, S. 412) eintreffen. Die kleine Stadt hat rund 14 000 Einwohner und ist die größte Ansiedlung der Region Lokha, die sich bis an die südlich angrenzenden Himalayastaaten erstreckt. Bis zum Tod des 32. Yarlung-Königs Namri Songtsen war Tsethang die Hauptstadt des tibetischen Kernlandes, von dem aus Tibet schließlich geeint wurde. Songtsen Gampo verlegte die Hauptstadt nach Lhasa, und Tsethang verlor zunächst an politischer Bedeutung, bis es ab 1302 für 200 Jahre unter der Phagmo Drukpa-Dynastie erneut in den politischen Mittelpunkt als Machtzentrum Tibets und später Mitteltibets rücken konnte. Östlich des Orts, der nur noch wenig tibetisches Flair ausstrahlt, steht der 4600 m hohe Gongpori, Schauplatz des tibetischen Schöpfungsmythos. Der Bodhisattva Avalokiteshvara (tib.: Chenresi) hatte vor Urzeiten einen Affen in die buddhistische Lehre eingeführt und ihn zur meditativen Verwirklichung des Glaubens nach Tibet geschickt. Dort am Berg Gongpori heiratete er eine im Yarlung-Tal lebende Dämonin, mit der er sechs Kinder hatte. Schnell wurden daraus

300 Affen, und die Ernährungssituation wurde kritisch. In seiner Verzweiflung wandte sich der Affe an Avalokiteshvara um Rat. Der Bodhisattva der Barmherzigkeit schickte ihn zum Berg Sumeru, wo er die fünf Getreidearten fand. Er säte sie im Yarlung-Tal aus, und durch die neue, reichlich vorhandene Nahrung wurden die Affenschwänze kürzer und kürzer, sie begannen zu sprechen und sich schließlich in das Volk der Tibeter zu verwandeln. Ihr erster König wurde Nyatri Tsenpo, der einer weiteren Legende zufolge vom Himmel geschickt wurde. Im 8. Jahrhundert entstand die Bön-Tradition, die vor Nyatri Tsenpo noch 18 halblegendäre Könige setzte, die dem ›Stifter‹ der Bön-Religion Shenrab Mibo folgten. Die Bön-Priester plazierten seine Lebenszeit rund 500 Jahre vor die des Buddha Shakyamuni, den sie zu einer Reinkarnation Shenrab Mibos erklärten.

Die Tempelburg der Yarlung-Könige, **Yumbu Lhakhar** 17, das älteste Bauwerk Tibets, das noch von Nyatri Tsenpo um 300 v. Chr. gegründet worden sein soll, liegt 12 km südlich von Tsethang auf einem Felsenrücken über einem östlichen Nebental des Yarlung-Tals. Die Architektur der Anlage weist auf das 8.

Jahrhundert hin, allerdings wurde sie bis ins 17. Jahrhundert immer wieder neu gestaltet. Weiter südlich erhebt sich der 7000 m hohe Schneeberg Yarlha Shampo, einer der vier heiligen Berge Zentraltibets, von dem sechs der auf König Nyatri Tsenpo folgenden ›Himmelskönige‹ hinabgestiegen sein sollen.

Fährt man zurück nach Tsethang, liegt auf halbem Wege der alte Tempel Trandruk Lhakhang, der einer der zwölf von Wencheng in Auftrag gegebenen Tempel sein soll und zur Fixierung der ganz Tibet in ihren Krallen haltenden Dämonin diente. Trandruk Lhakhang fixierte ihre imaginäre linke Schulter.

Auf dem Weg ins Chonggye-Tal passiert man nach 5 km den Tshechu Bumpa, einen berühmten Stupa, in dem ursprünglich die Gewänder Songtsen Gampos aufbewahrt wurden. Rechts dahinter erhebt sich der Lhababri, von dem Tibets erster König Nyatri Tsenpo hinabgestiegen sein soll. Kurz hinter Chonggye liegen die **Königsgräber** 18 von 13 Yarlung-Herrschern. Bislang wurden neun Gräber lokalisiert, von denen allerdings erst drei zugeordnet werden können: das Grab Songtsen Gampos, seines Sohnes Gungri Gungtsens und Rälpacens (reg. 817–836).

*Die Tempelburg
Yumbu Lhakhar*

Über Land nach Kathmandu

Über Land durch Tibet nach Kathmandu zu reisen ist für viele ein Traum, den zu verwirklichen sich aber lohnt. Rund 850 km Strecke muß man bis zum Grenzort Zhangmu überwinden, davon einen Großteil auf unbefestigten Pisten, die sich, vor allem zwischen Juni und September durch den Monsunregen aufgeweicht, in einem miserablen Zustand befinden. Für die zuweilen sehr anstrengende Fahrt sollte man ohne Besichtigungen drei reine Fahrtage einplanen. Will man die Sehenswürdigkeiten entlang der Strecke wenigstens oberflächlich anschauen, muß man mindestens noch zwei bis drei Tage hinzurechnen. In Tibet werden der menschlichen Ingenieurleistung regelmäßig die Grenzen aufgezeigt, und die Naturgewalten, allen voran die durch Regen ausgelösten Erdrutsche oft riesigen Ausmaßes, können eine Fahrt auch schon mal unmöglich machen. Man muß sich also auch darauf vorbereiten, daß die Fahrt nach Nepal im ungünstigsten Falle abgebrochen werden oder daß man weite Strecken laufen muß. Vor allem die letz-ten Kilometer von Nyalam nach Zhangmu sind zwar landschaftlich unglaublich spektakulär, jedoch nichts für schwache Nerven, bewegt man sich hier doch ohne Ausweichmöglichkeiten an den Abgründen der Südhänge des Himalaya. In den Sommermonaten muß man die letzten 10–15 km nach Zhangmu regelmäßig zu Fuß gehen und dabei Stellen überqueren, an denen die Straße komplett weggerissen wurde. Doch die Strapaze ist es wert, und belohnt wird man von einer landschaftlichen Vielfalt, die einen bis zum Endpunkt der Fahrt zu fesseln vermag.

Am günstigsten ist es, sich mit drei oder vier Reisenden gemeinsam einen Jeep für die Strecke zu chartern, was bei fast allen Hotels in Lhasa möglich ist. Auf diese Weise ist man unabhängig und kann auch abgelegene Sehenswürdigkeiten anfahren. Schon vor der Abfahrt muß man mit dem Fahrer genau abklären, was man besichtigen will und wie lange die Fahrt insgesamt dauern soll, damit es unterwegs keine Mißstimmung oder Geldnachforderungen gibt.

Bemaltes Felsrelief bei Lhasa

Ist man sich einig geworden, heißt es, möglichst früh von Lhasa loszufahren, liegen doch bis Gyantse, dem ersten Etappenziel, mindestens acht Stunden Fahrt vor einem. Am schönsten ist die Strecke über die ungeteerte, bisweilen sehr mühsam zu fahrende alte Südroute. Wer es eilig hat, kann in etwa fünf Stunden über die sogenannte New Road nach Shigatse fahren. Gewonnen hat man dadurch allerdings nichts, weil man dann einen Tag zusätzlich für den Besuch Gyantses braucht.

Etwa 18 km hinter Lhasa fährt man an einem großen, bemalten **Felsrelief** 19 vorbei, das Shakyamuni, die weiße Tara (Drölma) und Ushnishavijaya, die Göttin der Erleuchtungserhörung, zeigt. Angeblich wurde es von einer mythischen Königin zur Tilgung ihrer Sünden in den Fels gemeißelt.

Nach weiteren 7 km passiert man den **Nyethang-Drölma-Tempel** 20, die heilige Stätte einer weiblichen Gottheit. Zum Gedenken an Atisha (958–1055), einen indischen Religionsgelehrten und bedeutenden Förderer des Buddhismus, wurde dieser Tempel erbaut. 1042 kam Atisha auf Einladung des westtibetischen Königs Jangchub Ö aus Bengalen nach Tibet, erneuerte den Mitte des 9. Jahrhunderts untergegangenen und teilweise verbotenen tibetischen Buddhismus und gründete die teilreformierte Kadampa (›Die die Vorschriften zur strengen Richtschnur Nehmenden‹), die einen Vorläufer der Gelugpa bildete. Im Nyethang-Tal, etwa 3 km vom Drölma-Tempel entfernt, stößt man auf das Kloster Ratö. Auch dieses Kloster reihte sich in den Reigen bedeutender Gelugpa-Klöster ein, ist heute aber fast vergessen.

Drei Pässe muß man entlang der Südroute überwinden. Der erste ist der 4794 m hohe **Khampa-Paß** 21 (Kampa

La). Hat man die langwierige, serpentinenreiche Auffahrt geschafft, eröffnet sich, so weit das Auge reicht, ein bezauberndes, vom türkisblauen **Yamdrok-See** 22 gefülltes Tal. Bis zum Fuß des 7223 m hohen Nöjin Kangsa zieht sich der See auch in die Seitentäler hinein. Man kann sich kaum von der Szenerie losreisen, die einen nun die nächsten 50 km immer entlang dem Seeufer begleitet, bevor man auf den nächsten Paß, den 5010 m hohen **Karo-Paß** 23 (Karo La), auffährt. Hier ragt der bizarre Gletscher des Nöjin Kangsa bis nahe an die Straße heran und sorgt ganzjährig für eisige Atmosphäre. Schwer zu glauben, daß ausgerechnet dies der Sitz der Reichtumsgottheit Nöjin sein soll. Über die ›Milchebene‹, enge Schluchten und Täler sowie dicht zusammengedrängte, wie Festungen wirkende Dörfer erreicht man den letzten Paß der Route, den **Zhimi-Paß** 24 (Zhimi La, 4370 m), und hat nun noch 40 km bis Gyantse vor sich, die über eine Wellblechpiste durch öde Geröllwüste führen.

Gyantse (Gyangze)

Gyantse 25 (S. 393), die drittgrößte Stadt Tibets, ist ein Städtchen mit einem alten, zusammenhängenden gut erhaltenen tibetischen Wohnviertel und kleinem Markt. Trotz der häßlichen chinesischen Wellblechbauten, die glücklicherweise außerhalb des Zentrums liegen, hat es sich eine besondere Atmosphäre bewahren können. In früheren Zeiten war der 8000-Seelen-Ort, dessen nachweisbare Geschichte 1365 begann, ein wichtiger Umschlagplatz für Yak- und Schafwolle. Seine guten Handelsverbindungen machten ihn auch für die Engländer begehrenswert. Sie kamen

Blick auf das Kloster Pälkhor Chöde von Gyantse

1904 und holten sich unter der Führung von Colonel Younghusband mit militärischer Gewalt, was ihrer Diplomatie versagt blieb. Seine Expeditionsarmee erstürmte den für uneinnehmbar gehaltenen Dzong und erzwang damit die Eröffnung von Handelsniederlassungen in Gyantse und Gartok. Im Vertrag von 1906 erkannten die Briten den chinesischen Oberhoheitsanspruch über Tibet an, und China zahlte auch die Kriegsentschädigungen an England, um diesen Anspruch zu untermauern.

Heute wirkt Gyantse ziemlich verschlafen, und seit der Fertigstellung der New Road nach Shigatse liegt der Ort etwas abgeschlagen von den Hauptverkehrswegen. Hoch über Gyantse thront der mächtige **Dzong**, einst der Verwaltungs- und Regierungssitz des Distriktgouverneurs (Dzongpön), der zwar der Zentralregierung unterstand, aber weitestgehend unabhängig schaltete und waltete.

1365 wurde Nangchen Phagpa Päl von dem mongolischen Kaiser der Yuan-Dynastie zum Gouverneur des Distrikts Nangchen ernannt und der Bau des Dzong in Angriff genommen. Die Festung erhielt den Namen ›Höchste Königsfestung‹ (Gyankhartse), eine Bezeichnung, die schließlich auch auf die Stadt und das Umland überging.

Von der Burg, die 1904 von den Briten teilweise zerstört wurde, hat man einen phantastischen Ausblick über die Stadt mit dem Tal und auf die umliegenden Berge. Nicht minder beeindruckend ist die Lage des 1390 gegründeten **Klosters Pälkhor Chöde**. Das Kloster ist von dem natürlichen Halbrund eines freistehenden Felsens eingefaßt, dessen Grat von einer Mauer gekrönt wird. Auch dieses große Kloster wurde während der Kulturrevolution stark beschädigt, und nur noch schwer kann man sich vorstellen, daß an dieser Stelle eine komplette Klosterstadt gestanden hat, deren Be-

Kumbum-Chörten

sonderheit darin lag, daß sich innerhalb ihrer schützenden Mauer 16 autonome Klöster dreier Schulrichtungen befunden haben: vier Sakyapa-, drei Zhalupa- und neun Gelugpa-Klöster. In dem runden Klosterbezirk stehen noch der einzigartige, 32 m hohe Kumbum-Chörten und der Tsuglagkhang, die Hauptversammlungshalle. Gleich hinter dem Eingang links befindet sich das kleine Sakyapa-Kloster Gurpa, und bereits am Berghang gelegen steht das Zhalupa-Kloster Rinding. Dahinter erhebt sich die mächtige, fast wie ein Festungsgefängnis wirkende ›Mauer zum Sonnenbaden Buddhas‹, an der zu den wichtigen Festen die großen Thangkhas ausgerollt werden.

Der Tsuglagkhang, die Hauptversammlungshalle für alle hier vereinten Klöster, wurde 1418 erbaut. Sie ist nicht so überladen ausgestattet wie vergleichbare Hallen und bezieht gerade aus dieser stillen Leere ihren besonderen Reiz. Neben den üblichen mit buddhistischen Heiligen und Schriften prächtig ausgestatteten Seitenkapellen findet man gleich links vom Eingang den Lhakang, den durch eine niedrige Tür zu betretenden Raum der Schutzgottheiten. Nur selten wird man durch die lamaistische Ikonographie so plastisch auf die Leiden des Menschen im Kreislauf der Wiedergeburten erinnert. Qualvolle Folterszenen und sich in schmerzvollem Leiden verzehrende Gesichter erinnern den Gläubigen an sein höchstes Ziel, die Überwindung des Leidens.

Eines der großen Monumente tibetischer Architektur ist der einzige noch erhaltene **Kumbum-Chörten** (Chörten der 100 000 Abbildungen), der ein begehbares dreidimensionales Mandala darstellt. Bei dieser Begehung durchläuft man symbolisch den gesamten buddhistischen Erlösungsweg bis ins Nirvana. Man beginnt auf der untersten Ebene mit den einfachen Gottheiten und kann sich an insgesamt 85 Kapellen vorbei bis zum Urgrund und Ursprung allen Seins, dem Adi-Buddha in der Spitze des Stupa nach und nach emporarbeiten. Die aus Nepal bekannten, im oberen Bereich der Stupa aufgemalten Augen stellen die ›Alles sehenden Augen Buddhas‹ dar. Dieser Kunstgriff soll helfen, aus der abstrakten Architektur des den Geist Buddhas symbolisierenden Stupa mit dem konkreten Bildnis Buddhas dem Gläubigen die innewohnende Symbolik zugänglicher zu machen.

Shigatse (Xigaze) – Der Sitz des Panchen Lama

Die von Gyantse rund 100 km lange Fahrt bis Shigatse führt durch eine grüne Hochebene, in der zwischen Dörfern und Feldern gelegentlich die Ruinen zerstörter Klöster oder Festungen auf freistehenden Hügeln herausragen. Rund 20 km vor Shigatse führt ein kleiner Abstecher zum 1040 gegründeten **Kloster Zhalu** 26. Es besitzt ein einzigartiges, originales Dach aus glasierten türkisfarbenen Ziegeln im chinesischen Pagodenstil sowie Wandmalereien des 14. Jahrhunderts, die teilweise sehr gut erhalten sind. Wertvolle Zeugnisse alttibetischer Kunst sind auch die Bronzeskulpturen aus dem 14. und 15. Jahrhundert. Im 14. Jahrhundert erfuhr das Kloster die besondere Förderung durch die mongolischen Kaiser in China. Einer der Äbte, Butön Rinchen Drub (1290 bis 1364), und Künga Dorje (1309–1364), ein Lama des Tshälpa-Zweigs der Kagyüpa-Schule, sichteten und klassifizierten das in Tibet existierende buddhistische Schrifttum und schufen daraus den nahezu 300 Bände umfassenden buddhistischen Kanon Kanjur und Tanjur. Durch die Interpretation dieser Werke schuf der Abt eine neue Schulrichtung, die Zhalupa, die später auch die Lehre der Gelugpa beeinflussen sollte.

Eine staubige Straße führt schnurgerade nach **Shigatse** 27 (S. 410, Xigaze), der zweitgrößten Stadt Tibets, die 365 km von Lhasa entfernt in einer Höhe von nahezu 3900 m liegt. Leider ist der tibetische Charakter der Stadt durch den Bau der chinesischen Siedlung weitgehend zerstört worden. Eine erste Siedlung an dieser Stelle unterstand noch im 13. Jahrhundert den Gouverneuren von Zhalu, deren Herrschaftsanspruch durch die Gunst der Mongolen sanktioniert wurde. Mit dem Untergang der mongolischen Yuan-Dynastie konnte Shigatse mehr Eigenständigkeit gewinnen und sich schließlich als Sitz der Gouverneure von Tsang, der westtibetischen Provinz, zum zweiten bedeutenden politischen Zentrum Tibets neben Lhasa entwickeln. Der einstige Sitz der Gouverneure von Tsang, der Dzong, der an Pracht nur mit dem Potala vergleichbar gewesen war, wurde von den Roten Garden in einen Schutthaufen zerlegt, aus dem nur noch traurige Ruinenstümpfe im Stadtzentrum herausragen. Mit der Einsetzung des Panchen Lama als höchstem Lama des **Klosters Tashilhunpo** 28 und nach dem Dalai Lama wichtigsten Lama in der Hierarchie der Gelugpa im Jahr 1636 erfuhr die Stadt eine erneute Aufwertung. Die Klostergründung des ›Bergs des Glücks‹ erfolgte 1447 unter Gendün Dub (1391–1475), einem Neffen und Schüler Tsongkhapas. Gendün Dub und sein Nachfolger Gendün Gyatsho (1475 bis 1542) wurden posthum zum 1. und 2. Dalai Lama ernannt, während die folgenden Äbte rückwirkend zum 1.–3. Panchen Lama (Priesterjuwel) erklärt wurden, so daß Chöki Gyeltshen (1569 bis 1637), der den Titel im Jahr 1636 von seinem Schüler, dem 5. Dalai Lama, aus Dankbarkeit erhalten hatte, als 4. Panchen Lama zählt. Der Panchen Lama hatte weniger Einfluß in der Zentralregierung als der Dalai Lama, der nominell die volle geistige und weltliche Macht über das Land hatte. Da der Panchen Lama aber als Inkarnation des hierarchisch viel höher stehenden Amitabha (Buddha des Unendlichen Lichts) angesehen wird, der Dalai Lama hingegen ›nur‹ die Inkarnation des Bodhisattvas Avalokiteshvara (tib.: Chenresi) ist, lag in seiner Ernennung schon der Keim für künftige Kompetenzstreitigkeiten. Die

Ein Panchen Lama – zwei Reinkarnationen

Am 28. 1. 1989 starb im Alter von nur 51 Jahren der 10. Panchen Lama in Shigatse an Herzversagen. Tragische Ironie des Ereignisses war, daß der Panchen Lama gerade erst einen Stupa mit sterblichen Überresten des 5. bis 9. Panchen Lama eingeweiht hatte. Dabei weilte er eines jener seltenen Male in Tashilhunpo, seinem eigentlichen Amtssitz, den er seit der Besetzung Tibets durch China nur selten hatte besuchen dürfen, und so verbreitete sich in Windeseile, daß dem Tod mit Gift nachgeholfen worden sei – genaues wisse man nicht. Tibet stand damit wieder inmitten einer Tradition politischen Ränkespiels, in dem alle beteiligten Parteien bis zum Äußersten gehen.

Beijing bedient sich dabei einer seit mehr als 2000 Jahren bewährten Praxis, »einen Barbaren durch einen anderen auszuspielen«, in diesem Fall die Anhänger des Panchen Lama gegen die Anhänger des Dalai Lama, wohl wissend, daß die Tibeter zum einen politisch nicht so harmonisch an einem Strang ziehen, wie es im Westen oft erscheint, und daß der Panchen Lama, der vor allem von exiltibetischer Seite als »Lakai der Chinesen« verschrien war, durchaus zahlreiche Anhänger in Tibet, besonders in der Region von Shigatse hatte, aber auch bei nichttibetischen Anhängern des Lamaismus wie den Mongolen, Xibe, Naxi und vielen anderen, deren Interessen er nicht ohne Erfolg gegenüber der Zentralregierung in Beijing vertrat.

Der kommunistischen Führung ging es allerdings bei ihrer Einmischung in die Wahl des Nachfolgers erst in zweiter Linie um den Panchen Lama, der lange nicht das Ansehen genießt wie der Dalai Lama, dem die überwältigende Mehrheit der in China lebenden Tibeter eine schon fast absolute Verehrung und Anbetung zollen. Im Visier haben sie das Procedere um die Nachfolge des Dalai Lama, der inzwischen über 60 Jahre alt ist. So wie dem Dalai Lama offiziell die Aufgabe zukommt, die Reinkarnation des Panchen Lama zu bestätigen, die Suche zu leiten, ist es umgekehrt der Panchen Lama, der für die Suche nach der Reinkarnation des Dalai Lama zuständig ist. Also kann es nur im Interesse Beijings liegen, einen ›folgsamen‹ Panchen Lama zu haben, um Tibet ein für allemal an China zu binden.

Ins Kreuzfeuer internationaler Kritik geraten, hat Beijing daher wieder einmal mit Härte reagiert. Der vom Dalai Lama bestätigte und ausgewählte Panchen Lama, ein kleiner Junge von noch nicht einmal 10 Jahren, verschwand, während alle Bildnisse des Dalai Lama aus Tibets Tempeln entfernt und durch Bildnisse des ›offiziellen‹, inzwischen durch Peking ausgesuchten und neu gekürten Panchen Lama ersetzt werden mußten.

Kloster Tashilhunpo

Provinz Tsang regierte der Panchen Lama dennoch nahezu autonom. In der Politik spielten die Chinesen die beiden Häupter nicht selten gegeneinander aus, und noch heute spaltet sich Tibet in die mehr zur Person des Panchen Lama und damit an eine Annäherung zu China neigenden Tibeter und die Anhänger des Dalai Lama, die die Unabhängigkeit ihres Landes fordern. Der letzte Panchen Lama stand nach Gefängnisaufenthalten bis 1978 in Beijing unter Hausarrest. Danach ernannte man ihn zum Stellvertretenden Vorsitzenden des Ständigen Ausschusses des Nationalen Volkskongresses. Am 28. Januar 1989 starb der 10. Panchen Lama bei der Einweihungszeremonie eines großen Chörten an einem Herzinfarkt, was nicht allseits als reale Todesursache akzeptiert wird. Die chinesische Regierung ist bestrebt, einen Panchen Lama zu haben, der prochinesisch eingestellt ist. Aus diesem Grund ist die unter Mitwirkung des Dalai Lama aufgefundene Reinkarnation des Panchen Lama wohl auch spurlos verschwunden oder soll nach Aussage der chinesischen Regierung in einem Ort etwa 100 km von Lhasa bei seiner Familie wohnen, während China eine eigene Reinkarnation auserkoren hat.

Der gesamte Klosterkomplex mit seinen in der Sonne funkelnden goldenen Dächern, die schon in weiter Ferne sichtbar sind, wird von einer Ringmauer eingefaßt und von Pilgern in frommer Verehrung auf dem Lingkhor umwandelt. Als erstes sollte man dem Dukhang der Tantrischen Fakultät einen Besuch abstatten. Hier finden bis 10 Uhr vormittags spezielle Rituale statt, bei denen man die inbrünstige religiöse, ja mystische Stimmung miterleben kann, die selbst Nichtbuddhisten tief in ihren Bann zu ziehen vermag. Dergestalt in das religiöse Ritual eingebunden, ist es kein Problem, den Berichten früher Reisender wie der berühmten Alexandra David-Néel Glauben zu schenken, die von den übernatürlichen Fähigkeiten einiger Mönche zu berichten wußten.

Der älteste Bau der Anlage ist der Tsuglagkhang, in dem der Thron des Panchen Lama und eine Statue des Jobo-(Shakyamuni) Buddhas stehen. Hier findet täglich am späten Nachmittag ein Puja statt, die rituelle Verehrung einer Gottheit, an der eine große Anzahl Mönche teilnehmen. Der Maitreya-Schrein beherbergt die fast 27 m hohe Statue des zukünftigen Buddha (Maitreya).

Von Shigatse nach Sakya

An der Straße nach Shekar und Sakya, 16 km westlich von Shigatse, finden sich von dem um 1966 zerstörten Kloster **Narthang** 29 nur noch die Fundamente. In dem einst für seine Druckerei bekannten, viertgrößten Kloster der Region wurden die kanonischen Schriften des tibetischen Buddhismus, Kanjur und Tanjur, gedruckt. 127 km westlich von Shigatse, nach Überwindung des 4520 m hohen **Tsuo-Passes** 30 (Tsuo La), passiert man den Abzweig zum **Kloster Sakya** 31 (S. 407, Fahler Ort), das man nach 27 weiteren mühsamen Kilometern über eine Piste erreicht. Das Kloster mit seinen charakteristischen mächtigen Wehrtürmen ist sicher eine der kunsthistorisch wertvollsten Sehenswürdigkeiten Tibets. Die Sakyapa, eine der vier großen buddhistischen Lehrrichtungen des Schneelands, wurde hier 1073 gegründet und entwickelte sich zum Zentrum eines Klosterstaats. Für nahezu hundert Jahre übte Sakya auch in weltlichen Dingen die Vorherrschaft aus. Die ›Thronfolge‹ im Kloster Sakya war traditionell erblich, und der Abt galt als Inkarnation des Manjushri (Bodhisattva der Weisheit); dies war in gewissem Sinn bereits die Vorwegnahme der Theokratie unter den Dalai Lamas in Tibet.

Zwischen 1260 und 1959 regierten die Sakya-Äbte ein gut 3500 km² großes Gebiet. Legitimiert wurde ihre Position durch den mongolischen Kaiser und Enkel Dschinghis Khans Göden, der 1244 den berühmten Sakya Pandita (1182–1251), den Gelehrten von Sakya, an den Kaiserhof nach Liangzhou (heute Wuwei in der Provinz Gansu) holte und ihn zum offiziellen Repräsentanten Tibets ernannte. Sein Nachfolger Phagpa

Lama (1235–80) konnte diese Stellung noch weiter ausbauen. Ihre Vormachtstellung verloren die Sakyapa durch interne Nachfolgestreitigkeiten jedoch bereits um 1350 wieder. Erkennbar ist der Einflußbereich Sakyas noch heute an der Farbgebung der Gebäude. Die blauen, roten und grauen Streifen symbolisieren die Beschützer der Drei Familien (Avalokiteshvara-Lotos-, Manjushri-Tathagata-, Vajrapani-Vajra-Familie), als deren Emanation die Sakya-Hierarchen galten.

Die aus mächtigen Mauern errichtete Haupthalle (Tsuglagkhang) ist auch wegen ihrer prächtigen Innnenausstattung sehenswert: die bronzenen Buddhas der drei Zeiten, unzählige Statuen, in Regalen aufbewahrte Schriften, Reliquienschreine, Mandala-Bilder und vieles mehr. Sie ist wohl eine der schönsten und beeindruckendsten Hallen Tibets.

Zurück auf der Freundschaftsstraße nach Nepal, erreicht man als nächstes die Ortschaft **Lhatse** 32, wo zahlreiche Restaurants entlang der Hauptstraße um Kunden werben. Man sollte hier rasten, denn hinter Lhatse wird das Restaurantnetz sehr weitmaschig. Kurz hinter Lhatse zweigt die Straße nach Westtibet ab, und Gedanken an einen Abstecher zum Berg Kailash, dem heiligen Zentrum der Welt für die tibetischen Buddhisten, werden wach. Doch Achtung, der Besuch des Kailash ist eine eigene Reise, und bis zum Ausgangsort Barga muß man noch stattliche 825 km von Lhatse zurücklegen. Wer das nötige Permit hat, braucht zusätzlich zur vollständigen Trekkingausrüstung eine hervorragende physische wie psychische Konstitution, um die Strapazen der anstrengenden Reise zu verkraften. Da Reisen in diese Region teuer sind, lassen sich viele Reisende leider nur von ihrem Geldbeutel inspirieren, doch der Kailash ist kein Ziel zum ›Abhaken‹, und Hilfe bei Höhenkrankheit ist fern.

Von Shekar (Xegar) zum Qomolangma

Etwas abseits der Hauptstraße von Shigatse nach Kathmandu liegt der kleine Ort Shekar 33 (Neu-Tingri, Xegar) mit einer Festungsruine. Wenn man zum Mt. Everest Basecamp trekken will, kann man hier einen Zwischenstopp einlegen. So spektakulär und reizvoll dieser Ausflug auch ist, man sollte ihn nur bei ausreichender Höhenanpassung durchführen, also nicht bei der umgekehrten Fahrt von Nepal nach Lhasa, da man auf über 5000 m Höhe übernachten muß; für den nicht akklimatisierten Körper eine Tortur und eine große Gefahr, die oft unterschätzt wird.

Von Shekar aus kann man mit einem Geländewagen zum 5030 m hoch gelegenen **Kloster Rongbuk** 34 fahren. Von dort sind es noch 6 km zum **Basecamp** des höchsten Bergs der Welt, eine Strecke, die man problemlos befahren kann. Je nach Fahrzeug braucht man für die Strecke von Shekar zum Kloster Rongbuk bis zu einem ganzen Tag. Man muß in jedem Falle im Kloster übernachten und sollte einen Schlafsack, Isomatte und Zelt sowie Verpflegung dabeihaben, da in der Klosterherberge nicht immer genügend Zimmer zur Verfügung stehen. Man kann natürlich auch die ganze Strecke vom Beginn der Expeditionspiste an wandern, was aber nur bei sehr guter Kondition und guter Ausrüstung sinnvoll ist. In diesem Falle braucht man Verpflegung für etwa acht bis zehn Tage. Startpunkt des Treks ist der Beginn der Piste etwa 11 km hinter

dem Polizeiposten, den man nach rund einer Stunde Fahrt von Shekar aus erreicht und an dem die gültigen Permits geprüft werden. Man braucht gut drei bis vier Tage bis zum Basecamp und überquert den Pang-Paß in einer Höhe von 5200 m. Da man sich die ganzen Tage in einer enormen Höhe bewegt, ist dies kräftezehrender als der Weg selbst.

Wird der **Mt. Everest** (Qomolangma) nicht gerade von Wolken verhüllt, ist der Blick atemberaubend. Eine tibetische Legende erzählt, daß sich hinter der Erscheinung des höchsten Bergs der Welt eine Fee verbirgt, die vor langer Zeit auf die Erde gekommen sei und nun als ›Herrin über dem Land‹, wie die Tibeter den Berg nennen, im Himalaya residiert.

Man muß nicht den gleichen Weg zurücktrekken, sondern kann eine Alternativroute bis zur Ortschaft Tingri wandern, was ebenfalls mindestens vier Tage in Anspruch nimmt. Da diese Strecke über den 5150 m hohen Lamna-Paß querfeldein führt, braucht man einen ortskundigen Führer, den man schon in Neu-Tingri oder in den Dörfern entlang der Piste zum Basecamp anheuern kann. Sein Gepäck kann man von Yaks oder Pferden tragen lassen.

Zhangmu

Was für ein Kontrast! Gerade noch über 5000 m hoch, windet sich die Straße nun immer weiter bergab. Ab **Nyalam** 35, rund 150 km hinter Tingri, beginnt der abenteuerlichste und landschaftlich beeindruckendste Abschnitt der Strecke nach Nepal. Dicht bewaldete Schluchten, reißende Gebirgsbäche und romantische Almen bilden die kontrastreiche Kulisse von diesem Teil Tibets. In geradezu waghalsigen Serpentinen ist die Piste in die Südhänge des Himalaya gehauen, und in der Monsunzeit spült der Regen ganze Pistenabschnitte in den Abgrund. Wenn es akut regnet, sollte man auf eine Befahrung der Strecke ganz verzichten, da sie dann lebensgefährlich ist. Auch sonst wird der Bus oder Jeep meist schon weit vor Zhangmu durch die Erdrutsche gestoppt, so daß man fast immer auch weite Strecken laufen muß. Wer gut zu Fuß ist und keine Angst hat, diese Abschnitte zu überqueren – oft ein abenteuerliches Unterfangen – wird dafür von einer ganz neuen, landschaftlich unvergleichen Seite Tibets belohnt. Bevor man sich in dieses Abenteuer stürzt, kann man kurz vor Nyalam noch einen Abstecher zu Milarepas berühmter Meditationshöhle **Nyalam Phelgye Ling** machen. Der große Yogi (1040 bis 1123) erlangte Berühmtheit durch seine perfekte Beherrschung tantrischer Meditations- und Yoga-Praktiken.

Zhangmu 36 (S. 417) schließlich ist der 2350 m hoch gelegene Grenzort nach Nepal und der wohl unattraktivste Ort Tibets. In diesem aus verrotteten Beton-Backstein- und Holz-Blech-Konstruktionen zusammengezimmerten Nest, das sich schier endlos entlang einer verdreckten, von Lkws verstopften Piste den Berghang hinaufzieht, landet man, wenn man aus Kathmandu kommt oder dorthin will. In der Monsunzeit zwischen Juni und September ist Zhangmu regelmäßig, wegen oft gigantischer Erdrutsche auf tibetischer wie nepalesischer Seite, buchstäblich von der Außenwelt abgeschnitten. Der erste und auch der zweite Eindruck ist stets ›schnell weg hier‹ aber die etwa 11 km bis Kodari, dem nepalesischen Grenzposten, muß man in dieser Zeit ebenfalls fast immer zu Fuß laufen. Meist bieten allerdings Träger ihre Dienste an, und so kann man den Weg wenigstens ohne Gepäck zurücklegen.

Blick auf die Gipfel des Himalaya

Information

 Unterkunft

 Camping

 Restaurants

 Sehenswert

 Aktivitäten

 Einkaufen

 Festivals

 Nachtleben

 Bus

 Fährverbindung

 Flugverbindung

Serviceteil

Serviceteil

So nutzen Sie
den Serviceteil richtig

▼ Das erste Kapitel, **Adressen und Tips von Ort zu Ort**, listet die im Reiseteil beschriebenen Orte in alphabetischer Reihenfolge auf. Zu jedem Ort finden Sie hier Empfehlungen für Unterkünfte und Restaurants sowie Hinweise zu den Öffnungszeiten von Museen und anderen Sehenswürdigkeiten, zu Festen, Unterhaltungsangeboten etc. Piktogramme helfen Ihnen bei der raschen Orientierung.

▼ Die **Reiseinformationen von A bis Z** bieten von A wie ›Anreise‹ bis Z wie ›Zeitungen‹ eine Fülle an nützlichen Hinweisen – Antworten auf Fragen, die sich vor und während der Reise stellen.

Bitte schreiben Sie uns, wenn sich etwas geändert hat!
Alle in diesem Buch enthaltenen Angaben wurden von dem Autor nach bestem Wissen erstellt und von ihm und dem Verlag mit größtmöglicher Sorgfalt überprüft. Gleichwohl sind – wie wir im Sinne des Produkthaftungsrechts betonen müssen – inhaltliche Fehler nicht vollständig auszuschließen. Daher erfolgen die Angaben ohne jegliche Verpflichtung oder Garantie des Verlages oder des Autors. Beide übernehmen keinerlei Verantwortung und Haftung für etwaige inhaltliche Unstimmigkeiten. Wir bitten daher um Verständnis und werden Korrekturhinweise gern aufgreifen:
DuMont Buchverlag, Postfach 10 10 45,
50450 Köln.
E-mail: reise.dumont@t-online.de

Inhalt

Adressen und Tips von Ort zu Ort
(in alphabetischer Reihenfolge) 386

Reiseinformationen von A bis Z
Anreise 417
Auskünfte 418
Ausrüstung 418
Diplomatische Vertretungen 418
  Chinas 418
  in China 419
Einkäufe 419
Einreise- und
  Ausreisebestimmungen 419
Essen und Trinken 420
Feiertage und Feste 420
Fotografieren 422
Geld und Banken 423
Gesundheitsvorsorge 423
  Apotheken 423
  Ärzte 423
  Impfungen 423
Karten und Stadtpläne 423

Nachtleben 424
Öffnungszeiten 424
Öffentliche Verkehrsmittel 424
Post 424
Radio und Fernsehen 425
Reisebüros 425
Reisepapiere 425
Sicherheit 425
Sprache 425
Strom 425
Tabak und Alkohol 426
Telefonieren 426
Trinkgeld 426
Verkehrsmittel 426
Zeit 427

Glossar 427
Kleiner Sprachführer 432
  Chinesische Begriffe 435
Literaturauswahl 436
Abbildungs- und Zitatnachweis . . . 438
Register 439
Impressum 448

Adressen und Tips von Ort zu Ort

Erläuterung zu den Hotels:
Da die Qualität der Hotels in China zwischen den einzelnen Städten und Provinzen sehr stark schwankt, konnten nicht alle Hotels in die folgenden Kategorien eingeteilt werden:
Luxushotels **(L)**
Gehobene Klasse **(G)**
Standard **(S)**
Preiswerte Hotels **(P)**

Beijing

Unterkunft: Grand Hotel (L), 35 Dong Chang'an Jie, ✆ 65 13 77 88, Fax 65 13 00 48
Palace Hotel (L), 8 Jinyu Hutong, Wangfujing, ✆ 65 12 88 99, Fax 65 12 90 50
Great Wall Sheraton (L), Donghuan Beilu, ✆ 65 00 55 66, Fax 65 00 19 19
Holiday Inn Crowne Plaza (G), 48 Wangfujing Dajie, ✆ 65 13 33 88, Fax 65 13 25 13
Radisson SAS Hotel (G), 6A Beisanhuan Donglu, ✆ 64 66 33 88, Fax 64 65 31 86
Tianlun Dynasty Hotel (G), 50 Wangfujing, ✆ 65 13 88 88, Fax 65 13 78 66
Taiwan Hotel (S), 5 Jinyu Hutong, Wangfujing, ✆ 65 13 66 88, Fax 65 13 68 96
CVIK Hotel (S), 22 Jianguomenwai Dajie, ✆ 651 2 33 88, Fax 65 12 35 42
Qianmen Hotel (S), 175 Yong'an Lu, ✆ 63 01 66 88, Fax 63 01 38 83
Jingtai Hotel (P), 65 Jingtai Lu, ✆ 67 22 46 75, Fax 67 21 24 76
Yongdingmen Fandian (P), 77 Anlelin Lu, ✆ 67 21 21 25
Jinghua Fandian (P), Nansanhuan Xilu, ✆ 67 22 22 11

Restaurants: Bianyifang Kaoya Dian, 2 Chongwenmenwai Dajie, ✆ 67 02 05 05; das älteste Restaurant für Pekingente
Fangshan Fanzhuang, Beihai Park, ✆ 64 01 18 89; bekanntes Restaurant für kaiserliche Küche
Tingliguan Fanzhuang, im Haus ›Höre die Pirole‹ im Sommerpalast, ✆ 62 58 25 04; kaiserliche Küche, Reservierung empfehlenswert
Donglaishun, 198 Wangfujing Dajie, ✆ 65 25 35 62; bekanntes Restaurant für mongolischen Feuertopf
Kongfu Jiujia, 26 Guozijian, Andingmennei, ✆ 64 01 81 77; Shandong-Spezialitäten vom Feinsten, gleich gegenüber vom Konfuziustempel
Sichuan Fandian, 51 Xi Rongxian Hutong, ✆ 66 03 32 91; eines der stilvollsten Restaurants in einem alten noblen Wohnhof
Shenxian Douhua Zhuang, am Südwesttor des Ritan-Parks, ✆ 65 00 59 39; originale Sichuan-Gerichte in alter Tempelatmosphäre, im Sommer kann man auch im Freien sitzen
Gongdelin, 158 Qianmen Nandajie, ✆ 65 11 25 42; vegetarische Gerichte

Museen: Hauptstadt-Museum und -Bücherei (Shoudu Bowuguan), Guozijian, Andingmennei; Ausstellung von Stelen und Büchern im alten Konfuzius-Tempel und in der ehemaligen Kaiserlichen Akademie, tägl. außer Mo 8.30–16.30 Uhr
China Kunst Galerie, Wusi Dajie; Werke nationaler und internationaler Künstler; tägl. 9–17 Uhr, letzter Einlaß 16.30 Uhr
Yan-Huang-Kunstmuseum, 9 Huizhong

Lu, Asian Games Village; erste private Galerie Beijings; Ausstellungen von Werken hauptsächlich zeitgenössischer chinesischer Künstler;
tägl. außer Mo 9–16.30 Uhr
Lu-Xun-Museum, Fuchengmennei Dajie; ehemalige Residenz des großen Literaten mit einer Ausstellung über sein Leben und Schaffen; tägl. außer Mo und Mi 9–11 und 13–16 Uhr
Xu-Beihong-Museum, Xinjiekou Beidajie; sehenswerte Ausstellung der Werke eines der wichtigsten chinesischen Künstler, der durch seine Pferdedarstellungen bekannt wurde; tägl. außer Mo 9–11.30 und 13–17 Uhr
Mei-Lanfang-Residenz, 9 Huguosi Dajie; ehemalige Residenz des berühmtesten Pekingopern-Sängers mit einer Ausstellung zu seinem Leben; tägl. außer Mo 9–16 Uhr
Guo-Moruo-Residenz, Qianhai Xijie; frühere Residenz des großen Universalgelehrten und Politikers; tägl. außer Mo 9–16 Uhr
Museum für zeitgenössische Kunst, 123 Longfu Dajie; Ausstellung von Werken moderner chinesischer Künstler; tägl. außer Mo 9–16 Uhr

Musik, Tanz und Theater: Karten für Theater- oder Konzertveranstaltungen erhält man entweder an der Abendkasse, dann muß man frühzeitig erscheinen, oder über die Reisebüros der Hotels.
Die Pekingoper wird, für Touristen gekürzt, allabendlich im **Liyuan-Theater des Qianmen-Hotels,** Yong'an Lu gespielt. Die Oper mit der größten Atmosphäre findet man in der kaiserlichen **Residenz des Prinzen Gong** (Gong Wangfu) in der Nähe des Beihai-Parks.
Tanz- oder Gesangsvorstellungen:
International Theater, Poly Plaza, 14 Dongzhimen Nandajie

Beijing Music Hall im Zhongshan Park, Chang'an Jie
Symphoniekonzerte: **Beijing Concert Hall**, Beixinhua Jie
Beijinger Akrobaten: **Chaoyang Theater**, 36 Dongsanhuan Beilu
Wer gern einmal ein Teehaus kennenlernen möchte, geht am besten in das **Lao She Teehaus**, 3. Stock, Da Wan Cha Building, 3 Qianmen Xidajie oder ins **Tianqiao Happy Tea House**, 60 Tianqiao Markt, Distrikt Xuanwu.

Abendunterhaltung: Wer gute Musik beim Bier hören oder tanzen will, kann ins **Hard Rock Café**, Landmark Tower, 8 Dongsanhuan Lu gehen. Nicht ganz so laut geht es in **Frank's Place**, Gongren Tiyuchang Donglu, gegenüber dem Stadion, zu. Auch in den internationalen Hotels gibt es gute Bars.

Polizei und Notruf: Bei Diebstahl, Paßverlust etc. wende man sich an die Ausländerabteilung der Polizei, 85 Bei Chizi Dajie, ✆ 65 12 54 86; Bürozeiten: Mo–Fr 8–11.30 und 13.30–17 Uhr, Sa 8–11.30. Notdienst Sa 13.30–17 Uhr.

Medizinische Versorgung: Bei Krankheit wende man sich an die **Asia Emergency Assistance**, ✆ 64 62 91 12 (24-Stunden-Dienst); **International Medical Center**, ✆ 64 65 15 61 (24-Stunden-Dienst) oder man gehe ins **Chinesisch-Japanische Freundschaftshospital**, Hepingli Dongjie/Yinghuayuan Dongjie, ✆ 64 22 11 22 mit 24-Stunden-Notfalldienst.

Einkaufen; Antiquitäten, Kunst, Kunsthandwerk: Eine ausgezeichnete Adresse für kunsthandwerkliche Produkte ist der **Freundschaftsla-**

den (Youyi Shangdian, Friendship Store), 21 Jianguomenwai Dajie, mit dem vielleicht größten Angebot; weitere Läden sind **China Arts & Crafts Trading Co.**, 101 Fuxingmennei Dajie und der **Hongqiao Markt**, entlang der Nordfront des Himmelstempels.

Bücher und CDs: Die beste Auswahl an fremdsprachigen Büchern und CDs hat man im **Foreign Language Bookstore**, 235 Wangfujing; gut sortiert ist auch der **Freundschaftsladen** (Youyi Shangdian, Friendship Store), 21 Jianguomenwai Dajie.

Chinesische Medizin: Wer sich für traditionelle chinesische Medizin interessiert, erhält in folgenden Läden die Zutaten oder einen ersten Eindruck: **Tongrentang**, 24 Dazhalan; **Yongrentang**, 136 Wangfujing; **Wangfujing Medicine Shop**, 267 Wangfujing.

Kaufhäuser und Einkaufsstraßen: Beijing Baihuo Dalou, 225 Wangfujing Dajie. Xidan Baihuo Shangchang, 120 Xidan Beijie; **Longfu Building**, 95 Longfusi Jie, das bislang größte Einkaufszentrum. Die wichtigsten Einkaufsstraßen sind die Wangfujing, Xidan, Dongdan, Qianmen und Dazhalan sowie Dongsi.

Märkte: Der **Xiushui-Markt**, zwischen Freundschaftsladen und Jianguo Hotel Richtung Ritan-Park gelegen, ist ein quirliger Ort zum Bummeln, hauptsächlich wird hier mit Kleidung gehandelt. Vögel und vieles mehr gibt es auf dem **Ping'anli Fisch-, Blumen- und Vogelmarkt**, auf dem **Longtan-Park-Vogelmarkt** und auf dem **Chegongzhuang-Vogel- und Fischmarkt**. Am Südufer des Hou Hai (Hinterer See) liegt der **Shichahai Antiquitätenmarkt**.

Seide: Wer gezielt nach chinesischer Seide sucht, kann folgende Läden aufsuchen: **Yuanlong Silk Store**, 55 Tiantan Lu, **New World Silk Store**, 118 Wangfujing, **Beijing Silk Store**, 5 Qianmen Dajie und **International Silk Boutique**, Building 4, Block 2, Anhuili im Chaoyang Distrikt.

 **Zugverbindungen:** Beijing hat drei große Bahnhöfe: **Hauptbahnhof** (Beijing Zhan) mit Bahnverbindungen in den Nordosten, u. a. nach Chengde, Shenyang, Changchun und Harbin; Nordwesten, u. a. nach Lanzhou, Yinchuan, Baotou; Südosten, u. a. nach Shanghai, Nanjing, Qingdao; **Westbahnhof** (Xizhan) mit Verbindungen nach Kanton, Hongkong, Xi'an und Ürümqi; **Südbahnhof** mit Verbindungen u. a. nach Taiyuan und Shijiazhuang.

Flugverbindungen: Beijing ist an fast alle innerchinesischen Flughäfen angebunden, so daß man die meisten Ziele direkt und schnell mit dem Flugzeug erreicht.

Changbai Shan

Unterkunft: Einige einfachste Hotels gibt es in Erdao; sie sind alle gleich schlecht, aber für eine Nacht akzeptabel.
Changbaishan Binguan, die Hotelanlage liegt am Eingang des Nationalparks; auch oben am Wasserfall gibt es einige einfache Hotels.

Verkehrsverbindungen: Vom Bahnhof Baihe fahren Züge nach Tonghua; vom Busbahnhof in Erdao fahren tägl. Busse nach Yanji, Antu und nach Dunhua; von Dunhua bzw. Antu und Yanji fahren Züge nach Jilin, Beijing-Süd, Shenyang, Changchun und Mudanjiang.

Changchun

 Unterkunft: Changchun Binguan (G), 10 Xinhua Lu, ✆ 8 92 99 20
Chunyi Binguan (S), 2 Sidalin Dajie; ein gutes Hotel 5 Min. zu Fuß vom Bahnhof
Tianchi Fandian (P), Shengli Dajie; wenige Min. vom Bahnhof, preiswerte, aber schlechte Schlafsaal-Betten

 Restaurants: Viele gute Restaurants befinden sich in den Seitenstraßen rechts von der Xi'an Lu, die am Renmin Guangchang (Renmin-Platz) beginnt.

 Sehenswürdigkeiten: Palast des Pu Yi, Guangfu Dalu

 **Zugverbindungen:** U.a. nach Harbin, Tumen, Tonghua (weiter nach Ji'an und Changbai Shan), Shenyang, Shanhaiguan und Mudanjiang

Flugverbindungen: mit fast allen Provinzhauptstädten

Chengde

Unterkunft: Menggubao Binguan (S), innerhalb der Palastmauern, ✆ 22 27 10; Unterbringung in mongolischen Jurten aus Beton,
Yunshan Fandian (S), 6 Nanyuan Donglu, ✆ 22 61 71; das beste Hotel am Platz, ziemlich heruntergewirtschaftet,
Chengde Shi Binguan (P), 32 Nanyingzi Dajie, ✆ 22 51 79

 Sehenswürdigkeiten: Sommerpalast von Jehol, Acht Äußere Tempel

 Verkehrsverbindungen: Züge nach Beijing und Shenyang; Busse nach Beijing

Chengdu

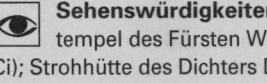 **Unterkunft: Jinjiang Binguan (L)**, 36 Renmin Nanlu Er Duan (Sektor 2), ✆ 5 58 22 22, Fax 5 58 18 49
Chengdu Fandian (S), Shudu Dadao/Ecke Yihuan Lu Dongduan (Ostsektor), ✆ 4 44 88 88, Fax 4 44 16 03
Xizang Fandian (S, Tibet-Hotel), 10 Renmin Beilu, ✆ 3 33 39 88, Fax 3 33 35 26, in der Nähe des Bahnhofs
Yueliangdao Binguan (P), am Nordbahnhof, ✆ 3 32 50 58
Jiaotong Fandian (P, Traffic Hotel), Xinnanmen, neben dem Busbahnhof, ✆ 5 58 49 62; preiswertes und gut gelegenes Hotel, von Rucksackreisenden bevorzugt; zuverlässiges Reisebüro, das Touren und Bahntickets organisiert.

Restaurants: Die größte Auswahl an Restaurants findet man zwischen Zongfu Jie und Dong Dajie, in dieser Region gibt es auch die meisten Teehäuser; **Mapo Doufu**, Xiyulong Jie, Chengdu-Spezialitäten wie Mapo Doufu werden hier köstlich zubereitet; **Flower Garden Restaurant**, ganz in der Nähe vom Jiaotong-Hotel, Treffpunkt von Einzelreisenden; das **YS Restaurant**, in der Nähe des Flower Garden.

Sehenswürdigkeiten: Ahnentempel des Fürsten Wu (Wuhou Ci); Strohhütte des Dichters Du Fu (Du Fu Caotang)

Information: Infos vor allem zu Tibetreisen erhält man im Flower Garden und YS-Restaurant.

Einkaufen: Bekannt ist die Stadt für Lackarbeiten, Stickereien, Brokat, Bambus- oder Strohprodukte, Töpfer- und Stahlwaren, aber auch für Silberarbeiten; die meisten Läden und Kaufhäuser befinden sich entlang der Dongyu Jie, Xishuncheng Jie, Tidu Jie, Zongfu Jie, Dongfeng Jie und Chunxi Lu bzw. in den Seitenstraßen der genannten Straßen. Haupteinkaufsstraße ist die Chunxi Lu, auf der es Arts-and-Crafts-Läden, Apotheken, Musikgeschäfte, Antiquitätenläden u. a. gibt.

Bahnverbindungen: Im YS- und Flower-Garden-Restaurant ist man auf Einzelreisende eingestellt und besorgt gegen Aufpreis alle möglichen Tickets; Verbindungen nach Emei, Panzihua; von hier kann man nach Lijiang und Dali in der Provinz Yunnan weiterfahren, ebenso nach Kunming, Chongqing, Xi'an, Taiyuan.

Busverbindungen: Nach Emei (4 Std.) und Leshan fahren zahlreiche Busse und Minibusse ab Busbahnhof Xinnanmen nahe dem Jiaotong-Hotel; normale Busse und Nachtbusse fahren nach Chongqing; weitere Verbindungen gibt es nach Ya'an, Kangding und Dazu; wer nach Jiuzhaigou will, muß zum Busbahnhof Ximen; Dujiang Yan und der Qingcheng Shan werden von beiden Busbahnhöfen aus angefahren. Nach Tibet darf man als Einzelreisender nicht über Land von Chengdu aus fahren.

Flugverbindungen: Chengdu ist an alle wichtigen Städte des Landes angebunden.

Chongqing

Unterkunft: Renmin Binguan (G), 175 Renmin Lu, ✆ 63 85 14 21
Holiday Inn Yangzi Chongqing (G), 15 Nanping Beilu, ✆ 62 80 33 80, Fax 62 80 08 84
Huixianlou Binguan (P), 182 Minzu Lu, ✆ 63 84 50 27; preiswertes und dennoch zentral gelegenes Hotel mit Schlafsaalbetten

Zugverbindungen: U. a. nach Chengdu, Xi'an, Guiyang, Luoyang, Kunming

Busverbindungen: Unweit des Bahnhofs fahren bis mittags mehrmals tägl. Busse in sechs Stunden nach Dazu, wo man buddhistische Höhlengrotten besichtigen kann; ein weiterer Busbahnhof befindet sich am Befreiungsdenkmal im Zentrum.

Schiffsverbindungen: Richtung Shanghai über Wanxian, Fengjie, Badong, Yichang, Shashi, Yueyang und Wuhan; das Ticketbüro befindet sich am Hafen Chaotianmen. Yangzi-Kreuzfahrten muß man über Reisebüros buchen und sind extrem überteuert; am Vorabend der Abfahrt zwischen 20 und 24 Uhr kann man bereits an Bord gehen und dort für einen geringen Aufpreis übernachten. Die Übernachtungskarten erhält man an Bord.

Flugverbindungen: Vom 28 km entfernten Flughafen in Jiangbei gibt es Flüge nach allen wichtigen Städten des Landes.

Dali

🛏 **Unterkunft: Dali Binguan (P)**,
Fuxing Lu; zentral gelegenes
Hotel mit preisgünstigem Schlafsaal
Di Er Zhaodaisuo (P), (Gästehaus Nr. 2),
Huguo Lu; einfache Mehrbettzimmer

🚆 **Zugverbindungen:** Von
Xiaguan aus fährt ein Zug
nach Kunming.

🚌 **Busverbindungen:** Tägl.
3–4mal nach Xiaguan (14 km)
von 7–19 Uhr; von Xiaguan fahren
Busse u.a. nach Kunming, Jinghong,
Lijiang, Deqen; vom Busbahnhof fahren
Busse nach Kunming (11 Std.; die
Nachtfahrt in Luxusbussen ist teurer,
dauert aber nur 9 Std.) und Lijiang
(6,5 Std.).

✈ **Flugverbindungen:** Zwischen
Dali und Kunming

Datong

🛏 **Unterkunft: Datong Binguan
(S)**, Yingbin Xilu, ☎ 23 24 76;
eines der besten Hotels im Süden der
Stadt
Yungang Binguan (S),
21 Yingbin Donglu, ☎ 52 16 01; nahe
Datong Binguan; auf dem Gelände des
Yungang Binguan befindet sich ein
CITS-Hotel mit preiswerten Schlafsälen
und Doppelzimmern.

👁 **Sehenswürdigkeiten:** Wolkengrat-Grotten (Yungang Shiku); in
der Altstadt: Huayan-Kloster, Trommelturm, Shanhua-Kloster, Neun-Drachen-
Wand

🚆 **Zugverbindungen:** U.a. nach
Taiyuan, Lanzhou, Beijing, Xi'an

🚌 **Busverbindungen:** Es gibt normale Busse und Schlafbusse
nach Taiyuan; tägl. fährt ein Bus über
Yuanping und ein weiterer über Shahe
zum Wutai Shan (über Yuanping
13 Std., über Shahe 9,5 Std.). Die
Strecke über Shahe ist nicht nur kürzer,
sondern auch schöner.

Dunhuang

🛏 **Unterkunft: Dunhuang Binguan
(S)**, 1 Dong Dajie, ☎ 2 24 15; Alt-
und Neubau, CITS, Fahrradvermietung,
Fahrkartenreservierungsschalter
Xiyu Binguan (P), Dingzi Lu; etwas südlich der Busstation, beliebt bei Einzelreisenden

🍴 **Restaurants:** Auf dem Markt
und in der zum Markt führenden
Gasse gibt es viele kleine Privatrestau-
rants; auf der Dingzi Lu reihen sich zahlreiche Restaurants aneinander, die mittlerweile auch englische Speisekarten
haben.

🚆 **Zugverbindungen:** Die Züge
fahren vom Bahnhof Liuyuan ab,
130 km von Dunhuang entfernt; es gibt
mehrere Busse am Tag, die zwischen
7.30 und 18 Uhr von Dunhuang nach
Liuyuan fahren. Wer mit dem Zug weiterreisen will und bereits mit dem Zug
gekommen ist, ist gut beraten, sich die
Fahrkarten für die Weiterfahrt schon
vor dem Besuch Dunhuangs zu besorgen; Verbindungen u.a. nach Korla,
Jiayuguan, Lanzhou und Ürümqi.

Busverbindungen: Verbindungen u.a. nach Golmud, Jiayuguan, Lanzhou, Turfan, Liuyuan

Flugverbindungen: Der Flughafen liegt 13 km östlich von Dunhuang; Flüge gibt es nach Jiayuguan, Lanzhou, Ürümqi und Xi'an.

Emei Shan

Unterkunft: Hongzhushan Binguan (S), ☎ 23 38 88; schön gelegen am Fuß des Emei Shan, die einzelnen Gebäude stehen in einer Art Park.
Baoguo Si (P); Tempelunterkunft mit Zimmern verschiedener Ausstattung ebenfalls am Fuß des Emei Shan. Weitere Unterkünfte befinden sich entlang der Aufstiegsroute in diversen Klöstern: Baoguo Si, Qingyin Ge, Wannian Si, Xixiangchi, Xianfeng Si, Hongchunping, Fuhu Si und Leyin Si, dort gibt es auch vegetarisches Essen. Die Preise für die Zimmer variieren stark: Schlafsaalbetten 60 Yuan, Doppelzimmer mit Heizdecken etwa 150 Yuan.

Information: Für den Aufstieg braucht man auch im Sommer warme Sachen, da es auf dem Gipfel oft sehr kalt wird; unbedingt notwendig ist auch Regenkleidung.

Busverbindungen: Die Busse zur Seilbahn fahren ca. 300 m unterhalb des Baoguo Si ab; vom Busbahnhof in Emei Ort fahren Busse nach Leshan (alle 30 Min., 1–1,5 Std.) und nach Chengdu (4 Std.).

Sehenswürdigkeiten: Tempel auf dem Berg der Vier Schönheiten; großer Buddha von Leshan

Fushun

 Unterkunft: Youyi Binguan (S), Yongning Jie, ☎ 22 21 81; modernes, schön gelegenes Hotel auf einem Hügel
Fushun Binguan (P), Xiyi Lu, ☎ 22 93 29; 2 Min. vom Bahnhof/Busbahnhof nach rechts

Sehenswürdigkeiten: Lei-Feng-Gedenkhalle, Pingdingshan-Gedenkstätte

Zugverbindungen: U.a. nach Shenyang, Tonghua; von dort weiter zum Changbai Shan. Um nach Xinbin und Yongling zu gelangen, muß man einen Zug nach Nanzamu nehmen; dort warten am Bahnhof Busse zur Weiterfahrt.

Busverbindungen: Stündl. ab 6 Uhr nach Shenyang

Guilin

 Unterkunft: Guishan Dajiudian (G), Chuanshan Lu, ☎ 5 81 33 88, Fax 5 44 48 51; 4-Sterne-Hotel
Sheraton Guilin Hotel (G), Binjiang Nanlu, ☎ 2 82 55 88, Fax 2 82 55 98
Dahua Jiudian (P), Zhongshan Zhonglu; im Zentrum

Sehenswürdigkeiten: Karstberge entlang des Li-Jiang, Königsgräber ca. 15 km westlich Guilin

Restaurants: Zahlreiche Restaurants liegen entlang der Nanhuan Lu, viele von ihnen haben sich auf Fisch spezialisiert.

Zugverbindungen: Verbindungen gibt es u. a. nach Beijing, Kanton, Guiyang, Kunming, Shanghai, Wuhan und Xi'an; in einigen der Cafés erhält man Tickets gegen einen Aufpreis!

 Verkehrsverbindungen: Nach Wuzhou fahren mehrere Busse am frühen Morgen (10–12 Std.); von Wuzhou aus kann man mit dem Schiff nach Kanton weiterfahren. In Guilin kann man kombinierte Tickets für das Expreßboot nach Kanton erwerben; nach Kanton fährt auch ein direkter Bus (17 Std.); Busse in die weitere Umgebung, z. B. nach Xing'an und nach Ziyuan.

 Flugverbindungen: Mit allen Provinzhauptstädten; nach Hongkong und vielen weiteren Großstädten gibt es Flüge; bei Nebel, der vor allem im März und April tagelang über Guilin hängen kann, fallen alle Flüge aus. Vom neuen Flughafen Qifengling fahren CAAC-Busse; ab CAAC-Gebäude in der Shanghai Lu.

Guiyang

 Unterkunft: Yunyan Binguan (G), 36 Beijing Lu, ✆ 6 82 33 26; ruhig gelegen, nahe bei dem empfehlenswerten Qianyang-Restaurant
Jinqiao Fandian (S), 26 Ruijin Lu, ✆ 5 82 99 53; typisches Hotel im sowjetischen Stil, zentral und mäßig teuer
Dujuan Fandian (P), 17 Yan'an Xiang; nahe dem Busbahnhof, das zur Zeit preiswerteste Hotel für Ausländer

Zugverbindungen: Nach Beijing via Changsha, Wuhan, Chengdu, Chongqing, Kanton via Changsha, Guilin, Kunming, Shanghai

Busverbindungen: Anshun, Huangguoshu Pubu (Wasserfall, 130 km, 4 Std.), Longgong Dong (Drachenhöhle, 137 km, 4 Std.)

Flugverbindungen: Mit den meisten Provinzhauptstädten

Gyantse (Gyangze)

Unterkunft: Gyantse (Jiangzi) Binguan; bestes Hotel am Ort, obwohl es einfach ausgestattet ist, sind die Preise sehr hoch.
Diyi Zhaodaisuo; unweit des Gyantse Hotels, gleiche Straße; sollten in den Hotels die Duschen nicht funktionieren, was meist der Fall ist, kann man in einigen privaten Restaurants an der Straße, in öffentlichen Badehäusern duschen.

Busverbindungen: Seit Gyantse nicht mehr an der Route Lhasa-Shigatse liegt, ist die Verbindung etwas schwieriger geworden, es gibt unregelmäßig Busse nach Shigatse; von Shigatse aus fahren regelmäßig Busse über die schnelle Nordroute nach Lhasa.

Hailuogou

Unterkunft: In Luding und Moxi gibt es eine Reihe einfacher Hotels, in denen man übernachten kann, wenn es für den Aufstieg zu spät ist.

 Busverbindungen: Via Luding nach Chengdu

Hangzhou

Unterkunft: Huanglong Fandian (G, Dragon-Hotel), Shuguang Lu, ✆ 51 5 44 88, Fax 5 15 80 90; mit sehr gutem Restaurant und Disco
Huagang Fandian (S, Blumenhafen-Hotel), 4 Xishan Lu, ✆ 7 07 13 24; liegt in einer parkähnlichen Anlage, Restaurant mit chinesischer und westlicher Küche
Tianle Binguan (P), Stadtteil Jiande, Xing'an Jing, 97 Xing'an Lu, ✆ 4 72 89 20; etwas ungünstig gelegen
Xinxin Fandian (P), 78 Beishan Jie; am Geling-Hügel östlich vom Shangrila

Restaurants: Louwai Lou, auf dem Bai Juyi Damm am Fuß des Gu Shan; ist für seine Fischgerichte, besonders die gebratenen Aale bekannt; mit Aussicht auf den Westsee
Shanwaishan, Yuquan Lu; bietet eine große Auswahl an Vorspeisen, Ananas, mit karamelisiertem Zucker überzogen, und Schwein mit Melone
Hangzhou Jiujia, 132 Yan'an Lu; serviert gutes ›Bettlerhuhn‹ (Huhn in Lehmumhüllung gebacken)
Gongdelin Sucaiguan, Chengzhan Lu; vegetarische Küche

Sehenswürdigkeiten: West-See, Yue-Fei-Tempel am West-See, Kloster der Seelenzuflucht

Einkaufen: Die Haupteinkaufsstraße ist die Yan'an Bei Lu
Hangzhou Arts & Crafts, 208 Yan'an Lu
Teegeschäft, 33 Yan'an Lu
Freundschaftsladen, 302 Tiyuchang Lu; Hangzhou ist bekannt für seine Seide und Brokate; eine Seidenweberei, in der man gute Stoffe erwerben kann, gibt es in der Youdian Lu 200.

Zugverbindungen: Vorverkaufsbüro für den Schlafwagen (Buchungen nur 3 Tage im voraus möglich), Huanshan Lu; es gibt einen separaten Schalter für Ausländer in der Bahnhofshalle; Verbindungen u.a. nach Shanghai, Suzhou, Wuxi, Nanjing, Beijing, Xi'an, Shenyang.

Busverbindungen: Busbahnhof für die Überlandbusse, Qiutao Nanlu; von dort tägl. nach Shanghai, Suzhou, Wuxi, Huang Shan, Ningbo, Shaoxing

Flugverbindungen: Mit allen wichtigen Städten des Landes

Harbin

Unterkunft: Madieer Binguan (S), 89 Zhongyang Dajie, ✆ 4 61 58 46, Fax 4 614 9 97; mäßig teures Hotel in einem schönen russischen Altbau in der Altstadt
Guoji Fandian (S), 124 Dongda Zhi Jie, ✆ 3 64 14 41; zentrales, gutes Hotel
Tianzhu Binguan (P), 14 Songhuajiang Jie, ✆ 3 63 72 61

Restaurants: Jiangnanchun, 316 Fendou Jie; hier sollte man den zwar grätenreichen, aber leckeren Weißen Fisch (Bai Yu) aus dem Songhua-Fluß kosten
Chaoxian Liaoli Dian, Diduan Jie; koreanische Küche

Zugverbindungen: zwei Bahnhöfe: Hauptbahnhof (Haerbin Zhan) und Sankeshu (auch Haerbin Dong genannt) mit Verbindungen u.a. nach Mudanjiang, Beijing, Shenyang, Changchun, Tianjin usw.

✈ **Flugverbindungen:** Verbindungen mit den Hauptstädten aller Provinzen und den wichtigen Orten Heilongjiangs; der Flughafen liegt 43 km außerhalb der Stadt in Yanjiagang; Busse fahren ab CAAC-Büro.

Hongkong

🛏 **Unterkunft auf Hongkong Island: Conrad International Hongkong (L)**, Pacific Place, 88 Queensway, ✆ 25 21 38 38, Fax 25 21 38 88
Mandarin Oriental Hongkong (L), 5 Connaught Road, Central, ✆ 25 22 01 11, Fax 28 10 61 90
Century Hongkong Hotel (G), 4 Robinson Road, Mid Levels, ✆ 28 68 08 28, Fax 28 68 15 51
The Wesley (S), 22 Hennessy Road, Wan Chai, ✆ 28 66 66 88, Fax 28 66 66 33
Harbour View International House (S), 4 Harbour Road, Wan Chai, ✆ 28 02 01 11, Fax 28 02 90 63
Youth Hostel Ma Wui Hall (P), Mt. Davis auf Hongkong Island, ✆ 25 70 62 22 (Büro), ✆ 28 17 57 15; Höchstaufenthaltsdauer 3 Tage hintereinander (Hostel)

🛏 **Unterkunft in Kowloon: The Peninsula (L)**, Salisbury Road, Tsim Sha Tsui, ✆ 23 66 62 51, Fax 27 22 41 70; altehrwürdige Nobelherberge
The Regent Hongkong (L), Salisbury Road, Tsim Sha Tsui, ✆ 27 21 12 11, Fax 27 39 45 46; die Zimmer zur Hafenseite bieten eine einzigartige Aussicht auf Hongkong
The Kowloon Hotel (L), 19–21 Nathan Road, Tsim Sha Tsui, ✆ 2 36 98 69, Fax 27 39 98 11; günstige Lage im Herzen Kowloons

›The Salisbury‹ **YMCA of Hongkong (S)**, 41 Salisbury Road, Tsim Sha Tsui, ✆ 23 69 22 11, Fax 27 39 93 15; traditionsreiche Herberge in bester Lage und mit konkurrenzlosen Preisen
Chongking Mansions (P), 40 Nathan Road, Tsim Sha Tsui; chaotisches Konglomerat Dutzender Hotels

🍴 **Restaurants:** Preiswert und gut kann man in den zahlreichen Garküchen auf den Nachtmärkten in der Temple Street/Kowloon und auf dem Gelände vom Poor Man's Nightclub am Macao Ferry Pier/Hongkong essen; Garküchen findet man im 2. OG des Marktgebäudes vom Western Market auf Hongkong Island.
Diamond Restaurant, 267–275 Des Vœux Road Central; große Auswahl an preiswerten Dim Sum, die von 6.30 bis 16 Uhr serviert werden.
Hsin Kuang Restaurant; elf Filialen gibt es von diesem beliebten Lokal, große Auswahl an Dim Sum
Hongkong Harbour Tour Night Club, 1/F, North Point East Passenger Ferry Pier, ✆ 25 61 50 33; auf einem umgebauten Fährschiff kann man abends eine atemberaubende Schiffahrt vorbei am hell erleuchteten Hongkong machen und dabei dinieren und tanzen.
Jumbo Floating Restaurant, Shum Wan, Wong Chuk Hang, Aberdeen; dieses am Abend märchenhaft erleuchtete Schiff ist das größte schwimmende Restaurant der Welt und eines der berühmtesten in Hongkong; ausgezeichnete Dim Sum, Meerestiere; drei Fähren pendeln regelmäßig zwischen Aberdeen und dem Schiff hin und her.
Luk Yu Tea House & Restaurant, 26 Stanley Street, Central; 60 Jahre altes traditionsreiches Teehaus, ausgezeichnete kantonesische Küche, von 7 bis 18 Uhr Dim Sum

Kung Tak Lam Shanghai Vegetarian Cuisine, 1/F Wang Seng Building, 45–47 Carnarvon Road, Tsim Sha Tsui; vegetarisches Restaurant mit einer am Shanghaier Geschmack ausgerichteten Küche

Museen: Museum of Teaware, Flagstaff House, Hongkong Park, 10 Cotton Tree Drive, Hongkong Central, Teemuseum, Di–So 10–17 Uhr
Hongkong Arts Centre Pao Galleries, 4th & 5th Floors, Hongkong Arts Centre, 2 Harbour Road Wanchai, Hongkong Island; zeitgenössische Kunst aus Hongkong und dem Westen, tägl. 10–20 Uhr
University Museum & Art Gallery, University of Hongkong, 94 Bonham Road, Hongkong Island; Hongkongs ältestes Museum, Bronzen aus der mongolischen Yuan-Zeit, Mo–Sa 9.30–18 Uhr
Hongkong Museum of History, Kowloon Park, Haiphong Road, Tsim Sha Tsui; Ausstellungen über das alte Hongkong, Di–Sa 10–18 Uhr, So 13–18 Uhr

Einkaufen: Läden und Einkaufszentren gibt es überall in Hongkong; Elektrogeräte, Computer und Kameras sollte man nur in Geschäften kaufen, die den offiziellen Aufkleber der **Hongkong Tourist Association** aufweisen; diese Läden sind zwar oft etwas teurer, aber in allen anderen Läden kann man davon ausgehen, daß man betrogen wird.
Interessante Märkte sind: **Cat Street,** eine Parallelgasse der Hollywood Road in Hongkong Central, Flohmarkt;
Jardine's Crescent und **Jardine's Bazaar** in Causeway Bay, Hongkong Island, Verkaufsstände mit Kleidung, Kräutermedizin, Blumen und einem Obst- und Gemüsemarkt;
Temple Street, Hongkongs bekanntester Nachtmarkt mit Herrenbekleidung, Elektronisches, Uhren usw.

Gute Einkaufszentren:
The Lee Gardens, Hysan Avenue, Causeway Bay, Hongkong Island;
Harbour City, Star Ferry, Tsim Sha Tsui;
Times Square, Causeway Bay, Hongkong Island; **New World Centre,** Salisbury Road, Tsim Sha Tsui, über 250 Läden auf fünf Ebenen

Information: für Deutschland/Österreich/Schweiz
Hongkong Tourist Association (HKTA): Humboldtstraße 94, 6 03 18 Frankfurt
☎ 069/9 59 12 90, Fax 5 97 80 50
E-mail hktafra@hkta.org.
Internet www.hkta.org/germany

…in Hongkong
Hongkong Tourist Association (HKTA) 11th Floor, Citicorp Centre, 18 Whitfield Rd., North Point, Hongkong
☎ 28 07 65 43, mehrsprachiger Infodienst: ☎ 28 07 61 77
Internet www.hkta.org.;
gleich an der Star-Ferry, Kowloon-Seite, gibt es ein HKTA-Büro, wo man Material und Auskünfte zu allen Sehenswürdigkeiten, Veranstaltungen, Einkaufsmöglichkeiten etc. erhält; ein drittes Büro befindet sich in der Ankunftshalle des Flughafens, ist aber nur für ankommende Passagiere zugänglich.

Abendunterhaltung: Das Angebot an abendlichen und nächtlichen Aktivitäten ist unübersehbar, wer nur kurz in Hongkong ist, kann nach Lan Kwai Fong in Hongkong Central fahren, hier drängen sich mehr als 40 Bars, Diskos und Restaurants.
Hard Rock Café – Hongkong, B-G/F, Swire House, 11 Chater Road Central oder G-3/F, 100 Canton Road

 Busverbindungen: Hongkong hat ein gut ausgebautes Busnetz,

bei HKTA erhält man einen Busrouten-
plan; eine Fahrt kostet zwischen 3–9
HK-$ und muß passend bezahlt wer-
den; in Hongkong herrscht Linksver-
kehr, beim Einsteigen an den Haltestel-
len darauf achten!

Zugverbindungen/U-Bahn: Die
Mass Transit Railway (MTR) verfügt über drei Linien, die Züge verkehren zwischen 5 und 24 Uhr.
Züge: Der Zug ist die schnellste Verbindung in die New Territories, die Züge
der Kowloon-Canton Railway (KCR) fahren vom Hauptbahnhof Hung Hom in
Kowloon (Nähe Hafentunneleinfahrt)
zur Grenze nach Lo Wu.
Tram: Die alte Straßenbahn fährt nur
auf Hongkong Island und zwar von
morgens bis mitternachts zwischen
West Point und Shaukiwan. Diese Fahrt
sollte man unbedingt einmal mitma-
chen.

Weiterreise: Von Hongkong fahren zahlreiche Expreßzüge täglich nach Kanton; Do, Sa, Mo fahren Expreßzüge nach Shanghai und Mi, Fr, So
nach Beijing.

Fähren (Star Ferry): Zwischen
der Insel Hongkong (Central) und
dem Festland Kowloon (Tsim Sha Tsui)
verkehren von 6.30–23.30 Uhr regelmäßig alle paar Minuten Fähren;
ab Outlying Island Ferry Pier/Hongkong
Island Fähre nach Lantau Island

Taxis: Die Taxis haben ein Taxa-
meter und sind nicht teuer; bei
Beschwerden an den 24-Stunden-
Dienst wenden, ✆ 25 27 71 77.

Flugverbindungen: Mit fast
allen wichtigen Städten Chinas
und internationalen Flughäfen der Welt

Huangguoshu-Wasserfall

**Unterkunft: Huangguoshu Bin-
guan (S)**, beim Busstop am Parkeingang; ansprechende Hotelanlage mit
Bungalows, die ihre eigenen Innenhöfe
haben, in denen sich z.T. die Bäder befinden. Die Bungalows mit Blick zum
Wasserfall sind allerdings teuer.
Tianxing Binguan (P), einfaches Hotel
vor der Brücke im Norden, die nach
Huangguoshu führt; 15 Min. zu Fuß
zum Park und Busstop

Huang Shan/Tunxi

**Unterkunft in Tunxi: Huaxi
Binguan (S)**, 87 Yan'an Lu; mo-
derneres Hotel mit verschiedenen
Serviceeinrichtungen
Tunxi Fandian (P), gleich gegenüber
vom Busbahnhof

**Unterkunft am Huang Shan:
Beihai Binguan (S)** und **Xishan
Binguan (S)**, auf dem Gipfel;
preiswerte Hotels gibt es im Dorf Tangkou am Fuß des Huang Shan.

Zugverbindungen: Klimatisierte Züge von Tunxi (Huang
Shan Shi) nach Nanjing und Shanghai;
vom Bahnhof verkehren regelmäßig
Busse und Minibusse, die auf ankommende Züge warten, zum Huang Shan
bzw. umgekehrt.

Busverbindungen: U.a. nach
Hangzhou, Huang Shan, Nanjing;
auch vom Huang Shan gibt es Direkt-
verbindungen in diese Städte.

Flugverbindungen: Von fast allen Provinzhauptstädten des Landes gibt es Flüge zum Huang Shan.

Jiayuguan

 Unterkunft: Changcheng Binguan (G), 6 Jianshe Xilu, ✆ 22 52 77
Jiayuguan Binguan (S), 1 Xinhua Beilu, ✆ 22 63 21; u.a. preiswerte Vierbettzimmer, im Hotel befindet sich eine Filiale von CITS, Fahrradvermietung
Qingnian Binguan (P) (Jugendhotel), Jianshe Xilu, nicht weit vom Changcheng-Hotel, ✆ 22 58 33; ein relativ neues Hotel mit dem besten Preis-Leistungs-Verhältnis, Fahrradvermietung

 Sehenswürdigkeiten: Ende der Großen Mauer und Fort

Zugverbindungen: U.a. nach Dunhuang, Turfan, Ürümqi und Lanzhou; vom Kreisverkehr fahren regelmäßig Busse zum Bahnhof (15 Min.).

Busverbindungen: U.a. nach Dunhuang, Schlafbusse fahren nach Ürümqi und nach Lanzhou

 Flugverbindungen: Der Flughafen liegt etwa 13 km nordwestlich der Stadt, der CAAC-Bus wartet auf ankommende Passagiere, Flüge gibt es nach Ürümqi, Dunhuang, Lanzhou und Xi'an.

Jinghong

Unterkunft: Banna Binguan (S), Galan Lu, ✆ 2 35 79; liegt in einem tropischem Garten mit Palmen, 15 Min. vom Busbahnhof
Banna Dasha (P), im Stadtzentrum an der Jinghong Nanlu, ✆ 2 42 49
Jiaotong Fandian (P), einfaches, aber gutes Hotel am Busbahnhof
Wanli Daiweilou Canting (P), das hübsche Dai-Hotel befindet sich auch auf dem Weg nach Manting und ist bei Einzelreisenden sehr beliebt
Lotus Hotel (P, Lianhua Lüshe), Dai-Hotel auf dem Weg nach Manting

Restaurants: Mehrere Garküchen und Restaurants in der Minzu Lu und Manting Lu
Das **Wanli Daiweilou Canting** (Dai Guesthouse Restaurant) gilt als bestes Restaurant der Stadt.

Busverbindungen: zwei Busbahnhöfe; Langstreckenbusbahnhof und Busbahnhof Nr. 2; für Fernstrecken nach Kunming, Baoshan und Xiaguan sollte man zum Langstreckenbusbahnhof gehen; für Ziele in der Umgebung Jinghongs ist der Busbahnhof Nr. 2 günstiger; Kunming, 2-Tage-Busfahrt (742 km) mit Übernachtung in einfachen Hotels.

Flugverbindungen: Jinghong hat einen eigenen Fughafen, so daß man mehrmals täglich nach Kunming fliegen kann; CAAC-Bus vom Banna Binguan zum Flughafen.

Jiuhua Shan

Unterkunft: Entlang der Hauptstraße von Jiuhuajie gibt es mehrere kleine und einfache Hotels.

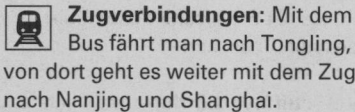

Zugverbindungen: Mit dem Bus fährt man nach Tongling, von dort geht es weiter mit dem Zug nach Nanjing und Shanghai.

Busverbindungen: Wer zum Huang Shan will, muß zunächst in einen Ort namens Qingyang, dort wechselt man in einen Bus nach Taiping, wobei man über den schönen Stausee setzt. Von Taiping fahren Busse nach Huang Shan. In den Sommermonaten gibt es direkte Verbindungen nach Shanghai und Nanjing.

Jiuzhaigou

 Unterkunft: Yangdong Binguan (P), in Yangdong noch vor dem Parkeingang; einfaches Hotel
Xiniu Haishi Sushe (P), im Nationalpark Richtung Shuzheng-Wasserfall
Nuorilang Zhaodaisuo (P), im Park am linken Weg nach der Abzweigung hinter dem Wasserfall; einfaches Hotel
Rizi Binguan (P), etwa 9 km rechts vom Parkeingang; einfaches Hotel

Busverbindungen: Busse fahren über Songpan in zwei Tagen nach Chengdu.

Kanton (Guangzhou)

Unterkunft: Im Frühjahr (15. April–15. Mai) und Herbst (15. Okt.–15. Nov.) findet die Kanton-Messe statt, ohne Reservierung erhält man dann kaum Zimmer, geschweige denn preiswerte, da alle Hotels ihre Preise nahezu verdoppeln.
Baitian'e Binguan (L, White Swan Hotel), Shamian Nanjie, Shamian-Insel, ✆ 81 88 69 68, Fax 81 86 11 88; eines der führenden Hotels in China
Liuhua Binguan (G), 194 Huanshi Xilu/ Renmin Beilu, ✆ 66 66 88 00, Fax 66 66 78 28; liegt gleich gegenüber vom Bahnhof
Shamian Binguan (S), Shamian Nanjie, ✆ 81 88 81 24; gutes Hotel gleich neben dem Youth Hostel
Qingnian Zhaodaisuo (P, Guangdong Youth Hostel), 2 Shamian Si Jie, ✆ 81 88 42 98; zentrale Lage und beliebt bei Rucksackreisenden
Guolü Zhaodaisuo (P), (CITS-Hotel), gleich hinter CITS am Bahnhof, ✆ 66 66 42 63; eines der wenigen Hotels mit sehr preiswerten Zimmern
Baigong Jiudian (P), 17 Renmin Nanlu, ✆ 81 88 23 13, Fax 81 88 98 61; sehr preiswerte Zimmer, meist belegt

Restaurants: Dim Sum gibt es im **Yemingzhu Jiudian** (Pearl Inn) gleich beim Shamian-Hotel; **Stände** mit preiswerten Gerichten z. B. zwischen der Xiajiu Lu und Liuersan Lu (das ist der Bereich unmittelbar nördlich der Shamian-Insel); südlich des Liu-Hua-Hotels und entlang der östlichen, die Renmin Lu kreuzenden Zhongshan Lu; abends gibt es Straßenstände und Garküchen am südlichen Ende der Renmin Lu und hinter dem Liuhua-Hotel.
Beiyuan Jiujia, 202 Xiao Beilu; eines der ältesten und schönsten Restaurants der Stadt
Caigenxiang Sucaiguan, 167 Zhongshan-6-Lu; gute vegetarische Küche
Guangzhou Jiujia, 2 Wenchang Lu; das älteste und größte Restaurant der Stadt
Panxi Jiujia, Longjin Xilu, morgens von 5.30 bis 9 Uhr Dim Sum

 Sehenswürdigkeiten: Guangxiao-Tempel, Guangxiao

Lu, einer der ältesten Tempel der Stadt; Tempel der Sechs Banyan-Bäume (Liurong Si), einer der bekanntesten Tempel Kantons in der Liurong Lu; Huai-Sheng-Moschee, Guangta Lu, eine der ältesten Moscheen Chinas; Chenjia Ci, Zhongshan-7-Lu, für seine Holzschnitzereien bekannter Ahnentempel; Shishi-Kathedrale, Yide Lu, römisch-katholische Kirche aus Granit; Qingping-Markt, Qingping Lu nahe der Insel Shamian.

Medizinische Versorgung: Diyi Renmin Yiyuan (Volkskrankenhaus Nr. 1), 602 Renmin Beilu, ✆ 63 33 30 90; hier gibt es eine spezielle Abteilung für Ausländer.

Einkaufen; Bücher: **Foreign Language Bookstore**, 326 Beijing Lu, und **Xinhua Bookstore**, 336 Beijing Lu; Kaufhäuser: **Nanfang Dasha**, 49 Yanjiang Yilu, gegenüber vom Kulturpark; das beste Kaufhaus der Stadt **Guangzhou Baihuo Dalou**, 295 Beijing Lu nahe der Kreuzung zur Xihu Lu **Nanfang Guoji Guangchang** (Nam Fong International Plaza), Huanshi Donglu

Zugverbindungen: nach ganz China; wer in einem der Hotels auf der Insel Shamian wohnt, kann und sollte den Ticket-Service dieser Hotels nutzen; ansonsten Fahrkarten bei CITS, 179 Huanshi Xilu, gleich vor dem Bahnhof, ✆ 66 67 14 50. Das Büro ist ein Zentrum für Zug-, Schiff- und Flugtickets. Wer an den chaotischen Zugschaltern im Bahnhof kapituliert hat, muß gegen Aufpreis seine Tickets hier kaufen, 8.30–11.30 und 14–17 Uhr.

Busverbindungen: In östliche Richtung u.a. nach Haikou (20 Std.), Macao, Zhaoqing (3 Std.),

Guilin (ca. 24 Std.); zahlreiche Minibusse nach Shenzhen

Schiffsverbindungen: Nach Macao und Hongkong, Expreßschiff (Jetcat) einmal tägl. am Mittag, Abfahrt am Zhoutouzui-Pier, wo auch die Ausreiseformalitäten erledigt werden; nach Hainan/Haikou, einmal tägl. vormittags 9 Uhr ab Zhoutouzui-Pier; ab Dashatou-Pier, Yanjiang Donglu, fahren tägl. mehrere Schiffe nach Wuzhou, das Schiff um 12.30 Uhr hat direkten Anschluß an einen Bus nach Guilin (das Busticket kauft man in Kanton gleich mit); nach Zhaoqing 2 mal tägl.; eine Verbindung nach Shanghai gibt es ebenfalls.

Flugverbindungen: Man gelangt zu allen gewünschten Zielen in China; Flughafenbusse fahren ab CAAC-Büro in der Huanshi Lu. Internationale Flüge nach: Bangkok, Jakarta, Hongkong, Ho Chi Minh-Stadt, Kuala Lumpur, Manila, Melbourne, Penang, Singapur, Surabaya, Vientiane.

Kashgar

Unterkunft: Kashgar Binguan (S), Tahuwuzi Lu, ✆ 22 23 67, 22 23 68; ziemlich weit außerhalb gelegen, aber bestes Hotel in Kashgar; zum Sonntagsmarkt nur 20 Min.
Seman Binguan (P), Seman Lu, ✆ 22 21 29, 22 20 60; hier befand sich einst das russische Konsulat, beliebt bei Einzelreisenden
Chini Bagh (P, Qinibahe) Binguan, Laoxiamalibage Lu, ✆ 22 20 84, 22 21 03; im ehemaligen britischen Konsulat trifft man heute viele Pakistani, die als Händler nach China kommen

Restaurants: John's Café, gegenüber vom Seman-Hotel, gute Küche; hier erhält man die besten Informationen zur Weiterreise nach Pakistan und kann zu vernünftigen Preisen Landrover für Ausflüge in die Umgebung mieten.

Busverbindungen: Wie in ganz China gilt auch in Kashgar offiziell die Beijing-Zeit, der Lebensrhythmus verläuft dennoch nach Kashgar-Zeit, was aber nicht unbedingt für die Fahrpläne der Busse und Flugzeuge zutrifft. Man sollte sich genau erkundigen, ob die Beijing-Zeit für die Abfahrten gilt. Innerhalb Chinas fahren Busse u. a. nach Ürümqi (1474 km, 3–4 Tage), mit Übernachtung, es fahren aber auch Schlafbusse in zwei Tagen durch; Turfan (1370 km, 3 Tage), ebenfalls Schlafbusse; Kuqa (750 km, 1,5 Tage).
Nach Pakistan: Das Visum muß man sich bereits in Beijing, Hongkong oder zu Hause besorgt haben. Die Strecke ist von Mai bis Oktober geöffnet, wenn nicht ein Schneesturm den Paß oder ein Erdrutsch den Karakorum Highway unpassierbar gemacht haben.
Ab Busbahnhof fahren tägl. Busse zum Grenzkontrollpunkt in Tashkorgan, wo man übernachten muß. Am nächsten Tag wird man zur Grenzkontrolle gefahren, wo man den Bus wechselt und nach Sust, dem pakistanischen Grenzort, weiterfährt.

Flugverbindungen: Nach Ürümqi (Nonstop); in der Saison sind die Flüge fast immer belegt, daher rechtzeitig buchen!

Sehenswürdigkeiten: Der Sonntagsmarkt von Kashgar; Id-Kah-Moschee, die größte Moschee Chinas; Abakh-Hoja-Grabmal

Kunming

Unterkunft: Cuihu Binguan (G, Green Lake Hotel), 6 Cuihu Nanlu, ✆ 5 15 88 88; gutes Hotel, schön gelegen nahe dem Cui-See
King World Hotel (G), in der Nähe des Dragon Hotels, ✆ 3 13 88 88
Golden Dragon Hotel (S), 575 Beijing Lu, ✆ 3 13 30 15
Kunming Fandian (S), 145 Dongfeng Donglu, ✆ 3 16 21 71; günstig gelegen
Youlian Binguan (P), Beijing Lu gegenüber vom Golden Dragon, ✆ 3 13 69 65
Kunhu Fandian (P), Beijing Lu; eines der beliebtesten Hotels bei Einzelreisenden, das Personal ist auch behilflich bei der Beschaffung von Bahntickets.

Restaurants: Yuntui (Yunnan-Schinken), Ente und ›Nudeln über die Brücke‹ sind bekannte Gerichte aus der lokalen Küche. ›Nudeln über die Brücke‹ bestehen aus einer großen Schale mit kochendheißer Brühe, die von einem Ölfilm bedeckt wird, dazu kommt auf extra Tellern Gemüse, Fleisch und Nudeln, die man nacheinander in die heiße Brühe gibt; die Suppe ist so heiß, daß die Zutaten im Nu gar sind.
Weitere Restaurants liegen in den Seitenstraßen um das Sakura Holiday Inn gegenüber vom Kunming-Hotel an der Dongfeng Donglu und im Bereich der Beijing Lu vom Bahnhof bis in Höhe des Youlian- bzw. Golden-Dragon-Hotels.
Teehäuser: Ein interessantes Teehaus befindet sich in einer Seitenstraße zwischen Jingxing Jie und Guanghua Jie hinter dem Kaufhaus in der Mitte eines langen Marktes, alte Männer bringen ihre Singvögel in Käfigen mit und hängen sie unters Dach.

Einkaufen: In der 80 Dongfeng Donglu gibt es ein Geschäft, in dem man Handarbeiten der Minderheiten aus der Provinz kaufen kann, bekannt sind Batiken und handgewebte Textilien.

Zugverbindungen: Nach Anshun/Huangguoshu-Wasserfall, Guiyang, Guilin, Xi'an, Chengdu, Chongqing, Hanoi; am Schalter 4 im Bahnhof erhält man Schlafwagentickets.

Busverbindungen: Zentraler Busbahnhof am Hauptbahnhof; von hier gibt es über 200 Fahrtziele in alle Teile des Landes, z.B. Jinghong (Xishuangbanna, 742 km, 2 Tage) mit einer Übernachtung in einfachen Hotels; nach Dali (tägl., 413 km, 14 Std.) oder Xiaguan bei Dali; es gibt sowohl Tag- als auch Nachtbusse.
Vom Three Leaves Hotel fahren Busse z.B. nach Xiaguan, Dali, Jinghong.

Flugverbindungen: In alle Landesteile, interessant sind die guten regionalen Verbindungen z.B. nach Dali, Lijiang und Xishuangbanna, die eine Strecke die langen, unbequemen und oft gefährlichen Busfahrten ersetzen können; internationale Flüge nach Bangkok, Chiang Mai, Chiang Rai, Hongkong, Yangoon (Rangoon) und Singapur. Zum Wasserfest der Dai (15.–19. April) sind die Flüge nach Jinghong lange vorher ausgebucht.

Kuqa

Unterkunft: Qiuci Binguan (P), Tianshan Lu, ℘ 2 20 05; das beste Hotel am Ort

Kuche Binguan (P), Shengli Lu, ℘ 2 28 44; nettes, kleines Hotel mit Innenhof

 Sehenswürdigkeiten: Kizil-Grotten, Klosterstadt Subashi

Busverbindungen: Nach Ürümqi (1,5 Tage) und über Aksu nach Kashgar (1,5 Tage); eine weitere Verbindung nach Yining

Flugverbindungen: Wöchentl. einmal nach Ürümqi und Korla

Lanzhou

Unterkunft: Ningwozhuang Binguan (G), 238 Tianshui Lu, ℘ 8 41 62 21, Fax 8 41 76 39
Jincheng Binguan (G), 363 Tianshui Lu, ℘ 8 41 66 38; Alt- und Neubau, im Neubau befindet sich ein 3-Sterne-Hotel
Lanzhou Fandian (S), 204 Donggang Xilu, ℘ 8 41 63 21; das Lanzhou-Hotel ist eines der alten, im stalinistischen Stil erbauten Hotels
Yingbin Fandian (P), Tianshui Lu, ca. 500 m vom Bahnhof
Lanzhou Dasha (P), im Hochhaus neben dem Bahnhof (wenn man ihn verläßt, links), ℘ 8 41 72 10, Fax 8 41 71 77

Restaurants: Lanzhou Canting, Jiuquan Lu; ein dreigeschossiges Restaurant, mit exzellentem muslimischen und chinesischen Essen
Jingyang Lou, Jiuquan Lu; ebenfalls sehr gute Küche auf drei Etagen

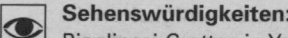 **Sehenswürdigkeiten:** Binglingsi-Grotten in Yongjing; die Grotten sind im Rahmen eines Tagesausflugs zu erreichen.

Zugverbindungen: U. a. nach Beijing, Datong, Xi'an, Jiayuguan, Liuyuan (Weiterfahrt nach Dunhuang), Tianshui, Ürümqi, Xining

Busverbindungen: Busbahnhöfe: **Qiche Xizhan** (Westbusbahnhof), Xijin Xilu nahe Westbahnhof und **Qiche Dongzhan** (Ostbusbahnhof), Pingliang Lu nahe Hauptbahnhof; zum Ticketkauf nach Xiahe benötigt man einen Versicherungsschein, der während der Fahrt auch mehrfach kontrolliert wird; zum Teil wird die Police auch für die anderen Ziele benötigt; wer vorhat, mit dem Bus weiterzufahren, sollte sie sich in jedem Fall besorgen. Man erhält die Police für 25 Yuan bei CITS und in den meisten Hotels. Vom Westbusbahnhof fahren Busse nach Linxia, Xiahe, Jiayuguan. Wer keinen Fahrschein mehr nach Xiahe erhält, kann nach Linxia fahren und dort in einen Bus nach Xiahe umsteigen. Vom Ostbusbahnhof fahren Busse nach Xi'an.

Flugverbindungen: Der Flughafen liegt 75 km nördlich der Stadt in Zhongchuan und ist mit CAAC-Bussen zu erreichen, Taxis kosten rund 150 Yuan. Wer früh abfliegt, muß in einem Hotel, z. B. Zhongchuan Binguan, am Flughafen übernachten. Kommen Flüge an, wartet ein CAAC-Bus, um die Passagiere in die Stadt zu fahren. Flüge gibt es in die meisten Provinzhauptstädte Chinas.

Lhasa

Unterkunft: Lhasa Jiari Jiudian (**G**, Lhasa Hotel), 2 Minzu Lu, ✆ 6 33 22 21; vom Hotel fahren Shuttle-Busse in die Stadt.

Xizang Binguan (**S**, Tibet-Hotel), Beijing Xilu, ✆ 6 33 49 66; das zweitbeste Hotel Lhasas, aber um Klassen schlechter als das Lhasa Hotel
Banakshol, Xingfu Donglu (**P**), ✆ 6 32 38 29; eines der beliebtesten ›Rucksackhotels‹ in einem alten tibetischen Gebäude, es gibt Gemeinschaftsduschen, einen Garten und eine Sonnenterrasse.
Yak (**P**), Xingfu Donglu; gut, aber nicht so viel Atmosphäre wie im Banakshol
Kirey (**P**), Xingfu Donglu, alte und neuere Gebäude
Xue Cheng Lüguan (**P**) (Snowland Hotel), nahe beim Jokhang, ✆ 2 36 87; ebenfalls beliebt bei Einzelreisenden

Restaurants: Neben den Hotelrestaurants gibt es zahlreiche Lokale in der Beijing Lu, die heute auch eine am westlichen und chinesischen Geschmack orientierte Küche bieten. Die meisten Restaurants findet man in den Hotelgegenden; weitere Restaurants gibt es rund um den Jokhang. Angenehm sitzt man in den Teehäusern, z. B. im Potala oder auf der Rückseite des Jokhang-Tempels.

Sehenswürdigkeiten: Jokhang, Tibets Nationalheiligtum; Potala, Winterpalast des Dalai Lama

Information: Konsulat von Nepal, 13 Norbulingka Lu, ✆ 6 32 28 80, Mo–Fr 10–12 und 16–18 Uhr. Für das Nepal-Visum braucht man zwei Paßbilder, zwei ausgefüllte Formulare und 150 Yuan, nach 24 Stunden kann man es abholen.

Busverbindungen: In Tibet zahlt man als Ausländer Wucherpreise; am Busbahnhof wird nicht nur extrem viel geklaut, sondern auch betrogen. Man muß darauf achten, daß man nicht nur den Ausländerpreis bezahlt hat, sondern auch das Ausländerticket erhält, hat man diesen Fahrschein nicht, muß man nachzahlen!

Auf Strecken, die kaum von Bussen befahren werden, kann man auch für Lkws Tickets erstehen. Die Preise entsprechen denen der Busse. Trampen ist verboten und auch nicht kostenlos. Reguläre Verbindungen für Ausländer gibt es nach Shigatse/Xigaze, Gyangtse und Zedang/Samye; nach Zedang und Xigaze fahren auch Minibusse von der Busstation an der Beijing Donglu. Wer mit öffentlichen Bussen oder Lkws nach **Nepal** will, braucht Zeit, Geduld und Nerven, da es kaum reguläre Verbindungen gibt. Aus diesem Grunde schließen sich in Lhasa die meisten Reisenden zusammen und chartern einen Landrover oder Minibus. Man muß sich über die Route und Anzahl der Tage einigen und dann z.B. im Yak-Hotel oder bei einem Veranstalter die Tour buchen; Preise sind Verhandlungssache.

Täglich fährt ein Bus in ca. 36 Stunden nach **Golmud/Qinghai**, der Preis betrug zuletzt 1000 Yuan! Die Fahrt mit dem klapprigen Bus ist eine Tortur, und es ist keine schlechte Idee, einen Sitz beim Fahrer zu haben, um ihn notfalls wecken zu können, wenn er mal wieder einnickt. Nachts wird es sehr kalt. **Kailash/Kashgar**: Offiziell darf man die Strecke als Einzelreisender nicht fahren.

 Flugverbindungen: Zwei Flüge tägl. nach Chengdu; am späten Nachmittag fahren CAAC-Busse zum ca. 100 km entfernten Flughafen Gonggar, wo man in einem schlechten Hotel am Flughafen übernachtet. Mi und So gibt es je einen Flug nach Chongqing und So einen Flug nach Beijing mit Zwischenlandung in Chengdu; Kathmandu wird Sa und Di angeflogen.

Lijiang

 Unterkunft: Lijiang Binguan (**P**, Nr. 1 Hotel); stilloses Hotel mit Schlafsaalbetten
Hongri Binguan (P), einfaches Hotel nahe der Mao-Statue

 Restaurants: In Lijiang ist man ganz auf Einzelreisende eingestellt; im Neustadt-Bereich ist vor allem **Peter's** beliebt, wo man alle möglichen Infos zu Touren etc. erhält, nahe der Mao-Statue gegenüber vom Hongye-Hotel; weitere Restaurants auf dieser Straße sind **Ma Ma Fu**, **Din Din** und **Alibaba**; gemütlicher sind die Restaurants im Altstadt-Bereich: **Mimi's Café, Kele** und **No. 40 Restaurant**.

 Busverbindungen: Nach Kunming tägl., 16–19 Stunden (Schlafbusse) über Dali, Jinjiang (bzw. Panzhihua, Bahnhof der Stadt Dukou/Sichuan), von dort Züge nach Chengdu. Wer zum Lugu-See will, muß von Lijiang einen Bus nach Ninglang nehmen. Die Fahrt dauert gut 8–10 Stunden, mit etwas Glück hat man in Ninglang gleich den Anschluß zum See (2 Std.), ansonsten kann man im Ninglang Binguan übernachten.

 Flugverbindungen: Nach Dali und Kunming

Lugu-See

 Unterkunft: Direkt am See kann man im Örtchen Luoshui in privaten Familienpensionen übernachten; hier kann man auch essen, muß dies aber vorher abklären.
In der Nähe von Yongning gibt es das

Lugu Lake Hotel (Lugu Hu Binguan), das aber nicht am See liegt.

🚌 **Busverbindungen:** Vom Lugu-See fahren unregelmäßig Busse nach Ninglang, wo man in einen Bus nach Lijiang oder Dukou (Bahnhof Jinjiang) an der Bahnlinie Kunming – Chengdu umsteigen kann.

Luoyang

🛏 **Unterkunft:** Youyi Binguan (G), 6 Xiyuan Lu, ✆ 4 91 27 80
Luoyang Binguan (G), Renmin Jie, ✆ 3 95 18 21; am Rand der Altstadt
Luoyang Lüshe (P), gegenüber vom Bahnhof; billiges, aber muffiges Hotel
Tianxiang Lüshe (P), Jinguyuan Lu, ✆ 3 93 78 46, nicht weit vom Bahnhof in der Nähe des Luoyang Lüshe; etwas besser, aber auch teurer

🍴 **Restaurants:** Die besten Restaurants liegen in der Altstadt, Zhongzhou Zhonglu, Dong Dajie und Xidajie.

🚆 **Zugverbindungen:** U. a. nach Beijing, Xi'an, Zhengzhou, Shanghai

🚌 **Busverbindungen:** u.a. nach Xi'an (10 Std.), Zhengzhou (3 Std.), Gongxian und zum Song Shan

✈ **Flugverbindungen:** U.a. nach Xi'an, Beijing und Hongkong

👁 **Sehenswürdigkeiten:** Buddhistische Longmen-Grotten im Süden der Stadt; Tempel des Weißen Pferdes, der älteste buddhistische Tempel Chinas; in der Umgebung liegt der heilige Berg Song Shan mit dem berühmten Shaolin-Kloster.

Mudanjiang/Spiegelsee

🛏 **Unterkunft:** Am Nordende des Sees gibt es das einfache Hotel **Jingpo Villa** (Jingpo Shanzhuang) und das teurere und sehr viel bessere **Jingpo Hu Binguan**.

🚌 **Busverbindungen:** Busse und Minibusse ab Bahnhof Mudanjiang oder ab Dongjing Cheng, wenn man sich dort zuvor die Palastruinen ansehen will

Nanjing

🛏 **Unterkunft:** Jinling Fandian (G), Xinjiekou, Han Zhong Lu/Ecke Zhongshan Lu, ✆ 4 45 58 88, Fax 6 64 33 96; bestes zentral gelegenes Hotel in Nanjing
Shengli Fandian (S), 75 Zhongshan Lu, ✆ 6 64 81 81, Fax 4 41 41 94; eines der wenigen erschwinglichen Hotels im Zentrum
Xuanwu Fandian (S), 193 Zhongyang Lu, ✆ 3 30 38 88, Fax 6 63 96 24; gut gelegenes 3-Sterne-Hotel mit Blick auf den Xuanwu-See
Jinqiao Fandian (P), 77 Beijing Donglu, ✆ 7 71 19 88; südlich vom Xuanwu-See
Meishan Binguan (P), ✆ 2 29 12 91; in den Wäldern des Zijin Shan am Ming-Grab gelegenes ruhiges und billiges Hotel (Bus 20 vom Trommelturm)

🍴 **Restaurants:** Wer im Herbst in Nanjing weilt, sollte die lokalen Seekrabben kosten, bekannt ist die

Küche auch für die ›Flachente‹, Enten-
nieren, Fisch und die sogenannten
Nanjinger Snacks, die ein schmackhaf-
tes Pendant zu den Dim Sum sind.
Luliuju, 248 Taiping Nanlu; typische
Nanjinger Küche
Das **Baiyuan Restaurant** im Xuanwu-
Park bietet regionale Gerichte.
Zahlreiche Restaurants aller Preisklas-
sen findet man in den Gassen rund um
den Konfuzius-Tempel; abends mit
großem Essensmarkt.

Sehenswürdigkeiten: Yangzi-
Brücke; Chaotian-Palast in der
Mochou Lu/Jianye Lu; Zhonghua Men,
das südliche Stadttor an der Zhonghua
Lu; Konfuziustempel; Grab des Ersten
Ming-Kaisers und Sun-Yat-sen-Mausoleum am Zijin Shan im Osten der Stadt

Einkaufen: Kunstgewerbe erhält
man in der 31 Beijing Donglu;
Antiquitäten in der 5–13 Han Zhonglu
Xinjiekou-Kaufhaus, 3 Zhongshan
Nanlu/Renmin-Markt; hervorragend für
Seide
Freundschaftsladen, 86 Zhongshan Lu

Zugverbindungen: Ab Haupt-
bahnhof u. a. Züge nach Beijing,
Huangshan, Zhengzhou, Luoyang,
Xi'an, Shanghai, Wuxi, Suzhou, Tong-
ling (von hier fahren Busse zum Jiuhua
Shan und nach Hangzhou)

Busverbindungen: U. a. nach
Yangzhou, Wuxi und Suzhou;
außerdem Direktbusse zum Huang
Shan, die Tickets dafür erhält man auch
in den Hotels.

Schiffsverbindungen: Yangzi-
Schiffahrten sind eine gute Alternative, um zu den Orten am Yangzi zu
gelangen; Fahrkarten am Hafen Zhong-

shan Matou, 21 Jiangbian Lu;
Wuhan (tägl. zwei Expreßboote und
mehrere normale Schiffe ab Hafen Nr.
4, Si Hao Matou); Chongqing (alle vier
Tage ein Direktschiff ohne Umsteigen in
Wuhan, ab Hafen Nr. 4, Si Hao Matou);
Shanghai (tägl. ein Expreß- und ein
normales Schiff ab Hafen 5, Wu Hao
Matou)

 Flugverbindungen: Vom neuen
Flughafen Lukou Flüge zu den
meisten Provinzhauptstädten

Qingdao

**Unterkunft: Huiquan Dynasty
Hotel (G)**, 9 Nanhai Lu,
✆ 2 87 92 15, Fax 2 87 92 20; gleich in
der Nähe vom Strand
Huanghai Fandian (G), 1 Yan'an Lu,
✆ 2 87 02 15, Fax 2 87 97 95
Taipingjiao Binguan (G), 3 Taipingjiao
Yilu, ✆ 3 86 15 88, Fax: 3 83 72 54;
19 ehemalige deutsche Villen, Reservierung erforderlich
Xinhaoshan Ying Binguan (G),
26 Longshan Lu, im Xinhaoshan-Park,
✆ 2 86 62 09, Fax 2 86 19 85; Hotel in
der alten Gouverneursresidenz
Sifang Jiudian (P), 1 Wenzhou Lu,
✆ 3 82 36 44; relativ weit vom Zentrum
Jingshan Binguan (P), Xiaogang-2 Lu;
5 Min. zu Fuß vom Hafen

Restaurants: Chunhelou,
Zhongshan Lu; Qingdaos be-
kanntestes Restaurant
In der Gegend um Seemannsklub und
Freundschaftshotel gibt es eine Reihe
preiswerter Restaurants.
Cafés und Imbisse befinden sich auch
in der Umgebung des Huiquan Dynasty
Hotels.

 **Einkaufen:** Die beste Gegend zum Einkaufen ist entlang der Zhongshan Lu, hier gibt es Kaufhäuser, Antiquitätenläden usw.

 Zugverbindungen: U. a. nach Beijing, Tai'an, Qufu, Nanjing, Suzhou, Shanghai, Xi'an, Wuhan, Shenyang, Shanhaiguan, Taiyuan

 Busverbindungen: Minibusse fahren regelmäßig zum Laoshan.

 Schiffsverbindungen: U. a. nach Kanton (zweimal im Monat, 72 Std.), Shanghai (26 Std.)

 Flugverbindungen: Mit allen Provinzen; der Flughafen liegt 32 km außerhalb im Ort Liuting, CAAC-Busse fahren vom CAAC-Büro hin.

Qufu

 Unterkunft: Queli Binshe (S), 15 Zhonglou, ☏ 41 13 00; schöne Anlage, die in den Kong-Gebäudekomplex integriert ist
Kongfu Fandian (P), Datong Lu, nahe der Busstation

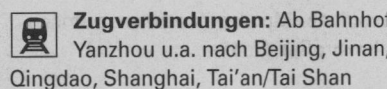 **Zugverbindungen:** Ab Bahnhof Yanzhou u. a. nach Beijing, Jinan, Qingdao, Shanghai, Tai'an/Tai Shan

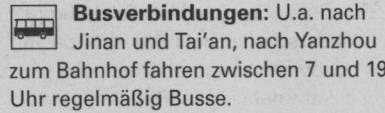 **Busverbindungen:** U. a. nach Jinan und Tai'an, nach Yanzhou zum Bahnhof fahren zwischen 7 und 19 Uhr regelmäßig Busse.

👁 **Sehenswürdigkeiten:** Konfuzius-Tempel und Konfuziuswald; Residenz der Kong-Familie; Menzius-Tempel und Residenz in Zouxian

Sakya

 Unterkunft: Ein preiswertes Tibeter-Hotel am Kloster

 Restaurants: Kleine Lokale im chinesischen Teil Sakyas

 Busverbindungen: Regelmäßige Verbindung nach Shigatse/Xigaza

Shanghai

 Unterkunft: Shanghai Garden Hotel (L), 58 Maoming Lu, ☏ 64 15 11 11, Fax 64 15 88 66; sehr gutes Hotel im Zentrum der City
Portman Shangrila (L), 1376 Nanjing Xilu; Hotel mit besonderer Architektur
Peace Hotel (G), 20 Nanjing Lu, ☏ 63 21 68 88, Fax 63 29 03 00; altehrwürdiges Hotel am Bund
Park Hotel (S, Guoji Fandian), 170 Nanjing Xilu, ☏ 63 27 52 25, Fax 63 27 69 58; altehrwürdiges Hotel gleich am Renmin-Platz, U-Bahn
Shanghai Dasha (S), 20 Suzhou Beilu, ☏ 63 24 62 60, Fax 63 99 97 78; altehrwürdiges Hotel mit Blick auf den Bund
Liangyou Fandian (P), 1455 Nan Suzhou Lu, ☏ 62 83 36 68, Fax 62 56 90 39; in der City nahe der U-Bahn
Pujiang Fandian (P), 17 Huangpu Lu, ☏ 63 24 63 88; stilvolles altes Gebäude gegenüber dem Hochhaus des Shanghai Dasha, das Hotel hat preiswerte Vierbettzimmer und ist sehr zentral gelegen.

 Restaurants: Nanjiang Zhuangyuanlou, 162 Xizang Zhonglu; Shanghaier Küche, 11–13.30

und 16.30–22.30 Uhr
Laofandian, 242 Fuyou Lu; Shanghaier Küche, 11–14 und 17.30–24 Uhr.
Gongdelin, 43 Huanghe Lu; vegetarisches Restaurant
Eine besondere Adresse für Restaurants ist die **Huanghe Lu**, die sich gleich hinter dem Park-Hotel nach Norden erstreckt, abends ist die Gasse von der Neonreklame hell erleuchtet.
Wer nicht viel Geld für Essen ausgeben will, sollte sich in der **Altstadt** in den Gassen umsehen, wo es unzählige Imbisse und kleine Restaurants sowie chinesische oder westliche Fast-Food-Restaurants gibt.

Sehenswürdigkeiten: Uferpromenade Bund mit klassizistischen Hochhäusern; Shanghai Museum, Renmin Guangchang, tägl. außer Mo 9–17 Uhr

Information: das **CITS-Hauptbüro** befindet sich in der 2 Jingling Donglu, ✆ 6 32 87 55, im 3. Stock des Guangming Building; **Deutsches Generalkonsulat**, 181 Yongfu Lu, ✆ 64 33 69 51-52

Medizinische Versorgung: **Shanghai Emergency Center**, 68 Haining Lu, ✆ 63 24 40 10; westliche und chinesische Medikamente gibt es in der **Shanghai-Apotheke** Nr. 1, 616 Nanjing Donglu.

 Einkaufen: Haupteinkaufsstraßen sind die Nanjing Lu und die Huaihai Lu. Auf dem **Yuyuan-Basar**, der sich um den Yu-Garten herum ausbreitet, findet man so ziemlich alles, was die Shanghaier Industrie produziert.
Bücher und Landkarten gibt es im **Foreign Language Bookstore**, 390 Fuzhou Lu, weitere Buchläden in der gleichen Straße.
Drogerie-Artikel findet man bei **Watson's** im Portman Shangrila, 1376 Nanjing Xilu.
Freundschaftsladen, Zhongshan Lu/Ecke Beijing Donglu, zwei Blocks nördlich vom Heping-Hotel; sehr gut sortiert, Seide, Antiquitäten, Porzellan und vieles mehr; Antiquitäten und Kunst gibt es u. a. auch im **Shanghai Arts and Crafts Service Center**, 190–208 Nanjing Xilu, oder im **Shanghai Arts and Crafts Store** im Shanghai Exhibition Center auf der Nanjing Xilu.
Einen großen **Welcome-Supermarkt** gibt es im Portman Shangrila, 1376 Nanjing Xilu.

Abendunterhaltung: Live Musik und (deutsches) Essen im **Paulaner Brauhaus** in der 58 Yueyang Lu, stilvolles altes Gebäude in neuem Glanz; gutes Essen und Live Musik gibt es auch im **Hard Rock Café** auf der Nanjing Xilu gleich am Portman Shangrila; ein tolles Erlebnis ist der Besuch der weltberühmten Shanghaier Akrobatentruppe, deren Theater sich im **Portman Shangrila** befindet. Die Tickets sollte man über sein Hotel besorgen, da man an der Abendkasse kaum Chancen hat. Nette Pubs und Diskotheken mit westlicher Musik gibt es in so ziemlich allen großen Hotels.

Zugverbindungen: Nach ganz China bis einschließlich Ürümqi. Ausländerschalter befinden sich u.a. in der Lobby des Longmen Hotel, das gleich links neben dem Bahnhof steht und im ›Softseat-Warteraum‹. Die Fahrscheine können fünf Tage im voraus gebucht werden. Im ›Softseat-Warteraum‹ gibt es nur Fahrscheine für denselben Tag.

Schiffsverbindungen: Tickets für Inlandsverbindungen bei CITS, am **Shanghai General Passenger Terminal** und im **Ticketbüro** Zhongshan Dong 2 Lu/Ecke Jinling Lu. Abfahrt der Schiffe ab **Pier 16** (Shiliupu Matou) oder **Gongping Lu-Pier**, wo sich ebenfalls Ticketschalter der verschiedenen Linien befinden.
Verbindungen u. a. nach Tianjin, Qingdao, Nanjing, Chongqing, Kanton, Putuoshan, Japan

 Flugverbindungen: Ähnlich wie von Beijing errreicht man von Shanghai fast allen Flughäfen des Landes; international gelangt man zur Zeit nur mit Air China und Lufthansa Nonstop nach Deutschland; alle anderen Destinationen in Europa erfordern eine Zwischenlandung in Beijing.

Shanhaiguan/Beidaihe

Unterkunft in Beidaihe: Jinshan Binguan (S), 3 Dongshan Lu, ✆ 4 04 13 38, Fax 4 04 24 78; bestes Hotel nur wenige Meter vom Strand

Restaurants in Beidaihe: Bäckerei Kiesslings im Stadtzentrum von Beidaihe, früher im Besitz des deutschen Bäckermeisters Kiessling, heute gibt es hier zusätzlich ein Restaurant, das für seine westliche Küche bekannt ist, geöffnet nur im Sommer.

Unterkunft in Shanhaiguan: Kailai Holiday Villas (S), Huanhai Nanlu, ✆ 5 08 16 66, Fax 5 08 19 83; sehr gutes Hotel am Strand gleich am Ende der Großen Mauer
Beijie Zhaodaisuo (P), ✆ 5 05 16 80; einfach und sehr schön gelegen

 Zugverbindungen: In Shanhaiguan halten fast alle Züge, einige halten jedoch nicht in Beidaihe und in Qinhuangdao; günstigster Bahnhof für die Weiterfahrt ist daher Shanhaiguan; Expresszüge fahren nach Beijing; Verbindungen auch nach Tianjin und Richtung Shenyang und Changchun.

Busverbindungen: Zahlreiche Minibusse fahren ständig zwischen Shanhaiguan, Qinhuangdao und Beidaihe hin und her (40 Min.–1 Std.).

 Flugverbindungen: Vom Flughafen in Qinhuangdao Verbindungen mit zahlreichen Provinzhauptstädten

Shenyang

Unterkunft: Liaoning Binguan (G), 7 Zhongshan Lu Er Duan (Sektor 2) am Zhongshan-Platz, ✆ 3 83 91 66; altes japanisches Gebäude
Fenghuang Fandian (G), 3 Huanghe Dajie Liu Duan (Sektor 6), ✆ 6 84 65 01, Fax 6 86 52 07; Nähe Nordgrab
Zhongxing Binguan (P), 86 Taiyuan Beijie, ✆ 3 83 19 49; vom Preis-Leistungs-Verhältnis eines der günstigsten Hotels, zudem gut gelegen
Huasha Fandian (P), Zhongshan Lu, ✆ 3 83 44 00; für Ausländer ist dies zur Zeit das preiswerteste Hotel

Restaurants: Eine der Spezialitäten Shenyangs ist der *Huoguo* (Feuertopf), eine Art Fondue mit Lammfleisch und Chinakohl, das in einem speziellen holzkohlenbeheizten Behälter zubereitet wird und ursprünglich aus der Mongolei stammt.

Viele Restaurants liegen in der Umgebung des Kaiserpalasts und dort speziell in der Xiao Beijie.

Sehenswürdigkeiten: Kaiserpalast im Zentrum der Stadt; Nördliches Kaisergrab im Beiling-Park (Bei Ling); Östliches Kaisergrab (Dong Ling), ca. 11 km östlich der Stadt

Zugverbindungen: Shenyang hat zwei Bahnhöfe: **Shenyang Nord** (Bei) und **Shenyang Süd** (Nan). Achtung: Züge, die von einem Bahnhof abfahren, halten nicht am jeweils anderen Bahnhof!
Verbindungen gibt es u.a. nach Beijing via Shanhaiguan, Tonghua/Changbai Shan, Tumen/Changbai Shan via Fushun, Jilin, Dunhua, Nanzamu/Yong-Ling-Grab via Fushun, Changchun, Harbin.

Busverbindungen: U.a. nach Fushun (alle halbe Stunde ab Ecke Shengli/Minzu Lu vor dem Südbahnhof)

Flugverbindungen: Mit allen wichtigen Städten des Landes

Shigatse/Xigaze

Unterkunft: Xigaze (Rikaze) Fandian, ein Stück vor dem Busdepot gelegen; hier werden vor allem Gruppen untergebracht
Tensin (P), in der Altstadt gegenüber vom Markt; einfache Herberge
Di Yi Zhaodaisu (P) (Gästehaus Nr. 1), gegenüber vom Eingang des Klosters Tashilhunpo; man darf sich hier allerdings keine großen Gedanken wegen der Sauberkeit machen

 Busverbindungen: Tägl. nach Sakya, Lhasa und nach Gyantse; Karten muß man einen Tag vorher besorgen; es ist außerordentlich schwer, von Shigatse nach Zhangmu an der nepalesischen Grenze zu gelangen. Man braucht Zeit und Geduld, um herauszufinden, wo und wann es eine Mitfahrgelegenheit gibt. Wer mehr ausgeben kann, sollte für die Fahrt einen Jeep ab Lhasa mieten.

Suzhou

Unterkunft: Bamboo Grove Hotel (G), Zhuhui Lu, ✆ 5 22 56 01, Fax 5 23 57 23; schöne Anlage in einer Parklandschaft
Nanlin Fandian (S), 22 Gunxiu Fang, von der Shiquan Jie aus zu erreichen ✆ 5 22 46 41; 3-Sterne-Hotel mit etwas muffigen Zimmern, aber schön gelegen, die preiswerten Schlafsäle sind im Block F rechts vom Eingangstor, man muß direkt dort hingehen.
Suzhou Fandian (S), 115 Shiquan Jie, ✆ 5 22 46 46; gutes Hotel in schöner Parkanlage
Lexiang Fandian (P), 18 Dajing Xiang, ✆ 5 22 28 90; gut und zentral gelegenes, mäßig teures Hotel
Dongfang Fandian (P), Ganjiang Zhong-lu, ✆ 5 33 29 12; etwas außerhalb gelegenes, relativ preiswertes Hotel

Restaurants: In Suzhou gibt es eine ganze Reihe exzellenter Restaurants, die Spezialitäten wie die Suzhou-Mandelente, Krabbengerichte, Krebse, Aal, Fisch oder rotgebackenes Schweinefleisch anbieten.
In der Shiquan Jie gibt es eine Reihe guter privater Lokale, die z.T. auf englisch um Kunden werben. Eine weitere

gute Adresse ist die Guanqian Jie, hier sind besonders das **Songhelou Caiguan** mit leckeren Fischgerichten und das **Gongdelin-Restaurant** mit vegetarischen Gerichten zu empfehlen. Auf dem Vorplatz des Mysterientempels gibt es eine große Zahl an Garküchen. Abends wird auf der Guanqian Jie am Tempel ein Essensmarkt aufgebaut.

Sehenswürdigkeiten: Nordtempel-Pagode in der Renmin Lu; Mysterientempel im Zentrum; Garten des Bescheidenen Beamten (Zhuozheng Yuan), Dongbei Jie; Löwenwald-Garten, Yuanlin Lu; Garten des Meisters der Fischernetze, Shiquan Jie; Garten des Verweilens, Liu Yuan; Kloster des Kalten Berges, im Westen Suzhous; Kaiserkanal mit der Brücke des Kostbaren Gürtels; Zhouzhuang und Luzhi im Wasserland südlich von Suzhou

Zugverbindungen: Expreßzüge nach Shanghai und Hangzhou sowie in Richtung Nanjing

Busverbindungen: U.a. nach Shanghai, Wuxi, Yangzhou, Hangzhou

Tai Shan

Unterkunft: Tai Shan Binguan (S), ✆ 22 46 78, in Tai'an am Fuß des Tai Shan
Shenqi Binguan (S), ✆ 22 38 66, auf dem Gipfel des Tai Shan
Zhongtianmen Binguan (P), am Ende der Zufahrtsstraße zur Seilbahn; einfaches Hotel
Liangmao Dasha (P), einen Block vom Bahnhof entfernt; billiges Hotel

Sehenswürdigkeiten: Heiliger Berg Tai Shan, Daoistischer Tempel des Berggottes (Dai Miao) am Fuß des Bergs

Zugverbindungen: Nach Beijing, Qufu/Yanzhou, Shanghai

Taiyuan

Unterkunft: Bingzhou Fandian (S), 32 Yingze Dajie, ✆ 4 04 21 11; gut gelegen
Tielu Binguan (P), Yingze Lu nahe am Bahnhof; zentral gelegenes Hotel

Restaurants: In einer Parallelstraße zurJiefang Lu, abzweigend von der Zhonglou Jie, befindet sich die Essensstraße (Shipin Jie) mit über 30 Restaurants aller Preisklassen.

Sehenswürdigkeiten: Ahnentempel des Jin (Jin Ci); Provinzmuseum im ehemaligen Chunyang-Palast; Doppelpagoden

Zugverbindungen: Im Bahnhof erhält man nur Tickets für denselben (Schalter 17 für Ausländer) und den nächsten Tag (im oberen Stock), u.a. nach Beijing, Xi'an, Datong.

Busverbindungen: Zum Wutai Shan (9 Std.), Schlafbusse fahren nach Datong, Luoyang, Zhengzhou, Beijing; Abfahrt am Bahnhofsvorplatz; hier starten auch Minibusse nach Datong.

Flugverbindungen: U.a. nach Beijing, Chengdu, Chongqing, Kanton, Lanzhou, Nanjing, Shanghai, Shenyang, Tianjin, Xi'an, Yan'an, Wuhan

Tianjin

 Unterkunft: Hyatt Tianjin (L), 219 Jiefang Beilu, ℰ 23 31 88 88, Fax 23 31 12 34; Hotel in bester Lage **Tianjin Binguan (G**, Tianjin Grand Hotel), Youyi Lu, Hexi Distrikt, ℰ 23 35 90 11; trotz des großen Namens ein erschwingliches Hotel

 Restaurants: Ein Muß in Tianjin ist sicherlich die Shipin Jie, die Straße des Essens. Sie liegt etwas westlich vom Zentrum der Stadt und besteht aus einem Arkaden-Komplex mit über 100 Restaurants auf drei Ebenen. Unten gibt es vor allem Garküchengerichte mit *Jiaozi* und *Baozi*. Auch in der Umgebung des Komplexes gibt es eine Reihe von Restaurants. Berühmt für seine *Baozi* (Hefeteigtaschen mit Füllung) ist das **Tianjin Goubuli Jiaozi Dian** in der Shandong Lu, zwischen Changchun und Binjiang Lu.

 Zugverbindungen: In alle Landesteile, nach Beijing fahren regelmäßig Expreßzüge.

Schiffsverbindungen: Nach Shanghai und Qingdao, Tickets in der 5 Pukou Dao, am Hafen (Tanggu Xingang Chuandao) oder bei CITS. Der Hafen liegt in Tanggu, 50 km von Tianjin entfernt.

 Flugverbindungen: Mit allen Teilen des Landes

Tianshui

 Unterkunft: Tianshui Binguan (S), 5 Yingbin Lu, ℰ 21 24 10;

21 25 53; das 3-Sterne-Hotel verfügt über ein gutes Restaurant und über ein eigenes Fahrzeug, das man samt zuverlässigem Fahrer mieten kann.
Longlin Fandian (P), südlich vom Bahnhof an der Kreuzung Weihe Nanlu/Huaniu Lu, ℰ 23 55 94

 Restaurants: Shancheng Huoguo, Erma Lu, ganz in der Nähe des Bahnhofs; Spezialität hier ist *Hot Pot*, eine Art Fondue mit Lammfleisch.

 Sehenswürdigkeiten: Maijishan-Grotten etwa 35 km südwestlich von Tianshui

 Zugverbindungen: In Richtung Xi'an und Lanzhou

 Busverbindungen: Vom Busbahnhof im Stadtteil Qincheng fahren Busse nach Lanzhou; vom Busbahnhof am Bahnhof fahren Minibusse zum Maiji Shan und Busse nach Lanzhou.

Tsethang/Zedang

 Unterkunft: Zedang Fandian, 21 Naidong Lu; es gibt eine altes (Zedang Binguan) und ein neues Hotel direkt nebeneinander

 Busverbindungen: Bestehen nach Lhasa

Turfan

 Unterkunft: Tulufan (Turfan) Binguan (S), Qingnian Lu, ℰ 2 20 25, 2 23 01; ein Hotel, wie man

es sich in der flirrenden Wüstenhitze wünscht, weinberankte Wege und kalte Getränke lassen vergessen, in was für einer unwirtlichen Gegend man sich befindet.

Lüzhou Binguan (S), Qingnian Lu, ✆ 2 24 91, 2 24 78; vor allem von Gruppen belegt, preiswerte Schlafsaal-Betten machen es allerdings auch für Einzelreisende mit kleinem Geldbeutel interessant.

Restaurants: John's Café ist ein Lokal gegenüber vom Turfan Binguan, netter Platz, um Leute zu treffen; im Winter hat es allerdings geschlossen.

Zugverbindungen: Nach Ürümqi, Korla, Liuyuan, Jiayuguan und Lanzhou

Busverbindungen: Nach Ürümqi, Kuqa, Kashgar

Wuhan

Unterkunft: Jianghan Fandian (G), 245 Shengli Lu, ✆ 3 82 12 45, Fax 2 81 43 42; mit einem wunderschönen französischen Altbau
Qingchuan Fandian (S), 88 Ximachang Jie, am Fuß des Gui Shan (Schildkrötenberg), ✆ 4 84 66 88; das Hotel steht direkt am Yangzi und bietet schöne Ausblicke, empfehlenswert, wenn man die längere Anfahrt nicht scheut.
Luojiashan Fandian (P), Wuchang Lu, ✆ 7 88 31 01
Shuaifu Fandian (P), 98 Bayi Lu; einfaches Hotel im Stadtteil Wuchang

Restaurants: Wer nicht lange suchen will, findet vor allem in der Zhongshan Dadao zwischen Sanmin Lu und Chezhan Lu eine Reihe guter Lokale; **Laotongcheng**, 1 Dazhi Lu/Zhongshan Dadao, ein altes Restaurant, in dem es wohlschmeckenden Fisch und Krabben gibt.

Theater: In etwa 60 Theatern, Opern, Puppentheatern, Kinos und Akrobatenshows kann eine Vielzahl von Veranstaltungen besucht werden; Hinweise und Buchungen über die Hotels.

Zugverbindungen: U. a. nach Beijing, Luoyang, Xi´an, Qingdao, Qufu, Taiyuan, Shanghai; fast alle Züge starten ab Wuchang und halten z.T. nicht am Bahnhof Hankou.

Busverbindungen: U. a. nach Shashi, Yichang, Nanchang, Changsha, Jiujiang

Schiffsverbindungen: Das Ticketbüro der Wuhaner Hafenverwaltung befindet sich in der 80 Yanjiang Dadao, gegenüber von Pier 18; Schiffe fahren u. a. nach Nanjing und Shanghai; die Yangzi-Kreuzfahrt nach Chongqing dauert fünf Tage.

Flugverbindungen: Mit allen Regionen und Provinzhauptstädten Chinas sowie Hongkong; der Flughafen liegt 27 km südlich in Nanhu; regelmäßig CAAC-Busse zum Flughafen

Wulingyuan-Nationalpark

Unterkunft: eine Reihe von Hotels befinden sich im Touristendorf am Eingang des Parks und im Park selbst; die Preise sind generell recht hoch; erschwinglich sind das **Wulingyuan Binguan**, ✆ 61 82 88, das **Wulingyuan Zhuanjiacun**, ✆ 61 83 95 und das **Tuofeng Shanzhuang**, ✆ 61 80 80.

Wutai Shan

Unterkunft: Qixiang Ge Binguan (S), in Taihuai/Kreis Wutai; schönes Hotel im Stil eines Klosters **Youyi Binguan** und **Yunfeng Binguan (P)**, wo sich auch CITS befindet; preiswertere Hotels in Taihuai

Busverbindungen: nach Datong (über Shahe 9, bzw. über Yuanping 13 Std.) und Taiyuan (240 km, 6–8 Std.)

Xiahe (Labrang)

Unterkunft: Labuleng Binguan (S), Jiamuyuan Gongyuan; bestes Hotel vor Ort mit freundlicher Atmosphäre, ca. 45 Min. zu Fuß westlich der Busstation, sehr schön gelegen; die Zimmer befinden sich in jurtenförmigen Gebäuden; Fahrradvermietung **Dasha Binguan (P)**, im Westen Xiahes, gegenüber der Brücke

Restaurants: zahlreiche kleine Restaurants entlang der Hauptstraße; gutes Essen und englische Speisekarten in den Restaurants der Hotels

Sehenswürdigkeiten: Kloster Labrang in der Mitte des Ortes zwischen Moslem- und Tibeter-Viertel, Zentrum der Gelbmützen-Schule außerhalb Tibets; Sangke-Grasland, gut 15 km westlich von Xiahe

Busverbindungen: wer noch keinen Versicherungsschein (s. Lanzhou, S. 403) hat, kann ihn sich im PICC-Büro *(People's Insurance Company of China)*, gleich wenn man die erste Brücke überquert, besorgen; Verbindungen nach Lanzhou (8 Std.) oder Linxia (4 Std.). In Linxia kann man am folgenden Tag in einen Bus nach Xining umsteigen. Von Juni bis September muß man mit Erdrutschen rechnen. In diesem Fall gibt es keine Direktverbindung von Linxia nach Xining.

Xi'an

Unterkunft: Jinhua Fandian (L, Golden Flower Hotel), 8 Changle Xilu, ✆ 3 23 29 81, Fax 3 23 54 77; eines der besten Hotels der Stadt unter schwedischem Management
Hyatt Hotel (G) (Afanggong Kai Yue Fandian), 158 Dong Dajie, ✆ 7 23 12 34; zentral im Ostteil der Innenstadt
Sheraton Xi'an Hotel (G, Xilaideng Jiudian), 12 Fenghao Lu
Zhonglou Fandian (S, Holiday Inn Belltower Hotel), am Glockenturm, ✆ 7 27 92 00, Fax 7 21 87 67; gutes Hotel in bester Lage
Renmin Dasha Gongyu (P) (Flats of Renmin Dasha), 9 Fenghe Lu; eine gute, preiswerte Adresse
Jiefang Fandian (P), gegenüber vom Bahnhof, ✆ 7 21 22 29, Fax 7 21 26 17; das in den 80er Jahren wichtigste Hotel für Einzelreisende ist heute renoviert und nach Lage und Preis-Leistungs-Verhältnis eines der günstigsten Hotels
Shengli Fandian (P), Yanta Lu/Hepingmen, ✆ 7 21 22 44; zur Zeit dürfte dieses Hotel noch das preiswerteste in der Stadt sein, viele Rucksackreisende steigen hier ab.

Restaurants: Xi'an Fandian, Dong Dajie, ein riesiges Restaurant mit 1800 Plätzen auf mehreren Etagen und exzellentem Essen, 8–20 Uhr **Tongshengxiang Paomo Guan**, 33 Xi Dajie, eines der besten Restaurants für mongolischen Feuertopf und Paomo-Fondue. Beim Paomo-Fondue werden kleine, trockene Brotstücke in schmackhaften Lammsud getunkt, 9–19 Uhr. Ein gutes Fastfood-Lokal ist **Bob und Betty's** in der Dong Dajie, schräg gegenüber vom Royal Hotel, im etwas angestaubt wirkenden Ambiente der 50er Jahre gibt es Hamburger, Pizza, Dumplings, gebratenen Reis, Kuchen und vielerlei Süßspeisen.

Sehenswürdigkeiten: Stelenwald-Museum im ehemaligen Konfuzius-Tempel; Kunstmuseum Xi'an; Historisches Museum Shaanxi, Xiaozhai Lu, tägl. außer Mo 9–17; Kleine und Große Wildganspagode; Terrakotta-Armee von Qin Shi Huangdi etwa 30 km östlich von Xi'an

Information: CITS, das Hauptbüro befindet sich in der 32 Chang'an Lu Beiduan, ✆ 5 26 20 66, Fax 5 26 15 58; Filialen von CITS im Jiefang und im Bell Tower Hotel

Zugverbindungen: U.a. nach Tianshui, Lanzhou, Jiayuguan, Dunhuang, Turfan, Ürümqi, Yan'an, Taiyuan, Datong, Luoyang, Beijing, Chengdu. Den Ticketvorverkauf findet man in der Lianhu Lu/Nähe Bei Dajie, am Jiefang-Hotel, im Shengli-Hotel (gleich am Eingang) und im CITS Ticket Center in der 19 Chang'an Lu.

Flugverbindungen: Mit allen Provinzhauptstädten und wirtschaftlich bedeutenden Orten im Land

Xing'an

Unterkunft: Lingqu Fandian (P), man erreicht das Hotel mit einem Tricycle, oder zu Fuß von der Hauptstraße immer am Kanal entlang (3 km); ein einfaches, wunderschön am Kanal und in einer Parklandschaft gelegenes Hotel.

Busverbindungen: Nach Guilin und Ziyuan

Xining

Unterkunft: Qinghai Binguan (S), 20 Huanghe Lu, ✆ 42 48 88; leider liegt das Hotel fast 10 km vom Bahnhof entfernt
Yongfu Binguan (P), Jianguo Lu; freundliches und preiswertes Hotel gleich gegenüber vom Bahnhof auf der anderen Flußseite

Sehenswürdigkeiten: Kloster Kumbum in Lusha'er, wichtigstes lamaistisches Zentrum außerhalb Tibets ; Hochland von Qinghai mit dem Qinghai-See

Information: CITS in der Xi Dajie, ✆ 42 27 21; im Qinghai Binguan gibt es die Qinghai Tourist Corporation.

Zugverbindungen: Nach Golmud, Xi'an, Tianshui, Qingdao, Beijing

Busverbindungen: U.a. nach Golmud (1,5 Tage mit 1 Übernachtung), Lanzhou, Daotanghe und Heimahe am Südufer des Qinghai Hu

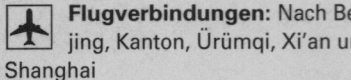 **Flugverbindungen:** Nach Beijing, Kanton, Ürümqi, Xi'an und Shanghai

Yan'an

 Unterkunft: Yan'an Fandian (P), 56 Dajie, ✆ 21 31 22; einfaches Hotel mit preiswertem Restaurant **Liangmao Dasha (P)**, 120 Qilipu Dajie, ✆ 21 27 77, in der Nähe des Bahnhofs

 Zugverbindungen: eine Verbindung besteht nach Xi'an

 Busverbindungen: nach Xi'an über Huangling und nach Tongchuan, Yinchuan (Autonome Region Ningxia)

 Flugverbindungen: Nach Xi'an, Taiyuan und Beijing

Yangshuo

 Unterkunft: Yangshuo Fandian (**S**, Paradise Resort), Xi Jie; das teuerste und beste Hotel
Golden Dragon Hotel (P), Diecui Lu; sauber und einfach
Good Companion Holiday Inn (P, Sihai Fandian); einfach

 Restaurants: Die meisten Lokale haben englische Namen und liegen entlang der Hauptstraße Xi Jie, die Atmosphäre ist recht gemütlich, aber das Essen ist überwiegend miserabel und auf den amerikanischen Fastfood-Gaumen zugeschnitten.
Wer gutes chinesisches Essen möchte, muß das Touristenviertel verlassen und zu den umliegenden Essensmärkten gehen, wo abends Stände aufgebaut werden.

 Information: Yangshuo Youth Tourism Department in Susanna's Café in der Xijie und Infobörse; Tickets etc. im Good Companion Holiday Inn

 Zugverbindungen: Zugtickets erhält man über die Cafés; in der Diecui Lu gibt es eine Verkaufsstelle für Tickets nach Hongkong etc.; daneben eine CAAC-Verkaufsstelle.

 Busverbindungen: nach Guilin (65 km, 1,5 Std.), Kanton (kombiniertes Bus/Boots-Ticket); in Susanna's Café gibt es Bus-Schiffs-Karten nach Kanton via Wuzhou.

 Schiffsverbindungen: nach Yangdi, Puyi (via Fuli), Guilin; die Schiffe Richtung Guilin bieten in der Regel keine Verpflegung; von Yangdi aus fahren regelmäßig Busse nach Guilin weiter.

Yangzhou

 Unterkunft: Yangzhou Binguan (**S**), 5 Fengle Shang Jie, ✆ 7 34 26 11, Fax 7 34 35 99; etwas gesichtsloses, aber ganz ordentliches Hotel in guter Lage
Shouxihu Fengle Dujiacun (P), 62 Niansiqiao Lu, ✆ 7 34 64 55, Fax 7 34 67 92; die schöne Hotelanlage befindet sich an der Westseite des Schmalen Westsees.

 Sehenswürdigkeiten: Park des Schmalen Westsees

Busverbindungen: Ab Busbahnhof u. a. nach Nanjing, Hangzhou, Shanghai und Suzhou

Yongling

 Unterkunft: Sushui Binguan, Xingjing Lu; ein einfaches Hotel linker Hand am Ende von Xinbins einziger Hauptstraße, wo die Buslinien enden bzw. die Busse halten; in dieser Hauptstraße gibt es auch kleinere Restaurants.

 Busverbindungen: nach Tonghua und von dort zum Changbai Shan; alle paar Minuten fahren Minibusse nach Yongling, wo man zum Grab und nach Hetu Ala gehen kann. Zurück nach Shenyang fährt man via Nanzamu mit Bus und Zug.

Zhangmu

 Unterkunft: Zhangmu Fandian und weitere preiswerte Hotels

Busverbindungen: kaum Busverbindungen; normalerweise muß man für die Weiterreise Richtung Lhasa einen Jeep mieten.

Zhaoqing

 Unterkunft: Songtao Binguan (S), Wansonggang, Qixingyan, ✆ 2 22 44 12, im Sieben-Sterne-Park

 Busverbindungen: Nach Foshan, Zhanjiang, Kanton, Zhuhai

 Sehenswürdigkeiten: Sieben-Sterne-Park im Norden der Stadt; Naturschutzgebiet Dinghu Shan 20 km östlich

 Zugverbindungen: Nach Kanton, Shenzhen und Zhanjiang; Direktzug nach Hongkong

Schiffsverbindungen: Nach Kanton und Wuzhou; tägl. fährt ein Schnellboot nach Hongkong, Abfahrt vom Anleger am Ende der Gongnong Nanlu.

Reiseinformationen von A bis Z

Anreise

... mit dem Flugzeug
Von Europa aus fliegen alle großen europäischen Fluggesellschaften nach Beijing. Nonstop nach Shanghai fliegen nur Lufthansa und Air China ab Frankfurt.

Inlandsflüge
Das innerchinesische Flugnetz ist gut ausgebaut, leidet aber immer noch unter mangelnden Kapazitäten. Flüge sind daher fast immer ausgebucht, so daß man sich stets frühzeitig um seinen Weiterflug kümmern muß. Fast alle besseren Hotels verfügen über eine Buchungsstelle für Flugtickets.

... mit der Bahn

Beliebt war viele Jahre die Transsibi-
rische Eisenbahn von Moskau nach Beijing, die aber viel an Attraktivität verloren hat, seit sie von Händlern bevölkert
wird und zu einem Güterzug ohne Service verkommen ist.
Internationale Verbindungen bestehen
u.a. von Hanoi, Ulan Bator, Pyönyang
und von Alma Ata.

... mit dem Auto

Autofahrten sind eher etwas für den er-
fahrenen Auto-Weltreisenden mit sehr
gut gefüllter Brieftasche. Man muß die
geplante Strecke genehmigen lassen,
braucht zum Teil sogar einen Führer.

Auskünfte

Chinesisches Fremdenverkehrsamt
in Deutschland (CITS China International Travel Service)
Ilkenhanstr. 6
60433 Fankfurt a.M.
✆ 069/52 01 35–36
Fax 069/52 01 37
Tel. Information Mo–Fr 9–12 Uhr

CTS China Travel & Trading
Düsseldorfer Str. 14
60329 Frankfurt a.M.
✆ 069/25 05 15-16 ; Fax 069/23 23 24

Gesellschaft für Deutsch-Chinesische
Freundschaft e.V.
Engelthaler Str. 1
60435 Frankfurt a.M.
✆ 069/5 48 65 37

Ausrüstung

Im Sommer wird es in ganz China heiß
und oft auch schwül. Da die Sommerzeit Monsunzeit ist und es bei längeren
Regenperioden auch empfindlich abkühlen kann, sollte man immer auch
ein wärmeres Kleidungsstück dabeihaben. Eine leichte Jacke empfiehlt sich
für diejenigen, die in den klimagekühl-
ten Hotels und Restaurants schnell frie-
ren. Auch wer vorhat, in Bergregionen
zu reisen, muß warme Kleidung im
Gepäck haben.
Im Winter wird es in vielen Gegenden
Chinas empfindlich kalt, und südlich
des Yangzi bis einschließlich Kanton
und Hongkong können die Temperaturen bis auf 10°C, nördlich des Yangzi
auf Minusgrade sinken, so daß man
warme Winterkleidung braucht. Strapa-
zierfähiges Schuhwerk sollte man in
allen Fällen dabeihaben.
Wer in wenig touristischen Gegenden
reist und in Sachen Sauberkeit empfindlich ist, sollte stets einen Jugend-
herbergsschlafsack dabeihaben.
Für Tibet braucht man das ganze Jahr
über warme Kleidung, im Sommer wird
es z.T. aber auch sehr heiß. Wichtig ist
ein guter Sonnenschutz.

Diplomatische Vertretungen Chinas

... in der Bundesrepublik Deutschland

Botschaft der VR China
Kurfürstenalle 12
53177 Bonn
✆ 0228/36 10 95
Visaabteilung: ✆ 0228/35 24 54
Mo–Fr 9–12 Uhr

Generalkonsulat der VR China
Elbchaussee 268
22605 Hamburg

℘ 040/8 22 76 00
Mo–Fr 9–12 Uhr

Botschaftsaußenstelle der VR-China
Heinrich-Mann-Str. 9
13156 Berlin
℘ 030/4 80 01 61

... in Österreich
Botschaft der VR China
Metternichgasse 4
1030 Wien
℘ 0222/75 31 49
Mo–Fr 9–11, Mo–Mi 14–16 Uhr

... in der Schweiz
Botschaft der VR China
Kalcheggweg 10
3000 Bern
℘: 031/44 73 33
Mo–Mi, Fr 9–12 und 15–17.30 Uhr

Diplomatische Vertretungen in China: Beijing

Botschaft der Bundesrepublik Deutschland
5 Dongzhimenwai Dajie
Sanlitun
℘ 65 32 21 61–65
Sprechzeiten: Mo–Fr 9–17 Uhr

Botschaft der Republik Österreich
5 Xiushui Nanjie
Jianguomenwai
℘ 65 32 20 61–62–63
Sprechzeiten: Mo–Fr 9–17 Uhr

Schweizer Botschaft
3 Dongwu Jie
Sanlitun
℘ 65 32 27 36

Einkäufe

Kunsthandwerk und regionale Produkte (Auswahl nach Provinzen)
Beijing: Lackschnitzerei, Glaswaren, Cloisonné, Seidenblumen; **Gansu:** Leuchtglas aus Jiuquan, Lackschnitzereien aus Tianshui, Kalebassenschnitzerei aus Lanzhou; **Guangdong:** Bilder aus Weizenstroh, Keramik aus Shiwan, Yue-Stickerei; **Guangxi:** Nixing-Keramik, Zhuang-Brokat; **Guizhou:** Batiken, Yuping-Flöten, Lackwaren; **Henan:** Bian-Stickereien, Brandmalereien aus Nanyang, Jun-Porzellan; **Hunan:** Yuezhou-Fächer, Xiang-Stickereien, Feder-Produkte; **Jiangsu:** Seide, Keramikprodukte, Perlen, Jadeschnitzerei, Yun-Brokat; **Jiangxi:** Bambusflechtereien, Jingdezhen-Porzellan, Porzellanbilder aus Nanchang; **Liaoning:** Kunsterzeugnisse aus Bernstein, Kohleschnitzereien, Muschelbilder; **Qinghai:** Kunlun-Buntsteine; **Shaanxi:** Flechtarbeiten aus Weidenruten; **Shandong:** innenbemalte Flaschen aus Baoshan, Zibo-Zierporzellan, Laizhou-Jadeschnitzereien; **Shanghai:** Gu-Stickereien, blauer Druckkattun; **Shanxi:** Schmetterlings-Glas aus Houma; **Sichuan:** Lackarbeiten, Bambusflechtartikel, Shu-Stickereien; **Tianjin:** Neujahrsbilder, Tonfiguren, Teppiche; **Tibet:** Messer, Thangkas; **Xinjiang:** Hotan-Jade, Messer; **Yunnan:** Holzschnitzereien aus Jianchuan, Banna-Teppiche, Batiken, Bambusflechterei der Dai; **Zhejiang:** Seide, Seidenschirme, Longquan-Porzellan.

Ein-und Ausreisebestimmungen

Für die Einreise benötigt man einen gültigen Reisepaß, der noch minde-

stens sechs Monate gültig ist. Das
Visum erhält man, nachdem man das
ausgefüllte Antragsformular (bei den
Botschaften erhältlich), den Reisepaß,
ein Paßbild und eine Bearbeitungsge-
bühr von 30 DM bei einer der Botschaften eingereicht hat.
Visaanträge auf dem Postweg werden
nicht mehr akzeptiert.
Die Landeswährung Renminbi darf
weder ein- noch ausgeführt werden.
Fremdwährungen können jedoch in
jeder beliebigen Höhe mitgenommen
werden.
Untersagt ist die Einfuhr von Waffen,
Munition, Sendeanlagen, Rauschmit-
teln, verseuchten Lebensmitteln, Tieren
sowie pornographischer und konter-
revolutionärer Literatur.
Antiquitäten dürfen nur mit dem roten
Lacksiegel eines offiziellen Antiquitä-
tengeschäftes ausgeführt werden.
400 Zigaretten und zwei Flaschen Wein
dürfen zollfrei eingeführt werden.

Essen und Trinken

Das beste Essen bieten die zahlreichen
privaten Restaurants. Ihre Einrichtung
entspricht nicht immer unserem Geschmack, aber in China zählt nur die
Qualität des Essens und nicht das Ambiente. In solchen Lokalen zahlt man
zwischen 10 und 30 RMB pro Gericht.
Wer auf eine gepflegte Umgebung nicht
verzichten mag, kann in den oft guten,
aber vergleichsweise sehr teuren Hotelrestaurants essen. Da auch immer mehr
Chinesen in luxuriöser Atmosphäre
essen wollen, entstehen überall neue
Gourmet-Tempel. Die Qualität des Essens ist der der kleinen privaten Restaurants vergleichbar, die Preise sind aber
zwei- bis dreimal so hoch.Wer mit einer
Gruppe unterwegs ist, dem werden

meist die trostlosen, geschmacksneu-
tralen, in ganz China gleich schmecken-
den Touristenmenüs vorgesetzt. Besser
ist es, mit Gleichgesinnten ein Lokal zu
suchen, selbst zu bestellen oder darauf
zu bestehen, kein Touristenmenü zu erhalten. Auch wenn die lokalen Führer
behaupten, daß dies nicht geht, es
geht! Sie haben nur keine Lust, denn
nimmt man nicht das Touristenmenü,
müssen sie à la Carte bestellen, und
das schmälert ihre Kommission.
Für einen kleinen Imbiß bieten sich die
zahlreichen Garküchen und Essens-
märkte an, die vor allem abends ihre
Stände öffnen. Beliebt ist seit einigen
Jahren auch Fast Food. Neben McDo-
nalds, Kentucky Fried Chicken und Pizza
Hut gibt es vor allem unzählige chinesische Fast-Food-Ketten, die meist auch
chinesisches Essen im Angebot haben.

Feste und Feiertage

(Überblick der wichtigsten Feste)

Offizielle Feiertage
1. Januar: Neujahr
8. März: Internationaler Frauentag
(halber Tag frei)
1. Mai: Tag der Arbeit
4. Mai: Jugendtag zum Gedenken an
die 4.-Mai-Bewegung 1919
(halber Tag frei)
1. Juni: Kindertag (Feiertag für Kinder)
1. Juli: Gründungstag der KPCh
1. August: Gründungstag der Volksbefreiungsarmee
1./2. Oktober: Nationalfeiertag zur Gründung der VR China

**Wichtige Feste nach dem
Mondkalender**
Frühlingsfest (Chun Jie oder Yuan Dan):
1. Tag des ersten Mondes. Das chinesi-

sche Neujahrsfest fällt in der Regel in den Februar. 1.–3. Tag sind Feiertage, aber viele Chinesen nehmen sich eine Woche frei. Reisen in dieser Zeit sind nicht anzuraten, da das gesamte öffentliche Verkehrsnetz zusammenbricht und die meisten Hotels ausgebucht oder sogar geschlossen sind.

Laternenfest (Deng Jie oder Yuanxiao Jie): 15. Tag des ersten Mondes. Das ausgesprochen farbenfrohe Fest, bei dem bunte, selbstgebastelte Laternen und große Laternenausstellungen und der Verzehr von Yuanxiao (Klebereisbällchen) im Mittelpunkt stehen, beschließt den Neujahrsreigen.

Fest der lichten Klarheit (Qingming Jie): 3. Tag des 3. Mondes, meist der 5. April. Das chinesische Allerseelen ist eines der wichtigsten traditionellen Feste. Die ganze Familie begibt sich zu den Gräbern der Ahnen, um sie zu pflegen, vor allem auf dem Land ein buntes Bild. In vielen Orten, vor allem in Weifang (Shandong), läßt man kunstvolle Papierdrachen steigen.

Drachenbootfest (Duanwu Jie): 5. Tag des 5. Mondes. Neben dem Frühlingsfest und Mittherbstfest das wichtigste traditionelle Fest. Ursprünglich ein ›Hochwasserbannungsritual‹ (Drachen galten als die Herren über das Wasser), entwickelte es sich zu einem Ritual gegen alle Formen von Plagen. Übriggeblieben ist die Konzentration auf die Drachenbootrennen, die auch an den großen Literaten und Patrioten Qu Yuan erinnern, der sich, enttäuscht über die Korruptheit der Herrschenden, ertränkte. Überall werden an diesem Tag Zongzi (in Schilfblättern eingewickelte Klebereisbällchen) gegessen.

Mittherbstfest (Zhongqiu Jie): 15. Tag des 8. Mondes. Das letzte zentrale Ereignis des Mondjahres. Der Mond hat seine größte Erdferne erreicht und leuchtet besonders rund und hell. Der Vollmond ist Symbol der Familienvereinigung, und so kommen die Familien an diesem Abend zusammen, betrachten gemeinsam den Mond und essen Mondkuchen *(Yuebing).*

Regionale und überregionale Feste (Auswahl)

Guanyins Geburtstag (Guanshiyin Shengri): 19. Tag des 2. Mondes. Am Geburtstag Guanyins, der Göttin der Barmherzigkeit, finden in vielen Tempeln große Zeremonien statt.

Mazus Geburtstag (Mazu Shengri): 23. Tag des 3 Mondes. Mazu ist die Schutzgöttin der Seeleute. In den daoistischen Tempeln entlang der Küste finden Umzüge und Zeremonien statt.

Buddhas Geburtstag (Yufo Jie): 8. Tag des 4. Mondes. Wörtlich bedeutet die Übersetzung ›Fest zum Waschen Buddhas‹. An diesem Tag finden in buddhistischen Tempeln Zeremonien statt.

Nacht des Doppelsiebten (Qixi Jie): 7. Tag des 7. Mondes. Ein beliebtes Fest, das auf eine rührende Legende zurückgeht. Es ist die Nacht, in dem sich die beiden getrennten Liebenden Kuhhirt und Weberin wiedersehen dürfen. Man erzählt sich Geschichten und schaut in den Himmel.

Mitte-des-Jahres-Fest (Zhongyuan Jie): 15. Tag des 7. Mondes. Dieses Fest beendet den unheilvollen ›Geistermonat‹, an dem angeblich die Höllenwesen auf der Erde wandeln; Zeremonien in buddhistischen wie daoistischen Tempeln.

Fest des Doppelneunten (Chongyang Jie): 9. Tag des 9. Mondes. Die Neun stand als Yang-Zahl für Glück, Freude und eine gute Zukunft. Die Verdoppelung der Neun klingt im Chinesischen wie »lang, lang« und steht für langen Frieden. Man schaut sich Chrysanthemen (Symbol des Herbstes und Langen

Lebens) an, trinkt Chrysanthemen-Tee und -Wein und erklimmt mit der Familie einen Berg.

Laba-Fest (Laba Jie): 8. Tag des 12. Mondes. Ein Fest vor allem für die Buddhisten. An diesem Tag soll Buddha Unsterblichkeit erlangt haben. Es gibt große Zeremonien, und die Mönche bzw. Buddhisten essen Laba, Reisporridge.

Küchengott-Fest (Jizao Jie): 23. Tag des 12. Mondes. Die Küche war auf dem Land zentraler Versammlungsort der Familie, und dort beobachtete der Küchengott das Familiengeschehen. Am 23. Tag des 12. Mondes reist er zum Jadekaiser, um zu berichten. Aus diesem Grunde wird alles geputzt und ihm geopfert, damit er nur Gutes berichtet. Das Bildnis des Küchengottes wird entfernt und beim Frühlingsfest (seiner Rückkehr) erneuert.

Feste der Minderheiten

Alle Feste der Minderheiten aufzuzählen, würde wohl den Rahmen dieses Buchs sprengen. Hier eine kleine Auswahl besonders interessanter Feste:

Tibetisches Neujahr: das wichtigste tibetische Fest. Findet in Lhasa am 1. Tag des 1. Mondes nach dem tibetischen Mondkalender, in einigen Gegenden am 1. Tag des 12. Mondes und in der Qamdo-Region am 1. Tag des 11. Mondes statt.

Feuerwerksfest der Dong: wichtigstes Fest der Dong-Nationalität (vor allem in Sanjiang/Provinz Guangxi, dem autonomen Kreis der Dong). Die Festdaten variieren erheblich von Ort zu Ort.

Wasserfest der Dai: 24.–26. Tag des 6. Mondes des Dai-Kalenders. Das Neujahrsfest der Dai wird mit Drachenbootrennen, Bambusraketen und Wassergespritze gefeiert.

Großer Markt der Bai: 15.–20. Tag des 3. Mondes. Das größte Festival und der

größte Markt der Bai in der Nähe von Dali/Provinz Yunnan.

Danu-Fest der Yao: 29. Tag des 5. Mondes. Wichtigstes Fest der Yao-Nationalität vor allem in der Provinz Guangxi. Danu heißt soviel wie »niemals das Vergangene vergessen« und wird in einigen Dörfern nur alle drei, fünf oder zwölf Jahre gefeiert.

Fackelfest der Yi: 24. Tag des 6. Mondes. Drei Tage dauert das große Fest der Yi-Nationalität, die hauptsächlich in der Provinz Yunnan siedelt. Fackelumzüge, Tänze und Dialoggesänge stehen im Mittelpunkt dieses farbenprächtigen Ereignisses.

Naadam Fest: 7. Mond. Spiel, Wettspiel, Vergnügung und Fest stehen im Mittelpunkt dieses beliebtesten Festes der Mongolen.

Kleineres Bairam: 1. Tag des 10. Monats nach dem islamischen Kalender. Das auch unter dem Persischen Begriff *Ruzi* oder dem Arabischen *Id* bekannte Fest beendet den Fastenmonat *Ramadan,* wird also auch das ›Fest des Fastenbrechens‹ genannt, das von allen islamischen Völkern gefeiert wird.

Fotografieren

Papierfilme werden in China in allen Qualitäten bei nahezu allen Sehenswürdigkeiten verkauft. Wer Dias macht, sollte sich schon zu Hause eindecken, denn außerhalb Beijings, Shanghais und Kantons sind Diafilme kaum zu erhalten. Ersatzbatterien, vor allem die bei uns sehr teuren Lithium 6 V-Batterien, sind in China erheblich billiger und nahezu überall erhältlich. Fotografieren ist nahezu uneingeschränkt erlaubt. Eine Ausnahme sind militärische Einrichtungen. Fast alle Museen und Tempel verbieten das Fotografieren in ihren

Hallen. Wer dennoch Fotos machen will muß an der Kasse eine Erlaubnis erwerben, die z.T. sehr teuer sein kann.

Geld und Banken

Das chinesische Geld heißt Renminbi (Volkswährung) und wird RMB abgekürzt. Die Unterteilung ist wie folgt: 1 Yuan, meist Kuai genannt, entspricht 10 Jiao; 1 Jiao, meist Mao gesprochen, entspricht 10 Fen, und 1 Fen ist die kleinste Einheit. Es gibt 1-, 2-, 5-, 10-, 50-, und 100-Yuan-Scheine, 1,- 2- und 5-Jiao-Scheine, 1-, 2- und 5-Fen-Scheine sowie 1-Yuan-Münzen, 1-, 2- und 5-Jiao Münzen und 1-, 2- und 5-Fen-Münzen. Die 1- und 2-Fen Scheine werden immer seltener und sind schon fast eine Rarität.

Reiseschecks und Bargeld werden von der Bank of China zu festgesetzten Kursen getauscht. Da der Kurs überall gleich ist, kann man am besten bei den Schaltern der Hotels oder auch schon am Flughafen tauschen. Einige Hotels berechnen für den Umtausch eine Kommission.

Es existiert ein Schwarzmarkt, allerdings ist der Kurs für DM oder Dollar oft nur unwesentlich günstiger. Sehr groß ist allerdings das Risiko, betrogen zu werden, denn viele der Schwarzhändler haben es ausschließlich auf die Barschaft ahnungsloser Touristen abgesehen. Wer nicht aufpaßt, hat plötzlich Zeitungspapier statt Geld.

Gesundheitsvorsorge

Das Gesundheitswesen ist in China recht gut ausgebaut, und man wird auf touristisch relevanten Routen stets ein Krankenhaus oder eine Erste-Hilfe-Station finden, die im Krankheitsfalle weiterhelfen kann.

Apotheken
Die meisten Apotheken sind sehr gut sortiert und bieten ein großes Sortiment an westlichen und chinesischen Medikamenten. Wer nur leicht erkrankt ist, kann sich den Weg ins Krankenhaus oft sparen und direkt zur Apotheke gehen, deren Angestellte einem die entsprechenden Medikamente geben. Voraussetzung ist allerdings, daß man sich vorher auf Chinesisch aufschreiben läßt, was für Beschwerden man hat.

Ärzte
Die meisten großen Hotels haben eine eigene Erste-Hilfe-Stelle, an die man sich wenden kann. Ist die Erste-Hilfe-Abteilung nicht in der Lage zu helfen, wird man an ein Krankenhaus weitervermittelt. In vielen Großstädten gibt es inzwischen auch Krankenhäuser, die einen internationalen Standard bieten. Ist man nicht schwerverletzt, können die meisten Krankenhäuser und Ambulanzen in China kompetente Hilfe leisten.

Impfungen
Für Reisen nach China sind keine Impfungen vorgeschrieben, es sei denn, man hat innerhalb der letzten sechs Tage Gelbfiebergebiete bereist. Bei einem Chinaaufenthalt von mehr als einem Jahr ist jedoch ein Aidstest vorzulegen. Folgende Impfungen sind nach Beratung durch einen Tropenarzt zu empfehlen: Tetanus, Polio, Diphterie, Typhus/Paratyphus und Hepatitis A.

Karten und Stadtpläne

In allen Hotelläden, an vielen Straßenständen und auch bei uns in den Buchläden gibt es viele chinesische Stadtpläne. Wichtig ist es, einen Englisch-Chinesischen Plan zu kaufen, um Taxifahrern das Ziel zeigen zu können oder auch Passanten nach dem Weg zu fragen. Wer keinen zweisprachigen Plan findet, sollte sich die gewünschten Ziele vom Hotelpersonal auf dem chinesischen Plan einkreisen lassen. Wer mit öffentlichen Bussen fahren will, braucht einen Plan, in dem zusätzlich die Buslinien eingezeichnet sind.

Nachtleben

Außer in den großen Zentren wie Beijing, Shanghai oder Kanton wird man ein Nachtleben nach unseren Vorstellungen vergeblich suchen. Kann man sich hier bereits im Hard Rock Café oder in Kneipen aller Couleur vergnügen, besteht das Nachtleben in der ›Provinz‹ meist nur aus Karaoke und geschmacklosen Hotelbars, die oft schon um 22 Uhr schließen.

Öffnungszeiten

Die Bürozeiten liegen in der Regel Mo–Fr zwischen 8–12 und 13–17 Uhr. Die Ämter für öffentliche Sicherheit, wo man auch sein Visum verlängern lassen muß, haben oft nur von 9–11 und von 15–17 Uhr geöffnet. Läden sind jeden Tag zwischen 9 oder 10 und 20 oder 21 Uhr geöffnet. Sehenswürdigkeiten sind meist von 9–16 Uhr zugänglich. Parkanlagen um die Sehenswürdigkeiten herum öffnen oft schon um 7 Uhr und schließen erst gegen 20 Uhr. Private Restaurants öffnen meist gegen 10 oder 11 Uhr und schließen zum Teil erst gegen Mitternacht. Anders die staatlichen und renommierten Lokale: sie haben meist nur mittags zwischen 10.30 und 14 und abends zwischen 17 und 20 Uhr geöffnet.

Öffentliche Verkehrsmittel

Alle großen chinesischen Städte verfügen über ein gut ausgebautes Netz an Stadtbussen. Allerdings sind die Straßen derart verstopft und die Busse oft so überfüllt, daß sie zwar das billigste, aber auch das langsamste und unbequemste Fortbewegungsmittel sind. Preiswert und überall verfügbar sind Taxis, deren Fahrer verpflichtet sind, den Taxameter einzustellen. Weigern sie sich, sollte man ein anderes Taxi anhalten. Die Grundgebühr beträgt je nach Taxigröße 5–15 Yuan, und jeder weitere Kilometer kostet zwischen 1 und 3 Yuan. Grundsätzlich gilt: je weiter die Strecke, desto höher werden die Gebühren pro Kilometer.
An Sehenswürdigkeiten, vor Bahnhöfen und oft auch vor Hotels findet man zahlreiche Motorradrikschafahrer. Wer so fährt, muß kräftig feilschen. Fast immer werden die Fahrer versuchen, am Ende der Fahrt Geld nachzufordern. In Beijing, Shanghai, Tianjin und Kanton verkehren U-Bahnen. Die Netze ermöglichen einen schnellen Transport über weitere Strecken und zu den wichtigsten Sehenswürdigkeiten.

Post

Die chinesische Post arbeitet erstaunlich schnell und effizient. Briefe nach Europa dauern oft nur 4 Tage, meist aber 5–7 Tage. Briefmarken erhält man entweder bei den Postämtern, oft aber auch an den Rezeptionen der Hotels, wo man Briefe auch abgeben kann.

Radio und Fernsehen

Wer auch unterwegs nicht auf Musik verzichten kann, wird einen Walkman oder tragbaren CD-Player mitnehmen müssen. Das Radioprogramm ist für denjenigen, der Musik hören will, ausgesprochen unattraktiv. Das gilt auch für das Fernsehen. Alle großen Hotels verfügen über Satellitenempfang, so daß man das englischsprachige Star TV und CNN empfangen kann. Viele Hotels zeigen auf eigenen Kanälen Videofilme.

Reisebüros

Unzählige Reisebüros wetteifern in allen Städten um die Gunst der Touristen. Sie bemühen sich in erster Linie um Gruppen, denn das ist am lukrativsten. Dienstleistungen für Einzelreisende sind höchst unbeliebt und selten zu haben, weil Chinesen fast immer in Gruppen reisen. Die Preise für organisierte Reisen sind generell recht hoch, während der Servicestandard gering ist. Man kann sein Glück bei den Reisestellen der Hotels oder den staatlichen Reisebüros CITS, CTS, CYTS etc. versuchen, aber auch hier gilt: versprochen wird viel und gehalten wenig.

Reisepapiere

Benötigt werden ein Reisepaß und ein gültiges Visum. Spezielle Permits sind zur Zeit nur für Tibet notwendig, wo man nur im Rahmen eines Minipackages einreisen darf. Auf dem Permit muß die Reisestrecke und der Zeitraum eingetragen werden. Von der genehmigten Strecke darf man nicht abweichen. Auch im Falle einer Überschreitung der Reisezeit muß man mit Strafen rechnen.

Sicherheit

Die einzige wirkliche Gefahr in China ist der rücksichtslose Verkehr und die wachsende Zahl von Taschendieben, die es auf die Wertsachen unaufmerksamer Reisender abgesehen haben. China stand stets im Ruf, ein sehr sicheres Reiseland zu sein, was offensichtlich viele Besucher zu sehr großer Sorglosigkeit veranlaßt hat. Wer die elementarsten Sicherheitsmaßnahmen beachtet, also Kamera nicht unbeobachtet lassen, Wertsachen im Hotelsafe deponieren oder wenigstens im Bauchgurt tragen, sein Portemonnaie nicht mit Geld vollstopfen etc., wird wohl kaum in Schwierigkeiten geraten.

Sprache

In China scheint zwar jeder Englisch zu lernen, es sprechen aber nur sehr wenige. Wer sich auf den gängigen Touristenpfaden bewegt, wird in der Regel mit Englisch zurechtkommen. Ansonsten helfen nur ein guter Sprachführer und viel Geduld. Seine Hoteladresse und die Adressen und Bezeichnungen seiner Ziele sollte man sich immer auf Chinesisch aufschreiben lassen, damit z.B. Taxifahrer sie lesen können. Leider haben viele Hotels auch englische Namen und verwenden nur diese auf ihren Infoblättern. Den Taxifahrern sind die englischen Bezeichnungen jedoch fast nie geläufig. Man muß also in jedem Falle darauf achten, auch die chinesische Variante zu kennen.

Strom

Die Netzspannung beträgt 220 Volt. Sinnvoll ist ein sogenannter Weltreise-

Adapter, da in China verschiedene, u.a. die amerikanischen, Steckernormen benutzt werden. Es kann in ein und demselben Hotel vorkommen, daß man drei verschiedene Steckertypen braucht.

Tabak und Alkohol

Rauchen ist eine wahre Volksseuche und mittlerweile auch ein erkanntes Problem. Rücksicht auf die Mitmenschen wird kaum genommen. Rauchen ist zwar in öffentlichen Verkehrsmitteln verboten, aber niemand hält sich daran, und stets sitzt man in einer Dunstglocke. Eine weit verbreitete Unsitte ist das Rauchen beim Essen, so daß man auch in den Restaurants nicht selten dem Qualm der Raucher ausgesetzt ist. Chinesen genießen zum Essen gern scharfe Schnäpse, die sie, nachdem man sich zugeprostet hat, auf einen Zug austrinken. Dabei geht es immer überaus laut und fröhlich zu. Mehr und mehr wird Bier aller Marken zum Essen getrunken. Außerhalb der Städte wird es allerdings selten gekühlt serviert. Man sollte darauf achten, Flaschenbier zu erhalten. Dosenbier ist ein beliebter Luxus und immer teurer als Bier in Flaschen.

Telefonieren

Telefonate nach Europa sind überaus teuer. Von fast allen Hotels kann man direkt vom Zimmer aus wählen, allerdings wird oft eine *service charge* von 15% aufgeschlagen. Etwas billiger wird es bei den Telefonämtern. Billig sind Orts- und Innerchinesische Gespräche. Faxen ist ebenfalls teuer, und auch für den Empfang eines Faxes muß man bezahlen.

Trinkgeld

Trinkgelder sind in Restaurants nicht üblich. In vielen guten Hotels erwarten die Pagen, die die Koffer tragen, Trinkgeld. Sie stehen in diesem Falle scheinbar unschlüssig und verlegen herum, bis sie etwas erhalten. Je nach Gewicht des Koffers sollte man 5–10 Yuan geben. Trinkgelder werden auch und gerade von örtlichen Führern erwartet, gleiches gilt für die Fahrer, die einen zu den Sehenswürdigkeiten bringen. Pro Tag werden zwischen 50–100 RMB erwartet. Man sollte das Trinkgeld aber wirklich nur geben, wenn die erwartete Leistung erbracht wurde.

Verkehrsmittel

Die Rundreisen können auf eigene Initiative mit Überland-Bussen, Zügen und Schiffen durchgeführt werden. Für Busse oder Fähren ein Ticket zu erhalten, ist in der Regel kein so großes Problem. Das innerchinesische Busnetz ist gut ausgebaut, und fast jeder Ort ist über zahlreiche Buslinien aller Komfortklassen zu erreichen. Normalerweise verkehren auf wichtigeren Strecken klimatisierte und normale Busse. Oft fahren auch Minibusse privater Gesellschaften, die allerdings teurer sind. Langstrecken werden meist auch über Nacht mit sogenannten Schlafbussen *(Sleeper)*, die mit Liegesitzen ausgestattet sind, bedient. Problematisch sieht es mit der Sicherheit der Busse in entlegeneren Gebieten aus, da hier die Fahrer oft nicht das geringste Verantwortungsgefühl den Fahrgästen gegenüber haben, und es immer wieder zu schweren Unfällen kommt.
Eine bequeme Alternative sind Fährschiffe. Leider werden durch den Aus-

bau des Straßennetzes und der schneller werdenden Verbindungen viele der Fährlinien eingestellt, da sie nicht mehr rentabel sind.

Schlimm sieht es bei den chronisch überlasteten Zügen aus. Hier ist es für den sprachunkundigen Reisenden fast unmöglich, für Langstrecken die begehrten Liegewagentickets zu erstehen. In diesem Falle kann man sein Glück über das Hotel oder ein Reisebüro versuchen. Allerdings sind die meisten Büros nicht bereit, Zugfahrkarten zu besorgen, weil Aufwand und Verdienst in keinem vernünftigen Verhältnis zueinander stehen. Leider ist es auch nicht möglich, Umsteige- oder Rückfahrkarten zu kaufen. Das Problem beginnt also an jedem Ort von neuem. Am besten ist es, sich jeweils gleich nach der

Ankunft am Bahnhof um die Weiterreise zu bemühen.

Alle großen Bahnhöfe haben sogenannte Softseat-Warteräume. In ihnen befinden sich oft Ticketschalter für Ausländer. Allerdings verkaufen sie in der Regel nur die teuren Softseat-Tickets. Manchmal befinden sich die Schalter für Ausländer auch in den normalen Schalterhallen.

Zeit

Der Zeitunterschied zu Mitteleuropa beträgt im Winter sieben Stunden und während unserer Sommerzeit sechs Stunden. Wenn die Uhr also in Beijing 12 Uhr anzeigt, ist es bei uns 5 Uhr. In ganz China gilt die Beijing-Zeit.

Glossar

Acht Unsterbliche Heiligengruppe im Daoismus, repräsentiert ein Ideal wie Glück, Reichtum und langes Leben, das der Gläubige im Rahmen der Volksreligion anstrebt.

Amithaba ›Von unermeßlichem Glanz‹, in China Amituofu (jap. Amida) genannt; einer der beliebtesten → transzendenten Buddhas in Ostasien.

Apsaras ›Wasserwandlerinnen‹, Himmelsfeen im Hinduismus und Buddhismus, die als Tänzerinnen und Musikantinnen auftreten.

Arhat (chin. Luohan) ›Verehrungswürdiger‹, Heilige, die erleuchtet wurden und damit für alle Ewigkeit gerettet sind. Sie repräsentieren das Ideal, das zu erreichen jeder Mensch trachten soll.

Insgesamt gibt es 500 Arhats. In China werden zumeist 18 Arhats dargestellt, von denen zwei chinesischen Ursprungs sind.

Avalokiteshvara ›Der Herr, der gnädig herabblickt‹, Chinas beliebtester → transzendenter Bodhisattva. Zentrales Merkmal ist sein grenzenloses Mit-Leiden mit allen Lebewesen. In Tibet wird er als Nationalgottheit unter dem Namen Chenresi verehrt, als dessen irdische Verkörperung der Dalai Lama gilt. Die eindrucksvollsten Darstellungen Avalokiteshvaras zeigen ihn mit elf Köpfen und tausend Händen, wobei sich auf jeder Hand ein Auge befindet. So kann der Bodhisattva stets in alle Winkel der Erde blicken und sofort zu Hilfe eilen.

Spiritueller Vater ist Buddha → Amitabha, den man manchmal im Kopfschmuck Avalokiteshvaras dargestellt sieht.

Bambus Der Bambus gilt als Synonym für die Wesensart der Chinesen und steht für Ausdauer, Hartnäckigkeit, Pragmatismus und Elastizität. Hängen seine Blätter, symbolisiert er Bescheidenheit, sich im Wind biegender Bambus steht für Fröhlichkeit, als immergrüne Pflanze steht sie für Langlebigkeit. Kinder, die Bambusraketen zünden, versinnbildlichen den Wunsch nach Frieden.

Bodhisattva ›Träger des Erleuchtungsbewußtseins, wörtl. Erleuchtungswesen‹, Wesen, die bereits die Buddhaschaft erreicht haben, ihr Eingehen ins Parinirvana (das nachtodliche Nirvana) aber aufschieben, bis alle Wesen erlöst sind. Irdische Bodhisattvas setzen sich vorrangig für das Heil anderer ein und können die Buddhaschaft wieder verlieren. Transzendente Bodhisattvas sind → Emanationen → transzendenter Buddhas und Verkörperungen der Qualitäten des Buddha-Prinzips: Mit-Leiden, Weisheit etc. Sie unterliegen nicht mehr dem Kreislauf der Wiedergeburten und sind nur spirituell erfaßbar.

Buddha ›Der Erleuchtete‹, Buddha kann werden, wer durch eigene Erkenntnis zur Erlösung gelangt, den Kreislauf des Leidens und der Wiedergeburten durchbrochen hat und damit ins Nirvana eingeht. Anders als die → Bodhisattvas können Buddhas zwar die Lehre darlegen, aber keine direkte Erlösungshilfe leisten.

Buddhas der Drei Zeiten Buddha der Vergangenheit (Dipamkara), der Gegenwart (Shakyamuni) und der Zukunft (Maitreya). Eine häufig in Tempeln anzutreffende Dreiergruppe, die die Allgegenwärtigkeit der Buddhaschaft darstellt.

Chan-Buddhismus (jap. Zen) Auf die Gedanken des Mönchs Tao Sheng (360 bis 434) zurückgehender und von Bodhidharma (chin. Damo, 480–528) weiterentwickelter Meditationsbuddhismus, der die Möglichkeit einer blitzartigen Erleuchtung postuliert.

Chörten Tibetische Bezeichnung für → Stupa

Chrysantheme Symbol für den Herbst und den 9. Monat des Mondkalenders. In der Kunst ist sie oft Sinnbild für ein langes Leben.

Dagoba (chin. Baita = Weiße Pagode) Bezeichnung für → Stupa, insbesondere in Sri Lanka.

Dalai Lama ›Lama (dessen Mitleid so groß ist wie) der Ozean‹, mongolischsprachiger Titel des höchsten → Lama der Gelbmützen-Schule. Der Dalai Lama gilt als die irdische Verkörperung des Bodhisattva → Avalokiteshvara.

Danwei ›(Organisations-)Einheit‹, unterste Kontroll- und Organisationsebene des Parteiapparats der KPCh, in die alle Bürger und Bürgerinnen in der einen oder anderen Form integriert sind.

Daxiong Der Titel Daxiong bezeichnet einen mächtigen und furchtlosen Krieger und ist der Ehrentitel → Shakyamunis. Die Haupthalle der meisten buddhistischen Tempel heißt entsprechend ›Daxiong Baodian‹ (in etwa: Kostbare Halle des Buddha Shakyamuni).

Dongbei Chinesische Bezeichnung Nordostchinas

Drache Als gutartiges Tier ist der Drache Sinnbild der männlichen, schaffenden Naturkraft (Yang). In der Macht der Drachenkönige lag es, Regen zu machen, ein zentraler Faktor in der Agrargesellschaft Chinas. Seit der Han-Zeit ist der Drache zugleich Symbol des Kaisers, der dadurch mit den Insignien eines ›Lebensspenders‹ der chinesischen Zivilisation ausgestattet wurde.

Drei Reine (chin. San Qing) Die drei höchsten Gottheiten im daoistischen Pantheon Yu Qing (der Schöpfer), Shang Qing (der Erste Meister), Tai Qing (der Höchste Meister). Sie stellen eine Art daoistisches Pendant zu den Buddhas der Drei Zeiten dar.

Emanation ›Ausstrahlung‹, Bezeichnung für Gottheiten, die als → Bodhisattvas von transzendenten Buddhas ›ausgestrahlt‹ werden.

Gandhara Landschaft im heutigen Pakistan, die in etwa den nördlichen Teil des flachen südlich von Kashmir liegenden Indus-Tals umfaßte.

Gelb Da die Wiege der chinesischen Zivilisation am Gelben Fluß im Lößgebiet der ›gelben Erde‹ lag, symbolisiert die Farbe Gelb die Erde und die Mitte. Assoziiert werden mit dieser Farbe Weisheit, Ruhm und Entwicklung. Ab dem 6. Jahrhundert avancierte Gelb zur allein dem Kaiser vorbehaltenen Farbe.

Gelbmützen-Schule Gelugpa (tib. die Schule der Tugendhaften), von Tsongkhapa (1357–1419) gegründete Schulrichtung des Tibetischen Buddhismus, deren wichtigster Repräsentant der → Dalai Lama ist. Wegen ihrer gelben Kopfbedeckung wurde sie als Gelbmützen-Schule bekannt.

Großer Sprung Eine große – in einem ökonomischen Desaster endende – Massenbewegung zwischen 1957 und 1959, mit der Mao Zedong das Stalinsche Konzept industrieller Entwicklung über Bord warf.

Großer Yu Legendärer Begründer der Xia-Dynastie. Er gilt als Bändiger der Fluten und begründete den agrarischen Charakter Chinas.

Grün Grün ist eine Farbe des Lebens und steht u. a. in Verbindung mit dem Frühling, dem Aufblühen und dem Wind. Für die Regierung bedeutet Grün, daß sie Milde übt. In Kunst und auch Alltag treten Grün und Rot gemeinsam auf, da beide Farben des Lebens sind.

Guan Di (Guan Yu) Guan Yu war ein legendärer General in der Zeit der Drei Reiche. Als Gott Guan Di wurde er nicht nur zum Schutzpatron der Soldaten, sondern auch der Literatur und des Reichtums. Guan-Yu-Tempel sind vor allem unter dem Namen Wusheng Miao (Tempel des Kriegsgotts) bekannt.

Guanxi ›Beziehungen‹. Einer der wichtigsten Faktoren im gesellschaftlichen Zusammenleben in China. Guanxi sind das A und O für den Erfolg eines anvisierten Zieles und die Grundvoraussetzung für den reibungslosen Verlauf des individuellen Alltags.

Guanyin ›Derjenige, der auf die Laute (der Welt) hört‹. Guanyin ist die Göttin der Barmherzigkeit und der Gnade (des Mit-Leidens) und eine in China zur weiblichen Gottheit gewandelte Form des Bodhisattva → Avalokiteshvara.

Guomindang (GMD) Die ›Nationale Volkspartei‹ ging 1912 aus einem Zusammenschluß der von Dr. Sun Yat-sen gegründeten Tongmenghui (=Revolutionsbund) mit anderen Parteien hervor. Das politische Programm der GMD wurde durch Suns ›Drei Grundlehren vom Volk‹ (Sanmin Zhuyi) definiert. In den 30er und 40er Jahren war die GMD unter Chiang Kai-shek die maßgebliche Partei, bis sie den Bürgerkrieg gegen die Kommunisten verlor und ihre Mitglieder nach Taiwan flohen, wo die GMD bis heute die stärkste politische Kraft geblieben ist.

Himmelskönige Grimmig dreinschauende Schutzgottheiten, die meist zu viert in der ersten Halle einer Tempelanlage darüber wachen, daß nichts Böses in den Tempel gelangt. Gleichzeitig symbolisieren die vier Himmelskönige die vier Jahreszeiten und kontrollieren die vier Elemente Feuer, Luft, Erde und

Wasser. Bauern beten in der Halle der Himmelskönige entsprechend für eine gute Ernte, genügend Regen etc.

Hinayana (Sanskrit) ›Kleines Fahrzeug‹, die ältere und strengere buddhistische Lehre, die eine Eigenerlösung ohne Hilfe von außen postuliert. Das Ideal ist der → Arhat, der sich ohne fremde Hilfe selbst erlöst.

Inkarnation Körperliche Wiedergeburt verstorbener Heiliger

Jadekaiser Höchste Gottheit der Volksreligion

Kanjur (tib.) Die ›Übersetzung des (Buddha-)Wortes‹, zusammen mit dem →Tanjur bildet es das von allen lamaistischen Schulrichtungen anerkannte kanonische Schrifttum des Lamaismus.

Kindespietät (chin. Xiao) Ein Begriff, der im weitesten Sinne die höchsten moralischen Pflichten der Mitglieder der streng hierarchisch geordneten konfuzianischen Gesellschaft untereinander umschreibt, z. B. Ahnenopfer, das Verhalten von Kindern gegenüber ihren Eltern, Untertanen zu ihrem Herrscher etc.

Königinmutter des Westens (chin. Xiwangmu) Sie soll die Tochter des höchsten Gottes im daoistischen Pantheon Yu Qing (→ Drei Reine) sein und residiert im Kunlun-Gebirge, das seit alters als ›Paradies des Westens‹ galt. Angebetet wude sie in der Hoffnung, daß kein Unglück über die Gläubigen kommen möge, für Glück und langes Leben und zum Schutz der Babys; Hüterin der → Pfirsiche der Unsterblichkeit.

Kranich Symbol der Langlebigkeit

Kshithigarbha ›Dessen Mutterschoß die Erde ist‹, → Bodhisattva, der als Hüter der unterirdischen Welt und der Höllen gilt. Er ist ständig darum bemüht, den Wesen dort die Abgeltung ihres bösen Karman erträglich zu machen, und geleitet die reuevollen Seelen aus der Hölle heraus.

Lama ›Heilsfreund‹, im Lamaismus ein religiöser Meister, der den Schülern die Lehre Buddhas erläutert und als ihr Führer zur Erleuchtung fungiert.

Lamaismus Tibetisch-mongolische Form des → Vajrayana-Buddhismus

Langer Marsch Flucht und legendärer Marsch der Roten Armee sowie der gesamten Spitze der KPCh 1934 aus ihrem von GMD-Truppen eingekesselten Stützpunkt im Osten der Provinz Jiangxi.

Literatenmaler Kaiserliche Beamte, die vor allem auch gemalt haben.

Lotos Der Lotos ist die heiligste Pflanze Chinas und vor allem ein Symbol der Reinheit, Perfektion und Einheit. Im Buddhismus symbolisieren Knospe, Blüte und Frucht des Lotos Vergangenheit, Gegenwart und Zukunft. Die Pflanze wächst *rein* aus dem Morast empor, und so wird auch Buddha analog zum Lotos gesehen, da er zwar auf der Erde geboren wurde, aber dennoch über ihr steht. In der Kunst steht der Lotos darüber hinaus für den Sommer.

Löwe Der Löwe ist das Reittier des Manjushri, des → Bodhisattva der Weisheit, und wirkt als Beschützer von Tempeln, Banken, Regierungsgebäuden etc.

Luohan → Arhat

Mahayana Das ›Große Fahrzeug‹ ist ein reformierter Zweig des Buddhismus etwa ab dem 1. Jahrhundert. Anders als im → Hinayana muß die Erlösung nicht aus eigener Kraft erwirkt werden. Erlösungsbeistand wird vor allem durch die → Bodhisattvas geleistet.

Maitreya Zur Zeit weilt Maitreya (chin. Milefo) noch als → Bodhisattva im Tushita(Freudenvoll)-Himmel, um schließlich als irdischer Buddha der Zukunft ein leidensfreies Reich auf der Erde zu errichten und die bis dahin verunreinigte Lehre wieder in ihren ursprünglichen Zustand zu versetzen. Seine Symbolik ist fast ausschließlich auf die Attribute

Wohlstand und Glück, zwei der grundlegenden chinesischen Werte, reduziert.

Mandala Kosmisches Schaubild im Vajrayana-Buddhismus, das u. a. als Meditationshilfe verwendet wird.

Manichäismus Von Mani (216–276) begründete und nach ihm benannte Religion auf der Basis eines mit unerbittlicher Konsequenz durchgeführten Dualismus, die sich aus christlichen, buddhistischen, griechischen, zoroastrischen und weiteren Anschauungen zusammensetzte und streng asketisch war.

Manjushri ›Der von lieblicher Schönheit‹. Seine Aufgabe ist die Zerstörung der Unwissenheit und die Erweckung des Wissens. Als Herr der Weisheit verleiht er Erkenntniskraft und Gedächtnis und wird entsprechend von Gelehrten und Studenten als Schutzpatron verehrt.

Mazdaismus Diese auch Zoroastrismus genannte Religion basiert auf der Lehre des Zarathustra, der um 1500 v. Chr. gelebt haben soll. Er verschmolz die Naturreligion der Indo-Iraner (Arier) zu einer Religion mit einem Gott, dem Weisen Herrn (Ahura Mazda).

Nestorianismus Das nestorianische Christentum war eine Form des Christentums, die sich im persisch-sassanidischen Reich entwickelt hat und auf Nestorius (381–451) zurückgeführt wird.

Nordfeldzug Feldzug Chiang Kai-sheks gegen die China beherrschenden Warlords in den Jahren 1926–28. Er führte zur Wiedervereinigung des ab 1916 zersplitterten Landes.

Pagode Bezeichnung für die ostasiatische Form des → Stupa

Panchen Lama Linientitel des höchsten Lama am Kloster Tashilhunpo in Shigatse. Er erhielt seinen Titel seinerzeit vom 5. Dalai Lama und gilt als → Inkarnation des Buddha → Amithaba.

Pfirsich Der Pfirsich ist ein Symbol der Unsterblichkeit und Langlebigkeit; als Pfirsich der Unsterblichkeit, der im Garten der → Königinmutter des Westens reift, war er jahrhundertelang Objekt rastloser Suche von Generationen von Daoisten.

Phönix Der Phönix ist Symboltier des Südens und Sinnbild der Kaiserin, wenn er zusammen mit dem Drachen dargestellt wird. Zusammen mit Einhorn und anderen Fabeltieren war der Phönix Sinnbild einer guten Regierung.

Rot Die Farbe Rot ist das Äquivalent für den Sommer, Mittag, Feuer, Herz, Freude und als Leitgedanke für eine Regierung ein Sinnbild des Anfeuerns; weiterhin ist Rot die Farbe der Feste und dient zur Abwehr des Bösen.

Shakyamuni (Sanskrit) ›Der Heilige der Shakyas‹. Der historische Buddha, Prinz Siddharta Gautama aus dem Hause Shakya (Sakya)

Sarira Reliquien

Stele Aufrechtstehende Steinplatte mit Inschriften oder Bildreliefs, deren Inhalt sich meist auf ein wichtiges Ereignis, einen erinnerungswürdigen Moment oder eine bekannte Persönlichkeit bezieht.

Stupa Buddhistisches, auf die indische Hügelgrabform zurückgehendes Bauwerk; im allgemeinen über Reliquien des Buddha oder anderer buddhistischer Heiliger errichtet.

Tanjur (tib.) ›Übersetzung der Lehr-(auslegungen späterer Gelehrter)‹, zusammen mit dem → Kanjur das kanonische Schrifttum des Lamaismus.

Transzendenter Buddha Nicht mit den Sinnesorganen, sondern ausschließlich spirituell erfahrbarer Buddha. Wegen der starken geistigen Kräfte, die zu seinen Erfassung notwendig sind, nur dem fortgeschrittenen → Bodhisattva sichtbar.

Vajra-Stupa Eine Stupa-Anlage, die einem buddhistischen Kultgerät, dem

Vajra oder Diamantszepter, nachempfunden ist. Das Vajra hat einen mittleren Bolzen, um den sich kreuzartig vier kleinere formieren. Beim Vajra-Stupa gruppieren sich kreuzartig vier kleinere Stupas um einen höheren mittleren Stupa.

Vajrayana ›Diamantfahrzeug‹, im 3. Jahrhundert in Indien entstandene Glaubensrichtung des Buddhismus.

Vairochana ›Der Erleuchtete, Strahlende‹, die Essenz der Weisheit und absoluten Reinheit, oft als Urbuddha verstanden.

Xiongnu Chinesische Bezeichnung für das Nomadenvolk, das vermutlich mit den Hunnen identisch ist und Chinas Nordgrenzen jahrhundertelang bedrohte.

Yogachara-Buddhismus ›Wandel im Yoga‹, buddhistische Schulrichtung, die besonderen Wert auf die Meditation legt und den Heilsweg als eine Art von Yoga auffaßt. Im Yogachara wird alles Daseiende als Bewußtsein oder Geist erklärt, d. h. daß die Dinge, die wir zu sehen, fassen, schmecken etc. glauben, in Wahrheit Vorstellungen sind. Die Verknüpfung dieser Richtung mit daoistischem Gedankengut führte zur Entwicklung des Chan/Zen-Buddhismus.

Kleiner Sprachführer

In diesem Buch wird die international gebräuchliche Umschrift *Hanyu Pinyin* benutzt.

Umschriftaussprache:

c	ts Zischlaut wie in *zaubern*
e	kurzes, fast stummes e wie am Wortende in z.B. *Leute*
h	ch wie in *huch!*
j	dj wie in *Jazz*
q	tsch wie in *Kautschuk*
r	r wie im Englischen *right*
s	stimmloses s wie in *muß*
u	nach j, q, x und y: wie *ü*
x	ch ähnlich wie in *mich*
y	j wie in *Jacke*
z	ds wie in *Landsmann*
ch	tsch wie in *deutsch*
sh	sch wie in *schön*
zh	dsch wie in *Dschungel*

Einzelne Lautkombinationen:

eng	wie *e/ö* mit *-ng*, nasalgesprochen
ian	zwischen *iän* und *ien*
ong	wie *ung*

Tonhöhen

Im Hochchinesischen gibt es viele gleichlautende Silben, ein Umstand, der aus der recht geringen Anzahl der vorhandenen Buchstaben/Silbenkombinationen resultiert (420 Silben). Eine große Variationsbreite in der Aussprache der Schriftzeichen entsteht durch die vier Töne (Tonhöhen, bzw. fünf Töne, ein ›tonloser‹ Ton). Spricht man etwa die Silbe *mai* im fallenden 4. Ton aus *(mài)*, heißt das: verkaufen, im fallend-steigenden 3. Ton *(mǎi)* dagegen heißt es dann: kaufen. Die Tonhöhe wird in der Umschrift wie folgt deutlich gemacht:

- ̄ hoher Ton auf einer Tonhöhe (1. Ton)
- ´ ansteigender Ton 2.Ton)
- ˇ erst fallender, dann steigender Ton, etwa wie in der Silbe *na* im erstaunten *nanu (3. Ton)*
- ` fallender Ton (4. Ton)

Fragefürwort

wer?	shuí?
was?	shénme?
wann?	shénme shíhou?
wo?	zài nǎli?
Wo ist / sind ...?	Zài nǎli ...?
wieviel(e)?	duō shǎo?
wie?	zěnmeyàng?
wie lange?	duōcháng shíjian?

Personalpronomen

Ich	wǒ
Du	nǐ
Er, sie, es	tā
Wir	wǒmen
Ihr	nǐmen
Sie	tāmen

Die Zeit

Jetzt	xiànzài
Heute	jīntiān
Morgen	míngtiān
Übermorgen	hòutiān
Gestern	zuótiān
Vorgestern	qiántiān
Täglich	měitiān
Stunde	xiǎoshí
Tag	tiān
Woche	xīngqī
Monat	yùe
Jahr	nián
Montag	xīngqīyī
Dienstag	xīngqīèr
Mittwoch	xīngqīsān
Donnerstag	xīngqāsì
Freitag	xīngqīwu
Samstag	xīngqīliù
Sonntag	xīngqītiān/xīngqīrì
Januar	yīyuè
Februar	èryuè
März	sānyuè
April	sìyuè
Mai	wǔyuè
Juni	liùyuè
Juli	qǐyuè
August	bāyuè
September	jiǔyuè
Oktober	shíyuè
November	shíyīyuè
Dezember	shíèryuè

Zahlen

0	líng
1	yī
2	èr / liǎng
3	sān
4	sì
5	wǔ
6	liù
7	qī
8	bā
9	jiǔ
10	shí
11	shíyī
12	shíèr
13	shísan
14	shísì
20	èrshí
21	èrshíyī
22	èrshíèr
100	yībǎi
101	yībǎilíngyī
200	èrbǎi
1000	yīqiān
2000	liǎngqiān
1 Mio.	bǎi-wàn
1 Mrd.	shíyì

Allgem. Unterhaltung

Guten Tag!	nǐ hǎo!
Hallo!	wèi!
Auf Wiedersehen!	zài jiàn!
Entschuldigung!	duì bùqǐ!
Ja	shì
Danke	xièxie
Richtig	duì le
Es gibt	yǒu
Ja, es geht	xíng le
Nein	bù
Nein danke	bú yòng xie
Gut/in Ordung	hǎo
Es gibt nicht	méi yǒu
Es geht nicht	bù xíng
Wie heißen Sie?	nǐ jiào shénme míng-zi?
Ich heiße ...	wǒ jiào ...
Ich spreche kein Chinesisch	
	wǒ bú huì hànyǔ
Haben Sie ...?	Nǐn yǒu ... ma?
Ich hätte gern ...	Wǒ xiǎng yào ...
Bitte geben Sie mir	Qǐng gěi wǒ ...
Bitte zeigen Sie mir	Qǐng gěi wǒ kàn ...

Essen und Trinken

Essen	chīfàn
Ich möchte	wǒ yào
Eßstäbchen	kuàizi
Frühstück	zǎofàn
Mittagessen	wǔfàn
Abendessen	wǎnfàn
Bitte bringen Sie	qǐng nǐ geǐ
...die Speisekarte	...caìdān
Wie heißt dieses Gericht?	
	zhè zhǒng cài jiào shénme?
Wieviel kostet das?	Nà ge duōshǎo qián?
Bitte die Rechnung!	qǐng jié zhàng!
Ananas	bōluó
Apfel	píngguǒ
Auberginen	qiézi
Bambussprossen	zhúsǔn
Banane	xiāngjiāo
Birne	lí
Bohnen	dòu
Ei	jīdàn
Ente	yāzi
Fisch	yú
Fleisch	ròu
Gemüse	shùcài
Gurke	huángguā
Hammelfleisch	yángròu
Hefekloß gedämpfter	
	mán tou
Huhn	jī
Kartoffeln	tǔdòu
Garnelen	xiārén
Krebs/Krabbe	páng xiè
Litchi	lìzhī
Nudeln	miàn tiáo
Obst	shuiguǒ
Pfirsich	táozi
Reis	mǐ fàn
Rindfleisch	niúròu
Schweinefleisch	zhū ròu
Sojabohnenkeime	dòuyá caì
Sojaquark	dòufu
Suppe	tāng
Tomate	fānqié
Trauben	pútáo
vegetar. Gerichte	sùcaì
Wasserkastanie	matí
Wassermelone	xīguā
Wild	yěwèi
Wurst	xiāngcháng
Wasser(heiß, abgekocht)	
	kāi shuǐ
Bier	píjiǔ
Brandy	báilándìjiǔ
Chilliöl	là-yóu
grüner Tee	lǜchá
Kaffee	kāfei
Kokossaft	yēzizhī
Milch	niúnǎi
Mineralwasser	kuàngquánshuǐ
Orangensaft	júzizhī

Salz	yán
schwarzer Tee	hóng chá
Sojasoße	jiàngyóu
Tee	chá
Wein/Schnaps	jiŭ
Zucker	baí táng

Gebacken	kăo
Gedämpft	zhēng
Gedünstet	dùn
Gegrillt	shāo kăo
Gekocht	zhŭ
Geröstet	bèi
Geschmort	wēi
Nicht scharf	bú yaò là de
Sauer	suān
Scharf	là
Süß	tián

Im Hotel

Haben Sie ein ...?	Nĭmen yŏu yí ge ...
Einzelzimmer	dānrén fángjiān
Doppelzimmer	shuāngrén fángjiān
Mehrbettzimmer	sùshè fángjiān
Dusche	línyù
Toilette	cèsuŏ

Allgemeines

chines. Arznei	zhōng yào
eine Flasche ...	yì píng ...
ein Glas ...	yì bēi ...
Batterie	diànchí
Fahrrad	zì xíng chē
Fahrschein	chē piào
Stadtplan	dìtú
Taschenlampe	shŏu diàn tŏng
Toilettenpapier	wèishengzhĭ

Medizinisches

Brechreiz	ĕxūn
Durchfall	xìedù

Entzündung	fā yán
Erbrechen	ŏutù
Erkältung	gănmào
Fieber	fā shāo
Gelbsucht	huángdăn
Halsschmerzen	săngzitòng
Husten	késou
Krankheiten	bìng
Kreislaufstörung	xuè yè xúnhuán zhàng ài
Schmerzen	tòng
Schüttelfrost	hánzhàn
Sonnenbrand	rì jiŭ
Tetanus	pòshāngfēng
Verstopfung	biàn bì
Wunde	shāng kŏu

Unterwegs

Wo geht es nach..?	Qù .. zĕnme zŏu?
Welche Buslinie fährt nach...?	Qù...yào chéng jĭ lù qì chē?
Wieviele Haltestellen sind es?	Yí gòng yŏu jĭ zhàn?
Muß ich nach...umsteigen?	Wŏ dào...yào zhuăn chē ma?
Fährt dieses Schiff nach...?	Zhè tiáo chuán qù... ma?
Bitte fahren Sie mich nach...(im Taxi)	Qĭng zài wŏ qù...

Liste im Buch häufig verwendeter chinesischer Begriffe:

ān	buddh. Nonnenkloster
bīnguăn	Hotel
bówùguăn	Museum
cí	Ahnentempel
dàdào	große Straße
dàjiē	große Straße
dàlù	Boulevard, dto.
dăo	Insel, Straße

diàn	Tempelhalle	jiē	Straße
dǐng	Gipfel	líng	Grab
fàndiàn	Restaurant, Hotel	lù	Straße
fēng	Gipfel	miào	konfuzianischer Tempel
fó	Buddha		
gé	Pavillon	mù	Grab
gōng	Palast, daoistischer Tempel	púsà	Bodhisattva
		qiáo	Brücke
gōngyuán	Park	qīngzhēnsi	Moschee
guān	Paß, Fort, daoistischer Tempel	shān	Berg, Gebirge
		shíkū	buddh. Höhlengrotten
guǎngchǎng	Platz		
hǎi	Meer	sì	buddh. Tempel
hé	Fluß	tǎ	Pagode
hú	See	tái	Terrasse
hútòng	Gasse (in Beijing)	tíng	Pavillon
jiāng	Fluß	xià	Schlucht

Literaturauswahl

Geschichte

Franke, Herbert und Rolf Trauzettel: Das chinesische Kaiserreich, Frankfurt 1968. Ein etwas trockenes Geschichtswerk der Fischer Weltgeschichte (Bd. 19), aber unterwegs gut zu lesen.

Pu Yi: Ich war der Kaiser von China. Vom Himmelssohn zum neuen Menschen. Die Autobiographie des letzten Kaisers, München 1987 (4. erw. Auflage). Eine der lesenswertesten Autobiographien, spannend und bewegend geschrieben.

Gernet, Jacques: Die chinesische Welt, Frankfurt 1979. Dies Buch ist eine informative Universalgeschichte Chinas von den Anfängen bis zur Gegenwart, die vorrangig auch Philosophie und Kultur Chinas in den Gesamtzusammenhang stellt.

Grobe-Hagel, Karl und Franz-Josef Krücker (Hrsg.): Der kurze Frühling in Beijing. Die chinesische Demokratiebewegung und der Machtkampf der Partei, Frankfurt 1990. Darstellungen und Analysen von elf Journalisten und Sinologen über die Niederschlagung der Demokratiebewegung am 4. Juni 1989.

Snow, Edgar: Roter Stern über China, Frankfurt 1971. Das Standardwerk über die frühen Jahre der kommunistischen Bewegung in China und die Zeit in Yan'an.

Weggel, Oskar: Geschichte Chinas im 20. Jahrhundert, Stuttgart 1989. Wer das moderne China verstehen will, wird um dieses fundierte Werk nicht herumkommen.

Reisebücher, Geographie und Politik

Harrer, Heinrich: Sieben Jahre Tibet, Frankfurt 1985. Immer noch eine Pflichtlektüre für jeden Tibetreisenden ist dieser spannende Bericht über das Leben Heinrich Harrers in Tibet bis zu chinesischen Invasion.

Everding, Karl-Heinz: Tibet. Lamaistische Klosterkulturen, nomadische Lebensformen und bäuerlicher Alltag auf dem ›Dach der Welt‹, Köln 1993. Kunst-Reiseführer, der kompetent und umfassend in die tibetische Kultur und den Alltag einführt.

Weggel, Oskar: China, München 1994 (4. neubearb. Auflage). Das Buch der Beck'schen Länder-Reihe ist ideal zur Vorbereitung und für unterwegs, es führt in alle Aspekte des chinesischen Alltags und der Politik ein.

Grobe-Hagel, Karl: Hinter der Großen Mauer. Religionen und Nationalitäten in China, Frankfurt 1991. Umfassende Einführung in die Minderheitenpolitik der VR China und die wichtigsten Regionen der Minderheiten.

Kunst, Kultur, Religion

Bauer, Wolfgang: China und die Hoffnung auf Glück. Paradiese, Utopien, Idealvorstellungen in der Geistesgeschichte Chinas, München 1974. Faszinierend zu lesender Überblick über die chinesische Philosophie von den Anfängen bis Mao Zedong.

Bechert, Heinz und Richard Gombrich, Der Buddhismus. Geschichte und Gegenwart, München 1989.

Blofeld, John: Der Taoismus, oder die Suche nach Unsterblichkeit, Köln 1986. Gut verständliche Einführung in den Daoismus.

China, eine kulinarische Reise, München 1987. Wunderschöner Fotoband, der Eigenarten und Spezialitäten der verschiedenen regionalen Küchen vorstellt.

Eberhard, Wolfram: Lexikon chinesischer Symbole. Die Bildsprache der Chinesen, Köln 1983. Umfassendes Werk, das die wichtigsten und gängigsten Symbole in Chinas Kunst, Architektur und Sprache behandelt.

Goepper, Roger: Kunst und Kunsthandwerk Ostasiens. Ein Handbuch für Sammler und Liebhaber, München 1968. Das Standardwerk zur Kunst Ostasiens.

Rolf, Anita: Kleine Geschichte der chinesischen Kunst, Köln 1985. Umfassende Einführung zu allen Aspekten der chinesischen Kunst.

Literatur

Ba Jin: Die Familie, Berlin 1980. Eines der großen Werke moderner Literatur. Das Werk wurde zum begeisternden Leitbild der chinesischen Jugend gegen die konfuzianischen Traditionen.

Der Traum der Roten Kammer, Frankfurt 1977. Das chinesische Literaturwerk schlechthin und ein Klassiker über das Leben am Hof eines Mandarins mit allen Intrigen, Eifersüchteleien und über die Liebe.

Die Drei Reiche, Frankfurt 1981. Berühmter Abenteuerroman, der in der Zeit der untergehenden Han-Dynastie spielt. Besonders lesenswert, wenn man an einer Yangzi-Kreuzfahrt teilnimmt.

Lyrik des Osten, Wilhelm Gundert, Annemarie Schimmel, Walther Schubring (Hrsg.), München Wien 1965/1978. Umfassende Sammlung

chinesischer Lyrik von den Anfängen bis in die Gegenwart
Zhang Jie: Schwere Flügel, Wien 1985.
Eine sehr dichte und atmosphäri-
sche Schilderung der Stimmungs-
lage einiger chinesischer Intellektueller zwischen Pflichterfüllung und
Zweifel am System

Abbildungsnachweis

Zitatnachweis

Abbildungen

438

Archiv für Kunst und Geschichte, Berlin
S. 3o., 26, 31, 37, 66, 70, 73
bildarchiv preussischer kulturbesitz,
Berlin S. 36, 84
Oliver Bloch, Maria Enzersdorf (Österr.)
S. 7o.,16, 48, 62, 121, 148, 149, 198,
202, 229, 281, 302/303, 329, 332/333
Hans-Peter Braunger, Freiburg Rückseite, S. 2 u., 4 o., 5, 8, 10, 33, 40, 43,
47, 51, 52, 55, 56, 57, 60, 63, 74, 75o.,
76/77, 80, 91, 98, 106, 107, 111,
122/123, 127, 129, 132, 135, 138,
170/171, 172/173, 181, 201, 207, 213,
214, 217, 218, 227, 274/275, 291, 299
Johannes Frangenberg, Solingen S.
7 u., 23, 75 u., 184, 262, 352/353,
356/357, 359, 362, 365, 369, 372, 373,
375, 376, 379, 382
Volkmar E. Janicke, München Umschlaginnenklappe, S. 6 u., 9, 28/29,
116, 194, 195, 278, 279, 339, 340, 345
Kai Ulrich Müller, Berlin Titelbild, S.
2 o., 3 o., 4 u., 6 o., 12/13, 18, 21, 44/45,
59, 65, 75 m., 83, 88, 92, 112/113,
140/141, 154, 162, 165, 169, 178, 189,
192, 203, 208/209, 216, 220, 230/231,
237, 240, 249, 252, 260, 263, 264, 266,
267, 268/269, 277, 284, 285, 292/293,
293, 294, 295, 297, 309, 310/311,
312/313, 317, 320, 323, 324, 325, 327,
331, 334/335, 341, 349, 350, 368

Karten und Pläne   artic, Duisburg und
Karlsruhe,
© DuMont Buchverlag, Köln

S. 12: E. H. Wilson, A Naturalist in We-
stern China, New York 1913; dt. Über-
setzung in: Ruth Schneebeli-Graf,
Nutz- und Heilpflanzen Chinas,
Frankfurt 1992, S. 29
S. 28 f.: Laozi, Der Nutzen des Nichts,
in: Wilhelm Gundert, Annemarie
Schimmel, Walther Schubing
(Hrsg.), Lyrik des Ostens, S. 252,
München Wien, 1965/1978, mit
freundlicher Genehmigung der Carl
Hanser Verlags
S. 174: Lyrik des Ostens, S. 291, Mün-
chen Wien, 1965/1978
S. 200: Lyrik des Ostens, S. 271, Mün-
chen Wien, 1965/1978
S. 233: Lyrik des Ostens, S. 298, Mün-
chen Wien, 1965/1978
S. 233: Lyrik des Ostens, S. 298, Mün-
chen Wien, 1965/1978
S. 247: Lyrik des Ostens, S. 354, Mün-
chen Wien, 1965/1978
S. 282 f.: Lyrik des Ostens, S. 360, Mün-
chen Wien, 1965/1978
S. 295: Lyrik des Ostens, S. 269, Mün-
chen Wien, 1965/1978
S. 346: Lyrik des Ostens, S. 299, Mün-
chen Wien, 1965/1978

Alle übrigen Zitate wurden vom Autor
aus dem Chinesischen übersetzt.

Register

Personen, Völker und Dynastien

Abahai, Khan (Hong Taiji) 35, 143, 151, 153
Abakh Hoja 206
Aguda, Dschurdschenfürst 44, 142
Altan Khan 357
An Lushan, General 26
Apoaki, Kaiser der Kitan 142
Atisha, ind. Religionsgelehrter 374

Ba 337
Ba Jin, Dichter 71
Bai 306, 314, 326
Bai Juyi Mu, Dichter 215, 266
Ban Chao, General 205
Bhrikuti, nepal. Prinzessin 355, 362, 363
Buddha s. Siddharta Gautama
Bulang 323
Bulhading 246
Butön Rinchen Drub, Abt 377

Cai E, Warlord 316
Cao Cao, Militär/Dichter 70, 215, 304, 339
Chen 43
Chiang Kai-shek (Jiang Jieshi) 39, 44, 54, 82, 103, 133, 176, 186, 221, 234, 240, 260, 282, 298, 337
Chöki Gyeltshen 377
Cixi, Kaiserinwitwe 37, 106, 109
Cuiwei, Prinzessin 118

Dai 58, 320ff.
Dalai Lama 96, 194, 357ff., 364, 368, 377
Dali 316, 321
Deng Xiaoping 12, 41, 54, 176, 274
Deng Youmei, Schriftsteller 71
Dian 314
Ding Ling, Schriftstellerin 306
Dong 59, 294, 296
Dong Qichang, Kalligraph 69, 177
Dong Zhuo, General 211

Dschingis Khan 44, 78, 153, 201
Dschurdschen 35, 44, 78, 142, 143, 150, 151, 154, 265, 267
Dsungaren 35, 36, 148
Du Fu, Dichter 20, 71, 185, 305, 340
Du Wenxiu, Sultan von Dali 317

Fan Kuan, Maler 72
Fan Zhongyan, Reformer 248
Feng Jicai, Dichter 71
Feng Yuxiang, Warlord 86
Fu Baoshi, Maler 72
Fu Wen, Maler 102
Fuxi 42, 191f., 303

Gaozong s. Li Zhi
Gong Sunshu, Offizier und Beamter 304
Göden, mongol. Kaiser 380
Gu Kaizhi, Maler 72
Gu Wenbin, Präfekt 253
Guan Yu, General 117, 215, 304
Gungri Gungtsens 372
Guo Moruo, Dichter 71, 103f.
Guo Shoujing, Astron./Mathematiker 218
Guo Xi, Maler 72
Gushri Khan, Khoshoten-Herrscher 358

Han 11, 25, 37, 42, 44, 45, 48, 57, 61, 110, 114, 124, 131, 137, 139, 156, 174, 179, 186, 187, 194, 200, 202, 203, 210, 219, 287, 316, 321, 331, 332
Hani 321, 323, 325
He Lü von Wu, Fürst 237f., 243, 248, 253, 255
He Zhidao, Botschafter 247
Hedin, Sven 173, 205
Hong Taiji 151
Hong Xiuquan 37, 38, 238
Hongli s. Qianlong-Kaiser
Hu Shi, Dichter 71
Hu Yaobang 306
Huai Shu, Künstler 254

Huaisu, Mönch und Kalligraph 69
Huang Gongwang, Maler 72
Huangdi, Gelber Kaiser 42, 137, 139, 222
Hui 37, 57, 177, 178, 194
Huigen, Mönch 264
Huihe 202
Huineng 286
Huiyuan, Mönch 126f.
Huo Guibing, General 120, 187

Jamchen Chöje 368f.
Jamyang Chöje 367
Jangchub Gyeltsen 356
Jangchub Ö, westtibet. König 374
Jiang Jieshi s. Chiang Kai-shek
Jiang Qing 41
Jiang Wei, General 347
Jiang Zemin 10
Jianzhen, Mönch und Arzt 247
Jin 35, 43, 44, 78, 91, 104, 114, 118, 119, 126, 128, 142, 151, 343
Jinuo 323

Kangxi-Kaiser 36, 67, 109, 144ff.
Kasachen 147
Khalkas 147
Kitan 31, 44, 78, 128, 133, 142
Konfuzius, Philosoph 22, 42, 47, 96, 219f.
Ku, Urkaiser 42
Kublai Khan 33, 44, 78, 91, 92, 100, 119, 330
Kumarajiva, Mönch 126f., 186, 193
Künga Dorje, Abt 377

Lao She, Dichter 71
Laozi, Philosoph 22, 30, 42, 187, 340
Le Ping, Künstler 255
Lei Feng 157
Li Bai (Li Tai-po) Dichter 70f., 233, 336, 346f.
Li Bing, Provinzgouverneur 342
Li Longji, Kaiser (Xuanzong) 26, 182, 188
Li Shimin, Kaiser (Taizong) 25, 133, 174, 182, 189, 355
Li Si 23
Li Yuan, Kaiser (Gaozu) 25, 133, 189
Li Zhi, Dichter 71
Li Zhi, Kaiser (Gaozong) 44, 181, 188

Li Zhizao 265
Li Zhu, Kaiser (Jinzong) 340
Liang 43, 44
Liao 31, 42, 44, 78, 91, 102, 118, 128, 140
Lin Zexu, kaiserl. Kommissar 82, 272
Liu Bang, Gründer der Han-Dyn. 37, 174
Liu Bei, König 215, 304, 339
Liu Che s. Wudi
Liu Dalin, Mönch 155
Liu Shaoqi 41, 306
Lu Xun, Dichter 71, 101f.

Ma Hezhi, Maler 103
Mao Dun, Dichter 71
Mao Zedong 39, 54, 56, 69, 80, 82, 136, 139, 144, 165, 169, 229, 257, 263, 288, 298, 306, 309
Mao Ziyuan, Sektengründer 248
Maodun, Xiongnu 197
Mei Lanfang, Sänger 103
Meiji, jap. Kaiser 152
Meng Liang, General 306
Menzius, Philosoph 22, 34, 221, 222
Mi Fei, Künstler 254
Mi Fu, Kalligraph und Maler 69, 177
Miao 37, 294, 306, 323
Miao Yan, Tochter Kublai-Khans 119
Milarepa, tibet. Yogi 370, 382
Ming 34, 35, 44, 72, 79, 86, 90, 104, 108ff., 121, 126, 128, 131, 151, 154, 233, 238f., 245, 249, 287, 291, 317, 326, 328, 330, 344, 368
Modi, Philosoph 22
Mosu 184, 332f.

Namri Songtsen, König von Tibet 354, 371
Nangchen Phagpa Päl, Gouverneur 375
Naropa, ind. Tantriker 370
Naxi 328ff., 378
Nie Er, Komponist 319
Nurhaci, Khan 35, 142f., 150f., 153, 154f., 157
Nüwa, Gattin/Schwester des Fuxi 42, 303
Nyatri Tsenpo 372

Odorico de Pordenone 241, 265
Ou Yangxiu, Historiker 32, 247

Panchen Lama 96, 149, 194, 377ff.
Pangtong, Stratege von Liu Bei 346
Peng Dehuai 306
Peng Pei 288
Phagpa Lama 380
Polo, Marco 78, 120f.
Pu Xinyu, Maler 72
Pu Yi 80, 86, 144, 155, 156, 159, 160, 166
Puhaddin s. Bulhading
Pumi 332

Qi 43
Qi Baishi, Maler 72
Qianlong-Kaiser (Hongli) 36, 90, 91, 94, 96, 107, 109, 115, 117, 146ff., 266
Qin Nanyuan, Dichter 319
Qin Shi Huangdi, Kaiser 22, 42, 61, 110, 114, 173, 184f. 187, 303
Qiu Chuji, daoistischer Meister 100
Qu Yuan, Dichter und Beamter 307f.

Rälpacen, Yarlung-Herrscher 372
Richthofen, Ferdinand Freiherr von 172, 337
Rothkegel, Curt, Architekt 83, 228

Saad bin Waqqas, Onkel Mohammeds 286
Sakya Pandita, Gelehrter 356, 380
Sakya-Lama Phagpa 356, 357
Shang (Yin) 42
Shang Yang, Philosoph 22
Shaohao, Urkaiser 42, 222
Shennong, Urkaiser 42
Shenzong, Ming-Kaiser 117
Shi Kefa (Shigong) 245
Shi Zhengzhi 256
Shu 43, 337
Shun, Urkaiser 42, 129
Shunzhi-Kaiser (Fulin) 35, 109, 151
Siddharta Gautama (histor. Buddha) 27ff.
Sima Qian, Historiker 255
Song 31, 32, 34, 43, 44, 132, 133, 139, 142, 248, 254, 256, 265, 267, 398, 304, 321
Song Qingling 103
Songtsen Gampo, König von Tibet 354f., 356, 360, 362, 372

Su Dongpo, Dichter und Kalligraph (Su Shi) 69, 71, 247, 255, 282, 287
Sui 25, 43, 133, 134, 189, 211, 233, 243, 247
Sun Quan, König von Wu 249, 304
Sun Yat-sen, (Sun Zhongshan) 39, 103, 115f., 239f., 264, 281f., 287, 288f.

Taizong s. Li Shimin
Taizu, Kaiser 177
Tang 25, 26, 31, 44, 66, 110, 124, 128, 133, 135, 142, 174, 181, 182, 185, 186, 188, 189, 190, 203, 204, 212, 216, 243, 280, 314. 321, 338, 355
Tang Jiyao, Warlord 316
Tang Yin, Maler 295
Tanguten 32, 199
Tao Qian (Tao Yuanming), Dichter 70
Tao Sheng, Mönch 216
Tian Ru, Abt 253
Toba 43, 69, 124ff., 212
Tongzhi-Kaiser 109
Trisong Detsen, König von Tibet 355, 370
Tsongkhapa 96, 195
Tuyuhun 142, 355

Uiguren 26, 56, 57, 200, 202, 206
Umar ibn al-Khattab, Kalif 286

Valignano, Alessandro, Jesuit 241
Verbriest, Ferdinand 242

Wang Anshi, Reformer 247
Wang Jian, General und ehem. Räuber 340
Wang Mang 205
Wang Meng, Schriftsteller 42
Wang Wei, Dichter 174
Wang Xiachen, Zensor 252
Wang Xizhi, Kalligraph 69, 254
Wang Yangming 35
Wang Yuanlu, Mönch 198f.
Wang Yuanqi, Maler 73
Wang Zhen, Eunuch 34
Wanli-Kaiser (Zhu Yijun) 35, 109, 112, 113, 135, 344
Wei 43, 70, 126f., 130, 135, 212, 213, 304
Wei Zhongxian, Eunuch 35, 115

Wei Zhuang, Dichter 19
Wen Zhengming, Kalligraph 69, 72
Wenchen, Prinzessin 355, 362, 363
Wu 43, 48
Wu Sangui, General 317
Wu Shifan 317
Wu Zetian, Kaiserin 44, 182, 188, 212, 214, 347
Wu, Fürst s. Zhuge Liang
Wudi, Kaiser Wu (Liu Che) 25, 61, 172, 174, 187, 211, 223, 224

Xi Xuan, Prinz 105
Xia 30, 42, 44, 46, 61, 139, 349
Xianfeng-Kaiser 103, 109
Xiang Fei 206
Xiaogong, König 22
Xie He, Maler 72
Xin 42
Xiongnu (Hunnen) 43, 124, 127, 172, 187, 197, 232
Xu Beihong, Maler 72, 103
Xuanzang, Mönch 26, 172, 181, 186
Xuanzong s. Li Longji
Xunzi (Philosoph) 22

Yan Hui 221, 222
Yan Song, Premierminister 96
Yan Xishan, Gouverneur 133
Yan Zhengqin, Kalligraph 69
Yang (Di), Sui-Kaiser 133, 189, 243, 247
Yang Guifei 26, 188
Yang Guozhong 26
Yang Hucheng, General 176, 185
Yang Jiye, General 307
Yang Tingyun, Literat 265
Yang Xiuqing, östlicher Himmelskönig 238
Yang Yuhuan 185
Yao 42, 294f.
Yao, Urkaiser 42, 61
Yi 59, 320, 323
Yi Jian 135
Yijing, Pilger 26, 182
Yinmeng, Dai-König 323
Yong Xiuqing, Stratege 38
Yongle-Kaiser s. Zhu Di

Yongli, Kaiser 291
Yongzheng-Kaiser 36, 94
Yu Baoshan, Warlord 245
Yu Jing, Eunuch 115
Yu Xian, Gouverneur 133
Yu, der Große 42, 46, 139
Yuan 33, 44, 78, 118, 126, 319, 345, 356, 375
Yuan Shao, General 211
Yuan Shikai 39, 289
Yue Fei, General 267
Yuezhi 172, 197, 203, 205, 211

Zang Ji, Gelehrter 255
Zeng Guofan 38
Zhang Daoling 342
Zhang Daqian, Maler 72
Zhang Fei, ›Tiger-General‹ 304
Zhang Jie, Schriftstellerin 71
Zhang Qian, General 172
Zhang Xianzhong, Rebellenführer 338
Zhang Xueliang, Marschall 176, 185
Zhang Zhao, Kalligraph 69
Zhang Zuolin, Warlord 157
Zhao Dun, Song-Kaiser 298
Zhao Kuangyin, General 31
Zhao Mengfu, Kalligraph 69
Zhao Ziyang 137
Zheng von Qin s. Qin Shi Huangdi
Zhongzong 182
Zhou 31, 42, 44, 133
Zhou Daxin, Schriftsteller 72
Zhou Enlai 80, 139, 176, 264, 298, 299, 330
Zhu Da alias Bada Shanren 72
Zhu De 139, 298
Zhu Di, Kaiser (Yongle) 79, 109, 111, 112
Zhu Gang134
Zhu Gui, Prinz 128
Zhu Rongii, Politiker 10
Zhu Xi 32ff., 35
Zhu Yijun s. Wanli
Zhu Yuanzhang, Kaiser (Hongwu) 34, 37, 44, 114, 134, 233
Zhuangzi, Philosoph 22
Zhuanxu, Nachfolger Shaohaos 42
Zhuge Liang, Stratege (Fürst Wu) 339, 347
Zong Feng 253

Orte und Länder

Anhui (Prov.) 14
Anshun 296
Anxi 204
Aydingkol-See 200

Badain Jaran 196
Badaling 108, **113**
Baidicheng **304**
Baihe 157
Baisha **330**
Baitou Shan 157f.
Bala 325
Banpo-Dorf **183**, 210
Bawu-Schlucht 307
Bei Shan 196
Beidaihe **165**, 409
Beijing 17, 24, 33, 35, 40-41, 49, 55, 62, 73, **78ff.**, 143, 166, 386ff.
Bezeklik, Grotten **202**
Binchuan 328
Binglingsi Shiku **193**
Birma 92, 314
Bohai-Golf 78, 217

Caicun **327**
Chang Jiang s. Yangzi
Chang'an 233, 355
Changbai Shan 17, 156, **157f.**, 388f.
Changchun 158, **159f.**, 389
Chaozhou 63
Chengde **144ff.**, 389
Chengdu **337ff.**, 346, 389
Chonggye 372
Chongqing 296, **298f.**, 301, 390
Cuiping Shan 130

Dafangpan **199**
Daixi 307
Daju 332
Dali **326f.**, 391
Damenglong 321, **324**
Datong 29, **124ff.**, 142, 213, 391
Dengfeng 218
Deyang **346**

Dezhou 67
Dian-See 318
Dinghu Shan **290**
Dongbei **142ff.**
Dongjiang 63
Dongjingcheng **163**
Douchuan Shan **347**
Drei Kleinen Schluchten **307**
Drei-Schluchten-Staudamm 305, 308
Drepung 357, **367f.**
Dsungarei 173
Dujiang Yan **341**
Dunhuang 114, 173, 192, **197f.**, 391f.

Emei Shan **343ff.**, 392
Er-See (Er Hai) **326**

Famen-Tempel **189**
Fanjing Shan 17
Fen-Tal 124
Fengdu **302**
Fengjie 304
Flammenberge **203**
Fujian (Prov.) 17, 48, 67
Fushun **156f.**, 392

Ganden, Kloster **369f.**
Ganlanba **324**
Gansu (Prov.) 114, 172, 183, 197, 347
Gansu-Korridor **196**
Gaochang **201f.**
Gaoyao 318
Gelbes Meer 232
Gelber Fluß 10, 16, 17, 124, **210ff.**, 217, 232
Gezhouba-Damm 301
Gobi, Wüste 124, 197, 200
Gongga Shan **351**
Goukou 349
Guan 200
Guangdong (Prov.) 20, 48
Guanghan **346**
Guangxi (Aut. Reg.) 20, 38, 48, 296
Guangyuan **347**
Guangzhou s. Kanton
Guanxian 342
Guilin 270, **290f.**, 392f.

Guiyang 296, 393
Guizhou (Prov.) 14, 17, 64, 296
Gyantse (Gyangze) 358, **374ff.**, 393

Haidong 328
Hailuogou-Gletscher **351**, 393
Hailuogou-Nationalpark 337
Hainan 20, 63
Hami 200
Hängendes Kloster **130**
Hangzhou 67, **265ff.**, 394
Hanshan Si 255
Harbin 20, **160ff.**, 156, 394f.
Hebei (Prov.) 144
Hei He 196
Heilong Jiang (Amur) 17, 144
Heilongjiang (Prov.) 160
Henan (Prov.) 124, 183, 210
Heng Shan **129**
Hetu Ala **157**
Hexenschlucht **307**
Hexi-Korridor 172, 187, 191, **196**
Himmelssee (Changbai Shan) 158
Himmelssee (Tian Shan) 203
Hongkong 10, 15, 37, 50, 67, 82, **271ff.**, 395ff.
Hongyuan **350**
Hotan 200
Huai He 17, 20, 65, 232, 243
Huang He 196, 210, 217
Huang Shan 17, **311**, 397f.
Huangguoshu-Wasserfall **296**, 397
Huangling **139**
Huanglong-Nationalpark **349**
Huaqing-Thermalquellen **185**
Hunan (Prov.) 55, 64, 66, 306
Hunyuan **129**
Huo Qubing **187**
Huxian 186

Ili-Tal 25, 36
Indien 172, 174, 280
Innere Mongolei 60, 198

Jadedrachen-Schneegebirge 16, **329**
Jadetor-Paß 199

Japan 12, 49, 54, 143f., 152, 159, 280
Jiangsu (Prov.) 65, 232
Jiangxi (Prov.) 39, 48, 55
Jiangyou **347**
Jianmen-Paß **347**
Jiaocheng 135
Jiaohe **201**
Jiayu Guan **197**
Jiayuguan (Ort) 164, 197, 398
Jilin (Prov.) 157
Jingdezhen 21, 66, 67
Jinghong 321, **323f.**, 398
Jingzhen **325**
Jinsha Jiang 300
Jinshanling **109**, **144**
Jishi-Schlucht 193
Jiuhua Shan **309f.**, 398f.
Jiuhuajie 310
Jiuquan 198
Jiuzhaigou 337, **346**, **348**, 399
Jizu Shan **328**

Kaifeng 44
Kailash 380
Kaiserkanal 232, 243, **255**
Kanton 63, 166, 272, **280ff.**, 399f.
Karo-Paß 374
Kashgar 172, **200ff.**, 400f.
Kathmandu 373, 382
Kham 359
Khampa-Paß 374
Kizil-Grotten **204**
Klingender Sandberg **199**
Koko Nor 355
Korea 25, 40, 49, 54, 158
Kumbum-Kloster **194f.**
Kumtura-Grotten 205
Kunming **316ff.**, 401f.
Kuqa 126, 174, 192, **203ff.**, 402
Kuqa-Fluß 205

Labrang-Kloster 193, **194f.**, 414
Labuleng Si 194
Lamna-Paß 381
Lancang Jiang 323
Lantau 279

Lanzhou **193**, 402f.
Leshan **345**
Lhababri 372
Lhasa 354, **360ff.**, 403f.
Lhatse **380**
Li Shan 185
Liangzhou 186
Liao-Becken 16
Liaoning (Prov.) 142, 150
Lijiang **329f.**, 404
Linxia 194f.
Liquan 188f.
Liujiaxia-Wasserkraftwerk 193
Longgong Dong **296**
Longmen-Grotten **212f.**
Longsheng **294**
Longxi 200
Louguan-Tempel **186**
Loulan 200
Luding 351
Lugu-See **332f.**, 404f.
Lunan 320, 321
Luoshui 333
Luoyang 126, 188, **210ff.**, 233
Lusha'er 195
Lutou Shan **346**
Luzhi **256**

Maijishan-Grotten **192**
Mandschurei 142ff.
Manting **324**
Mao'er Shan **295**
Mapang **296**
Marco-Polo-Brücke 78, **120**
Matisi Shiku 196
Mawei 188
Mekong 323
Menghai 321
Menghun **325**
Mengla 321
Mengliang-Treppen **306**
Mengzhe **325**
Mentougou 118
Min 301
Mindroling **370**
Mingfeng Shan 319

Mogao-Grotten **199**, 204
Mondsichelberg **293**
Mondsichelsee **199**
Mongolei 36, 40, 124, 142
Moxi 351
Mt. Everest 14, 19, **381**
Mudanjiang 163, 405
Mutianyu 43

Nam Co **370**
Nanchang 82
Nanjing 38, 166, **233ff.**, 405f.
Nannuo-Berg 325
Narthang **380**
Nechung **368**
Nepal 14
Neu-Tingri 381
Ninglang 333
Niya 200
Norbulingka **365**
Nuorilang 349
Nyalam 373, **381**
Nyalam Phelgye Ling **382**
Nyethang-Drölma-Tempel 374

Ordos 124, 126

Pakistan 14
Pamir 172, 205
Pang-Paß 381
Perlfluß 17, 280
Persien 25, 172, 174
Pescadoren 143, 152
Pferdehuf-Grotten **196**
Pingdingshan 156
Pingfang **161**

Qian Ling **188**
Qian Shan **155**
Qianlian Shan 155
Qiao Shan 139
Qiaotou **332**
Qiemo 200
Qilaotu Shan 150
Qilian-Gebirgszug 196
Qingcheng Shan 342

Qingdao **225ff.**, 406f.
Qinghai (Prov.) 14, **195f.**, 217, 300
Qinghai Hu 196, 355
Qingyang 311
Qiqihar 163
Qogir 14
Qomolangma s. Mt. Everest
Qufu **219ff.**, 407
Qutang-Schlucht **305**

Rongbuk-Kloster **381**
Rußland 143, 144, 166, 173, 358

Sakya-Kloster **380**, 407
Samarkand 172
Samye 368, **371**
Sandouping 308
Sanjiang **294f.**
Sanqing 318
Sanxingdui 346
Schwerttor-Paß 347
Seidenstraße **172ff.**
Sera **368**
Shaanxi (Prov.) 14, 124, 183, 210, 347´
Shache 328
Shandong (Prov.) 64, 210, 219, 223
Shanghai 65, 232, **257ff.**, 407ff.
Shangjing **163**
Shangri Mopo **330**
Shanhaiguan **164**, 409
Shanxi (Prov.) 124, 133, 183
Shaolin-Kloster **216**
Shaping **328**
Shekar 381
Shenyang 143, **150ff.**, 166, 409f.
Shibaozhai **303**
Shigatse (Xigaze) **377ff.**, 410
Shigu **331**
Shimonoseki 166
Shiyang He 196
Shizi Shan 332
Shuanglong 307
Shujiatun **155**
Shule He 196
Sichuan (Prov.) 16, 20, 64, 314, 336ff., 359
Song Shan **216**

Songhua Jiang 160
Spiegelsee **163**, 405
Steinmauer-Kloster **135**
Steinwald **320**
Subashi **205**
Sungari 16
Suzhou **248ff.**, 410f.

Ta'er Si 195
Tai Shan **223f.**, 411
Tai'an 223
Taihang-Gebirge 78
Taihe 328
Taihuai **130**
Taiwan 20, 44, 50, 54, 67, 82, 152
Taiyuan **133ff.**, 411
Taklamakan-Wüste 205
Tanggangzi **155**
Tangkou 311
Tanzhe Si **118f.**
Tarim-Becken 173, 200, 203
Tashilhunpo-Kloster **377**
Tausend-Buddha-Klippe 348
Tengger Shamo 196
Terrakotta-Armee 23, **184**
Tian Chi (Changbei Shan) **158**
Tian Chi (Tian Shan) 203
Tian Shan 200, 203, 205
Tianjin **166ff.**, 412
Tianshui **191ff.**, 412
Tianzhu Feng 328
Tibet 14, 36, 40, **354ff.**
Tigersprungschlucht **331f.**
Tingri 381
Tonghua **157**
Tongli 256
Tongtian 300
Trandruk Lhakhang 372
Tsethang (Zedang) **370ff.**, 412
Tsuo-Paß 380
Tsurphu **370**
Tumen 158
Tunxi 397
Tuo 301
Tuotuo He 300
Turfan 20, **200ff.**, 412f.

UdSSR 40, 55, 159
Ussuri 144

Vietnam 25, 49, 280

Wanfo Yan 348
Wanping **120**
Wanxian **303**
Wasserland **255f.**
Wei-Tal 243
Westberge (Beijing) **114ff.**
Westberge (Kunming) **318f.**
Wolkengrat-Grotten 29, **126**
Wu 301
Wuchang 82
Wudalianchi 163
Wuhan 298, **308f.**, 413
Wuhu 301
Wuliang Guan **155**
Wulingyuan-Nationalpark **306**, 308, 413f.
Wushan 307
Wutai **132**
Wutai Shan 129, **130ff.**, 414
Wuwei 198
Wuyi Shan 17

Xi Shan 318
Xi'an 23, 124, 172, **174ff.**, 414f.
Xiaguan 328
Xiahe 193, **194**, 414
Xianren Ya **193**
Xianyang **186**
Xiaomengyang 321
Xiling-Schlucht **307**
Xinbin 157
Xing'an **294**, 415
Xingping **293**
Xining 193, **195**, 415f.
Xinjiang (Aut. Reg.) 36, 198
Xishuangbanna 17, 314, **321ff.**
Xituozhen 303
Xuan Bi 197
Xuanweng-Berg 135

Ya'an 351
Yamdrok-See 374

Yan'an **136ff.**, 416
Yan-Gebirge 78
Yang Guan 199
Yangdi 292
Yangjialing **138f.**
Yangpachen 370
Yangshuo **292f.**, 416
Yangzhou 65, **242ff.**, 416f.
Yangzi 10, 16, 17, 82, 232, 243, 280, 294, **300ff.**, 329, 336f.
Yangzi-Becken 233, 248
Yansai-See 165
Yarkand 200
Yarlung-Tal 360, **370**
Yibin 301
Yichang 301, 308
Yingxian **130**
Yongjing 194
Yongling **157**, 417
Yueya Quan 199
Yulong Xueshan 16, **329**
Yumbu Lhakhar **372**
Yumen Guan **199**
Yunnan (Prov.) 17, 20, 64, 300, **314ff.**
Yuntai 232

Zhalong-Vogelschutzgebiet 163
Zhalu-Kloster **377**
Zhangfei-Tempel **304**
Zhangmu 373, **381f.**, 417
Zhangye 193, **196**, 198
Zhao Ling **189**
Zhaoling-Museum **189**
Zhaoqing **289**, 417
Zhejiang (Prov.) 17, 232
Zhimi-Paß 374
Zhongyue-Kloster 218
Zhoukoudian **121**
Zhouzhuang **256**
Zhu Jiang 17, 280
Zigui **307**
Zitong **347**
Ziyuan **294**
Zouxian **222**
Zunhua **109**
Zunyi **297**

Register

447

Titelbild: Boote auf dem Li-Fluß (Li Jiang) bei Guilin
Umschlaginnenklappe: Pferdehuf-Grotten (Matisi Shiku)
Umschlagrückseite: Die Große Mauer bei Badaling

Über den Autor: Oliver Fülling, Jahrgang 1960, studierte Sinologie, Geschichte und Politologie in Berlin und Taipeh. Seit 1981 hat er regelmäßig wenigstens einmal jährlich Asien und insbesondere China auch als Reiseleiter besucht. Heute lebt er als freier Autor und Reiseveranstalter bei Shanghai und in Berlin.

Fremde Kulturen kennenlernen und gastfreundlichen Menschen begegnen – wie sehr genießen wir das auf Reisen. Zu Hause bei uns jedoch wird mancher Ausländer von einer kleinen Minderheit beschimpft und sogar mißhandelt. Alle, die in fremden Ländern Gastrecht genossen haben, tragen hier besondere Verantwortung. Deshalb: Lassen Sie uns gemeinsam für die Würde des Menschen einstehen.

Verlagsleitung, Mitarbeiterinnen und Mitarbeiter des DuMont Buchverlages

Die Deutsche Bibliothek – CIP-Einheitsaufnahme

Fülling, Oliver:
China / Oliver Fülling. – Köln : DuMont, 1998
  (Richtig Reisen)
  ISBN 3-7701-3644-6

© 1998 DuMont Buchverlag
Alle Rechte vorbehalten
Satz und Druck: Rasch, Bramsche
Buchbinderische Verarbeitung: Bramscher Buchbinder Betriebe

Printed in Germany   ISBN 3-7701-3644-6